北京信息化年鉴 2016

北京市经济和信息化委员会 编

图书在版编目（CIP）数据

北京信息化年鉴. 2016/北京市经济和信息化委员会编.—北京：方志出版社，2016.11
ISBN978-7-5144-2196-5

Ⅰ. ①北… Ⅱ. ①北… Ⅲ. ①信息工作—北京—2016—年鉴 Ⅳ. ①G203-54

中国版本图书馆CIP数据核字(2016)第282062号

北京信息化年鉴（2016）

编　　者：北京市经济和信息化委员会
责任编辑：刘方圆

出 版 人：冀祥德
出 版 者：方志出版社
地址　北京市朝阳区潘家园东里9号（国家方志馆4层）
邮编　100021
网址　http://www.fzph.org
发　　行：方志出版社发行中心
电话（010）67110500
经　　销：各地新华书店
印　　刷：北京京都六环印刷厂

开　　本：889×1194　　1/16
印　　张：33.25
字　　数：638千字
版　　次：2016年11月第1版　　2016年11月第1次印刷
印　　数：001~400册

ISBN 978-7-5144-2196-5　　定价：280.00元

▲ 北京北斗导航企业研制和生产的北斗产品应用于纪念中国人民抗日战争暨世界反法西斯战争胜利 70 周年“9·3”大阅兵

▲2016 年 1 月 29 日，2016 年北京市经济和信息化工作会召开，对 2015 年全市经济和信息化工作进行总结

▲“北京通”地方标准的发布实现了集医保卡、就诊卡、市政交通一卡通等多种证件卡证合一的功能融合。年内，“北京通”卡发放总量突破 500 万张

▲ 12 月 18 日，首都城市综合信息服务平台（www.beijing.cn）上线

▲ 11 月 9 日，北京市网上政务服务大厅（banshi.beijing.gov.cn）上线试运行，面向公众和法人提供了涵盖行政许可、非行政许可以及服务事项在内的 40 家单位、700 余项市级政务服务，实现了一网预约、一网申报、一网查询的全流程网上服务模式，提供了查看办事指南、网上预约、网上申报、办理进度查询、网上咨询、建议、投诉等“一条龙”的政务服务功能

▲北京“工业云”平台注册用户将近 15 万个，开创“互联网 +”制造融合创新发展新模式

◀7 月，启动京津冀北斗导航区域应用示范工程，打造京津冀一体的北斗综合应用示范项目

▲ 北京市中小企业公共服务平台

▲ 5 月 14 日，北京市中小企业公共服务平台开通运行，为中小企业提供创业辅导、法律维权等“一站式”服务

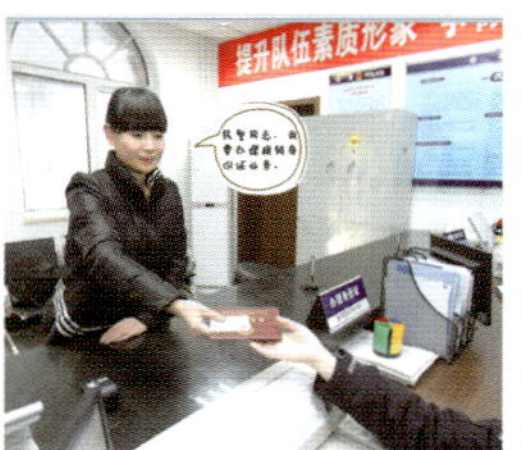

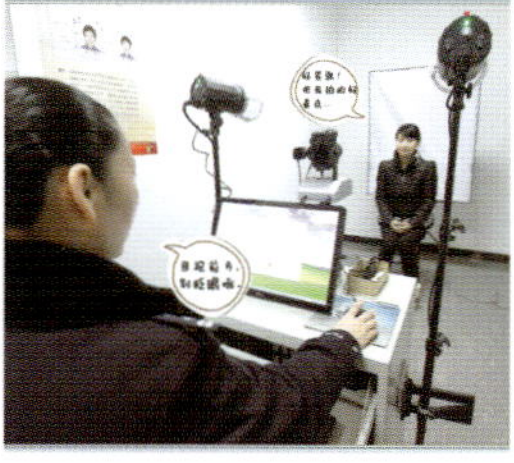

◀ 为老百姓提供“手把手教你如何换领身份证”及“手把手教你拍好证件照”的便民服务

▶ 北京市公安局所属 14 个分局及 8 个与群众联系密切的主要职能部门完成本单位一级微博、微信账号建设

▲3 月 27 日，“北京健康云”体验主题日活动举行

▼11 月，北京市获得全国职业院校信息化教学大赛总成绩全国第二名

▲8 月 14 日，北京市司法局在信息指挥中心召开矫正帮教工作“两大安保”活动汇报视频会商会

▲ 11 月 20 日，“京彩・无限——北京‘互联网 + 智慧城市’上线发布会”在北京举行。市气象局与腾讯公司现场签订战略合作协议，成为首批入驻腾讯新闻客户端、微信、手机 QQ 三大平台的政务民生部门

▲ 5 月 28 日，由北京市海淀区经济和信息化办公室指导，中关村软件和信息服务产业创新联盟、北京有生博大软件技术有限公司联合主办的“智慧海淀——政务办公云平台”成果发布会在中关村国家自主创新示范区展示中心召开

▲7月2日，在密云举行北京民防通信志愿者大队授旗仪式

◀石景山“物联网综合示范应用工程”投入运行。6月5日，工作人员在莲石湖防汛工程施工现场勘察

▲12 月 10 日，“IT 强国梦”北京自主可控信息系统专项重大项目进展发布会——华胜信泰战略暨产品发布会在京举行

◀5月26日，歌华有线公司在北京广播大厦召开歌华电视4K融合一体机发布会

▲9月11日，金山软件与英业达公司联合召开海峡两岸用语大辞典发布会

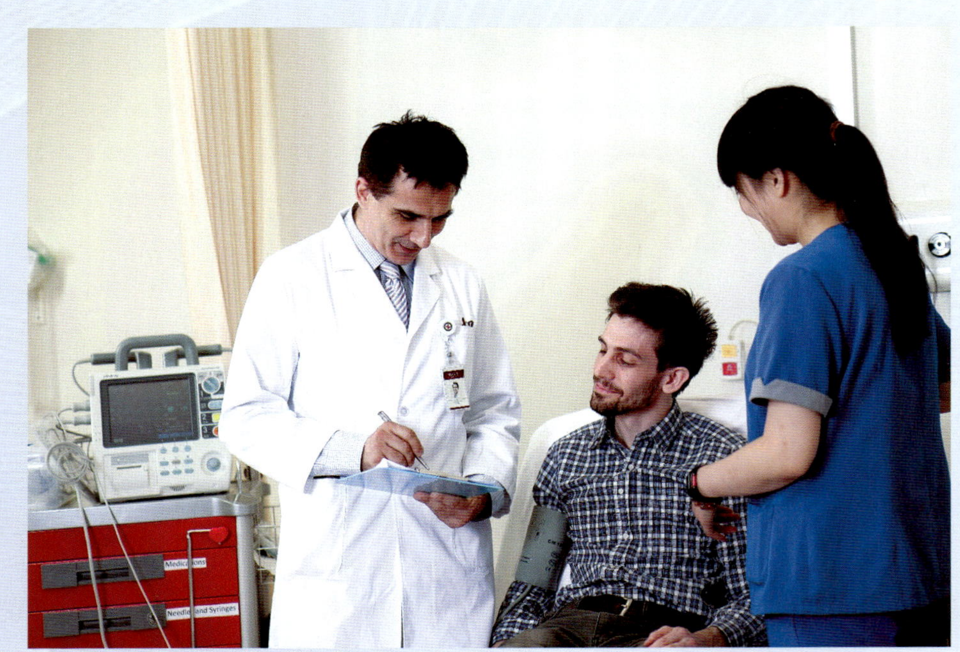

▶ 年内，BOE（京东方）智慧健康服务事业起航

▲4月21日，积木盒子在北京举行发布会，宣布完成总金额达8400万美元的C轮融资。英国天达集团(Investec)领投本轮融资，这是该外资集团首次涉足中国P2P行业

▲5 月 29 日，“2015 信息网络产业新业态创新企业 30 新”颁奖现场

▲11 月 12 日，为了响应全球“编程一小时”活动，达内时代科技集团有限公司推出少儿电脑编程培训课程

▲9 月，在 2015 年全国科普日北京主场活动中，参观者体验北京曼恒数字技术有限公司的产品

▼1 月 30 日，国学诵读公共文化服务项目上线启动仪式在朝阳区实验小学举行

序　言

2015 年，北京市制定出台《〈中国制造 2025〉北京行动纲要》（以下简称《北京行动纲要》），提出了“三四五八”发展战略，以“正面清单”的方式，向社会回应了北京发展什么和如何发展的问题，为北京市未来 5~10 年高精尖产业的发展提供了明确指导。

2015 年，北京市发展环境实现新提升。加快创新平台建设，北京市中小企业公共服务枢纽平台网络投入运营，培育推广以“北京工业云”、中航“爱创客”等为代表的一批“互联网 +”制造创新服务平台。

2015 年，北京市信息化建设结出新硕果。北京市建成六里桥政务云中心。发布“北京通”地方标准，整合市民服务卡，将“京医通”纳入“北京通”范围，全年发放“北京通”卡约 500 万张。20 家企业入选 2015 年国家“互联网与工业融合创新试点”名单，数量居全国第一。

2015 年，北京市多措并举推动京津冀发展。京冀两地合作推进云计算产业基地建设，京津冀大数据走廊加速成型，助力京津冀协同发展。北京市、天津市、河北省共同签署《京津冀社会信用体系合作共建框架协议》，启动社会信用体系共建。

2015 年，北京市软件和信息服务业进入“大软件”新时代，传统转型、新兴升级、融合拓展成为产业发展的主旋律，营收增速达 10.7%，发展总量规模与质量效益实现“双提升”，成为北京市高精尖产业体系的重要组成部分。产业集中度不断提高，骨干企业优势突出。平台型互联网企业生态圈初步形成，互联网企业在全国占领先地位。新兴领域引领产业高精尖发展。

《北京信息化年鉴（2016）》对 2015 年北京信息化建设情况进行了客观记录，是一部具有资料性、专业性的工具书。年鉴编写工作得到国家和北京市信息化专家咨询委员会、北京市地方志编纂委员会等众多单位和专家的支持，北京市政府各部门，以及相关事业单位、行业协会和众多企业为年鉴的编写提供了丰富的资料，在此表示感谢。由于时间和水平所限，采编收录内容难免有疏漏，恳请读者批评指正。

《北京信息化年鉴》编纂委员会

《北京信息化年鉴》编辑部

赵　艳　　郝金娜　　郝峥嵘　　郝　雪　　胡月婷
胡媛媛　　施建忠　　洪国珲　　姚宇江　　袁焕磊
徐　凯　　高　丽　　郭玉彬　　郭　芳　　陶文华
黄杉彬　　曹新华　　常　迪　　康晓洁　　隋春英
葛启彬　　蒋　兰　　韩　冰　　温立文　　蒲　铮
綦新亮　　蔡亚男

编 辑 说 明

一、《北京信息化年鉴（2016）》是记述北京市信息化领域的资料性、专业性工具书，由北京市经济和信息化委员会主办、北京信息化协会承办。

二、本年鉴以马克思列宁主义、毛泽东思想、邓小平理论、“三个代表”重要思想和科学发展观为指导，全面贯彻党的十八大以来的会议精神和习近平总书记系列重要讲话精神，遵循实事求是的原则，科学、客观地反映实际情况。

三、本年鉴全面系统地记述2015年度北京信息化领域发展变化的基本情况和发生的大事、要事、新事及有影响的新建设、新成就、新进展、新经验，为各级领导决策提供参考依据，为各行各业提供有价值的资料，为各方面人士了解北京信息化建设情况提供信息。

四、本年鉴采用文章和条目两种体裁，以条目体为主，设有特载、专文、大事记、信息基础设施、信息产业、信息安全、政务信息化、经济信息化、社会信息化、信息化软环境、区信息化、北京市信息化工作领导体系及附录13个一级栏目。

五、入选本年鉴的文章和条目，由相关供稿单位负责撰写，部分内容由编辑部收集整理。

六、本年鉴所有简称均按有关部门、企业规定，规范使用。

七、本年鉴记述2015年1月1日至2015年12月31日期间情况（部分内容收录时间略有放宽），凡2015年内容均直书月、日，不再加年份。

目　录

特　载

专　文

大事记

信息基础设施

信息产业

信息安全

政务信息化

经济信息化

社会信息化

信息化软环境

区信息化

北京市信息化工作领导体系

附　录

特载

深化改革创新　加快转型发展
实现“十三五”时期经济和信息化良好开局

——在2016年北京市经济和信息化工作会上的报告

市经济信息化委员会主任　张伯旭

（2016年1月29日）

同志们：

今天的会议，是在“十三五”开局之年召开的一次全市经济和信息化工作大会，具有承前启后、继往开来的重大意义。会议的任务是：总结“十二五”全市经济和信息化的发展情况，分析形势，展望未来，全力做好2016年的重点工作。下面，我代表市经信委报告工作。

一、“十二五”发展情况及2015年工作回顾

（一）“十二五”发展情况

“十二五”时期是全市经济和信息化发展极不平凡的五年。面对错综复杂的外部环境以及调整转型等诸多挑战，在市委市政府的正确领导下，全市经信系统深入学习贯彻习近平总书记重要指示精神，团结奋进、攻坚克难、改革创新，主动谋求发展方式转变，深度推进产业结构调整，较好地完成了各项任务，实现了“十二五”圆满收官。

这五年，产业结构深入调整。在京津冀区域内主动谋划产业转型，持续推动产业结构向高端化、服务化、集聚化、融合化、低碳化方向升级。五年来，全市规模以上工业增加值年均增长约6%，利润年均增长约10%，上缴税收年均增长约12%；与“十一五”末相比，从业人员减少6.5%，全员劳动生产率提高46%，达到人均32.5万元，接近全市平均水平的2倍。现代制造业和高技术制造业成为工业发展主体，占工业增加值的比重分别为49.4%和21.3%。以电子、汽车、医药为代表的高端产业快速发展，占工业增加值比重达到40%，比“十一五”末提高了9个百分点。二三产业融合、制造业服务化特征更加明显，生产性服务业增加值占全市GDP的比重超过53%，比“十一五”末提高约6.5个百分点。软件和信息服务业蓬勃发展，增加值年均增长14.3%，占全市GDP的比重达到10%以上。符合首都城市战略定位的高端产业进一步向城市发展新区和市级以上开发区集中，一般制

造环节向北京周边加快转移。首钢、北汽、金隅、三元等一批重点企业主动在津冀区域布局，产业辐射带动作用不断增强。

这五年，节能减排大力推进。贯彻落实清洁空气行动计划，深化工业污染治理。会同发改、环保等部门，发布实施《2012—2020年工业大气污染治理行动计划》、《新增产业的禁止和限制目录》以及《不符合首都功能定位的工业行业调整、生产工艺和设备退出指导目录》等一系列政策措施。与“十一五”末相比，2014年工业二氧化硫和氮氧化物排放量分别下降34%和28.7%。万元工业增加值能耗下降35.4%，为0.52吨标煤，处于全国最好水平；水耗下降26.6%。近三年累计关停1006家一般制造和污染企业，减少用工约5万人，削减主要大气污染物排放约1.7万吨。朝阳、通州、昌平等区结合污染企业退出工作，积极整治镇村产业聚集区，取得较好成效。推动生态园区建设，实施工业领域合同能源项目管理，开展企业清洁生产。近三年累计压减约200万吨工业燃煤，完成5240蒸吨工业企业燃煤锅炉清洁能源改造。

这五年，创新驱动效应显现。致力于建设全国科技创新中心，坚持把自主创新和技术进步作为产业发展的关键，建立健全以企业为主体、产学研相结合的技术创新体系。2015年，全市市级及以上企业技术中心达612个，比“十一五”末增长一倍。2014年，全市工业投入研发经费234亿元，比“十一五”末提高1倍以上；占工业增加值比重达6.5%，比“十一五”末提高2.3个百分点，比全市平均水平高0.5个百分点。工业新产品产值占总产值比重达20%，比“十一五”末提高4个百分点。规模以上工业企业中有研发创新活动的占30.9%，比“十一五”末增长一倍，专利申请量增长1.3倍。创新成果不断涌现，集成电路核心设备实现突破，12英寸28纳米刻蚀机、离子注入机等实现销售，京东方自主研发的液晶面板技术达到国际先进水平，文化创意和科技创新为制造业注入时尚元素和高端内涵，以小米模式、和利时模式为代表的一批业态创新不断涌现。出台《促进中小企业发展条例》，建立“1+16+N”的中小企业公共服务体系。中小企业累计创新融资298.6亿元，支持企业近2000家，创投引导基金总规模达61.7亿元，已对239家中小企业进行股权投资，其中战略性新兴产业项目占比超过90%。

这五年，智慧城市建设提速。将信息化建设与治理“大城市病”相结合，新一代信息技术在服务民生和提升城市精细化管理能力方面发挥了重要作用。发布《“智慧北京”行动纲要》，深度推进两化融合，实现从“数字北京”向“智慧北京”的跃升。加快“全光纤城市”建设，累计完成552万户铜缆网络光纤化改造，全市具备光纤接入能力的用户超过1000万户，基本实现全光纤网络覆盖；累计建设4G基站4.1万个，基本实现城区、乡镇及行政村的全覆盖。建立国内城市运行和应急领域首套物联网应用技术规范和支撑平台，建成覆盖交通、人口、安全、环保等各领域的信息化平台，实施智能交通、大气污染监测、不动产登记等一批重大应用项目。网上政务服务、政府数据开放和政务信息资源共享深入推进，信息网络安全保障能力不断提升。开通“信用北京网”，城市信用环境指数保持全国第一。建成1672个星级智慧社区，公共服务信息化程度不断提高。建设中国软件名城，在全国率先建成软件和信息服务交易所及大数据交易服务平台。深入实施“祥云工程”，“北京健康云”服务用户近百万。累计完成4.4万台北斗终端的安装应用，北斗导航应用水平继续领跑全国。两化融合发展总指数达84.8，较“十一五”末提升14.2个百分点，处于全国前列。

这五年，改革创新持续深入。以改革为动力，寓管理于服务之中，坚持有所为、有所不为，全系统工作重心转向战略规划、资源汇聚和平台建设等方面，实现了从抓具体事务为主向抓统筹协调为主，从谋项目为主向谋布局为主，从谋扩能为主向谋升级为主的重大转变，为市委市政府决策发挥了参谋助手作用。积极推进审批制度改革，累计取消行政审批事项5个大项和3个子项，将5项非许可审批调整为行政服务，取消和调整事项的比例为37%。主动清理废止一批不适应深化改革创新需要的政策文件。加强工业行业安全管理，没有发生重大责任事故。

（二）2015年工作回顾

2015年是全系统攻坚克难、改革创新的突破之年。我们围绕京津冀协同发展战略，抓好产业调整疏解、结构升级、布局优化等中心任务，实现高技术制造业增加值增长6.7%，不符合首都城市战略定位的产业增加值下降7.2%，万元工业增加值能耗下降8.2%，软件和信息服务业增加值增长12%。工作亮点突出体现在以下4方面。

一是高精尖产业体系构建取得新突破。结合落实《中国制造2025》，着眼建设全国科技创新中心，制定出台《〈中国制造2025〉北京行动纲要》（以下简称《北京行动纲要》），提出了“三四五八”发展战略，以“正面清单”的方式，向社会回应了北京发展什么和如何发展的问题，为北京市未来5~10年高精尖产业的发展提供了明确指导。一年来，一大批高精尖成果相继落地，如：北京自主可信开放高端计算系统进入产业化，28纳米芯片制程工艺进入量产，石墨烯等新材料研究应用取得新进展，全球首创手足口病EV71疫苗一类新药获批生产，智能汽车发展加快，新能源纯电动汽车销量连续三年位列全国第一，等等。

二是京津冀产业协同发展迈出新步伐。坚持禁限和疏导并举，会同发改、环保等部门，修订《新增产业的禁止和限制目录（2015年版）》，完善污染扰民企业搬迁政策，启动企业差别电价征收工作。会同环保部门完成首批10家生态工业园区认定。关停退出326家一般制造和污染企业，超额完成全年任务。以共建产业园区作为京津冀产业协同发展的突破口，对外发布《北京（曹妃甸）现代产业发展试验区产业发展规划》，推动首钢京唐二期等重大项目开工建设；北京·沧州生物医药产业园正式启动，会同药监部门在全国开创医药企业异地监管新模式；深入推进张北云计算产业基地建设，努力打造“中国数坝”。

三是信息化建设结出新硕果。建成六里桥政务云中心，为实现全市电子政务集约化建设奠定了基础。“首都之窗”在全国省级政府网站评价中连续9年位居榜首。改版“北京网”，实现百余项业务直接在网上办理，推动信息惠民。加快利用“北京通”整合市民服务卡，发布地方标准，将“京医通”纳入“北京通”范围，全年发放“北京通”卡约500万张，为大数据在市民服务领域的应用打下基础。牵头制定落实《北京市加快社会信用体系建设的实施意见》，初步建成个人信用信息系统。“提速降费”取得实质进展，本市宽带平均可用下载速率达 10.6 兆，同比提高了 101.9%。20 家企业入选 2015 年国家“互联网与工业融合创新试点”名单，数量居全国第一。

四是发展环境实现新提升。深化财政资金使用方式改革，与财政部门共同设立总规模 200 亿元的高精尖产业发展基金，已完成母基金和首批 11 支子基金的设立。加快创新平台建设，正式运营北京市中小企业公共服务枢纽平台网络，培育推广以“北京工业云”、中航“爱创客”等为代表的一批“互联网 +”制造创新服务平台。完善产业发展引导政策，制定落实本市优化企业兼并重组市场环境的实施意见、应急产业发展的实施意见等政策文件。各区经信部门主动作为，重点开发区产业结构不断优化，服务能力显著增强。

同时，全系统坚持讲政治、顾大局的优良传统，不断提升重大活动服务保障能力，以高度的政治责任感，全力做好纪念抗战胜利 70 周年等重大活动期间的空气质量保障、通信和信息安全应急保障以及无线电管理等工作，做到了全面准确，万无一失，得到各方面的充分肯定。

这些成绩的取得，是市委市政府正确领导和工业和信息化部精心指导的结果，是各兄弟委办局大力支持与帮助的结果，更是各区政府、开发区及广大企业共同努力的结果。在此，我代表市经信委，对各界的支持和努力，表示衷心的感谢和崇高的敬意！

回顾五年来的发展历程，我们深切体会到，做好全市经济和信息化工作，要始终牢牢把握首都城市战略定位，坚持主动调整转型；要始终致力于形成创新驱动、内生增长的发展方式；要始终发扬求真务实、开拓创新的工作作风。同时，也要看到我们的工作与党中央和市委市政府的要求还有很大的目标差距，全系统在认识、适应特别是引领新常态方面的能力还有较大欠缺。今后一段时期，我们还要进一步加强学习，不断总结，持续改进，锐意创新。要站在“四个全面”的战略高度，始终按照“三严三实”的要求，持续推进作风建设，更好地完成肩负的每一项任务。

二、形势和展望

“十三五”时期是我国全面建成小康社会的决胜阶段，是北京市落实首都城市战略定位、加快建设国际一流和谐宜居之都的关键阶段。党的十八届五中全会明确了未来五年我国经济社会发展的方向目标，特别是提出了“创新、协调、绿色、开放、共享”五大发展理念。2015 年中央经济工作会提出了“去产能、去库存、去杠杆、降成本、补短板”五大任务，以及供给侧结构性改革等重点工作，对解决我国发展中存在的各种问题具有很强的指导性和针对性。我们必须要深刻理解，在工作中主动对标，对不上的事不能再干，对得上的事要加把劲干。

“十三五”时期，我们的任务既光荣又艰巨。全市经济和信息化发展的宏伟蓝图已经展开，前景美好，但也面临一些突出的困难和问题。对此，必须要保持清醒的认识。一是在产业发展方面，产业层次还不够高，存在供需错配的情况；创新优势发挥还不充分，引导技改升级的政策力度不够，高精尖产业的发展环境和政策合力有待加强；产业投资不足，具有较大带动作用的龙头项目尚未形成破竹之势。二是在企业疏解调整方面，调整退出的政策和经济手段不够完善，企业主动转型发展的积极性有待增强；"小散乱污"企业治理涉及利益复杂，要建立多层级责任制和压力传导机制，才能将工作落实到位。三是在信息化建设方面，信息化对"大城市病"治理、政府管理创新等工作还应发挥更大的支撑作用，顶层设计和统筹协调力度还要加大，新技术条件下的互联网治理和信息安全保障任重道远。四是在全系统内部管理方面，面向企业和公众的服务能力需要提升，全系统的工作合力、担当意识和创新意识仍需增强。

机遇和挑战并存。我们正处在一个大发展、大变革的时期，也面临着产业的大跨界、大颠覆，从短期看可能会经历阵痛，但从长远看是迎来了干事创业的难得契机和更大舞台。"十三五"时期，我们要立足首都城市战略定位，统筹落实《京津冀协同发展规划纲要》《中国制造2025》《"互联网+"行动指导意见》《促进大数据发展行动纲要》等一系列战略部署，以全面推进《北京行动纲要》的实施落地为抓手，不断提升统筹资源、整合要素和专业服务能力，突出抓好技术创新、标准创制、品牌创建、政策创造，实现"在疏解中发展、在调整中提升"，真正发挥并全面提升北京在全国制造业技术创新、智能制造、两化深度融合、智慧城市建设、中小企业发展及军民融合等领域的示范引领作用，在更高水平上推动北京经济和信息化科学发展。

在产业发展方面，瞄准全球产业创新制高点，围绕制造强国建设，以构建产业生态为基础，以提高发展质量和效益为中心，以推动"在北京制造"向"由北京创造"转型为主线，全面实施"三四五八"发展战略，着力疏解非首都功能产业，构建高精尖产业新体系，统筹优化产业空间布局，加快打造"小微企业成长生态圈"，努力走出一条"疏存量推转型、优增量强创新、促协同谋共赢"的发展新路，实现产业的轻盈腾飞和全面升级，促进京津冀产业形成协同创新和一体发展格局。

到2020年，努力完成"四个一千"工程，即淘汰退出1000余家污染落后企业、疏解转移1000余家不符合首都城市战略定位的企业、转型升级1000余家具有传统比较优势的企业、培育发展1000余家符合高精尖产业发展方向的企业。推动产业结构持续优化，空间布局更趋合理，企业创新发展能力不断提升，绿色发展水平迈上新台阶。形成一批具有较强竞争力的优势产业，保持制造业和软件信息服务业占GDP比重和对地方财政贡献"两稳定"，实现创新能力和质量效益"双提升"。

在信息化建设方面，以打造"智慧北京"升级版为主题，以智慧发展为主线，着力构建完整的大数据和物联网应用支撑环境，全面提升北京信息基础设施保障、信息化应用和信息安全管理水平，加快形成政务信息领域信息化统筹规划建设格局，深化建设全市统一的政务云，力争在智慧交通、智慧教育、智慧医疗方面推出更多有影响、见实效的应用项目，全面提高信息化对经济发展、城市运行和民生服务的保障支撑能力。

到2020年，实现“智慧北京”全面升级，信息化发展水平保持全国领先，争创国际一流，推动北京率先进入信息社会，发展成为全球信息通信枢纽、互联网创新中心、智慧城市示范基地和国家“互联网+”产业融合创新策源地。

三、2016年重点工作安排

2016年是“十三五”规划的开局之年，做好全年经济和信息化工作意义重大。我们要在市委市政府的坚强领导下，全面贯彻党中央、国务院相关会议精神，按照全市统一部署，以改革创新的精神，全面抓好《北京行动纲要》的落实工作，加快疏功能、转方式、优环境、补短板、促协同，进一步提升发展的质量效益，实现“十三五”良好开局。

综合各种因素，我们确定2016年主要预期目标是：产业结构不断优化，符合首都城市战略定位的产业加快发展，其中规模以上现代制造业和高技术制造业增加值增速均在7%左右，现代制造业占全市工业的比重超过50%；不符合首都城市战略定位的产业加快疏解和退出，增加值下降5%以上。工业效率提升，消耗减少，全员劳动生产率提高3.5%左右，万元工业增加值能耗和水耗同比均下降约3%。软件和信息服务业平稳发展，营业收入增长约10%。打造“智慧北京”升级版取得新突破。

2016年，我们要着重抓好以下五方面工作。

（一）加快产业调整疏解，推动京津冀协同发展

将京津冀协同发展与北京自身的发展紧密结合，主动担当，推动三地产业协同创新升级。

一是推动完善政策机制。会同发改、财政、土地、规划、环保等部门，研究修订工业污染行业调整、生产工艺和设备退出指导目录，推动出台收储、转让等工业用地二次开发利用的一揽子政策。加快实施差别化水电气热价格政策，落实新的排放标准，强化财政资金引导，提升企业主动关停退出的积极性。细化产业疏解工作方案，推动中心城区符合高精尖产业发展方向的制造企业有序向远郊区及津冀地区梯度转移，一般制造企业及不具备比较优势的生产环节加快向周边地区转移。

二是加快完成产业退出疏解任务。严格执行新增产业的禁限目录，加强市区两级项目审批部门工作联动，确保禁限项目“零准入”。关停退出300家一般制造和污染企业，确保提前一年超额完成清洁空气行动计划提出的累计1200家的退出任务。压减工业燃煤20万吨，继续推进市级以上开发区的生态化改造工作。突出抓好城乡结合部的“小散乱污”企业退出工作，请各区认真落实全市工作部署，按照“谁属地谁治理，谁招商谁清理”的原则，尽快摸清底数，细化工作方案，确保完成“小散乱污”企业治理退出的年度任务。

三是加强重点合作园区的建设。配合争取北京（曹妃甸）现代产业发展试验区国家级政策试点，推动城建重工、葛洲坝能源等一批项目尽快落地。促进北京·沧州生物医药园

已开工项目尽早竣工投产，未开工签约项目尽早开工。协助解决张北云计算产业基地信息化基础设施升级完善等问题，加快阿里北方云计算基地等项目建设，确保按期投入运营。加快京冀通航产业园规划工作，研究共建机制，统筹京冀通航产业发展。推动新能源节能环保装备等领域优势企业参与津冀地区重大工程，促进京津冀产业整体升级。积极做好和田、拉萨等地的对口支援合作。

（二）贯彻落实《北京行动纲要》，加快构建高精尖产业体系

在促进高精尖产业发展方面，政府要扮演好平台搭建者、政策创造者、环境提供者的三重角色。我们将尽快推动成立领导小组，联合各方力量，形成工作合力，加快工作落实。

一是发挥好高精尖产业发展基金的撬动和引领作用。加强高精尖母基金和已设立的11支子基金的管理，推动设立新能源汽车、机器人与智能制造、应急产业等专项基金，对基金投向严格把关，抓好基金风险防范。加强与中关村发展集团、亦庄国投等一批投资公司及相关商业银行的合作，借助专业化和市场化运作，推动资本与高精尖产业融合发展。

二是制定好《北京行动纲要》落地生根的配套政策。编制高精尖产品目录及项目优选线标准，启动实施八大产业生态建设专项和五大行动，力争在新能源汽车、集成电路、机器人、3D打印、新一代健康诊疗、卫星通航等重点领域取得突破。以市级以上开发区为主体，系统梳理全市产业发展空间，优选10家左右进行高精尖产业的集中布局。继续举办好高端产业发展专题研讨班，探索与天津、河北方面联合举办职业技能大赛。

三是培育好首批代表性强的高精尖项目。变征集项目为发现项目，总结自主可信开放系统等项目的运作经验，主动引导市场投向，组合资源布局具有战略意义的高精尖项目。推动完善项目落地协调机制，加快中航发动机总部和研发中心、机器人创新产业基地、智能汽车创新科技园、中芯北方12寸集成电路、诺华制药等一批项目落地建设。支持北京经济技术开发区创建中国制造2025示范区。

这里特别强调，请各区尤其是远郊区，抓住高精尖产业发展契机，围绕《北京行动纲要》落实，细化本区工作方案，立足区域比较优势，明确发展方向和重点。要树立开放合作的“大北京”理念，以央企为重点，积极谋划引进各类产业要素资源，争取国家各类试点示范，带动整体发展环境的提升。

（三）提升企业技术创新能力，增强发展新动能

把创新摆在发展全局的核心位置，抓住京津冀创建全面创新改革试验区的机遇，深化企业为主体的产业创新体系建设，加快形成创新驱动、内生增长的发展方式。

一是加快建设共性技术平台。以跨界创新服务平台为载体，面向产业重大共性需求，启动3~5个市级制造业创新中心建设，力争首批1~2个国家级制造业创新中心落户北京，加速产业前沿技术、关键核心技术等共性技术的供给、扩散和应用。调整企业技术中心认定管理办法，变“被动评”为“主动布”，将面向生产的技术开发中心升级为新产品创造中心。

建设1~2个国家级产业技术基础公共服务平台，为产业技术创新提供基础支撑和公共服务。

二是支持企业技术创新。继续做好国家重大专项的组织实施，会同北京海关摸清进出口产品和技术需求清单，结合已有优势，以本地企业为核心，聚合创新资源，加快材料创新、工艺创新和产品创新，探索推进实施进口替代。逐步建立高精尖产业的技术基础体系、标准支撑体系和监测评价体系。建设高端轨道交通创新基地，进行标准化试点。推动央企等龙头企业率先开放创新资源，培育制造业众创空间，形成协同开放的新型产业组织模式。组织召开技术创新大会，营造鼓励企业创新氛围。

三是加大技术改造升级力度。围绕品种品质品牌，以创新供给带动消费升级。加快落实“绿色制造技术改造行动”和“京津冀联网智能制造示范行动”，出台技术改造目录，会同财政、环保等部门研究推出相关政策，加大资金引导力度，支持传统优势企业实施绿色制造和智能制造技术改造，全年将重点支持节能减排和产业升级技术改造200余项。

四是加快中小企业创新发展。梳理评估中小微企业政策落实效果，完善相关制度。强化中小企业发展基金的引导作用，加快推进基金的专业化管理和市场化运营。充分运用好“政、银、担”风险共担机制，推动投贷保联动。研究建立北京市小微企业投融资环境指数，探索更多为小微企业服务的融资促进模式，力争全年新增融资70亿元。继续完善中小企业公共服务枢纽平台网络，制定发布《北京市小微企业成长行动计划（2016—2020)》，促进大众创业、万众创新。

（四）加快信息化建设，打造“智慧北京”升级版

强化信息化对民生福祉的服务支撑，让市民共享发展成果。

一是加快信息基础设施升级建设。推进“提速降费”，完成铜缆网络光纤化改造，建成“全光纤城市”，大幅提升本市网速，实现平均签约带宽超过30兆，平均可用下载速率超过12兆。在信息管道统一建设、“最后一公里”公平接入等方面，力争取得实质性突破。加强基站规划和建设管理，在三要公共场所提供免费无线上网服务。升级信息资源共享交换平台，推进社区公共服务综合信息平台建设。

二是抓好市行政副中心信息化建设。瞄准国际一流，开展行政副中心智慧城市示范区顶层设计，会同规划部门开展行政副中心信息化基础设施规划，启动行政办公区智能化建设和信息化大楼建设工作，带动北京信息化应用水平的提升和信息产业的发展。推进京津冀区域，尤其是冬奥会举办地的信息基础设施统筹建设和对接共享。

三是提升信息化支撑民生和城市服务的能力。扩展北京市政务云应用，除公安、安全系统外，新建系统全部上云、已建系统逐步迁移。将“北京网”和“北京服务您”建设成为集成各类公共服务的政府服务门户。实施“祥云工程”3.0版，在交通、教育、医疗等领域，主动协调启动一批重大应用项目。全面推进“北京通”与各领域的融合对接，全年新增发卡500万张以上。建设完善全市公共信用信息服务平台，起草制定公共信用信息归集和使用管理办法，推动建立以信用为核心的新型市场监管与服务机制，以及京津冀统一的信用

管理体系。

四是强化信息网络安全保障能力。编制政务信息安全技术指南，推进信息安全等级保护，加强信息安全检查和渗透测试，利用大数据分析技术完善政务信息安全监控平台。维护无线电管理秩序，做好重大活动通信保障和突发事件应急处置。

（五）瞄准智能制造主攻方向，推动两化深度融合

着眼构造新型制造体系，加快新一代信息技术与制造技术融合发展，促进制造业向数字化、网络化、智能化方向发展。

一是深化“互联网+”制造业创新发展。加快发展生产性服务业，鼓励制造业企业主动向服务型制造、平台化经营和个性化服务方向转型。大力发展工业电子商务，通过需求拉动，实现对供给侧资源逆向优化整合。加快工业云协同制造，推动跨区域、跨行业资源共享与生产协同应用。

二是抢抓智能制造制高点。牵头推出更多的智能制造国家标准，推进一批智能制造新模式应用和示范试点项目建设。支持海淀区建设智能制造创新中心。启动京津冀智能制造工程并在智能电网、生物医药等行业应用。争取世界机器人大会永久会址落地，建设国家机器人检验认证中心，加快打造智能机器人创新基地。着眼5G通信技术前沿，服务智能交通应用，大力发展智能汽车。

三是落实国家大数据战略。发布大数据和云计算发展行动计划，探索完善大数据开放利用机制，组建大数据管理中心，打造政务数据开放门户，率先促进政务数据资源共享开放。加快京津冀大数据试验区创建工作，带动张家口大数据新能源综合示范区建设。

四是加快军民融合发展。抓住国防科技工业改革、军工科研院所转制契机，重点推进中船海洋装备创新研发基地、军民融合信息安全等项目建设，促进军民融合产业向纵深发展。推动高分、北斗等卫星应用与信息产业融合发展。以丰台科技园应急产业示范基地建设为重要抓手，加快发展应急产业。

同志们，今年的工作任务十分繁重，为保障做好全年工作，我再强调四方面要求。

一是加强顶层统筹。按计划编制完成“十三五”工业转型升级、软件与信息服务业发展及信息化建设等相关规划。推进依法行政，深化审批制度改革，做好经济运行监测，不断提高宏观思维和战略研判能力。与相关部门做好协同配合，在产业疏解转移、项目引进方面，确保全市一盘棋、工作一本账。

二是做好企业服务。推进减税降负，落实好降成本相关政策，妥善处置“僵尸企业”。支持市属工业企业加大改革力度，借助“一带一路”等政策契机，开展跨国并购。支持企业参与政府采购以及新机场、行政副中心建设。支持“老字号”企业扩大发展。

三是加强安全生产管理。市区两级经信部门要落实管行业必须管安全的要求，加强对企业的安全生产指导，督促企业落实主体责任，严格执行安全生产责任制，狠抓管理制度和岗位培训；切实做好核应急与民爆等行业的监督管理，始终做到警钟长鸣。重大活动和

节日期间，各单位一定要加强隐患排查和应急值守，确保万无一失。

四是抓好党的建设。以落实全面从严治党为主线，从严思想教育、从严监督管理、从严改进作风、从严纪律约束、从严落实责任，切实抓好党员干部队伍的作风建设。加强新闻宣传，营造良好舆论氛围。健全“一岗双责”长效机制，坚持反腐倡廉不放松、不手软，营造风清气正的工作环境。

同志们，做好今年工作，使命光荣，责任重大。我们一定要以时不我待的使命感和紧迫感，奋力拼搏，久久为功，不断推动全市经济和信息化转型发展，为北京率先全面建成小康社会、建设国际一流的和谐宜居之都，贡献更大力量。

春节将至，提前给大家拜年，祝大家新的一年工作顺利，身体健康，阖家欢乐！谢谢大家！

专文

工业和信息化部贯彻落实《国务院关于积极推进“互联网+”行动的指导意见》的行动计划（2015—2018年）

为进一步贯彻落实《国务院关于积极推进“互联网+”行动的指导意见》，加快推进两化深度融合，全面支撑《中国制造2025》实施和制造强国、网络强国建设，特制定本行动计划。

一、总体要求

（一）指导思想

全面贯彻落实党的十八大和十八届三中、四中、五中全会精神，深刻把握“互联网+”时代大融合、大变革趋势，充分发挥我国互联网规模应用综合优势，以加快新一代信息通信技术与工业深度融合为主线，以实施“互联网+”制造业和“互联网+”小微企业为重点，以高速宽带网络基础设施和信息技术产业为支撑，不断打造新形势下产业竞争新优势。把市场对资源配置的决定性作用和政府作用有机结合起来，突出企业主体地位，大力拓展互联网与制造业融合的深度和广度，积极培育新技术、新产品、新业态、新模式，深化体制机制改革，创新政府服务模式，释放发展潜力和活力，推动产业转型升级和提质增效，加快制造强国和网络强国建设。

（二）基本原则

坚持创新引领。加强互联网创新要素、创新体系和创新理念与产业发展的对接应用，最大程度汇聚各类创新力量，带动技术和模式创新，不断培育新兴业态和产业新增长点。

坚持两化融合。充分发挥互联网在信息化和工业化融合中的平台作用，鼓励传统产业树立互联网思维，促进信息通信技术向制造业各领域环节渗透，推动生产方式和发展模式变革。

坚持开放共享。巩固提升我国互联网发展优势，鼓励基于互联网的各类要素资源集聚、开放、共享，提高配置效率，加快建立优势互补、合作共赢的开放型产业生态体系。

坚持安全有序。健全网络安全保障体系，夯实技术和产业支撑能力，强化重要信息系统和数据资源保护，健全标准体系和法规制度，完善科学有效的市场监管方式，促进行业有序发展。

（三）总体目标

到 2018 年，互联网与制造业融合进一步深化，制造业数字化、网络化、智能化水平显著提高。两化融合管理体系成为引领企业管理组织变革、培育新型能力的重要途径；新一代信息技术与制造技术融合步伐进一步加快，工业产品和成套装备智能化水平显著提升；跨界融合的新模式、新业态成为经济增长的新动力，培育一批互联网与制造业融合示范企业；信息物理系统（CPS）初步成为支撑智能制造发展的关键基础设施，形成一批可推广的行业系统解决方案；小微企业信息化水平明显提高，互联网成为大众创业、万众创新的重要支撑平台；基本建成宽带、融合、泛在、安全的下一代国家信息基础设施；初步形成自主可控的新一代信息技术产业体系。

二、主要行动

（一）两化融合管理体系和标准建设推广行动

1. 行动目标

两化融合管理体系成为引导企业战略调整、业务转型、组织变革、新型能力培育的重要抓手。到 2018 年，形成一套完整的两化融合管理体系标准，10000 余家企业开展两化融合管理体系贯标，1500 余家企业通过两化融合管理体系评定，60000 余家企业开展两化融合自评估自诊断自对标，形成以管理标准促创新、促转型、促发展的新格局。

2. 行动内容

全面推进两化融合管理体系贯标。持续推进两化融合管理体系贯标试点工作，完善贯标评定线上线下协同工作平台，鼓励有条件的地区提供政策引导和资金支持，建立市场化贯标模式和机制。加强人才培养、宣贯培训和监督管理，建立贯标质量保障体系，在智能制造、技术改造、工业强基、工业转型升级等重点工作中采信两化融合管理体系评定结果，加快形成市场化采信机制。

加快培育互联网环境下的企业新型能力。依托两化融合咨询服务平台，鼓励地方主管部门和行业协会组织企业开展两化融合自评估、自诊断、自对标，明确两化融合发展目标、重点方向和实施路径。分行业、分领域遴选一批贯标企业，组织地方、行业主管部门和中介组织，总结提炼两化融合经验和做法，开展示范推广，引导企业加快互联网环境下的业务创新和组织变革，培育数据驱动、网络协同、精细管理等新型能力。开展区域两化融合发展水平评估，指导各地科学推进两化深度融合。

加快建立两化融合标准体系。整合信息技术、工业和通信领域的标准化资源，加强两化融合领域的标准化技术组织建设。研究制定两化融合标准路线图，建立和完善相关标准体系。按照急用先行、成熟先上、重点突破的原则，研究制定信息物理系统（CPS）、工业云、工业大数据、工业互联网、工控系统、生产性服务等领域的关键标准，积极推动国际标准化工作。组织制定两化融合管理体系细分领域标准，开展信息技术服务标准（ITSS）符合性评估工作。

（二）智能制造培育推广行动

1．行动目标

新一代信息技术与制造技术融合步伐进一步加快，制造业产品、装备、生产、管理、服务的智能化水平显著提升。到2018年，高端智能装备国产化率明显提升，建成一批重点行业智能工厂，培育200个智能制造试点示范项目，初步实现工业互联网在重点行业的示范应用。

2．行动内容

加强智能制造顶层设计。研究制定智能制造发展战略，明确阶段目标、发展重点和实施路径。制定智能制造工程实施方案，明确智能制造装备和产品、重点行业智能工厂、数字化车间等领域发展的目标、重点和实施路线图。制定发布智能制造综合标准化建设指南，开展标准试验验证及在典型行业的推广应用。推动传统装备智能化改造和升级，围绕量大面广中小企业核心装备、关键工序智能化改造的共性问题，支持地方主管部门、协会联盟、研究院所分行业制定装备智能化改造路线图，明确阶段性目标、重点、路径、方法。

发展智能制造装备和产品。组织实施智能制造专项，支持智能制造装备和产品创新发展。加快重点领域装备智能化，继续组织"数控一代"装备创新工程行动计划、高档数控机床与基础制造装备专项。出台《车联网发展创新行动计划（2015—2020年）》，推动车联网技术研发、标准制定，组织开展车联网试点、基于5G技术的车联网示范。制定《智能硬件创新发展行动计划》，推动智能穿戴、服务机器人等新型智能硬件产品研发和产业化，持续推进国家智慧家庭应用示范基地创建。

组织开展智能制造试点示范。以企业为主体、市场为导向、应用为核心，聚焦制造关键环节，在基础条件好、需求迫切的重点地区、行业，遴选一批在智能装备、智能工厂、智能服务、智能供应链、制造新模式领域具有引领示范作用的试点企业，不断提炼和总结有效的经验和模式，开展行业示范和应用推广。依托新型工业化示范基地，开展智能园区试点示范，培育一批智能园区。

推进工业互联网发展部署。研究制定工业互联网整体网络架构方案，明确我国工业互联网的关键技术路径。加快基于IPv6、工业以太网、泛在无线、软件定义网络（SDN）、5G及工业云计算、大数据等新型技术的工业互联网部署。组织开展工业互联网关键资源管理平台和关键技术试验验证平台建设。推动成立工业互联网产业联盟，支持企业开展工业互联网创新应用示范，在工厂无线应用、标识解析、工业以太网、IPv6应用等领域开展应用示范。

（三）新型生产模式培育行动

1. 行动目标

互联网广泛融入生产制造全过程、全产业链和产品全生命周期，催生一批新技术、新业态和新模式，成为引领产业转型升级的重要驱动力。到2018年，重点行业形成一批众包设计、个性化定制、协同制造等新模式，培育一批国家级工业云、工业大数据、工业电子商务和众创空间示范平台，形成一批具有创新性、引领性的互联网与制造业融合示范企业。

2. 行动内容

培育发展开放式研发设计模式。引导消费电子、家电、制鞋、服装等制造企业建立开放创新交互平台、在线设计中心，充分对接用户需求，发展基于互联网的按需、众包、众创等研发设计模式。支持机械、航空、船舶、汽车、电子信息等制造企业加快构建产业链协同研发体系，集聚各类创新资源，发展基于互联网的协同设计模式。支持大企业建立面向全社会的研发测试、创业培训、投融资、创业孵化等大众创业、万众创新服务平台，鼓励地方发展创客空间、创新工场、开源社区等新兴众创空间，打造市场化与专业化结合、线上与线下互动、孵化与投资衔接的创新载体。

发展新型生产制造方式。组织开展“互联网+”制造业试点示范，推动企业建立基于互联网的大规模个性化定制、网络化协同制造、云制造等新型制造模式，形成基于消费需求动态感知的研发、制造、服务新方式。推动互联网应用从销售环节向生产制造全过程拓展，鼓励企业在线实时发布研发设计资源、生产制造和物流配送能力，形成基于网络、数据驱动的线下资源线上配置的新型生产方式。

打造服务产业转型的平台经济。支持制造企业、互联网企业、信息技术服务企业跨界联合，建设和应用推广工业云平台。组织开展工业云服务创新试点，推进研发设计、生产制造、营销服务、测试验证等资源的开放共享，打造工业云生态系统。开展工业电子商务区域试点，推动工业电子商务平台、第三方物流、互联网金融等业务协同创新和互动发展，培育一批工业电子商务示范区、平台和企业。支持制造龙头企业以供应链管理为重点，深化企业间电子商务应用，发展直销电商、社交电商、跨境电商等网络营销新模式。

加快开发和应用工业大数据。研究制定工业大数据发展路线图，明确发展方向、目标和路径。支持开发一批面向市场营销、研发设计、生产制造、经营管理等关键环节的大数据分析技术和产品，推动建设面向全产业链的大数据资源整合和分析平台，组织开展行业应用试点示范。依托高端装备、电子信息等数据密集型产业集聚区，建设一批工业大数据行业平台和服务示范基地。

（四）系统解决方案能力提升行动

1. 行动目标

重点行业信息物理系统（CPS）应用水平和智能制造系统解决方案能力显著提升，工控安全保障体系进一步完善。到2018年，国内工业软件骨干企业营业收入年均增速超过20%，形成一批行业信息物理系统（CPS）应用测试验证平台，培育20余家行业智能制造系统解决方案领军企业。

2. 行动内容

推进信息物理系统（CPS）关键技术研发及产业化。建设信息物理系统（CPS）标准体系，加快制定信息物理系统（CPS）参考模型、功能架构、数据和数据链等基础关键标准。支持工业软件企业，攻关解决物理仿真、人机交互、智能控制、系统自治等关键技术，提升计算机辅助设计仿真（CAD/CAE）、制造执行系统（MES）、产品全生命周期管理（PLM）、分布式控制系统（DCS）等工业软硬件研发和产业化能力。支持研发行业信息物理系统（CPS）开发工具、知识库、组件库等通用开发平台，推动工业软件、工业大数据、工业网络、工控安全系统、智能机器等集成应用，增强行业信息物理系统（CPS）系统解决方案研发能力。

开展行业信息物理系统（CPS）应用测试和试点示范。依托科研院所、高校、大型企业，围绕重点行业，建立行业信息物理系统（CPS）应用测试验证平台，构建具有信息物理系统（CPS）综合验证能力的试验床，开展关键技术、网络、平台、应用环境的兼容适配、互联互通和互操作测试验证。支持第三方机构建立信息物理系统（CPS）安全测试评估平台，测试评估信息物理系统（CPS）关键软件、传感器、移动终端设备、工业网络等的安全性能。面向航空、汽车、电子、石化等重点行业，组织开展信息物理系统（CPS）应用示范。

提升智能制造系统解决方案能力。面向重点行业智能制造单元、智能生产线、智能车间、智能工厂建设，提升工业自动化、信息技术等集成服务企业的架构设计、综合集成和解决方案能力。组织实施智能制造系统解决方案能力提升工程，支持制造企业、信息技术企业、互联网企业建立协作机制，开展设计工具、生产装备、工业操作系统、工业互联网、智能芯片及工业控制设备等协同攻关和应用示范，形成一批行业智能制造整体解决方案。

加强工业信息系统安全保障体系建设。探索建立工业信息系统和产品安全审查制度，完善工业信息系统信息安全标准体系，提升工业企业信息安全管理能力。研究制定工业信息安全风险信息报送发布管理办法，开展重点领域工控系统信息安全检查和风险评估，支持工控系统信息安全核心技术和产品研发和产业化。建设一批工业信息系统安全实验室，优先支持工业控制产品与系统信息安全仿真测试、监测预警等公共服务平台建设，培育一批第三方服务机构。

（五）小微企业创业创新培育行动

1. 行动目标

中小企业信息化推进工程持续深入推进，面向中小微企业的服务体系进一步完善，小微企业应用互联网的水平和两化融合能力不断提升，大众创业、万众创新的环境不断改善。到2018年，建成一批面向小微企业的信息化服务平台，不断提高小微企业应用信息技术开展研发、管理和生产控制的能力。

2. 行动内容

完善服务体系。实施中小企业公共服务平台网络建设工程，实现服务资源的互联互通、信息共享和服务协同。鼓励电信企业和大型互联网企业打造开放共享的资源平台，与工业园区、产业集聚区开展合作，为小微企业提供低成本、低门槛、以租代建、支持核心业务发展的服务。探索供应链金融、电子商务信用融资等小微企业融资新模式和新渠道。

推动互联网技术应用。加强工业云平台对小微企业的服务能力建设，提供面向小微企业的在线研发设计、优化控制、设备管理、质量监控与分析等软件应用服务。支持电信运营商、信息技术服务企业、互联网企业等实施专项计划为小微企业提供电子商务、移动互联网应用解决方案等服务，推动小微企业创新业务模式、扩宽营销渠道、改进产品服务。

支持小微企业创业创新。建设一批智慧型小微企业创业创新基地，提供面向创业者和小微企业互联网应用的基础设施、软件支撑、网络安全、数据存储等服务。支持构建“创客中国”创业创新服务平台，举办创客大赛。依托各类中小企业信息化辅导站、培训基地、体验中心等服务机构，广泛开展信息化人才培训、服务和产品展示、应用推广活动。

（六）网络基础设施升级行动

1. 行动目标

宽带、融合、泛在、安全的下一代国家信息基础设施基本建成，全面提升对“互联网 +”的支撑能力。到 2018 年，建成一批全光纤网络城市，4G 网络全面覆盖城市和乡村，80% 以上的行政村实现光纤到村，直辖市、省会主要城市宽带用户平均接入速率达到 30Mbps。

2. 行动内容

加快信息基础设施建设和应用。推进全光纤网络城市和“宽带中国”示范城市建设。加快 4G 网络建设发展，加大 5G 研发力度。实施以宽带为重点内容的电信普遍服务补偿机制，加快农村宽带基础设施建设，缩小数字鸿沟。推进电信基础设施共建共享、互联互通，引导云计算数据中心优化布局，推动数据中心向规模化、集约化、绿色化发展。优化升级互联网架构，推进互联网基础资源科学规划和合理配置。开展以 5G 为重点的国际移动通信（IMT）频率规划研究，以及智能交通频谱规划研究和技术试验。引导互联网企业优化网站设计、加大带宽配置，实现互联网信源高速接入，提升网站服务能力。

加强和改进互联网市场监管。加强对互联网新业务分类指导，建立健全备案管理、综合评估等制度。完善互联网市场竞争管理规范，落实信息网络实名登记要求，推进网站、域名、IP 地址真实身份注册。健全网络数据和用户信息保护制度体系和标准，督促企业落实分类分级保护要求。强化互联网网络性能监测手段，加强部省两级监测系统建设。积极推动、配合做好网络安全法、电信法、无线电管理条例（修订）、互联网信息服务管理办法（修订）等法律法规立法。

加强网络基础设施安全保障。完善电信和互联网行业网络安全防护标准，健全网络安全防护体系。指导企业加强网络安全技术手段建设。加强网络安全监测预警和信息通报，健全网络安全应急工作机制。强化网络数据和用户个人信息保护，建立大规模用户信息泄露报告和用户通知制度。持续开展公共互联网网络安全威胁治理，完善恶意程序处置机制。组织开展电信和互联网领域网络安全试点示范工作，指导督促企业加强网络安全管理和技术手段创新。

（七）信息技术产业支撑能力提升行动

1. 行动目标

信息技术产业持续快速发展，围绕“互联网＋”行动的软硬件技术、产业基础不断夯实。到2018年，高性能计算、海量存储系统、网络通信设备、安全防护产品、智能终端、集成电路、平板显示、软件和信息技术服务等领域取得重大突破，涌现出一批具有自主创新能力的国际领先企业，安全可靠的产业生态体系初步建成。

2. 行动内容

突破核心技术和产品。制定集成电路重点领域发展路线和实施路径，构建具备自主发展能力的通用基础软硬件平台。研究制定传感器发展战略，明确核心传感器阶段目标、重点任务和发展模式。加强可编程控制系统（PLC）、工控计算机、工业网络设备、安全防护产品攻关，支持高集成度低功耗芯片、底层软件、传感互联、自组网等共性关键技术创新。实施“芯火”计划，开发自动化测试工具集和跨平台应用开发工具系统，提升集成电路设计与芯片应用公共服务能力，加快核心芯片产业化。推动基于互联网的视听节目服务、智慧家庭服务等产品的研发和应用，加强互联网电视接收设备、智能音响、可穿戴设备等新型信息消费终端产品研发创新。

发展软件和信息技术服务业。推动基础软件核心关键技术突破，加快新兴领域基础控制及应用软件发展。支持高端工业软件、新型工业APP的研发和应用，发展自主可控工业操作系统及实时数据库等基础软件，提升设计、仿真、管理、控制类工业软件的国产化率和应用水平。推进智能语音和新型人机交互、自然语言处理、智能决策控制等关键技术研发和产业化，推动人工智能在工业制造领域规模商用。研制和推广应用面向制造业的信息技术服务标准（ITSS）。

构建安全可靠产业生态体系。以高端通用芯片和基础软件为抓手，构建安全可靠核心信息设备综合验证、集成测试、系统评测等公共服务平台和产业链协同创新平台。支持面向互联网的智能可穿戴、智慧家庭、智能音响、智能车载、智慧健康、智能无人系统等智能硬件核心关键技术突破，加强硬件样机设计平台、技术标准和知识产权等公共服务平台建设。加快安全可靠服务器、存储系统、桌面计算机及外部设备、网络设备、智能终端等终端产品、基础软件和信息系统的研发与推广。

提升“云计算＋大数据”综合支撑能力。以云计算创新试点城市为重点，开展面向行业、区域的“云计算＋大数据”智能基础设施建设示范工程，建设智能制造公共云服务平台，加强制造资源和能力的共建共享，提升智能制造公共服务水平。实施大数据关键技术及产品研发与产业化工程、大数据产业支撑能力提升工程，推动大数据应用和产业发展。

三、保障措施

（一）强化组织保障

加强统筹协调，强化部门合作、部省合作，构建各负其责、紧密配合、运转高效的工作体系。把推进“互联网 +”和实施“中国制造 2025”有机结合起来，实现相互促进，共同发展，加强整体规划和布局，分步骤组织实施各项行动计划。加强对地方的指导和跟踪评价，充分调动地方主管部门的积极性。各地要加强对本行动计划的贯彻落实和组织保障，结合实际制定配套政策措施，积极探索新方法、新路径，营造良好发展环境。

（二）改革体制机制

加强对“互联网 +”背景下法律法规、监管制度、技术标准、安全防范机制等重大问题的研究。进一步推进互联网领域的立法工作，健全网络信息服务、网络安全、大数据管理等方面的法律法规，提升互联网空间法制化管理水平。推进电信业务市场开放，做好宽带接入市场开放和移动通信转售业务开放试点等相关工作，引导和支持民营企业进一步进入电信业，提升宽带市场的有序开放和服务水平。建立跨行业、跨领域的新型产学研用联盟，形成利益共享、合作共赢的新机制。充分发挥政府在制定和实施标准、营造政策环境、提供公共服务等方面的作用。

（三）创新财税支持

统筹利用现有财政专项资金，整合各类资源，优化资金配置。鼓励有条件的地方设立专项资金，加大对“互联网 +”制造业和“互联网 +”小微企业的财政支持。采用政府和社会资本合作模式（PPP），引导社会资本参与网络基础设施建设等。探索推动符合条件的跨界、融合、创新性产品和服务享受软件产业税收优惠等政策。

（四）创新人才培养

编制实施制造业人才发展规划，加强人才发展分类指导。围绕“互联网 +”发展需求，依托国家重大人才工程，加快培养引进一批高端、复合型人才。加强高校与企业合作，建立一批面向“互联网 +”制造业和小微企业实训基地，培育一批经营管理、专业技术和职业技能人才。调整完善部属高校学科专业建设体系和人才培养评价体系，引导部属高校建设在线开放课程、“工信慕课平台”。加快推广首席信息官制度。

（五）加强国际合作

结合"一带一路"等国家重大战略，支持和鼓励互联网企业联合制造、金融、信息技术、通信等领域企业"走出去"。联合国内金融机构及丝路、中非等基金，建立"互联网+"制造业境外投资合作机制。积极发起或参与互联网领域多双边或区域性规则的谈判，提升影响力和话语权。推动建立中德、中欧、中美、中日韩政府和民间对话交流机制，围绕智能制造、标准制定、行业应用示范，组织开展技术交流与合作。支持行业协会、产业联盟与企业共同推广中国技术和中国标准。

工业和信息化部办公厅关于印发《云计算综合标准化体系建设指南》的通知

工信厅信软〔2015〕132号

各省、自治区、直辖市、计划单列市工业和信息化主管部门、新疆生产建设兵团工业和信息化委员会，各有关单位：

云计算作为战略性新兴产业的重要组成部分，是信息技术服务模式的重大创新，对贯彻实施《中国制造2025》和"互联网+"行动计划具有重要意义。为加快推进云计算标准化工作，提升标准对构建云计算生态系统的整体支撑作用，我部组织相关单位、标准化机构和标准化技术组织编制了《云计算综合标准化体系建设指南》。现印发给你们，请在标准化工作中遵照执行。

随着技术和产业的不断发展，我部将对本综合标准化体系建设指南进行不断完善。

工业和信息化部办公厅
2015年10月16日

（联系电话：010−68208201）

云计算综合标准化体系建设指南

云计算通过网络将分散的计算、存储、软件等资源进行集中管理和动态分配，使信息技术能力如同水和电一样实现按需供给，具有快速弹性、可扩展、资源池化、广泛网络接入和多租户等特征，是信息技术服务模式的重大创新。云计算是战略性新兴产业重要组成部分，推进云计算健康快速发展，对加速产业转型升级、促进信息消费、建设创新型国家具有重要意义。

一、云计算发展情况

（一）国外云计算发展情况

全球云计算市场迅速增长，世界主要国家和地区纷纷出台云计算发展战略规划，大型跨国企业已形成全球化服务能力和系统解决方案提供能力，企业和开源社区共同推动关键技术研发取得突破性进展，云计算应用在政务、金融、医疗、教育和中小企业等重要领域先后落地。与此同时，国外标准化组织和协会纷纷开展云计算标准化工作，涉及基础、云资源管理、云服务和云安全等方面。

（二）国内云计算发展情况

近年来，在党中央、国务院的高度重视下，政、产、学、研、用各方共同努力，已形成服务创新、技术创新和管理创新协同推进的云计算发展格局，关键技术和软硬件产品取得一批成果，公共云服务能力显著提升，行业应用进一步深化，云计算生态系统初步形成，产业规模迅速扩大，为开展标准化工作奠定了良好的技术、产品和应用基础。

我国云计算生态系统（见附件 1）主要涉及硬件、软件、服务、网络和安全五个方面。

——硬件。云计算相关硬件包括服务器、存储设备、网络设备及数据中心成套装备等，以及提供和使用云服务的终端设备。目前，我国已形成较为成熟的电子信息制造产业链，设备提供能力大幅提升，基本能够满足云计算发展需求，但低功耗 CPU、GPU 等核心芯片技术与国外相比尚有较大差距，新型架构数据中心相关设备研发较为滞后，规范硬件性能、功能、接口及测评等方面的标准尚未形成。

——软件。云计算相关软件主要包括资源调度和管理系统、云平台软件和应用软件等。资源调度管理系统和云平台软件方面，我国已在虚拟弹性计算、大规模存储与处理、安全管理等关键技术领域取得一批突破性成果，拥有了面向云计算的虚拟化软件、资源管理类软件、存储类软件和计算类软件，但综合集成能力明显不足，与国外差距较大。云应用软件方面，我国已形成较为齐全的产品门类，但云计算平台对应用移植和数据迁移的支持能力不足，制约了云应用软件的发展和普及。

——服务。服务包括云服务和面向云计算系统建设应用的云支撑服务。云服务方面，各类 IaaS、PaaS 和 SaaS 服务不断涌现，云存储、云主机、云安全等服务实现商用，阿里、百度、腾讯等公共云服务能力位居世界前列，但国内云服务总体规模较小，需要进一步丰富服务种类，拓展用户数量。同时，服务质量保证、服务计量和计费等方面依然存在诸多问题，需要建立统一的 SLA（服务水平协议）、计量原则、计费方法和评估规范，以保障云服务按照统一标准交付使用。云支撑服务方面，我国已拥有覆盖云计算系统设计、部署、交付和运营等环节的多种服务，但尚未形成自主的技术体系，云计算整体解决方案供给能力薄弱。

——网络。云计算具有泛在网络访问特性，用户无论通过电信网、互联网或广播电视网，都能够使用云服务。“宽带中国”战略的实施为我国云计算发展奠定坚实的网络基础。与此同时，为了进一步优化网络环境，需要在云内、云间的网络连接和网络管理服务质量等方面加强工作。

——安全。云安全涉及服务可用性、数据机密性和完整性、隐私保护、物理安全、恶意攻击防范等诸多方面，是影响云计算发展的关键因素之一。云安全不是单纯的技术问题，只有通过技术、服务和管理的互相配合，形成共同遵循的安全规范，才能营造保障云计算健康发展的可信环境。

为进一步推动我国云计算发展，需要运用综合标准化的系统性、目标性和配套性等思维方式和工作方法，以云计算相关技术和产品、云服务为标准化对象，按成套成体系制定整体协调的标准。云计算综合标准化工作的重点是从云计算发展实际出发，构建云计算综合标准化体系，用标准化手段优化资源配置，促进技术、产业、应用和安全协调发展。

二、云计算综合标准化体系建设指南总体思路

（一）指导思想

按照《关于促进云计算创新发展培育信息产业新业态的意见》（国发〔2015〕5号）提出建设云计算标准规范体系的要求，广泛借鉴国际云计算技术和标准研究成果，紧扣云计算服务和应用发展需求，充分发挥企业主体作用，加强标准战略研究和标准体系构建，明确云计算标准化研究方向，加快推进重要领域标准制定与贯彻实施，夯实云计算发展的技术基础，为促进我国云计算持续快速健康发展做好支撑。

（二）基本原则

——顶层设计，明确方向。结合云计算服务发展实际，立足国内，借鉴国际，做好云计算综合标准化工作的顶层设计，加强标准战略研究和标准体系构建，明确云计算标准化研究方向，指导国内标准化组织和企业有序开展云计算标准化活动。

——需求牵引，重点推进。以云计算服务需求为引领，围绕云计算发展过程中存在的共性问题，推进重点标准研制和贯彻实施工作，动态更新云计算标准体系。

——加强交流，注重协调。以支撑行业管理、服务产业发展为出发点和落脚点，加强国际交流与合作，统筹国际国内两个标准化工作大局，凝聚行业力量，夯实标准化工作基础，确保标准化成果的综合性、配套性和协调性。

三、云计算综合标准化体系建设内容

（一）云计算综合标准化体系框架

依据我国云计算生态系统中技术和产品、服务和应用等关键环节，以及贯穿于整个生态系统的云安全，结合国内外云计算发展趋势，构建云计算综合标准化体系框架，包括“云基础”、“云资源”、“云服务”和“云安全”4个部分（如图1）。各个部分的概况如下：

1. 云基础标准。用于统一云计算及相关概念，为其他各部分标准的制定提供支撑。主要包括云计算术语、参考架构、指南等方面的标准。

2. 云资源标准。用于规范和引导建设云计算系统的关键软硬件产品研发，以及计算、存储等云计算资源的管理和使用，实现云计算的快速弹性和可扩展性。主要包括关键技术、资源管理和资源运维等方面的标准。

3. 云服务标准。用于规范云服务设计、部署、交付、运营和采购，以及云平台间的数据迁移。主要包括服务采购、服务质量、服务计量和计费、服务能力评价等方面的标准。

4. 云安全标准。用于指导实现云计算环境下的网络安全、系统安全、服务安全和信息安全，主要包括云计算环境下的安全管理、服务安全、安全技术和产品、安全基础等方面标准。

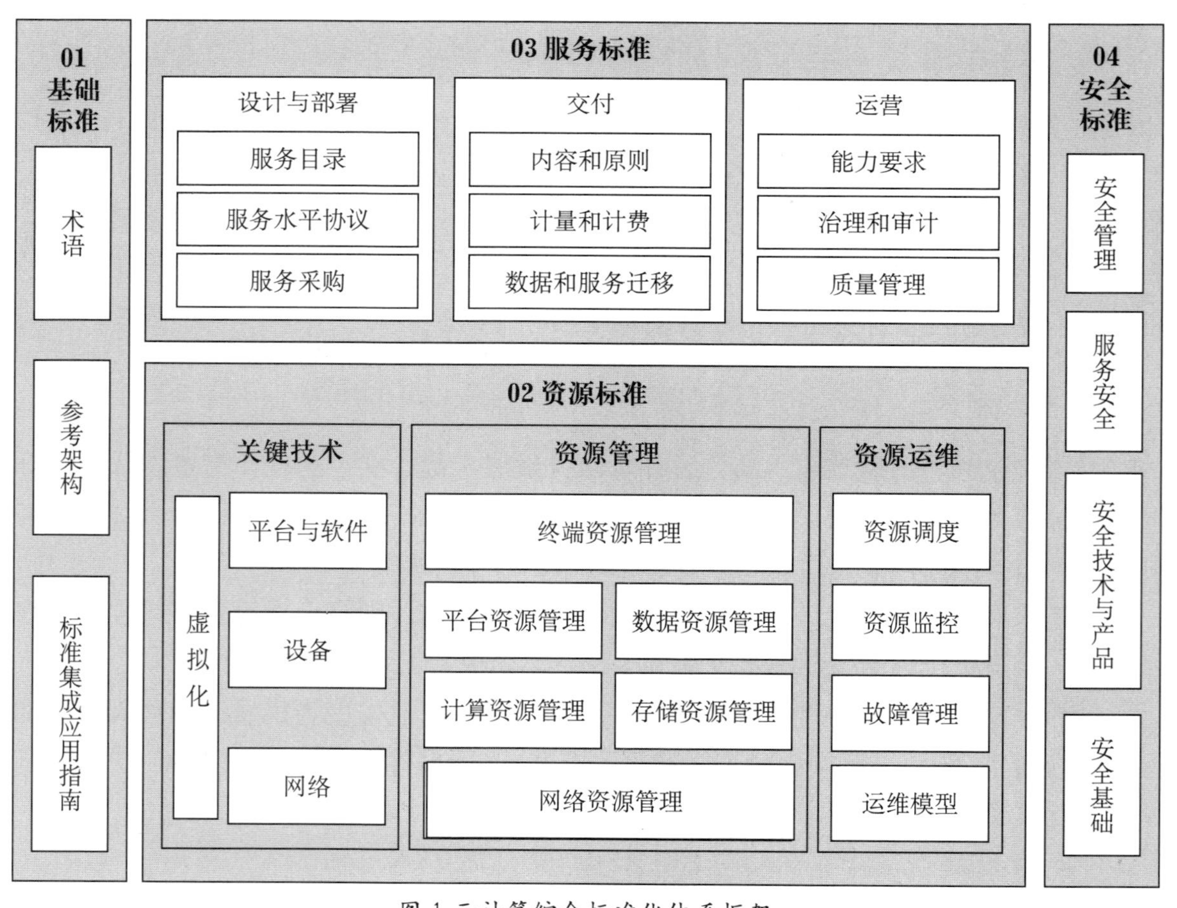

图1 云计算综合标准化体系框架

（二）云计算标准研制方向

以云计算综合标准化体系框架为基础，通过研究分析信息技术和通信领域已有标准，提出现有标准缺失的，并能直接反映云计算特征，有效解决应用和数据迁移、服务质量保证、供应商绑定、信息安全和隐私保护等问题的29个标准研制方向（如表1，详见附件2），以指导具体标准的立项和制定。对尚未纳入标准研制方向但在云计算综合标准化体系框架中列出的，统一作为标准化需求研究方向。

云计算重点标准研制方向统计

表1

名称	标准研制方向
云基础标准	3
云资源标准	8
云服务标准	6
云安全标准	12
共　计	29

附件1：云计算（技术、产业应用、安全）生态系统

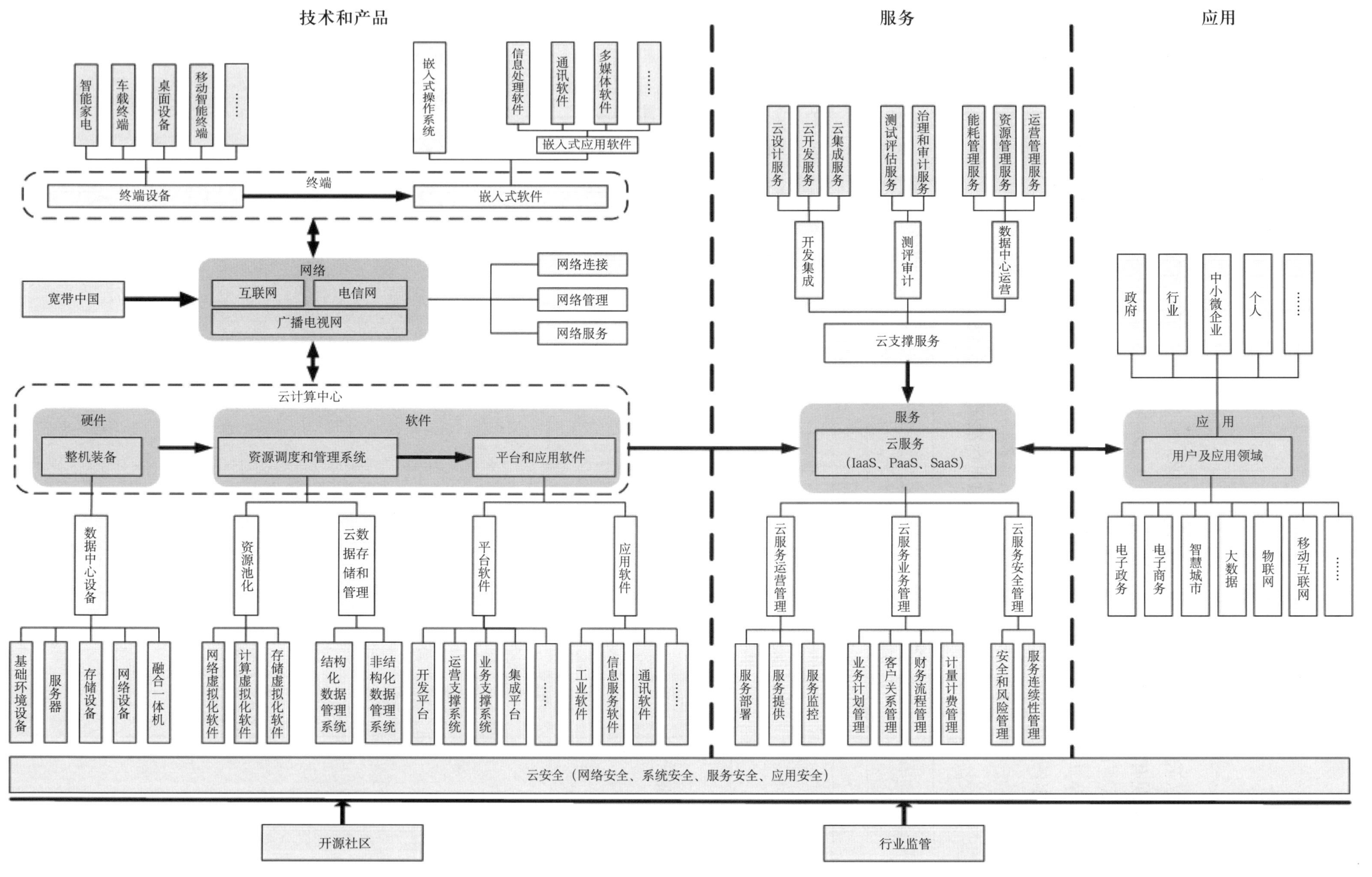

技术和产品
服务
应用
智能家电
车载终端
桌面设备
移动智能终端
……
嵌入式操作系统
信息处理软件
通讯软件
多媒体软件
……
嵌入式应用软件
终端
终端设备
嵌入式软件
网络
互联网
电信网
广播电视网
宽带中国
网络连接
网络管理
网络服务
云计算中心
硬件
整机装备
软件
资源调度和管理系统
平台和应用软件
数据中心设备
资源池化
云数据存储和管理
平台软件
应用软件
基础环境设备
服务器
存储设备
网络设备
融合一体机
网络虚拟化软件
计算虚拟化软件
存储虚拟化软件
结构化数据管理系统
非结构化数据管理系统
开发平台
运营支撑系统
业务支撑系统
集成平台
……
工业软件
信息服务软件
通讯软件
……
云设计服务
云开发服务
云集成服务
测试评估服务
治理和审计服务
能耗管理服务
资源管理服务
运营管理服务
开发集成
测评审计
数据中心运营
云支撑服务
服务
云服务
(IaaS、PaaS、SaaS)
云服务运营管理
云服务业务管理
云服务安全管理
服务部署
服务提供
服务监控
业务计划管理
客户关系管理
财务流程管理
计量计费管理
安全和风险管理
服务连续性管理
政府
行业
中小微企业
个人
……
应　用
用户及应用领域
电子政务
电子商务
智慧城市
大数据
物联网
移动互联网
……
云安全（网络安全、系统安全、服务安全、应用安全）
开源社区
行业监管

附件 2：云计算标准研制方向明细表

序号	类型	子类型	编号	标准研制方向	对云计算发展关键环节的支撑作用及情况说明
1	01 云基础标准	0101 术语	010101	云计算术语	主要制定云计算术语、定义和概念，以及关键特征、服务类型和部署模式等方面标准，用于统一云计算的认识，指导其他标准制定。
2		0102 参考架构	010201	云计算参考架构	主要制定参考框架标准，规定云计算生态系统中的各类角色、活动，以及用户视图和功能视图，为云服务的开发、提供和使用提供技术参考。
3		0103 标准集成应用指南	010301	标准集成应用指南	主要结合公共云、专有云和混会云建设，以及不同的云服务采购和使用场景，开发标准集成应用方案，支持实现标准配套应用。
4	02 云资源标准	0201 云关键技术	020101	虚拟化	主要制定虚拟机总体技术要求、虚拟资源管理要求、虚拟资源描述格式、虚拟资源监控要求和监控指标等方面的标准，用于指导虚拟化技术和虚拟化产品的研发、测试，支持实现应用和数据迁移。
5			020102	网络	主要制定云内（或数据中心内）、云间（或数据中心间）、用户到云（承载网）的网络互联互通方面的标准，规范云内网络连接、网络服务、网络管理。
6			020103	设备	主要制定适用于云计算的服务器、存储、网络、终端等设备的技术要求、功能、性能、系统管理等方面的标准，规范设备的设计、研发、生产及使用。
7			020104	平台与软件	主要制定 PaaS 参考架构，PaaS 上的应用程序管理接口和应用打包格式，为实现应用程序在不同 PaaS 平台之间的可移植提供支持。
8		0202 云资源管理	020201	计算资源管理	主要制定用户和计算服务的交互接口，用以支持用户在多个服务提供商中进行选择，并支持用户上层应用的跨计算平台部署。
9			020202	数据资源管理	主要制定：(1) 云数据存储和管理接口功能和协议，规范云数据存储和管理的体系结构，以及对象存储、文件存储、基于 Key−Value 的存储等云存储服务接口及其测试。(2) 复杂异构云存储环境下资源存储信息模式和管理等方面的技术和管理要求，规范云存储系统的体系结构、主要功能和性能等。
10		0203 云资源运维	020301	资源监控	主要制定物理和虚拟的计算、存储、网络等云计算资源的监控、响应支持、优化改善、应急处置等方面的标准，用于指导云计算系统的运维，支持运维软件系统的研发。
11			020302	运维模型	主要制定云计算资源运维的参考模型和接口规范，用于指导云计算系统运维的实施。
12	03 云服务标准	0301 云服务设计与部署	030101	服务目录	主要根据云服务分类，制定云服务目录建设规范，包括服务目录列表和服务内容详述等方面的要求，规范服务目录的内容和描述形式。
13			030102	服务级别协议	主要制定服务级别协议的术语和定义、框架、度量指标和核心要求、度量方法等标准，为云服务商和用户建立服务级别协议提供所需的通用概念、需求描述、术语以及度量指标和测量方法。
14			030103	云服务采购指南	主要制定云服务采购方法、流程，以及采购过程评价等方面的标准，为用户采购、评价和选择云服务提供指导。
15		0302 云服务交付	030201	服务计量和计费	主要制定不同云服务使用计量和计费方面的标准，规范各类云服务的计量和计费原则。

续表

序号	类型	子类型	编号	标准研制方向	对云计算发展关键环节的支撑作用及情况说明
16		0303 云服务运营	030301	服务能力要求	主要制定运营云服务应具备的基本条件和能力，以及 IaaS、PaaS、SaaS 等云服务能力分级方面的标准，规范各类云服务的服务能力要求与分级规则，并为选择云服务提供商提供参考。
17			030302	服务质量管理	主要制定云服务质量模型、评价指标体系和评价方法，以及云数据质量等方面的标准，为开展云服务和云数据质量评价和管理提供指导。
18	04 云安全标准	0401 安全基础	040101	云安全术语	主要统一云计算相关的基本术语、定义和概念，用于指导云计算平台安全方面的设计、开发、应用、维护、监管以及云服务安全等。
19			040102	云安全指南	主要制定合规性、身份管理、虚拟化、数据和隐私保护、可用性、事件响应等方面的云安全标准，为保障云安全提供指导。
20			040103	模型与框架	主要制定云计算安全参考模型和框架标准，规定云安全中的各类角色、活动，为云服务的开发和使用提供安全参考框架。
21		0402 安全技术与产品	040201	软件安全	主要制定接口安全、虚拟机安全、身份管理、密钥管理、云存储安全等方面的软件安全标准，为软件设计、开发提供支持。
22			040202	设备安全	主要制定虚拟防火墙、入侵检测系统、虚拟网关、服务器、终端等设备的安全标准，为设备的设计、开发和交付提供支持。
23			040203	技术和产品安全测评	主要制定软件产品、系统和设备测试方法的标准，为开展技术和产品安全测评提供指导。
24		0403 服务安全	040301	业务安全	主要制定云计算数据中心、移动云、健康云、政务云等业务应用的安全标准，为行业云的建设和应用提供支持。
25			040302	运营安全	主要制定云服务运营安全方面的标准，规范云服务运营安全目标、安全过程、安全风险管理等。
26			040303	服务安全测评	主要制定云服务安全测评方面的标准，规范云服务安全测试和评价。
27		0404 安全管理	040401	管理基础	主要制定数据保护、供应链保护、通信安全和个人信息保护等方面的安全管理标准，提出数据保护、供应链保护、通信安全以及个人信息采集、存储和使用等特定的安全控制措施和实施指南。
28			040402	管理支撑技术	主要制定云安全配置基线、安全审计流程等方面的标准，规范云平台中的安全配置基线、安全审计流程、安全责任认定、隐私保护以及风险评估等架构和要求。
29			040403	安全监管	主要制定政府部门对云服务进行安全监管方面的标准，规范云服务提供商应满足的安全要求，云计算平台应具备的安全功能和应采取的安全措施，以及对云服务提供商进行测评的第三方测评机构的认可要求。

信息技术服务标准化工作五年行动计划（2016—2020）

为贯彻落实党的十八大和十八届三中、四中、五中全会关于推动战略性新兴产业健康发展和现代服务业发展壮大的总体部署，落实《国务院关于积极推进“互联网+”行动的指导意见》和《中国制造2025》，做好信息技术服务标准化工作，构建综合配套的信息技术服务标准体系和应用推广体系，促进信息技术服务业发展，制定本行动计划。

一、发展基础与形势

（一）发展基础

信息技术服务标准化是我国电子信息产业标准化工作中的新领域。6年多来，经过多方共同努力，现已形成政府主导、企业主体、产学研用共同推进的管理机制和工作格局；发布了信息技术服务标准体系框架4.0版，已颁布实施了6项标准，正在组织制定60余项标准；主导和深度参与了服务质量、服务外包和云计算服务等领域的国际标准化工作。通过以上工作，培育了“ITSS”标准品牌。

“ITSS”标准化成果在制定产业政策和规划、推动行业转型升级、构建行业统计制度、提升企业服务能力、指导信息技术服务关键支撑工具和产品研发等方面发挥了重要作用，有效培育了内需市场，标准的战略作用、基础作用和支撑作用初步显现。

（二）面临形势

网络安全和信息化作为国家战略的提出，新一代信息技术产业的快速发展，云计算、大数据、移动互联网等新技术的迅速普及，信息技术服务业的转型升级，对信息技术服务标准化工作提出了新的更高要求：一是信息技术服务标准体系有待进一步完善，标准的先进性和国际竞争力有待提升。二是关键标准的前期技术研究水平和基础数据采集能力亟须提高。三是利用重点标准规范市场秩序、营造发展环境和培育内需市场等方面的力度有待加强。四是企业综合应用标准提升服务能力、规范服务交付、保证服务质量、推动产品研发，以及引导服务模式和业务创新的意识有待提升。五是国际标准化工作需要从参与向主导制定转变。

二、总体要求

（一）指导思想

认真贯彻落实十八大和十八届三中、四中、五中全会精神，以规范市场秩序、营造公平竞争环境、提升企业服务能力为主线，创新体制机制。以做强信息技术服务业为目标，依托重点项目和重大工程，以自主标准研制为重点，加强标准应用推广能力建设。统筹做好国内和国际标准化工作，全面提升标准化发展质量和水平，为推进信息化和工业化深度融合、促进信息消费、大力发展面向制造业的信息技术服务、保障国家网络安全和信息化建设做好支撑和服务。

（二）基本原则

1. 顶层设计，突出重点。围绕国民经济各行业信息化重大战略需求，准确把握信息技术服务发展趋势，创新标准化工作理论和实践探索，做好总体设计和布局，全面推进信息技术服务标准体系和应用推广体系建设。依据行业管理和市场需求，加强基础共性标准的研制，形成系列协调配套的关键标准，实现信息技术服务的标准化、产品化和自主可控，支撑解决产业发展中的关键问题。

2. 政府主导，企业主体。加强部门协调和部省联动，发挥信息技术服务标准指导协调组的领导作用，创新工作机制。充分发挥标准化核心机构和相关技术组织在技术协调、标准研制、技术审查和应用推广方面的作用。依托信息技术服务重点龙头企业，结合技术创新和市场需求，联合重点行业用户，带动中小企业，协同开展标准研制与应用推广。鼓励科研院所积极参与标准化工作，形成政产学研用共同推进的良好局面。

3. 系统推进，整体提升。紧密围绕做强信息技术服务业的中心任务，统筹考虑标准研制和应用推广工作的相互协调性和配套性，构建全面推广和系统实施标准的制度体系和工作体系，建立标准应用效果跟踪评价机制。积极开展信息技术服务前沿领域标准预研工作，提前布局关键核心标准，整体提升标准的适用性、先进性和有效性。

4. 面向国际，加强创新。紧密跟踪国际相关领域的标准化动态和趋势，借鉴国际先进做法，提前谋划、尽早布局，大力推动国内自主制定的重点标准上升为国际标准，提升标准的国际水平。协同推进标准研制与信息技术服务关键技术、服务模式和业务创新，推动自主创新成果形成关键标准，建立标准持续改进的机制和模式。

（三）发展目标

到 2020 年，形成需求引领、企业主体、政产学研用共同推进的标准研制、应用推广、持续改进的机制和模式。建成信息技术服务标准体系，制定 80 余项标准，使“ITSS”成为具有广泛影响力的标准品牌。推进云计算服务、大数据服务、移动应用服务、面向制造业的信息技术服务等领域的自主标准广泛应用。制定一批具有市场竞争力的团体标准并应用推广，深度参与和主导国际标准化工作。培养10000名左右掌握标准内容和实施方法的专业人才，培育500家左右的服务标准化示范企业，建立20个左右的标准示范城市或示范区，促进标准在10个左右的信息化重点行业得到广泛应用，培育40家左右的信息技术服务品牌企业。

三、重点任务

（一）建设信息技术服务标准体系

1. 完善标准体系框架。分析支撑行业管理、服务能力提升、服务安全可靠、服务质量保证等信息技术服务标准需求，重点研究云计算、大数据、移动应用、面向制造业的信息技术服务等新架构、新应用和新模式，跟踪国际标准化趋势，适时更新完善信息技术服务标准体系，提出信息技术服务标准研制和应用路线图。到2020年，建成布局合理、适应发展的信息技术服务标准体系。

2. 加快推进标准研制。制定服务质量评价、服务成本度量、云计算服务、大数据服务、面向制造装备的远程诊断维护等领域的80余项标准。结合积极发展服务型制造和生产性服务业的有关工作部署，鼓励和支持国内有关学会、协会和联盟，研究制定数字化营销服务、互联网服务、移动应用服务等领域的团体标准。

（二）开展信息技术服务重点标准应用示范

指导和支持第三方机构，建设覆盖服务质量评价、数据（信息）保护、运行维护、云计算服务等重点领域标准应用公共服务平台，开展信息技术服务产品测评认定。指导标准化核心机构和组织，研究并提出依据标准提升信息技术服务能力的方法论，推动重点企业提升知识库建设、服务自动化和可视化、云计算和大数据运行维护等关键技术能力，培育500家左右的信息技术服务标准化示范企业。选择20个左右的信息技术服务业聚集发展城市或区域，开展咨询设计、集成实施、运行维护、信息技术治理、数据（信息）保护等领域的重点标准应用示范。支持重点企业，联合电子政务、金融、电信、电力等10个左右的行业用户，开展信息技术治理、信息系统运行维护、云计算服务等重点领域标准应用示范。

（三）培养信息技术服务标准化人才队伍

支持标准化核心机构、相关行业协会和技术组织，编制标准宣贯培训教材和培训大纲，建立标准宣贯师资队伍。在全国范围内组织开展200场次左右的标准宣贯培训活动，培养10000名左右掌握标准内容和标准实施方法论的专业人员。鼓励具备条件的重点企业建立标准化专业人员培养和首席标准官（CSO）制度。指导相关行业协会，依据标准开发信息技术服务从业人员能力培养和评价方法，形成市场化的从业人员能力培养和评价机制。

（四）开发信息技术服务关键支撑工具

依托行业中介组织，动态研究分析信息技术服务关键支撑工具发展趋势，依据《信息技术服务 分类与代码》(GB/T 29264)，建立工具产品目录。围绕咨询设计、集成实施、运行维护等领域的关键支撑工具的互联互通和互操作，研发信息技术服务关键支撑工具集成指南，组织开展标准符合性测评认定。指导和支持重点企业，探索依据标准建设信息技术服务关键支撑工具开源社区的模式和机制。

（五）培育面向制造业的信息技术服务

推动制造企业和信息技术服务企业联合，研究制定制造业领域的智能检测、远程诊断维护、产品全生命周期管理等信息技术服务标准。支持制造业企业、信息技术服务企业和互联网企业跨界合作，制定基于智能产品的在线服务标准。依托行业中介组织和第三方机构，研发标准在智能制造领域的应用指南。结合推动发展服务型制造的标准化需求，推动标准在个性化定制、产品全生命周期管理、网络精准营销和在线支持等领域的应用，培育面向制造业的信息技术服务新模式、新业态。

（六）培育信息技术服务品牌企业

研究分析国际相关领域标准品牌培育的方法和模式，加大力度提升“ITSS”品牌影响力。研究依据标准培育信息技术服务品牌企业的模式和机制，建立品牌企业评价制度，培育40家左右的信息技术服务品牌企业。

（七）推进信息技术服务国际标准化工作

支持标准化核心机构和重点企业做好服务质量、云计算服务国际标准研制工作，跟踪研究服务质量领域的国际标准化需求，以自主标准为基础，至少主导制定5项国际标准。指导标准化核心机构加强国际交流与合作，积极推进服务外包、云计算服务、数据治理等领域的国际标准化工作，至少深度参与制定10项国际标准，提升自主标准的国际化水平。

四、保障措施

（一）加强综合协调，完善工作机制

工业和信息化部会同国家标准化管理委员会，联合地方工业和信息化主管部门、质量技术监督部门，建立综合推进信息技术服务标准化工作的协调机制。建立标准质量保证和标准实施后的评估制度，组织开展标准实施效果评价，形成标准质量评价模式和机制。

（二）加强政策引导，加大资金支持

结合国家科技计划改革精神和要求，在信息技术服务领域各项科研及产业化项目立项和实施阶段，提供标准化支撑服务，推动科研成果通过标准快速实现产业化。地方工业和信息化主管部门、质量技术监督部门结合实际，合理安排资金，支持企事业单位参加标准研制工作。鼓励企业开展标准符合性评估和实施标准的人才培养，支持第三方机构建设标准研制和应用公共服务平台，提升标准化服务能力和公共服务水平。

（三）夯实行业管理，创新标准应用

按照《国务院机构改革和职能转变方案》的有关精神，积极探索采用自主标准加强事中事后监督管理的模式和机制，为建立客观、公平、透明的市场准入标准积累经验。地方工业和信息化主管部门、质量技术监督部门加强合作，结合所在省市信息技术服务业发展情况，组织开展标准应用示范（见附件），建设信息技术服务标准示范城市或示范区，培育信息技术服务标准示范企业和信息技术服务品牌企业。

（四）强化信息服务，提高服务质量

充分利用标准化核心机构的标准信息资源优势，做好国内外标准信息收集、加工和传递，建成国内外技术法规和标准数据库，形成高效、快捷、实用的标准信息服务平台。通过提供标准研制、应用信息服务和技术支撑，提升信息技术服务质量。

（五）加强宣传引导，营造应用氛围

支持信息技术服务标准化核心机构和组织建设标准研制和应用推广的信息化系统，编制标准宣传材料，提高标准研制和应用推广环节的透明度和参与度，普及标准应用知识。以企业为主体，建立标准应用反馈和改进完善机制。地方工业和信息化主管部门要结合实际，积极组织开展标准宣贯工作，为标准的贯彻实施营造良好的舆论氛围和社会环境。

附件：信息技术服务标准（ITSS）应用示范申请报告（试行）

附件：

信息技术服务标准（ITSS）应用示范申请报告

（试行）

单位名称：________________________________
联 系 人：________________________________
办公电话：________________________________
手　　机：________________________________
传　　真：________________________________
电子邮箱：________________________________

工业和信息化部信息化和软件服务业司制
二〇一　年　月

编制说明

1．本申请报告由信息技术服务标准(ITSS)应用示范城市或示范区(以下简称应用示范)的组织单位编写。

2．编写要求：

(1)应用示范目标符合《信息技术服务标准化工作五年行动计划(2016—2020)》的要求，定位准确，指标明确、可考核；

(2)应用示范任务明确，充分考虑经济、技术、市场等方面的可行性；

(3)应用示范管理科学；

(4)应用示范所需资源明确。

3．申报书纸质版一式二份，提交给工业和信息化部信息化和软件服务业司，电子版发送至 itss@miit.gov.cn。

纸质版报送地址：北京市海淀区万寿路 27 号院 8 号楼 1707 室（邮编：100846)。

信息技术服务标准（ITSS）应用示范申请报告信息表

<table>
<tr><td rowspan="5">组织单位信息</td><td>单位名称</td><td colspan="3"></td><td>所在地区</td><td colspan="2"></td></tr>
<tr><td>通讯地址</td><td colspan="3"></td><td>邮政编码</td><td colspan="2"></td></tr>
<tr><td rowspan="3">联系人</td><td>姓　名</td><td></td><td>性 别</td><td></td><td>职 务</td><td></td></tr>
<tr><td>联系电话</td><td colspan="2"></td><td>传 真</td><td colspan="2"></td></tr>
<tr><td>电子邮箱</td><td colspan="5"></td></tr>
<tr><td rowspan="5">承担单位信息</td><td>单位名称</td><td colspan="3"></td><td>所在地区</td><td colspan="2"></td></tr>
<tr><td>通讯地址</td><td colspan="3"></td><td>邮政编码</td><td colspan="2"></td></tr>
<tr><td rowspan="3">联系人</td><td>姓　名</td><td></td><td>性 别</td><td></td><td>职 务</td><td></td></tr>
<tr><td>联系电话</td><td colspan="2"></td><td>传 真</td><td colspan="2"></td></tr>
<tr><td>电子邮箱</td><td colspan="5"></td></tr>
<tr><td colspan="2">标准应用示范内容</td><td colspan="6">□咨询设计
□集成实施
□运行维护
□信息技术治理
□信息（数据）保护</td></tr>
<tr><td colspan="2">标准应用示范目标</td><td colspan="6">□建立信息技术服务标准应用示范城市
□建立信息技术服务标准应用示范区
□培育信息技术服务标准应用示范典型企业

（注：企业数量超过5家时，请填写前3家主要企业名称和具体企业数量）</td></tr>
<tr><td colspan="2" rowspan="4">参与承担单位</td><td colspan="6"></td></tr>
<tr><td colspan="6"></td></tr>
<tr><td colspan="6"></td></tr>
<tr><td colspan="6"></td></tr>
<tr><td colspan="2">起始时间</td><td></td><td>结束时间</td><td colspan="2"></td><td>实施年限</td><td>年</td></tr>
<tr><td colspan="2">参加标准应用示范的信息技术服务企业和用户单位数量</td><td colspan="6">□信息技术服务企业数量：　家
□用户单位数量：　家，覆盖　　　等领域</td></tr>
<tr><td colspan="2">承担单位所在省市工业和信息化主管部门意见</td><td colspan="6">（公章）

年　月　日</td></tr>
</table>

信息技术服务标准（ITSS）应用示范申请报告编制要点

一、基本情况

1. 应用示范概况
2. 申报单位所在地方信息技术服务业发展情况
3. 主要技术和经济指标

二、应用示范承担单位概况

1. 承担单位概况
2. 承担单位现有基础
3. 主要负责人概况

三、应用示范主要任务

1. 总体思路和目标
2. 主要内容
3. 预期效果

四、应用示范实施方案

1. 技术路线
2. 进度安排
3. 保障措施

五、其他需要说明的情况

北京市人民政府
关于加快社会信用体系建设的实施意见

京政发〔2015〕4 号

各区、县人民政府，市政府各委、办、局，各市属机构：

加快社会信用体系建设是服务首都城市战略定位、建设国际一流和谐宜居之都的重要基础，是促进经济发展方式转变、加强和创新首都社会治理的重要手段，对增强市场主体诚信意识，营造优良信用环境，提升城市竞争力具有重要意义。根据《国务院关于印发社会信用体系建设规划纲要（2014—2020 年）的通知》（国发〔2014〕21 号）精神，结合本市实际，现提出如下实施意见。

一、总体要求

（一）指导思想

以邓小平理论、“三个代表”重要思想、科学发展观为指导，深入贯彻落实党的十八大，十八届三中、四中全会精神和习近平总书记系列重要讲话特别是考察北京工作时的重要讲话精神，紧紧围绕首都城市战略定位，以健全信用规章制度和标准体系、形成覆盖全社会的征信系统为基础，以推进政务诚信、商务诚信、社会诚信和司法公信建设为主要内容，以建立健全守信激励和失信联合惩戒机制为重点，以促进信用信息公开、共享、应用和信用服务市场发展为支撑，大力推进诚信文化建设，努力强化诚信意识，在全社会广泛形成守信光荣、失信可耻的浓厚氛围，使诚实守信成为全体市民自觉的行为规范，为促进首都社会和谐稳定和经济平稳健康发展奠定基础。

（二）建设目标

按照“政府推动、社会共建，健全法制、规范发展，统筹规划、分步实施，重点突破、强化应用”的原则，分两阶段实施建设。

一是全面推进阶段（2015—2017 年）。到 2017 年，信用规章制度和标准体系初步建立，全市统一的市场主体信用信息平台建设完成，信用服务市场体系初步完善，守信激励和失信联合惩戒机制初步形成，全社会诚信意识普遍增强，基本建立起与首都经济社会发展水平相适应的社会信用体系基础框架与运行机制。

二是巩固提升阶段（2018—2020 年）。到 2020 年，政务诚信、商务诚信、社会诚信、司法公信建设取得显著成效，信用规章制度和标准体系基本健全，信用信息和信用产品得到广泛应用，守信激励和失信联合惩戒机制全面发挥作用，经济社会发展信用环境明显改善，建成国内领先的社会信用体系，成为全国社会信用体系规范运行的示范区。

二、重点任务

（一）加快推进政务诚信建设

一是规范行政履职行为。坚持依法行政，积极推行政府权力清单制度，将依法行政贯穿于行政决策、执行、监督和服务的全过程。健全行政执法体制，细化、量化执法自由裁量权，按照法定权限和程序行使行政权力，规范执法行为，全面推进法治政府建设。坚持重大决策事项公示和听证制度，拓宽公众参与政府决策的渠道，健全权力运行制约和监督体系，确保决策权、执行权、监督权既相互制约又相互协调，不断提高政府决策的科学化、制度化和规范化水平。

二是完善政府诚信制度。健全政府守信践诺考核机制，坚持把发展规划和政府工作报告关于经济社会发展目标的落实情况，以及依法做出的行政决策、政策承诺、签订合同的履约兑现情况，作为评价政府诚信水平的重要内容。各级政府要自觉接受本级人大的法律监督和政协的民主监督，不断加强和完善群众监督、舆论监督机制，加大监察、审计等部门对行政行为的监督和审计力度。加强对政府履行职责的监督和考核，落实各项监督制度。建立并完善公务员诚信档案，将个人有关事项报告、廉政记录、年度考核结果、相关违法违纪违约行为等信用信息纳入档案，并将诚信记录作为干部考核、任用和奖惩的重要依据。

三是强化政府诚信示范引导。进一步加强自身诚信建设，以政府的诚信施政，带动全社会诚信意识的树立和诚信水平的提高。加大政务信息公开力度，坚持以公开为常态、不公开为例外的原则，健全完善政务公开和办事公开制度，推进决策公开、管理公开、服务公开和结果公开，保障人民群众对政务工作的知情权、参与权、表达权和监督权。在行政管理事项中率先使用信用信息或信用产品，培育发展信用服务市场，弘扬诚信价值理念，使诚实守信成为自觉的行为规范。

（二）加快推进商务诚信建设

一是提升企业信用管理水平。鼓励和引导企业制定内部信用管理制度，建立科学的信用管理流程，整合和完善交易信用信息；充分利用信用服务机构提供的信用产品与服务，积极开展客户信用评价和信用管理，促进企业提高信用风险管理能力，扩大信用交易规模。

二是提高行业诚信自律水平。鼓励行业协会（商会）建立健全会员准入与退出信用审核制度、信用自律管理制度、信用评价和认证制度，大力推广使用信用信息和信用产品，推动形成行业性约束和惩戒机制，引导企业在生产经营管理活动中守信履约和诚信自律。

三是强化市场信用监管。各级监管部门要转变监管理念，创新监管方式，充分运用云计算和大数据等信息化手段，加强事中事后监管。坚持以生产、商贸流通、食品药品、金融、税务、价格、工程建设、政府采购、招标投标、交通运输、电子商务、统计、中介服务、会展、广告等领域为重点，建立健全企业信用承诺制度、信用等级评价制度、信用分类监管制度、"黑名单"公示制度和失信行为有奖举报制度，完善市场准入和退出信用审核机制。加大企业信用监管力度，提高企业失信成本，引导企业诚信经营和公平竞争，维护市场秩序。

（三）加快推进社会诚信建设

一是健全社会诚信管理制度。有关部门和单位要加强对企事业单位、社会组织、从业人员及居民个人的诚信管理，以医疗卫生、食品药品、社会保障、劳动用工、教育、科研、文化、体育、旅游、知识产权、环境保护和能源节约、互联网应用及服务等领域为重点，加大对制假贩假、盗版侵权、诈捐骗捐、价格和服务欺诈、学术不端和舞弊、骗保、黑中介、黑用工、电话和网络欺诈、造谣传谣等行为的惩处力度，保障人民群众的合法权益。

二是提高社会组织诚信自律水平。引导社会组织加强诚信自律，把诚信建设内容纳入各类社会组织章程，健全社会组织信息公开制度，规范信息公开行为，提升社会组织运作的公开性和透明度，提高其公信力。支持各类社会组织建立健全会员诚信自律管理制度、准入与退出诚信审核制度、信用评价和认证制度，不断提升诚信自律管理水平。

三是加强重点人群职业诚信建设。建立健全企业法定代表人、会计从业人员、统计从业人员、注册税务师、审计师、评估人员、认证和检验检测从业人员、证券期货从业人员、上市公司高管人员、保险经纪从业人员、保险销售从业人员、医务人员、教师、科研人员、专利服务从业人员、项目经理、新闻媒体从业人员、导游等重点人群的诚信档案，在资格资质评定、岗位聘任聘用等工作环节使用信用信息或信用产品，引导全社会恪守职业操守和诚信行为准则。

（四）加快推进司法公信建设

一是推进司法公开。推进审判信息公开、法院生效裁判文书公开、执行案件信息公开，建立针对社会公众、诉讼当事人等不同主体的信息公开体系。深化检务公开，建设覆盖检察机关执法办案各环节的信息化管理系统；依法公开刑事、民事、行政诉讼监督，职务犯罪侦查和预防，国家赔偿等案件信息；完善案件公开听证、公开审查等制度。大力推行公共安全领域执法公开，依法及时公开执法办案的制度规范、程序时限等信息，完善重要和热点案件新闻发布制度，不断提高执法公开的制度化、规范化水平，有效维护当事人的合法权益。深化狱务公开，规范减刑假释暂予监外执行工作程序，维护服刑人员合法权益。规范和创新律师、公证、基层法律服务、法律援助、司法考试、司法鉴定等信息管理和披露方式，更好地保障人民群众的知情权。

二是规范司法行为。深化司法体制和工作机制改革，健全侦查权、检察权、审判权、执行权相互配合、相互制约的体制机制。严格管理制度，规范执法程序，全面落实办案质量终身负责制，以及错案防止、纠正和责任倒查问责制，不断提升司法公信力。加大对城市管理、食品药品、安全生产、环境保护、劳动保障等重点领域违法行为的查处力度，增强市场主体的守法意识和诚信意识，引导形成公正诚信的社会风尚。

三是加强司法执法人员和从业人员诚信建设。建立全市各级公安、司法行政等单位工作人员信用档案，依法依规将徇私枉法以及不作为等不良记录纳入档案，作为考核评价和奖惩的重要依据。推进律师、公证员、基层法律服务工作者、法律援助人员、司法鉴定人员等司法从业人员诚信规范执业。健全违法违规执业惩戒制度，引导司法从业人员严守道德底线、恪守诚信准则，维护法律尊严，促进社会公平正义。

（五）加快推进信用信息基础设施建设

一是加快行业和领域信用信息系统建设。各行业和领域主管部门依据管理职能，充分利用现有业务管理系统建设信用信息系统，形成信用信息记录、归集和公开、共享、应用的基础条件。进一步整合在行政管理和公共服务中产生的政务信用信息，保障政务信用信息记录及时、准确、完整。健全信用信息安全管理机制，加快推进行业和领域间信用信息系统的互联互通。

二是推进社会征信服务系统建设。鼓励有条件的社会组织整合本行业的信用信息，建立行业征信服务系统，提供信用信息服务。鼓励社会征信机构建立面向不同行业领域和服务对象的专业化征信服务系统，强化信用信息安全管理，依法采集、整理、保存、加工信用信息，对外提供征信产品与服务。

三是建设全市统一的市场主体信用信息平台。完善公共信用信息目录，建立公共信用信息归集和共享交换机制，搭建全市统一的市场主体信用信息平台，实现全市各行业、各领域信用信息系统的互联互通和信用信息的共享交换，为企业、个人和社会征信机构查询公共信用信息提供便利。加强与社会征信系统的信用信息共享合作机制建设，推进与国家和其他省区市信用信息系统的互联互通。

（六）加快推进信用服务市场建设

一是促进信用服务行业发展。制定促进信用服务业发展的政策措施，培育一批全国领先、具有较强社会公信力的品牌信用服务机构。在政府采购、招标投标、劳动就业、社会保障、食品药品安全监管、科研管理、申请政府资金支持、从业资格认定、技术职称评定等重点领域率先使用信用信息或信用产品，培育信用服务市场。大力推进信用信息公开，鼓励社会征信机构加强对公共信用信息和非公共信用信息的整合，形成多样化的信用服务产品。鼓励信用评级机构参与国际竞争，加强与国际信用评级机构的合作。积极引导信用服务机构加强业务协同和资源整合，充分利用新技术开展产品研发与创新，不断提高行业服务能力和市场竞争力。建立健全信用管理职业培训与专业考评制度，加强信用从业人员的交流与培训，为社会信用体系建设提供人力资源支撑。

二是规范信用服务市场秩序。加强对信用服务机构和从业人员的监督管理，建立健全信用服务机构分类监管制度、从业人员职业资格管理制度，加大对贩卖个人隐私和商业秘密，以及非法、超范围经营信用服务业务行为的查处力度，保障信用服务业健康发展。规范查询信用报告、异议申请和投诉的受理及处置流程，形成维权监督机制和社会舆论监督机制。引导各类信用服务机构加强自身信用管理制度建设，不断提高法律意识、权益保护意识和信息安全意识，共同打造信用服务行业的良好形象。

（七）加快推进守信激励和失信联合惩戒机制建设

一是加强对守信主体的奖励与激励。加快建立守信激励机制，加大对守信行为的表彰和宣传力度，在市场监管和公共服务过程中，为守信主体提供优先办理、简化程序等“绿色通道”激励政策。鼓励行业协会（商会）在自律管理中对守信会员给予多种形式的支持与服务。引导企业使用信用产品，对信用状况良好的客户提供优惠和便利服务。

二是加强对失信主体的约束与惩戒。在现有行政处罚措施基础上，加快健全失信联合惩戒制度，在市场准入、资质认定、行政审批、政策扶持等方面实施信用分类监管，强化行政监管性约束和惩戒。鼓励行业协会（商会）在自律管理中对失信会员实行警告、行业内通报批评、公开披露和谴责等惩戒措施，形成行业性约束与惩戒。在各领域广泛使用信用信息或信用产品，推动形成市场性约束与惩戒。充分发挥新闻媒体报道、群众评议等社会舆论作用，加大对失信行为的披露、曝光和谴责力度，形成社会威慑力，推动形成社会性约束与惩戒。

三是加快推进信用联合奖惩机制建设。依托全市统一的市场主体信用信息平台，推进信用信息跨部门、跨领域、跨地区的共享交换与应用，实现信用奖惩联动。对守信主体提供优惠政策和便利条件，对轻微失信主体给予教育引导，对严重失信主体依法采取公开披露、退出市场等措施，使守信者处处受益、失信者寸步难行。

（八）加快推进诚信文化建设

一是大力弘扬传统道德文化。以建设社会主义核心价值体系、培育和践行社会主义核心价值观为根本，将诚信教育贯穿于公民道德建设和精神文明创建全过程。深入挖掘和阐发中华优秀传统文化的精髓和时代价值，创作弘扬诚信的文艺作品；建好用好道德讲堂、论坛讲座，发挥社区市民学校、公益性文化单位、文化服务中心等作用，通过多种传播手段，大力发掘和宣传诚信人物、诚信企业、诚信群体，树立诚信典型。

二是全面开展诚信普及教育。重点加强对公务员、医务人员、教育工作者、新闻工作者、社会工作者以及律师、会计师、税务师、评估人员等公共服务人员的诚信教育，引导其率先垂范。将诚信教育覆盖到基础教育、高等教育、职业技术教育、成人教育各领域，引导广大师生加强道德修养，以诚立身、诚信做人。鼓励和引导企业加强员工职业道德教育，大力培育企业诚信文化，增强员工的法律意识和诚信意识，提高职业素养，引导员工诚信执业。

三是深入开展诚信教育实践主题活动。将诚信建设要求作为创建文明区县、文明村镇、文明行业、文明单位等精神文明创建活动的重要标准，引导各行业、各领域开展有特色的诚信教育实践主题活动。持续开展“质量月”、“安全生产月”、“3·5”学雷锋活动日、“3·15”国际消费者权益保护日、“12·4”全国法制宣传日等主题活动和“诚实做人守信做事”“征信知识宣传周”等宣传教育活动，倡导以信笃行、以诚兴业的传统美德。

（九）加快推进创新示范工程建设

一是全面推进中关村国家自主创新示范区信用体系建设创新示范。继续完善中关村企业信用信息公共服务平台建设，进一步推动园区科技企业信用信息的记录、整合和应用。建立健全园区信用管理与服务制度，在政府公共财政资金、科技型企业融资、企业信用培育双百工程等支持政策中使用信用产品，不断优化园区创新创业生态环境。健全园区信用服务机构的市场准入和退出管理机制，形成科学、合理、有效的信用服务产品质量评价体系。鼓励信用服务机构为园区企业资金融通、市场开拓、风险管理等提供全方位、多样化的信用服务。充分发挥园区社会组织作用，完善自律机制，组织开展多种形式的诚信宣传与培训活动，引导园区企业树立诚信品牌，提升信用价值。

二是深入推进小微企业信用体系建设创新示范。鼓励围绕商贸聚集圈、服务业聚集圈、科技创新与文化创意产业聚集圈，深入推进小微企业信用体系建设。建立健全小微企业信用管理制度，在开展行业和市场管理、公共服务、执行产业引导促进政策等工作中使用信用信息和信用产品。推进北京市中小企业公共服务平台与全市统一的市场主体信用信息平台对接，实现互联互通。加强小微企业信用数据库建设，推动各类信用服务机构积极为小微企业营销推广、市场交易、风险管理、资金融通等提供信用服务，促进小微企业健康发展。

三是全面推进农村信用体系建设创新示范。充分发挥农村基层组织作用，进一步整合信用信息，形成高效规范的信用信息采集、更新、管理和开放应用机制。鼓励信用服务机构为扩大小额信贷、保险、投资等普惠金融服务覆盖面提供专业化的信用产品，切实使农户、农村小微企业以良好的信用记录在生产生活中得到实惠、受到保障、增收致富。建立健全信用奖惩制度，引导农户、农村企业诚信经营，大力推动农村绿色经济、循环经济发展。

四是大力推进京津冀区域信用体系建设合作创新示范。建立和完善京津冀区域信用合作工作机制，在信用制度标准、信用信息共享、信用服务市场、联动奖惩机制等方面开展创新示范。建立相对统一的信用规章制度和标准体系，实现地区公共信用信息的共享交换，形成跨地区行业监管联动机制，促进信用服务市场共同发展。积极开展诚信宣传教育、信用专业人才培养等方面的交流与协作。

三、保障措施

（一）加强组织领导。继续完善市社会信用体系建设联席会议制度，充分发挥其统筹协调作用，加强对全市社会信用体系建设工作的指导、督促和检查。各区县政府、各部门要统一思想，将社会信用体系建设纳入重要工作日程，建立协调机制，明确职责，按照本实施意见提出的总体要求和社会信用体系建设的需要，制定具体方案，狠抓落实，确保各项工作积极推进。

（二）完善制度标准。市社会信用体系建设联席会议办公室要根据实际需要，组织制定公共信用信息管理、促进信用服务市场规范发展、守信激励和失信联合惩戒机制等相关制度，落实全国统一的自然人、法人和其他组织的社会信用代码制度，加快编制信用信息目录等地方标准与技术规范，明确信用信息记录主体的责任，保证信用信息的客观、真实、准确和及时更新。

（三）加强资金保障。各区县政府、各部门要根据社会信用体系建设的需要，完善资金投入保障机制，将应由政府负担的经费纳入财政预算予以保障，重点加大对信用信息基础设施、信用产品研发应用、重点领域创新示范工程等方面的资金支持力度，鼓励在社会信用体系建设创新示范领域先行先试。

（四）强化督查考核。市社会信用体系建设联席会议办公室要建立健全信用工作考核评估机制，强化目标责任，加强督促检查，定期对联席会议成员单位进行考核评估，不断总结经验，及时发现问题，提出改进措施，确保各项任务有序推进和有效落实。

北京市人民政府

2015 年 1 月 20 日

北京市人民政府关于印发《〈中国制造2025〉北京行动纲要》的通知

京政发〔2015〕60号

各区人民政府，市政府各委、办、局，各市属机构：

现将《〈中国制造2025〉北京行动纲要》印发给你们，请结合实际认真贯彻落实。

北京市人民政府

2015年12月5日

《中国制造2025》北京行动纲要

为深入贯彻《中国制造2025》，全面落实《京津冀协同发展规划纲要》，持续推动本市制造业转型升级，加快构建高精尖经济结构，努力建设全国科技创新中心，特制定本行动纲要。

一、总体要求

（一）指导思想。深入贯彻落实党的十八大和十八届三中、四中、五中全会精神，深入学习贯彻习近平总书记系列重要讲话和对北京工作的重要指示精神，坚持和强化首都城市战略定位，紧紧抓住国家实施制造强国战略的重大机遇，牢固树立创新、协调、绿色、开放、共享的发展理念，始终坚持高端化、服务化、集聚化、融合化、低碳化的发展方向，瞄准全球制造业创新制高点，以构建产业生态为基础，以提高发展质量和效益为中心，以推动“在北京制造”向“由北京创造”转型为主线，全面实施“三四五八”行动计划，努力促进制造业创新发展，使本市真正成为京津冀协同发展的增长引擎、引领中国制造由大变强的先行区域和制造业创新发展的战略高地。

专栏1：“三四五八”行动计划

推动“三转”调整，强化“四维”创新，聚焦发展五类高精尖产品，组织实施八个新产业生态建设专项。

“三转”调整，是指有序推动传统制造业关停淘汰、疏解转移和改造升级，实现转领域、转空间、转动力的转型发展。

“四维”创新，是指全面强化以新技术、新工艺、新模式、新业态为主要内容的产业创新，不断提升制造业的创新能力。

五类产品，是指聚焦发展创新前沿、关键核心、集成服务、设计创意和名优民生等五类高精尖产品，打造“北京创造”品牌。

八个专项，是指组织实施新能源智能汽车、集成电路、智能制造系统和服务、自主可控信息系统、云计算与大数据、新一代移动互联网、新一代健康诊疗与服务、通用航空与卫星应用等八个新产业生态建设专项，培育新的竞争优势。

（二）发展目标。到2020年，制造业创新发展能力大幅提升，高端发展态势逐步显现，集约发展程度持续增强，绿色发展水平迈上新台阶，形成一批具有较强竞争力的优势产业，保持制造业占地区生产总值比重和对地方财政贡献“双稳定”，实现创新能力和质量效益“双提升”，带动京津冀地区数字化、网络化和智能化制造取得明显进展。

到2025年，形成创新驱动、高端发展、集约高效、环境友好的产业发展新格局，国际竞争力和影响力显著提升，部分制造业领域处于世界领先地位，综合资源消耗率达到世界先进水平，真正成为服务全国、辐射全球的优势产业集聚区。

专栏2：2020年和2025年主要发展指标

类别	指标	2020年	2025年
创新驱动	企业有效专利拥有数（个／万人）	220	240
	规模以上制造业研发经费 内部支出占主营业务收入比重	2%	3%
高端发展	高技术制造业占制造业比重	30%	35%
	高技术制造业增加值率	30%	35%
集约高效	全员劳动生产率（万元／人）	38	40
	总资产贡献率	12%	15%
环境友好	万元工业增加值能耗（吨标准煤／万元）	比2015年下降15%	比2015年下降20%
	万元工业增加值水耗（立方米／万元）	比2015年下降20%	比2015年下降30%
	每公顷工业用地实现工业增加值 （万元／公顷）	3000	5000
备注	指标统计口径为规模以上工业		

二、持续推动“三转”调整，着力释放产业发展活力

（一）就地淘汰落后产能，转换产业发展领域。系统梳理制造业发展现状，定期修订完善《北京市工业污染行业、生产工艺调整退出及设备淘汰目录》，尽快淘汰污染较大、能耗较高的生产企业和制造环节。加快“腾笼换鸟”步伐，利用腾退的空间集聚高端创新要素和资源，建设产业协同创新平台，吸引和配置高精尖产业项目。着力推动二、三产业融合，大力发展生产性服务业，构建以创新为引领和支撑的高精尖产业体系。

（二）有序转移存量企业，转换产业发展空间。在严格落实《北京市新增产业的禁止和限制目录》的基础上，加快推动城六区现有工业企业转移升级，逐步将高端制造企业转移到产业园区。以中关村国家自主创新示范区“一区十六园”和国家级、市级产业园区为主体，整合低效工业用地，形成产业集聚和创新发展新格局。加强产业合作，搭建对接平台，完善共建共享机制，引导不具备比较优势的制造企业转移到津冀地区，并与津冀两地政府合作共建一批产业转移示范园区，特别是加快北京（曹妃甸）现代产业发展试验区建设。

（三）改造升级优势企业，转换产业发展动力。积极对接国家“绿色制造工程”，实施绿色制造技术改造行动，制定重点产业技术改造投资指南，组织一批能效提升、清洁生产、资源循环利用等技术改造项目，推动企业向智能化、绿色化、高端化方向发展。按照新型工业化产业示范基地建设要求，改造提升现有产业集聚区，改变以生产为中心、以产能扩张为导向的产业集聚方式，构建创新生态系统，建设一批微制造基地。

专栏3：绿色制造技术改造行动

着眼制造业发展的新趋势和产业发展的新要求，积极对接国家“绿色制造工程”，以装备制造、航空航天、汽车、食品饮料、生物医药、电子信息等行业为重点，加大先进节能环保技术、工艺和装备的应用，推行清洁生产。

2015—2017年间，围绕绿色制造实施200项重点技术改造项目，重点企业和产业园区率先达到国家绿色示范工厂和绿色示范园区建设标准。

三、大力推进“四维”创新，全面提升产业发展能力

（一）加强新技术研发和应用。以新一代信息技术、先进材料、生命科学等领域为重点，支持企业强化技术创新能力建设，以新技术促进产品升级换代。制定产业技术创新路线图，以企业为主体，统筹布局一批新技术研发应用项目，增强企业知识产权创造能力和新产品开发能力。实施新一代创新载体建设行动，支持企业加大研发投入，建立一批技术创新示范企业；完善企业技术中心功能，将面向生产的技术开发中心升级为新产品创造中心，建设一批“北京创造”标杆企业。针对产业关键共性技术需求，整合产学研创新资源，改造提升工程实验室、工程研究中心等创新平台，在优势领域建设一批国家级和市级制造业创

新中心；组建产业创新联盟，建设新型产业技术研究院，为新技术开发应用提供支撑和服务。

专栏 4：新一代创新载体建设行动

围绕制造业创新发展的关键共性需求，采取政府与社会合作、产学研用互动、企业协同创新等新机制、新模式，建设一批制造业创新中心，攻克一批对产业竞争力整体提升具有全局性影响、带动性强的关键共性技术。支持企业依托现有技术中心、工程中心和重点实验室，对接中关村科学城的科教资源，建设跨学科、集成式的产业技术研究院。鼓励围绕新技术、新产品的产业化应用示范，组建一批产业创新战略联盟。

到 2020 年，建成 10 个市级制造业创新中心，争取建成 1 至 2 个国家级制造业创新中心；到 2025 年，建成 20 个左右市级制造业创新中心，争取建成 5 个左右国家级制造业创新中心。

（二）加大新工艺开发和推广。以智能制造、绿色制造、增材制造为主攻方向，构建基础工艺创新体系。支持电子信息、航空航天、汽车、机械、钢铁、冶金、石化、食品等领域的科研机构和领军企业优化资源布局，联合建设一批关键共性基础工艺研究机构，加强关键制造工艺联合攻关。支持企业开展工艺创新，全面推广应用先进设计技术和新工艺。面向传统制造业绿色化、智能化升级改造需求，开展工艺技术转移和对外辐射服务。强化设计对创新的支撑作用，整合工业、文化、科技等领域的优势设计资源，打造“北京设计”品牌。

（三）采用新模式配置资源。优化整合概念创意、产品设计、研发测试、关键零部件生产、产品组装、供应链管理、系统集成、品牌经营、互联网营销等业务环节，重构企业之间、企业与用户之间的关系，创新价值创造模式，推动传统制造业企业实施组织变革。对接国家“智能制造工程”，实施京津冀联网智能制造示范行动，建设一批智能化、生态化的示范工艺线和示范工厂。大力推动自动化、数字化制造技术以及物联网、大数据、云计算等新一代信息技术在制造业的深度应用，推动制造业企业向云制造、分布式制造、生产外包等方向转型。支持有条件的企业建设众创、众包设计平台，推行模块化设计，开发一批拥有自主知识产权的关键设计工具软件，完善创新设计生态系统。支持企业融入全球制造网络，开展海外投资并购，建立研发中心、实验基地和营销渠道，利用代工（OEM）模式与代工企业加强合作，在全球配置制造资源。

专栏 5：京津冀联网智能制造示范行动

落实京津冀协同发展相关部署，积极参与国家“智能制造工程”，围绕以智能工厂为代表的流程制造、以数字化车间为代表的离散制造以及智能产品、智能服务、供应链管理、工业电子商务等开展试点示范。选择京津冀产业链衔接较好的重点领域，以行业龙头企业为依托，与产业链上的津冀企业合作，推进企业生产设备的智能化改造，构建跨区域联网智能制造系统；推广基于工业互联网的网络制造、协同制造、服务制造模式，建设一批智能化车间和智能化企业。积极推进网络基础设施建设，建设京津冀统一标准的工业互联网和工业云平台。

到2020年，在装备制造、汽车、电子信息等领域，实施京津冀联网智能制造重大示范项目10个；到2025年，实施京津冀联网智能制造重大示范项目20个。

（四）利用新业态优化企业组织形式。鼓励制造业企业“裂变”专业优势、延伸产业链条、开展跨界合作，加快向服务化制造、平台化经营和个性化服务方向转型，建立服务型制造体系。支持互联网企业与传统制造企业开展跨界合作，推动制造企业发展在线定制、创意设计、远程技术支持、设备生命周期管理等服务。实施生产性服务业公共平台建设行动，积极培育面向制造业的信息技术服务，大力发展技术研发、检验检测、技术评价、技术交易、质量认证等社会化、专业化服务。在相关产业园区引进新业态，使之由产品生产、对外销售的制造重地转型升级为高精尖产品研发、创新设计、对外授权的“北京创造”高地。

专栏6：生产性服务业公共平台建设行动

围绕《中国制造2025》确定的重点领域，大力发展生产性服务业，以工业设计、产品检测认证、标准创制和垂直领域电子商务为重点，建设一批生产性服务业公共平台。利用腾退出的工业厂房，建设生产性服务业示范功能区，形成生产性服务业集聚发展态势。

到2020年，形成服务全国的生产性服务业公共平台50个左右，生产性服务业收入占比大幅提高；到2025年，力争形成服务全国的生产性服务业公共平台100个左右。

四、聚焦发展五类产品，全力打造“北京创造”品牌

（一）创新前沿产品。聚焦新一代信息技术、新材料技术、智能制造、生命科学等创新前沿领域，率先布局，加快突破，取得一批拥有自主知识产权的原始创新成果。重点布局领域包括：超导材料、纳米材料、石墨烯、生物基材料等新材料产品；高端软件、智能硬件、高性能集成电路等信息技术产品；干细胞、靶向药物、医学影像精密仪器等生物医药产品；北斗导航、无人智能航空器等尖端航空航天产品。

（二）关键核心产品。聚焦经济社会发展关键领域，突破一批制约产业发展的“短板”技术和产品，落实国家“工业强基工程”，重点发展关键基础材料和核心基础零部件产品。电子信息领域发展高端芯片、大功率电力电子器件、信息安全及设计工具软件等；装备制造领域发展模拟仿真系统、高性能伺服控制系统、精密仪器仪表等；节能环保领域发展可再生能源和资源综合利用等；汽车领域发展汽车电子、发动机控制系统、新型动力电池等；航空航天领域发展航电系统、地面保障装备等方面的关键核心产品。

（三）集成服务产品。以智慧城市、航空航天、轨道交通、医疗健康等领域为重点，提升整机产品系统设计能力，发展智能化、网络化的终端应用服务。支持有条件的企业由提

供设备向提供系统集成总承包服务、由提供产品向提供整体解决方案转变，发展设计、测试和运营维护、数据信息等增值服务业态；开展物联网技术的集成应用，提供物联网专业服务和增值服务。

（四）设计创意产品。推动文化、科技与制造融合，发展高附加值创意设计产品，重点发展工业设计、工程设计、集成电路设计、软件设计、数字内容等产品，将文化资源优势和工业遗产资源有机结合，发展工艺美术、个性化消费品等都市产品。

（五）名优民生产品。围绕城市应急、社会公共品提供、环境治理服务以及居民服务等领域，适度发展贴近市场需要、符合首都资源环境要求的优质名牌民生产品。积极发展品牌体验消费经济，做强北京"老字号"产品，开发新一代消费产品。通过实施高精尖产品培育及品牌建设行动，加快实现由"北京制造"向"北京创造"转型。

专栏7：高精尖产品培育及品牌建设行动

针对国家重大工程和重点装备的关键技术，整合中央企业、高等学校、科研院所、优势科技型企业的创新资源，组织产学研用联合攻关，开发一批国家急需的关键产品，并实现产业化。扩大对外开放合作，支持骨干企业采取合资、并购等方式，消化吸收再创新国际先进产品技术。落实推进大众创业万众创新的实施意见，推动智能化产品创新发展，支持新创产品快速做大做强，形成规模。构建以智能产品为核心的开放生态体系。推广先进质量管理方法，引导企业积极引进卓越绩效等先进质量管理模式，不断提高高精尖产品质量。引导企业增强品牌意识，建立品牌管理体系，形成具有自主知识产权的名牌产品。以电子信息、都市产业为重点，开展产业集群品牌建设试点，大力发展具有自主知识产权的名牌产品集群。

到2020年，通过实施一批高科技项目，打造40个左右高精尖新产品，其中5至10个为年收入超过百亿元的"大产品"，培育具有国际竞争力的知名品牌；到2025年，力争打造20个左右年收入超过百亿元的"大产品"。

五、组织实施八个专项，带动实现重点领域突破

（一）新能源智能汽车专项。坚持纯电驱动技术路线，依托龙头企业和产业技术创新联盟，转变传统汽车设计、研发、制造理念，创新产业发展和商业运营模式，培育全球领先的新能源汽车领军企业。以开发符合市场需求的智能网联新能源汽车产品为重点，集合电子科技、先进材料、传感器、车联网、智慧出行、辅助驾驶等技术，建立开放式协同创新平台，集中建设涵盖新能源汽车设计、试验试制及体验、示范等功能的科技创新资源聚集高地，打造全新产业生态。利用10年左右时间，将北京打造成为国内领先、世界一流的新能源汽车科技创新中心。

（二）集成电路专项。以满足移动、泛在的智能终端产品对芯片小型化、微型化的需求

为方向，聚焦存储器、中央处理器、移动通信、图像处理、驱动电路等芯片，以加快推进14纳米先进工艺技术研发及生产线建设为切入点，带动装备资源整合以及电子设计自动化、知识产权（IP）库和专利池建设。通过实施本专项，优化集成电路制造基地布局，带动京津冀集成电路产业协同发展，在新一代集成电路关键核心技术上取得突破性进展，实现集成电路制造由代工向创造转型。

（三）智能制造系统和服务专项。以巩固提升智能装备系统、推广应用智能制造模式为切入点，重点发展传感器、智能仪控系统等核心装置和智能机器人、高档数控机床、三维打印设备等高端智能装备，推动数字化车间、智能工厂和工业互联网的广泛应用。通过实施本专项，提高重点行业智能制造系统的集成服务能力，使本市成为全国智能制造创新总部、示范应用中心和系统解决方案的策源地。

（四）自主可控信息系统专项。以金融、电信、工业等行业的自主可控信息系统和安全云服务为切入点，加强集成适配和联合攻关，构建包括应用软件、基础软硬件、网络和安全设备、信息安全服务等的一体化自主可控产品体系。通过实施本专项，建立包括行业应用开发、开源软件再创新、自主核心技术研发等体系在内的自主可控信息产业生态，建成完善的可信计算产业价值链，为保障国家重大信息系统安全提供有力支撑。

（五）云计算与大数据专项。以完善云计算平台建设和加强大数据智能应用为切入点，着力建设战略性公有云平台，构建大数据智能应用生态。通过公有云平台建设，带动云服务器、云平台软件以及云服务企业发展，成为全国云计算解决方案研制中心和云服务汇聚中心；围绕大数据智能应用，带动物联网产业发展，突破人工智能关键技术；深入挖掘数据价值，大力推动智能制造、教育、交通、医疗、城市运行管理等重点领域的大数据应用。通过实施本专项，建成具有国际竞争力的公有云平台，培育一批国内领先的大数据技术和应用服务企业，带动新一代互联网产业蓬勃发展。

（六）新一代移动互联网专项。以打造自主移动互联网平台和实现关键元器件进口替代为切入点，加强开源操作系统、自主操作系统与本地芯片的协同设计，强化自主移动通信核心技术研发及标准制定，建设世界领先的商业化移动互联网平台以及行业自主安全移动互联网平台，开发可穿戴设备、智能家居等新兴移动终端产品，培育基于移动平台应用的智能硬件产业生态。通过实施本专项，突破关键元器件发展短板，形成产业优势，培育一批对供应链和价值链具有掌控能力的平台型企业，带动京津冀地区形成全国领先的移动互联网产业集群。

（七）新一代健康诊疗与服务专项。围绕大健康产业的新需求，以重点疾病的预防、诊断、治疗和康复为切入点，大力推动新型药物、生物医学工程及基因检测技术等创新成果的产业化，开发基于“互联网+”的智能健康产品，建设自我健康管理、早期预防、远程医疗和医药电子商务相结合的大健康服务体系。通过实施本专项，基本形成以诊断试剂、创新药物、高端医疗器械及智能健康服务为主的新型产业体系，推动健康服务业态快速发展，形成新一代健康诊疗与服务产业的发展优势。

（八）通用航空与卫星应用专项。以通用航空运营体系建设、卫星技术转化应用为切入点，在航空航天领域主要围绕关键技术与产品、城市及区域服务保障、通用航空消费等重点，聚焦发展研发试制、运营服务、商务金融等高端环节，开发通用航空安全运行监管系统、自主安全可信的无人机飞控系统等产品，完善应急救援、商务飞行等运营服务体系。在卫星应用领域主要围绕低轨卫星宽带通信、卫星遥感、卫星导航技术的产业化，提高军民两用技术研发转化能力，大力发展卫星地面设备和卫星应用服务，开发空天地一体化信息网络、多源融合高精度遥感应用等技术。通过实施本专项，建立覆盖高端研发、系统集成、关键子系统制造、技术示范应用和服务保障的产业技术和价值链，建成特色鲜明、体系健全、重点突出、融合发展、国际领先的航空航天研发应用中心。

六、加大改革创新力度，切实保障制造业转型发展

（一）建立统筹推进机制。建立市级层面的统筹机制，充分发挥好顶层设计、政策整合、统筹协调的作用。建立由国内外技术、产业专家和企业家组成的专家顾问组，围绕 8 个建设专项选聘首席专家，指导各专项的实施。建立全市高精尖产业项目布局引导机制，以产业园区为载体，加快推进重大项目落地。市经济信息化委要会同相关部门出台配套政策文件，加强跟踪分析和督促指导。各区政府、各有关部门要健全工作机制，制定具体方案，细化政策措施，确保各项任务落到实处。

（二）改革行业指导制度。制定高精尖产业统计划分标准，统筹考虑产业发展的经济、社会和资源环境效益，综合土地、水、能源资源以及就业、税收等因素，建立规模、速度、效益相适应的产业发展综合评价体系。确定转型升级指导线，发布产业转移疏解和技术改造指导目录，引导企业有序推进产能转移、加强技术改造升级。建立高精尖产业发展“优选线”制度，按照高于国家标准的原则提出新实施高精尖产品项目的技术水平要求、环境保护和土地利用限制条件，并开展综合评估，达到“优选线”标准的项目给予优先支持。

（三）增强产业资本运作能力。发挥财政资金的引导作用，按照政府引导、市场运作、科学决策、防范风险的原则，设立高精尖产业发展基金，以股权投资为主要方式，引导社会资本参与相关建设专项和重点项目。加大对企业技术改造的支持力度，将企业技术改造投资作为工业固定资产投资的主要方向，并充分发挥境内外多层次资本市场作用，支持大型企业通过资本市场优化配置创新资源。围绕制造业转型升级，与国家政策性银行开展战略合作，引导风险投资、私募股权投资等支持制造业企业创新发展，鼓励符合条件的制造业贷款和租赁资产开展证券化试点。选择骨干企业开展“产融结合”试点，推广面向制造业企业的融资租赁服务。

（四）搭建产业升级服务平台。围绕信息化与工业化融合、品牌质量建设、工业设计水平提升等方面，搭建专业服务平台，推动关键环节实现突破。加强知识产权创造与管理，建设专利信息利用等知识产权公共服务平台，加强重点领域的专利组合布局及专利池建设，

推动专利与标准有效融合。围绕项目发现、孵化和推广，搭建多种形式的高精尖产业投资互动与对接服务平台。支持行业联盟、技术服务组织、国际标准化组织等服务机构发展，以智能制造为重点，开展技术标准、信息化与工业化融合管理标准的创制服务活动。争创国家高端装备制造业标准化工作试点。

（五）支持企业国际化发展。紧紧抓住国家实施“一带一路”发展战略的历史机遇，以提升“北京创造”品牌世界影响力为核心，建立多层次、多渠道、多方式的国际合作与交流机制。鼓励企业通过收购兼并、联合经营、设立分支机构和研发中心等方式积极拓展国际市场，构建国际化的资源配置体系。鼓励和引导外资投向高精尖产业，引入国际创新成果。围绕关键技术和重点发展领域，加快引进海外高层次人才。鼓励政府机构、产业联盟、行业协会及相关中介机构为企业“走出去”提供信息咨询、法律援助、技术转让和知识产权海外布局与风险预警等服务。

（六）完善各项支持政策。充分发挥中关村国家自主创新示范区先行先试优势，推动相关先行先试政策向高精尖产业倾斜。支持在京中央企业、高等学校、科研院所加快创新转型，推动中央及市属国有企业与民营、外资企业开展协同创新。研究制定优化产业布局方案，探索加快工业用地循环利用机制，推广先出租后出让、出租出让相结合、弹性出让等供地方式，加强对高精尖产业的用地保障。统筹考虑全市人口调控、制造业转型发展和高精尖产业培育需要等因素，加强人才发展的综合规划和分类指导，选择若干产业园区开展高精尖人才置换发展试点。组织开展多种形式的宣传引导，营造加快发展高精尖产业的良好氛围。

关于发布《信息系统集成及服务资质认定管理办法（暂行）》的通知

（中电联字〔2015〕1号）

各有关单位：

为顺应信息技术发展趋势及国家信息化建设的需求，维护信息系统集成及服务市场秩序，提高信息系统项目质量，保障信息安全，加强行业自律，促进信息系统集成企业能力的不断提高，更好地为企业和用户服务，中国电子信息行业联合会（以下称电子联合会）决定在现有工作基础上，依据企业综合能力和水平评价的行业规范及团体标准，开展信息系统集成及服务资质认定（以下称资质认定）工作。

根据国务院关于标准化改革工作的有关要求，电子联合会已成立信息系统集成及服务团体标准编制工作组，开始起草相关团体标准和行业规范。在相关标准和行业规范正式发布前，为指导资质认定工作的规范有序开展，电子联合会在公开征求社会各界意见和建议的基础上，组织制定了《信息系统集成及服务资质认定管理办法（暂行）》，现予以发布，自2015年7月1日起实行。

请各有关单位收到通知后，按要求做好各项工作。对信息系统集成及服务资质认定工作如有疑问、意见和建议，请及时联系中国电子信息行业联合会信息系统集成资质工作办公室（以下称电子联合会资质办）。

电子联合会资质办通信地址：北京市海淀区万寿路27号院3号楼101室（邮政编码：100846）

联系电话：010-68208065/68208063

传真电话：010-68218535

工作邮箱：sio@citif.org.cn

联 系 人：杨军 娜仁图雅

附件：《信息系统集成及服务资质认定管理办法（暂行）》

中国电子信息行业联合会

2015年6月30日

附件：

信息系统集成及服务资质认定管理办法（暂行）

第一章　总　则

第一条　为做好信息系统集成及服务资质认定（以下称资质认定）工作，加强行业自律，维护信息系统集成及服务市场秩序，保障信息系统项目质量和信息安全，促进企业能力的不断提高，推动行业健康发展，特制定本办法。

第二条　本办法所称信息系统集成及服务是指从事信息网络系统、信息资源系统、信息应用系统的咨询设计、集成实施、运行维护等全生命周期活动，及总体策划、系统测评、数据处理存储、信息安全、运营等服务和保障业务领域。

第三条　本办法所称资质认定是指中国电子信息行业联合会（以下称电子联合会）依据本管理办法和资质等级评定条件对从事信息系统集成及服务企业的综合能力和水平所进行的评价和认定。

信息系统集成及服务企业的综合能力和水平包括经营业绩、财务状况、信誉、管理能力、技术实力和人才实力等要素。

第二章　工作机构

第四条　电子联合会设立信息系统集成资质工作委员会（以下称电子联合会资质工作委员会），负责协调、管理资质认定工作，对资质认定结果进行审定。

第五条　电子联合会资质工作委员会下设信息系统集成资质工作办公室（以下称电子联合会资质办）作为电子联合会资质工作委员会的日常办事机构，负责具体组织实施资质认定工作。

第六条　根据资质认定工作的需要，电子联合会资质办可在获证企业数量较多或有必要的地区设立地方信息系统集成资质服务中心（以下称地方服务中心）。地方服务中心依照电子联合会资质办的委托在本地区开展资质认定服务工作。

第七条　信息系统集成资质评审机构（以下称评审机构）负责在电子联合会资质办认定的范围内开展资质评审工作，包括对资质申报材料的完整性、真实性、有效性及与资质等级评定条件的符合性等方面进行独立审核，并出具评审报告。

评审机构分为A级和B级。A级评审机构可在全国各地区开展资质评审工作。B级评审机构可在本地区开展资质评审工作。

评审机构及评审人员的管理办法由电子联合会另行制定发布。

第八条　为确保评审机构的评审工作公平、公正，并提升评审工作质量，电子联合会资质办可委托见证机构对评审机构的现场评审过程进行见证，并出具见证报告。

第三章　资质设定

第九条　信息系统集成资质（以下称集成资质）是对企业从事信息系统集成及服务综合能力和水平的客观评价，集成资质分为一级、二级、三级和四级四个等级，其中一级最高。

集成资质等级评定条件由电子联合会另行制定发布。

第十条　为适应信息技术发展和市场的需求，电子联合会将适时开展针对信息系统集成及服务不同环节设定的分项资质及针对市场特定需要而专门设定的专项资质的认定工作。

分项资质和专项资质的认定，原则上遵守本办法的相关规定，具体管理办法和资质等级评定条件由电子联合会另行制定发布。

第十一条　电子联合会对信息系统集成项目管理人员（以下称项目管理人员）实施登记管理。

项目管理人员的登记管理办法由电子联合会另行制定发布。

第四章　资质申请与认定

第十二条　凡从事信息系统集成及服务的企业，可根据电子联合会发布的资质等级评定条件和自身能力水平情况，自愿申请相应类别和级别的资质认定。

第十三条　资质认定根据评审与审定分离的原则，按照先由评审机构评审，再由电子联合会审定的程序进行。

第十四条　资质认定分为新申报和换证申报，除特别规定的事项外，新申报和换证申报的评定条件及认定程序相同。

第十五条　申请资质认定的企业（以下称申请企业）应具备下列基本条件。

（一）是在中华人民共和国境内注册的企业法人。

（二）能够提供与资质等级评定条件相关的证明材料。

（三）承诺并遵守行业公约，并认同本管理办法。

第十六条　资质认定程序如下。

（一）申请企业自主选择符合条件的评审机构并向其提交申报材料。其中，申请一级、二级集成资质的企业应向 A 级评审机构提交申报材料，申请三级、四级集成资质的企业可向注册所在地的 B 级评审机构提交申报材料，或向 A 级评审机构提交申报材料。

（二）评审机构接收申报材料后，组织实施文件评审和现场评审并出具评审报告。其中，一级、二级集成资质的现场评审，应由见证机构进行见证并出具见证报告。

（三）评审机构在出具同意意见的评审报告后，将申请企业的申报材料和评审报告提交至电子联合会资质办或申请企业注册所在地的地方服务中心。

（四）电子联合会资质办审查申报材料和评审报告，并组织召开资质评审会。对通过评审会的集成一级、二级资质新申报企业，电子联合会资质办在工作网站公示 10 天。

（五）电子联合会资质办将资质评审会及公示结果报电子联合会资质工作委员会审定，并向通过审定的企业颁发资质证书。

第五章　资质证书管理

第十七条　资质证书有效期四年，分为正本和副本，正本和副本具有同等效力。

第十八条　在资质证书有效期内，持证企业每年应按时向电子联合会资质办提交年度数据信息，不能按时提交年度数据信息的企业，视为其自动放弃资质证书。

第十九条　在资质证书有效期期满前，持证企业应按时完成换证申报认定，未按时完成换证申报认定的企业，其资质证书视为自动失效。

第二十条　持证企业资质证书记载事项发生变更的，应在变更发生后30日内，向电子联合会资质办或注册所在地的地方服务中心提交资质证书变更申请材料，电子联合会资质办核实无误后，换发资质证书。

第二十一条　持证企业遗失资质证书，应按电子联合会资质办要求发布遗失声明后，向电子联合会资质办或注册所在地的地方服务中心提交资质证书遗失补发申请，电子联合会资质办核实无误后，补发资质证书。

第六章　监督管理及投诉、申诉和罚则

第二十二条　资质认定工作接受行业主管部门的指导和监管，接受企业、用户和社会各界的监督。各地的资质认定工作接受当地地方行业主管部门的指导和监管。

第二十三条　电子联合会资质办可通过抽查及其他可行方式对评审机构的评审活动、见证机构的见证活动进行监督检查，对企业申报材料的完整性、真实性等进行核查。

第二十四条　申请企业对电子联合会的资质认定工作过程或认定结果存在异议的，可向行业主管部门申诉。申请企业对评审机构、见证机构和地方服务中心的资质认定工作过程或评审机构的评审结果存在异议的，可向电子联合会资质办投诉。

第二十五条　申请企业或持证企业在资质新申报、换证申报、提交年度数据信息及资质证书变更等活动中存在弄虚作假、隐瞒事实或不配合执行本管理办法等行为的，或存在涂改、伪造、租用、借用资质证书等行为的，电子联合会资质办可视其情节轻重给予警告、暂停受理，或降级、暂停和撤销资质证书等处罚。

第二十六条　评审机构及评审人员在评审活动中，见证机构及见证人员在见证活动中存在玩忽职守、营私舞弊、索贿受贿、弄虚作假及侵害申请企业合法权益等行为的，电子联合会资质办可视情节轻重予以警告，暂停、降低和撤销评审或见证评审资格等处罚。

第七章　附　则

第二十七条　本办法由电子联合会负责解释。

关于发布《信息系统集成资质等级评定条件（暂行）》的通知

（中电联字〔2015〕2 号）

各有关单位：

为顺应信息技术发展趋势及国家信息化建设的需求，维护信息系统集成及服务市场秩序，提高信息系统项目质量，保障信息安全，加强行业自律，促进信息系统集成企业能力的不断提高，更好地为企业和用户服务，中国电子信息行业联合会（以下称“电子联合会”）决定在现有工作基础上，依据企业综合能力和水平评价的行业规范及团体标准，开展信息系统集成及服务资质认定工作。

根据国务院关于标准化改革工作的有关要求，电子联合会已成立信息系统集成及服务团体标准编制工作组，开始起草相关团体标准和行业规范。在相关标准和行业规范正式发布前，为指导信息系统集成资质认定工作的规范有序开展，依据《信息系统集成及服务资质认定管理办法（暂行）》（中电联字〔2015〕1 号），电子联合会组织制定了《信息系统集成资质等级评定条件（暂行）》，现予以发布，自 2015 年 7 月 1 日起实行。

请各有关单位收到通知后，按要求做好各项工作。对信息系统集成资质认定工作如有疑问、意见和建议，请及时与中国电子信息行业联合会信息系统集成资质工作办公室（以下称电子联合会资质办）联系。

电子联合会资质办通信地址：北京市海淀区万寿路 27 号院 3 号楼 101 室（邮政编码：100846）

联系电话：010－68208065/68208063

传真电话：010－68218535

工作邮箱：sio@citif.org.cn

联 系 人：杨军 娜仁图雅

附件：《信息系统集成资质等级评定条件（暂行）》

中国电子信息行业联合会

2015 年 6 月 30 日

附件：

信息系统集成资质等级评定条件（暂行）

一、一级资质

（一）综合条件

1. 企业是在中华人民共和国境内注册的企业法人，变革发展历程清晰、产权关系明确，取得信息系统集成二级资质的时间不少于两年。

2. 企业主业是信息系统集成及服务（以下称系统集成），近三年的系统集成收入总额占营业收入总额的比例不低于70%，或近三年系统集成收入不少于15亿元且占营业收入总额的比例不低于50%。

3. 企业注册资本和实收资本均不少于5000万元，或所有者权益合计不少于5000万元。

（二）财务状况

1. 企业近三年的系统集成收入总额不少于5亿元，或不少于4亿元且近三年完成的系统集成项目总额中软件和信息技术服务费总额所占比例不低于80%，财务数据真实可信，须经在中华人民共和国境内登记的会计师事务所审计。

2. 企业财务状况良好。

3. 企业拥有与从事系统集成业务相适应的固定资产和无形资产。

（三）信誉

1. 企业有良好的资信和公众形象，近三年无触犯国家法律法规的行为。

2. 企业有良好的知识产权保护意识，近三年完成的系统集成项目中无销售或提供非正版软件的行为。

3. 企业有良好的履约能力，近三年没有因企业原因造成验收未通过的项目或应由企业承担责任的用户重大投诉。

4. 企业近三年无不正当竞争行为。

5. 企业遵守信息系统集成资质管理相关规定，在资质申报和资质证书使用过程中诚实守信，近三年无不良行为。

（四）业绩

1. 近三年完成的不少于200万元的系统集成项目及不少于100万元的纯软件和信息技术服务项目总额不少于4亿元，或不少于3.5亿元且近三年完成的系统集成项目总额中软件和信息技术服务费总额所占比例不低于 80%。这些项目至少涉及三个省（自治区、直辖市），并已通过验收。

2. 近三年至少完成 4 个合同额不少于 1500 万元的系统集成项目，或所完成合同额不少于 1000 万元的系统集成项目总额不少于 6000 万元，或所完成合同额不少于 500 万元的纯软件和信息技术服务项目总额不少于 3000 万元，这些项目中至少有部分项目应用了自主开发的软件产品。

3. 近三年完成的系统集成项目总额中软件和信息技术服务费总额所占比例不低于 30%，或软件和信息技术服务费总额不少于 1.2 亿元，或软件开发费总额不少于 6500 万元。

（五）管理能力

1. 已建立完备的质量管理体系，通过国家认可的第三方认证机构认证，且连续有效运行时间不少于一年。

2. 已建立完备的项目管理体系，使用管理工具进行项目管理，并能有效实施。

3. 已建立完备的客户服务体系，能及时、有效地为客户提供优质服务。

4. 已建立完善的企业管理信息系统并能有效运行。

5. 企业的主要负责人从事信息技术领域企业管理的经历不少于 5 年，主要技术负责人应具有计算机信息系统集成高级项目经理资质或电子信息类高级技术职称，且从事系统集成技术工作的经历不少于 5 年，财务负责人应具有财务系列高级职称。

（六）技术实力

1. 主要业务领域中典型项目技术居国内同行业领先水平。

2. 对主要业务领域的业务流程有深入研究，有自主知识产权的基础业务软件平台或其他先进的开发平台。经过第三方评测鉴定或用户使用认可的自主开发的软件产品不少于 20 个，其中近三年第三方评测鉴定或用户使用认可的软件产品不少于 10 个，且部分软件产品在近三年已完成的项目中得到了应用。

3. 有专门从事软件或系统集成技术开发的技术带头人，已建立完备的软件开发与测试体系，研发及办公场地面积不少于 1500 平方米。

4. 具有研发管理制度。

（七）人才实力

1. 从事软件开发与系统集成技术工作的人员不少于 220 人。

2. 经过登记的信息系统集成项目管理人员人数不少于 30 名，其中高级项目经理人数不少于 10 名。

3. 已建立完备的人力资源管理体系并能有效实施。

二、二级资质

（一）综合条件

1. 企业是在中华人民共和国境内注册的企业法人，变革发展历程清晰、产权关系明确，取得信息系统集成三级资质的时间不少于一年。

2. 企业主业是系统集成，近三年的系统集成收入总额占营业收入总额的比例不低于60%，或近三年系统集成收入不少于7.5亿元且占营业收入总额的比例不低于50%。

3. 企业注册资本和实收资本均不少于2000万元，或所有者权益合计不少于2000万元。

（二）财务状况

1. 企业近三年的系统集成收入总额不少于2.5亿元，或不少于2亿元且近三年完成的系统集成项目总额中软件和信息技术服务费总额所占比例不低于70%，财务数据真实可信，须经在中华人民共和国境内登记的会计师事务所审计。

2. 企业财务状况良好。

3. 企业拥有与从事系统集成业务相适应的固定资产和无形资产。

（三）信誉

1. 企业有良好的资信和公众形象，近三年无触犯国家法律法规的行为。

2. 企业有良好的知识产权保护意识，近三年完成的系统集成项目中无销售或提供非正版软件的行为。

3. 企业有良好的履约能力，近三年没有因企业原因造成验收未通过的项目或应由企业承担责任的用户重大投诉。

4. 企业近三年无不正当竞争行为。

5. 企业遵守信息系统集成资质管理相关规定，在资质申报和资质证书使用过程中诚实守信，近三年无不良行为。

（四）业绩

1. 近三年完成的不少于80万元的系统集成项目及不少于40万元的纯软件和信息技术服务项目总额不少于2亿元，或不少于1.5亿元且近三年完成的系统集成项目总额中软件和信息技术服务费总额所占比例不低于70%。这些项目已通过验收。

2. 近三年至少完成3个合同额不少于1000万元的系统集成项目，或所完成合同额不少于600万元的系统集成项目总额不少于3000万元，或所完成合同额不少于300万元的纯软件和信息技术服务项目总额不少于1500万元，这些项目中至少有部分项目应用了自主开发的软件产品。

3. 近三年完成的系统集成项目总额中软件和信息技术服务费总额所占比例不低于30%，或软件和信息技术服务费总额不少于6000万元，或软件开发费总额不少于3000万元。

（五）管理能力

1. 已建立完备的质量管理体系，通过国家认可的第三方认证机构认证，且连续有效运行时间不少于一年。

2. 已建立项目管理体系并能有效实施。

3. 已建立完备的客户服务体系，能及时、有效地为客户提供优质服务。

4. 已建立完善的企业管理信息系统并能有效运行。

5. 企业的主要负责人从事信息技术领域企业管理的经历不少于4年，主要技术负责人应具有计算机信息系统集成高级项目经理资质或电子信息类高级技术职称，且从事系统集成技术工作的经历不少于4年，财务负责人应具有财务系列中级及以上职称。

（六）技术实力

1. 主要业务领域中典型项目具有较高技术水平。

2. 熟悉主要业务领域的业务流程，经过第三方评测鉴定或用户使用认可的自主开发的软件产品不少于10个，其中近三年第三方评测鉴定或用户使用认可的软件产品不少于5个，且部分软件产品在近三年已完成的项目中得到了应用。

3. 有专门从事软件或系统集成技术开发的技术带头人，已建立完备的软件开发与测试体系，研发及办公场地面积不少于1000平方米。

（七）人才实力

1. 从事软件开发与系统集成技术工作的人员不少于150人。

2. 经过登记的信息系统集成项目管理人员人数不少于15名，其中高级项目经理人数不少于3名。

3. 已建立人力资源管理体系并能有效实施。

三、三级资质

（一）综合条件

1. 企业是在中华人民共和国境内注册的企业法人，变革发展历程清晰、产权关系明确，取得信息系统集成四级资质的时间不少于一年，或从事系统集成业务的时间不少于两年。

2. 企业主业是系统集成，近三年的系统集成收入总额占营业收入总额的比例不低于50%。

3. 企业注册资本和实收资本均不少于200万元，或所有者权益合计不少于200万元。

（二）财务状况

1. 企业近三年的系统集成收入总额不少于5000万元，或不少于4000万元且近三年完成的系统集成项目总额中软件和信息技术服务费总额所占比例不低于70%，财务数据真实可信，须经在中华人民共和国境内登记的会计师事务所审计。

2. 企业财务状况良好。

（三）信誉

1. 企业有良好的资信，近三年无触犯国家法律法规的行为。

2. 企业有良好的知识产权保护意识，近三年完成的系统集成项目中无销售或提供非正版软件的行为。

3. 企业有良好的履约能力，近三年没有因企业原因造成验收未通过的项目或应由企业承担责任的用户重大投诉。

4. 企业近三年无不正当竞争行为。

5. 企业遵守信息系统集成资质管理相关规定，在资质申报和资质证书使用过程中诚实守信，近三年无不良行为。

（四）业绩

1. 近三年完成的系统集成项目总额不少于5000万元，或不少于4000万元且近三年完成的系统集成项目总额中软件和信息技术服务费总额所占比例不低于70%。这些项目已通过验收。

2. 近三年至少完成1个合同额不少于300万元的系统集成项目，或所完成合同额不少于100万元的系统集成项目总额不少于300万元，或所完成合同额不少于50万元的纯软件和信息技术服务项目总额不少于150万元。

3. 近三年完成的系统集成项目总额中软件和信息技术服务费总额所占比例不低于30%，或软件和信息技术服务费总额不少于1500万元，或软件开发费总额不少于800万元。

（五）管理能力

1. 已建立质量管理体系，通过国家认可的第三方认证机构认证，并能有效运行。

2. 已建立完备的客户服务体系，能及时、有效地为客户提供服务。

3. 企业的主要负责人从事信息技术领域企业管理的经历不少于3年，主要技术负责人应具有计算机信息系统集成项目管理人员资质或电子信息类专业硕士及以上学位或电子信息类中级及以上技术职称，且从事系统集成技术工作的经历不少于3年，财务负责人应具有财务系列初级及以上职称。

（六）技术实力

1. 在主要业务领域具有较强的技术实力。

2. 经过第三方评测鉴定或用户使用认可的自主开发的软件产品不少于 3 个，且部分软件产品在近三年已完成的项目中得到了应用。

3. 有专门从事软件或系统集成技术开发的研发人员，已建立基本的软件开发与测试体系，研发及办公场地面积不少于 300 平方米。

（七）人才实力

1. 从事软件开发与系统集成技术工作的人员不少于 50 人。

2. 经过登记的信息系统集成项目管理人员人数不少于 5 名，其中高级项目经理人数不少于 1 名。

3. 已建立合理的人力资源培训与考核制度，并能有效实施。

四、四级资质

1. 企业是在中华人民共和国境内注册的企业法人，产权关系明确。

2. 具有与从事系统集成业务相适应的注册资本和实收资本。

3. 企业近三年无触犯国家法律法规的行为。

4. 企业有良好的知识产权保护意识，最近年度完成的项目中无销售或提供非正版软件的行为。

5. 企业有良好的履约能力，最近年度没有因企业原因造成验收未通过的项目或应由企业承担责任的用户重大投诉。

6. 企业最近年度无不正当竞争行为。

7. 企业遵守信息系统集成资质管理相关规定，在资质申报和资质证书使用过程中诚实守信，最近年度无不良行为。

8. 已建立质量管理体系，并能有效实施。

9. 已建立客户服务体系，配备有专门人员。

10. 企业的主要负责人从事信息技术领域企业管理的经历不少于 2 年，主要技术负责人应具有计算机信息系统集成项目管理人员资质或电子信息类专业硕士及以上学位或电子信息类中级及以上职称，且从事系统集成技术工作的经历不少于 2 年，财务负责人应具有财务系列初级及以上职称。

11. 具有相应的软件及系统开发环境，具有一定的技术开发能力。

12. 从事软件开发与系统集成技术工作的人员不少于 15 人。

13. 企业聘用的项目管理人员人数不少于 2 名。

14. 具有对员工进行新知识、新技术以及职业道德培训的计划，并能有效地组织实施与考核。

大事记

1 月

1 月 4 日，中小企业公共服务平台举行培训活动，中小企业“政策通”系列培训活动拉开序幕。

1 月 6 日，“2015 年第五届中国智慧城市大会”在京召开，东城区获“2010—2014 中国智慧城市发展 5 周年贡献单位”称号。

1 月 8 日，在第七届电子信息产业标准推动会暨中国信息技术服务标准化（ITSS）年会上，“2014 年度电子信息产业标准化十大事件”正式对外发布。

1 月 12 日，在由工业和信息化部中国电子信息产业发展研究院、《中国信息化周报》联合举办的“2015 年中国信息化发展十大趋势”发布会上，发布了 2014 年中国信息化发展水平评估报告。

1 月 27 日，由工业和信息化部指导，中国电子信息行业联合会、中国电子商会、中国软件行业协会共同主办的 2015 中国电子信息行业发展大会暨高峰论坛在北京召开。

1 月 28 日，《企业首席信息官制度建设指南》全国宣贯千里行活动第一站——北京站在中关村国家自主创新示范区展示中心启动。

1 月 30 日，基于“歌华云平台”能力系统及移动互联网应用模式研发的“国学诵读”创意应用服务正式推出。

1 月，怀柔区获中国联通北京市分公司颁发的“首批全光网络县”荣誉称号，成为全国第一批 13 个全光网络区县之一。

1 月，“2014 年北京智慧旅游建设”项目获“2014‘美丽中国’十佳智慧旅游城市”大奖首位。

1 月，市十四届人大三次会议对东城区、西城区、海淀区、丰台区、朝阳区、顺义区 6 个代表团的全团审议进行网络直播，并首次设置专门的网上“留言板”互动渠道。

1 月，朝阳区入选国家级工业电子商务区域试点。

1 月，北京歌华有线电视网络股份有限公司被北京市国家安全局授予“2014 年度国家安全人民防线建设工作先进集体”荣誉称号。

2 月

2 月 1 日，北京网络文化协会第五届会员代表大会暨第一次理事会议在京举行。会上发布了《网络文化行业发展与自律北京共识》。

2 月 3 日，“悠购东城”智慧商务平台发布会举行。

2月4日，“2014年首届物联网感智创新大赛”颁奖仪式在京举行。

2月4日，北京市旅游委信息中心（北京市旅游运行监测中心）、北京市旅游咨询服务中心揭牌成立。

2月6日，北京歌华有线电视网络股份有限公司高清交互平台文化专区改版上线，内容包括3D博物馆、数字图书馆、华夏瑰宝、综艺体育、文化影视、悦读书架。

2月6日，2015年北京市工业和信息化工作会召开。会议总结了2014年北京市工业和信息化发展情况，并对2015年的重点任务进行部署。

2月12日，怀柔区中小企业服务平台微信公众号（hrqyfw）开通。

2月13日，在市经济信息化委、海淀区经济和信息化办公室协调推进下，总参某部、中国仪器进出口（集团）公司、北京兴科迪科技有限公司三方共同签约，合作共建信息安全产业园。

2月，北京财政综合数据中心实现国税、地税、工商、统计、财政等5部门区县局的信息共享。

2月，北京市旅游委会同北京市网信办共同开展治理网络虚假旅游信息整治工作，启动“清网行动”。

2月，北京市信息化专家咨询委员会（简称市信息化专家委）秘书处组织向北京市领导上报了《切实转变为信息化思维促进“十三五”信息化和产业健康发展——2014年北京市信息化专家咨询委员会高峰论坛专家观点》，先后得到市长王安顺，副市长李士祥、苟仲文、张工等领导重要批示。

2月，中关村科技助老公共服务平台正式建立。

3月

3月13日，市政府副秘书长朱炎到北京市中小企业公共服务平台调研。

3月13日，市经济信息化委组织召开云计算支撑“高精尖”产业发展研讨会。

3月17日，“2015中国IT市场年会”在北京香格里拉酒店举行。

3月24日，市统计局法人一证通建设项目通过专家验收。

3月24日，市卫生计生委“健康益站”微信平台完成认证，正式上线运行。

3月27日，由市经济信息化委指导、百度公司承办的“北京健康云”体验主题日活动在玉渊潭公园举行。

3月31日，北京数字档案馆（北京电子文件中心）项目启动。

3月31日，北京护航科技有限公司举办“互联网化的IT运维创新研讨会”，共同探讨在互联网热点下企业IT运维管理变革中涉及的内容。

3月31日，第三届中国国际云计算技术和应用展览会暨论坛（Cloud China 2015）在北京国家会议中心开幕。大会以“应用需求带动技术革新”为主题。

3 月 31 日，北京市无线电管理局组织召开全市轨道交通无线通信系统技术交流会。

3 月，北京浩瀚深度信息技术股份有限公司获 2015 中国通信行业云计算峰会颁发的“行业数据价值化优秀解决方案奖”。

3 月，国家卫生计生委医政医管局指定市公共卫生信息中心为国家 DRGs 质控中心。

3 月，北京歌华有线电视网络股份有限公司荣登“2015 中国消费诚信企业榜”。

4 月

4 月 1 日，市公安局初步形成“双微”政务新媒体集群。

4 月 7 日，新首钢高端产业综合服务区被住房和城乡建设部、科学技术部确定为国家智慧城市试点。

4 月 8 日，“中国电视院线”正式落地天津，与北京地区统一页面、统一编排、统一定价、统一更新，首批上线包括《星际穿越》《第七子：降魔之战》等 30 部影片。

4 月 9 日，北京软件和信息服务交易所正式发布软件交易标准体系。

4 月 10 日，市交通信息中心院士专家工作站举行北京大学鄂维南院士及其专家团队进站仪式。双方签署了合作框架协议，将在气象交通规律分析、动态建模、预测预报等方面开展合作。

4 月 15 日，启明星辰公司在京发布 Cloud SOC 云安全管理平台，为政企云安全护航。

4 月 16 日，第三届（2015）中国智慧城市年会在京召开，东城区“两网融合”信息化建设项目获“中国智慧城市创新奖”。

4 月 16 日，北京市排污费申报和排污费征收管理系统建设项目数据中心基础设施建设优化设计方案通过。

4 月 17 日，市城乡经济信息中心组织召开 2015 年北京市农业农村信息化工作会议。

4 月 20 日，经京编办事〔2015〕47 号文批准，北京市地勘局信息中心正式成立。

4 月 21 日，由工业和信息化部电子科学技术情报研究所主办的《工业和信息化蓝皮书(2014—2015)》发布会在北京举行。

4 月 21 日，北京歌华有线数字媒体有限公司集成创新的有线电视 C-Docsis 系统与 4G 网络融合传输技术系统经国家知识产权局批准，获得实用新型专利授权。

4 月 22 日，北京电子商会组织会员企业参加首届京津冀协同发展滨海恳谈会。

4 月 24 日，市第二中级人民法院获评光明网“2014 年度法检系统新媒体应用奖”。

4 月 24 日，致生联发信息技术股份有限公司和北京博维航空设施管理有限公司签署战略合作框架协议，共同建设智慧空港系统平台。

4 月 28 日，北京市公安局组织开展“4·29”首都网络安全日系列宣传活动。

4 月 28 日，华北区域气象部门数值模式研发技术研讨会在市气象局举行。

4 月 28 日，市网信办和市旅游委召开“五一”前工作会，会上发布了 100 多家正规旅行社官方网站白名单和 51 家虚假旅游信息推广黑名单。

4 月 30 日，首钢股份公司迁安钢铁公司、首钢京唐钢铁联合有限责任公司成为全国首批通过两化融合管理体系评定的企业。

4 月 30 日，北京市质监局批准发布《社会服务一卡通(北京通)卡片技术规范》地方标准。

4 月，北京歌华有线电视网络股份有限公司云游戏平台获 2015 年“CCBN 年度创新奖——产品创新杰出奖”。

4 月，京津冀统计数据交换共享平台正式上线运行。

4 月，市人大常委会机关启动《2016—2020 年北京市人大常委会机关信息化建设规划》的编制工作。

4 月，北京经济技术开发区发布《北京经济技术开发区通信基站专项规划（2015—2017 年)》及配套的通信基站管理办法。

4 月，门头沟区智慧城市试点申报通过住房和城乡建设部、科技部评审，成为北京市唯一一家以区级申报成为国家智慧城市试点的单位。

4 月，北京浩瀚深度信息技术股份有限公司的获“顺水云”全行业综合信息平台第八届中国与信息化应用优秀成果银奖。

4 月，北京融通高科科技发展有限公司自主研发的 RT7 系列音频口读写机在北京电表行业客户试点应用。

4 月，市政府法制办新版门户网站上线运行。

5 月

5 月 5 日，北京市交通信息中心组织出租车运行监测和监管指标原型系统开发工作。

5 月 5—6 日，市高级法院召开北京市法院信息化工作会暨业务应用培训会。

5 月 6 日，市经济信息化委 2015 年“感受高精尖——走进两化融合标杆企业”系列宣传活动启动。

5 月 6 日，由北京奇虎科技有限公司和酷派集团有限公司联合主办的全新手机品牌发布仪式在京举行。

5 月 8 日，北京市公安局启用“北京市建设工程消防设计施工质量诚信平台”。

5 月 10 日，北京金山安全管理系统技术有限公司发布新一代企业终端安全软件——金山 V8+ 终端安全系统。

5 月 11 日，2015 年社会信用体系建设联席会议召开。

5 月 12 日，北京瑞星信息技术有限公司发布首个针对“互联网 +”的企业信息安全解决方案。

5 月 12 日，致生联发信息技术股份有限公司自主研发的对高速列车受电弓滑动取电智能分析的全工况描述模型通过系统验收。

5 月 14 日，北京市中小企业公共服务平台正式开通运营。

5 月 17—24 日，在以“科学生活创新圆梦”为主题的全国科技活动周暨北京科技周主场大型科普博览会上，北京交通发展研究中心开发的车流量、停车检测模型受邀参展。

5 月 20 日，致生联发信息技术股份有限公司的“电力机车实时滑动取电监视仪”“一种可视化空气质量检测装置”两项科研成果获国家专利。

5 月 20—22 日，市公安局和中国科学技术协会联合举办“第六届中国（北京）国际警用装备及反恐技术装备展览会暨学术研讨会”。

5 月 22 日，怀柔区中小企业公共服务平台举行揭牌仪式，开始正式运营。

5 月 22 日，“中国电视院线”在河北落地，实现了在京津冀地区有线电视平台的上线，开启了三地一体化运营、互联互通新篇章。

5 月 25—29 日，以“软件支撑产业互联”为主题的 2015 北京软件周举办。

5 月 26 日，歌华有线公司在北京广播大厦组织召开“歌华电视”4K 融合一体机发布会。

5 月 27 日，“大数据时代健康产业创新论坛”在京召开。

5 月 28 日，“智慧海淀——政务办公云平台”成果发布会在中关村国家自主创新示范区展示中心召开。

5 月 29 日，“2015 信息网络产业新业态创新企业 30 新”在北京丽亭华苑酒店举行颁奖典礼。

5 月 29 日，市公安局“平安北京”推出“朝阳群众”群防群治品牌形象。

5 月，由北京泰豪电力科技有限公司发起并承担主要编制任务的《工业园区电力需求响应管控系统规范》入选 2016 年第一批中国电力企业联合会标准制修订计划项目目录。

5 月，第三版石景山区政务门户系统推出。

5 月，北京歌华有线电视网络股份有限公司“国学诵读”技术系统“基于有线电视和智能移动设备联动的音视频采集合成系统”获国家知识产权局授权的实用新型专利。

5 月，市政府办公厅印发《宽带北京行动计划 2015 年度任务分工》，要求年底前城六区及北京经济技术开发区完成改造任务的 80%，其他区县完成全部改造工作。

5 月，“旅行社服务网点备案登记子系统”功能升级，北京市旅行社服务网点备案登记证明新增二维码扫描功能。

6 月

6 月 2 日，腾讯与启明星辰宣布达成战略合作，面向企业市场推出全面的终端安全解决方案——云子可信网络防病毒系统。

6月3日，中关村云计算产业联盟与台湾云端运算产业协会联合在北京工业设计创意产业基地路演大厅举办“海峡两岸第二届创业项目封闭对接会”。

6月3—5日，北京赛思信安技术股份有限公司携“赛思大数据、岂止于大”的全面解决方案出席第七届中国云计算大会。

6月5日，市环保局开通全国统一的“12369”环保微信举报平台。

6月9日，全市党的文献编辑和档案编研成果目录实现网上共享。

6月12日，致生联发信息技术股份有限公司的“多源视频图像资源整合系统研究与示范应用”项目获批为“北京市重大科技专项”。

6月23日，最高法院院长周强听取北京知识产权法院信息化建设工作情况汇报。

6月29日，北京市第三次全国经济普查地理信息系统完善开发项目通过验收。

6月，石景山区物联网综合示范应用系统通过验收并投入运行。

7月

7月2日，中关村空间信息技术产业联盟组织召开智慧城市发展论坛暨智慧城市专业委员会成立大会。9家创始成员单位代表共同签署了《智慧城市专委会合作协议》，专委会将以“合作共赢、利益共享”为宗旨，以企业为主体、市场为导向开展智慧城市建设。

7月4日，北京护航科技有限公司举办十周年客户答谢会，邀请现代管理学之父彼得·德鲁克亲传弟子那国毅教授分享管理思想精髓“德鲁克的1358”。

7月7日，由致生联发信息技术股份有限公司研发的“基于手机平台的视频采集和处理系统”“智能视频监控信息采集平台”获北京市2015年新技术新产品（服务）称号。

7月8日，智慧北京促进联盟成立大会在翠宫饭店举行。

7月10日，博雅软件入选工业和信息化部“2014年软件企业综合竞争力200强企业”。

7月10—12日，2015中国智慧城市国际博览会在北京展览馆举行。以“网格化让城市服务更智慧，‘互联网+’让百姓生活更便捷”为主题的北京网格化成果展在9号馆展出。

7月12日，北京市公安局“平安北京”新浪微博平台粉丝突破1000万人。

7月17日，北京市司法局在全市司法行政系统开展“岗位练兵 能手竞赛”办公信息化竞赛活动。

7月20日，市园林绿化局发布了“京津冀生态建设协同发展”网上宣传专题，及时宣传报道京津冀生态建设协同发展有关情况。

7月21日，由工业和信息化部、国家互联网信息办公室等部门指导，中国互联网协会主办的2015（第十四届）中国互联网大会在北京开幕。

7月21日，中关村数海数据资产评估中心在中关村成立，这是国内首家开展数据资产登记确权赋值的服务机构。

7 月 29 日，市气象局与中科院大气物理研究所签署《2015 年重大活动气象服务保障合作协议》。

7 月 30 日，北京歌华有线电视网络股份有限公司高清交互数字电视平台“快乐学堂”栏目正式上线。

7 月，防误鸣人防警报管理系统获国家实用新型发明专利。

7 月，北京市民防局组织北京市民防指挥通信车跨区通信支援演练。与天津市、河北省人防办签署了《京津冀人防通信协同发展和跨区支援备忘录》，举行了北京民防通信志愿者大队授旗仪式。

7 月，北京北咨信息工程咨询有限公司获中国电子企业协会全国电子信息行业优秀企业称号。

7 月，北京北咨信息工程咨询有限公司所承担咨询工作的“北京市电子政务建设重大项目规划储备前期工作研究”项目获 2015 年度全国优秀工程咨询成果奖三等奖。

7 月，市人工影响天气办公室人工影响天气高性能飞机“空中国王”完成空地数传以及图像数据采集系统升级改造工作。

7 月，北京浩瀚深度信息技术股份有限公司获评“中关村高成长企业 TOP100”。

7 月，京津冀北斗导航区域应用示范工程启动，打造京津冀一体的北斗综合应用示范项目。

8 月

8 月 4 日，由北京市计算中心承办的北京物联网感智创新大赛首场创投对接沙龙活动在中关村创业大街创业咖啡厅举行。

8 月 12 日，北京市公安局消防部队完成天津“8·12”事故应急通信保障工作。

8 月 14 日，市经济信息化委组织各区县经济信息化主管部门召开 2015 年北京市企业两化融合评估填报培训会。

8 月 14 日，北京市司法局在信息指挥中心召开矫正帮教工作“两大安保”活动汇报视频会商会。

8 月 18 日，工业和信息化部部长苗圩慰问参加抗战胜利 70 周年纪念活动的无线电安全保障人员。

8 月 20 日，国研网“一带一路”战略支撑平台正式发布。

8 月 20 日，市委网络安全和信息化领导小组召开会议，部署本市中国人民抗日战争暨世界反法西斯战争胜利 70 周年纪念活动期间网络安全保障工作。

8 月 20 日，市公安局“平安北京”推出原创的“朝阳群众”与“西城大妈”卡通形象。

8月20日，北京市旅游行业信用信息网、北京市旅游行业信用信息发布系统（http://xinyong.bjta.gov.cn/）上线试运行。

8月22日，北京市“国学诵读”创新服务全面覆盖到拉萨市。拉萨全市中小学生可以通过电视、电脑、移动终端等多途径感受国学魅力，学习中华古典文化。

8月26日，以“书香北京，阅读之都”为主题的第十三届北京国际图书节在顺义区新国展拉开帷幕。

8月，北京市农村金融与风险管理信息平台上线运行。

8月，京东与中信银行跨界合作，推出“互联网+”信用卡。

9月

9月9日，市经济信息化委委员姜广智带队到北京大数据研究院调研，与研究院院士鄂维南就大数据研究院的创新平台建设机制及推进的相关工作进行交流。

9月10日，大钟寺古钟博物馆官方微信公众平台“古钟博物馆”正式开通。

9月11日，金山软件与英业达公司联合召开海峡两岸用语大词典发布会。

9月11日，桑德环卫云平台新闻发布会在北京中关村软件园国际会议服务中心举行。

9月15日，以“物联有感，智享生活”为主题的2015年第二届物联网感智创新大赛在京启动。

9月16—18日，市经济信息化委主任张伯旭带队赴张家口、怀来、崇礼、张北等地区调研，并与河北省工信厅、张家口市政府联合召开“张北云计算产业基地”合作建设工作推进会。

9月18日，市信息化专家委召开《促进大数据发展行动纲要》专家解读培训会。

9月18日，市气象局获中国人民抗日战争暨世界反法西斯战争胜利70周年纪念活动“北京市服务保障工作先进集体”称号。

9月19—25日，以“科技成就梦想　拥抱智慧生活”为主题的2015年全国科普日北京主场活动暨第五届北京科学嘉年华在奥林匹克公园中心区广场举办。

9月21日，在2015统筹推进电子商务经验交流暨颁奖大会上，东城区智慧商务综合服务平台管理系统获电子政务优秀案例奖。

9月21—26日，“大数据与互联网交通时代”国家级高级研修班在北京工大建国饭店举办。

9月23日，京津两地轨道交通企业对接会暨天津市北辰区招商投资说明会在北京裕龙国际酒店召开。

9月29日，北京市首张“三证合一”营业执照颁发。

9月，市人口计生委信息中心完成两孩以内生育登记模块和流动人口婚育证明查询平台建设。

9 月，京津冀环境气象预报预警中心与市环保局联合申报的“北京市空气质量预报预警及决策支持平台”项目通过市发展改革委批准。

9 月，北京住房公积金管理中心综合信息系统升级改造项目完成项目监理、软件测评、安全服务、集成及安全软件、基础设施、应用软件开发包的招标工作。

9 月，朝阳区正式开通“四风问题一键拍”手机客户端举报专区。

9 月，北京广播电影电视局组织首都之窗运行管理中心、北京人民广播电台、北京电视台等单位召开网站工作联系会，共同探讨市新闻出版广电局网站共建栏目的管理和发展。

10 月

10 月 9 日，市经济信息化委组织召开推动信息服务科技企业与医疗服务单位跨界融合座谈会。

10 月 12 日，北京市园林绿化三维实景展示平台上线运行，实现了森林公园、苗圃等实景地图导览等服务。

10 月 12—14 日，以“互联网 + 跨界融合”为主题的 2015 中国（北京）电子商务大会在北京国家会议中心召开。

10 月 13 日，北京市国土资源综合监管移动平台获“2014 中国电子政务优秀案例奖”。

10 月 14 日，北京市财政局财政即时通信系统上线试运行。

10 月 16 日，第 35 个世界粮食日，所在周是第 25 个全国爱粮节粮宣传周，市粮食局联合市农委开展了以“兴农惠农进万家”为主题的爱粮节粮宣传活动。

10 月 16 日，由延庆区经济信息化委、中国铁塔北京延庆分公司共同主办的无线电管理集中户外宣传活动在延庆妫川广场举行。

10 月 20 日，北京市中小企业公共服务平台与北京联通公司签署战略合作框架协议。

10 月 20 日，由中粮集团、北京市及房山区政府、中国农科院中环易达合作建设的中粮智慧农场正式启用。

10 月 21 日，京东智能“智 · 联 WE 来”建生态 · 联万物战略发布会在京举行。

10 月 23 日，中关村云计算产业联盟与台湾云端运算产业协会在台北共同举办以“大众创业、万众创新”为主题的“第六届京台云计算产业高峰论坛暨中关村与云豹育成创新交流对接会”。

10 月 23 日，中国广播电视网络有限公司、北京歌华有线电视网络股份有限公司联合全国 30 余家省市有线电视网络公司在京共同发起成立“中国广电大数据联盟”。

10 月 23 日，英业达集团承办“2015 京台云计算高峰论坛——创新创业交流会”。

10 月，北京经济技术开发区建立统一规范的数据标准，整合无线移动专项应用系统的数据信息，建设移动物联公共服务平台。

10 月，市计生委信息中心完成出生医学证明试验性数据交换及妇幼数据分析。

11 月

11 月 1 日，北京市公安局开发的互联网交通安全综合服务管理平台（bj.122.gov.cn）上线运行。

11 月 3 日，新博卓畅技术（北京）有限公司获得 2015 年度中关村信用培育双百工程“百家最具发展潜力信用企业”。

11 月 6 日，北京市不动产登记频道在北京市国土资源局门户网站上线运行。

11 月 9 日 0 时，北京市网上政务服务大厅（banshi.beijing.gov.cn）与北京市政务服务中心同步开厅，面向公众和法人提供涵盖行政许可、非行政许可以及服务事项在内的全面服务，实现一网预约、一网申报、一网查询的全流程网上办事体验。

11 月 9 日，北京市 16 个区全面发放不动产权证，成为全国首个全域范围内向社会提供不动产统一登记服务的省级单位。

11 月 10 日，北京市法院信息化工作会议在国家法官学院北京分院召开。

11 月 11 日，第二届全国基因组组学学术峰会在北京开元大酒店召开。中关村云计算产业联盟作为协办单位在峰会上参与主办“基因 + 大数据”分论坛。

11 月 12 日，中关村民协邀请北京市节能环保中心、中科院遥感所、彩社区智慧物业 O2O 服务平台及 20 余家中关村高科技企业举办“智慧社区推动智慧生活”主题研讨会。

11 月 16 日，2015（首届）信用中关村高峰论坛暨首届京津冀信用体系合作共建研讨会在中关村国家自主创新示范区展示中心召开。

11 月 17 日，“2015 亚太智慧城市发展高峰论坛”举办，并举行了亚太领军智慧城市颁奖典礼。北京市获得“2015 年中国领军智慧城市”和“2015 年亚太区领军智慧城市”奖。

11 月 18 日，市经济信息化委组织召开推动电子商务与传统产业融合发展座谈会。

11 月 19 日，市信息化专家委和市经济信息化委共同主办“北京市信息化专家咨询委员会 2015 年高峰论坛”。本次论坛的主题是“信息化助力京津冀，开创北京发展新格局”。

11 月 20 日，京津冀气象协同发展工作组第一次全体会议在京召开。

11 月 20 日，“京彩 · 无限——北京‘互联网 + 智慧城市’上线发布会”在京举行。

11 月 23 日，“中国制造 2025 技术交流会”在北京新世纪日航饭店举行。

11 月 26 日，在“2015 中国智慧城市发展年会”上，北京市政务数据资源网被评为 2015 中国“互联网 + 政务”优秀实践案例 50 强。

11 月 27 日，“首都圈巨灾应对高峰论坛暨京津冀协同发展综合减灾应急保障体系建设”会议在中国科技会堂举行。

11 月 27—28 日，由京港两地共同主办的第 19 届北京 · 香港经济合作研讨洽谈会在香港举行。

11 月 30 日，商务部颁布首个落实“互联网 +”的专项行动计划——《“互联网 + 流通”行动计划》。

11 月，市委书记郭金龙，市委副书记、市长王安顺到平谷区农众物联植物工厂调研。

11 月，北京住房公积金管理中心通过了对综合信息管理系统等级保护三级的复测。

11 月，263 企业通信收购北京展视互动科技有限公司，开启企业通信协作服务新篇章。

11 月，由北京市新闻出版广电局联合北京市丰台区人民政府共建的北京国家数字出版基地技术、研究、金融和宣传四大平台正式运营。

11 月，北京市获得全国职业院校信息化教学大赛总成绩全国第二名。

12 月

12 月 6 日，“12369”信访投诉举报系统通过终验。

12 月 6 日，北京市环境信息中心排污申报业务系统通过终验。

12 月 6 日，首都园林绿化政务网上线试运行，率先在全国林业网站中使用自适应网页设计技术。

12 月 9 日，由中国软件评测中心主办的“第十四届（2015）中国政府网站绩效评估结果发布暨创新发展论坛”在京召开。北京市政务门户网站首都之窗获得省级政府网站绩效评估第一名。

12 月 9 日，北京市第三次全国经济普查统计数据网络报送系统项目竣工验收。

12 月 9 日，市经济信息化委与北京市政府新闻办联合召开《〈中国制造 2025〉北京行动纲要》新闻发布会。

12 月 10 日，市交通行业科技项目“交通视频大数据处理分析应用总体规划及一期示范”项目通过专家评审及验收。

12 月 10 日，“IT 强国梦”北京自主可控信息系统专项重大项目进展发布会——华胜信泰战略暨产品发布会在京举行。华胜信泰现场发布了全新战略行动计划——“JDM”计划。

12 月 15 日，以“互联网之光”为主题的第二届世界互联网大会 · 互联网之光博览会在乌镇开幕。

12 月 17 日，致生联发信息技术股份有限公司开发的可视化物联网教育系统平台通过绵竹市教育局的试用和考察，采用 BOT 模式落地。

12 月 18 日，首都城市综合信息服务平台（www.beijing.cn）上线。

12 月 22 日 11 时 30 分，顺义区经济信息化委、联通顺义分公司举行市话端局（林河局）退网下电仪式。随着最后一个市话端局退网下电，顺义区迈入“全光网络时代”。

12 月 23 日，中关村云计算产业联盟主办了主题为“X”云 + 创新的 2015“腾云”沙龙。

12 月 23 日，市经济信息化委组织召开市社会信用体系建设联席会议联络员会议。

12 月 23 日，北京元心科技有限公司在“2015 年移动智能终端峰会”上获年度操作系统自主创新奖。

12 月 29 日，由致生联发信息技术股份有限公司研发的“三维 GIS 可视化综合安全管理系统”入选科技部 2015 火炬计划。

12 月 31 日，北京市司法局利用新建成的市局视频会议系统举行了“北京市司法行政系统 2016 刑罚执行零点报告行动”，首都司法行政系统刑罚执行场所实现连续 19 年监管安全“四无”目标。

12 月，北京市公安局获公安部科学技术奖和基层技术革新奖。

12 月，北京住房公积金管理中心修订完成《北京住房公积金综合信息管理系统应急预案》，并开展应急演练工作。

12 月，由北京北咨信息工程咨询有限公司所承担咨询工作的“北京市政务服务中心信息化项目咨询”获得 2015 年度北京市工程咨询协会优秀咨询成果奖一等奖。

12 月，北京浩瀚深度信息技术股份有限公司获 2015 年度《人民邮电》编辑推荐奖——“大数据价值提升应用典范奖”。

12 月，北京乐融多源信息技术有限公司的积木盒子在京举行发布会，推出公司新战略——“科技连接金融，不负互联网之名”，正式宣布进军智能综合理财平台。

12 月，2022 年冬奥会申办委员会首批档案、亚洲太平洋经济合作组织（简称 APEC）会议档案和抗战胜利 70 周年北京市纪念活动档案接收进北京市档案馆。

12 月，市质量技术监督局正式发布《居民健康档案基本数据集》（DB11/T 1290—2015），将于 2016 年 4 月 1 日正式实施。

12 月，北京歌华有线数字媒体有限公司自主研发的“4G 室内分布系统”经国家知识产权局批准，获得实用新型专利。

年内，宽带北京地图网站（http://www.bjbbmap.cn）正式上线运行。

年内，“北京市观象台”微信公众号正式上线发布，不定期发布气象科普知识和动态。

年内，市旅游委会同市交通委联合组织研发了北京市旅游团队电子行程单系统并在全市范围内试运行。

年内，市教委完成市级数字校园云服务平台建设。

年内，北京派得伟业科技发展有限公司参与完成的项目“植物——环境信息快速感知与物联网实时监控技术及装备”获国家科学技术进步奖二等奖。

年内，“北京烟草行政许可政务平台”搭建完成。

年内，北京市档案馆馆藏电影胶片档案数字化率达到 100%。

年内，市卫生计生委完成电子病历共享工程建设并通过验收，初步搭建了市级卫生信息平台。

年内，西城区立体交叉数据中心被国家电子政务理事会评为 2015 年国家电子政务优秀案例。

年内，华力创通科技股份有限公司发布国内首款完全自主创新研发的卫星“通导一体化”集成芯片。

年内，和芯星通科技（北京）有限公司自主研发的北斗芯片首次入选国家科技进步奖。结束了中国卫星导航领域长期“无芯”的历史。

年内，“北京通”卡发放总量突破500万张。

年内，北京“工业云”平台注册用户将近15万个，开创“互联网+”制造融合创新发展新模式。

信息基础设施

【综述】“十二五”期间，市经济信息化委发布了《北京市“十二五”时期城市信息化及重大信息基础设施建设规划》《智慧北京行动纲要》以及《宽带北京行动计划(2013—2015年)》，提出将北京建成城乡一体的光网城市、移动互联的无线城市、高速便捷的宽带城市。2015年是“十二五”收官之年，北京市信息化基础设施服务能力快速提升，应用水平不断提高，管理体系日趋完善。移动宽带网络发展迈上新台阶，广播电视网及高清交互数字电视覆盖持续扩大，政务专网快速发展，公众信息局房、信息管道能力日益增强。

（市经济信息化委）

重大规划与工程

【概述】“十二五”期间，编制完成了《民用建筑通信及有线广播电视基础设施设计规范》（DB11/T804—2011），在全国率先将移动通信室内外覆盖纳入地方标准范畴。通过实施《北京市通信及有线广播电视基础设施用电规范》，推动用电需求和供电服务标准化。印发了《北京市信息管道建设管理办法（暂行）》，为信息管道建设和管理工作奠定基础。发布了《关于协助推进北京市光纤宽带普及提速工程的通知》《关于做好本市铜缆网络光纤化改造工作的通知》，要求各物业服务企业和房屋管理单位积极配合支持工程建设，禁止人为设置障碍或不合理收费，为信息基础设施发展创造了良好的政策环境。发布了《宽带北京行动计划协调小组办公室关于政务部门积极支持基站建设的通知》，明确了基站建设管理流程、政务部门开放资源推动基站建设的工作内容等。

（市经济信息化委）

信息基础设施规划

【基站专项规划完成初稿】年内，为响应市政府办公厅在《宽带北京行动计划2015年度任务分工》中提出的开展制定《北京市公用移动通信基站管理办法》的调研准备工作，市规划委、市通信管理局、市经济信息化委会同北京铁塔公司，积极推进基站专项规划的制定工作，已完成初稿。

（市经济信息化委）

【铜缆网络光纤化改造工作】年内，以铜缆网络光纤化改造为抓手，大幅提升了本市宽带接入能力。5月，市政府办公厅印发了《宽带北京行动计划2015年度任务分工》，要求年底前城六区及北京经济技术开发区完成改造任务的80%，其他区县完成全部改造工作。市经济信息化委以宽带北京行动计划协调小组名义向各区县包括亦庄印发了《关于做好本市铜缆网络光纤化改造工作的通知》，将任务细化到每个区县。

"十二五"期末，北京市固定宽带用户超过640万户，铜缆网络光纤化改造工作城六区完成80%，其他区县全部完成；累计完成552万户铜缆网络光纤化改造，全市具备光纤接入能力的用户超过1000万户，本市光缆总长度超过550万芯公里，基本实现全光纤网络覆盖。

（市经济信息化委）

信息基础重大工程

【公众信息局房管道建设】年内，随着城市建设、通信业务及网络发展，并结合"光进铜退"的持续推进，信息局房布局得到进一步完善、功能得到进一步优化。随着互联网、云计算和大数据产业的加速发展，数据中心布局不断优化、能力不断增强，呈现出向规模化、集中化、绿色化、布局合理化发展的趋势。"十二五"期间，新增数据中心25处共计9.25万平方米，为多家超级云计算中心落户北京奠定了基础。继续开展信息管道集约化建设，新增信息管道约7000沟公里，累计达2.7万沟公里，约合22.25万孔公里，有效减少了重复建设，提高了城市地下空间使用效率。

（市经济信息化委）

【完成年度基础运维服务保障】年内，北京市信息资源管理中心在数北及中环政务机房运维托管服务器设备118台、网络安全设备40台、存储设备8台（约40TB存储、26TB虚拟带库），分别支撑空间信息共享服务平台（双节点）、政务信息资源共享交换平台（双节点）、法人数据库、统一认证平台（双节点）、决策信息服务支撑平台、人口及个人信用基础信息共享服务数据库、运维服务支撑等系统安全稳定运行。

（北京市信息资源管理中心）

【"-MyBeijing-"免费无线接入服务管理平台调试完成】年内，北京市公共场所免费无线接入服务管理平台已完成开发调试。该平台目的为在全市主要的行政服务大厅、交通枢纽、重点旅游景区等公共场所，为公众提供标识为"–MyBeijing–"的免费无线接入服务。

（市经济信息化委）

信息网络基础设施

【概述】年内，北京市经济和信息化工作不断整合优化资源，推进信息网络基础设施不断完善。夯实基础，完善宽带网络基础设施。加快构建下一代信息基础设施，向公众提供方便快捷、安全可靠的高速宽带网络服务。加快推进4G网络建设，移动通信网继续保持全国领先水平。全面部署在本市公共场所为公众提供免费无线接入服务。积极推进基站专项规划制定，继续推进三网融合工作，将有线电视网络双向改造及发展高清电视用户等纳入宽带北京年度任务，大幅提升北京市信息化发展水平。

（市经济信息化委）

固定通信网络

【宽带北京地图网站正式上线运行】年内，宽带北京地图网站（http://www.bjbbmap.cn）正式上线运行。宽带北京地图是北京市落实“宽带中国”战略、提升宽带服务水平的一项重要举措，以网络覆盖、宽带业务、服务质量等权威数据为基础，提供宽带网络业务综合信息服务。该网站由权威第三方机构中国信息通信研究院发布，公众可通过网站了解本市宽带建设、使用过程中的全方位信息。网站主要包括宽带地图、数据查询、宽带资费、宽带测速、用户反馈和宽带上网知识6个功能模块。其中，宽带地图模块主要基于WebGIS（网络地理信息系统），以网络地图的形式形象地展示了本市铜缆网络光纤化改造进度、电信运营商覆盖区域情况、可用下载速率和视频下载速率等宽带接入数据；数据查询模块主要以表格的形式提供上述各项数据当前和历史情况的查询及分区域的查询；宽带资费模块主要根据市主要互联网服务提供商网站上公布的主流速率套餐的单宽带包年资费信息，方便市民比较选择；宽带测速模块提供了本市主要互联网服务提供商网速测试平台链接，公众如果感觉网速与合同约定速率不一致，可以使用第三方测速软件进行测试，对于确有需要的，可以申请专业人员协助测试网速；在用户反馈模块，公众可以将尚未进行光纤化改造小区、光纤改造示范小区等信息反馈给网站；宽带上网知识模块为公众提供宽带网络、宽带上网、光纤改造等方面的基本名词术语的解释和常见问题的解答。

（市经济信息化委 北京信息化协会）

【固定宽带网络能力大幅提升】年内，通过实施《北京信息化基础设施提升计划（2009—2012年）》和《宽带北京行动计划（2012—2015年）》，北京公众宽带接入能力普遍由2Mbps（Mbps：兆比特每秒，以下简称“兆”）向100兆速率演进。基础电信运营企业和主要互联网企业开始部署IPv6网络设备，逐步向下一代互联网演进升级。宽带骨干网络容量和网间互通能力大幅提升，“十二五”期末，北京市国际互联网出口带宽提升到5.26Tbps（Tbps：百万兆比特每秒，以下简称“百万兆”），超过“十二五”时期规划中提出的1.5百万兆的目标。

（市经济信息化委）

【新增10万户家庭宽带用户】年内，歌华有线公司全年新增家庭宽带用户10万户，累计达41.5万户，公司宽带业务的市场占有率从北京市第五名提升至第三名。为实现宽带业务快速发展，歌华有线公司进行了7次互联网静态出口扩容，内网使用率达到66.8%；完成了城区DOCSIS3.0的升级改造，提高了网络带宽承载能力和竞争实力，推出了55M、110M等高带宽产品；创新开发了按天计费、闲时宽带等新产品；与北京电信联合推广“华翼宽带”，年内用户超过1.4万户；与北京移动合作，试点推出“华和宽带”。

（钟华）

移动通信网络

【3G、4G基站规模超过7万个】年内，移动通信网络发展进入新的阶段，3G（第三代移动通信系统）、4G（第四代移动通信系统）基站规模超过7万个，室内覆盖系统达到4.4万套，其中4G基站规模超过4万个，室内覆盖系统达到2.3万套，4G网络实现了主城区、郊区县城及部分乡镇和行政村的覆盖，用户接入速率普遍提升，城市功能区、重点建筑、地铁、交通枢纽、公共交通设施等的覆盖水平不断提高。移动宽带用户从“十一五”期末的260万户增至3000万户，移动宽带普及率超过100%。WLAN（WLAN：无线局域网络）无线接入点（AP）超过20万个，在部分公共场所为公众提供免费无线接入服务工作，有效提升用户无线上网体验。

（市经济信息化委）

【加快推进4G通信系统建设】年内，加快推进4G网络建设，移动通信网络继续保持全国领先水平。为落实市政府办公厅发布的《宽带北京行动计划2015年度任务分工》和国家关于成立铁塔公司统一建设新增基站的精神，加快推进第四代移动通信系统建设，实现对全市范围的有效覆盖。1月，宽带北京行动计划协调小组办公室印发《关于政务部门积极支持基站建设的通知》，确定基站难点协调流程，要求各级政务部门及下属企事业单位要率先开放办公大楼和其他公共建筑等相关资源，支持北京铁塔公司的基站建设工作。截至年底，累计建设4G基站4.1万个，基本实现城区、乡镇及行政村的全覆盖。

（市经济信息化委）

有线电视网络

【有线电视基础网络建设】年内，北京歌华有线电视网络股份有限公司完成光缆敷设4500公里，全市光缆总长约5.55万公里，电缆总长13.41万公里；完成了50条道路的架空线入地以及相应废弃缆线、线杆的核实清理工作；各区县共有112个新建住宅项目向公司申请办理信号接入证明，覆盖9.6万户，19.9万端。

（钟华）

【有线电视频道入网情况】年内，北京歌华有线电视网络股份有限公司在大网中传输了59套模拟电视节目，其中中央电视台节目15套、北京电视台节目10套、中国教育台节目2套、外省卫视节目32套；平移网中传输了177套数字电视节目和18套数字广播节目，177套电视节目中含标清数字电视节目150套（含中央电视台节目16套、北京电视台节目10套、中国教育台节目3套、外省卫视节目34套、卡通频道节目4套、购物频道节目12套、区县节目4套、付费频道节目 67 套）、高清数字电视节目 27 套（含 3D 试验频道 1 套、歌华自办节目 1 套）。平移网中模拟电视节目数量 30 套，包含中央电视台节目 6 套、中国教育台节目 1 套、北京电视台节目 10 套（含区县自办 1 套）、省级卫视 13 套。

（钟华）

三网融合

【推进三网融合工作】 年内，将有线电视网络双向改造及发展高清电视用户等纳入宽带北京年度任务。“十二五”期末，全市的有线电视双向网络覆盖面达到 560 万户，高清交互数字电视推广实现 460 万户，高清交互电视用户比率达到 80% 以上，覆盖工作从城区向郊区稳步推进，促进城乡公共文化服务均等化。完成数字电视服务云平台一期建设，基于云平台的数字电视服务能力显著提升。北京市在高清交互数字电视用户数量和高清交互电视用户比率等方面都处于全国领先地位。

（市经济信息化委）

【高清交互数字电视系统建设】 年内，歌华有线公司“歌华云平台”完成了对全市 460 万户高清交互机顶盒的全网升级，实现了对高清交互平台相关功能，以及云游戏、云飞视、云博物馆、国学诵读等云业务的支撑；歌华有线公司综合业务运营支撑系统（iBOSS）实现了对歌华电视、彩云机顶盒、华和宽带、电视院线业务等新业务、新产品的支撑，实现对接新客服系统，上线全业务预存账户管理功能，启动了网格化信息支撑系统及 iBOSS 报表项目、集客业务综合管理平台、经营分析系统等项目的建设工作；HFC 网管系统完成上线。

（钟华）

【启动有线电视双向网络改造工作】 年内，歌华有线公司全面启动了农村双向网络改造工作，年内共开通双向网络 40 万户，全市累计开通双向网络超过 560 万户。加快 DOCSIS3.0 网络升级改造，完成了城六区的升级改造工作，城六区最高支持带宽由 22 兆升至百兆，提高了带宽承载能力。积极推进光纤到户相关工作，与美国有线电视实验室等国内外有线电视标准化组织进行技术交流，制定了网络演进技术方案。

（钟华）

【电子渠道建设情况】 年内，歌华有线公司加强网上营业厅和电视营业厅电子渠道建设，方便用户缴纳各类费用，增加了电视支付宝和手机支付宝缴费渠道，全年电子缴费渠道收款额突破亿元，其中支付宝累计收款 4200 余万元。

（钟华）

无线电管理

【概述】年内，北京市无线电管理局按照《2015年全国无线电管理工作要点》要求开展各项工作，完成了抗战胜利70周年纪念活动和北京世界田径锦标赛等重大活动的无线电安全保障任务，在频率核查、打击“黑广播”和伪基站、技术设施建设、政务公开等方面取得明显成效。

（李书亮）

无线电频率台站

【无线电频率管理和协调工作】年内，组织协调高速公路交通广播使用频率，保障2015年国际汽联电动方程式锦标赛北京站用频，解决地铁燕房线和地铁昌平线二期用频问题。主动了解北京市商业数字通信网建设情况，协调审批试验网使用频率。为北京市气象局解决了天气雷达用频问题，协助工业和信息化部无线电管理局完成了对北京市政务物联数据专网的验收。认真研究1785MHz~1805MHz无线接入频段，为科学统筹规划该段频率，提高频谱利用率，促进1.8GHz频段无线接入技术的发展奠定基础。全年共完成日常频率审批67份，办理进口无线电设备核准39件共计3887台，办理无线电设备型号核准初审共计135件。

（李书亮）

电磁环境和设备

【开展电磁环境测试和设备检测】年内，共完成34个单位、37个通信网、46个测试点的电磁环境测试；完成24个单位、31个通信网的台站技术验收；共签署入关检测协议及方案6份，涉及进口设备4339台，抽检57台。认真开展设备检测工作，共检测业余电台2360台，检测各类伪基站、违法电台135套，出具检测（功能验证）报告270份。

（李书亮）

无线电频率核查

【频率使用情况专项核查活动】年内，根据全国无线电管理工作会议关于清理现有频率规划、分配和指配情况要求，开展无线电频率核查工作，拟定了《频率核查工作方案》，下发了《北京市开展无线电频率核查工作的通知》。按照要求填报频率并及时上报，对汇总、核查无误的频率文件数据，及时更新录入数据库。针对公众移动通信，230MHz 数据传输，广播电视，3400MHz~3600MHz、14.25GHz~14.5GHz 等频段开展监测和比对，并将相关情况上报工业和信息化部无线电管理局，对不再使用的频率予以收回。通过开展频率核查，理清了频率审批情况，核实了相关频率实际使用情况，频率数据更加完整、规范和准确，真实性和时效性进一步增强。

（李书亮）

无线电安全保障专项

【北京 2015 年世界田径锦标赛无线电保障】 8 月，北京 2015 年世界田径锦标赛期间，成立了北京世界田径锦标赛无线电保障工作领导小组，并抽调专人进入国家体育场进行全程保障，及时协调审批频率，保障赛事用户的频率需求，全力做好无线电台站的管理工作，对入场设备进行严格管理。在开幕式和比赛期间，合理调配监测和执法力量，对赛场电磁环境进行全方位监测，对出现的异常电磁信号及时进行处理，圆满完成赛事的无线电安全保障任务。

（李书亮）

【抗战胜利 70 周年纪念活动无线电安全保障】 9 月，抗战胜利 70 周年纪念活动期间，建立健全组织机构，制定了《纪念活动无线电管控总体工作方案》等 10 多个保障方案，完成了频率征集及协调工作，建立了设台单位、街乡和区县的管理网络。对重点区域实施无线电管制，先后发放各类无线电设备专用标签 66000 个，各类无线电宣传材料近 6600 份，查处非法无线电发射设备 41 套，有效避免和消除了各类无线电干扰隐患，保证了阅兵、媒体转播、指挥调度、安全保卫等无线电业务的正常运行。

（李书亮）

无线电发展环境

【开展行政执法工作】 1 月，查处一起酒店擅自设置使用无线电对讲机的案件，对当事人予以警告，同时责令其办理了无线电台执照。4 月，查处一起业余爱好者擅自设置使用无线中继台的案件，查封违法设备 2 套，并依法对当事人予以警告。

（李书亮）

【开展无线电宣传工作】 年内，认真组织实施 2015 年无线电宣传月活动。制订宣传计划，召开区县工作会，对宣传月活动进行部署。为提高宣传月无线电管理法规宣传效果，制作了 3 部宣传片并签订了公交、城铁等宣传媒体播放合同书，向相关区县拨付了宣传经费，发放宣传册 3500 套、宣传笔 22000 支、宣传袋 22500 个、宣传手电筒 6800 个，起到了较好的宣传效果。

（李书亮）

北京信息化年鉴

信息产业

【综述】“十二五”时期，北京电子信息产业实现了持续快速发展，产业规模稳步扩大，关键技术不断取得突破，骨干企业实力逐步壮大，地位显著提升。对接国家发布的《中国制造2025》，形成了《北京创造2025》，其中集成电路专项被列为8个行动专项之首重点推进；制定了《北京集成电路产业发展规划》，将以系统应用为拉动、设计为龙头、制造为重点、设备为突破、基金为引擎，建立上下游价值链、整合产业生态链，打造具有国际竞争力的大企业，为落实国家战略和北京市创新驱动发展提供强有力支撑。年内，结合智能制造、“互联网+”发展带来的新机遇、新挑战，紧扣创新发展和京津冀协同发展主题，突出“由北京创造”主线，以“三四五八”战略为总纲，在电子信息行业重点实施集成电路、新一代移动互联网、云计算与大数据、自主可控信息系统等4个新产业生态建设专项。

（电子信息产业网）

【2014年度电子信息产业标准化十大事件揭晓】1月8日，由中国电子工业标准化技术协会、中国电子技术标准化研究院、中关村科技园区管理委员会等主办方推荐，《中国电子报》等权威媒体推介，相关专家遴选和评审，工业和信息化部有关司局领导审议，“2014年度电子信息产业标准化十大事件”在第七届电子信息产业标准推动会暨中国信息技术服务标准化（ITSS）年会上正式对外发布。十大事件分别是：两化融合管理体系推广工作成效显著、海峡两岸首次签署信息产业合作备忘录、电子行业技术标准体系建设方案编制完成、便携产品锂离子电池安全强制性国标发布、两部委联合推动AVS+标准产用结合取得阶段性成果、电子行业重点领域综合标准化工作扎实推进、信息技术服务标准化工作取得重大突破、电子行业社会责任建设走向标准化、中关村企业主导制定的北斗卫星导航系统等标准成为国际标准、我国在国际标准化工作中的“话语权”进一步提升。

（北京信息化协会）

【2014年中国信息化发展水平评估报告发布】1月12日，工业和信息化部中国电子信息产业发展研究院和中国信息化周报联合举办“2015年中国信息化发展十大趋势”发布会。会上发布了《2014年中国信息化发展水平评估报告》。根据评估报告，我国信息化发展呈现出以下特点：一是信息化发展快于GDP增速，2014年信息化发展指数较前年增长9.65%，贵州、重庆等中西部地区发展迅速；二是信息网络建设受政策驱动影响明显，在宽带中国战略、促进信息消费扩大内需若干意见等政策带动下，网络就绪度指数得到较快的发展；三是东中部地区与西部地区信息化发展水平差距缩小，西部地区的网络基础设施建设和信息通信技术应用水平大幅提升，增速快于东中部地区。在对2013年评估体系进行优化完善的基础上，测算形成2014年我国信息化发展指数为66.56，其中网络就绪度指数60.94、信息通信技术应用指数69.38、应用效益指数72.19。北京市信息化指数为91.54，其中网络就绪度指数86.65、信息通信技术应用指数88.85、应用效益指数106.68。

（新华网）

【2015中国电子信息行业发展大会暨高峰

论坛召开】1月27日，由工业和信息化部指导，中国电子信息行业联合会、中国电子商会、中国软件行业协会共同主办的2015中国电子信息行业发展大会暨高峰论坛在北京召开。工业和信息化部党组成员、副部长杨学山，中国电子信息行业联合会常务副会长曲维枝出席并讲话，中国电子信息行业联合会副会长兼秘书长周子学做主题报告，中国电子信息行业联合会副会长、中国电子科技集团总经理兼党组副书记熊群力，中国电子信息行业联合会副会长、海信集团董事长周厚健等大型企业老总参加会议。杨学山强调，要夯实电子信息产业发展基础，深刻认识产业发展形势的新常态；要加快推进电子信息产业融合发展，适应经济发展新常态；要加快推动电子信息新技术、新领域的成长，引领经济发展新常态。中国电子信息产业的规模已经很大，近年来发展的主要目标就是要由大变强。由大变强关键就是两个点：一是制高点，即中国的技术、装备能站在世界制高点上；二是核心竞争力，中国的企业要具备国际核心竞争力。2014年中国电子信息产业取得显著成绩，但也面临着重大变化，信息技术正在真正变成撬动世界转型发展的新技术力量。在变革过程中，要把握机遇、把握规律，集全行业力量，真正促进中国电子信息产业由大变强。

（新华网）

【《电子信息产业系列白皮书（2015版）》发布】4月20日，中国电子信息产业发展研究院在京召开发布会，发布《电子信息产业系列白皮书（2015版）》。该书对电子信息产业及其细分领域2014年发展情况进行了持续跟踪和全面剖析，对其未来发展进行了展望，形成了涵盖集成电路、物联网与传感器、计算机、通信设备、移动互联网、移动智能终端、医疗电子、软件产业、信息技术服务业、信息安全、云计算、大数据、产业投融资等20个细分领域的电子信息产业系列白皮书，全面梳理2014年全球和我国电子信息产业发展情况，从创新进展、应用推广、企业发展、投融资、政策环境等维度总结电子信息产业发展特点，分析我国电子信息产业发展面临的问题，展望2015年电子信息产业发展态势，并提出新形势下发展电子信息产业的对策建议。

（北京信息化协会）

电子信息制造业

【概述】年内，北京电子信息产业整体呈现增速回落、质量向好等特征，产业提质增效显著。传统产业深度调整，新产业快速发展，附加值较低的组装、加工、代工类产品在行业比重中快速下降，附加值较高的自主创新产品、高端设计服务、核心元器件制造、系统集成类产品在行业比重中逐步成为支柱行业，工业生产结构处于持续优化过程中。2015年，北京电子信息产业实现增加值3508亿元，同比增长10.6%，占全市地区生产总值的比重为 15.3%，比上年提高 0.4 个百分点。

（市经济信息化委）

【科学谋划布局《北京创造 2025》】 年内，电子信息产业紧扣产业创新和京津冀协同发展这个主题，坚持将构建高精尖产业结构作为主攻方向和突破口，坚持将“产品创造”作为发展产业的主要抓手，加快推动由全面发展向产业高端环节、核心领域和尖端科技的聚焦发展，在《北京创造 2025》布局中，重点选择了集成电路、新一代移动互联网两个产业专项，培育产业制高点，形成竞争新优势。编制完成《集成电路产业专项实施方案》和《新一代移动互联网产业专项实施方案》。

（市经济信息化委）

【第十六届北京市工业和信息化职业技能竞赛总结表彰大会举行】 年内，第十六届北京市工业和信息化职业技能竞赛总结表彰大会在北京信息职业技术学院召开。市经济信息化委党组副书记、主任张伯旭，北京电子控股有限责任公司总经理赵炳弟，市经济信息化委党组成员、委员刘京辉，市人力社保局副巡视员孙美玲，市总工会副巡视员张永安，以及市委组织部、团市委、市工业经济联合会、市教委等部门领导出席。市国资委副巡视员屈少波主持会议。会议播放了《第十六届北京市工业和信息化职业技能竞赛纪实》专题片，刘京辉委员作“第十六届北京市工业和信息化职业技能竞赛”总结报告；副巡视员孙美玲宣读了表彰决定；大赛组委会领导向获奖选手、优秀教练员、优秀工作人员、优秀组织单位代表颁发了荣誉证书和奖牌；北京电子控股有限责任公司党委副书记张岳明和北京市燃气集团有限责任公司苟晓飞分别代表获奖企业和个人进行了发言。主任张伯旭在会议上发表讲话，他充分肯定了本届技能竞赛所取得的成绩，并就下一步加强北京市高技能人才队伍建设提出要求：一是充分认识加强高技能人才队伍建设的重要性和紧迫性；二是着力建设与首都工业和信息化发展相适应的高技能人才队伍；三是努力营造高技能人才成长发展的良好环境。本届竞赛共设置 64 个职业工种，涉及竞赛组委会 68 个，近 4 万人参与初赛，5172 人进入复赛，1533 人进入决赛。通过竞赛，共 1611 人取得职业资格证书（其中获得初级证书 296 人，中级证书 670 人，高级证书 474 人，技师证书 159 人，高级技师证书 12 人）；评选出 428 名“北京市工业和信息化高级技术能手”，20 名“北京市工业和信息化行业技术能手”，40 名“北京市工业和信息化最佳操作能手”。本届竞赛中取得各类能手称号的优秀选手代表、优秀组织单位代表、优秀工作人员、教练员代表和各行业协会、工业控股（集团）公司、区县、中央及北京市重点企业负责人等 400 余人参加会议。

（北京信息化协会）

计算机产业

【联想集团与香港数码港管理有限公司签约】 1 月 20 日，联想集团与香港数码港管理有限公司（简称数码港）在香港达成合作，联想集团董事长兼首席执行官杨元庆和数码港主席周文耀签署了战略伙伴框架协议。香港特别行政区行政长官梁振英出席并发表演讲。根据协议，联想集团将携手数码港建立亚太地区首个云服务及产品研发中心，在科技研发与创新、人才培养及就业、初创企业培育、本地云计算、大数据及互联网产业发展等方面展开合作。通过产业交流和新业务拓展等方式，推动香港和亚太地区相关产业深入发展，为香港的新兴企业、研究机构以及大学生提供一个创业及人才培养的平台。同时，重点支持科技创业和扶持本地的高科技初创企业，联想乐基金也将对香港本地的初创企业提供投资和管理支持。根据发展计划，联想云服务及产品研发中心将重点围绕两个方面开展业务：一是围绕“大数据”和“企业级云服务基础设施平台”两大领域进行深入探索和研究；二是建立亚太地区数据中心，利用香港的区位优势更好地服务亚太地区市场，支撑联想云服务的全球化业务。（数码港为一个云集超过300家科技与数码业务租户的创意数码小区，由香港特区政府全资拥有的香港数码港管理有限公司管理。）

（新浪科技）

【首届联想科技创新大会召开】5月28日，由联想集团有限公司主办的首届“联想科技创新大会”（Lenovo Tech World）在国家会议中心召开。联想CEO杨元庆、英特尔CEO科再奇、微软CEO纳德拉、百度CEO李彦宏出席了大会，联想集团的合作伙伴、供应商代表等参加。会上，联想集团发布了一系列移动互联和物联网产品，并展示了“智能投影手机”“魔幻屏”等几款突破性的概念产品。“魔幻屏”是一款双屏幕手表，其第二块屏幕能够突破主屏幕外形尺寸的限制，利用光学反射原理，在第二块屏幕上创造一个虚拟图像，可以将图像放大至表盘显示屏的20倍。用户可以在这款智能手表上查看地图、浏览照片、观看视频。“智能投影手机”是一款内置激光投影仪、红外运动检测器和高性能算法的智能产品。用户可以利用该手机在桌面上投射一个大虚拟触屏，通过虚拟键盘输入内容，实现绘图、计算、笔记等功能。在打开产品的投影仪功能后，用户可利用家中墙壁进行投影以欣赏视频或图片等。在大会主论坛上，杨元庆提出设备创新应一站式解决用户痛点、打造更个性化的人机互动，并提出联想在“互联网+”时代的愿景和使命——从五大环节全面推进实现智能互联。

（腾讯科技）

【联想集团超级迷你计算机棒发布】6月25日，联想集团发布一款超级迷你计算机棒IdeacentreStick300。这款产品通过HDMI接口与显示器或者电视相连，就可以变身为一台完整的PC。其长宽高分别为3.94英寸×1.5英寸×0.59英寸，携带便捷；搭载了英特尔凌动Z3735F处理器、2GB内存、32GB本地存储空间、蓝牙模块和WiFi模块，系统方面则预装了最新的Windows8.1并可在未来免费升级至Windows10。通过与显示器或电视相连，用户还可以进行网络游戏、上网以及与朋友视频聊天。

（雅虎科技）

【京东方联手IBM打造健康大数据平台】6月29日，京东方科技集团股份有限公司发布公告称，已与IBM签署软件许可与联合开发协议。双方建立联合团队，开发健康管理和成果导向分析系统，建立基于认知计算的健康管理大数据平台。这是京东方继收购明德投资有限公司后，在智慧健康服务事业上的又一重要布局。认知计算，即通过分析不断增长的数据，逐步提高计算机的认知分析能力，使其像人脑一样思考。IBM 曾相继推出“深蓝”“沃森”等强大的认知计算技术系统，它不仅能够识别人类自然语言，还可以运用人类思维特征表达观点、做出决策，并积累经验不断学习，具有高超的大数据分析能力。目前，IBM 的认知计算技术已应用到医疗保健、零售、金融等专业领域。尤其在医疗领域，IBM 与安德森癌症中心合作，辅助诊断准确率达 73%。大数据时代下，快速增长的数据正在推动医疗服务向个性化转型。与 IBM 联合开发基于认知计算的健康管理大数据平台，是京东方建立特色化、差异化、个性化的健康管理服务，提升大数据智能分析、挖掘处理能力，建立京东方智慧健康大数据平台，建设全生命周期的健康管理体系的重要举措。

（新华网）

液晶显示产业

【京东方入选“中国电子信息行业创新能力 50 强企业”】 1 月 27 日，由中国电子信息行业联合会、中国电子商会和中国软件行业协会联合举办的中国电子信息行业发展大会暨高峰论坛在北京召开，会上公布了 2015“中国电子信息行业创新能力 50 强企业”名单，京东方科技集团股份有限公司榜上有名。京东方作为全球领先的半导体显示技术产品与服务提供商，研发投入力度突出，研究队伍实力雄厚，科研专利成果显著。同时，京东方加快推进自主创新能力，自主研发的 8K 显示屏在国际上赢得了多项产品技术创新大奖，为我国电子信息行业技术水平的提升做出了重要贡献。

（新华网）

【10K 超高清显示屏发布】 6 月 3 日，在 2015 年美国显示周及 SID 年会 Display Week 上，京东方科技集团股份有限公司推出全球首款 82 英寸 10K 超高清显示屏。显示屏分辨率 10240×4320，是目前主流高清电视（FHD）的 21 倍，真正实现了人眼 100 度视角全覆盖；长宽比 21∶9，色域 90%，可用于高端商业展示、视讯转播、家庭影院、博物馆、艺术馆等行业。

（新华网）

【全球首款超微间距 LED 屏发布】 9 月 10 日，利亚德光电股份有限公司发布全球首款低于 1 毫米间距的 LED 显示屏，并宣布批量生产。从技术水平上，利亚德已实现量产全球最小间距 P0.7 毫米超微间距 LED 面板，领先世界，中国 LED 显示技术也全面进入室内小间距超高清监控领域。

（凤凰资讯）

集成电路产业

【北京君正可穿戴设备国产芯片M200量产】4月1日，北京君正表示，公司面向智能穿戴产品的M系列主要用于智能手表和智能眼镜产品，早在2014年7月针对可穿戴市场研发的一款芯片M200进入测试阶段，历时半年该款芯片已经开始量产。（可穿戴设备是物联网技术落地后的产物，它是指可直接穿在身上，或是整合到用户的衣服或配件的一种便携式设备。可穿戴设备可解放用户双手，并实现一切互联、无缝互通的景象，因而成为继智能手机之后未来智能设备领域的创新亮点之一。）

（中通网）

【中关村集成电路设计产业园签约仪式举行】5月21日，首创置业和中关村发展集团合作共建中关村集成电路设计产业园签约仪式在中关村软件园国际会议中心举行。双方通过强强联合，高效集聚人才、技术、资本、政策、土地等各类创新资源，发挥各自优势，共同推进中关村集成电路设计园区的建设，打造成为北京市高精尖经济示范区。北京市政府副秘书长朱炎，海淀区代区长、中关村发展集团党委书记、董事长于军，首创集团党委书记、董事长王灏，中关村发展集团党委副书记、总经理许强，中关村管委会副主任王汝芳，中关村发展集团党委副书记、纪委书记蒋苏生，首创置业总裁唐军等政府、企业领导以及来自多家集成电路的企业界代表出席了签约仪式。

（中华网）

【京东方集团15亿元投资集成电路产业】8月17日，京东方科技集团股份有限公司发布《关于投资集成电路基金及基金管理公司的公告》，宣布将与国家集成电路产业投资基金股份有限公司、北京亦庄国际新兴产业投资中心（有限合伙）和北京益辰奇点投资中心（有限合伙）共同发起设立集成电路基金，各自认缴出资额分别为15亿元、15亿元、10亿元和1650万元。基金主要投资与显示面板相关的集成电路上下游产业及其相关应用领域，规模拟为40.165亿元，存续期限8年。

（搜狐科技）

【国内首款量产商用服务机器人发布】11月23日，北京康力优蓝机器人科技有限公司在2015世界机器人大会上发布了国内第一款量产商用服务机器人“优友”，这是继日本软银集团2015年初推出人形机器人Pepper后，全球第二款真正量产化的服务机器人。“优友”具备人脸识别能力，通过采用人脸图像的智能识别、手势姿态识别与分析等技术，可以识别出不同人，同时可以根据基站定位信息，识别并标记行走区域，还可以自主学习人类的习惯和工作方法，对信息进行搜集和整理，从而应用到场馆导览、商场导购、餐厅服务和学校教育、银行服务、广告媒体等领域，让服务变得更加高效。

（市经济信息化委）

【遨博i5新型人机协作机器人首发】11月23日，在2015世界机器人大会举办期间，遨博智能和盾安环境联合在国家会议中心举办遨博i5新型人机协作机器人全球首发仪式暨盾安环境战略投资新闻发布会。遨博i5机器人轻型、安全、智能和高性价比。

拥有先进的力控功能，多传感器进行安全检测，能与操作者近距离协同作业，当外力超过安全阈值时，进入安全保护状态，机器人暂停动作，以防意外损伤；用户可以根据机械臂自由度数目，进行关节的组合，当机器人出现故障时，能在 10 分钟内快速实现拆装和更换，维修、保养便利；用户无须编程，可直接通过手动拖拽路点来示教机器人作业轨迹，极大地节省了现场部署调试时间，显著提升了工作效率；此外，遨博机器人以其优异的性能、富有竞争力的价格，使生产型用户在很短时间内即可回收投资成本，是企业转型升级、助推中国智造的一把利剑。

（网易新闻）

【促进集成电路产业并购重组】年内，电子信息产业处积极协调国家集成电路基金投资中芯北方、北京集成电路基金，推动北京集成电路子基金联合体以约 19 亿美元收购世界排名第三的摄像头芯片生产商豪威科技，亦庄国际主导 6.4 亿美元收购全球第二大 SRAM 芯片公司——芯成半导体(ISSI)，集成电路领域一系列并购重组改变了北京在通信基带芯片、图像传感器、特种存储器方面的薄弱局面，在全球产生了巨大影响。七星电子与北方微电子合并重组，将成为国内规模最大的集成电路装备生产厂商。

（市经济信息化委）

【积极引导发展模式创新】年内，小米加快构建“硬件＋软件＋互联网服务”商业模式，实现了业务整合、战略整合和效益整合。乐视打造“内容＋终端＋平台＋应用”垂直生态，切入信息消费垂直领域。

（市经济信息化委）

【加快推进高端重大项目建设】年内，支持中芯国际（北京）做精做强做大，协助企业不断开拓国际国内市场。B1 产线满产满销，利润率大幅提升，提前布局先进工艺产线。B2、B3 项目进展顺利，B2 项目已累计完成投资 52 亿元，月产能达到 6000 片；B3 项目已于 10 月 29 日奠基，年底前完成部分桩基的破桩和底板工程，建成后北京将成为国内规模最大，技术最先进的集成电路制造基地。根据市领导指示精神，多次专题协调市区两级国土、规划等部门，确保小米亦庄、海淀两个产业园顺利取得了土地使用权，海淀园项目已于 10 月开工建设，亦庄园已完成土地招拍挂程序。积极支持北京电控 8 寸线晶圆特色工艺生产线建设，项目已完成了厂房选址与可研报告拟制，正在制定项目实施进度计划和资金使用计划、落实项目注册资本金、进行技术合作谈判等工作。

（市经济信息化委）

【组织专项资金项目申报与管理工作】年内，编制完成智能终端生态链并购子基金方案，主要聚焦移动智能终端、智能电视及相关上下游生态链。组织电子信息企业申报“北京市工业发展资金”“中小企业发展资金”，年内，共支持工业发展资金 6 项，涉及总投资 39622 万元，财政资金支持 2529 万元；中小企业发展专项资金 3 项，涉及总投资 5434 万元，财政资金支持 472 万元。完成验收工业发展资金项目 8 项，涉及总投资 156173 万元，财政资金支持 3331 万元；验收中小企业发展专项资金项目 12 项，涉及总投资 30915 万元，财政资金支持 2142 万元；验收统筹资金项目 2 项，涉及总投资 623306 万元，财政资金支持 8513

万元；验收中关村现代服务业项目1项，涉及总投资7135万元，财政资金支持400万元。

（市经济信息化委）

【推动区域协同发展】年内，推动石家庄集成电路封测基地规划方案制定和项目落地，中关村已与石家庄市签署了共建集成电路产业基地的合作框架协议，通过集成电路、新型智能硬件、移动互联网等战略新兴产业进行布局。推进京冀协同车联网示范应用工程，工业和信息化部、交通运输部牵头，北京市联合河北省共同推进“基于宽带移动互联网的智能汽车与智慧交通示范应用”工程，签署了部市（省）合作框架协议，已编制完成工程总体方案。

（市经济信息化委）

【北人集团公司步入机器人制造领域】年内，北人集团公司积极向先进制造业转型，快速步入机器人制造领域。与长春合心集团合资设立了北人合心机器人公司；与安川机器人公司合作，生产机器人部件；在原有印刷机械和非标自动化生产线的产品基础上，致力发展印刷自动化整体解决方案和机器人系统集成整体解决方案，打造成为机器人系统集成解决方案领域的领先企业。

（北人集团）

移动通信产业

【《5G概念白皮书》发布】2月11日，为了促进全球业界在5G（第五代移动通信技术）概念与关键技术方面尽快达成共识，IMT-2020（5G）推进组在北京召开“《5G概念白皮书》发布会”。《5G概念白皮书》从5G愿景与需求出发，分析归纳了5G主要技术场景、关键挑战和使用关键技术，提取了关键能力与核心技术特征形成了5G概念。同时，在此基础上结合标准与产业趋势，提出了5G适合的技术路线。白皮书从移动互联网和物联网的主要应用场景、业务需求及挑战出发，归纳出连续广域覆盖、热点高容量、低功耗大连接和低时延高可靠4个5G主要技术场景。同时，结合5G关键能力与核心技术，提出了由“标志性能力指标”和“一组关键技术”共同定义的5G概念。其中，标志性能力指标为“Gbps用户体验速率”，一组关键技术包括大规模天线阵列、超密集组网、新型多址、全频谱接入和新型网络架构。《5G概念白皮书》的发布，将对全球业界在5G概念、技术路线及关键技术尽快达成共识起到重要的推动作用。

（中国信息产业网）

【小米众筹平台上线】7月13日，小米智能家庭微博宣布小米众筹平台上线，为智能硬件产品项目发起者提供筹资、投资、孵化、运营一站式综合众筹服务。平台设计在小米智能家庭App中，除了项目简介及产品介绍之外，还有项目进度、团队及众筹介绍等信息。平台首款上线的产品是“万能遥控器”，用一个设备就能控制空调、电视、机顶盒、功放以及音箱等红外控制的家电，支持App控制以及远程操控，支持360度全方位控制，有效距离在20米以上，能满足较大户型的需求。

（搜狐体育）

【小米移动互联网科技园开工建设】7月22

日，小米移动互联网科技园启动仪式举行。小米董事长雷军出席奠基仪式。园区由海淀区政府与小米科技有限责任公司合作建设，旨在形成移动互联网企业协作配套的创新链条，提升整体运转效率，促进移动互联网产业及周边相关产业迅速发展，通过园区开发与运营带动周边相关产业快速发展。园区建成后，小米科技有限责任公司总部、北京金山软件有限公司总部以及小米系孵化创新企业将入驻。

（小米科技）

【大唐电信集团发布5G网络安全白皮书】 12月，大唐电信集团发布了名为《建设安全可信的网络空间》的5G网络安全白皮书，提出了实现网络安全所必需的三个核心要素：身份可信、网络可信和实体可信。在传统接入安全、传输安全的基础上，5G需要实现网络空间与现实空间的有效映射，提供满足不同应用场景的多级别安全保证，使网络实体自身具备安全免疫能力，构建安全可信的网络空间。5G的主要需求和驱动力是移动互联网和物联网的应用和发展，包括增强的移动宽带、大连接的机器类通信和低时延高可靠通信。此次5G网络安全白皮书的发布，再次展示了大唐电信集团持续致力于信息通信产业发展的最新成果。大唐电信集团董事长兼总裁真才基表示，从TD−SCDMA到TD−LTE−Advanced，再到第五代移动通信技术研究，从保密通信、计算机安全、信息安全保障到网络空间安全，大唐电信集团一直致力于推动通信和网络安全技术的发展与创新，促进经济发展和社会文明进步。

（中国通信网）

【大唐电信集团获2015年度“5G技术引领奖”】 年内，基于对国内外ICT企业的相关调研分析，通信行业权威媒体《人民邮电报》颁布了2015年度编辑推荐奖评选结果，授予大唐电信集团“5G技术引领奖”，以表彰大唐在5G关键技术领域的前瞻性、基础性研究，充分肯定了大唐为移动通信技术后续演进所做的贡献。大唐能够实现的5G关键技术指标已经完全达到甚至超过了ITU对5G的愿景描述，未来5G技术得到应用，将会给用户带来更好的体验。在5G关键技术研发中，多天线技术进一步发展到大规模天线。大唐带领国内高校和企业成功申请了国家“863”5G一期5G无线传输技术研发课题，重点进行大规模天线技术的研究开发和验证。年内，大唐首家研制出128通道的5GMassiveMIMO样机，标志着大唐在大规模天线领域的领先地位。

（中国通信网）

软件和信息服务业

【概述】 年内，北京软件和信息服务业以构建高精尖产业体系为指导，以推动产业转型升级为主线，重构产业主体，重建产业生态，重塑产业格局，引导企业在创新、转型中赢得新优势，推动产业继续保持稳中向好、稳中有进的发展态势，成为京津冀协同发展的助推器，增强对全国的引领作用和辐射能力。本市33家企业入选2015年中国软件业务收入前百家企业名单，入选数量为历年最高，居全国首位。

（市经济信息化委）

软件业

【2015北京软件周举办】5月25—29日，由市经济信息化委指导，北京软件和信息服务业协会主办，北京信息化协会、北京软件和信息服务交易所、北京软件和信息服务业协会过程改进分会、北京软件和信息服务业协会医药软件分会等协办的2015北京软件周举办。软件周以“软件支撑产业互联”为主题，参与的专业用户累计上万名，进一步提高了北京市企业在国内外的影响力，促进了供需双方有效沟通。

（市经济信息化委）

【2015北京软件名人论坛举行】5月26日，由市经济信息化委指导、北京软件和信息服务业协会主办的2015北京软件名人论坛在京举行。论坛围绕“软件支撑产业互联”主题进行交流和研讨，共同探索新常态下软件产业发展趋势。工业和信息化部软件服务业司司长陈伟致辞，肯定北京软件名人论坛的价值和作用，指出《中国制造2025》和“互联网+”是当前最大的热点,而本次论坛的主题实际上是“互联网+”的具体表现，并从软件、技术和产业发展三个维度剖析了当前的形势和趋势；市经济信息化委主任张伯旭指出，当前我国已全面进入新常态发展时期，新常态也是新机遇。当前的软件技术和互联网技术相结合，已全面覆盖、全面支撑和全面融合到国民经济和社会发展各个领域，对各个传统产业链条进行革命性的重构，不断演进出新的组织形态，成为新常态下经济发展强有力的驱动力量。（北京软件名人论坛至2015年已举办三届，是北京软件和信息服务业的年度盛会，致力打造一个软件产业交流与合作的重要交互平台，通过聚集政、企、学、研等各界名人，深入研讨当前软件产业发展趋势并探索未来产业发展方向，成为研判新常态下软件产业发展方向的有力支撑。）

（新华网）

【软件交易论坛召开】5月27日，在2015北京软件周期间，软件交易论坛召开。论坛以“訫·软件”为主题，就“互联网+”和大数据新形势下，如何解决软件交易市场中标准缺失、企业信息化建设、软件产业的创新发展模式、传统行业的转型以及如何构建软件新生态等问题，进行了积极的探索和思考，并以Talking Show的微创新形式与现场观众进行了经典案例和自我心路历程的分享。工业和信息化部软件服务业司副司长陈英和市经济信息化委副主任王学军出席并致辞。

（市经济信息化委）

【北京馆四大特色亮相软博会】5月27日，2015第十九届中国国际软件博览会在北京展览馆开幕。其中，由北京软件和信息服务业协会组织搭建的软博会北京馆，以“软件支撑产业互联”为主题，展示了软件在城市建设创新中的重要作用与新使命。工业和信息化部、市经济信息化委等部门领导到北京馆参观，重点参观了国家安全可靠计算机信息系统集成重点企业的自主技术创新成果，并对小微企业特色亮点展示区里展示的创新性特色产品和服务予以充分肯定。工业和信息化部总工程师王黎明充分肯定了北京市软件和信息服务企业发展成果。市经济信息化委主任张伯旭出席高峰论坛，并发表题为“软件名城到创新中心”的演讲。他指出，北京软件产业需要站在新的历史起点上，进一步发挥其渗透作用、融合作用和赋能作用，成为传统经济结构向高精尖经济结构转换的中间件，担负起支撑创新中心建设的新使命。这一使命将从三个方面体现：软件产业的创新文化要在全市普及；软件产业的创新模式要在传统产业推广；软件产业的创新生态圈要在全市辐射。北京馆共有15家企业参展，围绕“软件支撑产业互联”这一主题，产品包括信息安全、移动互联、智慧城市、大数据、营销推广等多个领域，基本涵盖了软件和信息服务产业各领域，与往届相比，体现了四大特色：一、集中展示国家安全可靠计算机信息系统集成重点企业；二、为小微企业提供免费展示机会，搭建小微企业创新特色产品展示区；三、展示高端可信计算服务系统领域的成果；四、传统软件企业展示其转型提升发展的成果。

（市经济信息化委）

【软件企业开放日举办】5月28日，由北京软件和信息服务业协会主办的知名软件企业开放日活动在京举办。来自北京、南京、杭州、温州、香港等地的用户80余人参加，参观团一行参观了广联达软件股份有限公司（简称广联达）、软通动力信息技术（集团）有限公司。在广联达，参观团参观了广联达BIM5D软件，它以BIM平台为核心，集成土建、机电、钢构、幕墙等各专业模型，并以集成模型为载体，关联施工过程中的进度、合同、成本、质量、安全、图纸、物料等信息，利用BIM模型的形象直观、可计算分析的特性，为项目的进度、成本管控、物料管理等提供数据支撑，协助管理人员有效决策和精细管理，从而达到减少施工变更、缩短工期、控制成本、提升质量的目的。

（郝峥嵘）

【华胜天成、IBM共办可信开放技术平台论坛】6月，在市经济信息化委指导下，由北京软件和信息服务业协会、华胜天成、IBM共同举办的“新常态新创新——可信开放技术平台”论坛于第19届软博会期间举行。工业和信息化部软件服务业司软件产业处处长孙文龙、工业和信息化部电子信息司信息通信产品处调研员江明涛、核高基科技重大专项实施办公室计划处处长谢学军、市经济信息化委副主任蒋丽英、北京软件行业协会、IBM公司、华胜天成公司以及太极股份、东华软件、立思辰、华云数据等业界知名企业的领导和业界专家出席论坛。论坛围绕可信高端计算系统产业链项目的逐项落实、面临的困难与机遇，以及如何快速完善北京可信、开放、高端的计算系统及产业链建设展开了讨论交流。在工业和信息化部的指导与北京市政府的支持下，华胜天成与IBM及市经济信息化委三方将围绕技术授权和引进、专业技术服务、人才培养，建立完整的可信高端计算系统产业链等方面展开全面合作。华胜天成与IBM在POWER技术体系领域展开了全方位合作，获得了IBM在POWER服务器、数据库、中间件等产品的技术授权，华胜天成注册成立了服务器、数据库、中间件等一系列项目公司，实现了国产高端服务器的产业化生产。此外，为加强基础互信，IBM允许双方认可的特定人员或第三方检测机构，对产品相关特定安全代码进行检测，并同中国企业一起研制安全可信基础方案，从系统底层解决安全问题。本次论坛还为华胜天成和太极信息、东华软件、立思辰、华云数据等4家公司举办了“可信高端计算系统战略签约仪式”，以共同建立合作共赢、相融共生的高端产业系统，华胜天成将和这些公司在业务拓展、行业协作、解决方案、技术共享上实现全面合作。

（睿商在线）

【投融资市场活跃】年内，中文在线、昆仑万维、暴风科技、高伟达等10家企业上市，融资额达151.52亿元。发生各类投融资案例543起，涉及金额1744.05亿元（共发生并购案例67件，涉及金额约834.4亿元；发生融资活动476起，融资规模达到909.65亿元），其中以互联网金融、互联网教育、互联网汽车为代表的新一代互联网应用是投资的重点领域。

（市经济信息化委）

【33家企业入选2015年中国软件业务收入前百家企业名单】2015年第14届中国软件业务收入前百家企业揭晓，北大方正、航天信息等北京市33家企业入选，入选数量为历年最高，居全国首位。入选企业2014年实现软件业务收入992亿元，占全国软件百家企业收入的18.7%，占本市软件业务收入的20.7%。易华录、京东尚科、启明星辰、四维图新等企业新入围。本届软件百家企业入围门槛为软件业务年收入10.5亿元，比上一届提高了1.1亿元，增长11.7%。

（北京信息化协会）

互联网信息服务业

【2015极客公园创新大会举行】1月17—18日，由极客公园、MINI联合主办，751D·PARK提供独家支持的2015极客公园创新大会举行。国内外互联网科技行业众多优秀创始人、CEO和产品人参加大会。在创新大会上，除了传统的视频、音频、微博直播等形式外，还提供了暴风魔镜AR虚拟现实体验。高德地图采集车也来到现场展示其地图采集流程。小米科技有限责任公司发布包括多功能网关、人体传感器、门窗传感器和无线开关4款产品的“智能家庭套装”。人体传感器、门窗传感器、无线开关与多功能网关之间采用Zigbee低功耗局域网协议相连接，网关再与小米路由器相连实现外部网络环境的联通。其中，多功能网关可把Zigbee设备联入小米云和其他智能设备；人体传感器是自动探测和提醒人或动物的移动智能设备；门窗传感器可实时感知门窗开关状态，同样能和其他智能设备连接；无线开关除了控制门铃外，还能控制其他智能设备的开关。会上，2014中国互联网创新产

品评选结果揭晓。

（搜狐 IT）

【北京市工业和信息化工作会召开】2 月 6 日，2015 年北京市工业和信息化工作会召开。会议总结了 2014 年北京市工业和信息化发展情况，并对 2015 年的重点任务进行部署。2014 年，全市规模以上工业实现增加值约 3650 亿元，增长 6.2%；软件和信息服务业营业收入 5400 亿元，增长约 11%；工业和信息服务业在全市经济总量中的占比为 1/4 强。规模以上工业万元增加值能耗同比下降 11%，提前完成“十二五”工业节能降耗目标。规模以上战略性新兴产业增加值增长 17.9%，高于整体平均水平 11.7 个百分点。北京成为首批国家信息消费试点城市，全年网络零售额增长 69.7%，对全市零售额增长贡献率超过 80%。124 个市级重大项目加快建设，累计完成固定资产投资 209.3 亿元。具备光纤接入能力家庭用户达 738 万户，基本覆盖全市家庭。固定宽带家庭用户达 491 万户，建设 4G 基站 1.5 万个，4G 用户突破 400 万户。北京市副市长张工到会并讲话，市政府副秘书长朱炎主持会议。市经济信息化委员会主任张伯旭部署 2015 年六大重点任务：创新机制，加快推进京津冀产业协同发展；创新政策，加快不符合首都城市战略定位产业的调整疏解；创新环境，着力构建高精尖产业体系；创新应用，加快推进“智慧北京”建设；创新理念，务实推进两化融合、军民融合同步发展；创新形象，不断强化政府机构自身建设。党组书记李平部署 2015 年工业清洁空气行动计划重点任务。市经济信息化委与各区县工业主管部门签订 2015 年清洁空气行动计划重点任务目标责任书。副市长张工对北京工业和信息化系统的下一步工作提出四点要求：一是要积极适应新常态，研究新常态下产业发展特点规律，注重质量与环境、效益与责任的协调，以创新提供经济发展动力，加快构建高精尖产业结构；二是积极推进功能疏解与产业结构调整转移，正确处理舍与得、进与退的关系，着力在增量与产业链条部分环节上下功夫，加快研究制定促进产业发展的共建、共享、共赢政策机制；三是加快建设统一的基础信息和公关服务平台，布局新一代信息基础设施，推进重大惠民工程建设，为治理“城市病”、建设国际一流和谐宜居之都提供重要支撑；四是全面落实清洁空气行动计划 2015 年工作措施，扎实做好企业关停、退出、调整工作，确保完成重大活动的空气质量保障任务。

（市经济信息化委）

【第四期企业总裁班举办】4 月 8 日，北京软件与信息服务业公共平台组织第四期企业总裁班，通过服务高端人才，助力构建高精尖产业体系。会议围绕云计算、互联网、移动互联网、大数据、产业互联网、软件产业转型等进行了专家思想分享、企业经验交流和政府政策研讨，49 位企业负责人参加。工业和信息化部软件所所长安晖分享了《国务院关于促进云计算创新发展培育信息产业新业态的意见》（国发〔2015〕5 号）制定的背景和要点，提出以提升能力、深化应用为主线，重点抓服务能力、创新能力、发展模式等措施。优视副总裁陈石、易观智慧研究院副院长董旭、百度大数据部资深构架师梁博、用友网络高级副总裁郑雨林分别发言。软件处通报了北京软件产业发展情况，并针对软件产业转型提出重视对传统优势领域的深耕，把握产业互联网历史机遇；加强学习互联网企业的商业模式，构建全新的业务赢利模式；注重平台战略，时刻紧贴用户提供服务，构建未来行业应用生态。

（市经济信息化委）

【《工业和信息化蓝皮书（2014—2015）》发布】4月21日，由工业和信息化部电子科学技术情报研究所主办的《工业和信息化蓝皮书（2014—2015）》发布会在北京举行。来自工业和信息化部、市经济信息化委等行业和地方主管部门，以及研究院所、高校、协会和企业代表150余人参加了发布会。这是年度报告首次以社会科学文献出版社蓝皮书的形式公开出版。《工业和信息化蓝皮书（2014—2015）》包含五本报告：《世界制造业发展报告（2014—2015）》《世界信息技术产业发展报告（2014—2015）》《移动互联网产业发展报告（2014—2015）》《世界网络安全发展报告（2014—2015）》《世界信息化发展报告（2014—2015）》，重点对2014年全球信息化、网络安全、信息技术产业、移动互联网以及战略性新兴产业发展进行了全面跟踪、深入剖析，对相关领域发展中的热点、焦点问题进行了专题研究，并对未来几年相关领域的发展趋势进行了预测和展望。

（北京信息化协会）

【市经济信息化委与浪潮集团举行座谈会】4月23日，浪潮集团执行总裁袁谊生一行到市经济信息化委就浪潮集团助力北京市信息产业发展及信息化建设进行专题交流。市经济信息化委主任张伯旭、副主任童腾飞参加座谈会。张伯旭对浪潮集团取得的成绩予以肯定，希望浪潮公司积极做好浪潮北京研发中心筹建工作并积极推动新业务在京发展，服务北京市云计算、大数据产业的发展，市经济信息化委将全力做好服务工作。

（市经济信息化委）

【智慧城市专业委员会成立】7月2日，中关村空间信息技术产业联盟组织召开智慧城市发展论坛暨智慧城市专业委员会成立大会，9家创始成员单位代表共同签署了《智慧城市专委会合作协议》。专委会将以“合作共赢、利益共享”为宗旨，以企业为主体、市场为导向开展智慧城市建设。专委会由9家导航与位置服务产业核心企业发起创立，即北京合众思壮科技股份有限公司、北京四维图新科技股份有限公司、北京超图软件股份有限公司、北京易华录信息技术股份有限公司、北京数字政通科技股份有限公司、北京华力创通科技股份有限公司、航天恒星科技有限公司、北斗导航位置服务（北京）有限公司、北京博阳世通信息技术有限公司，其中6家为上市公司。市经济信息化委副主任童腾飞出席成立仪式并讲话。

（市经济信息化委）

【到北京协同创新研究院调研】9月11日，市经济信息化委委员姜广智带队到北京协同创新研究院调研，与院长王蒌祥就研究院建设、推进工作及创新成果转化的体制机制进行了交流。姜广智在听取了研究院创新团队的介绍后，指出研究院以科技成果转化和产学研深度合作为内生动力，融合行业上下游、科研前后端，采取市场机制运行，围绕市场需求配置创新要素，以经济效益检验转化效果，探索了一条创新体系建设的新思路。市经济信息化委将积极支持研究院的工作，并围绕知识产权平台、项目合作、机制完善等方面开展合作，加速推进《北京创造2025》相关工作。（北京协同创新研究院于2014年9月28日正式成立，以构建产学研相结合的创新体系为核心，采取开放式、集团式的方式，“整合一批世界一流的大学，聚焦一批世界一流的高端人才，创造一批世界一流的科技成果，培育一批世界一流的高科技企业”，致力打造“原创科技的策源中心、行业技术进步的促进中心、大企业的技术创新中心和中小企业的产品创新中心”。）

（市经济信息化委）

【推动信息服务科技企业与医疗服务单位跨界融合座谈会召开】 10月9日，市经济信息化委组织召开推动信息服务科技企业与医疗服务单位跨界融合座谈会，理实国际、东方泰华、好大夫、飞象网、百度、慈铭记健康、京东健康到家、叮当快药、春雨医生、阿里健康、同仁堂健康、东华原医疗、乐普医疗、康仁堂等14家信息服务企业和医疗制造业企业的相关负责人参加会议。市经济信息化委委员张兰青出席会议。张兰青在会上指出，信息服务科技企业在传统产业结构调整中要进一步发挥作用，从生产制造到医疗过程的介入，到后期健康服务的介入，以技术创新带动商业模式创新，把握传统医疗服务单位和医疗制造业企业在转型发展中的创新需求，结合北京市“十三五”发展规划的制定和高精尖专项产业实施方案，积极开创跨界融合发展的新模式，争取创造更大的成绩。同时，政府将积极针对企业提出的问题，加强与相关单位的协调沟通，优化产业发展环境，促进产业发展。

（市经济信息化委）

【北京市信息化专家咨询委员会2015年高峰论坛举行】 11月19日，北京市信息化专家咨询委员会（简称市信息化专家委）和市经济信息化委共同主办的“北京市信息化专家咨询委员会2015年高峰论坛”举行。本次高峰论坛主题是“信息化助力京津冀，开创北京发展新格局”。工业和信息化部原副部长、市信息化专家委主任杨学山，市信息化专家委专委会主任、中国工程院院士邬贺铨，市信息化专家委委员、中国行政体制改革研究会副会长汪玉凯，市信息化专家委委员、中国社会科学院信息化研究中心秘书长姜奇平，市信息化专家委委员、国家信息中心信息化研究部副主任单志广出席论坛并发表主题演讲。北京市40多个委办局代表、10多个区县的信息化主要负责人、研究机构和企业代表等170余人参加会议。会议由市经济信息化委副主任毛东军主持，并介绍北京市经济和信息化的基本情况。杨学山重点围绕北京应如何抓住“互联网+”发展机遇，加快产业转型升级步伐进行了深度分析和路径解读。邬贺铨以“信息化创新驱动与京津冀协同发展”为题进行了主题演讲，以丰富的图表及数据展示了京津冀三地经济和信息化的现状，并建议北京以信息化促进产业协同发展，应充分发挥电子信息产业、软件产业等方面的优势，争取成为产业源头创新的所在地。汪玉凯详细阐述了在“互联网+”背景下如何打造京津冀一体化战略下的协同政务，建议充分利用“七个无处不在”，加强行政体制改革，打造协同政府，推进京津冀一体化协同政务平台建设。姜奇平以“以分享经济促进北京产业转型发展”为主题进行了演讲，他详细解读了分享经济的概念、特征和利益机制，提出平台是分享经济与“互联网+”的落地形态，发展平台经济应成为驱动北京市经济转型发展的重要引擎。单志广从智慧城市和大数据协同发展角度，重点介绍了包括信息时代变迁化、避免政策碎片化、打造特色中国化、推动发展群带化、破解信息碎片化等在内的8个方面的问题。

（市经济信息化委）

【举办“创富中国”系列活动】年内，软件与信息服务业处积极搭建创新创业高端互动交流平台，举办“创富中国”系列活动，推动优质企业与资本、产业、园区进行深度培育对接。截至年底已举办337期（次）活动，为超过6000家企业提供投融资对接服务，间接融资额近百亿元，其中147家企业实现直接融资14.3亿元。

（市经济信息化委）

【互联网成为产业发展的新引擎】年内，传统软件开发企业和行业应用及系统集成企业围绕产业互联网加快布局新业务，培育增长潜力。用友软件公司正式更名为“用友网络科技公司”，部署“软件+企业互联网+互联网金融”的主业发展战略，转型路径定为“产品型—平台型—生态型”演进。平台型互联网企业大力发展新一代互联网应用，构建“大平台+小前端+富生态”的体系结构。百度公司实现从“连接人与信息”到“连接人与服务”的转型，搜索业务占中国市场份额约为80%，移动业务占总收入比重超过50%；积极布局百度糯米、百度外卖等O2O领域，直达号已接入商户76万，实现服务交易总额同比增长119%；在互联网金融领域，百度钱包的已激活账户数量达4500万个，比上年同期增长520%，与中信银行共同设立百信银行。京东公司打造京东金融生态圈，旗下白条、众筹、理财等业务通过一个账号体系实现一体化。乐视公司成为唯一一家基于一云多屏构架、实现全终端覆盖的网络视频服务商，日均uv（独立访问用户）约5300万，日均vv（视频播放量）2.9亿，峰值3.6亿；乐视云视频开放平台CDN节点全球覆盖超过650个；发布超级手机、超级电视等终端产品，打造“平台+内容+终端+应用”的生态系统。小米公司上线小米众筹平台，为智能硬件产品项目发起者提供筹资、投资、孵化、运营一站式综合众筹服务。

（市经济信息化委）

【推动信息化集约统筹】年内，市经济信息化委积极发挥全市信息化项目集约统筹作用，继续完善信息化项目评审制度规范体系，保障“北京市政务服务中心业务信息系统”“北京市第一次地理国情普查采集与应用系统建设项目”“北京公交集团重点区域公交中途站安防监控系统建设项目”“北京公交集团场站安防监控系统建设项目”“2015年北京地税金税三期工程基础环境升级改造项目”“京津冀交通一卡通互联互通北京一期工程”等50多个重大项目和重点任务评审工作开展，统筹全市信息化项目；组织专家开展重大项目评审和参与重大问题咨询论证工作，提出信息化政策建议，引导促进信息化项目集约统筹。

（市经济信息化委）

新技术应用

【概述】年内，《中国制造 2025》把智能提升中国制造业整体竞争力作为主要目标，并把“新一代信息技术”作为重点发展的十大领域之首。大数据、云计算及“互联网 +”成为新起点。工业与服务业融合发展趋势加强，以北汽福田为代表的制造企业通过互联网建立供应链协同电子商务平台，推动制造产业链向两端不断延伸。深入实施云计算“祥云工程”升级版，一批重大云应用取得实效：“北京健康云”服务平台整合了 10 余家硬件生态系统和 6 家后台服务系统，服务用户 22 万人，3 家健康云体验中心已落地；中关村“创新云”平台服务近 1000 家企业；北京“政务云”已为北京市近 20 家委办局提供云服务；北京“工业云”成为全国著名的云制造平台，提供超过 150 种的各类应用软件，注册用户数近 15 万人。北斗产业推进实现新突破，北斗导航与位置服务产业公共平台项目完成百万级用户能力建设，已有大众和行业用户共计 20 万，建成项目公共运营中心；累计完成 4.4 万台北斗终端的安装应用，在环卫、应急预警、警用等多个领域开展应用示范，成为全国北斗应用最广泛、终端推广量最大的城市；全球首款全系统多核高精度 GNSS 导航定位芯片、首个卫星移动通信与北斗卫星导航一体化基带处理芯片等研发成功。大数据平台规模不断扩大，乐视跨行业大数据服务平台的行业覆盖达到电商的 70%，平台企业级客户入驻达到 300 家；大数据交易服务平台完成 350 余家大数据企业基本信息入库，在线数据交易系统上线数据商品 550 余款；京东基于云计算的大数据服务平台日处理能力已超过 1PB，数据服务软件达 7 个，使用商家超过 18500 万家。信息安全自主可控产业链基本构建，推进北京可信开放高端计算系统产业化（TOP）项目，已发布 17 款新云东方全系列 Power System 服务器，中间件公司以及数据库公司注册成立；启动信息安全产业园建设，推进可以转民用的军队军工先进技术的引入转化、产业化工作。

（市经济信息化委）

物联网

【首届物联网感智创新大赛颁奖仪式举行】2 月 4 日，在市经济信息化委、市知识产权局、团市委及市科学技术研究院等单位指导下，由北京通信信息协会主办、北京市计算中心承办的“2014 年首届物联网感智创新大赛”颁奖仪式在京举行。该赛事于 2014 年 5 月 15 日启动，面向全国开展作品征集，主题为“物联有感，智享生活”，探索智慧城市与物联网产业的技术创新；历经启动、组织、推广、提交、初评、复评、终评、颁奖等各个环节，最终评选出平台创意类及家庭智能化类作品金奖各1名、银奖各2名、铜奖各3名，工业智能化及机器人类作品铜奖3名。

（市经济信息化委）

【北京物联网感智创新大赛首场创投对接沙龙举办】8月4日，在市经济信息化委、市知识产权局、团市委及市科研院等单位指导下，由北京市计算中心承办的“北京物联网感智创新大赛”首场创投对接沙龙活动在中关村创业大街创业咖啡厅举行。本次活动以“感智物联未来，启航创业梦想”为主题，以往届大赛获奖项目为依托，鼓励和促进创业项目的落地和实验室设计作品的产业化；助力“技术变资本”，扶持、孵化、持续支撑创新型项目与高科技成果，搭建大赛获奖选手与投资人的对接展示平台，为青年创业者提供获得资金支持、商业模式运作的最佳渠道。活动现场特邀各相关单位负责人以及多位物联网行业专家、投资人、高校和政府方面的专家，共同对路演项目的创意设计、市场定位、商业计划、市场运营、项目孵化落地等多个方面进行商业评估，并与青年创业者进行深度交流。

（市经济信息化委）

【第二届物联网感智创新大赛启动】9月15日，在市经济信息化委、市知识产权局、团市委及市科研院等单位指导下，由北京市科学技术研究院科学技术协会主办、北京市计算中心承办的2015年第二届物联网感智创新大赛在京启动。本届大赛以“物联有感，智享生活”为主题，旨在推动高等院校及科研机构技术创新和成果转化，以培养综合性科技人才为突破口，结合“大众创业、万众创新”契机，广泛集聚优质设计资源，推动区域产业转型升级。大赛作品评选方面将重点关注智慧城市与物联网在医疗、零售、交通各领域的创新技术以及智能应用，力图挖掘智慧城市在垂直领域的创新产品。大赛期间还将举办多场创投对接沙龙活动。本届大赛设置金奖1名，奖金5万元；银奖3名，奖金2万元；铜奖5名，奖金1万元。同时，设立最具创意、最具应用、最具设计、最具创业价值、最具人文关怀6类单项奖及优胜奖若干。

（市经济信息化委）

【推进物联专网建设工作】年内，北京市政务网络管理中心根据全年基站建设计划，稳步推进物联专网建设工作。截至10月31日，基站建设数量为329个(年内新增5个)，建设完工数量为325个（年内新增19个），其中开通316个（年内新增30个）。随着物联专网建设规模的扩大，建网初期采购的基站设备已全部投入使用，物联专网在本市五环内覆盖率达85%以上，在远郊区县中心城区覆盖率达80%以上。在基站建设工作中，引入第三方工程造价审核服务，对本年度工程投入进行造价审核，控制工程投入成本，并委托第三方测评机构开展年内用户满意度和通信质量测评工作，实现对用户服务和网络通信质量的客观考核。年内，网络运行质量良好，无重大通信故障，核心网及无线网可用性均达到99.99%。

（北京市政务网络管理中心）

【物联专网试验通过验收】年内，北京市政务网络管理中心在物联专网试验频率使用期满后，多次申请1447MHz~1467MHz段频率的正式使用权进行物联专网建设，并持续关注该段频率规划情况。10月15日，工业和信息化部无线局组织召开了物联专网试验验收会，与会专家组一致认为物联专网试验符合验收要求，同意通过验收。截至10月31日，物联专网已承载业务系统35个，配发用户身份识别卡6277个，承载应用涉及移动视频监控、有毒有害气体监测、移动政务办公、应急指挥等多个方面。还充分利用中环实验室演示平台，向来访单位进行现网业务和终端展示。

（北京市政务网络管理中心）

【物联网示范工程初见成效】年内，北京市委、市政府重视物联网产业发展和应用建设，认真落实《关于推进物联网有序健康发展的指导意见》和全国物联网工作电视电话会议精神，按照《物联网产业“十二五”规划》《工业和信息化部2014年物联网工作要点》等政策文件的部署，大力发展符合北京城市定位的物联网产业，并优先在城市安全运行和应急管理领域积极推进物联网应用建设，初步建立起感传知用的物联网应用体系，提高城市安全运行动态监控、风险管理、突发事件预测预警和科学应对的能力，推进物联网关键技术的研发、标准体系的建立和自主产品的创制，创新应用服务模式，带动了物联网产业的整体发展。通过北京市十大物联网示范工程建设，初步建立起了“1+1+N”的物联网技术体系，建成了世界上第一个LTE政务物联数据专网、我国首个特大型城市物联网应用支撑平台。部分工程得到国家部门认可，在全国引起一定反响。到“十二五”末期，物联网技术在城市安全运行和应急管理领域得到广泛应用，城市安全运行水平和应急管理能力得到进一步提高，标准体系和技术规范初步形成，自主创新和关键技术取得突破，物联网产业得到规模化发展，截至本年度中期，北京市物联网企业达2000余家，产值近1000亿元。

（市经济信息化委）

云计算

【考察张北县云计算产业园】1月17日，来自中国惠普、人民网、中国生态数据中心工作组、国电通、中国中建设计集团、北京云泰数通互联网科技公司、江苏香江科技、宁夏西部云基地科技公司等企业的20名企业负责人赴河北张家口市张北县考察云计算产业园。京张合作建设的张北云计算产业园是市经济信息化委面向京津冀布局的数据中心产业基地，并被河北省列为承接首都产业疏解的重点项目。在座谈会上，市经济信息化委软件处负责人介绍了北京市软件和信息服务业的整体发展情况以及推动数据中心产业在京津冀优化布局的相关政策，张北县领导就张北发展数据中心产业的优势条件和相关政策进行了推介，企业方面就投资数据中心产业相关的电力、宽带、气象等条件进行了咨询和初步商洽。与会领导和企业负责人还就张北发展数据中心产业提出了建议，主要包括：一是深入做好产业规划，充分发挥张北县风电、光伏装机容量大的独特优势，大力利用新能源发展绿色数据中心；二是可以考虑直接建设从北京到张北的光纤，保障数据中心的带宽容量和稳定传输；三是广泛借鉴谷歌、亚马逊等国际上建设数据中心的新模式，降低能耗水平，提高能效比。四是尽快推动示范项目建设并投入运营。

（市经济信息化委）

【百度公司与中国移动公司共建云计算中心】 2月5日，中国移动与百度宣布，双方达成战略合作，携手共建新一代移动互联网云计算中心——百度亦庄新一代搜索数据中心（一期）。该中心位于亦庄园，总建筑面积3.8万平方米，计划部署4万余台服务器，采用绿色节能设计理念，使用市电直供、后备式高压直流等百度公司自有专利技术，技术参数设计为国内最高密度、最低功耗、最佳平衡，并实现自动运维。

（网易科技）

【云计算支撑高精尖产业发展研讨会召开】 3月13日，市经济信息化委组织召开云计算支撑高精尖产业发展研讨会，邀请北京市信息化专家咨询委员会执行副主任俞慈声、国家信息化专家咨询委员会委员王安耕、中国社会科学院信息化研究中心秘书长姜奇平等专家和中金数据、用友网络等企业，就发展产业互联网、推进云计算支撑高精尖产业发展进行了研讨。市经济信息化委副主任王学军出席研讨会。与会专家和企业认为，推进公有云的企业级运用是提升传统产业的有效路径，是发展高精尖产业的有力支撑，未来将迎来巨大的发展机遇。大会同时还研讨了产业互联网作为北京高精尖发展的基础设施需要解决的问题、利用社会公有云资源支持产业发展的措施等事项。

（市经济信息化委）

【"北京健康云"举办主题日活动】 3月27日，由市经济信息化委指导、百度公司承办的"北京健康云"体验主题日活动在玉渊潭公园举办。活动中设置健康云免费体验，参与者不仅能体验各种智能健康检测设备，还可免费检测人体脂肪、血压、骨密度等健康指标，并通过百度大数据平台的分析得到个性化体验报告。此次活动是"北京健康云"项目市民推广活动的组成部分。"北京健康云"作为北京"祥云工程"重点项目之一，旨在帮助老百姓建立科学合理的生活方式和健康管理方式，有效提高老百姓的健康水平和预期寿命，大幅度降低个人和国家的医疗支出。与传统的居民健康管理方式相比，"北京健康云"利用当今最先进的可穿戴设备、云计算和大数据处理等技术，通过互联网的方式去改造和升级传统产业，通过建立贯通用户全周期的健康数据平台，打通不同来源的数据孤岛，利用先进的深度学习、人工智能等大数据分析挖掘技术，分析个体的健康状况影响因素、发展趋势，建立中国人生理常数模型，提供个性化建议，改善全社会的健康管理水平，提升医疗健康产业运行效率，让老百姓足不出户就能享受高质量的健康管理服务。

（市经济信息化委）

【第三届中国国际云计算技术和应用展览会暨论坛开幕】 3月31日，第三届中国国际云计算技术和应用展览会暨论坛（Cloud China 2015）在北京国家会议中心开幕。大会以"应用需求带动技术革新"为主题，旨在搭建政、产、学、研、用、资的交流合作平台，推动我国云计算技术创新、产业创新、应用创新和全面发展。北京市副市长张工在会上指出并强调，云计算的产业活力在于应用，要适应首都发展新特征，应全面深化引领和支撑作用，力争在三个方面大有作为：一是在实施创新驱动战略上大有作为；二是在破解城市发展难题上大有作为；三是在构建高精尖经济结构上大有作为。

（市经济信息化委）

【瑞星公司承建北京电视台云存储安全项目】4月，北京瑞星信息技术有限公司宣布成为北京电视台智慧媒体服务项目独家信息安全供应商，将为其搭建一套完整的信息安全系统，并提供配套的技术支持和信息安全服务。项目包括常规的虚拟化系统和由大型海量文件组成的云存储系统。针对虚拟化系统的安全建设，瑞星公司的虚拟化系统安全软件可全面满足需求；针对云存储系统的安全建设，瑞星公司采用云存储安全技术为其打造一套查杀效率高、稳定性强、性价比高的解决方案。

（新浪科技）

【张北云计算产业基地合作建设工作推进会召开】9月16—18日，市经济信息化委主任张伯旭带队，赴张家口市、怀来、崇礼、张北等地区调研，与河北省工信厅、张家口市政府联合召开“张北云计算产业基地”合作建设工作推进会，并举行张北县与赛尔网络签署中国教育云基地项目合作协议仪式。会议宣布，张北云计算产业基地将继续积极引进京津冀地区乃至国内外企业入驻发展，共同打造引领京津冀、辐射全国的云计算产业基地。基地将成为京津冀协同发展产业转移的重大载体，有助于改变京津冀区域能源消费格局，同时将开启承接京津产业转移的新篇章。与会各方形成共识，共同将张北建成“中国数坝”，即中国数据高地。京冀协同做好云计算大数据产业布局，按照“前店后厂”的建设模式，积极推动北京的新增、扩建数据中心企业与张北云基地对接，引导和推动北京、河北的政务、企业的云计算业务向张北等云计算基地迁移。市经济信息化委副主任段润保、委员姜广智，河北省工信厅副厅长刘永亭、童腾飞，张家口市委常委、常务副市长武卫东，市委常委、副市长张远，副市长白龙出席会议。市经济信息化委相关处室及北京市云计算企业家代表陪同调研并参加会议。

（市经济信息化委）

北斗导航

【新一代GNSS引擎“雅典娜(Athena)”发布】5月13—15日，在第六届中国卫星导航学术年会上，北京合众思壮科技股份有限公司发布新一代GNSS引擎——“雅典娜”(Athena)。GNSS引擎将驱动合众思壮北斗高精度产品拥有更稳定、更精准的导航定位性能，并且能适应多种“信号屏蔽”环境。在同行业内的多个顶尖产品进行测试比对时，搭载雅典娜(Athena)引擎的合众思壮高精度产品在初始化时间、在恶劣环境下的稳定性、长基线应用系统以及持续精度等方面均处于领先地位。本次年会上，合众思壮还展示了其他北斗产品，均是服务于智慧城市与智慧行业应用的产品，包括全新的基于北斗的测量测绘、精准农业、智能驾考、机场港口、智慧公安、智能电力等行业应用产品，以及合众思壮的“中国位置”城市公共服务平台和“中国精度”高精度核心部件系列产品。

（中国测控网）

【卫星导航定位科学技术奖评选结果公布】 9月1日，中国卫星导航定位协会发布2015年度卫星导航定位科学技术奖评选结果，评选出卫星导航定位科学技术奖74项。和芯星通科技(北京)有限公司的基于北斗的多系统多频率高精度OEM板卡获得卫星导航定位科技进步奖特等奖。北京四维远见信息技术有限公司与中国测绘科学研究院共同合作的GNSS主动式遥测定位关键技术与装备研发及应用获得一等奖。高德软件有限公司的海量GPS大数据挖掘分析下的在线定位新系统、北京合众思壮科技股份有限公司的壁虎eDriveX北斗精准农业导航自动驾驶系统等获得卫星导航定位优秀工程与产品奖一等奖。泰瑞数创科技(北京)有限公司的SmartEarth百万级个人位置跟踪服务平台获三等奖。

（地球空间信息技术协同创新中心）

【京津冀北斗卫星导航区域应用示范项目推进会召开】 11月20日，在河北省石家庄召开的2015京津冀产业转移系列对接活动上，市经济信息化委组织召开了京津冀北斗卫星导航区域应用示范项目推进会。市经济信息化委软件处介绍了京津冀北斗卫星导航区域应用示范工作的背景及进展情况。北斗导航与位置服务（北京）有限公司总经理曹红杰汇报了项目的总体框架、具体内容等。委员姜广智、工业和信息化部电子信息司司长刁石京分别发言，对这一项目进行了肯定和支持。工业和信息化部电子信息司、中国卫星导航系统管理办公室、市经济信息化委、天津市经济信息化委、河北省发展改革委、河北省工信厅、河北省申奥办、中关村空间信息产业技术联盟、北京国际工程咨询公司等政府部门、企业的相关人员共计40余人参加项目推进会。

（市经济信息化委）

【北斗星通公司参展世界互联网大会】 12月15—18日，在第二届世界互联网大会·互联网之光博览会上，北斗星通导航技术股份有限公司展出“北斗船位监控指挥管理系统”。系统通过互联网、移动通信网络与北斗星通运营服务中心建立网络连接，向船舶管理部门、航运管理部门、渔业公司等用户提供船舶的位置监控、指挥调度管理服务等基于位置的综合信息服务，并具备文字短消息通信功能，实现政府管理部门、渔业生产企业、渔民及其家属等群体之间的信息互联互通、共享，在网用户达4万余艘船只。

（杜玲）

【国内首款完全自主研发的卫星“通导一体化”集成芯片发布】 年内，北京市北斗企业华力创通科技股份有限公司发布国内首款完全自主创新研发的卫星“通导一体化”集成芯片。该芯片融合集成了我国自主的卫星移动广域通信和北斗/GPS双模兼容导航功能、地面数字对讲局域通信等综合应用功能。该芯片的发布，标志着我国在卫星移动通信、卫星互联网、北斗导航等通导一体化、天地一体化综合信息应用技术方面取得重大突破。基于该芯片的终端产品将集成卫星移动通话、卫星短报文、北斗卫星导航、地面对讲通信为一体等功能，可全面替代国外海事卫星、铱星、GPS等国外卫星通信与导航产品，在保障国家信息安全的同时，可广泛应用于国防装备、应急救援、减灾防灾、反恐维稳、森林作业、远洋航运渔业等通信、导航、位置服务、卫星移动互联网等市场。

（市经济信息化委）

【完成全球卫星定位综合服务系统运维】年内，北京市信息资源管理中心为36个部门开展国土规划、基础测绘、工程建设、地籍管理、地震及地壳形变监测等应用提供了有力支撑。积极与相关企业沟通合作，拟开展基于北斗的卫星定位应用及服务。

（北京市信息资源管理中心）

【推进低轨卫星宽带通信系统建设】年内，推进北京信威公司在空天信息领域建设覆盖全球的多功能低轨卫星宽带通信系统，实现空、天、地一体化移动宽带接入服务，提供飞机、船舶全球实时监视信息服务。已完成灵巧通信试验卫星的成功发射和在轨测试，先期验证了卫星移动通信星座建设所需的关键技术。下一阶段，将开展商用的“一箭四星”开发和工程建设，并提供全球存储转发服务。此外，确定了以突破北斗导航及卫星综合应用核心芯片、数据、应用终端及软硬件平台等核心技术为重点，形成一批具有自主知识产权的系统及产品；建设导航与位置服务网络，提供一体化的运营解决方案；推动拥有自主知识产权的卫星导航产品广泛应用。

（市经济信息化委）

大数据

【大数据时代健康产业创新论坛召开】5月27日，由市经济信息化委、北京市卫生和计划生育委员会指导，百度公司与北京软件和信息服务业协会联合主办的“大数据时代健康产业创新论坛”在京召开。本次论坛是2015年第十九届中国国际软件博览会暨第三届北京软件周的重点活动之一，旨在深入解读行业标准和环境，分享和挖掘健康产业创新产品、技术与应用，把握产业的脉搏，探索行业发展的新机遇。北京市相关政府部门领导、各大医院信息化专家、大健康产业知名企业家、专家学者、机构投资人等出席论坛。

（市经济信息化委）

【到北京大数据研究院调研】9月9日，市经济信息化委委员姜广智带队到北京大数据研究院调研，与研究院院士鄂维南就大数据研究院的创新平台建设机制及推进的相关工作进行深入交流。北京大数据研究院于8月27日正式揭牌成立。该研究院由北京大学鄂维南院士发起，在北京市委、市政府的支持下，由中关村管委会、海淀区政府、北京大学、北京工业大学共同筹建，将在交通大数据、金融大数据、移动互联网大数据、医疗大数据、非结构化数据、医疗图像处理，以及生物、化学、天体物理、神经科学等方面进行学术研究、技术创新、人才培养和成果产业化，目标是吸引国际一流大数据研究人员来京发展，建设国际化的大数据产学研协同创新平台。姜广智在听取了鄂维南团队在交通、金融、移动互联网、医疗等方面已开展的工作情况介绍后，指出北京大数据研究院是北京市推动大数据产业发展的重要战略创新平台和支撑单位，市经济信息化委将积极支持鄂维南院士在前期工作基础上，围绕交通、金融等重点领域开展典型应用示范，带动本市大数据产业的新发展。

（市经济信息化委）

【《促进大数据发展行动纲要》专家解读培训会召开】 9月18日，北京市信息化专家委召开《促进大数据发展行动纲要》（简称《纲要》）专家解读培训会，邀请《纲要》起草专家组组长、北京市信息化专家咨询委员会委员、国家信息中心信息化研究部副主任单志广就《纲要》的核心内容进行深刻解读。单志广介绍了《纲要》中所提的大数据的概念和范畴，详细解读了《纲要》的核心要点、中国大数据发展的目标体系以及大数据的政策保障机制等内容，并就《纲要》中涉及的关键问题进行了现场互动和交流。

（市经济信息化委）

【大数据培训会召开】 11月20日，市经济信息化委组织召开大数据培训会，邀请院士、专家和大数据企业负责人，围绕落实国家大数据行动纲要，进行大数据政策解读、发展瓶颈分析、实践经验分享、具体落地思考等交流与分享。市经济信息化委副主任毛东军出席并致辞，区县委办局信息化部门负责人、软件企业代表130余人参加。毛东军指出，大数据时代的到来，为智慧北京带来新机遇，为北京经济转型升级提供了新动力，适应大变革，需要政产学研的多方联动，不断探索创新场景应用，积极谋划、真抓实干，实现大数据的大发展。北京大数据研究院院长鄂维南表示，作为整合了政府、大学和市场三方面资源的大数据研究机构，北京大数据研究院致力于吸引国际一流大数据研究人员，建成国际一流的大数据教育、科研创新和创业平台，为北京大数据发展做出应有的贡献。国家信息中心单志广博士、北京大数据研究院金融大数据中心田昊枢博士、百分点公司首席构架师刘译璟博士在会上发言。

（市经济信息化委）

【河北大数据交易中心成立】 12月3日，由河北省承德市委、承德市政府主办的“承德大数据项目签约揭牌暨河北大数据交易中心启动仪式”在北京举行，这是京津冀区域首个大数据资源互联及交易机制。大数据交易中心由承德市政府与北京数海科技有限公司共同投资2亿元成立，主要从事数据资产登记、数据资产托管管理、数据商品交易、数据资产交易、数据资产金融产品设计服务、金融杠杆数据设计及服务、数据资产证券化、数据资产权益类交易等业务。它的成立有望打破行业间数据共享的壁垒，盘活京津冀地区的数据资源，实现数据资产的有效利用，并与位于中关村的全国第一家数据交易平台——中关村数海大数据交易平台对接，打通京津冀大数据走廊，促成数据的供需对接，推动产业升级。

（人民网）

【深化大数据研究及应用示范】 年内，市经济信息化委按照国家大数据战略的总体部署要求，统筹考虑《关于促进大数据发展行动纲要》等文件要求，积极推进大数据研究及应用，与市编办、中科院联合开展大数据环境下政府信息化管理体制研究工作，完成国外大数据机构和管理机制及北京市政府和区县信息化机构设置情况调研，形成调研报告，编制关于大数据环境下北京市政府信息化管理体制机制改革政策建议。组织召开全市各委办局政务大数据应用需求座谈会，走访委办局、区县了解需求，搭建市级政务大数据平台原型系统，将相关方案和建设成果对全市委办局进行宣贯和培训，并在经济、交通、人口领域开展应用示范，为全市大数据发展奠定基础。

（市经济信息化委）

北京信息化年鉴

信息安全

【综述】“十二五”期间，北京市信息安全法规政策体系进一步健全，颁布了《北京市信息化促进条例》《北京市公共服务网络与信息安全管理规定》《北京市政务与公共服务信息化工程建设管理办法》等法规。信息安全基础工作稳步推进。持续开展重要信息系统信息安全检查，积极落实信息系统安全等级保护制度，重要政务网站持续监控取得进展，信息安全应急工作逐步完善，重要信息系统的同城异地灾备基础设施投入使用，重要信息系统应对灾难风险的能力得到提升。基于身份认证、授权管理、责任认定的北京市数字认证信用体系基本实现了政务部门全覆盖。北京市互联网舆情监控及处置工作机制不断完善、网络舆情掌控能力不断提升，密码科研、生产、服务等审批管理工作有序推进。重大活动信息安全保障成效显著。有效保障了全国“两会”、党的十八大、APEC 等重大会议以及纪念中国人民抗日战争暨世界反法西斯战争胜利 70 周年阅兵等重大活动期间的信息安全，同时积累了重大活动信息安全保障经验。年内，北京市信息安全工作积极有序，较好地完成了各项任务。一是全力投入“两大活动”信息安全保障力量，做好技术保障和技术支援。二是继续做好其他重大活动和节假日应急保障工作，有效处置信息安全事件。三是继续开展各项应急预案编制工作，并积极开展应急演练，完善本市政务信息安全应急保障能力。进一步做好政务信息安全监控值守和态势跟踪、系统升级维护工作，提高网站安全监控和数据分析能力、灾难恢复保障能力，推动全市容灾备份业务开展。

（市经济信息化委）

信息安全管理

【概述】年内，为确保北京市政府部门网络和信息系统的安全稳定运行，市经济信息化委稳步推进信息安全监督管理工作，开展“十三五”时期北京市信息安全体系建设研究工作，完成政府部门重要信息系统年度信息安全检查，共涉及 96 个门户网站、60 个重要信息系统、30 个邮件系统以及有线政务网络，开展信息安全人员持证上岗培训和物联网安全测评等工作，稳步推进全市信息安全监督管理工作。

（市经济信息化委）

加强安全管理规范

【编制与修订多项应急预案】年内，北京市政务信息安全应急处置中心编写了《北京市电子政务信息安全事件应急预案》《北京市政务网站安全事件应急预案》《北京市网络与信息安全突发事件现场指挥部设置与运行实施细则》。此外，还指导协助市地税局、市国土局、密云区信息中心、首都之窗、资源中心等10家单位修订了信息安全应急预案，完善了各单位的预案体系，提高了信息安全响应能力。

（市经济信息化委）

【全年控预警系统运维工作完成】年内，北京市政务信息安全应急处置中心进一步细化运维规范，建立了定期巡检制度，完成了全年的运行维护工作，保障了系统安全稳定运行。全年共编写完成监控日报365份、监控周报52份、监控月报12份，组织远程及现场设备巡检347次，完成远程及现场监控设备故障处置140次，完成设备升级61次、数据备份7次。管理体系建设方面，共编写和修订了《监控预警系统监控室及机房管理规范》等10份文档以及所有五级表单，为建立完善的运维管理体系打下了良好的基础。

（市经济信息化委）

等级保护

【实现监控预警系统等级保护三级技术要求合规性】年内，北京市政务信息安全应急处置中心按照等级保护基本要求，从网络安全、主机安全、应用安全、数据安全与备份恢复、系统安全管理等几个方面，分析监控预警系统已有的安全防护措施和存在的问题。针对存在的问题，通过采用调整网络架构、部署安全设备、配置安全策略、完善应用功能配置、规范安全管理等方式达到和满足等级保护要求，实现了监控预警系统等级保护三级技术要求的合规性。

（市经济信息化委）

政务网络信任与安全监控预警

【完成重大活动应急保障工作】年内，在北京国际田联世界锦标赛和中国人民抗日战争暨世界反法西斯战争胜利70周年纪念活动前期，北京市政务网络管理中心多次开展用户需求调研工作，了解终端使用数量和类别，明确重点区域覆盖和重要用户需求并积极落实，新建基站4处、直放站2处，城区扩容双基站3处，并完成40对临时频率的解决；提前制订通信保障工作方案和应急预案；按照保障工作方案要求，更换800兆移动基站应急指挥车基站，提高应急机动能力；为保障会议通信，完成终端写频工作并组织终端发放和使用培训，共向市活动办各保障组提供了1300余部无线终端，为世锦赛组委会提供530余部无线终端，并对所有提供的无线终端分批组织完成使用培训，安排技术服务人员在活动现场负责保障工作，完全满足了用户的使用需求。活动期间，对全网实施封网管理。无线政务网、内网传输网、物联专网、应急卫星网按要求启动相应级别的应急保障状态，每日加强值班值守，对全网基站和相关设备、备品备件、政务内网网络核心、汇聚节点、光缆及链路运行情况进行全面巡查。其间，共出动网络测试及维护车 218 车次，投入现场保障人员 80 人次，投入值班级外围保障力量 831 人次。保障期间，无线政务网网络无拥堵、无故障，市委加密视频会议系统各接入单位链路运行正常、流量平稳，圆满完成了保障任务。

（北京市政务网络管理中心）

【完成信息安全监控值守工作】年内，监控系统产生安全报警信息 201 万条，共发现、处置信息安全事件 523 起，其中漏洞利用 152 起、网站服务中断 141 起、扫描事件 17 起、网页篡改事件 30 起、弱口令事件 16 起、病毒事件 2 起、其他事件 165 起。对全市信息安全总体态势进行分析评估，共编写完成《信息安全舆情周报》52 份、《信息安全舆情月报》12 份，结合北京市政务信息安全监控数据，定期对全市信息安全总体态势进行分析评估。发布舆情信息 740 条，发布信息安全黄页警报 5 份，总计发现 985 个“gov.cn”域名的网站被篡改，扩大了网站安全监控的范围并缩短了事件处置时间。

（市经济信息化委）

【监控系统大数据应用研究工作取得新成果】年内，为应对迅速增加的监控数据规模，提高监控业务分析能力，北京市政务信息安全应急处置中心继续推进监控系统大数据应用研究工作。此次研究工作开发了支持网页的篡改、挂马、暗链、恶意代码等的发现和预警等功能模块，建立了规模达到 9123 条数据的敏感词库以及 980 条数据的恶意代码特征库，使政务网站监测更为全面。

（市经济信息化委）

【建立支撑政府网安全监控的基础平台系统】年内，建立了支撑政府网安全监控的海量数据挖掘及管理、分布式检索和智能化分析基础平台系统，系统的存储量达到 100TB，文档数据量达到 10 亿条以上规模，实现检索的秒级响应，扩大了平台存储能力，提高了系统响应速度。

（市经济信息化委）

【实施应急处置培训工作】年内，实施全市应急处置培训工作，提升全市政务用户信息安全防范能力。为北京工业大学组织进行信息安全态势及技术培训，为密云区信息中心开展应急预案及演练基础知识培训；协助市经济信息化委组织电子政务信息安全人员持证上岗培训；组织北京市农业局信息中心网站管理员及信息保密员进行安全态势及安全基础知识培训、昌平区行政服务中心进行全区网管员培训、丰台区经济信息化委进行全区政务人员信息化培训等，提高了相关单位的安全意识和技术能力。

（市经济信息化委）

【军民合作共建信息安全产业园签约】年内，在市经济信息化委、海淀区经济信息化办协调推进下，总参某部、中国仪器进出口（集团）公司、北京兴科迪科技有限公司三方共同签约，合作共建信息安全产业园。该项目旨在贯彻军民融合深度发展战略要求，以国家某工程实验室为平台，共同打造信息安全产业园和军转民高新技术孵化器，在盘活央企资源、“腾笼换鸟”发展信息安全高精尖产业的同时，推动军民用高新技术共享和双向转化。签约仪式上，市经济信息化委提出了新时期国家针对信息安全等领域的发展需求，并指出要充分利用军队、央企、中关村等多方优势资源，合作共建产业园，希望将园区建设成为推进信息安全高精尖产业发展、促进部队战斗力生成模式转变的典范，市区两级政府将支持该园区建设。

（市经济信息化委）

信息安全服务

【概述】年内，市经济信息化委信息中心认真落实委党组的各项指示要求，在委领导的正确领导下，在委办公室的大力统筹协调下，按照“夯实基础、统筹建设、促进协同、健全机制”的原则，坚持“业务牵头、行政协调、技术支撑”的工作模式，积极落实委信息化建设、运维各项任务，认真做好委信息化保障和服务，加强中心自身建设，较好地完成了全年各项工作。开展政务信息安全检查、远程测试、监测预警，针对发现的问题，及时督促整改加固，为中国人民抗日战争暨世界反法西斯战争胜利 70 周年纪念活动提供了政务信息安全保障。组织完成通信工程建设，全面实施战时通信保障机制，圆满完成抗战胜利 70 周年纪念活动通信保障任务。

（市经济信息化委）

网络与信息安全保障

【部署抗战胜利纪念活动网络安全保障工作】8 月 20 日，市委网络安全和信息化领导小组召开会议，部署本市中国人民抗日战争暨世界反法西斯战争胜利 70 周年纪念活动期间网络安全保障工作。市委常委、宣传部部长李伟讲话。

（《北京日报》）

【重点网站网络与信息安全保障会召开】8 月，北京市通信管理局组织召开重点网站网络与信息安全保障工作会。新浪、搜狐、网易、腾讯、百度、凤凰等 18 家网站派代表参加了会议。会议要求各网站必须做到以下几点：一是统一思想，提高认识。二是要结合本公司业务特点，加强组织领导，强化落实。三是加强自身网络安全防范。对所属网站进行自查和评估，针对发现的系统安全漏洞和突出隐患及时整改，发现问题要及时处理并报告相关部门；相关部门提供必要的技术支持和保障。四是全力做好网站内容的管理，做好网上有害信息的及时发现和处置，配合相关部门快速高效地处置不良信息，多做正面报道，不信谣，更不传谣。五是认真开展专项行动，积极配合工业和信息化部及相关部门组织开展的各类网上有害信息治理专项行动，同时做好宣传报道工作。六是保持渠道畅通，发现问题及时报告。

（《人民邮电报》）

【保障支援“两大活动”信息安全】年内，在北京国际田径世锦赛及中国人民抗日战争暨世界反法西斯战争胜利70周年纪念活动期间，按照市通信保障和信息安全应急指挥部办公室（以下简称指挥部办公室）及市经济信息化委通知要求，启动了信息安全应急保障一级响应，做好应急值守和安全监控工作，顺利完成了信息安全应急保障任务。保障期间，累计投入值班人力254人日，准备各类应急专用工具38台（套）；其间，对首都之窗重要应用系统进行日志安全分析及木马后门排查，共检查37个系统，分析约1400万条日志，及时发现了系统存在的安全隐患。

（市经济信息化委）

【完成节假日和敏感时期的信息安全应急保障任务】年内，做好各项重大活动和节假日应急保障工作，有效处置信息安全事件。在春节、全国“两会”、国庆节期间，启动了应急保障二级响应；在北京市“两会”期间启动了应急保障三级响应；在元旦、清明节、劳动节、端午节、中秋节期间启动了应急保障四级响应。市政务网络管理中心通过做好人员值班、应急装备、保障措施等方面的工作，顺利完成了节假日和敏感时期的信息安全应急保障任务。其间，累计投入值班人力共846人日，准备各类应急专用工具380台次，备勤应急专用车10辆次。

（市经济信息化委）

【开展应急演练工作】年内，在市通信保障和信息安全应急指挥部办公室的指导下，在全市范围内开展了“信息泄露安全事件”及“网站篡改事件”两次大规模应急演练，并邀请多家政务部门参与，通过演练，加强了与各委办局之间的交流合作，检验了全市多级政务单位信息安全应急预案衔接能力。此外，市政务网络管理中心指导协助首都之窗、北京市残疾人联合会、密云区信息中心、昌平区信息中心等12家单位完成了信息安全突发事件应急演练，提高了演练单位对事件的实际应对能力。

（市经济信息化委）

计算机病毒防治

【金山V8+终端安全系统发布】5月10日，北京金山安全管理系统技术有限公司发布新一代企业终端安全软件——金山V8+终端安全系统。该产品可动态检测、追溯、处理用户网络中的未知威胁，满足国内企业用户包括PC、移动、虚拟桌面在内的多类终端安全防护需求。V8+以未知文件动态行为分析为核心，以特征匹配为辅助，依托海量的金山特征库以及用户自定义的专属特征库，将传统的单终端查杀防御，转变为全网终端的联防与分析能力，达成用户终端安全的已知和未知威胁防御；其内置超过亿级的威胁与可信特征库，运行过程中通过自我学习及不断进化，无须频繁升级即可直接查杀未知新病毒；具有行为规则库的自动化分析能力，能将原有的企业网络单点终端查杀变成企业全网终端联防的技术体系跃迁，实现了从多层防御到有防御纵深的持续对抗的安全模型跨越。金山公司认为，该产品作为一款云时代的新一代企业终端安全软件，将重新激活并定义企业杀毒市场，从而成为推动行业向前大步跨越的创新型产品。

（网易科技）

【“互联网 +”企业信息安全解决方案发布】 5月12日，北京瑞星信息技术有限公司发布首个针对“互联网 +”的企业信息安全解决方案。“互联网 +”下的信息安全主要由云计算、大数据、企业移动及企业终端安全组成。方案包括虚拟化系统安全软件FOR华为、私有云系统、企业移动管理系统软件及企业终端安全管理系统软件4个产品，为用户提供立体全面的信息安全防护。除虚拟化安全外，“企业信息安全 +”解决方案中包含企业移动和企业终端安全两部分。其中，企业移动安全由瑞星新一代产品REMM2.0作为支撑，能够帮助用户建立一套针对移动办公系统的安全机制，解决移动终端、应用、数据、BYOD等方面的安全问题。企业终端安全，则以瑞星ESM2.0为基础，配合私有云系统及边界防护产品，构建出一套“对内可管可控、对外可杀可防”的企业终端安全管理体系。

（《科技日报》）

【“云子可信”网络防病毒系统推出】 6月2日，腾讯与启明星辰宣布达成战略合作，面向企业市场推出全面的终端安全解决方案——“云子可信”网络防病毒系统。系统将结合腾讯安全与启明星辰公司的优势资源和技术，采用腾讯公司自主研发的TAV杀毒引擎及安全云库大数据，为大型企业用户提供桌面防护、准入控制、外设管理等终端管理功能，保障终端合规化，其采用的分布式全文检索技术Elasticsearch，可满足百万级海量数据的查询和检索。此外，“云子可信”网络防病毒系统采用了云部署模式：一方面通过检测特征云的方式，及时更新至病毒特征库；另一方面，为企业级用户提供了云查杀的模式，减少客户端PC的额外计算开销，提升用户的使用体验。

（《科技日报》）

安全风险评估与容灾备份

【做好灾备中心用户单位技术服务】 截至11月底，灾备中心共批复进驻申请单位26家，其中国家单位1家、市级委办局21家、市经济信息化委系统内单位3家、区县信息办1家。共开展灾备业务42项，总计进驻重要电子政务信息系统46个，其中信息安全等级保护定级为三级的系统35个，占到全市（自建灾备中心除外）已定级备案三级政务系统总数的51%。其中，介质备份业务17项，全年累计递送131次，总计出入库介质663件；集中式容灾备份业务10家，总计24个重要信息系统进行了数据备份，全年累计备份数据量157.6TB；托管业务15项，总计托管机柜75台，协助用户维护调试托管设备82起。

（市经济信息化委）

【继续推动容灾上门服务工作】 年内，北京市政务信息安全应急处置中心继续推广容灾备份各项业务，确保入驻单位相关业务的开展。为确保灾备中心进驻委办局用户备份数据和灾备系统安全有效、磨合各运维团队，建立中心与进驻委办局用户的应急协作机制，中心面向入驻单位开展数据验证服务，提高各单位的容灾准备能力，并向业务系统重要相关工作开展滞后的单位上门服务，收集用户需求，解决用户疑虑和困难，年内组织的北京市公积金管理中心、北京市残疾人联合会、北京市档案局（馆）、北京市水务局、市应急办单位的容灾上门服务均得到对方单位领导重视，取得了良好的效果。

（市经济信息化委）

【完成 12 家容灾备份应急演练工作】 年内，中心按照《北京市信息安全容灾备份中心管理办法》，完成了市住建委、市资源中心、市经济信息中心、市水务局、市应急办、市残联、市财政局、市国土局、市人力社保局、首都之窗、市统计局、市公积金管理中心等 12 家的应急演练工作，进一步提升了容灾备份业务的应急处置能力。

（市经济信息化委）

整治网络犯罪

【51 家山寨旅行社网站黑名单发布】 4 月 28 日，市网信办和市旅游委召开“五一”前工作会。会上发布了 100 多家正规旅行社官方网站白名单和 51 家虚假旅游信息推广黑名单，这 51 家上了黑名单的网站基本都是山寨旅行社仿照正规旅行社的网页自建的山寨网站。市旅游委相关负责人表示，山寨网站是旅游投诉中的重点，山寨网站的网页设计和正规旅行社的官网非常相似，投诉电话也一样，但报名电话是他们自己的，自己的报名电话招揽不明真相的游客，但游客受骗上当投诉时那个电话只能打给被冒名的正规旅行社。市网信办相关负责人表示，对于这些上了黑名单的山寨网站，网管部门将根据属地管理原则进行管理，查实的将予以关闭。

（《北京青年报》）

信息安全技术与产品

【泰合安全运维管理平台解决方案发布】 2 月，北京启明星辰信息安全技术有限公司推出泰合安全运维管理平台解决方案。该方案以安全管理平台为基础，将信息安全与运维管理工作进行紧密整合、对客户全网的安全状态进行集中化的管理与运维，从监控、安管、运维三个维度建立一套全网统一的业务支撑平台，辅以配套的 IT 安全运维流程，使得 IT 安全运维团队和决策层能够对业务信息系统实现业务可视化、安全主动化、运维自动化、考核可量化，真正落实业务信息系统的持续安全运营。

（启明星辰）

【Cloud SOC 云安全管理平台发布】 4 月 15 日，启明星辰在京发布 Cloud SOC 云安全管理平台。该平台可整合各类传统和虚拟化安全产品，独立构建完整的云安全解决方案；拥有先进的云安全监测、云安全审计、云安全防护、云安全运维等功能，能够很好地契合政务云安全需求，构建立体化、多维度、敏捷快速的安全防护体系；利用分布式高性能的虚拟化数据采集技术，主动感知并跟踪云计算环境中各种资产、资源的变化，通过各种可视化的展现方式来提供全方位的实时云监测能力；通过自身提供的包括网络行为审计、大数据多维深度分析、业务应用监控等方面的安全分析、审计能力让安全“由虚转实”，不再不可见，用户可以真正看见云环境中的安全情报、态势，并能够基于各种分析、审计结果进行相应的安全响应和处理。

（《科技日报》）

【“WatchKey ProX 密码模块”通过高安全等级认证】7 月 6 日，由北京握奇数据系统有限公司开发的“WatchKey ProX 密码模块”通过 FIPS 140–2 密码模块认证体系 Level3 的高安全等级认证（证书号：#2397）。FIPS 140–2 认证是由美国国家标准与技术委员会（NIST）和加拿大通信安全局（CSE）所维护的密码模块认证体系（CMVP）。FIPS 140–2 Level3 安全认证达到了同类产品在行业内的最高安全等级，表明握奇公司在为客户提供高安全、高性能产品的道路上迈出了坚实的一步，为握奇进军国际市场打开了更为广阔的空间。

（集微网）

【共建可管控安全云平台】9 月 23 日，在美国西雅图召开的第八届中美互联网论坛上，北京世纪互联宽带数据中心有限公司、紫光股份有限公司、美国微软公司三方正式签署战略合作协议，进一步加强在云计算领域的合作，倾力打造技术领先、自主可控、可按照客户需求量身定制的混合云解决方案及相关服务。根据协议，三方合作的内容主要包括：紫光股份公司、世纪互联公司合资设立新公司，致力于由世纪互联公司运营的 Windows Azure 和 Office365 云服务在中国的进一步推广和销售；三方将共同促使合资公司成为相关云服务解决方案的研发和销售平台，并力求使其成为符合国家信息安全要求、确保国家信息安全核心利益的第三方平台；合资公司将针对特定类型客户开展推广，作为合作伙伴向客户销售由世纪互联公司运营的 Windows Azure 和 Office365 云服务，并切实致力于提高和保证云服务的使用率；微软公司将向合资公司提供相关技术和销售支持，包括提供有关 Windows Azure 和 Office365 的技术培训，指派专家提供售前、售后技术支持和销售指导等。

（北京世纪互联宽带数据中心有限公司）

政务信息化

【综述】“十二五”期末，政务外网承载相关委办局各类业务虚拟专网120个，接入用户7409家；政务物联数据专网建成基站335个，主要覆盖本市五环内、石景山区主要区域及部分远郊区县主城区，室外宏站覆盖面积达1565平方公里，五环路内网络覆盖率达到约86.37%，基本具备了网络服务的能力；800M无线政务网基站达到375个，移动通信车达到11部，直放站900多个，室分系统295处，室内分布系统覆盖面积达到700多万平方米，网络基本实现对北京市城区、郊区平原地区、高速公路、重点旅游景区的覆盖，实现对重要建筑物室内和全部地铁运营线路的覆盖。用户规模达10万户。积极推进大数据研究及应用探索。研究起草了《关于积极稳妥推进我市政务大数据应用发展的汇报》，并向市领导就推进北京市政务大数据应用建设的思路进行了汇报。组织召开了北京市各委办局政务大数据应用需求座谈会，并多次实地走访相关委办局及区县。基于市级政务大数据平台，在经济、交通、人口领域开展应用示范。与亚信、北航等单位开展合作研究，现已完成了市级政务大数据平台总体建设方案，并基于政务云搭建了市级政务大数据平台原型系统。

（市经济信息化委）

信息资源开发利用

【概述】年内，围绕“国家大数据战略”和“智慧北京”总体要求，扎实推进政务信息资源开发、利用、共享，完善政务地理空间信息共享服务平台、政务信息资源共享交换平台、法人基础数据共享工作，完成年度各重要信息系统运维，持续探索创新，稳步提升。

（市经济信息化委）

政务信息资源公开共享

【完成政务地理空间信息共享服务平台完善与运维】年内，北京市信息资源管理中心新增移动政务手机地图服务、多角度三维2.5DAPI服务，开始为国土移动查违、城管执法等工作提供对接服务。政务地理空间信息共享服务平台支撑57个政务部门的109个业务系统的在线共享应用，涉及城市应急指挥、国土房屋管理、工商管理、城市管理等重大应用；地理信息公众服务平台支撑48个地图子网站的建设和应用。

（北京市信息资源管理中心）

【完成政务信息资源共享交换平台运维工作】年内，北京市信息资源管理中心新增15个前置交换节点，升级26个前置交换节点。新增153项资源交换，完成已有1070项资源交换的运维工作；完成已对接的300

项信息资源的运维工作；开展20718.59万条数据的共享交换工作，累计交换量达873282.25万条。完成对共享交换节点目录、交换目录、交换流程的全面梳理，现有节点120个，交换资源1001类，交换流程1848个。完成共享交换平台管理系统兼容性封装。开展共享交换平台国产化和大数据探索。继续支撑市小客车比对信息的交换，进一步支撑住房限购审核信息的交换、高法案件执行工作、非北京户籍就业人员办理出入境证件审核信息的交换工作、低保申请审核信息共享、婚姻判决和登记信息共享。

（北京市信息资源管理中心）

【完成法人基础数据共享工作】年内，北京市信息资源管理中心新增科委、朝阳区等7家法人库使用申请，对科委、平谷区等申请通过后制订技术对接方案。为规划委、科委提供数据比对和查询接口服务，补全委产业经济数据库、补全委业务库；向顺义区、平谷区提供区法人数据交换；为国土局、中关村管委会、总工会提供法人库对接技术方案制订及接口对接服务。

（北京市信息资源管理中心）

【完成法人数据库运维工作】年内，北京市信息资源管理中心完成了法人对接管理系统合同签订、可研报告编制，完成项目系统建设，通过法人库查询接口和更新接口向一证通平台提供法人数据385497条，有效地支撑了平台运行。完成法人库日常运维工作，前后台每日巡检及故障排除，为前台系统用户开通账号以及账号管理等。

（北京市信息资源管理中心）

【推进人口基础信息共享工作】年内，继续推进人口基础信息共享工作。为政协提案“关于加快整合我国人口基础数据库的提案”的办理要求，全国政协委员邓小虹与国家网信办信息化发展局相关人员进行交流沟通，配合参加国家政协委员提案办理调研活动。配合市公安局与朝阳区的人口数据核实比对，支撑小客车调控、现购房信息审核、法院案件执行、非北京户籍就业人员办理出入境证件等相关业务中的人口数据共享交换。支撑社区人口数据为区县提供增量更新服务；6月起，为西城提供社区人口数据增量更新服务，每周更新一次。

（北京市信息资源管理中心）

政务信息资源开发利用

【推进全市共性支撑平台建设】年内，市经济信息化委不断加强信息基础设施的集约化管理，促进部门之间资源的共享利用，全力推进移动政务管理平台、共享交换体系等全市共性支撑平台建设工作。移动政务管理平台用户服务及应用功能不断完善，全年新接入单位8家，增加用户数量单位19家，共增加7953个终端号码，全市共接入29家委办局、12830个终端号码，有力地支撑了全市移动办公、移动执法等业务的开展。

（市经济信息化委）

【政务信息资源目录梳理】年内，为北京工业大学、市文化执法总队、北京市人大常委会、市农经办等单位提供目录梳理及应用服务支撑工作，协助相关单位完成试点处室的目录梳理、编目工具的迁移和升级等工作。完成《关于做好通过北京市政务数据资源网向社会开放政务数据资源相关工作的通知》及《北京市政务数据资源开放规范》，开展相关政策建议研究探讨。

（北京市信息资源管理中心）

【推动“互联网 +”行动计划】年内，市经济信息化委积极推动“互联网 + 政府服务”变革转型，推进政府网站建设，创新政务服务模式，推进政务数据统一开放工作，推进政府部门信息资源整合工作，积极落实“互联网 +”行动计划。

（市经济信息化委）

【完成多项网络建设任务】年内，市公共信息服务中心完成政务外网、政务内网、互联网、业务专网等各类网络接入及局域网和网络安全建设。其中，政务外网及互联网采用万兆双核心、千兆接入到桌面的组网架构；政务内网采用单核心、千兆接入到桌面的组网架构；业务专网采用利旧整合原样照搬的建设模式。

（北京市公共信息服务中心）

【新版管理平台升级改造完成】年内，北京市信息资源管理中心完成新版管理平台的升级改造，完成与市市政市容委等多家委办局和丰台区等区县开展移动应用需求调研及平台的对接交流。完成中国电信 4G 新业务平台割接，实现 3 家运营商 4G 业务的全部升级割接，为北京市更好开展移动办公、移动执法、移动应急和移动视频等业务奠定了基础。

（北京市信息资源管理中心）

【完成政务服务中心相关业务】年内，北京市信息资源管理中心根据领导指示，负责督办、协调相关单位加快项目落地及推进各项工作。完成《信息系统建设审批业务事项补充调查表》和《审批信息系统调查表》等文件的编制，协助筹备办面向 45 个市级政务部门开展业务需求调研，完成对“北京市政务服务中心审批业务平台统一行政审批管理平台需求规格说明书”等文件技术审核等工作。

（北京市信息资源管理中心）

【完成大数据研究及应用工作】年内，北京市信息资源管理中心研究起草了《关于积极稳妥推进我市政务大数据应用发展的汇报》并向市领导就推进北京市政务大数据应用建设的思路进行了汇报。组织召开北京市各委办局政务大数据应用需求座谈会，并多次实地走访相关委办局及区县。与市编办、中科院联合，已完成国外大数据机构和管理机制及北京市政府和区县信息化机构设置情况调研，形成了大数据环境下北京市政府信息化管理体制机制改革政策的建议。基于市级政务大数据平台，在经济、交通、人口领域开展应用示范。与亚信、北航等单位开展合作研究，完成了市级政务大数据平台总体建设方案，并基于政务云搭建了市级政务大数据平台原型系统。利用大数据技术，完成了北京城市人口“职住行”分析示范应用研究，为市编办疏解首都非核心功能相关工作提供参考，同时开展了京津冀地区汽车行业运行情况分析、北京市人员流动预警监控调度示范应用等工作。

（北京市信息资源管理中心）

政府门户网站与信息公开

【概述】年内，按照国办《2015 年政府信息公开工作要点》和《北京市 2015 年政府信息公开工作要点》要求，根据实际工作情况逐条对照，认真落实。尤其是针对京津冀协同发展、构建“高精尖”经济结构、行政权力清单和财政资金信息等重点公开领域，及时收集整理总体情况、亮点成绩和突出典型等材料，通过互联网网站、政府信息公开平台、新闻媒体、自媒体等多种形式，及时公开相关信息，回应社会关切。

（市经济信息化委）

政府门户网站

【中小企业“政策通”系列培训活动启动】1 月 4 日，中小企业公共服务平台举行培训活动，拉开中小企业“政策通”系列培训活动的序幕。活动邀请相关政府部门对本市支持中小企业融资政策以及产业结构调整政策、行政审批改革等相关政策措施进行深入解读，并对相关资金申报流程和操作实务进行了详细讲解。300 余家企业 430 余人参加。（中小企业“政策通”系列培训是市中小企业公共服务平台推出的重点公共服务活动之一，旨在通过邀请相关政府部门人员对中小企业政策进行深入解读，解决中小企业政策信息不对称、宣传不到位、落实不彻底等问题，并将制作培训视频课件，作为平台政策服务的一项重要内容加以推广。）

（市经济信息化委）

【第三批市级平台、基地工作座谈会召开】1 月 20 日，市经济信息化委在北京市中小企业公共服务平台召开了第三批市级认定的中小企业公共服务平台、小企业创业基地工作座谈会。会上，宣读了第三批市级平台、基地名单，向被认定的 20 家平台、8 家基地颁发了认定标牌；北京市中小企业公共服务平台运营服务机构工作人员介绍了服务平台网络架构及线上线下的服务功能；与会的平台基地运营单位参观了实体服务大厅；中小企业处介绍了国家及北京市支持中小企业公共服务平台、小企业创业基地建设有关政策，并要求各平台、基地运营单位要进一步履行服务承诺，完善各项管理制度、持续增强服务能力、提高服务水平，为中小企业提供优质的公共服务和生存发展空间，起到良好的示范和带动作用。

（市经济信息化委）

【工业和信息化部调研中小企业公共服务平台】3 月 6 日，工业和信息化部党组成员、副部长毛伟明调研北京市中小企业服务工作，并视察了北京市中小企业公共服务平台服务大厅，实地走访了中关村创业大街。他充分肯定了北京市中小企业公共服务平台建设工作及试运行期间所取得的初步成效，并对平台建设工作提出三点要求：一是要继续坚持“政府主导、市场化运作”的模式，增强平台活力和可持续发展能力；二是要进一步发挥首都服务资源优势和平台资源整合的作用，充分带动政府及社会化服务机构为中小企业提供专业服务；三是平台服务要以各产业聚集区、小企业创业基地为支撑，更加贴近小微企业。同时，希望中关村创业大街继续为创业者提供优质的创业土壤，起到更好的示范和带动作用，继续加强创业服务工作，为“大众创业、万众创新”提供更好的支持。

（市经济信息化委）

【市政府副秘书长调研中小企业公共服务平台】 3月13日，北京市政府副秘书长朱炎到北京市中小企业公共服务平台调研。朱炎参观了服务大厅，听取了服务平台的服务流程和建设情况，与现场办公的服务机构进行了交流，观看了线上服务平台的演示，对北京中小企业服务平台承担的社会责任以及所取得的成绩表示肯定，并对平台的建设和发展提出了四点要求：一是要把握好市场改革方向，整合北京丰富的服务资源，形成合力，为中小企业做好服务；二是处理好政府主导与市场运营之间的关系，找准二者之间的平衡点；三是要充分利用区位优势，为京津冀协同发展、服务资源共享、企业交流合作提供支撑；四是切实从企业的需求入手，不断探索创新服务模式，为企业提供便捷、优质的服务。

（市经济信息化委）

【北京市中小企业公共服务平台开通】 5月14日，北京市中小企业公共服务平台正式开通运营。中小企业公共服务平台是在工业和信息化部、财政部指导下，在市委、市政府的大力支持下，历经3年建设，于2014年底进入试运营阶段。该平台旨在构建社会优质服务资源充分整合、市区（县）两级联动、线上线下互为补充的立体化服务体系，成为北京市中小企业公共服务资源的总入口和总出口。中小企业司司长郑昕、财政部经济建设司处长王天昊、北京市政府副秘书长朱炎对北京市中小企业公共服务体系建设效果给予了充分肯定，并对平台的未来发展提出了期望。下一步，平台将进一步完善服务职能，努力成为创业、创新资源汇集的平台、“高精尖”企业加速发展的平台、京津冀及周边企业跨区合作的平台，为推动“大众创业、万众创新”提供更有力的支持。在政策服务方面，发布政策200余项，开展“政策通”系列培训35期、培训企业4000家，线上、线下解答企业政策咨询问题7000多项；在融资服务方面，引入银行、担保、创投、证券等各类金融服务机构40多家，通过集合信托、融资租赁、私募债等渠道为380多家企业融资55亿元；在场地服务方面，梳理适合于创业的场地空间10万平方米、开放实验室1万平方米，已帮助80多家企业找到满意的办公、生产、试验场所；在人才服务方面，举办定期的人才对接会、便捷的互联网人才分享方式，帮助56家企业快速找到人才。在平台聚集的企业已经达到1万家，市级枢纽平台直接服务企业900家以上，合作服务机构及窗口服务平台服务企业11.8万家。

（市经济信息化委）

【首个区县级中小企业公共服务平台开通】 5月22日，怀柔区中小企业公共服务平台正式开通运营。该平台是北京市中小企业公共服务平台“1+16+N”服务体系的重要组成部分，也是全市首个正式运营的区县级中小企业公共服务平台。平台采取线上服务系统和线下服务体系结合、有效互动的方式，通过聚集优质服务资源、打造特色服务、推广品牌服务活动等形式，为全区中小企业提供政策辅导、投融资服务、创业指导、人才服务、技术服务、管理咨询、信息服务、法律维权等8项专业的综合性一站式服务，为全市中小企业服务工作在区县的开展起到了重要的支撑作用。

（市经济信息化委）

【中小企业公共服务平台与北京联通公司签署战略合作协议】10月20日，北京市中小企业公共服务平台与北京联通公司签署战略合作框架协议。依据协议，双方将重点在中小企业信息化发展、移动互联网应用、云计算等领域开展深层次合作，深入推广现代信息技术试点示范企业。市经济信息化委委员任世强、北京国融工发投资咨询有限公司总经理孙志刚、中国联通集客事业部副总经理刘杰及北京联通公司副总经理王利等出席了签约仪式。会上，任世强指出，与北京联通的合作，将有效提升中小企业公共服务平台的信息化基础服务能力，从而更好地满足中小企业信息化的服务需求。同时，他还希望合作双方能以此为新的起点，整合、优化、提升对本市中小企业的公共服务，进而把握新的发展机遇。

（市经济信息化委）

【北京市网上政务服务大厅开厅】11月9日0时，北京市网上政务服务大厅（banshi.beijing.gov.cn）与北京市政务服务中心同步开厅，面向公众和法人提供涵盖行政许可、非行政许可以及服务事项在内的全面服务，实现一网预约、一网申报、一网查询的全流程网上办事体验。年内，北京市网上政务服务大厅整合了40家市级政府单位的700余项办事事项，按照线上线下（O2O）相融合的政务服务模式，通过网上大厅、微信、短信等多种渠道，为办事人提供了查看办事指南、网上预约、网上申报、办理进度查询、网上咨询、建议、投诉等一条龙的政务服务。

（市经济信息化委）

【首都之窗获省级政府网站绩效评估第一名】12月9日，由中国软件评测中心主办的“第十四届（2015）中国政府网站绩效评估结果发布暨创新发展论坛”在北京召开，大会发布了第十四届（2015）中国政府网站绩效评估结果，北京市政务门户网站首都之窗获得省级政府网站绩效评估第一名。从评估情况来看，首都之窗门户网站在网站健康度、互动交流、新媒体应用等单项成绩位列省市第一，信息公开成绩位列第二。另外，北京市大兴区、西城区分列全国区县政府网站第五名、第七名。至此，首都之窗门户网站已经连续9年在该项绩效评估中获得省级政府网站第一名。

（市经济信息化委）

【推进三大门户网站建设】年内，市经济信息化委开创多种创新模式提升信息化对民生保障的支撑服务能力，深入推进信息惠民、信息兴业相关工作。首都之窗创新网站内容，优化整合政府服务相关信息，流量稳步提升，其中页面浏览量超1.34亿，访问人次逾4524万，访问者人数约1745万，整体发展呈递增趋势，同期对比涨幅约30%，网站服务逐步实现用户访问增量固定化、高质量内容保障常态化。北京网完成新版开发工作，推进整合多元社会化服务信息，本年度北京网日访问者IP增长2%以上，有效页面浏览量PV提高2%以上，与市园林绿化局、市文物局、市公园管理中心等委办局合作共建了8个服务和专题。北京市政务数据资源网完成改版，重新优化网站功能，部署网页防篡改系统，提升网站的实用性和安全性，全年共开展技术运维51次，每日进行内容巡检工作，全年网站运行安全无事故，有效推进政府数据开放及政务信息资源开发利用。

（市经济信息化委）

【开展中小企业公共服务平台认定工作】年内，市经济信息化委开展了第四批北京市中小企业公共服务平台、小企业创业基地认定工作。经公开征集、单位申报、区县推荐、定量评价、专家评审、委办公会审议等环节，最终认定市级中小企业公共服务平台4家，年服务企业689家；认定市级小企业创业基地5家，建筑面积9.97万平方米，入驻企业497家。截至第四批认定完成，市级中小企业公共服务平台数量达到63家、小企业创业基地53家。对于不符合首都功能定位、产业方向进入限制和淘汰目录的小企业创业基地不再进行支持。

（市经济信息化委）

【宽带数字集群技术可行性研究】年内，北京市政务网络管理中心负责“北京2022年冬季奥林匹克运动会申办委员会数字集群专网保障技术发展研究和展示”项目，编写《2022冬季奥运数字集群通信保障技术发展研究报告》，并利用中环演示试验平台搭建演示试验系统，进行宽带集群演示，验证了宽带数字集群技术在2022年冬奥会举办期间使用的可行性，为冬奥申办报告和国际奥委会的评估考察提供了技术支撑。

（北京市政务网络管理中心）

【互联网带宽审核工作完成】年内，北京市政务网络管理中心完成了2014年用户互联网带宽补充审核工作，涉及链路32条、带宽1374M；完成2016年互联网带宽集中审核工作，共审核链路97条、带宽5530M。

（北京市政务网络管理中心）

【完成公务员门户服务与运维】年内，公务员门户扩展用户已达4.7万余人。门户工作日日均访问量达14万次，资源总访问量达3391万余次，门户首页总访问量达96万余次。支撑委办局和区县单位发送业务短信共380余万条，发送网络传真共5.8万余封，即时通信共有443名用户激活使用。推出“聚焦北京两会”等专栏及“2015全国两会”等专题服务。完成网络传真客户端版升级改造和Web版建设上线，并与统一认证通讯录功能整合优化；面向个人用户正式推出上线；完成门户主应用部署整体迁移至政务云相关工作。完成移动短信专线的接入及新版短信平台的整体开发。完成与首都之窗互联网域短信平台的业务管理交接。继续开展外采资源建设与推广。配合市国土局内网政务门户建设，市世园局政务协同办公门户及OA系统建设，配合市地税局、市经济信息化委应急中心、石景山区进行短信平台对接，支撑了各单位短信业务。

（北京市信息资源管理中心）

政府信息公开

【主动公开工作信息】 截至11月底，在首都之窗政府信息公开平台上共主动公开信息281条，其中机构职能类15条、法规文件类10条、规划计划类2条、业务动态类254条。全年预计主动公开信息310条，与上年基本持平。对信息公开目录进行了规范，网页版信息公开申请已正式上线。

（市经济信息化委）

【答复信息公开申请】 年内，接受政府信息公开相关电话咨询80人次，涉及京津冀协同发展、污染治理等多项公众关注的问题。受理信息公开申请5件，均已依照程序按时有效答复申请人，其中公开3件、不予公开2件。

（市经济信息化委）

【推进政府信息公开工作】 年内，市经济信息化委依据《北京市信息公开管理规定》，全力保障信息公开工作有序运转，促进可公开数不断增长，全年新增主动公开信息19.51万条，通过系统向北京市政府信息公开大厅、首都图书馆和市档案馆正式移送信息534条，依申请公开政府信息受理23465件，推动北京市政府信息公开工作稳步进行。

（市经济信息化委）

电子政务运维

【概述】 年内，完成北京国际田联世锦赛和中国人民抗日战争暨世界反法西斯战争胜利70周年纪念活动期间保障工作支撑、冬奥申委开展申办2022年冬奥会和数字集群通信保障研究工作。完成六里桥北京市行政服务中心政务网络连接，保障业务如期开通。完成物联专网试验验收工作。完成全年电子政务网络（含政务外网、金财网、可信网和传输网）的网络拆改迁建和运维保障工作，根据年内基站建设计划，稳步推进物联专网建设工作。进行医保网核心和汇聚设备的改造，提高了医保网的可靠性和容量。完成中环政府数据中心网络汇聚交换机和出口防火墙的升级改造工程。

（市经济信息化委）

电子政务工作推进

【两项信息化问题建议获得批示】 2月，北京市信息化专家委秘书处组织向北京市领导上报了《切实转变为信息化思维促进“十三五”信息化和产业健康发展——2014年北京市信息化专家咨询委员会高峰论坛专家观点》，先后得到北京市市长王安顺，副市长李士祥、苟仲文、张工等领导的重要批示。王安顺批示："请士祥、仲文、张工同志阅，请伯旭、傲霜、郭洪同志研。"北京市政府督查室将该建议稿作为督查事项，要求市经济信息化委会同科委、中关村管委会认真研究，并将落实情况报送市政府。10月，由市信息化专家委主任周宏仁牵头撰写并上报市领导的《关于发挥政府数据开放引领效应促进北京数据产业快速发展的建议》政策建议稿，获主管全市信息化工作的副市长隋振江的批示："请市经济信息化委认真研究提出可行且持续的政府数据开放方案，促进我市大数据产业走在前列，城市服务水平不断提高。"

（北京市信息化项目评审中心）

【智慧北京促进联盟成立】7月8日，智慧北京促进联盟成立大会在翠宫饭店举行。智慧北京促进联盟是在市经济信息化委、中关村管委会的指导下，由太极计算机、神州数码、北京软交所等12家致力于智慧城市建设与发展的企业联合发起的社会组织。市经济信息化委副主任童腾飞介绍了《智慧北京行动纲要》发布以来北京市智慧城市建设所取得的成绩，分析了当前北京市智慧城市建设中存在的不足，对联盟工作提出了三点要求：一是要突出重点，有所不为；二是要服务导向，力求实效；三是要循序渐进，兼收并蓄。

（市经济信息化委）

【北京市获智慧城市奖】11月17日，国家信息中心和国际数据集团（IDG）在深圳会展中心高交会智慧城市专馆举办了"2015亚太智慧城市发展高峰论坛"，并于当晚举行了亚太领军智慧城市颁奖典礼。颁奖典礼上，颁发了中国领军智慧城市、领军智慧城市解决方案提供商、智慧城市创新奖、智慧城市单项奖、亚太区领军智慧城市顶层设计奖、亚太区领军智慧城市等重量级奖项。其中，北京市获得"2015年中国领军智慧城市"奖和"2015年亚太区领军智慧城市"奖。

（市经济信息化委）

【市政务数据资源网获评"互联网+政务"优秀实践案例50强】11月26日，在由中国社会科学院信息化研究中心和国脉智慧城市研究中心联合主办的"2015中国智慧城市发展年会"上，北京市政务数据资源网被评为2015中国"互联网+政务"优秀实践案例50强。本次会议共有相关领域专家，国家部委、省市、区县政府代表，相关企业及业界主流媒体约300人参会，会上发布了2015年中国电子政务优秀工作者、中国政府网站绩效评估、中国"互联网+政务"最佳实践评选结果并举行了颁奖仪式。

（市经济信息化委）

【800兆无线政务网建设】年内，继续加强无线政务网建设，完成20个直放站安装，开通了12个；完成106个基站安装，开通了90个，其中包括7个应急车移动基站。无线政务网在网使用8套交换机、322套地面基站、125套地铁内基站、11套移动基站、276套室内分布系统。相比2014年底，地面基站数量增长9.89%，室内分布系统数量增长5.75%。全网基站及其传输线路可用率≥99.99%，单台交换机可用率≥99.999%，全网直放站、室分系统及其传输线路可用率≥99.95%。截至10月31日，主要新增市公安局、市城管执法局等26家单位的5376部终端的入

网，完成了市活动办、市交通委 11 家单位的 2202 部终端业务变更工作。无线政务网在网用户数量总计 103116 户，其中政府用户 98399 户、商业用户 4717 户，总体同比增长 4.5%。完成了用户综合管理系统的开发并上线运行，可以统计用户使用情况。

（北京市政务网络管理中心）

【电子政务网络拆改迁建和运维保障工作完成】年内，完成全年电子政务网络（含政务外网、金财网、可信网和传输网）的网络拆改迁建和运维保障工作，涉及 4 个网络所在的 4 个核心节点、34 个汇聚节点和国家政务外网北京节点，及政务光缆 2804.887 公里。依托于北京市电子政务网络承载的业务虚拟专网 136 套，接入用户累计 9298 家，其中市级平台接入单位 2172 家。其中，政务内网上的虚拟专网 11 套，共接入单位 736 家，网络支撑了市机要系统、市委市政府机关业务办公、组工网等系统的运行；政务外网上横向业务系统 17 套，共接入单位 2526 家；政务外网纵向虚拟专网 88 套，共接入单位 3188 家；政务外网拨号接入单位 1710 家，服务于 16 套业务系统；可信网纵向业务 2 套，接入用户 19 家；金财网接入用户 1043 家；应急视频会议业务接入用户 76 家。此外，全年完成 17 个社区服务中心的线路资源整合工作，并全力支撑了北京市政务云和政务互联网云的推广工作，积极参与电子政务云平台的子电子政务云平台（含安全交换区）专项任务 6 项。实施了政务光缆架空线入地改造工作，完成架空线入地 7 处，提升网络可靠性。

（北京市政务网络管理中心）

【中环政府数据中心网络升级改造完成】年内，北京市政务网络管理中心完成了中环政府数据中心网络汇聚交换机和出口防火墙的升级改造工程，提升了机房基础硬件环境的安全可靠性和中环政府数据中心的整体交换容量，满足了中环各委办局政务网和互联网应用的未来 3~5 年的业务发展需求。

（北京市政务网络管理中心）

【DATA 网站建设完成】年内，北京市信息资源管理中心对 DATA 网站功能进行升级完善和安全加固等工作，部署网页防篡改系统，对网站页面进行可用性监控和访问监控，并通过运维审计、数据库审计和安全隐患分析，提升了网站的实用性和安全性，确保网站全年运行安全无事故。社会对 DATA 网站的关注程度日益提高，社会企业和个人已利用 DATA 网站中的数据开发了逛逛博物馆、交通英雄、上善若水、城市交通数据服务空间、随心停等 15 个 App 应用。DATA 网站被中国社会科学院信息化研究中心评为“2015 中国‘互联网 + 政务’优秀实践案例 50 强”。

（北京市信息资源管理中心）

【保障重大项目和重点任务评审】年内，为确保市政务服务中心、市政府实事、抗战胜利 70 周年相关活动、维稳处突、京津冀一体化和其他重点工作的落实，北京市信息化项目评审中心与项目申报单位积极沟通，加强规划引导和前期服务，按时完成了北京市政务服务中心业务信息系统、北京市第一次地理国情普查采集与应用系统建设项目、北京公交集团重点区域公交中途站安防监控系统建设项目、北京公交集团场站安防监控系统建设项目、2015 年北京地税金税三期工程基础环境升级改造项目、京津冀交通一卡通互联互通北京一期工程、中华世纪坛艺术馆观众信息化服务及管理系统建设项目等50多个重大信息化项目的评审。

（北京市信息化项目评审中心）

【完成网上政务服务大厅建设】年内，北京市积极打造政务资源共享的新平台，提供公众服务的新途径，辅助领导决策的新手段。市经济信息化委全力配合市政务服务中心建设工作，在时间紧、任务重的情况下，全年共组织开展全部15个系统的业务需求分析、功能需求分析、栏目架构设计、页面策划、页面设计、业务逻辑设计、系统测试及部署、系统验收及上线等工作，组织编制网上政务服务建设标准规范，完成40家入驻委办局700余项事项的资源梳理和分类整理工作，完成网上政务服务大厅、微信服务号与实体大厅同步上线试运行，圆满完成网上政务服务大厅建设工作。

（市经济信息化委）

【政务云建设初步完成】年内，市经济信息化委进一步深化在信息化工作中集约统筹的总体要求，统一布局，推动政府购买服务，变革传统IT模式，支撑北京市电子政务发展创新。市级政务云平台招标工作顺利完成，选定太极计算机股份有限公司、北京金山云网络技术有限公司作为云服务商，负责搭建云平台并提供政务云资源租用等服务，两家公司为竞合关系；选定北京安信天行科技有限公司作为云平台安全监管服务商，开展政务云需求调研工作，确立组织分工、管理办法、工作机制和标准规范等内容，政务云完成初步搭建，具备初步提供云服务的能力。

（市经济信息化委）

【开展全市政务云建设试点工作】年内，北京市信息资源管理中心开展政务云试点，在政务外网及互联网云上部署公务员门户及DATA资源网站，包括虚拟机34台、物理服务器2台，共分配存储资源13TB，CPU平均使用率为10%~50%，内存平均使用率为20%~60%，存储资源使用率为70%，备份空间使用率为70%。

（北京市信息资源管理中心）

【推进自主产品的应用】年内，北京市信息化项目评审中心积极推进国产和京产自主产品在电子政务中的应用，促进产业发展；已审查通过的项目中，安全软件与证书的国产化比例达到100%；交换机、路由器、防火墙、PC服务器等网络安全设备的国产化比例达到95%以上，其他国产自主创新产品应用也大幅增加。

（北京市信息化项目评审中心）

【开展信息化新技术、新产品走访调研】年内，北京市信息化项目评审中心根据业务需要，赴北京市计算中心、新云东方、利亚德、北京CA、北京安防协会、北京计算中心等单位进行专题调研，并邀请华为、长城所、华三等单位到中心开展专题技术培训及相关产品的交流，深入了解本地企业的新产品、解决方案及服务优势，积极宣贯相关政策，促进相关产品和解决方案的应用。

（北京市信息化项目评审中心）

【提升项目评审工作效率和服务水平】年内，北京市信息化项目评审中心按照在项目评审时限内完成评审工作的有关要求，进一步优化中心内部的评审工作流程，完善了涉密项目评审工作机制，建立了临近评审时限项目的邮件提醒、例会督促等机制。

通过上门服务、集中沟通、加快第一次意见反馈等多种措施，提高项目评审效率，提升项目申报单位的服务感受。对市规划委、市食药监局、市城管执法局等项目集中申报的市级部门进行集中沟通和上门服务，指导相关单位开展项目统筹、申报等工作，及时沟通解决项目技术方案存在的问题。先后到市旅游委、市地税局、市规划委等20多家单位进行走访，累计开展专题培训、上门服务和集中沟通50余次，现场沟通讨论、电话沟通等各种形式沟通交流数百次，指导相关单位落实统筹、集约、共享、安全、国产化等要求，及时沟通解决项目申报材料中存在的问题，提升评审服务水平。

（北京市信息化项目评审中心）

【完成7个课题的公开比选工作】年内，北京市信息化专家委课题研究工作按市经济信息化委预算管理要求，分两批先后组织21家相关单位完成了7个课题的公开比选，并围绕大数据、自主安全可控、医疗信息互联互通、网上公共服务评估、PPP模式、平台经济等方面开展相关工作。先后组织专家和课题组赴北京卫计委、河北卫计委、天津卫计委、朝阳医院、燕达医院等进行区域医疗信息互联互通现状调研；赴海淀区、市委机要局、中关村管委会、中国电子集团、神州数码等地调研自主安全可控信息化产品情况；赴北京计算中心调研平台经济相关情况；赴阿里巴巴调研大数据和云计算应用和建设情况。

（北京市信息化项目评审中心）

【61个重大项目专家评审工作完成】年内，利用专家资源，北京市信息化专家委组织完成了61个重大项目的专家评审工作，涉及项目总金额约23.3亿元，9个重大项目和10个事项的咨询工作，参与专家总计341人次，充分发挥专家在北京市信息化工作中的智囊作用。

（北京市信息化项目评审中心）

政府部门信息化建设

北京市财政局

【概述】年内，北京市财政局认真贯彻财政管理科学化、规范化、信息化的总要求，坚持创新和主动服务，加强制度建设及信息安全管理。一是加强信息化制度建设，健全信息化制度体系。二是利用信息化手段，加强转移支付资金的动态监控。三是完善非税收入收缴征收管理系统，助力非税收入改革。四是基于北京财政综合数据中心现有的建设成果，持续建立健全服务于政府决策的大数据分析应用体系。五是根据财政业务改革要求，开展了财政应用支撑平台升级改造项目的建设。六是不断改进信息化运维保障方式，提高整体运维工作效率和服务能力。七是强化信息系统安全保障，提升信息安全应急处置能力和安全防护能力，建立信息安全绩效考核机制，提高财政信息系统和财政网站的安全管理水平。

（北京市财政局）

【完善信息化管理制度体系建设】年内，北京市财政局建立健全了信息化管理制度体系，用制度指导信息化建设及管理工作。根据信息处（信息中心）管理的信息化项目数量多、采购环节多、对外打交道多的自身特点，建立了《北京市财政局信息化项目采购管理工作规程》和《北京市财政局信息化项目验收管理办法》，使项目采购和实施过程实现了全程监督检查。另外，还相继制定了《北京市财政局信息处（信息中心）廉政守则12条》《北京市财政局网络安全及安全设备安全管理规范》《北京市财政局基础设施运维主动服务规范》《北京市财政局核心业务系统运维服务规范》等多项制度，不断加强廉政风险、信息安全和运维操作重点的管控，切实提高工作的规范性。

（北京市财政局）

【加强转移支付资金的动态监控】年内，北京市财政局推动预算执行动态监控系统建设，借助上下贯通工作，依托应用支撑平台和动态监控系统等信息化系统，实现了对财政转移支付资金从中央到市级，再到区级财政的全面实时监管。根据局领导推进乡镇国库集中支付改革，实现市对区县转移支付资金使用情况的全程监控要求，已初步实现市对区县转移支付数据的下达和上传，已初步完成转移支付上下贯通任务。同时，按照预算执行监控业务需求，完成了新的预警规则的制定和录入，优化并完善了监控业务流转的工作流及功能。系统通过整合财政各类支出数据，运用大数据的理念，实时、智能预警，准确、全面反映财政资金支付情况，及时发现纠正预算执行中不规范行为，从而实现对财政资金的更有效监管，硬化预算约束，强化对财政资金支付全程的动态监控，实现财政监督管理的关口前移，确保财政资金的安全完整和高效使用，保证预算执行的规范化、合理化、科学化。

（北京市财政局）

【完善非税收入收缴征收管理系统】年内，北京市财政局通过对非税收入收缴征收管理系统的升级改造，通过完善POS刷卡、电子票据应用、非税政策库、移动执收、法院收入管理和查询报表、数据传输、运行性能优化等工作，为非税收入改革创造了条件。年内，政策库管理模块、POS刷卡和性能优化等业务需求已开发完成并正式上线运行。通过非税收入收缴征收管理系统的建设，已实现了对非税收入的电子化管理，为财政电子票据的实现打下了坚实基础。

（北京市财政局）

【推进北京财政综合数据中心建设】年内，北京市财政局基于北京财政综合数据中心现有的建设成果，持续建立健全服务于政府决策的大数据分析应用体系，对拓展财政管理工作深度和广度、促进跨部门业务及数据信息的深度融合均发挥了积极作用，为服务全市改革发展提供了有力支撑。一是继续完善数据中心功能：持续完善财政收入运行分析体系、建立财政支出动态监控等运行分析体系、逐步实现收入分析与支出分析的“两翼齐飞”；建立公交补贴模型，为地面公交补贴机制改革提供数据支撑等。二是进一步优化北京财政综合数据中心的技术架构，提升决策支持的能力和水平。三是开展利用大数据技术支撑财税改革的研究调研，进行大数据时代财政数据的应用场景展望。

（北京市财政局）

【财政应用支撑平台升级改造项目建设】年内，北京市财政局根据财政业务改革要求，逐步完善财政应用支撑平台相关功能：新增国库现金管理模块、基础数据共享平台（将财政业务常用的基础数据向主要业务系统进行数据同步，保证主要业务系统的财政基础数据符合统一标准）和银行账户管理模块；完善集中支付模块（将教育经费纳入集中支付管理）和总会计模块（工资自动化、收入调库自动化）。同时通过对预算编制系统和指标管理系统业务流程和工作步骤的进一步梳理，完善了核心业务系统间的数据衔接。对预算提前告知业务、年初预拨批复业务、年底对账和结转业务、年初批复业务等阶段性重点工作前台化进行改造。

（北京市财政局）

【加强运维服务管理】年内，北京市财政局改进信息化运维保障方式，提高整体运维工作效率和服务能力。一是在基础设施管理方面，建立《基础设施运维主动服务规范》，规范技术设施运维服务，提升运维响应能力及服务水平。全面梳理并解决现存问题，优化设备使用配置，科学合理地进行机房精密空调购置、拆改安装，降低了基础设施故障时间，提高了业务系统可用性。二是从加强问题管理、完善系统功能、规范运维操作的角度出发，完善了《IT 服务热线支持组管理章程》，建立电话及服务问题跟踪和整理工作机制，及时发现系统功能和性能缺陷，完善并更新运维知识库；加强核心业务运维规范化管理，梳理运维流程和工作步骤，初步形成《核心业务系统运维工作手册》。三是持续优化运维流程，增强运维服务能力建设。在重点工作（预算编制、预拨、对账、批复）业务高峰期提前做好相应预案，形成保障机制，配备相关服务资源，做好业务高峰期热线服务人员、运维支撑人员和应急保障人员的及时到位和工作协同，使信息化服务满意度不断提高。与 2014 年比，受理的投诉率降低 30%。年内共保障支付业务 72.4 万笔，非税收入 29.7 万笔，保障了财政业务的顺利执行。四是提升运维团队能力，信息处（信息中心）组织运维服务商开展 ITIL、ITSS 运维管理知识培训，增强运维服务商服务意识，提高运维服务工程师整体素质，有效地提升运维服务管理水平。

（北京市财政局）

【信息化安全保障工作】年内，北京市财政局强化信息安全。一是做好信息系统安全保障工作。信息处（信息中心）加强财政系统安全等级保护建设，完成 12 个定级系统（10 个三级、2 个二级）的安全等保测评工作，均符合等保三级和二级要求。12 月，信息处（信息中心）完成部门决算管理系统和北京市政府性债务管理系统信息安全等级保护定级工作，确定两个系统等保级别均为等保三级。二是组织开展重要信息系统灾备数据验证及外网系统应急演练工作。信息处（信息中心）对备份在北京市信息安全容灾备份中心的备份数据进行了验证，并对部署在政务“云平台”的政府采购系统、企业服务网系统、会计网系统开展了攻防应急演练。三是完善信息安全管理制度。制定了《北京财政网站挂马专项应急预案》和《北京财政网站网页篡改专项应急预案》，进一步提高了外网网站安全防护水平，增强了应对信息安全事件的处置能力。四是创办《北京财政信息安全情况通报》。通过创办《北京财政信息安全情况通报》，丰富了安全知识宣传方式，强化了工作人员的安全意识，提升了北京财政信息系统整体防护能力。五是加强安全培训工作。信息处（信息中心）举办了信息安全制度和等级保护常见问题解决培训班，并带领信息安全员、区县财政局信息中心骨干人员和运维服务商参观北京360实验室和“4·29”首都网络与信息安全博览会。六是全力保障信息系统在北京世界田径锦标赛和纪念中国人民抗日战争暨世界反法西斯战争胜利70周年活动期间安全运行。

（北京市财政局）

北京市档案局

【概述】年内，北京市档案局（馆）围绕市委、市政府中心工作，按照北京市“十二五”时期档案信息化发展规划要求，以数字档案馆建设为核心，以档案数字资源建设为重点，稳步推进数字档案馆和新馆智能化建设，加强全市档案信息化工作统筹规划和监督指导。

（袁焕磊）

【完成电子档案接收试点工作】2月，完成北京市审计局和北京粮食集团有限责任公司两个试点单位的文书类电子档案接收工作。接收北京市审计局文书类电子档案74件、北京粮食集团有限责任公司文书类电子档案115件。

（袁焕磊）

【法人网上统一认证系统上线】2月，法人网上统一认证系统实现与市级平台的对接，开始投入使用。

（袁焕磊）

【北京数字档案馆建设项目启动】3月31日，北京数字档案馆（电子文件中心）建设项目启动会召开。项目进入全面实施阶段。

（袁焕磊）

【为“第七届档案馆日”提供开放数据】6月9日，完成为“第七届档案馆日”提供文件级开放档案原文查阅服务工作，开放档案目录数据2.6万条、原文数据53万页。

（袁焕磊）

【全市党的文献编辑和档案编研成果目录实现网上共享】6月9日，在北京市档案信息网上，公布全市党的文献编辑和档案编研成果目录957项、全市档案工作编研成果目录71项。

（袁焕磊）

【档案接收进馆】6月17日，亚洲相互协作与信任措施会议（简称亚信会议）首次年会北京市服务保障工作领导小组档案接收进馆。其中，接收数码照片档案185张、音视频光盘档案2张。这批档案翔实记录了北京市服务保障工作的全过程。12月，

2022年冬奥会申办委员会首批档案接收进馆,其中接收数码照片档案1329张。12月，亚洲太平洋经济合作组织（简称APEC）会议筹备办形成的各类档案接收进馆。其中，接收数码照片3668张、音视频及电子文件共71张光盘、高清录像带1盘。12月，抗战胜利70周年北京市纪念活动档案接收进馆。其中，接收数码照片档案470张、音视频光盘档案35张。

（袁焕磊）

【档案数据第二轮异地备份工作完成】 11月4日，制作完成第二轮档案异地数据备份，把市、区两级档案备份第二批数据安全运抵陕西省档案馆，同时将第一批备份的数据带回市馆。此次备份的数据包括105盘磁带、26块硬盘，总容量达121TB，数据量比第一批增加了1.25倍。

（袁焕磊）

【为“国家开放档案信息资源共享利用系统”平台提供数据】 12月15日，为“国家开放档案信息资源共享利用系统”平台提供20627件民国开放档案文件级目录和原文数据，这是继2013年、2014年之后第三次为该平台提供数据。

（袁焕磊）

【3项国家档案局科技计划项目完成】 年内，完成3项对数字档案馆建设有重大意义的国家档案局科技计划项目。一是“北京市电子档案全程管理对策研究”课题首次面向全市开展电子文件和电子档案管理情况调研，全面调查了全市172家党政机关、群团组织、国有企事业单位，提出了电子文件和电子档案全程管理工作方案。二是“电子文件归档范围和保管期限表编制研究”课题提出了电子文件归档范围一体化设计思路，提出以信息系统为单位入手梳理电子文件归档范围。三是“电子文件元数据分类与方案设计对策研究”课题提出了电子文件和电子档案元数据两分法，结合北京数字档案馆（北京电子文件中心）建设实际，提出了对象元数据和事件元数据的核心功用和管理原则。

（袁焕磊）

【推进档案信息安全机制】 年内，组织16家区档案局（馆）开展档案信息系统和档案网站安全检查工作。建立16家区档案局（馆）网络与信息安全通报机制，明确了档案信息安全联系人和月报制度，形成了档案信息安全通报的长效机制。

（袁焕磊）

【全市加密视频会议系统使用】 年内，全市加密视频会议系统经过3个月的试运行，完成了系统项目验收，开始投入使用。

（袁焕磊）

【口述档案的采集工作取得新成果】 年内，完成了10位非遗大师口述档案的采集工作，形成视频素材2000余分钟。

（袁焕磊）

【馆藏电影胶片档案数字化率达到100%】 年内，完成对馆藏电影胶片档案抢救保护工作，将剩余153盘电影胶片数字化，达到馆藏电影胶片档案352盘全部实现数字化。

（袁焕磊）

【档案数字资源库基础建设】 截至年底，市和区档案馆完成传统载体档案数字副本容量达到554.5TB，其中纸质数字副本总量共22298.2975万页，169417.9GB。纸质档案数字副本整体数字化率达到83%。照片档案数字副本总量36.2129万张，3111.36GB。照片档案数字副本整体数字化率达到

76%。录音档案数字副本总量4201.05小时，3363.06GB。录音档案数字副本整体数字化率达到57%。录像档案数字副本总量4125.51小时，253976.4GB。录像档案数字副本整体数字化率达到59%。其他档案数字副本总量124598.3GB。市档案馆完成纸质档案数字副本共7254万页，容量59509GB，完成数字化率达到100%；照片档案数字副本107860张，容量1637.2GB，完成数字化率达到100%；录音档案数字副本3540小时，容量2478GB，完成数字化率达到100%；录像档案数字副本2091小时，容量250000GB，完成数字化率达到27%。区档案馆完成纸质档案数字副本共150442975页，容量109908.9GB，完成数字化率达到77%；照片档案数字副本254269张，容量1474.16GB，完成数字化率达到70%；录音档案数字副本661.05小时，容量885.06GB，完成数字化率达到51%；录像档案数字副本2034.51小时，容量3976.4GB，完成数字化率达到58%。机读目录方面，案卷级机读目录共423.3894万条，文件级机读目录共3434.7305万条，总数据量为269.01GB。其中，市馆案卷级机读目录共136.339万条，文件级机读目录共977.0928万条，总数据量为49GB。区馆案卷级机读目录共287.0504万条，文件级机读目录共2457.6377万条，总数据量为220.01GB。完成“十二五”档案信息化发展规划中，市档案馆馆藏纸质档案数字化率达到100%，区档案馆馆藏纸质档案数字化率达到50%以上的工作任务。

（袁焕磊）

北京市地质矿产勘查开发局

【概述】4月20日，经北京市机构编制委员会“京编办事〔2015〕47号”文批准，北京市地勘局信息中心正式成立。信息中心为地勘局所属正处级财政补助事业单位，纳入公益一类，主要职责是：承担本局机关信息化方面的建设、管理和技术保障工作；承担有关信息的统计、收集、整理、利用工作；承担《城市地质》的编辑、出版、发行工作。核定北京市地勘局信息中心事业编制25名。

（李佳）

北京市高级人民法院

【概述】年内，北京市高级人民法院以最高法院“天平工程”为依托，以大数据、云技术为支撑，全面提高北京法院信息化建设、应用和管理能力。全年制定下发《北京市法院信息机房升级指导意见》《北京市法院诉讼服务中心信息化建设规划》《北京市高级人民法院云平台管理规范》等9项制度规范。信息系统覆盖全市三级法院（包括67个人民法庭），实现“全流程、全业务”管理。上线包括诉讼服务自助终端、数据可视化平台、“我的2015”等在内的26个系统。完成四中院、知产法院弱电和信息化建设，高院视频监控系统升级等8项重点基础设施建设。“人民法院数据分析平台”每日更新数据准确率达100%，位居全国法院前列。完成高级法院安全等级保护三级建设工作，指导全市法院开展信息系统安全等级保护三级建设，已有5家法院通过测评，15家法院正在或已完成建设整改。发布《法院信息化运维技术白皮书》，创新数据运维管理机制，并通过工业和信息化部信息技术（ITSS）服务标准认证，成为全国首家通过该认证标准的国家机关。

（叶欣）

【工作务虚会召开】 1月7日，市高级法院召开工作务虚会，研究、谋划2015年度信息化工作总体思路和工作任务。会议确定了2015年信息化工作的思路是：以最高法院“天平工程”为依托，根据第二次人民法院信息化工作会议精神，紧紧围绕高院党组的决策部署，开拓思路、恪尽职守，以大数据、云技术为支撑，全面提高北京法院信息化应用、管理和服务能力，为实现北京法院审判体系和审判能力现代化提供强有力的信息化支撑。三项工作任务为：一是紧紧围绕国家司法体制改革和2020年前党政机关安全系统应用（国产化），做好前瞻性调研工作，探索建立支持和适应司法体制改革和国产化需要的北京法院信息化建设模式。二是紧紧围绕审判能力和审判体系现代化这一要求，以云技术为支撑，以大数据服务为目标，做好“三个服务”。三是紧紧围绕法院内外及时数据运维的需要，以ITSS为指导，做好运维工作的可视化管理，全面提升全市法院信息化运维的专业化水平。提出了加强组织领导、加强制度建设、加强调研指导等三项工作措施。会议明确了各项工作任务的负责人和工作时间表，为做好2015年信息化工作奠定了坚实基础。

（叶欣）

【参观市高级法院执行指挥中心】 1月21日，全市各中级人民法院信息化主管院长和基层法院院长参观了市高级法院执行指挥中心。市高院党组成员、副院长孟祥主持座谈会并指出，北京法院顺利完成最高法院下达的执行指挥中心建设试点任务，基本建成现代化的执行办案和指挥管理体系，以执行流程重塑为主要特征的“北京模式”已被最高法院确定为人民法院执行信息化建设的基本模式和典范，下一步将在全国法院予以推广。会议要求全市法院要积极采取措施，努力克服长期以来执行队伍人员构成复杂、知识结构不合理等问题导致的计算机、网络信息技术应用上的困难，加快新系统的使用，努力提高执行信息化应用水平。

（叶欣）

【执行案件流程信息管理系统建设工作研讨会召开】 2月9—10日，最高法院执行局在北京高院执行指挥中心召开现场会，专题研讨执行案件流程信息管理系统建设工作。最高法院审委会专职委员、执行局局长刘贵祥出席会议，最高法院执行局、信息中心部门的领导和部分人员，以及10省信息技术部门负责人参加会议。与会人员参观了北京高院执行指挥中心，观摩了北京法院执行信息化建设成果，听取了执行指挥中心建设情况汇报。与会的各地高院就相关建设思路、存在的困难等问题进行了交流，并对最高法院起草的《全国法院执行案件流程节点管理需求方案》进行了讨论。

（叶欣）

【高清数字法庭建设工作】 4月15日，市高级法院党组书记、院长慕平在高清数字法庭建设工作的报告上做出重要批示："数字法庭建设完成标志北京法院信息化又向前跨越一步。希望做到建好、管好、用好，可由新闻办、审管办出台一个使用意见。"市高院党组成员、副院长孟祥要求信息技术处召开处务会传达批示精神，研究贯彻落实慕平院长批示精神具体举措，并就进一步做好信息化工作提出了具体要求：一是按照《北京市高级人民法院2015年重点工作任务分解》和《市高级法院信息技术处2015年信息技术工作分解》的工作计划，梳理各项工作任务进展情况，确保按时按质按量完成任务。同时，加强视频应用平台等应用系统培训，尽快将信息化建设成果落实到使用中。二是加强业务知识学习，以每周一次业务学习为契机，及时总结经验，将信息化发展的新理念、新技术运用于信息化项目建设中。三是加强与高院各部门的沟通，强化部门间业务协同，及时通报项目建设进展，征求建设意见和建议，形成信息化建设合力。四是加强对全市法院信息化工作的指导力度，强化制度规范作用，全面提升北京法院信息化工作。

（叶欣）

【获光明网"2014年度法检系统新媒体应用奖"】 4月24日，在由光明网主办的"2014年度法检系统新媒体应用评选活动"颁奖仪式暨研讨交流会上，北京市第二中级人民法院获"新媒体应用奖"，系北京法院系统唯一获奖单位。该奖项由中央网信办网络新闻信息传播局、中央政法委宣教室、最高人民法院新闻局、最高人民检察院新闻办、《光明日报》组成的评委会进行初选和最终审定。

（叶欣）

【信息化工作会暨业务应用培训会召开】 5月5—6日，北京市法院信息化工作会暨业务应用培训会在国家法官学院北京分院召开。全市三级法院信息化负责人员及市高级法院审判业务庭、综合部门相关人员100余人参加了培训。会上，副院长孟祥以"运用互联网思维引领信息化发展，努力实现北京法院信息化工作新跨越"为题回顾了2014年全市法院信息化取得的成绩，总结了成功经验并分析了当前形势。对于2015年北京法院信息化建设的工作任务提出四点要求：一要强化"三个保障"，即"全面升级全市法院信息机房，强化基础设施保障；推进等保三级建设，强化信息安全保障；注重运维管理创新，强化数据运维保障"，提升全市法院信息化整体水平。二要深化业务融合，以信息化促进司法为民公正司法。三要发掘司法数据，为国家治理、社会管理和司法管理提供决策参考。四要狠抓工作落实，健全信息化工作长效机制。

（叶欣）

【法国最高法院院长卢维尔来访】 6月9日，法国最高法院院长卢维尔一行4人来访。市高级法院党组书记、院长慕平参加接待。会见中，慕平介绍了北京市法院信息化建设情况。双方就案件信息化管理、庭审直播等问题进行了交流。

（叶欣）

【到市高级法院调研信息化工作】 6月10日，最高人民法院信息中心主任许建峰一行9

人到市高级法院调研信息化工作。许建峰对北京法院信息化工作给予了肯定，认为北京法院信息化工作在理念、方法、体系和实际应用等方面都走在全国前列，对全国法院信息化工作起到了示范、引领作用。他结合全国法院信息化未来发展方向，提出了三点要求：一是全面落实周强院长提出的法院信息化转型升级的要求，探索建设人民法院信息化 3.0 版；二是深度挖掘北京法院司法审判大数据，为执法办案提供更有价值的信息服务；三是充分发挥信息化领先优势，探索建立与最高法院之间的联合工作机制，为推动全国法院信息化工作向世界一流水平迈进贡献力量。

（叶欣）

【上海法院到西城法院参观调研信息化工作】 7 月 10 日，上海市三级法院领导一行 32 人到西城法院参观调研信息化工作。市高级法院党组成员、副院长孟祥与信息技术处及相关部门人员陪同调研。双方就法院信息化建设情况进行了座谈，围绕信息化建设问题展开探讨和交流。

（叶欣）

【最高法院司法调研重大课题专家论证会召开】 8 月 4 日，市第三中级人民法院召开“关于人民法院司法信息数据标准、自动生成、应用及管理有关问题的调研”课题专家论证会。最高法院信息中心副主任王岚生，最高法院研究室统计办主任覃丹、法官黄彩相，市经济信息化委信息化项目评审中心孙笑辉博士等 4 位专家到会指导。参会人员就课题的整体思路框架和课题的主要内容，以及围绕司法信息数据的质量与录入、信息化建设的人才与技术保障、信息化对人民法院审判方式的变革等问题进行了交流。

（叶欣）

【诉讼服务自助终端机操作视频培训会举办】 8 月 7 日，市高级法院组织召开全市三级法院诉讼服务自助终端机操作视频培训会。全市三级法院诉讼服务办公室全体人员、各审判业务庭及相关职能部门领导和法官代表参加了培训会。会上，技术人员着重对诉讼服务自助终端机的公共信息功能、诉讼服务功能、案件查询功能等先进功能进行了介绍和现场操作演示，并对与会人员提出的各类问题予以解答。该自助终端机全市已配备 100 台，覆盖三级法院和人民法庭。

（叶欣）

【互联网查阅诉讼档案第二批试点法院培训会召开】 8 月 25 日，市高级法院召开《北京法院利用互联网查阅诉讼档案》第二批试点法院培训会。会上，信息技术处工程师运用 PPT 详细讲解了平台使用流程与操作要领，共同就参训人员提出的问题进行了深入交流，解答了诸如安全认证、内容审核、数据传输等方面存在的疑问。市高级法院、市第一中级人民法院、第二中级人民法院、海淀区法院、东城区法院、密云县法院、大兴区法院、石景山区法院、房山区法院、门头沟区法院等 10 家法院被指定为第二批网上查阅诉讼档案的试点法院。

（叶欣）

【法院信息化建设五年发展规划座谈会召开】 9 月 1 日，市高级法院召开北京市法院信息化建设五年发展规划座谈会。市高级法院党组书记、院长慕平出席会议并讲话，党组成员、副院长孟祥主持会议。与会专家和法院代表对《北京市法院信息化建设五年发展规划（2016—2020）（讨论稿）》给予充分肯定。同时，为进一步完善规划内容，提出了四点建议：一是围绕建设人民法院信息化 3.0 版，加强对内服务，拓展对外服务；二是细化实施方案，增强大数据分析服务的针对性，深化司法公开和诉讼服务，引领改革创新；三是强化应用落实，切实解决信息化应用“最后一公里”问题；四是运用新兴技术，提高服务能力和管理效能。慕平做总结讲话并提出三点要求：一是要认真分析当前面临的新形势，发现新需求，解决新问题。在回顾总结信息化建设经验基础上，适应新形势，围绕促进诉讼活动更加高效便捷、审判工作更加公开透明、司法裁判更加统一规范、进一步提高司法公信力来谋划和开展信息化工作。二是指导思想上要实现“三个转变”，即从管理为主转变为服务为主，从封闭分散型转变为开放兼并型，从信息公开转变为数据公开。三是具体实施上要注重“三个方面”，即进一步改造升级办案系统，深入推进司法公开和诉讼服务，增强数据决策服务能力。

（叶欣）

【第一届信息技术专家评选专业委员会会议召开】 9 月 28 日，市高级法院政治部在高院机关召开第一届北京市法院信息技术专家评选专业委员会会议，这也是全国法院首次对信息技术专家进行的评选活动。市高级法院党组成员、副院长孟祥，党组成员、副院长安凤德出席并讲话。来自北京市属机关和在京高等院校、科研院所的第一届北京市法院信息技术专家评选专业委员会评委 15 人出席。孟祥总结了北京法院信息技术工作的经验，并展望今后一个时期北京法院信息技术工作方向；安凤德介绍了北京法院信息技术人才队伍建设情况和开展此次评选活动的思路及构想。与会评委对北京法院开展第一届信息技术专家推荐评选活动给予肯定，并从进一步突出参评人员理论水平、加强直观性等角度对加强和改进评审工作提出了中肯的意见和建议。

（叶欣）

【到北京高院调研信息化工作】 9 月 29 日，最高人民法院信息中心主任许建峰陪同国家发展改革委国家投资项目评审中心领导和专家到北京高院调研信息化建设工作。许建峰一行参观了北京市法院“12368”人工语音诉讼服务中心、高清数字法庭和信息中心，现场调取观看了数字法院的庭审视频。市高级法院信息技术处处长佘贵清就北京法院司法公开三大平台建设、“三位一体”的诉讼服务体系建设、高清数字法庭建设、全市法院信息化建设现状和未来发展规划等情况进行了汇报，现场演示了北京法院“信息球”、审判信息网和大数据分析平台，并就“天平工程”北京法院配套设施建设中的相关问题进行了解答。许建峰一行对北京法院的信息化建设工作给予高度的评价，认为北京法院建设理念先进、基础工作扎实、应用效果显著、安全保障有力，初步达到了“天平工程”的建设目标，值得全国法院学习和借鉴。

（叶欣）

【6 人获第一届“北京市法院信息技术专家”称号】 10 月 21 日，市高级法院做出《关于授予佘贵清等 6 人第一届“北京市法院信息技术专家”称号的决定》，另有 10 人获

得第一届“北京市法院信息技术专家”提名奖。

（叶欣）

【上海高院到北京高院调研】10 月 22—23 日，上海高院组织部分辖区基层法院 14 名工作人员到北京高院学习调研信息化工作。双方围绕信息化建设问题进行交流。

（叶欣）

【人民陪审员管理系统开发工作会召开】11 月 5 日，市高级法院召开会议，研究讨论北京法院人民陪审员管理系统开发运行事宜。北京法院人民陪审员管理系统由市高级法院统一研发，该系统涵盖人员信息、随机抽选、参审屏蔽、业绩评价、统计汇总、考核补助等功能，目的是全面及时反映人民陪审员的基本信息、参审信息和审判业绩等情况，为人民陪审员选任、参审、管理工作提供技术保障。该系统目前已进入内部测试阶段。

（叶欣）

【北京市法院信息化工作会议召开】11 月 10 日，2015 年北京市法院信息化工作会议在国家法官学院北京分院召开。会议表彰了北京市法院信息化工作先进单位、突出贡献者和第一届北京市法院信息技术专家，听取了《北京市法院信息化建设五年发展规划（2016—2020)》的起草说明。市高级法院党组书记、院长慕平，最高法院信息中心主任许建峰做了讲话。市高级法院党组副书记、副院长王明达主持会议。会议指出，北京法院未来五年信息化建设的总体要求是：以促进审判体系、审判能力现代化为目标，以《人民法院信息化建设“十三五”发展规划》为指导，认真落实《北京市法院信息化建设五年发展规划（2016—2020)》，依托“天平工程”建设，强化需求导向和问题导向，引领信息化创新发展，全力促进北京法院信息化转型升级，在全国法院率先建成人民法院信息化 3.0 版，实现网络法院、阳光法院、智能法院，保持信息化建设继续走在全国法院前列。慕平回顾和总结了北京法院信息化工作近 20 年来发展所取得的成绩，提出四点体会：一是要坚持顶层设计和统筹规划；二是要坚持以问题和需求为导向的建设原则；三是要坚持司法实践和新技术应用相结合的发展原则；四是要重视信息化机制建设。当前，法院信息化建设面临三个方面的新形势：一是中共十八大以后法院工作进入新时期，给信息化建设带来了新要求；二是北京法院信息化建设进入新阶段，应用管理面对诸多新问题；三是信息技术的发展为法院信息化建设创造了新机遇。慕平强调，下一步信息化建设的重点任务：一是要围绕执法办案，依托信息化手段，服务法官应用，推进审判体系和审判能力现代化；二是要围绕司法为民，利用信息技术，加大司法公开力度，提升诉讼服务水平；三是要围绕支持决策，利用新技术，挖掘大数据，促进司法管理和社会管理水平提升；四是要加强基础建设，全面提升信息化应用支撑能力；五是要加强组织领导，建立完善信息化工作保障机制。会议对三中院、西城法院、朝阳法院、大兴法院、密云法院等 5 家北京市法院信息化工作先进单位，袁远、王岚生等 2 名突出贡献者和余贵清等 6 名第一届北京市法院信息技术专家进行了表彰，5 家先进法院分别做了经验介绍。最高法院信息中心副主任王岚生，一中院党组书记、院长吉罗洪，二中院党组书记、院长鲁桂华，三中院党组书记、院长索宏钢，四中院党组书记、院长吴在存，高院党组成员、副院长、政治部主任安凤德出席会议。全市中级人民法院、基层法院院长，高院中层正职，各院分管信息化工作的院领导及信息技术部门负责人共120人参加了会议。

（叶欣）

【制定信息化建设五年发展规划】年内，市高级法院研究制定了《北京市法院信息化建设五年发展规划（2016—2020）》。该规划涉及应用系统、数据管理、基础设施、运维管理、队伍建设等五大类25项建设内容，在建设思路上体现了从管理为主转变为服务为主，从封闭转变为开放，从信息公开转变为全面公开的“三个转变”。

（叶欣）

【通过工业和信息化部信息技术服务标准认证】年内，市高级法院通过工业和信息化部信息技术（ITSS）服务标准认证，成为全国首家通过该认证标准的国家机关。

（叶欣）

【数据集中管理工作】年内，北京法院依托“一库两平台”建设，在全国法院率先实现辖区全部法院案件数据与“人民法院数据分析平台”的每日数据动态更新工作。建立了18项全市三级法院统一的信息化应用，保障数据统计准确、及时。相继下发了《北京法院司法数据管理工作办法》《北京法院司法统计数据规范》等10余项文件。建立与技术公司之间的信息化发展战略合作机制，创新数据运维管理机制，每五分钟更新一次全市法院审判动态信息。建立“日排查”机制，设定了数据质量管理和监控岗位，明确了工作职责和工作流程，通过数据管理和监控工具，自动发现数据质量问题，确保案件质检合格率实现100%。

（叶欣）

【知识产权法院审判工作动态平台建成】年内，知识产权法院审判工作动态平台建成并向最高法院院长周强实时展示。周强通过视频听取了北京知识产权法院审判业务、庭审视频、全新立案等方面的情况汇报，对知识产权法院信息化工作给予了肯定，认为知识产权法院在市高级法院的领导下，信息化工作在理念、方法、体系和实际应用等方面都走在全国前列。

（叶欣）

北京市公安局

【概述】年内，北京市公安局在市局党委的领导下，围绕中央“四个全面”战略布局、首都“四个中心”城市定位、公安部“四项建设”总体要求和北京市公安局“四个第一”工作理念，认真贯彻落实市委、市政府和公安部各项部署，紧密结合“两大安保”实战需求，以提升人民群众安全感和满意度为基本目标，以确保国家政治安全、首都社会大局稳定为主要任务，不断夯实首都公安科技信息化基层基础工作，全力保障首都重大安保任务的重点科技建设和应用，进一步发展政务公开，强化局内外部资源共享和综合应用的效能，大力提升警务科技信息化保障能力，为全市信息化建设和应用提供了支撑。

（连晓敏）

【推出“手把手”系列提示宣传】2月4日，“平安北京”首推“手把手”系列便民服务与防范提示宣传之“手把手教你如何换领身份证”及“手把手教你拍好证件照”。

（赵峰）

【“平安北京”公众账号获表彰】2月6日，在政务新媒体建设发展经验交流会上，北京市公安局“平安北京”获评政务新媒体优秀公众账号。

（赵峰）

【“双微”政务新媒体集群初步形成】4月1日，北京市公安局所属14个分县局及8个与群众联系密切的主要职能部门完成本单位一级微博、微信账号建设，北京市公安局“双微”政务新媒体集群初步形成。

（赵峰）

【首都网络与信息安全博览会举行】4月28—30日，由北京市公安局主办、北京市网络行业协会承办的“首都网络与信息安全博览会”在北京展览馆举行。此次博览会集网络与信息安全知识普及、安全技术应用推广、安全产品展示于一体，参展面积达1万平方米，共计80家网络与信息安全厂商参展，2万余人次参观。同时，北京市公安局会同北京网络行业协会，联合国家信息安全中心、中国电子商务协会电子商务研究院、华为技术有限公司等多家单位共同组织并成功举办了网络安全系列高峰论坛活动。活动围绕互联网安全热点话题以及如何不断提升信息化水平应对网络安全新挑战进行讨论。

（姜思思）

【获“北京市模范集体”荣誉称号】4月29日，北京市委、市政府对劳动模范和先进工作者以及模范集体进行表彰。北京市公安局“平安北京”运营团队获“北京市模范集体”荣誉称号。

（赵峰）

【组织地方标准宣贯】4月，北京市公安局召开《公共交通安全防范技术要求》标准宣贯会，要求公共交通规划、设计、建设、运营、管理等相关单位，按照该标准开展公共交通安全防范系统的设计、建设、改造、验收、管理和维护等工作。

（叶响）

【启用消防设计施工质量诚信平台】5月8日，北京市公安局启用“北京市建设工程消防设计施工质量诚信平台”，该平台实现了小规模装修改造备案工程网上办理、全市施工现场消防安全网上备案，提高了办事效率。从启动之日至12月31日，共注册企业信息14031家，施工现场备案4325个，受理300平方米以下装修备案工程14302个。

（李争杰）

【举办第六届国际警用装备展】5月20—22日，由北京市公安局和中国科学技术协会联合举办的“第六届中国（北京）国际警用装备及反恐技术装备展览会暨学术研讨会”举行，来自13个国家和地区的320余家企业参加了展览。本次装备展以“增强反恐维稳能力、维护社会大局稳定”为主题，全方位多角度集中展示了近年来警用装备和反恐技术装备的创新与发展，涵盖了警用车辆、安检器材、防爆排爆设备、安全防护、应急保障器材等十几类警用装备和反恐技术装备。

（张鑫　姜思思）

【推出“朝阳群众”群防群治品牌形象】5月29日，北京市公安局“平安北京”发布北京警方与“朝阳群众”携手“秀恩爱”卡通图片，正式推出“朝阳群众”群防群治品牌形象，鼓励群众举报违法线索，积极参与社会共治。

（赵峰）

【推动技防管理监督检查】5月，北京市公安局加大对违反公共安全图像信息系统建设和备案管理规定的社会单位的执法检查力度，全年全局共出动警力9500余人次，检查社会单位8734个，发现隐患问题1345个，进行行政处罚29件，全部落实整改。

（林彬）

【签订消防科技战略合作协议】6月18日，北京市公安局召开消防科技工作座谈会，与清华大学公共安全研究院、中国科技大学火灾科学国家重点实验室达成消防科技战略合作协议。中国工程院院士、清华大学公共安全研究院院长范维澄，中国科技大学火灾科学国家重点实验室主任张和平，北京市公安局消防局局长吴志强参加座谈会，共同签署消防科技战略合作伙伴框架协议，在消防科技信息技术、理论、产品的研发和应用等方面达成合作意向。

（李争杰）

【“平安北京”新浪微博平台粉丝突破1000万】7月12日，北京市公安局“平安北京”新浪微博平台粉丝突破1000万，成为首个粉丝突破1000万的省级公安微博和第二个粉丝突破1000万的公安微博，同时成为第四家粉丝总数突破1000万的政务微博账号。

（赵峰）

【开展应急通信保障和三台互备技术演练】7月21日，北京市公安局组织北京移动、北京联通、北京电信以及“110”“119”“122”开展应急通信保障和三台互备技术演练。演练模拟因连降暴雨导致“110”电话报警、“12110”短信报警通信突发故障、部分重要线路中断的情况。演练按照瞬时链路互备、排查消除故障和启动三台互备应急机制三个部分开展。

（赵晋石 田昊）

【启动建筑消防数字化技术研究项目】8月11日，由北京市公安局消防局、中国建筑科学研究院、北京建筑大学联合开展的消防科研项目——基于BIM的建筑消防数字化技术及其示范应用研究在北京建筑大学正式启动。该项目以三维可视化形式展现建筑内部结构及消防设施、消防预案、消防演练等信息，并支持建筑消防设施的精细化管理。

（李争杰）

【完成“8·12”事故应急通信保障工作】8月12日，天津市滨海区集装箱码头发生特大火灾爆炸事故。北京市公安局消防部队选派无人机侦察分队负责对危险区域进行空中侦察拍摄，连续战斗7天6夜，航拍灾害事故现场高清视频68段、视频资料34小时、照片1532张，向公安部和现场指挥部实时传输航拍画面8小时。在现场核心区域坚守工作148小时，为现场指挥部提供高清晰、全方位的影像资料。

（李争杰）

【推出“朝阳群众”与“西城大妈”卡通形象】8月20日，北京市公安局“平安北京”正式推出原创的“朝阳群众”与“西城大妈”卡通形象，并于8月27日到社区，将印有卡通形象的文化衫赠送给社区群防群治组织。

（赵峰）

【完成“两大安保”科技保障工作】8—9月

“两大安保”期间，北京市公安局组织全局及社会面各单位，全面加强重点区域视频监控摸排补点建设及运行保障工作，完成“鸟巢”内部及周边等“两大安保”重点区域视频监控图像的新建及整合工作，对归属不明的监控探头落实管控措施。完成“两大安保”指挥部及各工作驻地有线、视频系统搭建工作，组织完成基站、直放站补点建设，增强政治中心区警用电台信号覆盖强度，组织全局出动警力1100余次、车辆400余次，完成6次演练以及世锦赛开、闭幕式，马拉松比赛，抗战胜利纪念日等通信保障任务。同时，积极做好交通安保科技保障工作，完成单双号非现场执法系统调整，完成单双号执法统计等信息报送工作，完成“两大安保”进京危化品运输车备案程序开发并培训使用，调整POS机查询功能，确保路面执法民警通过手持POS机可查询车辆备案信息。

（刘凌 张宇 赵敬华 宋杉 赵朋 林彬 史岩）

【互联网交通安全综合服务管理平台上线运行】11月1日，北京市公安局互联网交通安全综合服务管理平台上线运行（bj.122.gov.cn）。该平台采取短信收发、网页操作和手机应用程序互动等多种技术形式，提供网上交管业务预约和受理、交通安全信息告知、通报、公告、公布、提示及警示教育等服务功能。上线初期，开通补领机动车行驶证、换领机动车行驶证、遗失补领驾驶证、损毁换领驾驶证、交通违法处理、在线缴罚等6项业务办理功能，其他功能也将陆续开通。

（史岩）

【物联网示范工程服务于“两大安保”】11月17日，“政治中心区”综合管理物联网应用示范工程项目通过验收。按照北京市公安局“两大安保”工作总体要求，物联网示范工程开展了全方位测试和演练，从技术保障、人员保障、备品备件保障、机制保障等方面强化工作措施，强化系统值守。

（徐雪婧）

【“110”开通反金融诈骗远程电话】11月23日，北京市公安局开通远程“110”电话反金融诈骗专席，刑侦人员使用此电话以“110”身份与报警人联系或开展相关工作，方便与报警人联系和建立信任。

（赵晋石 田昊）

【标准化建设不断推进】年内，北京市公安局不断推进全局标准化工作。组织完成2015年行业标准申报项目6项，北京市地方标准申报项目5项，立项3项；组织完成2015年度局级标准评审，立项3项；组织完成2016年行业标准申报项目2项、北京市地方标准项目3项；完成“境外人员基础信息通用数据结构规范”“射击场设置与安全要求”等3项地方标准的终审。

（李晓波）

【开展北京市地下管线基础信息普查工作】年内，北京市公安局与北京市规划委员会签订普查数据保密协议，配合北京市规划委员会开展北京市地下管线基础信息普查工作，参与制定3项普查技术标准。

（刘刚）

【开展架空线光缆入地整治工作】年内，北京市公安局配合北京市市政市容管理委员会开展市区重点道路、重点路段的架空线光缆入地整治工作，配合完成“纪念抗战胜利70周年阅兵式”阅兵线路涉及的架空线缆摸排、清理、整理工作。

（刘刚）

【推进全市视频建设整合】年内，北京市公安局与首都社会治安综合治理委员会办公室密切配合，研究起草《北京市公共安全视频监控建设联网应用工作实施方案（审议稿）》，进一步明确市政府有关部门、各区政府联网整合职责任务。

（张建）

【深化互联网官方网站应用】年内，北京市公安局互联网官方网站共发布各类动态信息1000余条，公示了局内法定职责、内设机构和49项行政审批清单、1060项行政处罚清单。同时，网上车管所、消防办事直通车、团体出入境签证申请、出入境证件网上申请、行政复议申请等33项与群众工作生活密切相关的网上办公服务项目开通。据统计，2015年，北京市公安局官方网站日均访问量达130万次，"网上办事"栏目业务办理量1.80万余件/日；"网上信访""网上派出所"栏目接收来信170余件/日；"公安微博"栏目发布微博80余篇/日。

（张宾）

【积极推广安装简易消防设施】年内，北京市公安局指导各区将简易消防设施安装纳入政府为民办实事工程，全市累计投入2370余万元，为88540个家庭、企业安装独立式感烟火灾探测器及简易喷淋，18.9万人受益。

（李争杰）

【获公安部科学技术奖和基层技术革新奖】年内，北京市公安局获2015年度公安部科学技术奖3项，其中一等奖1项、二等奖2项；获第五届公安部"全国公安基层技术革新奖"8项，其中一等奖2项、二等奖3项、三等奖3项。北京市公安局科技信息化部作为科技管理部门获第五届公安部"全国公安基层技术革新奖"优秀组织奖。

（静丽）

北京市公共卫生信息中心

【概述】年内，在项目建设方面，妇幼保健信息系统的继续深入、干部保健系统的启动有效地支撑了业务的发展。同时，继续信息化统筹及标准化建设。加强项目申报的指导，规范立项审查流程，强化信息化项目的资金管理。10月和12月，分别发布了《药品分类与代码规范》和《居民健康档案基本数据集》地方标准。将DRGs应用于医院管理，建立了北京地区及国家省级主要医疗服务绩效评价平台，使医疗服务绩效考核更加规范化、科学化。

（单既桢 陈臣）

【升级北京地区住院医疗服务绩效评价平台】1月1日起，根据2013年DRGs临床论证专家意见，市公共卫生信息中心对全市疾病和手术操作编码临床版进行了升级。12月底，信息中心在汇总专家及各医院对新版疾病、手术操作编码和分组程序意见的基础上，对DRGs2014版分组程序进行了调整，完成了与疾病和手术操作编码配套的2015版分组程序的升级更新。

（刘婉如）

【规范项目管理】年初，围绕卫生信息化趋势和深化医药卫生体制改革的重点工作，印发了《北京市卫生和计划生育委员会关于做好2015年信息化项目申报工作的通知》（京卫信息〔2015〕13号），用于指导2015年的项目申报工作。由于市卫生计生委信息统计处的成立，以及市医管局对市属医院信息化建设的管理需求，对申报流程有了调整，要求在项目论证前期，由市卫计委信息统计处、市医管局办公室以及市公共卫生信息中心共同参与项目计划表的论证。10月，编制了《北京市卫生计生委关于进一步加强信息化项目管理工作的通知》，对人口健康信息化项目申报及管理的流程进行了重申，并加强了信息化部门对信息化工作统筹的力度。全年共完成信息化项目前置评审66项，包括公卫类项目32项、医院类项目34项，其中专家评审会通过60项。

（单既桢）

【推广应用省级住院医疗服务绩效评价平台】3月，国家卫生计生委医政医管局指定市公共卫生信息中心为国家DRGs质控中心。信息中心配合国家卫生计生委及各省市卫生行政管理部门，推动各地DRGs研究应用工作。截至年底，共联系启动DRGs相关工作的省份17个，其中广东、内蒙古、江苏、江西、四川、云南、湖北、辽宁、湖南9个省应用了省级绩效评价平台。11月，开发完成了兼容国家卫生计生委统计信息中心下发的疾病编码标准的分组程序，应用于各省DRGs推广协作。

（刘婉如）

【推进电子病历规范应用】4月，启动了电子病历的应用管理规范和电子签名技术规范的编制工作。成立了电子病历电子签名规范专家委员会，下设医政管理组、法律组、信息管理组、技术组和秘书组。经过专家委员会分组调研、研讨、论证和起草编写。8月，完成了《电子病历应用管理规范（试行）》和《电子病历电子签名技术规范（征求意见稿）》。9月，征求16区县和北京地区三级医院的意见。11月，根据各单位反馈意见，修改和完善文件内容，形成了《电子病历应用管理规范（试行）》和《电子病历电子签名技术规范》最终稿。两个规范旨在促进本市电子病历的应用，规范电子病历使用行为，维护各方当事人的合法权益，构建安全可信的电子病历，提高医疗行为的可回溯性和可追踪性，加强对医疗服务的监督管理。

（张世红）

【市卫生计生委办公自动化系统升级改造完成】6月，在原办公自动化系统基础上建立与医管局的管理沟通机制，为市卫生计生委与医管局之间提供重要信息、事项的交流服务，实现职能工作流转的高速率、高效率、高监控性、高透明度，进一步提高自动化办公效率。实现市卫生计生委收文转医管局收文管理，以及卫生计生委发文转医管局收文管理。重新梳理开发提案建议模块中北京市人大建议和北京市政协提案处理模块，增加呈批件管理模块中处长（副处长）修改、领导日程与短信集成、领导日程维护的日志管理、经费申请管理、个人工作计划管理、督查管理，以及政务信息公开等功能。项目总投资41.1万元。6月30日签订合同，年内完成软件功能开发测试并上线试运行。

（顾晓晖）

【加强信息安全保障】上半年，市公共卫生信息中心对全市78家卫生医疗机构网站进行漏洞扫描测试，通过测试结果发现共有漏洞1443处，并通知问题单位进行整改。8月，召开全市范围内相关单位网站漏洞扫描通报会，普及相关知识，强化信息安全保障工作中易疏忽的问题，责令问题单位进行网站安全整改。11月，建立了全市各级卫生医疗机构信息系统台账。截至年底，市属三级医疗机构均已开展信息安全等级保护整改工作。

（王峥）

【市卫生计生委外事管理系统升级改造】7月19日，完成市卫生计生委外事管理系统升级改造项目的公开招投标，9月14日与中标承建商签订合同，年内完成用户需求调研，进入软件开发阶段。该项目在原有出国考察业务管理相关功能的基础上，增加出国考察业务中的医管局审批、来华访问业务、国际会议业务、因公出国赴港澳人员备案等功能，扩展与市外事办的系统接口建设，总投资82.44万元。

（顾晓晖）

【信息安全检查】7月，市卫生计生委与市公安局联合印发《关于开展北京市卫生行业信息安全检查工作的通知》，对本市卫生行业开展信息安全联合检查。8月，市公共卫生信息中心会同市公安局网安总队、文保总队组成联合检查组，对北京市卫生行业25家单位进行信息安全现场检查。重点检查3个方面的内容：一是信息安全建设进度检查，主要检查各单位是否落实国家卫生计生委及市卫生计生委相关要求，是否按照市卫生计生委制定的各单位信息安全整改的时间表进行整改；二是安全管理检查，主要检查信息安全等级保护的落实情况，重点检查信息系统定级备案和安全测评的落实情况、信息安全组织领导和办事机构的设立情况；三是安全技术手段检查，包括网络边界安全防护、服务器、网络设备漏洞检查、门户网站、网上预约挂号检查、信息安全产品部署及使用、安全服务厂商与测评机构、机房建设情况。通过检查发现，除个别单位外，均已完成信息系统的安全整改。对未完成整改的单位，督促其加快整改进度，最大限度地降低网络与信息安全风险。

（王峥）

【启动保健信息系统升级改造项目建设】8月，北京市保健信息系统升级改造项目完成项目的招投标；9月，签订合同并召开项目启动会；至年底，完成项目的需求调研并开始软件设计。该系统主要功能包括优诊管理、医疗保障任务管理、会诊管理、医疗保健信息资源管理和保健科研管理，总投资294.16万元，由市财政全额拨款。

（周丹）

【市卫生计生委网站建设项目】10月，拟定了《北京市卫生计生委网站管理办法》。年内，基本确定了市卫生计生委新网站栏目架构以及首页设计，完成市卫生计生委综合服务门户网站的立项及预算申请。

（刘辰）

【开展卫生计生系统微博评比】11月，市公共卫生信息中心配合市卫生计生委公众权益保障处开展全市卫生计生系统十佳微博评比，共54家单位参加评比。经过初评和复评，最终10家单位获得十佳微博称号。

（刘辰）

【卫生统计工作培训会召开】12月，为贯彻落实国家卫生计生委、财政部《关于做好新型农村合作医疗跨省就医费用核查和结报工作的指导意见》（国卫基层发〔2015〕46号）和《北京市卫生计生委关于印发北京市新型农村合作医疗跨区域就医费用核查工作方案的通知》（京卫基层发〔2015〕13号）的要求，全面做好参合患者跨省就医信息的采集工作，北京市公共卫生信息中心组织全市各区县卫生计生委及全市二级及以上医疗机构统计人员召开了卫生统计工作培训大会，进行了病案首页信息调整采集内容和上报频率的培训。

（白玲）

【信息化运维项目管理】年内，市公共卫生信息中心年度运维项目分为招标和非招标两类，其中非招标项目32个，涉及资金404.65万元；招标项目10个，涉及资金1509.02万元，中标总额1505.36万元。招标项目于6月底启动，7月底前完成。8月完成到期项目的支付工作。为了保障信息中心电子政务系统的安全、稳定、高效运行，信息中心对《北京市公共卫生信息中心信息系统运维管理规定》进行了修订，由原来9章修订为8章，并增加了运维管理工作组织机构等内容。

（朱正）

【《药品信息代码规范》等地方标准发布】年内，市公共卫生信息中心组织专家和相关单位对《药品信息代码规范》和《居民健康档案基本数据集》地方标准送审稿进行论证，并对标准内容进行完善修改。10月，《药品信息代码规范》（DB11/T1239—2015）由市质量技术监督局正式发布，于2016年1月1日正式实施。该规范规定了化学药品和中成药信息代码结构与编码方法，适用于相关单位开展药品信息采集、信息处理和信息交换等工作。12月，《居民健康档案基本数据集》（DB11/T1290—2015）由市质量技术监督局正式发布，于2016年4月1日正式实施。该数据集规定了居民健康档案基本数据集的数据集元数据属性、数据元公用属性和专用属性等，适用于医疗卫生机构开展居民健康档案基础数据资源库、相关管理系统建设与数据交换。

（张世红）

【妇幼保健网络信息系统项目】年内，对北京市妇幼保健网络信息系统二期进行升级改造，完善基础档案管理、妇女保健管理、散居儿童保健管理等方面系统功能，新建妇幼数据资源采集与管理、健康教育、公众服务、移动保健等子系统。10月，北京市妇幼保健网络信息系统（三期）项目完成市经济信息化委的评审。11月，硬件加固项目完成初步验收。截至年底，使用该信息系统的机构3592个，注册用户14006个。

（周丹）

【慢性疾病管理监测系统建设】年内，受市卫生计生委疾控处委托，市公共卫生信息中心继续进行北京市慢性疾病管理监测系统的建设。该系统整合现有统计平台中的出院病人调查表信息和北京市死因监测系统中的死亡信息，整合北京市肿瘤登记信息系统，构建资源共享的北京市慢性病管理监测系统，同时开展社区人群慢性病发病和死亡监测，对由上述两个系统获得的数据进行补充和验证，改进北京市心脑血管疾病的监测，从而可提供北京市人群肿瘤、冠心病、脑血管病的发病率、死亡率和病死率等流行病学基础数据，提交北京市慢性病发病和死亡年度报告。至年底，完成了系统实施以及VPN网络安全部署，并对市心肺血管疾病研究所、脑防办等用户进行了培训，开始试运行。

（郑建鹏）

【埃博拉出血热输入性疫情联防联控信息系统建设】年内，完成北京市埃博拉出血热输入性疫情联防联控信息系统，并制定了相应的信息采集标准和信息统计标准。该系统由市卫生计生委应急办牵头、市公共卫生信息中心设计，旨在强化本市联防联控机制，实现信息共享，保障信息及时沟通。通过建立西非入境人员监测信息管理数据库、埃博拉出血热输入性疫情信息分析模型，实现对监测人员的分析以及疫情发展情况的统计；采集监测温度、隔离救治过程记录等信息，搭建多个联防联控部门共建的信息平台。截至年底，采集从疫区入境的人员99185人，向外省疾控中心共享信息6872人，完成健康监测1818人，隔离发热患者51人。

（韩冬）

【市卫生计生委临时过渡网站维护】年内，通过增加网站信息发布数量、加大宣传力度等手段，增强市卫生计生委门户网站宣传和服务公众作用，全年发布各类信息7760条，其中基层动态5311条、卫生新闻723条、卫生安全提示250条、公告通知175条、卫生监督58条。网站全年浏览量7481万次。网站共制作专题10余个，包括国家基本公共卫生服务项目、行政审批权力清单、护士节专题、劳模专题、首都除夕专题、信访直通车、医管局“十三五”规划专题、院报专题、职权公示专题等，1314条信息。

（刘辰）

【卫生系统网站审批】年内，市公共卫生信息中心配合市卫生计生委共完成互联网前置审批567件，其中审批通过489项、未通过78项。

（刘辰）

北京市国家税务局

【概述】年内，北京市国家税务局（简称北京国税局）落实党组关于补短板的决定，在日常工作中按照先进的理念，提升站位，做好思想、人才和技术的准备，做好加速实现税收现代化的准备，换道超车，在信息化方面重点进行了优化税收征管体系、“互联网＋税务”、“金三工程”建设和深化税收征管改革这4个板块的工作。

（马俊峰）

【优化税收征管体系项目启动】3月9日，北京国税局优化税收征管体系工作正式启动。该项目着重解决目前工作中的短板与痛点，通过发票自动验旧、所得税网上备案、车购税征收前移、网上税务登记变更、网上简易行政处罚、票e送等15项业务和技术上的优化，解决业务办理时间过长、办税服务厅纳税人滞留等待等问题。

（马俊峰）

【金税三期工程建设】3月20日，完成金税三期骨干网国地税互通互联工作，开放了北京市内国税系统和地税系统的网络互访策略。北京市金税三期的筹备工作于10月启动，11月初完成金税三期核心征管系统测试环境、采集环境、预生产环境的软件应用部署工作。12 月底前，完成金税三期应用系统的初始化工作（包括各区县局管理员账号创建、税务机关人员、岗责权限和发票票证初始化功能的测试工作及税务人员代码表等 54 项初始化数据表，共计 86401 条初始化数据的修正、灌装和数据校验工作）；完成数据迁移、数据清理脚本的编制工作。涉及 30 余个数据清理指标项的数据脚本编制、测试、封版工作，出具待清理数据共计 33 万余条；搭建了数据迁移（清理）辅助平台，进行异常数据查询清理等工作。

（马俊峰）

【北京国税局数据仓库项目建设启动】5 月 11 日，北京国税局数据仓库项目建设启动。至年底，完成一期建设，数据仓库已覆盖中国税收征管系统（CTAIS）、防伪税控等 7 个系统的数据，存储数据量已达 20 多亿条，完成全景一户式查询平台、数据质量管理平台、情报管理平台和数据资产管理平台的搭建工作，并于 12 月 14—16 日，对各分局 135 名业务骨干进行了培训。

（马俊峰）

【全国首张升级版电子发票开出】7 月 31 日，全国首张升级版电子发票开出。截至年底，北京市共有电子发票试点企业 28 家，开具升级版电子发票 4615 万份，开具金额 135.81 亿元，累计为企业节约发票综合成本 1400 万元，节约发票用纸近 32 吨。

（马俊峰）

【信息安全工作】年内，继续加强信息安全工作。年初，组织北京国税局各分局信息中心主任就绩效考核工作中与信息安全管理有关的各项指标进行详细说明和讲解，并提出要特别注意防范非法外联的工作要求。利用 Web 漏洞扫描系统进行网上办税系统扫描的同时，针对网厅系统上线进行网络安全评估工作。4 月，更新网上服务平台入侵防御系统，新入侵防御系统采用逐台替换方法上线，在设备上线运行一个月左右后对设备检测信息进行分析，发现共产生 28 万条攻击检测日志，其中 SQL 注入为 19 万条，跨站和目录遍历为 1 万条左右。8 月 19 日，税务总局电子税务管理中心对北京国税局进行了网络安全抽查，内容包括网络安全现状、问题和对策、网络安全意识教育情况、网络安全应急机制建设和事件处置情况、网络安全类管理制度等情况。检查形式主要为座谈与讨论、文档查阅、现场访谈、上机检查、漏洞扫描和渗透测试等共 18 项。检查结果，北京国税局网络安全多项防护工作开展良好，存在制度有待细化、个别设备有漏洞等情况，未发现重大问题。6 月 24 日至 9 月 4 日，税务总局电子税务管理中心对北京国税局开展了信息安全评测工作，包括安全检查、等级保护和风险评估 3 项，检查范围包括综合征管、网上申报等 6 个应用系统。北京国税局共编写自查报告等备查资料 30 余份，编制约 550 页的资料汇编一册。涉及各型设备、系统 20 余个，还包括办税服务厅现场检查。检查组认为，北京国税局在基础设施建设、应急管理等方面工作到位，未发现重大问题，需要在完善制度体系、增加信息安全人员投入、提升应用和数据库安全水平方面下功夫。8 月 24 日至 9 月 6 日，根据税务总局、北京市委、市政府和北京市公安局的相关要求，对北京国税局互联网网站的安全保卫级别调至最高。配合北京市公安局网安大队对北京市税务局互联网网站进行了测评；对北京国税局网站进行了渗透测试和漏洞扫描，及时修补漏洞；对互联网安全防护设备和软件进行了全面巡检，并组织人员在这期间24小时值班。圆满完成“9·3”阅兵专项信息安全保卫工作。

（马俊峰）

【信息化基础设施建设】年内，北京国税局改造了南北两个机关机房，共800平方米，在用服务器219台，虚拟服务器1074台，小型机14台（595小型机8台、570小型机4台、780小型机2台），存储设备6台（EMC存储3台、HDS存储1台、华为存储2台）；共部署各类计算和存储环境161台次，其中正式环境91台次、测试和临时系统70台次。对机关机房电力进行改造，1月中旬将原有40kva不间断电源更新为250kva容量的模块化不间断电源系统，并配置了150kW的功率模块。新增3台智能输出列头柜，分散原有5台智能列头柜的电力负载压力。对南机房原有电力负载线路进行了重新铺设。8—10月，将120kva和80kva不间断电源更换，形成双路175kva模块化不间断电源的供电格局，提高了电力保障水平，为金税三期上线做好了准备。

（马俊峰）

【系统运行维护】年内，北京国税局完成了所属74个网络应用系统正常运行的保障工作，主要工作包括监控系统运行、解决系统各类故障、进行各类系统备份等。全年接受税务总局系统升级、测试等工作共220项，其中完成综合征管等14类应用系统升级50次，完成综合征管、出口退税等7类业务系统的技术测试共170项。完成车辆购置税系统、车价、免税图册升级20次；完成协查系统升级3次；完成行政办公类系统升级20次。完成综合征管等5类系统健康检查12次，全年共受理9917份问题提交单，调整银行代码300余个，CTAIS问题提交单7459份，解决防伪税控、出口退税、税控收款机、货运发票等系统的运行维护问题600余个，车购税问题1000余项。全年完成93台加解密服务器专用读卡器的证书发行工作。全市签订税库银实时缴款三方协议的纳税人累计828471户，比上年同期增加22.72%。网上认证户开户数181782户，全年网上认证票量约3266万份，推行发票升级版户数395587户。网上申报户数1034636户，普通发票真伪查询约14876万户次。此外，还对30余个重要系统数据库进行日常数据库备份、系统升级数据库备份相关工作、表空间管理、每日系统健康状态检查、系统优化调整等工作。

（马俊峰）

【税收信息化管理维护】年内，信息化方面共发文23份，其中包括《北京市国家税务局软件资产管理办法（试行）》。发信便函共63份。北京市国家税务局技术支持分中心完成各类系统功能测试、系统联调、系统试运行和其他技术支持工作，合计完成了21项。其中，组织测试工作625人天，参加测试人员108人次，搭建各种测试环境29次，准备测试服务器、PC机106台次，发现、修正测试问题279个。

（马俊峰）

【信息化队伍建设】年内，共组织信息化培训8991人天，包括linux操作系统、数据仓库等技术培训。参加税务总局培训35次，共210人天。从3月开始，组建北京国税局信息化技术队伍，确定了50名人选，

4 月 11 日召开座谈会，经过面谈，从中选择了 29 名，并按照制定的《北京市国家税务局首批信息化技术骨干培养方案》参加北京国税局的电子税务局、数据仓库、门头沟数据中心、金税三期上线“四位一体”的建设任务。

（马俊峰）

北京市国土资源局

【概述】年内，围绕新时期首都城市战略定位和北京市国土资源工作重点，北京市国土资源局全面推动国土资源信息化工作不断深入，成立局网络安全和信息化工作领导小组及办公室，正式向全市范围内提供不动产统一登记服务；新版公文流转系统上线运行，进一步提升办公效率；实现征地信息网上全面公开；建成北京市国土资源监测指挥中心，开展本地异地异城三重备份；出版发行《智慧国土：北京的探索与实践》一书等。年内，北京市国土资源综合监管移动平台荣获电子政务优秀案例奖。

（谢俊奇　尹岷）

【局网络安全和信息化工作领导小组及办公室成立】9 月，经 2015 年第 11 次局党组（扩大）会议研究决定，成立局网络安全和信息化工作领导小组，组长由党组书记、局长魏成林担任，成员由机关各处室、直属各单位的主要负责人和所有区县分局党组书记组成。领导小组统一组织领导全局系统网络安全和信息化工作，贯彻落实国家、国土资源部、北京市网络安全和信息化工作的法律、法规和方针、政策；审定全局系统网络安全和信息化工作方案、标准规章制度、长期规划、年度计划和年度经费预算；研究决定网络安全和信息化建设与应用重大事项，考核全局系统网络安全和信息化工作。领导小组下设办公室，设在局信息中心。负责贯彻执行局网络安全和信息化工作领导小组的决定，承办局网络安全和信息化工作领导小组的日常工作。

（张克锋　李建林）

【门户网站依申请功能上线】11 月 27 日，门户网站增设依申请公开功能，向社会公众提供网页申请政府信息服务，支持申请人在本单位门户网站在线填写、提交申请。截至 12 月 31 日，网站共受理公众依申请公开请求 28 个。

（石帅　王晨）

【新版公文流转系统上线】年内，对全局拟文管理、收文管理、内部事务沟通、内部会议和外部会议五大类公文文种的表单样式、批转流程和管理规则进行全面梳理，并对系统进行升级改造。新公文流转系统全面推行无纸化办公，办公电脑和移动政务本无缝衔接，公文全部在线电子流转。基层业务工作人员利用综合监管移动平台进行移动一张图、移动地灾、移动执法等移动办公。新版公文流转系统的上线运行实现了无纸化办公，打造节约型、高效型政府办公模式。

（黎维军　樊雅婷）

【多种手段保障国土资源移动监管平台信息安全】年内，北京市国土资源局按照“等级保护、动态防控、安全可信”的工作思路，不断夯实网络与信息系统安全基础，加强全局系统的安全统筹和检查指导，开展了综合监管移动平台应用安全防护方案设计研究，形成了渗透测试和风险评估报告、应用安全防护方案、移动终端应用配置规则和安全管理规定等成果，为保障国土资源移动监管平台信息安全提供了多种手段。

（李建林 魏立力）

【推进综合监管平台】年内，建立了土地储备开发监测分析系统，动态监管全市1238个市区两级土地储备、一级开发项目情况；进行风险防范管理，优化土地供应结构，保障重大项目快速落地，有效支撑保障性住房等用地供应。土地违法行为查处进展管理信息系统新增“12336”举报线索，内容实时以短信方式通知属地国土所所长进行核查处理，让违法线索的下达、反馈更加方便快捷，本年度共受理举报线索案卷2056条。企业信用信息归集系统新增“联合惩戒黑名单”，供业务人员在行政审批环节使用，法院协执信息、批后监管信息、出让金缴纳等提示信息不断丰富，本年度增加各类信用信息11629条。推进开发区土地集约节约利用评价系统应用推广，调查单位可以通过CA证书在分局网络环境下利用一张图等基础信息进行评价作业。搭建北京市设施农业项目用地管理系统，实现设施农业项目用地信息填报和用地坐标信息入库，使全市设施农业项目用地信息上图入库。

（黎维军 郭虎）

【实现征地信息网上全面公开】年内，北京市国土资源局网站群（包括市局及各区分局网站）全面开通“征地及农转用”栏目，并对社会公众提供查询服务。该栏目具有以下特点：全面性，栏目公开了2008年至2015年经国务院、市政府批准的集体土地征收（占用）及农用地转用，共1700余个征地项目信息，实现了征地业务全流程的信息公开，保证了群众的知情权。创新性，每条信息以批准文号及征地项目基本信息为主线，对应公开该项目的一书四方案、征地报批前公示、征地补偿协议、征地结案公示和征地批准后公告，并提供按批准文号、项目名称、用地位置、用地单位等关键字的组合查询功能，方便群众快速查找相关信息。规范性，通过对每项征地业务扫描件去红头、去红章、加挂水印、对经办人手机号码等隐私信息进行技术处理，保证了政府信息的规范性和严肃性。便捷性，北京市国土资源局门户网站公开全市区域内征地信息，各区分局网站公开本辖区内征地信息，实现了征地信息的高度整合和统一管理，群众可通过多渠道进行查询。

（石帅 王晨）

【重要数据实现本地异地异城三重备份】年内，市国土资源局除日常本地备份和密云灾备中心备份外，实现在国土资源部重庆数据备份中心进行数据异城备份。进行异城备份的数据包括土地管理、矿产资源管理和地质环境管理等专题数据，综合监管平台各业务系统数据库备份数据，以及行政审批申报要件等，备份数据总量达27.8TB。

（黎维军 武瑞芳）

【北京市国土资源监测指挥中心建成】年内，北京市国土资源监测指挥中心建成。面积420平方米，使用4K高清大屏，接入市应急办视频会议系统、市气象局气象会商系统等，提供实时监控、值班值守、决策会商、应急指挥、信息展示等服务。

（龚力　王岩）

【《智慧国土：北京的探索与实践》出版发行】 年内，由北京市国土资源局党组书记、局长魏成林主编，童庆禧院士作序的《智慧国土：北京的探索与实践》一书由清华大学出版社出版发行。该书系统和完整地阐述了北京市国土资源局从信息化顶层设计到信息化建设中的应用与服务、保障与治理、标准与规范等体系，以及新技术探索等各个方面的思想、方法、措施、案例，总结了“数字国土”的实践经验，为“智慧国土”建设探索了前进方向，是一部国土资源管理科学及信息技术应用的学术专著，对国土资源信息化建设具有借鉴作用和指导意义。

（张克锋　张宁）

北京市环境保护局

【概述】 年内，北京市环境保护局（简称市环保局）按照《中华人民共和国政府信息公开条例》《北京市政府信息公开规定》以及上级文件的各项要求，围绕本市环境保护中心工作，落实国务院和北京市两级政府信息公开工作要点，梳理发布权力清单和本级财政预、决算信息，以大气、水、辐射等环境质量、建设项目环评审批和验收、重点污染源监察监管、总量减排、投诉举报处理情况、环境应急等方面内容为主，大力推进政府环境信息的主动公开工作，全面落实了国务院办公厅《2015年政府信息公开工作要点》和《北京市2015年政府信息公开工作要点》的要求。继续推进信息中心各项建设，提高信息化服务保障能力和水平。

（北京市环保局）

【市环保局到市政府“12345”热线与民互动】 10月，市环保局副局长姚辉率队到市政府“12345”热线与市民互动，解答了市民关心的大气污染防治、企业排污监管、建设项目环评审批、机动车尾气治理、空气重污染应急处置、基站电磁辐射等问题67个，现场转交相关部门查处市民投诉的环境违法问题17个。

（北京市环保局）

北京市交通委员会

【概述】 年内，北京市交通委员会以“清洁空气行动计划”和“智慧交通顶层设计”为指引，进一步健全工作机制、创新思路，扎实推进交通行业科技创新、道路工程科技和节能减排工作。全市交通科技创新能力不断提高，道路工程科技水平不断提升，交通节能减排工作取得初步成效。推进“智慧北京”工程中交通部分的工作，推进物联网在北京市交通领域的应用，推广应用ETC系统应用，推进北京市低排放区拥堵收费技术方案必选，启动项目建设。编制并发布委系统申报市级信息系统省级改造项目方案审查工作流程，审查信息系统项目20个。开展网络安全调研与检查，全年交通信息安全零事故。

（葛启彬）

【福建省交通运输厅到 TOCC 参观交流】 1月12日，福建省交通运输厅相关业务部门负责人一行15人赴北京市交通运行监测调度中心（以下简称 TOCC）参观交流。TOCC 工作人员详细介绍了北京市综合交通运行监测体系的总体建设和运行情况，特别是在政府决策、行业监管、企业运营、百姓出行中所发挥的重要作用。

（葛启彬）

【参加“十三五”智能交通规划编制研讨会】 2月12日，为进一步做好北京“十三五”智能交通体系规划研究二作，北京市智能交通协会（以下简称协会）参加委科技处组织的“十三五”智能交通规划编制研讨会，与两局一队的相关负责人进行了座谈交流。

（葛启彬）

【综合交通运行监测与服务系统专家评审会召开】 2月13日，TOCC 组织召开了《北京市交通运行协调指挥中心二期工程——综合交通运行监测与服务系统》标段初步验收专家评审会。

（葛启彬）

【印度代表团到 TOCC 参观交流】 3月18日，按照委办公室安排，TOCC 配合委运输局，接待印度代表团到 TOCC 参观交流。印度代表团由印度公共管理学院 C.Sheela Reddy 博士带队一行21人。市外办、委运输局、公交集团、地铁公司、一卡通公司相关领导参加交流。

（葛启彬）

【轨道交通票卡芯片研究项目通过验收】 4月2日，市交通行业科技项目“MF1 卡及 UL 卡芯片分析研究”通过验收。该项目由交通委组织，轨道交通指挥中心负责完成。

（葛启彬）

【做好清明假期免通期间交通运行监测服务工作】 4月7日，TOCC 认真履行职责，做好市清明假期免通期间交通运行监测服务工作，实现24小时全覆盖监测值守；联合路政局路网中心、6家高速公路运营企业，共同做好动态监测、信息报送、信息发布和媒体服务工作。

（葛启彬）

【智能交通技术与设备研发中心通过认定】 5月8日，市交通委组织申报的“交通运输行业智能交通技术与设备研发中心”通过交通运输部组织的专家评审。该中心成为第一批交通运输部认定的“智能交通技术与设备研发中心”。

（葛启彬）

【一体化出行服务关键技术通过可行性论证】 5月14日，2014年交通运输部信息化技术研究项目“北京市综合交通一体化出行服务关键技术研究与应用示范”通过交通运输部西部项目建设科技项目管理中心组织的项目可行性论证。该项目由 TOCC 完成。

（葛启彬）

【行业重点实验室研发中心通过认定】 5月，市交通委开展行业研发中心和重点实验室的认定工作。经择优推荐，北京工业大学的“城市智能公交行业重点实验室”、北京交通大学的“交通基础安全风险管理重点实验室”通过交通运输部交通行业重点实验室认定审查；市路桥建材集团的“节能环保道路新材料与技术行业研发中心”通过交通运输部交通运输行业研发中心认定审查。

（葛启彬）

【阿里巴巴集团应邀赴TOCC参观交流】6月12日，阿里巴巴集团一行3人赴TOCC参观交流。中心员工47人参加此次交流。鉴于阿里巴巴在互联网服务、大数据处理和云计算服务方面的雄厚技术实力和丰富实践经验，中心邀请阿里巴巴政府事务负责人到中心交流。交流双方对各自的核心业务和主要领域进行了概要介绍，并对目前的信息化热点技术和服务进行了交流。

（葛启彬）

【轨道交通两项科研课题通过验收】6月17日，由轨道交通指挥中心参与的国家科技支撑计划项目城市轨道交通运输组织、控制及保障一体化关键技术与系统研制课题一“成网条件下城轨交通运输组织关键技术与系统研制”、课题二“城轨交通路网运营安全保障关键技术与系统研制”，通过国家科技部高新司组织的验收。

（葛启彬）

【交通运输科技项目申报】6月19日，市交通委组织开展2016年度交通运输科技计划项目申报工作。北京市交通信息中心等6家单位提交建设科技项目和软课题项目建议书，共计10项，申请资金1000多万元。

（葛启彬）

【福州市规划设计研究院到TOCC调研】8月5日，福州市规划设计研究院一行4人到TOCC调研座谈。双方就数据资源整合、行业内外协作、日常交通运行监测与公众信息服务工作等方面进行了深入交流。

（葛启彬）

【保障重大活动安全运行】8月20日至9月5日，为保障“世锦赛”和“抗战胜利70周年纪念活动”期间网络和重要信息系统的安全运行以及紧急情况下的快速应急响应，北京市交通信息中心制订了详细的信息安全保障工作方案，安排技术人员在活动期间执行双人双岗7×24小时机房现场值守，并向相关单位发布了加强网络和网站等信息系统信息安全保障的通知，以全面保障交通委系统网络和信息系统的安全运行。

（葛启彬）

【“交通创新与智慧出行”全国博士后学术交流活动举办】9月22日，由全国博士后管委会、中国博士后科学基金会和北京市人力资源和社会保障局主办，北京市交通信息中心和TOCC等联合承办的2015年“交通创新与智慧出行”全国博士后学术交流活动在工大建国饭店举办。

（葛启彬）

【北京市综检站治超监管系统示范工程建设】12月9日，北京市综检站治超监管系统示范工程于8月完成项目初验以来，在系统试运行阶段组织了多次系统使用培训，其中包括9月11日在通州交通局的实地培训，10月15日在延庆西康综检站的实地培训，11月17日对怀柔、密云系统使用人员，以及12月8日对房山、平谷两区系统使用人员进行的集中培训。已完成6个区县14个示范综检站所有相关人员的系统使用培训工作。在项目培训的过程中，项目组积极听取示范治超综检站使用人员提出的意见建议，对实际应用中发现的问题和不足及时修改调整，并不断地进行软硬件系统的优化及完善，为系统顺利进行最终验收做好准备工作。

（葛启彬）

【“执法装备与信息化发展规划”项目通过专家评审】 12月11日，按照交通行业科技项目管理办法要求，北京市智能交通协会配合北京市交通执法总队组织召开了“执法装备与信息化发展规划”项目终期验收专家评审会，项目将形成一套执法总队“十三五”时期信息化发展的规划蓝图，用以统筹指导总队执法装备和信息化工作。与会专家认为，项目组提交的《北京市交通执法总队执法装备与信息化现状分析报告》和《北京市交通执法总队执法装备与信息化发展规划（2016—2020）》咨询报告内容翔实，结构合理，符合北京市交通行政执法装备及信息化发展的要求，一致同意项目通过最终验收。下一步，项目组将根据专家建议继续完善规划，并在提交执法总队审定后，正式发布。

（葛启彬）

【MF1卡及UL卡芯片分析研究结题】 年内，“MF1卡及UL卡芯片分析研究项目”结题。该课题由北京基础设施投资公司承担，对样卡的物理特征、电气特性、应用一致性开展测试研究，形成兼容芯片车票在北京轨道交通中应用可行性分析，有助于打破芯片垄断，保障路网票卡的稳定供应，促进芯片多元化应用，有效降低票卡运营成本。

（葛启彬）

【CBTC信号系统技术规范研究编制结题】 年内，“北京市轨道交通CBTC信号系统技术规范研究编制”结题。该课题由北京基础设施投资公司承担，为建立轨道交通CBTC信号系统标准奠定技术基础，为市轨道交通路网建设、网络化运营和互通提供技术支撑，进一步节约运营单位后续运营维修成本。

（葛启彬）

【行政许可及电子监察项目升级】 年内，市交通运输管理部门推进行政许可及电子监察升级改造项目建设，共完成道路运输从业人员、货运、维修、出租、租赁等5个行业办理事项功能上线运行；省际客运、旅游、汽车租赁、水运、郊区客运5个行业主体功能开发完成。系统共受理业务150686件，其中制发道路运输从业人员证件114023件、出租驾驶员服务监督卡98836件、出租汽车运营证66665件。

（葛启彬）

北京市教育委员会

【概述】 年内，北京市教育委员会（简称市教委）重点实施了北京市中小学数字校园、北京教育管理公共服务平台省级数据中心建设等项目，深入推进业务系统建设，加强教育行业信息安全工作，加快推进首都教育信息化建设。

（张豫）

【“数字化校园建设与应用的实践研究”课题中检总结研讨会召开】 1月21日，北京市教育信息技术研究“十二五”规划课题“数字化校园建设与应用的实践研究”在前期检查和评审工作基础上，在东城区五十中召开了课题中检总结研讨会。来自16个区教育信息中心、225个课题单位的300多名校长和教师参加了会议。

（潘东庭）

【组织参加第九届全国幼儿园信息技术作品评选】6月，市教委组织北京市幼儿园教师参加第九届全国幼儿园信息技术作品评选，获奖作品108件，其中一等奖31件、二等奖30件、三等奖47件。北京市学前教育技术专业委员会获全国最佳组织奖。

（潘东庭）

【遴选推荐职业院校数字校园示范校】7月，市教委按照教育部《职业院校数字校园建设规范》要求，组织遴选推荐本市中、高等职业院校申报全国职业院校数字校园建设实验校。经过中央电化教育馆组织的专家评定，北京市3所中职、2所高职院校列入全国首批职业院校数字校园建设实验校。12月28日，5所职业院校负责人参加了中央电化教育馆组织的首批数字校园建设实验校项目启动会，正式启动项目建设。

（吕轮超）

【全面推广市级数字资源共享交换平台】7月，市教委组织召开全市数字化基础教育资源共享与服务研讨暨工作部署会，会上对市区两级资源的对接工作提出了明确的要求。下半年陆续到各区、学校走访调研及培训推广，目前已有东城、西城、丰台、石景山等8个区完成了资源的对接工作；北京理工大学附属中学、北京师大二附中等55所学校正在陆续接入中。

（吕航）

【组织参加全国第16届师生电脑作品评选活动】7月下旬，市教委组织北京市中小学师生参加全国第16届电脑制作活动（学生），评选类项目共评出一等奖20件、二等奖35件、三等奖39件。竞赛类项目共有5支队伍获得一等奖、3支队伍获得二等奖、7支队伍获得三等奖，市教委获得最佳组织奖。

（潘东庭）

【市电化教育研究会特殊教育技术专业委员会第三届年会召开】10月中旬，北京市电化教育研究会特殊教育技术专业委员会第三届年会在延庆特教中心召开，会议的主题是“促进信息技术在特殊教育领域的应用”。共计30余个单位、80余人参加会议。会上会长做专委会工作报告，表彰了10个优秀组织单位及第三届“三优联评”获奖作者。同时还进行了“三优联评”评述及课堂教学观摩活动。

（潘东庭）

【推进行业信息安全培训工作】11月，市教委承办“北京市属教育单位信息安全培训”。全市教育行业近70个单位负责信息安全工作的相关领导、技术人员100余人参加了培训。

（陈昊）

【取得全国职业院校信息化教学大赛历史最好成绩】11月，市教委职成处组织本市15名中职教师参加在南京举办的全国职业院校信息化教学大赛，荣获一等奖8项、二等奖2项、三等奖5项，总成绩位列全国第二，创造历史最好成绩。北京市教委被授予最佳组织奖。

（吕轮超）

【组织参加微软计算机科学教育日“编程一小时”全球公益活动】12月6日，由北京教育网络和信息中心组织的微软计算机科学教育日“编程一小时”全球公益体验活动在中关村微软大厦举行。活动对参加者进行了编程逻辑思维培训，北京八一小学学生等100多名有关人员参加活动。

（覃祖军）

【开展“北京市初中实践活动管理服务平台”项目】年内，北京市教委在全市范围内开展了“北京市初中实践活动管理服务平台”项目。平台包括开放科学实践活动和综合社会实践活动两大部分，其中开放科学实践活动，全市近9万名初一学生可以在高校、科研院校、社会团体、企业等各类资源单位提供的首批851个活动项目中，选择自己感兴趣的活动参加；综合社会实践活动为学生提供了32个考核要点和62个活动建议。

（周航）

【资源共享交换平台的数字资源接入完成】年内，北京市教委在上年数字资源整合共享工作的基础上，进一步丰富充实市级资源共享交换平台中的数字资源，为一线教师提供优质资源的供给服务。先后完成了国家教育资源公共服务平台的资源接入工作，接入“一师一优课”视频类资源3万余条；开展社会资源引入，完成国家基础教育综合配套视频库2000余条视频资源接入；开展2015年度电脑作品资源的整理入库工作，完成资源入库200余条。截至年底，市级共享资源库共汇聚各类数字资源207万条。

（吕航）

【组织实施“中小学教师应用信息技术与提升培训合作交流项目”】年内，北京教育网络和信息中心组织并实施“中小学教师应用信息技术与提升培训合作交流项目”，运用线上与线下（OTO）现代远程教育手段，遵循“讲授、实践、体验、研究”的实验理念，进行探究式培训，共培训290名市级学科骨干教师和111名普通教师，覆盖东城、西城、朝阳、海淀、石景山、平谷等多个区。参加人数超过项目申报时预计的45%。其中，面授30课时、网授20课时，合计50课时。并根据学员学习情况进行综合考核，考核合格率达到90%以上。

（覃祖军）

【完成“戴尔数字化校园示范应用”项目相关工作】年内，北京教育网络和信息中心完成了中央电教馆国际合作交流处组织实施的“互联创未来”项目三期“戴尔数字化校园示范应用”在北京实施的有关项目管理、专家下校指导和组织学校参加比赛等工作。其中，项目学校北京小学3月获得“中国教育发展基金会—戴尔‘互联创未来’项目数字校园”创新应用示范二等奖。负责组织了密云和门头沟两个区10所学校参与项目四期的申报工作和项目启动会议。

（覃祖军）

【组织中小学创客网上教育联盟校教师创客教学经验交流活动】年内，北京教育网络和信息中心组织召开了北京远程教育专业委员会创客教育执委会成立暨北京中小学创客网上教育联盟校教师机器人动手教学经验研讨交流活动。依托北京远程教育专业委员会开发了创客教育的网上平台，组织11所学校加入创客网上联盟，共享教材、课程和硬件环境资源，向北京十八中学等5所示范学校颁牌，并开展了联盟校教师之间的创客教学经验交流活动。

（覃祖军）

【全市中小学新生学生卡发放工作完成】年内，北京教育网络和信息中心对全市新入学的中小学生免费发放学生卡，对丢卡的学生进行补制和发放。全年共发放证件卡42万张、学籍卡30万张。

（刘杨玉倩）

【完成全年教育信息网及高校城域网骨干节点运维管理工作】 年内，北京教育网络和信息中心完成北京教育信息网 23 个骨干节点及 25 个高校城域网节点的日常运行维护、建设改造和管理工作。厂桥机房到电信运营商的互联网流量，工作时间下载平均达到 19Gbps，上传近 12Gbps；全部时间下载平均近 18Gbps，上传近 10Gbps；和平门机房到联通的互联网流量工作时间下载平均达到 3Gbps，上传近 1Gbps；全部时间下载平均近 2Gbps，上传近 0.5Gbps；和平门电信互联网流量工作时间下载平均 1.5Gbps，上传 1.8Gbps；全部时间下载平均近 1Gbps，上传近 1Gbps；大网网络出口基本稳定；汇聚层 23 个节点全年可利用率达到 99% 以上。

（陈炅）

【开展核心网络设备及机房升级改造工作】 年内，北京教育网络和信息中心开展核心网络设备的升级改造工作，配合波分复用设备部署和冗余光纤链路建设，北京教育信息网骨干核心网络目前已具备 4×10G 的传输网络吞吐规模，有效提升光纤链路的使用效率和运行稳定性，结合冗余光纤链路可较大程度降低因光纤故障导致的网络中断。对厂桥机房核心网络设备、UPS 供电系统、基建装修、配电系统、环境集中监控系统进行了升级改造，整体基础环境有了很大改善，有效保障了机房内业务系统的安全稳定运行。

（陈炅）

【完成电子政务保密和正版化检查工作】 年内，北京市教委办公室完成对机关办公设备涉密、非涉密载体保密自查工作和涉密网络保密检查工作。正版化检查历时一个多月，确保机关公务员计算机所安装的软件均使用正版授权，符合正版化工作的要求，资产、台账清晰。

（陈炅）

【入学服务平台升级改造完成】 年内，根据义务教育入学指导意见，北京教育网络和信息中心对入学服务平台进行了相应的升级改造，平台信息更加公开透明，有效提高了数据的准确性和有效性，使各级业务部门实时监测入学情况，及时做好部署和协调工作。2015 年度义务教育入学工作于 9 月完成。

（周航）

【精品特色教育资源库建设成效显著】 年内，北京市属高校特色教育资源库建设项目调研北京高校特色资源知识产权问题；召开北京高校特色教育资源库项目工作会，强调从资源应用角度，加强内容短小精悍，思路新颖，在教学、科研、公众方面应用创新的原创精品主题资源包开发；完善了项目管理流程和文件，完成了北京工业大学等 8 所高校此项目的申报、中检及验收工作。年内，已建设 457 个涵盖服装、电影等 11 个领域的主题资源包，整合图片 222.8 万张、音视频 8.8 万个、文字 3796.6 万字、网页设计 15.6 万个，建成了一批精品特色资源，形成了一系列精品特色资源建设服务模式。如，北京市教委的《北京高等学校特色资源共建共享机制的设计与实践》和北京服装学院的《传承服饰文化建设特色鲜明的服装艺术教育资源库》入编 2015 年度全国教育信息化建设与应用典型案例，进一步丰富了高校特色资源库建设经验。

（张豫）

北京市粮食局

【概述】年内，在“粮安工程”和“智慧北京”的大背景下，北京市粮食局积极推进北京市粮食行业信息化发展，助推做好稳运行、保安全、强产业等重点工作，利用市、区县两级储备粮油的吞吐轮换机制和北京市粮食购销竞价交易平台调节市场供求和价格。发布粮食供求和价格信息，稳定市场预期。加强应急保障机制建设，合理分布714个应急供应网点。开展全市范围内的粮食和食用油库存检查工作，实现了“守底线、保安全、惠民生、促发展”的工作目标。

（胡月婷）

【骨干粮油批发市场远程监控与信息发布系统报废工作完成】3月30日，信息中心组织新发地中央批发市场大屏幕拆除完毕，至此骨干批发市场远程监控与信息发布系统的报废工作全部完成。

（胡月婷）

【信息安全等级保护改造项目实施】年内，按照《关于北京市粮食局信息安全等级保护项目审查意见的函》的具体要求，经市粮食局局长办公会议批准，信息安全等级保护项目正式实施。该项目采用询价的方式，最终确定北京网御星云信息技术有限公司为中标商。项目按照规定流程有序开展，于年底前全部完成。

（胡月婷）

【粮安工程规划编制工作完成】年内，《北京市粮食收储供应安全保障工程建设规划（2016—2020年）》编制完成。该规划是依据国家发展改革委、国家粮食局、国家财政部印发的《粮食收储供应安全保障工程建设规划（2015—2020年）》的相关要求编制，结合本市作为特大粮食主销区的定位，从“建设粮油仓储设施、打通粮食物流通道、完善应急供应体系、保障粮油质量安全、强化粮情监测预警、促进粮食节约减损”等方面，全面加强粮食收储供应安全保障工程建设。规划提出了本市今后一段时期粮食收储供应安全保障能力建设的指导思想、目标和主要任务及政策措施，是指导粮食流通基础设施建设的重要依据。

（张继红）

北京市旅游发展委员会

【概述】年内，北京市旅游发展委员会（简称市旅游委）信息化工作围绕落实“智慧旅游行动纲要”和“信息化发展规划”要求，统筹协调项目建设，有效推进智慧旅游发展，全力为行业管理和产业发展提供服务。以《北京智慧旅游行动计划纲要（2012—2015年）》和《北京旅游信息化发展规划（2013—2015年）》为指引，积极开展各项信息化工作。增强全委信息化工作统筹能力，发挥重点示范项目的引领带动作用，不断开拓“智慧旅游”建设新局面。北京旅游网积极配合全委职能工作，拓展多媒体建设服务功能，网站影响力进一步提升；政务网面向社会，宣传报道重点工作，无一遗漏地对全委重点工作进行了新闻或专题报道，通过制作专题栏目全面深入反映北京市旅游发展委员会重点工作情况，保障北京旅游信息网安全、正常运行，信息及时、正确更新，做好企业游客信息服务工作。为进一步净化网络环境，维护游客合法权益，会同市网信办合力治理网络虚假旅游信息，共同打造首都良好的旅游市场环境。

（程仲）

【北京市获评2014“美丽中国”十佳智慧旅游城市】 1月13—14日，第四届中国旅游产业发展年会在南昌举行，市旅游委信息中心基于调度中心和北京旅游网建设内容申报的“2014年北京智慧旅游建设”项目获大会“2014‘美丽中国’十佳智慧旅游城市”大奖首位。中国旅游产业发展年会组委会认为，2014年北京市在智慧旅游电子政务和智慧旅游公共服务方面均取得了卓越成绩。首都旅游产业运行监测调度中心的功能得以完善，真正实现了“联通、整合、监测、调度”，北京旅游产业信息资源系统和互联互通的视频图像系统得以建立，实现了旅游产业信息资源共享和视频监控。同时，北京旅游网矩阵平台的构建，向北京、全国乃至世界游客提供可靠、及时、准确、权威的北京旅游信息服务。（中国旅游产业发展年会由中国旅游报社、中国旅游协会共同主办，每届年会都会发布依靠公众、专家及旅游专业媒体等多方力量共同评选出的一系列榜单，展示我国旅游业发展的新趋势和新前景。）

（程仲）

【智慧旅游工作座谈会召开】 1月14日，市旅游委组织有关区旅游委、旅行社、饭店、景区、院校、科技企业、通信企业及旅游网站的负责人和专家召开了北京智慧旅游工作座谈会，就如何更好地推动北京智慧旅游工作进行充分的交流。会上，市旅游委委员邹伟南总结了近年来市旅游委开展的有关智慧旅游的相关工作：成立了智慧旅游工作小组，健全了智慧旅游工作机制，构建了智慧旅游顶层设计和旅游业态智慧旅游建设规范，通过北京旅游网、“i游北京”、首都产业调度平台及北京A级景区自助导游软件系统和虚拟旅游平台的建设和运行，北京智慧旅游工作取得了初步成效。随着旅游业的不断发展，智慧旅游建设工作也进入深水区，特别是智慧旅游基础设施相对落后、针对公众的智慧旅游服务比较薄弱等问题的日益突出，希望各企业为北京智慧旅游建设积极出谋划策，提出宝贵的意见和建议。

（程仲）

【北京市获2014“年度智慧旅游城市”奖项】 1月26日，“中国旅游金途奖”颁奖盛典在京举行。“中国旅游金途奖”围绕2014年旅游业界重大事件，以国际视野、专业眼光、严密数据，评选出旅游产业链全方位奖项。以公平、公正、公开、权威为宗旨，通过奖项征集、国内外各大业界权威机构数据收集、专家学者共同评选，北京、天津、南京获得“年度智慧旅游城市”奖项。近年来，市旅游委围绕智慧旅游建设，按照“十二五”《北京智慧旅游行动计划纲要》的要求，潜心、扎实地推动智慧旅游基础建设工作，整合全市旅游公共资源，建立了旅游公共信息平台和网络、景区自助导游和虚拟旅游系统、旅游产业调度和投融资平台，取得了较好的成果。

（程仲）

【市旅游委信息中心、咨询服务中心揭牌】

2月4日，北京市旅游发展委员会信息中心（北京市旅游运行监测中心）、北京市旅游咨询服务中心成立揭牌仪式在首都旅游产业监测调度中心举行。委领导宋宇、于德斌、李艳萍、景劲松、方泽华、邹伟南、赵广朝及全委各处处长、事业单位负责人出席仪式。邹伟南主持仪式。信息中心主任卢川宣读了市编办《关于同意市旅游委独立设置信息中心并调整市旅游咨询服务中心职责编制的函》，人力资源处处长范红宣读了市人力社保局批复两中心成立的三定方案。委党组书记、主任宋宇代表委党组和班子对信息中心（运行监测中心）、咨询服务中心的成立表示祝贺。仪式结束后，委领导参观了信息中心（运行监测中心）、咨询服务中心成昗展，并与干部职工合影留念。

（程仲）

【共商治理网络虚假旅游信息整治工作】2月28日，为进一步净化网络环境，维护游客合法权益，市旅游委主任宋宇、副主任王粤带领执法大队、信息中心相关负责人针对治理网络虚假旅游信息到市网信办与主任佟立强，网管处、网宣处、网评处、违法和不良信息举报中心相关负责人进行座谈。近年来，随着北京旅游产业功能的不断拓展，在加大旅游市场秩序整治和打击的同时，非法旅游经营的方式、手段也借助网络这一载体，呈现出多样化、隐蔽化、信息化的趋势。特别是本年全国“两会”即将召开，随着天气转暖，来京游客将持续上升，如不及时果断治理，必将使游客投诉率不断提高。双方通过工作沟通，达到通过互商治理举措，定期组织召开以巩固治理整顿成果为目标的协调会，加强经常性管理和防范，建立长效工作机制，通过每周的第一通知人例会、每月的总编辑例会等工作机制，合力治理网络虚假旅游信息，共同打造首都良好的旅游市场环境。双方针对当前网络虚假旅游信息现状以及目前线上虚假旅游信息治理中存在的突出问题达成如下共识：一是建立案件投诉移交处理快捷通道；二是加强网上旅游产品监管整治力度；三是搞好正规线上旅游产品宣传推广。

（程仲）

【召开治理网络虚假旅游信息专项工作洽谈会】3月6日，为进一步贯彻落实“2·28”会议精神，加大政府职能部门对互联网的管理力度，稳步推进治理网络虚假旅游信息工作，市旅游委委员赵广朝带领执法大队、城市形象与市场推介处、信息中心等相关部门，到市网信办联合召开治理网络虚假旅游信息专项工作洽谈会。会上，市网信办网管处处长陈华介绍了与政府相关部门合作治理网上虚假信息的成功做法，针对网上虚假旅游广告牌提出了“疏堵结合”的治理举措，执法大队通报了春节期间游客针对网络虚假旅游信息的投诉情况。最后，双方围绕《关于清理网络虚假旅游信息专项整治工作方案》进行了讨论，并商定了近期利用“辟谣平台”通报典型案例、温馨提示“线上旅游攻略”、约谈主流网络企业清理虚假信息等整治重点工作。

（程仲）

【召开治理网络虚假旅游信息部署会】4月3日，为进一步促进网络虚假旅游信息专项整治工作的深入开展，市旅游委召集在京各旅行社负责人召开了清理网络虚假旅游信息工作部署会。市旅游委委员赵广朝到会并讲话。自年初以来，为贯彻落实国家旅游局关于“加强治理”的有关指示精神，市旅游委先后多次会同市网信办围绕协同开展网上虚假旅游信息治理工作召开会议，共同制定《关于清理网络虚假旅游信息专项整治工作方案》，形成了案件快速移交、协同加强监管、推广正规渠道等合作机制，并持续开展“清网行动”。在清明节前夕召开此次会议，既是对治理行动的有效推进，也是为净化暑期旅游即将来临的一次“源头”治理。会议上，市旅游执法大队简要总结了前期工作情况，通报了当前网络虚假旅游信息乱象，并围绕下一步工作中需旅行社配合的具体事项做了部署。

（程仲）

【2015年首次主题旅游沙龙举行】4月8日，北京旅游学会在金龙建国温泉酒店举行“旅游+互联网+资本——渠道、方法、模式”主题旅游沙龙。旅游专家，互联网专家，投融资专家，北京旅游学会理事，在线旅游企业，旅游投资公司、旅游新业态负责人及市旅游委部分干部，旅游研究中心和研究基地负责人，北京交通大学、北京第二外国语大学、北京联合大学、北京交通大学、首都经贸大学旅游专业部分研究生近百人参加。沙龙活动分主旨演讲、主题发言和交流互动等环节，参加者发言踊跃、交流积极，为北京旅游在新形势下如何取得新发展充分献计献策，取得很好效果。

（程仲）

【清理网络虚假旅游信息新闻通气会召开】4月28日，为全面促进清理网络虚假旅游信息工作的深入开展，市旅游委协同市网信办联合召开新闻通气会。新华社、中央电视台、北京电视台、《北京日报》、《北京晚报》等10余家新闻媒体与会。市网信办网管处处长陈华主持会议。会上，市旅游执法大队在简要总结前期治理成果和经验的基础上，公布了旅行社“黑、白名单”；北京旅游集散中心相关负责人代表正规旅游企业围绕当前知名企业被冒名顶用的乱象进行了阐述，并对清理工作带来的实际影响做了发言；百度、360和搜狗等网站负责人围绕落实清理虚假旅游信息工作做了详细的总结汇报。

（程仲）

【京承旅游座谈会暨旅游信息化合作签约仪式举行】7月26日，京承旅游座谈会暨京承旅游信息化合作签约仪式在市旅游委举行。市旅游委委员邹伟南、承德市副市长刘新宇出席会议。市旅游委信息中心主任卢川与承德市旅游局局长王成军签署了《京承旅游信息化合作框架协议》。双方将以签约为契机，进一步在旅游网站和新媒体建设、旅游信息化人才培训和旅游产业监测等信息化建设领域加强协作，为京津冀旅游信息化协同发展树立合作典范，探索区域旅游信息化发展的新路子。市旅游委产业处、区域处、信息中心、北京旅游网及承德市旅游局、互联网协会、有关旅游开发公司等单位负责人及相关人员参加了会议。

（程仲）

【持续推进“清网行动”】8月13日，市旅游委与市网信办联合召开打击虚假旅游网站进展情况通气会。会上，市旅游执法大队通报了前期协同相关单位打击虚假旅游网络信息工作情况。奇虎360相关负责人专题汇报了关于“虚假旅游网站举报专区”的开设情况。该举报专区是运用搜索技术搭建的互联互通、立体式的网络举报专区，是从技术和资金两大层面打击虚假旅游网站、维护正规旅行社和广大游客合法权益的有效措施。会议最后，市网信办相关负责人表示，将会同旅游主管部门，继续指导互联网企业，加强创新治理举措，切实构建疏堵结合、标本兼治的北京旅游信息网络传播管理模式，积极促进首都旅游市场健康发展。

（程仲）

【北京市旅游行业信用信息网上线运行】8月20日，北京市旅游委设计开发的北京市旅游行业信用信息网、北京市旅游行业信用信息发布系统（http://xinyong.bjta.gov.cn/）上线试运行。以该网为平台，市旅游委各部门及有关单位根据授权可具备信用信息录入、设定发布时限、审核发布、统计分析、内情通报、外发通知、调阅主要法规等操作功能。对外发布的信用信息类型参照市工商局企业信月信息网的分类，共设6类，包括警示、提示、良好、行业信用、许可和行业协会信息。系统试行一段时间后，还将与市工商局企业信用信息网进行对接，力争在两网之间实现旅游行业信用信息双向传递，提前达到2016年年底前将旅游部门归集的信用信息纳入全市企业信用信息系统的目标。今后，为维护旅游市场秩序，促进旅游行业健康发展，市旅游委将进一步加大对全市旅游行业信用信息发布系统的建设力度，力求在以下6个方面取得更大的进展：一是培育社会各界树立信用意识；二是引导旅游企业强化信用管理；三是督促旅游行业坚持诚信经营；四是鼓励消费群体参与信用监督；五是依托行业组织加强行业自律；六是利用网络平台归集信用信息。

（程仲）

【促进、规范在线旅游市场健康有序发展高峰论坛举办】10月20日，在国家旅游局的指导下，为积极推动“旅游+互联网”的新模式，有序推进智慧旅游持续健康发展，在新时代背景下创造出更多旅游新业态，由市旅游委、市网信办共同主办，北京中海纪元数字技术发展股份有限公司承办的“2015年促进、规范在线旅游市场健康有序发展高峰论坛”在科大天工大厦举行。国家旅游局监督管理司巡视员侯振刚、市旅游委委员邹伟南及相关处室、市网信办、市工商局、首都互联网协会、各区县旅游委分管领导以及相关旅行社、院校和在线旅游企业相关负责人参加本次论坛。9月，国家旅游局发布了《关于实施“旅游+互联网”行动计划的通知》，明确了到2020年旅游业与互联网全面融合，互联网成为我国旅游业创新发展的主要动力和重要支撑，在线旅游投资占全国旅游直接投资的15%，在线旅游消费支出占国民旅游消费支出的20%的发展目标。这将有力地推动在线旅游业的快速发展和壮大。近年来，随着智慧旅游和互联网经济的快速发展，涌现出了众多的在线旅游企业，在线旅游业务已覆盖到旅游全产业链，在线旅游产业已有了较大规模的发展，在线旅游给人们带来了越来越多便捷、丰富、实惠的服务，使原本复杂的旅行变得快捷而简单。同时，在线旅游在深入发展过程中难免会出现冒名欺诈、低价揽客、虚假宣传、擅自变更行程等现象，这些问题也是互联网经济的通病。举行“促进、规范在线旅游市场健康有序发展高峰论坛”就是针对在线旅游发展中，研究解决怎样加强在线旅游监管，各相关行政部门怎样发挥各自职能促进在线旅游市场的发展，如何维护公平公正的在线旅游市场秩序，如何推动在线旅游企业自律建设，怎样建立有效的在线旅游信誉公示体系，如何通过有效的手段和方法打击在线旅游市场中的违法、违规行为等新课题，更有效地促进在线旅游市场健康有序发展，实现国家旅游局提出的2020“旅游+互联网”目标。此外，百度、伟景行、全电智领、凯撒旅游、首经贸MTA和智慧旅游协同创新中心、大地云游、美景假期、北京沃富瑞德文化传播有限公司、景区宝、中海智旅等科技企业还参加了智慧旅游产品面对面体验展。

（程仲）

【举办旅游团队电子行程单系统使用培训】 11月4日，市旅游委会同市交通委联合在北京第二外国语学院组织开展了北京市旅游团队电子行程单系统使用培训。市旅游委委员赵广朝、市交通委运管局书记常华民出席培训会并做动员，国家旅游局监管司旅行社和导游管理处副处长孔磊到会指导，市旅游委行业管理处、执法大队、各区县旅游委执法人员，市交通委运管局、交通执法总队、各区县交通管理部门、北京市所有旅行社和A级景区、北京市旅游客运企业等2000多家单位的相关人员分3批参加培训。为了规范和管理好北京团队旅游市场秩序，从源头上解决北京非法“一日游”问题，市旅游委会同市交通委联合组织研发了北京市旅游团队电子行程单系统并在全市范围内推行，为执法部门查处打击非法“一日游”提供技术支持。通过该系统，正规旅行社与旅游客运企业可进行旅游团队车辆、导游、司机、团队行程等业务确认，信息核对无误后生成电子行程单和手机短信二维码，执法检查人员和游客可通过扫描和检查含有二维码信息的行程单来辨别旅游团队的规范性。培训班上，技术研发单位就系统的使用操作进行了培训和讲解，同时对参训单位和人员提出的问题进行了解答。在各企业熟悉系统并熟练掌握电子行程单的使用操作方法后，市旅游委、市交通委将联合正式下发通知，推行电子行程单系统试运行。试运行区域为北京市所有行政区域，前期主要在八达岭长城、水关长城、居庸关长城和十三陵地区等非法“一日游”重点区域进行试点。所有在北京市行政区域内注册的旅行社和旅游客运企业，均要按规定使用电子行程单系统。旅行社利用具有旅游客运资质自有车辆在北京行政区域内组织团队旅游时，也必须按规定填报和使用该系统。

（程仲）

【第八届“旅游研究北京论坛”举办】 11月15日，由北京旅游学会、首都经济贸易大学主办，首都经济贸易大学工商管理学院承办的第八届“旅游研究北京论坛”暨“互联网+”时代下的旅游业融合创新发展论坛在北京举办。市旅游委主任宋宇、首都经济贸易大学党委书记柯文进出席论坛并致辞。此次论坛包括“互联网+”与旅游业融合创新实践、智慧旅游协同创新、旅游产业融合与创新的多维视野、互联网背景下的旅游企业运作模式创新、“互联网+”与旅游目的地创新等分论坛。论坛上，北京旅游学会“旅游+互联网”研究中心正式揭牌。该中心作为北京旅游学会第15个研究中心，落户首都经济贸易大学工商管理学院。

（程仲）

【厦门市、昌吉州来京学习考察智慧旅游工作】12 月，福建省厦门市旅游局局长孔曙光和新疆维吾尔自治区昌吉回族自治州副书记谢毅泰先后率队来京就北京市开展智慧旅游工作进行学习考察。市旅游委委员邹伟南分别出席了两地在京的座谈和学习考察活动。邹伟南介绍了近年来北京推进智慧旅游工作的情况并就智慧旅游建设中的有关问题交换了意见。两地学习考察团还参观了北京旅游运行监测中心。市旅游委区域合作处、公共服务处、信息中心和旅游咨询中心有关人员参加。

（程仲）

【旅行社服务网点备案登记证明新增二维码扫描功能】年内，为有效维护旅游者和旅行社的合法权益，为旅游者识别、验证旅行社服务网点（门市部）资质提供便利，充分利用科技手段加强监管，规范旅游市场秩序，市旅游委行政许可处在旅行社业务管理系统运维单位的大力支持下，对系统中的“旅行社服务网点备案登记子系统”进行升级，添加了二维码生成模块，采用 QRCode 标准格式，由系统自动生成图像，将二维码打印于备案登记证明之上，码内数据信息采用不加密方式，便于调阅。旅游者可通过手机等智能移动设备进行扫描读取二维码信息，目前码内信息包括：总社的名称、许可证编号、经营范围、电话、地址，服务网点的名称、地址、编号、服务范围、电话、负责人姓名以及市旅游委旅游热线电话号码和旅游委网址。

（程仲）

北京市民防局

【概述】年内，北京市民防局立足信息化条件下首都人民防空建设需要，加强民防指挥控制手段和信息通信能力建设。把握重点环节，深入探索京津冀协同模式，继续开展北京市民防指挥通信车跨区通信支援演练，与天津市、河北省人防办签署了《京津冀人防通信协同发展和跨区支援备忘录》。北京市人防通信志愿者大队在 2011 年 3 月成立后经过历年训练、演练，正式举行了授旗仪式。加强统筹协调，继续推进全市警报试鸣工作，在上年 3 个区试鸣基础上首次组织 10 个区警报试鸣，取得了突破性进展。

（言芳）

【组织北京市民防指挥通信车跨区通信支援演练】6 月 24 日至 7 月 2 日，以华北某省市局部地区遭受严重灾害，常规通信手段无法使用、通信能力严重不足为背景，北京市民防局组织民防系统跨区支援通信演练。此次演练共组织指挥通信车及保障车辆 15 台，市和区民防局以及民防通信志愿者共 70 余人，历时 8 天，途经天津北辰区、河北承德市、内蒙古赤峰市，行程 1200 多公里，克服雨雾天气山区行军，雨天占领阵地展开装备等不利因素，先后完成了快速集结、摩托行军、野外宿营、伪装防护、通信枢纽开设与通信支援等协同训练科目。短波志愿者利用随队携带的业余短波电台（非民防局列装）分别在天津、河北、内蒙古等地圆满完成了市民防局交办的通过与北京驻地的业余无线电网络，将演练信息回传并流转至市民防局值班室的任务。这次拉动演练检验了机动指挥通信装备，提高了人员的快速反应、应急保障、临时组网、通信手段灵活运用等能力。其间，与天津市、河北省人防办签署了《京津冀人防通信协同发展和跨区支援备忘录》，举行了北京民防通信志愿者大队授旗仪式。

（言芳）

【推进全市警报试鸣】9 月 19 日，在 10 个区和 1 个重要经济目标单位组织了警报统一试鸣。门头沟、怀柔等区结合警报试鸣，组织部分市民和学生进行了疏散演练。通过试鸣，实际检验了防空警报系统的完好率和音响覆盖率，鸣响率为 99%。

（言芳）

【开展京津冀人防卫星通信网络融合及协同训练常态化调研】10—11 月，市民防局组织人员对市各区民防局、天津市人防办、河北省人防办三省市人防卫星通信网络现状及卫星通信训练情况进行调研。10 月 26—28 日在北京怀柔组织召开了京津冀人防通信和信息化建设协同发展业务研讨会，对京津冀人防卫星通信体系、技术保障队伍、训练现状进行研讨，并提出了京津冀人防卫星通信网络融合具体实施方案及建设思路，为实现京津冀卫星通信联合组网、民防通信协调发展奠定了基础。

（言芳）

【人防工程信息管理平台可行性研究通过评审】12 月，人防工程信息系统管理平台可行性研究报告通过专家评审。该系统为北京市民防日常业务信息系统下的一个子系统，按照人防工程业务全流程信息化管理的思路，集人防工程建设审批、技术审查、工程监督、执法和管理于一体的人防工程管理子系统。局信息化工作领导小组办公室（通信处）组织相关处室梳理业务需求和流程，整合已建的人防工程审批系统（三期）、北京市人防工程监理资质审批与管理系统、北京市人防工程设计资质审批与管理系统、北京市人防工程建设审批档案管理系统等工程建设和管理的相关软件，开展人防工程信息管理平台总体框架设计。

（言芳）

【指挥信息平台建设】年内，市民防局注重加强市、区、街道（乡镇）三级指挥平台和通信信息装备设施配套建设，指导各区县民防局开展指挥所信息系统建设，完成东城区、朝阳区、石景山区、平谷区指挥所部分设备设施升级改造，新建街道（乡镇）指挥所 16 个。

（言芳）

【警报报知系统建设】年内，按照国家人防办对城市警报音响覆盖率和统控率的要求，全市新建固定式电声警报器（含控制器）100 套，将 40 套电动警报器更新为电声警报器，更新到期电池 70 套；按照新的标准规范要求，完成了市警报控制中心和 9 个区警报控制分中心建设；为弥补固定警报音响覆盖盲区，为各区民防局购置配备 1 台大功率移动警报拖车（共 16 台）；购置 20 台便携式电声防空警报器、640 台手摇报警器下发各区，以弥补固定警报音响覆盖盲区和满足区组织街（乡、镇）小范围疏散演练或宣传教育使用的需要。

（言芳）

【通信系统建设】年内，在上年购置 12 部手持式海事卫星电话的基础上，补充购置

20部手持式海事卫星电话，配发市和16区民防局；为市级指挥车配备野战程控交换机；为市和区指挥通信车增配短波天线；为区民防应急指挥通信车配备海事卫星数据电话、传真卡，进一步提升了应急情况下的通信保障能力。

（言芳）

【应急指挥中心音视频系统升级改造】年内，对市民防局应急指挥中心部分音响系统进行了升级改造，完成了市公安局至市民防局视频传输设备的更新，为应急指挥提供有力保障。

（言芳）

【人防高点监控系统建设】年内，全市范围内新建14处高点监控点，提高了人民防空高点覆盖范围，增强了对全市应急管理的支撑力度。

（言芳）

【防误鸣人防警报管理研究成果转化应用】年内，为有效避免因人防警报终端管理人员误操作所引起的警报器误鸣和供电意外中断损坏后备电源蓄电池组，确保防空警报终端随时处于良好战备状态，市民防局将上年研究的人防警报防误鸣的课题成果转化应用，通过实验室模拟环境测试及实地运行试验，对警报遥控终端设备进行优化、改良，将具备防误鸣功能的警报控制终端，在全市44处警报点试运行。防误鸣人防警报管理系统获得国家实用新型发明专利。

（言芳）

【二维码技术在信息化运维领域中的应用研究】年内，为解决市民防局信息系统技术复杂、设备繁多、运维管理难的问题，开展二维码技术在信息化运维领域的应用研究。通过调研、了解和对比，提出了利用二维码技术解决运维容易出现疏漏，运维记录填写不及时、不规范等问题，研究将二维码技术运用于民防信息化运维时设备信息查询获取、运维人员监管、巡检执行控制、文档管理等方面，从而大幅提高工作效率，该研究发表在民防杂志上。

（言芳）

【市民防局非涉密信息系统软件框架设计】年内，为整合资源和信息共享，市民防局统筹规划，进行局非涉密信息系统软件框架设计，已通过了专家评审。

（言芳）

【印发《北京市民防图像信息管理系统建设相关技术要求手册》】年内，在上年《北京市民防图像信息管理系统总体技术方案》的基础上编写完成《北京市民防图像信息管理系统建设相关技术要求手册》，并印发全市民防各单位遵照执行。此方案作为全市民防系统视频监控图像资源及图像管理系统建设的指导性、规范性文件颁布实施，将促进全市民防图像建设有序、规范开展，提升全市民防图像信息系统的建设质量和效益，可为城市管理和突发事件应急提供更好的服务。

（言芳）

【开展民防专业队伍培训】年内，市民防局采取分期分批集中培训与各区县自行训练相结合的方式，狠抓专业训练和培训制度化管理，按照《应急指挥通信车训练大纲》《应急指挥通信车训练实施细则》要求，开展应急指挥通信车常态化的日常训练，组织全市民防系统开展短波电台、警报报知系统训练与培训，并安排人员参加国家人防办举办的各类人防信息系统培训。

（言芳）

北京市民政局

【概述】 2015 年是“十三五”的开局之年，是我国全面建成小康社会的决胜阶段，也是北京市落实首都城市战略定位、加快建设国际一流和谐宜居之都的关键时期。全市民政系统坚决贯彻市委、市政府决策部署，紧紧围绕法治民政建设主题，加强政策制定和实施，深化民政重点领域改革，推进规范化建设，圆满完成了全年任务目标，民政工作实现了新突破。年内，北京民政信息化建设紧紧围绕民政事业改革中心工作，依照《首都民政信息化顶层设计》的总体思路，在项目建设、信息共享、业务运行保障、规划研究和自身规范化建设等工作领域，扎实推进全市民政信息化、科技与标准化工作，取得了显著成效。

（蔡晋昌）

【推进养老事业发展】 1 月，养老助残券变卡工作在全市范围正式推广实施。截至 8 月 31 日，全市老年人累计发卡 483055 张，因死亡等原因注销 31530 张，目前有效服务对象 451525 人；全市累计充值 388 万人次，充值 4.2 亿元。“养老服务平台”和“96156 小帮手养老（助残）服务平台”分别作为养老业务工作平台和为老服务运营平台，为“券变卡”工作的顺利实施提供了强有力的数据支撑和信息化保障。9 月，“养老服务平台”一期工程完成项目终验；9 月初，“96156 小帮手养老（助残）服务平台”项目初步设计获得市发展改革委批复，项目实施工作加速推进。

（蔡晋昌）

【建设民政资金监管平台】 10 月底，民政资金监管平台项目完成 8 个区县、9 类民政资金的统发监管试点工作，12 月中旬项目完成初步验收并进入试运行阶段。（民政资金监管平台项目于 2014 年年中开始。该平台从财务账目严谨性管理、审计跟踪、风险防范等角度出发，加强全市 16 区民政资金发放过程监管的数据集成及统计汇总，搭建全市民政资金内部风险防范监管体系。）

（蔡晋昌）

【推进“数字民政”二期项目建设】 年内，“数字民政”二期建设工作共新建业务信息系统 26 个，升级改造子系统 8 个，并对民政基础信息网络与信息安全设施进行了较大幅度的升级。8 月底，按照国家和北京市电子政务工程建设项目管理办法有关规定，“数字民政”二期项目相关硬件、网络、应用、安全等主体工程已按照设计要求全部完成，顺利通过初步验收，进入试运行阶段。（“数字民政”二期项目建设涉及社会福利、社会救助执法监查、殡葬管理、对外公共服务、数据中心建设、领导决策平台、综合办公等多个业务领域，它的建设会显著提升市民政局多项业务工作的精细化、科学化管理水平，进一步增强信息网络的运行承载能力和安全防护等级。）

（蔡晋昌）

【婚姻登记信息管理系统升级】 年内，对北京市婚姻登记信息管理系统再次进行升级改造。9 月底，项目完成全部开发建设工作，进入试运行阶段。12 月初，项目完成竣工验收，在信息系统的技术支撑下，北京市居民婚姻登记实现跨区办理。

（蔡晋昌）

【实现社会组织年检无纸化办理】年内，依托“社会组织网上审批平台及公共服务平台升级改造”项目，社会组织年检工作进行了无纸化改造，面向市级和试点区县的社会组织登记机关、业务主管单位、社会组织、第三方审计单位配发具备电子签章功能的数字证书，实现了市级和试点区县6000余家社会组织的无纸化网上年检工作，优化了办事流程，节省了行政成本，提高了工作效率，方便了服务对象。

（蔡晋昌）

【社会组织信用信息管理系统建设日臻完善】年内，市民政局启动了社会组织信用信息管理系统建设工作。系统汇集了全市社会组织的基础、绩效、荣誉和失信四大类信息，涉及社会组织登记、年检、评估等多项社会组织管理工作，为本市社会组织信用体系的初步搭建提供了有效的数据和技术支撑。

（蔡晋昌）

【深化民生领域信息资源共享与应用】年内，市民政局围绕居民经济状况核查、养老助残券变卡、社会信用体系建设等重点工作，继续加强与政府部门间的信息资源共享工作，先后与市公安局、市住建委、市工商局、市司法局、市高法、市人保局、市卫生局等10余家委办局开展了信息资源共享工作，取得了良好的经济效益和社会效益。同时，探索引入社会力量参与民政数据资源应用开发，综合运用云计算、大数据等技术盘活民政信息数据资源，科学决策能力不断强化。

（蔡晋昌）

【启动“十三五”信息化规划编制工作】年内，市民政局立足民政自身业务发展、紧抓改革脉络，引入领域专家共同参与“十三五”时期信息化规划编制工作。截至年底，已完成规划初稿的编制工作。

（蔡晋昌）

北京市农业局

【概述】年内，北京市农业局（简称市农业局）紧密围绕“北京农业调结构转方式、发展高效节水农业”和“京津冀农业协同发展”的大局，深入贯彻落实全国农业市场与信息化工作会议精神，着力做好电子政务工作和信息技术应用、信息进村入户、农产品市场监测预警等工作。

（金娟）

【昌平区农业产业化和信息化工作培训会召开】7月17日，市农业局信息中心联合昌平区农委在金隅凤山温泉度假村组织召开了昌平区农业产业化和信息化工作培训会暨北京市信息进村入户工程农场云平台培训会。培训内容主要有农业部信息进村入户工程方案、北京市信息进村入户工程方案、专业型益农信息社建设方案、农产品电子商务现状分析及农产品品牌的打造与树立等。

（金娟）

【撰写《“互联网＋北京都市型现代农业”的实施意见》】7月，在北京市农委的牵头下，信息中心参与撰写《“互联网＋北京都市型现代农业”的实施意见》，并于11月正式对外征求意见。

（金娟）

【发布《猪肉价格上涨还需理性看待》报告】 8月25日，针对猪肉市场价格不断上涨的情况，在《京郊日报》上发布《猪肉价格上涨还需理性看待》报告，引导合理预期。

（金娟）

【参加节本增效农业物联网应用模式大会】 8月，市农业局信息中心应邀出席农业部在重庆召开的“节本增效农业物联网应用模式”大会，并做了“北京市设施农业国家物联网应用示范工程建设情况”的发言。北京市在农业物联网方面具有特色的7家企业入选农业部《节本增效农业物联网目录》。

（金娟）

【农业智能节水灌溉科技项目通过验收】 11月，市农业局首个农业信息化技术设施——农业智能节水灌溉科技项目通过验收。该项目于5月启动。

（金娟）

【完成京冀农产品市场信息合作框架协议】 12月，市农业局信息中心完成了“京冀农产品市场信息合作框架协议”，与河北省农业信息中心进行了合作对接。

（金娟）

【农产品市场监测预警体系建设项目完成】 12月，市农业局信息中心完成了“基于目标价格调控思路的农产品市场监测预警体系建设项目”，组织中国农业大学经管学院、中国农科院信息所、北京市农林科学院信息所有关专家团队完成了《北京市农产品目标价格调控研究》《蔬菜调控目录及目标价格研究》《畜禽产品目标价格研究》3份研究报告，共计15万字。

（金娟）

北京市气象局

【概述】 年内，北京市气象局（简称市气象局）信息化工作紧密围绕重大活动服务保障和率先实现气象现代化建设任务，积极推进服务器及网络升级改造工作，努力提升信息网络对业务的支撑能力和服务水平。以完善市局局域网、区县台站网络和自动气象站观测站网为抓手，继续升级改造与相关委办局的视频会商系统，积极探索气象预报技术以及气象服务软件平台的开发，利用多种新媒体渠道助力气象服务保障，全面提高了气象服务信息化保障水平。

（张婷婷）

【摄像能见度自动观测仪进入产业化研发】 1月，市气象局与中国航天科工集团第二研究院二十三所就数字摄像能见度自动观测仪的产品化正式签订《技术成果唯一许可使用协议》。该仪器系统由市气象局研发，已取得两项国家发明专利。本次协议的签订，标志着摄像能见度自动观测仪正式进入产品化研发阶段。

（张婷婷）

【推进大气成分观测站点气溶胶系统建设】 3月，市气象局新建5个大气成分观测站并为每个站配备气溶胶质量浓度观测系统和反应性气体观测系统，改建升级2个大气成分观测站，完善1个大气成分观测站，所有站点颗粒物质量浓度数据均按时上传市气象局业务平台，填补了北京区域内西南、东南方向颗粒物质量浓度观测的空白。

（张婷婷）

【与腾讯公司签订合作协议】5月，市气象局与腾讯大燕网签署合作协议，共同面向公众发布预警信息。11月，在“京彩·无限——北京‘互联网＋智慧城市’上线发布会”上，市气象局与腾讯公司现场签订战略合作协议，成为首批入驻腾讯新闻客户端、微信、手机QQ这三大平台的政务民生部门。

（张婷婷）

【“空中国王”系统完成现代化升级改造】7月，市人工影响天气办公室人工影响天气高性能飞机“空中国王”完成空地数传以及图像数据采集系统升级改造工作。本次升级改造在国内人工影响大气探测领域是一次历史性的突破。

（张婷婷）

【实时—历史地面气象资料一体化业务投入运行】7月，全国实时—历史地面气象资料一体化业务投入正式运行，本市所有国家级地面气象观测站和区域自动气象站资料纳入资料一体化业务管理，正式基于“气象资料业务系统（MDOS）”开展数据实时滚动质量控制、疑误数据快速处理、台站元数据管理和产品实时滚动生成等业务，实现“国家一省”数据同步、基础数据产品实时滚动更新。

（张婷婷）

【实现大气所车载X波段雷达数据共享】7月，市气象局完成中科院大气物理研究所车载X波段雷达观测数据实时传输共享，通过3G无线虚拟专网的方式进行通信连接，数据可直接接入市气象局。遇有高影响天气时，大气所安排人员运行天气雷达，将PPI、RHI等相关图片产品实时传输到市气象局，业务人员可在“北京气象信息综合显示系统（LDAD）”上实时调阅。

（张婷婷）

【推进气象业务与气象科研合作】7月，市气象局与中国原子能科学研究院就原子能科学研究院气象观测铁塔与气象预报业务合作进行对接洽谈，并正式签署《北京市气象局中国原子能科学研究院气象观测与预报业务发展合作协议书》。

（张婷婷）

【科研创新引领北京环境气象服务】7月，市气象局研发了京津冀重点城市PM2.5浓度、能见度和雾、霾动态统计预报模型，利用EC细网格数值预报结果，滚动制作未来10天逐3~6小时的PM2.5浓度和能见度中期客观预报产品，并开发了模式结果综合处理及显示系统，采用交互式产品制作方式，使预报员可以自行定制显示产品。

（张婷婷）

【农业气象服务融入农村金融服务体系】8月，“北京市农村金融与风险管理信息平台”上线启动会召开。市气象局农业气象特色服务与北京市农村金融及保险体系深度融合，为农业保险提供常态化的气象服务。

（张婷婷）

【气象行政监督与工商部门联网协作】8月，市气象局与市工商局达成协议，融入北京市企业信用监管系统。在加强企业信用监管方面，市气象局每季度将气象违法企业名单、违法行为等情况上传至北京市企业信用信息网，并向全社会进行公示。在施放气球企业资质审批方面，引入工商部门联网协作机制，全面了解申请企业的其他违法信息、是否纳入工商部门管理的黑名单等信息，作为资质评审的参考依据。

（张婷婷）

【环境气象预报预警服务系统通过软件功能测试】 8月，市气象局组织召开“京津冀环境气象预报预警服务系统”软件功能测试会。专家组经过质疑和讨论，认为各子系统运行稳定，达到了设计指标，同意该系统通过功能测试。

（张婷婷）

【完成重大活动气象服务保障工作】 9月，在“中国人民抗日战争暨世界反法西斯战争胜利70周年纪念活动”中，市气象局运用天气预报、环境气象、雷电防御、预警发布以及人工影响天气等众多领域的现代化建设成果，圆满完成气象服务保障工作。市气象局获得“北京市服务保障工作先进集体”称号。

（张婷婷）

【空气质量预报预警及决策支持平台项目获批】 9月，市气象局与市环保局联合申报的“北京市空气质量预报预警及决策支持平台”项目通过市发展改革委的批准。该项目包括市气象局与市环保局的会商中心、服务器、存储设备与专项设备等硬件建设，以及环境气象监测预报预警应用系统软件建设等。

（张婷婷）

【预警信息发布系统应用对接工作会召开】 9月，“国家突发事件预警信息发布系统”应用对接工作会议在市气象局召开。来自国务院应急办、工业和信息化部、公安部等20余家单位的与会人员就实现预警应用对接后的人员培训，预警信息发布种类的进一步梳理、分类等问题进行研讨。

（张婷婷）

【正式接入空气重污染预警信息发布】 10月，市气象局与市环保局商定，空气重污染指挥部面向公众的预警信息统一通过市气象局预警中心权威发布。预警中心将通过北京政务网站“首都之窗”、腾讯大燕网、“北京服务您”以及广播电台、移动电视等公共媒体拓展预警信息发布覆盖面。

（张婷婷）

【技术装备动态管理信息系统试用】 10月，市气象局利用虚拟机资源完成气象技术装备动态管理信息系统本地化安装及网络通信测试，并开始试用。

（张婷婷）

【预警信息实现快速发布】 12月，市气象局预警中心将短信、传真、邮件三大预警信息发布途径预警信息发布时间缩短至10分钟。12月5日，首次启动最高级别发布机制发布重污染橙色预警，并通过短信、微博、微信、电视、广播、电台、App等多种渠道向市民发布防御提示。

（张婷婷）

【打造精细化气象服务】 年内，房山区气象局实现自动气象站乡镇全覆盖；朝阳区气象局联合朝阳区信息办开发“第十五届世界田径锦标赛气象信息服务系统”“反法西斯战争胜利70周年纪念活动气象信息平台”；延庆区气象局与民政局、安监局、旅游局、公路局、税务局分别签订了战略合作协议。

（张婷婷）

【短时临近预报稳步发展】 年内，市气象局核心科技项目“0~12小时短时临近预报准确率提升工程”得到质的飞跃，基于预报产品与雷达、自动站等资料的快速同化，1小时快速更新循环的短时数值预报子系统（RMAPS-ST的2.0beta版）应运而生，预报时次从原来的每3小时预报更新到现在的逐小时。

（张婷婷）

【推出精品气象播报节目】年内，市气象局脱离传统电视天气预报模式，着力打造精品气象特色栏目。1月，在北京卫视新闻频道新增一档新闻话题类天气节目《天气视点》。4月，为北京卫视财经频道量身定做的《商务气象》节目如期开播。

（张婷婷）

【多种新媒体渠道助力气象服务】年内，“北京市观象台”微信公众号正式上线，不定期发布气象科普知识和动态。“气象北京”官方微信、微博也以图文并茂的方式提供精细化气象条件预报以及生活服务提示，并通过完善天气跟踪机制、组织粉丝见面会、开展科普微访谈、优化各类气象产品等方式提升气象服务水平。

（张婷婷）

【完善省级数据综合查询业务系统】年内，“北京气象信息综合显示系统（LDAD）”完成升级改造，增加了6类数据展示内容以及涉及北京及周边地区的加密观测站点的数据显示功能，并建立了新的备份系统，实现区域全面共享；“北京气象数据查询下载系统（MDIS）”新增8类气象资料。

（张婷婷）

【提升通信网络运维能力】年内，市气象局互联网实现联通100M、电信100M、首信40M三个线路接入，并重新购置互联网防火墙和WEB应用防护系统、安全审计系统；各区县气象台站实现联通100M、电信4M双线路实时负载均衡和相互备份，应急备份中心也实现联通、电信双100M线路备份；更换新的互联网安全接入网关，同时支持手机、IPAD等移动设备的使用。

（张婷婷）

【推进视频会商系统升级改造】年内，市气象局完成高清视频系统升级改造，实现与中国气象局人影中心、河北省人影办、天津市人影办等9个部门的网络及视频高清互联，并实现了与东城、西城应急办的视频互联。

（张婷婷）

【高性能计算机系统建设】年内，曙光高性能计算机系统投入业务运行，承接运行BJ–RUC业务系统。原IBM高性能计算机系统的备用系统——IBM“飞虎”高性能计算机系统投入业务运行，承担1小时快速循环系统RMAPS的业务运行，为气象业务和科研提供了有力支撑。

（张婷婷）

北京市人民代表大会常务委员会

【概述】年内，北京市人民代表大会常务委员会（简称市人大常委会）机关信息化建设工作围绕“为提高人大机关当好人大及其常委会参谋助手、做好服务保障工作水平”的工作定位，在继续做好服务保障的基础上，加强机关信息化顶层设计，推动重点项目建设实施，优化业务系统应用，保障信息化系统安全稳定运行，为人大及其常委会依法履职提供有力的信息化支撑和保障。

（王璐璐）

【市人代会代表团审议网络直播工作】1月，

市十四届人大三次会议对东城、西城、海淀、丰台、朝阳、顺义6个代表团的全团审议进行网络直播，并首次设置专门的网上“留言板”互动渠道。直播期间，代表发言积极，媒体报道充分，社会舆论认同。据统计，网上“留言板”共收到网民留言12000余条，为社会公众发表意见、表达诉求提供更为便捷的渠道。

（王璐璐）

【机关信息化建设五年规划编制工作启动】 4月，市人大常委会机关启动《2016—2020年北京市人大常委会机关信息化建设规划》的编制工作。规划编制分为基础研究、现状调研、报告编制、专家论证、意见征集及报告完善6个阶段，计划在2016年初正式发布。

（王璐璐）

【北京市选民登记信息管理系统进行试点推演】 8—9月，在初步完成北京市选民登记信息管理系统软件开发及测试的基础上，市人大常委会机关办公厅、人事室组织西城、海淀、顺义三区开展了系统的试点推演工作。试点推演工作按照选民信息登记的实际工作程序，利用系统完成选民信息登记的全过程工作，从实践角度印证系统的可行性、抗压性、实用性和法律性。

（王璐璐）

【完成重大节日期间互联网网站安全保障工作】 9月，机关信息中心以高度的政治责任感抓好网站安全保障工作。通过组织集中学习、开展安全自查、加强组织管理，提升了全体人员对网络安全保障工作极端重要性和紧迫性的认识，进一步明确细化了各方职责及应急处置流程，完成阅兵活动期间常委会门户网站安全保障工作。

（王璐璐）

【市人大信访信息管理系统建成并投入使用】 12月初，市人大信访信息管理系统完成竣工验收，并正式上线运行，为市人大常委会机关有效管理信访信息、提升信访处理效率、优化信访流程提供了便捷的信息化渠道。

（王璐璐）

【机关公文管理系统试用推广取得成效】 年内，市人大常委会机关按照“循序渐进、扎实稳步、充分保障”的总体思路，开展机关公文管理系统试用推广工作。试运行分为三个阶段：第一阶段在办公厅内部三个处（中心）试用，采取纸质处理和系统处理“双轨制”；第二阶段在办公厅和城建办两个部门试用，公文处理仍采取“双轨制”；第三阶段在办公厅、城建办、代联室三个部门及分管三个部门的常委会领导范围内试用，公文处理采取系统处理“单轨制”。据统计，全年共有2258人次登录系统，共处理公文近300件，参与公文审批流转共1260人次。

（王璐璐）

【机关软件正版化工作实现制度化】 年内，机关信息中心按照办公厅的要求，组织开展机关软件正版化自查整改工作，按照国家和北京市软件正版化标准逐项落实，对计算机软件使用种类、数量、授权及需求等情况进行全面自查整改。常委会机关计算机软件基本做到了账物相符、软件使用授权书与软件使用种类、数量相符，计算机软件管理制度健全且落实到位。

（王璐璐）

北京市人民政府法制办公室

【概述】年内，北京市人民政府法制办公室（简称市政府法制办）认真贯彻落实《北京市政府法制信息化建设2011—2015年规划》，依据年度信息化重点工作任务，扎实推进电子政务建设，进一步推动本市政府法制信息化工作。建设依法行政考核管理系统，为政府法制部门开展依法行政考核提供网上平台。建设立法草案征集意见系统和在线申请行政复议系统，为公众和政府部门提供参与立法和行政复议的平台。开展构建行政执法信息服务平台工作，进一步加强和改善行政执法工作。新版门户网站正式上线运行，在政府法制信息宣传和政务网站建设管理方面取得新的进展。

（刘莎）

【市政府法制办新版门户网站上线运行】4月，市政府法制办新版门户网站上线运行。新版网站有以下几个特点：一是整合部分栏目，让各栏目主题更加突出、区分度更高。二是扩大网站的图片展示区，增加视频应用功能，提升网站信息的可视、可感，增强网站的宣传效果。三是新增民意征集栏目，完善原有互动栏目的功能设置，向社会提供更为方便、有效的互动交流平台。四是改进公共服务栏目，完善搜索查询系统，提升使用的人性化和便捷性。五是升级改造北京市法规规章草案意见征集系统，完善系统功能，提高系统与公众的互动效果。

（刘莎）

【依法行政考核管理系统建成】年内，市政府法制办新建“依法行政考核管理系统”，主要包括设置年度考核指标、考核项目填报和材料报送、考核打分和评价、年度考评结果查询、日常文件传输和数据采集等功能。主要实现市政府法制办对全市政府法制部门的依法行政情况进行考核，考核结果作为市政府绩效评估的重要组成部分。

（刘莎）

【在线申请行政复议系统建成】年内，市政府法制办新建“在线申请行政复议系统”，主要包括在线提交行政复议申请、在线补充证据材料、在线查询案件办理进度等功能。在线申请行政复议系统将部署在门户网站，方便公众在线申请行政复议。在线申请系统是宣传、展示行政复议工作的平台，也是与申请人沟通交流的平台。

（刘莎）

北京市审计局

【概述】年内，北京审计信息化工作以服务审计中心工作为重点，在巩固信息化建设成果的基础上，进一步提升审计能力和技术水平，主要围绕市局审计指挥系统建设、审计业务管理系统（京OA）技术升级改造、审计信息网络安全、“金审三期”工程立项、计算机人员培训等方面开展工作，支持和保障了全年审计任务的高效完成。

（金娟）

【全市审计机关审计信息化建设工作专业会召开】3月18日，北京市审计局（简称市审计局）召开全市审计机关审计信息化建设工作专业会。会议总结了近三年审计信息化建设工作情况并部署了2015年信息化工作任务，安排信息化工作成绩突出的单位进行了交流。市审计局局长吴素芳出席会议并做了题为“围绕全面提升审计监督能力努力做好北京审计信息化建设工作”的讲话。会上，为2014年度计算机审计获奖案例人员代表颁发了荣誉证书。

（金娟）

【保障“两会”期间网络与信息安全】 3月，全国“两会”期间，市审计局采取三项措施保障网络与信息安全。一是严格执行制度。认真落实“谁主管谁负责，谁使用谁负责”的要求，在责任制、计算机及存储设备、网络等方面进行严格的监督检查。二是建立报告机制。制订工作预案，明确网络安全异常情况的内容、处置及报告程序，建立“早发现、早报告、早解决”的防控机制。三是保证网络畅通。每日分三次对机房进行巡检，及时监控各类应用及网络设备、服务器、区县VPN隧道的运行情况，认真排查故障隐患，确保京OA系统及网络安全稳定运行。

（金娟）

【“金审三期”工程立项】 8月23日，市审计局按照审计署关于“金审三期”工程项目建设的部署和要求，组织研究了北京“金审三期”工程项目的规划、立项、建设内容、技术架构等相关工作；研究了该项目的可研报告、项目估算、编制要求、规范标准等工作，组织编制并向国家审计署上报了《北京审计系统信息化建设第三期工程可行性研究报告》（约44.6万字）。

（金娟）

【全市审计机关计算机骨干培训】 11月26日，市审计局组织全市审计机关一线审计人员45人参加了计算机骨干培训，培训采用集中培训、专家授课、现场交流等方式，重点对署AO深度应用、数据采集处理与技术分析、京OA系统操作和审计现场管理等问题进行了培训指导。

（金娟）

【市审计局使用正版化软件工作通过检查】 12月21日，北京市使用正版软件工作检查组到审计局检查使用正版化软件工作情况。通过检查使用正版软件的组织领导，相关设备采购、管理，以及抽检公用计算机软件安装应用情况，检查组认为，审计局各级领导高度重视此项工作，计算机设备及软件的采购及管理制度执行到位，尤其是建账登记及软件授权书等基础工作，均符合北京市相关制度要求。

（金娟）

【审计指挥系统基本建成】 年内，市局审计指挥系统建设经过初步验收，基本实现了视频会议、审计成果展示、审计数据分析、审计机关与审计现场的指挥调度等功能，各项技术指标符合设计要求。

（金娟）

【审计业务管理系统升级改造完成】 年内，市局审计业务管理系统（京OA）完成应用支撑平台、界面调整、转授权等8个功能模块的技术升级开发，以及中间件等插件的更新，通过系统测试并部署上线试运行。升级后的系统兼容性强，运行速度快，界面直观，人机交互友好。

（金娟）

【审计信息网络安全建设】 年内，加强审计信息网络系统安全整改工作，按照上级要求及时更换了防火墙，增加安装了堡垒主机等安全软件及设备，加固了系统网络传输通道，更新了机房监控设备，升级了终端安全管理软件。开展信息安全检查和应急处置演练工作。组织开展了审计信息安全监察，市局自行组织了4次信息安全检查，全年巡检机房412次，进行应急演练2次。

（金娟）

北京市水务局

【概述】年内，在“落实首都城市战略定位、深入贯彻治水新思路、努力实现水务更高水平更高质量发展”的指导下，按照年初北京市水务工作会的总体部署，北京市水务局“顺应新常态、把握新趋势、落实新要求”，紧密围绕局中心工作，充分发挥信息化对于水务工作的辅助支撑作用，完成了年度任务。

（王昊）

【物联网培训会召开】1月15日，由水利自动化所承办，以“信息安全和物联网新技术应用”为主题的交流培训会在京水宾馆举办。北京市水务局科教处主要负责人做开班动员讲话，全局20多家信息化主管负责人、技术人员70余人参加此次培训交流。培训交流会就国内外信息安全发展态势及行业信息安全工作思路、共同探讨信息安全意识和安全知识、物联网在水务上的应用三方面内容做了培训，分别介绍了国外信息安全发展动态，我国信息安全战略与发展趋势，国家及行业试点示范创新项目介绍，水利行业信息安全工作需求、思路和若干建议，互联网安全，无线局域网安全，机房物理安全与机房管理，操作系统安全，安全工作开展，物联网发展，水务物联网应用现状，水务物联网感知终端研发，物联网水务应用展望等。

（李静）

【市防汛办与昆明市防汛抗旱指挥部交流座谈】1月28日，北京市防汛办与昆明市防汛抗旱指挥部工作人员进行了交流座谈，双方就防汛工作开展交流，相互促进，进一步加强防汛工作。昆明市防汛抗旱指挥部一行8人首先参观了防汛指挥中心、应急值班室，随后双方进行了座谈，就防汛指挥、宣传、信息化建设等防汛工作展开交流和探讨。市防汛办负责人介绍了防汛工作的主要做法和宣传的有关情况，重点介绍了新的防汛指挥中心的改造情况，雨情、道路、水利设施等信息实时汇总到新的指挥中心，有效地提升了防汛指挥决策能力。昆明市防汛抗旱指挥部领导介绍了昆明市防汛的相关工作。双方表示要相互借鉴对方好的经验做法，提升信息化工作水平。

（王舒）

【水务系统推广应用基础水信息平台】2月3日，北京市水务局针对机关人员、局属单位及区县水务局，开展了基础水信息平台使用培训。通过该平台，北京市第一次水务普查成果已进行了发布。为了更好地推广、使用水普成果，特开展了此次培训。基础水信息平台中的数据信息包括全市电子地图（比例尺为1∶10000）、航片（精度：山区0.5米，城区0.25米）、数字高程图（精度：5米）、土地利用情况、行政区划及水务专题的425条河流、1087个小流域、水资源三级区、地下水分区，涵盖水库、水闸、湖泊等约8万个对象的专题图层及基本数据。通过培训，水务专业技术人员提升了能力，为进一步使用系统、利用信息化手段支撑业务工作奠定了基础。

（任旭）

【密云水库开展通信系统升级改造】 3月16—22日，密云水库对通信系统中心站进行升级改造工作，保障了密云水库管理处信息化管理工作的顺利开展，保障了全处通信畅通、联系紧密。本次通信系统中心站升级改造工作分为5个部分。该处通信系统是密云水库大坝渗流监测系统、大坝图像监控系统、流量监测系统、计算机网络系统、库区电话信息传输的媒介，于2002年投入使用，至今已有13年之久，现存在部分设备老化、设备停产无法维修等情况，机柜背面各种线缆过于混乱且机柜空间不足，无法满足系统使用、维护、扩容等要求。此次升级改造完成后，各系统数据传输将更加快捷清晰，设备散热快，用电安全，故障率低，机柜布线清晰，更加便于维护排障，为今后该处信息化新规划的实施奠定了基础。

（田宏远）

【节水综合信息平台升级改造项目进行初步验收】 7月9日，北京市节水中心组织相关专家对节水综合信息平台升级改造项目（一期）进行了初步验收。该项目经过一年多的系统建设，完成了信息平台建设、信息资源整合、机房设备及计算机网络系统升级改造和系统集成，实现了节水中心五大系统的统一身份认证、节约用水相关信息的汇聚及统计分析服务等功能。同时，该项目完成了“节水管理信息系统”等原有业务系统的升级改造，实现了已有业务系统间的信息互联互通，完成了用水计划管理、权限管理、行业用水管理、产业用水效率管理、高耗水单位日用水量管理等业务模块的升级改造，实现了节水信息的综合管理与展示，为节水精细化管理及市、区（县）节水管理部门实行用水计划管理、行业用水效率管理及高耗水用水单位管理等日常业务提供了有效的支撑。

（吴雪梅）

【市水务局领导到北运河调研信息化建设】 7月24日，北京市水务局总工程师陈铁到北运河管理处，就信息化建设和水务工作进行调研，局科教处、信息中心相关负责人及北运河管理处主要负责人陪同。陈铁一行实地查看了榆林庄闸、武窑桥及辛各庄橡胶坝的现况，检查了北关分洪枢纽的信息化建设情况，详细听取了北运河管理处的工作汇报，包括管理处的信息化发展状况、现阶段存在的问题以及下一步的工作安排等诸多方面。陈铁充分肯定了北运河管理处的工作，并对当前管理处面临的形势任务和难点问题提出了指导意见。他强调，信息化建设与防洪、水环境、水资源等工作息息相关，更关系着流域的安全，特别是在推动京津冀协同发展的新形势下，在通州新城的建设阶段，北运河所承担的任务十分艰巨，责任更加重大，做好信息化建设工作至关重要。因此，管理处要针对现有的问题制订解决方案并上报，同时加强与其他单位的协调联动，助推水务改革事业健康稳步发展。

（王一文）

【凉水河管理处组织网络与信息安全专题

讲座】7月30日，凉水河管理处组织网络与信息安全专题讲座。管理处各科、所的信息化管理人员参加。本次讲座邀请的网络安全技术人员结合管理处实际工作与职工生活，采用概念解释、案例分析等形式，主要对当今网络信息安全形势、网络安全基础知识、计算机终端各种隐患的排查、如何打造绿色上网环境等方面进行了讲解，并且对僵尸网络的形成、活动规律、防范措施进行了详细的介绍。讲座用实际案例向参会人员诠释信息化安全的重要性、安全事故的危害性，让参会人员深刻认识到提高信息化安全保障意识刻不容缓。此次培训提供了一个技术交流平台，有利于信息化管理人员增强网络安全意识，提高网络安全管理的技术水平和管理水平，进一步促进凉水河网络与信息安全的规范化管理。

（王思远）

【市水务局组织开展官网及相关工作应急演练】8月22日，为保障抗战胜利70周年纪念活动期间网站安全，市水务局组织开展了针对市水务局官网及相关工作的应急演练。此次演练模拟市水务局官网页面被篡改的应急处置全流程。模拟故障发生后，局信息中心监控台第一时间发现故障，及时通知首信机房拔掉服务器网线停止服务并紧急通报相关负责人员；局信息中心运行维护科及时到岗响应并协调相关支撑单位第一时间赶到现场；各家支撑单位在1小时内全部到位，开始紧急故障处置，30分钟后恢复了正常服务。此次演练严格按照应急预案进行，各个环节严谨有序。通过演练，进一步强化了应急处置流程，磨合了与首信、各运维支撑单位之间的联动机制，特别是强化了“即时拔线”“一键关机”等特殊应急措施的落实，达到了演练的预期目的，提升了信息中心对信息安全事件的应急处置能力，为重大活动期间的信息安全打下坚实的基础。

（梁磊）

【市水务局局长调研指导水务信息化工作】8月26日，市水务局局长金树东到局信息中心调研指导工作，局总工陈铁一同调研。金树东实地查看了局中心机房和监控室的运行环境，了解了部分设备的运行情况，听取了信息中心关于全局信息化工作情况的汇报。陈铁表示，水务局信息管理方面出台了一系列的制度和办法并加强监督落实，有力地规范了信息系统的建设，在骨干网络、电子政务、数据共享及涉及全局公共平台的建设方面都有显著成果，下一步还需要适应水务管理工作现状，把握各项业务工作的需求，通过信息化对业务工作强有力的支撑与服务来实现水务管理工作的精细化和智能化。金树东对局信息中心一直以来所做的工作以及在全局水务信息化管理上的成绩表示肯定。他强调，京津冀经济协调发展，总书记提出水务“四定”方针，水务地位凸显，水务工作压力增大，信息化要在这个过程中积极发挥支撑保障作用。局办公室、科教处负责人和信息中心相关部门负责人陪同调研。

（北京市水务信息管理中心）

【政务网站信息内容建设工作会召开】9月17日，市水务局召开政务网站信息内容建设工作会。政府网站信息内容建设意见中规定，各部门网站须对社会热点积极回应，重大事件第一时间在网站发布信息，并及时发布后续动态进展。市水务局积极落实意见内容，至8月底前，外网更新发布水务要闻429条、行业资讯459条，外网信息更新频率在全市排名靠前。会议还通报了市政府网普查两次考核结果及外网信息发布情况，传达加强局网站信息内容建设的实施意见，同时就内网改版工作征求意见，内外网信息发布模块也将启用。

（吕博）

【西城区重点地区管网普查项目通过验收】 9月23日，北京市西城区人民政府节约用水办公室组织专家对北京市水科院承担的“西城区重点地区管网普查”项目进行评审验收。评审专家来自市水务局、市防汛办、市水文总站、市测绘设计研究院、中国水利水电科学研究院等多家单位。该项目在西四地区排水管网和供水管网基础资料收集整理、测量与调查的基础上，制作专题图，建设信息管理系统，开展排水能力校核、内涝风险评估、污水管网荷载计算等专业化分析，能够较好地辅助支撑西城区城市运行管理工作。专家组一致认为，项目不仅超额完成了合同要求的工作内容，而且在普查成果与模型耦合、数据价值挖掘、智慧管网建设等方面具有创新性，对其他地区开展类似工作具有借鉴意义。

（邸苏闯）

【“北京市‘十三五’时期水务科教与信息化发展规划”专家咨询会召开】 9月23日，由北京市水科院承担的“北京市‘十三五’时期水务科教与信息化发展规划”专家咨询会在市水务局召开。咨询专家来自住建部科技发展中心、中国环科院、中国水科院、市科委、北京邮电大学及市水务局等。会议由市水务局科教处负责人主持，市水务局总工陈铁和计划处、水利规划院等代表参加。本次会议的召开为该项目下一步的编制工作明确了方向，对进一步提高规划成果质量、确保北京市“十三五”时期水务发展总体规划中的科技信息化管理部分编制圆满完成具有重要意义。

（韩旭）

【北京市节水信息平台建设建言献策会召开】 10月10日，北京市节水中心组织召开了北京市节水信息平台建设建言献策会。北京市水利自动化研究所、北京CA公司等6家相关技术单位以及节水中心相关业务科室参加了会议。会议以全面推进北京市节水型社会建设为目标，结合“互联网+”、大数据、信息安全等前沿信息技术，从农村节水、雨水和再生水非常规水源利用、节水法规修订、技术标准和业务标准制定、DMA技术与节水管理的结合以及数据信息安全体系建设等6个方面展开了讨论。会议为进一步推动北京市节水型社会建设、做好北京市节水信息平台建设工作积极建言献策。

（吴雪梅）

【水利部水土保持监测中心调研北京市水土保持监测工作】 10月19日，水利部水土保持监测中心主任郭索彦与相关技术人员对北京市水土保持监测站点管理与运行情况等进行了专题调研。调研组一行现场考察了延庆县上辛庄水土保持监测点和密云县石匣水土保持监测点，重点检查了北京市水土保持监测站网的建设管理、运行维护、经费落实、人员与技术保障以及监测成果与应用等相关情况，并与市、县两级水务、水土保持机构进行了座谈。郭索彦充分肯定了北京市水土保持监测工作，认为北京市水土保持监测工作走在全国前列，监测站网建设、监测经费与人员保障、监测信息系统建设管理等经验值得借鉴，要求北京市下一阶段继续完善水土保持监测站点管理与运行维护，提高监测站点设施设备的自动化、现代化和信息化水平，在完善水土保持监测站网管理体制、运行机制以及经费保障等方面加大改革力度，更好地发挥水土保持监测工作在政府决策、经济社会发展和社会公众服务中的作用。

（张超）

【密云水库大坝变形监测自动化系统项目通过验收】11月12日，密云水库大坝变形监测自动化系统项目最终验收会在密云水库管理处召开。来自北京市发展和改革委的代表以及中国水利水电科学研究院、北京市地质研究所、北京市水科学技术研究院的评审专家经现场查勘、听取各方汇报、审阅资料、质询和讨论，一致认为该项目的设计方案合理、施工质量合格、工作状态正常、性能稳定、信息传输畅通、监测数据可信、项目管理规范、归档资料齐全，自动监测系统满足了在极端天气及南水北调入库后水位变化条件下对坝体变形监测的需要，提高了水库安全监测管理水平，同意通过最终验收。通过实施该项目，对密云水库白河、潮河两座主坝的坝体变形实现了全天候自动化监测，融数据的实时采集、传输、存储、计算和分析为一体，为水库运行安全提供了第一手资料，提高了密云水库安全监测的管理水平。

（左丰收）

【“公共安全视频监控建设联网应用”工作部署会召开】11月17日，为贯彻北京市“公共安全视频监控建设联网应用”工作会议精神，北京市水务局组织召开了水务系统工作部署落实会议。副巡视员任杰出席并作讲话。会上，传达了北京市有关会议精神，并结合局视频系统建设现状及“十三五”规划建设考虑进行了安排部署。任杰强调，此项工作时间紧、任务重且要求高，各单位要从全市反恐维稳保安全的角度高度重视此项工作，切实摸清底数、提准需求。要加强组织领导，逐级落实责任，明确工作时限，机关及局属各单位要互相支持、密切配合，要切实做好相关信息的安全保密工作。官厅水库、密云水库、信息中心、水利医院等17个局属单位共50余人参加了会议。

（魏军国）

【北运河流域水普成果三维地理信息基础平台项目通过验收】11月18日，由北京市水科院承担的“北运河流域水普成果三维地理信息基础平台”项目通过市水务局组织的专家验收。北运河流域信息管理平台系统完成了“1库”“1平台”“3个应用系统”的建设。以数据库“1库”为核心，基础空间数据提供系统背景数据支持，专题应用数据库提供对应用系统专业数据的支持。系统以ArcGIS和SkylineGlobe等第三方二次开发软件为平台，能够有效地将空间数据和属性数据结合，实现网络数据浏览，并提供二次开发接口，便于系统功能升级和增加附加功能模块。项目建立了北运河水普专项管理系统、北运河排水管网管理系统、清河局部三维演示系统，为今后的专业信息利用及开发提供基础信息平台，服务北运河流域综合管理。

（张帆）

【国家水资源监控能力建设北京市项目通过水利部技术评估】12月18日，国家水资源监控能力建设北京市项目通过水利部组织的技术评估。来自水利部水文局、水资源管理中心、中国水科院和天津市、河北省、山西省、吉林省、辽宁省等水利系统的 19 名专家参加了北京市项目的技术评估。按照国控项目技术评估的程序，专家组成员分两组现场检查了水文总站水环境监测中心和北京科技大学取用水在线监测现场，听取了国控北京市项目整体情况的汇报，并进行了北京市水资源监控管理信息平台演示。北京市已达到对占取水许可总量 71% 的取用水户用水情况在线监测，实现全市 133 个水功能区的监测全覆盖和重要饮用水水源地的在线监测，与中央、流域以及区级水资源管理机构之间信息互联互通，主要水资源业务在线处理，为实现最严格水资源管理制度提供了技术支撑。最新的国家水资源监控能力建设项目实施月度评分，北京市总评分为 94.4 分，在全国 32 个省级项目排名首次位居第一。专家组认为，北京市项目具有较好的工作基础，此次建设过程中，整合了已有的管理系统，在业务应用方面亮点突出，集成开发的水资源调度、应急保障系统充分体现了北京市水资源管理工作特点，对国控北京市项目的建设成果给予高度评价。北京市成为 15 年首批通过技术评估的 9 个省市之一。国家项目办主任蔡阳在对北京市项目充分肯定的同时，希望进一步整合信息系统，提高水资源监控能力建设项目的实际运用效果，并实现与流域机构水质监测的数据整合。

（赵柘）

北京市司法局

【概述】年内，在“十二五”规划收官、“十三五”规划开局之际，北京市司法局信息化建设工作在新形势下，积极贯彻落实国家及北京市有关信息化工作的方针政策，紧紧围绕全局中心工作，积极推进电子政务、信息服务等各项重点工作，努力做好信息化管理和信息化服务保障工作，全力推动业务工作发展和司法行政管理不断创新。

（严笑宇）

【司法局信息指挥中心投入使用】8 月，北京市司法局完成局信息指挥中心硬件安装调试和信息展示平台的设计开发等工作并正式投入使用。新建成的信息指挥中心具备综合性情况掌握、突发事件处置的功能，并结合了信息汇聚、决策研判、领导指挥、日常值班和召开小型视频会议等功能，在保障司法局“两大安保”活动期间全系统安全应急管理工作和反恐维稳工作战时会议会商顺利进行中起到重要作用，促进了全市司法行政工作协调发展。

（严笑宇）

【完成数据存储备份系统升级改造等基础设施建设】年内，北京市司法局完成了数据存储备份系统升级改造，完善了局内外网业务数据的存储备份系统并对重要业务系统数据建立了异地容灾备份系统，有效降低了由于供电故障、计算机系统及人为破坏等引发的业务系统瘫痪带来的损失和影响。

（严笑宇）

【视频会议系统升级改造完成】年内，北京市司法局完成了视频会议系统升级改造。该系统实现了覆盖市、区两级司法局机关，市监狱局机关及下辖14个监狱（所），市教育矫治局及9个教育矫治所的高清视频会议联通和对司法部、市委市政府视频会议的转播。12月31日24时，利用新建成的视频会议系统举行“北京市司法行政系统2016刑罚执行零点报告行动”。

（严笑宇）

【推进社区矫正电子监管应用】年内，北京市司法局在电子监管科研项目试点基础上实现了社区矫正电子监管三级平台管理、实时定位、越界报警、轨迹回放和矫正干警移动执法等功能，并在东城区、西城区、海淀区、朝阳区、怀柔区、大兴区、平谷区及房山区等8个区县内推广应用。社区矫正电子监管的应用在服务纪念抗日战争暨世界反法西斯战争胜利70周年阅兵和全国社区矫正教育管理工作会议考察等重大活动中发挥了积极作用。

（严笑宇）

北京市体育局

【概述】年内，北京市体育局按照《北京市体育局信息化2015年工作计划》，较好地保障了局网络信息系统安全运行工作，无安全事故。网站运行平稳，信息发布及时，内容丰富；网络系统运维外包工作有条不紊，逐步完善硬件环境和上网行为管理；系统建设稳扎稳打，推广应用逐步落实；进一步加强了舆情信息采集力度，为领导决策提供辅助信息。

（杨薇）

【网络系统安全检查及等级保护工作】1月，向局各直属单位印发《关于开展信息安全等级保护检查的通知》，要求各单位梳理、落实安全等级保护工作。1月20—30日，对部分直属单位的等级保护组织开展工作、实施情况、安全责任落实情况、信息系统安全岗位和安全管理人员设置情况、信息安全管理制度建设和落实情况、信息系统定级备案情况等方面进行了全面检查，严格落实信息安全等级保护管理防范措施和工作责任制，确保了局信息安全等级制度的贯彻落实。为落实公安局信息系统安全等级保护工作要求，减少网站系统安全风险，实施了网站数据库服务器双机热备项目改造，年底完成基础环境搭建。

（杨薇）

【开展应急演练工作】年初，修订了《北京市体育局网络系统应急预案》，并于2月6日17时至19时开展了对局网络系统应急预案的实战演练工作，主要从安全和网络两个方面进行故障的模拟，各相关方依据各自的职责，对故障进行排查、恢复，最终达到应急演练的效果。通过演练，认为《北京市体育局网络系统应急预案》符合市体育局处理突发网络事故的要求，可提高应对网络系统突发事件的快速响应及处理能力，确保网络、应用系统高效稳定运行。

（杨薇）

【开展安全测评及加固工作】2月底，聘请具有安全服务能力的专业公司针对局网络系统开展了漏洞扫描、主机评估、外网渗透工作，共扫描39台服务器及网络设备。积极开展安全加固工作，加快新老系统功能替换工作，对一些老旧服务器进行关闭、报废。4 月，对所有漏洞完成修复加固工作，并对已加固的信息系统进行了二次测试，整改状况良好。9 月初，继续对局上述网络系统设备等开展了漏洞扫描、主机评估、外网渗透等工作，未发现漏洞。11 月，对 39 台服务器及网络设备进行了第三次安全评估，对所有漏洞完成修复加固工作。

（杨薇）

【对两个网站进行自查整改】3 月，国务院办公厅启动第一次全国政府网站普查工作，体育局认真贯彻落实国务院办公厅和北京市人民政府办公厅对此次普查工作的要求，对照《全国政府网站普查评分表》，对两个政府网站——北京市体育局网站、北京市社会体育管理中心网站进行认真自查和整改。体育局专门召集有关单位和机关处室，传达普查要求，抓紧落实网站检查整改工作。为确保整改效果落实到位，每天对网站进行日常监测，每两周对网站栏目和各部门信息内容保障情况进行检查，如发现有栏目长期未更新，立即催促相关部门限期整改。经过多次、持续的整改工作，网站清理、归并了一批长期不更新的栏目，检测并修复错断链接、页面错误 1000 余项，两个网站均达到政府网站标准，确保所有栏目均能按照时限更新，大大提升了体育局政府网站的信息内容质量和服务能力。

（杨薇）

【完成网络信息安全保障工作】年内，为确保“两会”、纪念中国人民抗日战争暨世界反法西斯战争胜利 70 周年活动及世界田径锦标赛的顺利进行，按照部署，市体育局成立了安全保卫工作领导小组。多次对网络安全设备、主机、重要应用系统进行了漏洞扫描工作；对机房网络设备网络延迟值、CPU 使用率、端口速率流量、服务故障总体运行情况进行监测统计；在会议召开期间，将未经安全加固和有高危漏洞的业务系统都暂行关闭；进行防灭火气体管检测隐患排查工作，要求积极开展中心消防日常巡检工作，每日对机房及 UPS 电池机房进行安全巡检；检测两个机房内的七氟丙烷消防灭火气体罐，并对消防系统的主机、报警、灭火装置等进行检测；网站信息发布人员进行严格自查，要求严格执行网站信息发布流程、保证信息内容的准确率；在会议召开期间，实行 24 小时值班制度，保障了市体育局网络系统安全运行，无事故发生。

（杨薇）

【网站系统运行平稳】年内，成立了运维管理团队，定期做好日常监控、巡检维护、安全管理等工作。为加强运维服务质量，明确了各项维护工作流程、标准，实现任务到岗、责任到人，做到及时排查处置故障和安全风险 50 余次，在重要节假日和活动时期，实施全天应急保障值班值守，保障了网站系统稳定运行。网站全年运行平稳，未发生重大安全责任事故；总页面浏览量 3944 万次；发布信息 3441 条，更新业务数据 4161 条，信息更新量比上年度明显增长；回复网民咨询信件 95 件，做到件件有回复；向国家体育总局和首都之窗报送信息 183 条；建设了申办冬奥会、2014 年赛事回顾、职权信息公开等专题专栏。

（杨薇）

【进一步加强政府信息公开工作】年内，市体育局承担了2015年市政府折子第208项任务和市体育局2015年度绩效任务：加强政府信息公开和政府网站内容建设工作。研究制订了任务落实预案，按季度推进各项措施落实。1.深入全面开展自查整改。重新梳理调整了市体育局政府信息公开目录，更新、补录了一批应主动公开的信息，对失效信息进行了清理。还进行了信息规范性检查，确保已公开信息内容完整准确。2.健全责任制度，加强信息公开检查力度。为进一步推进政府信息公开工作，加强市体育局政府网站信息内容建设，制定印发了《北京市体育局关于进一步做好政府信息公开工作的通知》（京体办字〔2015〕74号），要求市体育局各单位、各部门高度重视政府网站和政府信息公开工作，明确了应主动公开的政府信息内容、政府网站（政府信息公开专栏）栏目内容更新责任和更新时限，督促各相关部门做好信息公开工作。3.加强沟通协调。加强与信息来源单位的沟通，宣传政府信息公开工作的重要意义和要求，反映公众获取信息的诉求，积极协调相关部门主动回应，使信息公开尽可能让社会公众满意。4.加强网站信息内容建设。政府网站作为市体育局政府信息公开的第一平台，开设了工作动态、新闻发布会、政府要闻等栏目，向社会公开最新信息和工作进展情况；对国务院、本市、体育总局发布的需要社会广泛知晓的政策信息能够及时进行转载。市体育局网站平均每周发布信息70条，保证主要栏目做到每周更新。5.着力做好职权信息公开。按照要求做好机构职权信息、财政预决算、工程建设项目等重点领域信息公开，在政府网站上分别开设相关栏目发布信息，并建设了“北京市体育局职权信息”专题，公开了机构职责、行政审批事项、行政处罚事项清单。6.推进公共服务信息公开。进一步加强社会关注的赛事活动等信息的公开，利用QQ、微信建立信息交流群获取信息资讯，并通过网站、微博等渠道向社会发布比赛通知、活动预告、报名等相关资讯，收效良好。7.主动公开信息数量明显增长。年内，市体育局政府信息公开工作进展有序，各业务部门能够按照要求做到及时、主动公开政府信息，在主动公开信息的数量、内容和时效性上均比往年有所提升。通过政府信息公开专栏主动公开政府信息352条，同比增长61%；政府网站对外发布信息3441条，同比增长26%；政务微博发布信息275条。

（杨薇）

【办公系统推广应用工作】年内，对新改造的办公自动化系统（包括公文管理、会议管理、日常办公、档案管理、移动办公等多项功能，可实现市体育局内部办公业务的信息化管理）进行了内部测试和调整，草拟了数字证书使用管理办法。10月进行了第一次使用培训，在局机关部分处室试运行办公系统，计划逐步在局机关和直属单位推广使用办公系统。

（杨薇）

【网络系统运维外包服务项目建设】年内，采取公开招投标的方式，对2015年度网络系统运维服务项目进行了招标。按照合同要求，除了开展对网络系统的日常运维工作，同时还需完成以下工作：1.邮件系统租赁工作。体育局邮件系统迁移到首信公司提供的公务员邮件系统平台上，共设立 500 个用户，每个用户空间平均 1G，通过租赁专业邮件系统平台，加强了体育局邮件系统的网关拦截以及病毒防范等功能。2. 无线网络建设工作。本次无线网络的建设工作，主要是覆盖局机关办公楼（地上 3 层全部、地下 1 层会议室），涉及楼道和会议室，采取标准的 802.11n 网络协议，提供不低于 300Mbps 的单个 AP 的无线带宽接入能力，提供高性能的无线覆盖，最终接入现有机房局域网，实现了网络的统一分配和管理功能。本次工作是在已有的有线网络的基础上，进行无线网络的补充，为办公环境提供更加多样、便捷的网络接入，方便了办公人员能及时、准确地处理工作事务。3. 机房环境改造工作。11 月，针对现有机房设施拥挤、标准不一的情况，对局机关机房环境进行改造，通过增加 5 台 42U 标准机柜，实现对机房设施的分类管理，有效改善机房环境，增加了局办公网络的安全性。

（杨薇）

【完成高危险性体育项目远程监控系统一期建设】年内，为了对北京市滑雪场地建立一套有效的安全防范监控系统，体育局建设了高危险性体育项目远程监控系统一期项目。项目总体建设内容主要包括前端网络视频监控系统、基础网络环境的搭建、前端网络监控主机、市级视频监控平台系统等。该项目实现了对全市主要滑雪经营单位的远程视频监控管理，在未来几年，将最终建成对全市所有高危险性体育运动项目经营单位的远程视频统一管理的综合监控应用平台，强化监督执法部门的监管手段，提高政府宏观调控的科学性、动态性、准确性等功能。

（杨薇）

【涉密视频会议系统建设工作】年内，根据市政府的工作部署，在体育局建设一套涉密视频会议系统，实现同市政府能够随时召开视频会议的工作要求。按照计划，对局机关第四会议室进行了升级改造，新增了一套涉密视频会议终端系统，对会议室的线路进行改造，整合了市政府高清视频会议系统和体育局视频会议系统。局第四会议室的三套视频会议系统能够通过简单的操作，进行快速切换，保障了各类会议能够顺利召开。

（杨薇）

【市政务服务中心业务信息系统建设】年内，根据市经济信息化委、市政务服务中心筹备办的工作部署，全市需要统筹建设市政务服务中心业务信息系统，将全市所有行政审批及行政服务事项一并纳入该业务信息系统，提高政务审批服务效率，提升政府整体形象。体育局有两项行政审批事项，即从事射击竞技体育运动单位审批和健身气功活动审批。根据两项业务审批的业务需求，梳理了两项审批事项的业务流程，为全市业务系统开发提供了流程数据。

（杨薇）

【正版化软件管理工作】年内，根据国务院及北京市使用正版软件工作联席会议办公室的相关工作要求，有序开展全局使用正版化软件工作。主要工作有以下几点：第一，广泛宣传、定期检查，杜绝办公电脑上安装非正版授权软件。第二，更新计算机设备时，购买带有正版授权的计算机。第三，通过同局财务协调，将购买正版软件经费纳入预算管理，并得到局财务处的大力支持。第四，对于无正版授权的老旧计算机，安装统一购买的正版软件，保证不超授权使用。第五，在局各直属单位进行信息化项目申报时，积极推进使用正版软件工作，要求各单位建设的信息系统均必须使用正版软件，且优先使用国产正版软件。

（杨薇）

【加强信息采集工作】年内，每日搜集、整理从报纸、网络、社交媒体等反映出来的体育类新闻资讯和舆论动态，每周编印2期网络信息参阅供领导查阅。共编印《网络信息参阅》77期、《网络信息摘报》4期，集录信息392篇，共计25万字。

（杨薇）

【业务系统及主机系统运维工作】年内，由专人负责对各业务系统的运行状态进行严格监控，全年业务系统没有发生数据丢失事件。实时对各业务系统所依托的服务器的软、硬件使用情况进行监控，定期查看业务系统日志及数据备份情况，定期修补操作系统补丁；本年度主机系统运行基本稳定，无故障发生。按照市政府办公厅要求，每周按时完成市政府电视电话会议系统连通性测试工作，测试内容包括“双流测试”和“申请发言”。截至10月底，共完成应急视频会议系统和电视电话会议系统测试及会议召开技术保障共计40次，具体内容为：会议召开技术保障14次；视频会议测试联调26次；春节、“阅兵”纪念、国庆节期间保障市应急办视频会议系统全天24小时开机，并提供技术支持。

（杨薇）

【网络设备运维工作】年内，通过运维监控平台对市体育局41台网络设备内存、CPU、端口流量进行7×24小时实时监测，对出现的故障通过短信形式告知运维人员紧急处理。共计排除故障3次，其中首信网络故障2次、联通网络故障1次。截至10月底，通过运维监控平台对市体育局19台安全设备的内存、CPU、端口流量进行7×24小时监测，对出现的故障，通过短信形式告知运维人员紧急处理。共发生1次安全设备运维故障，为IPS备用设备硬件故障，已经进行了调整修复。每天由专人负责对机房基础环境巡检2次，安排专业公司对机房空调每月巡检1次，对机房消防安全每季度检查1次，对机房UPS电池系统每季度巡检1次，木樨园小机房基础环境每周巡检1次。

（杨薇）

北京市统计局

【概述】年内，北京市统计局紧紧围绕全市“稳增长、调结构、抓改革、惠民生”的发展目标，以中共十八大精神为指引，结合首都统计信息化发展规划，以信息技术应用和信息安全保障为重点，完成了北京市第三次全国经济普查等工作，大幅提升了信息化对核心业务的支撑能力，确保了各项统计任务顺利推进，为政府管理、社会服务及企业决策提供了较好的统计服务。

（马达）

【京津冀统计数据交换共享平台上线】4月，京津冀统计数据交换共享平台上线运行。该平台中的共享数据包括三类：一是京津冀协同发展统计监测指标体系中的指标数据以及开展协同发展进度分析、专题分析用到的常用指标数据。二是京津冀三地各自编印的月度、季度、年度统计资料以及第三次经济普查数据。三是根据京津冀协同发展统计监测的需要，不断增加的指标数据。通过该平台建设，实现了京津冀共享信息资源目录数字化，同时建立了可使监测指标体系与相关需求同步调整的目录结构和指标算法更新机制，使三地统计人员可以在网上报送并共享主要统计数据，对加强三地协同发展统计监测工作具有重要意义。

（马达）

【第三次全国经济普查统计信息系统建设】 年内，北京市统计局开展了北京市第三次全国经济普查统计信息系统建设。该系统建设目标主要包括三个部分：一是建立支撑北京市增加的普查需求的系统，满足普查数据处理的业务时效；二是建立支撑北京普查数据的开发利用系统，拓展信息资源的共享渠道，提升履职能力和决策服务水平；三是结合统计“十二五”规划，为基层统计机构的建立打下基础，并利用普查设施提供信息化支撑。建设内容以“经济普查统计信息系统升级改造项目”和“普查统计数据网络报送系统项目”立项实施。“经济普查统计信息系统升级改造项目”主要建设内容：更新改造原有的联网直报系统服务器及网络环境设备，扩容互联网容量，满足联网直报等普查业务系统的运行需求；建设北京单位核查、北京增加调查内容的数据处理、普查数据分析挖掘等普查业务系统。其中的普查数据分析挖掘系统搭建了第三次经济普查数据分析平台，建立27个专业分析模型，提供在线报表制作、统计图形展示、报表计划和订阅等功能，可供市、区、街乡三级统计人员在线分析普查数据，大幅提高了分析效率和分析产品质量，为普查公报公布、课题研究及相关汇总分析提供了全面支撑。“普查统计数据网络报送系统项目”主要建设内容：按照三级等保要求，加强数据、终端管理的安全防护体系，完善统计信息系统的网络安全防范手段；为基层普查机构增配计算机和相关基础设备，借助普查推动建立村级统计站。项目完成了对全市村级普查机构的3939台商用台式计算机、操作系统及办公软件的安装部署，方便了村级普查机构进行普查表数据录入、审核处理的工作任务，使全市经济普查单位便于开展数据审核、评估、验收、统计执法检查等工作，满足了普查工作的需要，促进了北京郊区农村信息化工作发展。

（马达）

北京市卫生和计划生育委员会

【概述】 年内，市人口计生委信息中心作为北京市卫生和计划生育委员会直属事业单位，按照本部门职责继续开展信息化工作。信息中心深入学习贯彻党的十八届五中全会精神，完成了全员人口个案信息管理系统升级改造项目的申报工作。加强与业务处室工作对接，完成了两孩以内生育登记模块建设工作和流动人口婚育证明查询平台建设。加强全员人口个案信息管理系统的运行维护和针对区县人员的培训工作。完成了妇幼系统出生医学证明的试验性数据交换工作，并组织进行了妇幼数据的分析。加强信息化系统安全建设，进一步强化容灾备份的演练工作，把安全巡检纳入常态化、制度化。顺利完成了对委机关相关处室和相关委事业单位的网络基础设施维护工作。配合机关服务中心完成信息中心固定资产的清点以及利旧工作。

（任向群）

【完成信息中心固定资产的清点工作】4月，盘点了视频会议设备资产，对马连道库房、天湖大厦库房进行了整理调配工作，并将相关资产提供给老干部活动站利旧使用，剩余部分将配合机关服务中心提供给北京结核病控制研究所建设视频会议系统使用。

（任向群）

【参与正版化检查和软件采购工作】6月，协助信息统计处完成软件正版化检查工作，完成中环14、15层70台终端计算机的正版化检查工作，对每台计算机的操作系统、杀毒软件、办公软件进行了正版化检查，并更新管理台账。配合机关服务中心联系相关软件的正版化采购工作，已经进入协议采购阶段。

（任向群）

【完成容灾备份演练工作】7月，加强信息网络安全建设，与市经济信息化委容灾备份中心合作，进行了2015年容灾备份演练，并就演练结果进行分析，查找漏洞，进行弥补，确保现有系统环境能够在72小时内完成数据级及重要应用级的恢复。加强系统等级保护建设，建立网络与信息安全事件应急响应机制、巡检制度，发现问题及时解决。

（任向群）

【完成两孩以内生育登记模块和流动人口婚育证明查询平台建设】9月，为实施全面两孩政策，提高计生服务管理水平，信息中心与计划生育基层指导处就婚育服务信息系统建设进行多次探讨和研究，依托全员人口个案信息管理系统，完成了户籍生育服务登记备案模块建设，建立了流动人口婚育证明服务管理模块，实现了流动人口电子婚育证明查询，进一步方便群众办理计划生育事项。

（任向群）

【完成出生医学证明试验性数据交换及妇幼数据分析】10月，经由信息统计处协调，信息中心与妇幼处、妇幼保健中心沟通协调，就全员系统共享妇幼系统中出生医学证明数据、妇幼系统共享全员系统中育龄妇女信息达成一致。联系妇幼处、基层指导处、家庭发展处根据各自需求确认相关数据项，并组织外协公司具体实施。目前已经完成西城、海淀和平谷三区县的数据交换，并对数据进行了分析，分发区县进行确认和校核。

（任向群）

【参加信息化工作培训】10月，参加由中国人口与发展研究中心举办的人口信息化与决策支持研讨培训班。12月，参加由国家卫计委举办的人口健康网络与信息安全培训会、计划生育业务信息互联互通工作专题研讨与培训会。

（任向群）

【完成全员人口系统运行维护和培训工作】年内，完成全员人口个案信息管理系统户籍管理子系统、流动人口管理子系统、决策支持子系统运维工作，未发生二级或二级以上系统故障。受理服务请求 9287 件，其中电话服务请求 3037 件、QQ 消息群 6250 件（现有千人群 1 个，500 人群 1 个，区县专属群 1 个，运维人员响应回复 54000 余条），培训请求 124 次，技术支持类 8228 件，数据处理核对类 787 件，故障问题 1478 件。同时，加强对区县人员的培训工作，按照市级、区县用户要求进行系统上机操作或功能演示培训 59 场，会场培训环境部署 24 次，共计培训人员 4900 余人次。

（任向群）

【完成网络基础设施维护工作】年内，信息中心及时响应并解决各处室信息系统出现的问题，全年为全系统干部职工的 130 台电脑进行计算机网络维护，共计 1530 余次，使全系统网络运行平衡、高效。此外，计生委药具站、计生协会、宣教中心三个临时办公地点（西城金工宏洋大厦、贵都国际中心、天湖大厦）的各项业务工作的信息系统迁移、调试、网络环境保障等工作也由信息中心承担，对三个办公区的服务请求都能响应并顺利完成。

（任向群）

北京市文物局

【概述】年内，北京市文物局在“北京市文物局‘十二五’规划”的指导下，围绕“智慧北京”总体发展要求，完成了全局系统信息化建设工作。加强了行业信息化发展的力度，对信息主管部门——局信息中心领导班子进行了改组，重新明确了信息化的统筹管理方向。同时，成立了文物局网络安全与信息化工作领导小组。局信息中心在完成内部建设和工作转型的基础上，进一步推动对文博行业信息化建设的指导与支持，鼓励行业提高意识，结合专业拓展思路，结合技术开拓创新。提出了“提升行业水平，改善行业面貌”的信息化发展思路，并组织文物局所属的 5 家博物馆与市科协合作，制作了网络微视频，通过互联网有效提高了博物馆面向社会的宣传能力。

（姚宇江）

【微信公众平台“古钟博物馆”正式开通】9 月 10 日，大钟寺古钟博物馆官方微信公众平台“古钟博物馆”正式开通。公众平台内设有“游览服务”“钟博之韵”“觉生工坊”三大服务栏目。从服务内容、展陈活动信息、古钟文化展示推广、文化创意产品展示等多方面，为公众提供了手机推送和信息查询服务。截至年底，已累计粉丝 459 位，共推送文章 13 篇，推送文章累计阅读次数 6262 次，被分享次数 558 次，3 × 5 菜单调用次数 2650 次。

（姚宇江）

【北京市文物局网络安全与信息化工作领导小组正式成立】9 月，经北京市文物局党组研究，北京市文物局网络安全与信息化工作领导小组（简称领导小组）正式成立。领导小组由文物局党组书记、局长担任组长，信息化主管局长为常务副组长，其他副局长为副组长，办公室作为日常办公机构设于局信息中心。领导小组的成立，旨在进一步加快文博行业网络安全与信息化建设步伐，加强行业信息化统筹规划与建设，推进新思想新技术与行业发展对接，实现文博行业现代化、数字化、信息化的发展目标。

（姚宇江）

【利用社会资源拓展博物馆新媒体传播渠道】11月，北京市文物局信息中心联合北京数字科普协会，以“利用社会资源，拓展中小博物馆数字化展示传播”为主题，开展了博物馆微视频创作活动。文物局所属5家博物馆参与了活动，共创作出12部文博宣传微视频短片，并通过北京数字博物馆平台向社会发布。

（姚宇江）

【首都博物馆二维导览系统改造完成】年内，首都博物馆完成对公众开放区16台二维触摸导览系统的改造工作。此次改造将原有的封闭式集成文件调整为可后台操控的开放式集成系统。在硬件不变的前提下，对软件进行升级改造。改造后的系统实现了主动后台发布管理系统，使信息发布工作更加便捷、及时、准确、安全，打破了以往需要依靠专业外包服务商制作的情况，节约了外包成本，实现了发布、管理一体化运行，提高了博物馆为观众服务的能力。

（姚宇江）

【以网站为依托扩大网络宣传推广力度】年内，首都博物馆官方网站秉承“首都，我的博物馆”这一根本理念，以展示文物、展现文化为主线，紧密围绕首博各阶段展陈等中心工作，优化功能，积极创新。首都博物馆利用网络空间不受时空局限的优势，精致策划了“羊年话吉祥”“国际博物馆日”及“‘秋暮夕月’中秋专题”等一系列网站特色栏目。全年，网站总点击量突破600万次，累计发布信息超过1000条（篇），回复观众留言邮件700余封。同时，首博以官方网站作为向外展示宣传的主要媒介，组织完成“延伸阅读”功能开发，有效提升观众的浏览体验；还增加了首博免费数字出版物（PDF版）资源数量，已累计上线近30本，深受观众喜爱；新建“教育资源”栏目，发挥数据资源共享优势，为首博实现教育资源数字化、共享化、实用化迈出坚实的一步。

（姚宇江）

【辽金城垣博物馆完成网络化办公改造】年内，辽金城垣博物馆根据信息化发展需求完成了对博物馆办公环境的网络改造。通过建设局域网、使用OA系统等方式，实现了全馆无纸化办公，既有效地节约了办公资源，又明显提高了办公效率。同时，辽金城垣博物馆还在全馆范围内对公众开放了无线接入功能，提高了对社会服务能力，为下一步实现智能服务奠定了基础。

（姚宇江）

北京市无线电管理局

【概述】年内，北京市无线电管理局按照《2015年全国无线电管理工作要点》开展各项工作，完成抗战胜利70周年纪念活动和北京世界田径锦标赛等重大活动的无线电安全保障任务，加强无线电台站和设备管理、固定监测网建设，开展北京业余无线电应急通信演练及各种培训工作。

（李书亮）

【查处“黑电台”】1月，北京市无线电管理局被增补为“北京市文化市场管理（扫黄打非）工作领导小组成员单位”。3月，与天津、河北两地有关部门密切配合，联合开展了“净空2015”专项行动，对非法广播进行多地域一体的联合集中打击。年内，各部门及相关区县共开展打击行动15次，依法取缔34个非法广播设置地点，涉及39个非法广播频率，先行登记保存调频发射机、电脑、数字数码播放器、数码播放U盘、极子天线等相关设备39套。其中，在6月初的专项行动中，市公安局在各有关部门的共同配合下，成功打掉1个非法广播团伙，刑拘犯罪嫌疑人5人。

（李书亮）

【北京业余无线电应急通信演练举办】11月28日，由北京市无线电管理局主办、北京无线电协会承办、北京阳光宇通科技发展有限公司协办的“2015北京业余无线电应急通信演练”在蟒山国家森林公园举办。北京市无线电管理局局长陆恭超、副局长焦文冬，全军预备役电磁频谱管理中心、国家无线电监测中心、北京市政府应急办、北京市地震局、人民邮电出版社《现代通信》杂志社、北京市朝阳区医疗救援中心等单位领导和代表出席活动。阳光无线俱乐部、天龙无线俱乐部、海淀万泉小学、北京志愿者应急通信等11个业余无线电俱乐部、联盟代表队的300余名业余无线电爱好者参加此次演练和竞赛。演练中，北京市无线电监测站专业技术人员现场演示无线电干扰的测向定位查找和定向覆盖压制非法信号源。各个代表队参加了应急通信快速架设竞技、SSB、CW短波抓抄竞技、对讲机通信竞技、应急通信模拟搜救竞技、应急救援医疗竞技等比赛。演练及竞赛结束后举行了颁奖仪式。

（北京市无线电管理局）

【无线电台站和设备管理工作】年内，以收缴频率占用费为抓手，开展台站数据库清理工作。将往年年底才收缴频率占用费的日期提前到6月30日之前，向涉及的1887个单位发放了《关于缴纳无线电频率占用费的通知》，对查明的注销和新增台站进行了更新。以6月30日为时间节点，对未缴费的单位进行逐个核实和催缴，并准备对逾期6个月未缴费的，按照有关规定予以注销。年内，共完成设置无线电台的行政审批99件，办理台站年审411家单位，收缴频率占用费550余万元。

（李书亮）

【加强固定监测网建设】年内，新建固定监测分站1座，新建移动监测车1台，升级改造移动监测车1台；新购置便携式无线电监测设备2套，新购置便携式伪基站及GSM-R监测设备2套。

（李书亮）

【完成考试保障工作】年内，共保障各类考试20余次，监测网内的固定监测站全部投入工作，投入监测和保障人员400余人次、移动监测及执法车100余车次，监测时长160多小时，较好地完成了防范保障任务。

（李书亮）

【打击伪基站】年内，继续开展打击伪基站工作。配合公安部门对送检的131套伪基站设备进行了检测，出具认定书133份、检测报告133份，并对156名涉案犯罪嫌疑人下达了责令改正通知书。

（李书亮）

【业余无线电管理工作】年内，继续委托北京无线电协会组织市内业余无线电操作证考试和设台办理工作。年内，共核发A类业余无线电操作能力资格证1073人、B类85人；换发A类业余无线电操作能力资格证2912人、B类510人、C类8人。在指导相关业余无线电工作的同时，先后拟定了《北京市业余无线电台中继台设置使用管理办法》，并组织了“2015北京业余无线电应急通讯演练活动”，确保了本市业余无线电工作健康、有序发展。

（李书亮）

北京市新闻出版广电局

【概述】年内，为持续提升市新闻出版局新闻出版信息系统的稳定性、便利性和实用性，信息中心从程序代码、系统界面、系统兼容性等多方面对系统进行优化，及时发现并修改系统在使用过程中的错误程序代码，使系统运行更加稳定，通过改进并优化系统使用界面，使用户在操作信息系统时更加方便快捷。年内，新闻出版各业务系统运行平稳，通过业务应用系统共办理行政许可和服务类事项703303项（含作品自愿登记直接导入数量）；通过印刷产业促进平台办理年度检验业务1744项，办理印刷企业设立和变更169家，办理内部资料新增申请和重新审核1404份，办理图书期刊印刷委托书151024份，办理境外印刷品在京印刷1120份；通过报刊管理综合服务平台为3255家报刊单位办理年度检验业务，占应检单位的97.33%，其中3155家通过当面检查，占应检单位的94.34%，办理期刊登记83种、变更680次，办理期刊增刊申请570项，办理报纸登记4种、变更100次，通过平台收集网上发布的市属报刊内容264655篇。

（夏可）

【完成“北京地区报刊管理综合服务平台项目”初验工作】5月27日，在前期对初验文档做好准备的基础上，由建设单位、监理单位和承建单位三方对北京地区报刊管理综合服务平台项目进行了初步验收。年初，局新闻报刊管理处在3个月的时间内通过平台完成3218家报刊单位的年度核验工作，占应检单位的98.59%。截至年底，通过报刊管理综合服务平台为3255家报刊单位办理年度检验业务，办理各类期刊业务1333项，通过平台收集网上发布的市属报刊内容近26万篇。较好地支撑了新闻报刊管理各项工作。

（夏可）

【完成印刷产业促进平台项目终验工作】9月23日，在前期对终验文档做好准备的基础上，由建设单位、承建单位及多位印刷领域和信息化专家组成验收组对北京市新闻出版广电局印刷产业促进平台项目进行终验。截至12月底，已办理各类印刷业务155665项，较好地支撑了印刷发行处各项工作。根据新闻出版广电总局相关要求，平台计划实现全国印刷复制委托书网上备案功能，现已初步实现京冀地区印刷复制委托书网上备案工作。

（夏可）

【完成信息系统测评项目并制订加固方案】年内，信息系统测评项目形成信息系统“等级保护差距分析报告”“整改加固方案”“等级保护测评报告”“北京市新闻出版广电局新闻出版信息系统安全等级保护硬件加固建议”等文档。信息中心按方案对物理机房、网络安全设备、各业务系统服务器、数据库等开展了整改加固工作，按建议内容向市经济信息化委申报了“朝内办公区新闻出版信息系统安全等级保护硬件设备加固”项目。

（夏可）

【完成北京市政务服务中心对接相关工作】年内，按全市统一要求于9月底完成新闻出版相关业务系统用户填报页面调整和网络调试工作。

（夏可）

【综合业务服务平台功能不断完善】年内，综合业务服务平台功能不断完善，完全支撑了建外和朝内两个主要办公区的公文流转、行政办事等工作需求。截至11月底，通过平台办理文件共计3257件，其中发文975件、收文2182件、呈批件100件，发布各类信息332条。一是完善各项子系统功能。设计开发合同审查子系统，整合内部财务系统、印刷产业和报刊服务等3个重要业务子系统，进一步促进了无纸化办公，保障了新闻出版和广电业务的开展。二是优化行政审批系统办理流程。为配合位于六里桥的市政务服务中心审批业务平台的建设，市新闻出版广电局按照统一的技术标准，进行了3轮技术修改，并数次前往实地进行系统联调，陆续完成了行政审批系统和网上政务大厅的接口改造。三是改造综合平台短信通知系统，接入首都之窗短信业务平台，签订《专用短信通道租用协议》，加强了一对一的服务监督，确保短信发送成功率，做好基础服务保障。

（田杰鹏）

【加强政府网站安全管理】年内，继续加强政府网站管理，确保对外服务平台安全运行。一是增强技术防护手段，安装“网页防篡改软件”和“安全加固软件”，部署“政府网站综合防护系统”，全年进行设备巡检工作达40余次，阅兵期间针对中塔机房托管服务器增加巡检10余次。二是应急值守，全员保障网站运行。从8月20日至9月5日，每日保障2名维护人员对建外办公区机房实行24小时不间断值守，每天进行4次机房设备巡查，并且每隔1小时查看政府网站各页面的运行状态。三是完成网站普查和安全测评工作。完成网站基础信息的填报，以及后续的安全防护整改工作。做好一年一次的网站安全测评工作，建立安全台账，不断提高网站的防护能力。四是完成网站“职权信息”栏目建设。根据市政府关于信息公开工作的要求，按照统一的技术标准和内容格式，设计、测试页面效果，确保栏目按时上线公开。五是组织召开政府网站工作联席会，围绕网站安全管理和服务栏目共建等工作进行探讨，不断完善市新闻出版广电局政府网站建设和管理。

（田杰鹏）

【人事管理数字化进程不断推进】年内，加强“人事档案管理系统”和“数字编辑管理系统”的建设。建立数字化、规范化的人事档案系统，满足职工个体精细管理的需要。加强对数字出版从业人员的管理和紧缺人才的培养，完善科学、公开、客观的人才评价和选拔机制。

（田杰鹏）

【开展广电行业大数据课题研究】年内，市新闻出版广电局开展大数据课题调研。通过制订研究计划、进行业务调研、组织专家评审，从政策背景、业务需求、技术方案、实施环境等方面探讨广电行业大数据的发展方向和策略。

（田杰鹏）

中国银行业监督管理委员会北京监管局

【概述】年内，中国银行业监督管理委员会北京监管局（简称北京银监局）信息化建设按照中国银行业监督管理委员会的信息化总体框架和发展规划要求，完成了以银行业监管信息系统为核心的业务系统、办公系统以及其他辅助系统的建设工作；以“科技工作促进监管工作”为目标，在不断加强信息科技风险监管工作的同时，服务全局，通过夯实基础、充实内容、创新手段、提高水平为业务监管保驾护航，取得良好效果。目前，北京银监局基础设施完备，系统布局合理，监管要求明确，信息科技管理体系完善。

（宋黎阳）

【推进本地数据容灾系统建设】年内，北京银监局在工作网虚拟集群项目一期的基础上，新增存储设备以及存储管理设备VPLEX，实现本地存储双活模式。该项目实施后，有效降低存储设备的单点故障风险，进一步提高业务连续性，加强数据安全性，并为“异地灾备中心”的建设打下坚实基础。

（宋黎阳）

【推动分行级同城灾备建设】年内，为有效落实《北京银监局关于推进辖内商业银行分支机构分行级同城灾备系统建设的通知》要求，北京银监局通过组织召开专题会议、走访调研、现场评估等多种方式督导辖内机构全面开展同城灾备建设。截至年底，辖内符合建设要求的21家分行机构中有13家完成了同城灾备系统建设，剩余8家正按计划有序推进各项建设工作。北京银监局对其中7家已完成机构开展了评估工作。从评估结果来看，在生产系统宕机的情况下，各行分行级同城灾备系统基本能够接管生产系统，保证应急期间柜面基础金融服务和在行式ATM服务的连续性，初步实现了预期目标。

（江伟　黄符俊）

【探索建立京津冀科技监管沟通交流平台】年内，为推动京津冀协同发展，强化京津冀地区监管机构之间的交流合作，充分发挥协同监管效应，北京银监局将北京地区银行业信息科技风险联席会扩展为北京、天津和河北银监局及三地银行机构共同参与的京津冀银行业金融机构信息科技风险联席会议。年内共召开2次会议，分别围绕商业银行安全可控信息技术的应用推广、互联网技术在中小商业银行的应用等业内热点话题展开讨论。

（江伟　黄符俊）

【部署EAST2.0开展数据采集工作】年内，按照《中国银监会办公厅关于加强EAST系统应用的指导意见》和《中国银监会办公厅关于EAST系统数据采集有关工作安排的通知》要求，北京银监局建立了按季度报送数据的持续采集机制，组织相关银行积极开展数据持续报送工作，并加强数据质量考核和督导。年内，按照2.0数据标准完成对民生银行、华夏银行、北京银行、北京农商银行前三季度的数据采集工作，共采集数据2.3T。数据导入后，对照2.0版数据标准对机构报送数据问题进行统计，督促机构进行后续改进，提高数据质量。

（王伟哲）

【拓展EAST系统应用领域】年内，北京银监局积极应用EAST系统开展分析建模，在年内“两遏制”及“回头看”检查、北京农商银行柜面及会计业务现场检查、北银消费金融有限公司信用风险管理状况现场检查中，应用EAST系统对被查机构业务数据进行数据分析，覆盖业务范围包括信贷业务、票据业务、员工行为、柜面业务及理财产品私售等领域，取得了较好的成效。

（王伟哲）

【完成量子保密通信试点工作】年内，北京银监局积极配合银监会开展量子保密通信“京沪干线”银行业监管信息采集应用示范系统建设试点工作，已成功应用量子通信技术实现银行业监管信息采集数据在银监局与银监会间的加密传输。此次试点工作验证了量子通信技术在银行业领域中应用的可行性，为今后银监会行业大数据的采集、传输奠定了坚实的技术基础。同时，作为示范性项目，为今后在银行业开展量子通信技术试点工作提供了宝贵的经验。

（宋黎阳）

北京市园林绿化局

【概述】年内，北京市园林绿化信息化工作按照国务院关于积极推进“互联网+”行动的指导意见的要求，坚持积极利用、科学发展、依法管理、确保安全的行事方针，以新一代信息技术为支撑，进一步加强园林绿化信息资源的开发、利用，有效提升园林绿化公共服务水平和支撑力度，促进北京市园林绿化局信息化建设持续、稳定、良好发展。

（陶文华）

【建立京津冀信息共享发布平台】7月初，国家林业局信息办、京津冀三省市林业信息化工作主管部门在京共同研讨林业生态建设协同发展信息资源共享工作。会后，局信息中心积极落实会议精神，策划、建设了“京津冀生态建设协同发展”网站宣传专题，于7月20日正式发布在首都园林绿化政务网站上。同时，建立了三省市信息员联络协调机制，通过内部互通共享通道定期发布相关信息，及时宣传报道京津冀生态建设协同发展有关情况，助力京津冀生态建设协同发展。

（陶文华）

【首都园林绿化政务网升级改造】年内，加快推进“互联网+政务”，构建了基于互联网的一体化政务服务体系。升级后的网站有三大亮点：一是栏目设计采用了大数据分析技术，分析了几百万网民的访问数据，推出了公园搜索、观光果园查询、植物园艺、家庭养花知识等一大批园林绿化精品栏目。二是网页实现了访问设备自适应。无论使用台式电脑，还是使用手机或者平板电脑，都能达到较好的访问效果。三是突出了网上办事功能。在首页醒目位置设计了网上办事大厅，实行审批和服务事项在线咨询、网上办理。

（陶文华）

【推进权力清单发布】年内，按照《北京市人民政府关于公布市政府各部门行政审批事项汇总清单的通知》要求，完成了局12个相关部门的行政审批、行政处罚办事指南的汇总，调整了政务网站相关栏目设置，完善了网上办事服务内容和页面模板，发布了权力清单224项。同时，配合局审改办、法制处以及12个相关部门，完成了行政审批事项办理流程及网上审批业务需求的梳理和汇总工作，实现了市政务服务中心业务信息系统、固定资产投资审批系统、局网上审批系统不同程度网上审批功能。

（陶文华）

【加强网站宣传专题建设】年内，围绕京津冀协同发展和首都生态建设，首都园林绿化政务网站新开设了“治理杨柳飞絮共创宜居环境”“京津冀生态建设协同发展”“增彩延绿科技创新”“北京市食用林产品质量安全监督管理”“节水集雨型绿地”“北京市健康绿道”“媒体聚焦”等12个专题，更新维护了“全市公园冬季冰雪活动”“新春庙会文化活动”“春季踏青赏花”“首都全民义务植树”“林木绿地认建认养”“平原造林”“第三届森林文化节”“集体林权制度改革”等8个专题。通过不同层面的网络宣传专题建设，有效维护了首都生态文明建设窗口的良好形象，广泛普及了园林绿化行业知识，为提升首都园林绿化水平提供了信息支撑。

（陶文华）

【完善林业大数据】年内，利用先进的三维实景采集设备，采集了市区环路和主要高速公路中间隔离绿化带的实景数据，建立了三维实景模型，生成了具有特色的三维资源，为园林绿化精细化管理提供了有力的支撑。整合了2006年以来每年2期或4期的卫星遥感数据、航拍数据、实景三维数据、多要素的业务图层数据等多时期、多尺度、多维度的各类数据，丰富了园林绿化行业数据资源。实现了网格系统中2013年、2014年注册公园数据更新，完成了食用林产品安全中心提供的果园、果园土壤监测等数据矢量化、整理入库、校正、发布成面图层等工作，新增4000条记录。

（陶文华）

【开通微信公众服务号】年内，将微信公众服务账号“北京市园林绿化局”与官方微博进行了统一，更名为“首都园林绿化”。通过微信向公众推送园林绿化工程建设情况，园林绿化局贯彻落实《京津冀协同发展规划纲要》工作动态，推进园林绿化法治化进程举措，以及红叶节、北京百合文化节活动和园林绿化小知识等各方面信息，拓宽了园林绿化宣传、网上政民互动渠道，加快了全市园林绿化工作信息的传播速度，提升了为公众提供信息即时服务共享水平。年内，累计用户达4333人，共发布信息163条。

（陶文华）

【建设北京市园林绿化实景展示平台】年内，利用虚拟现实技术和GIS技术，建设了北京市园林绿化实景展示平台。重点建立了国家森林公园、自然保护区、绿地、林场苗圃、果园、环路的全景景观，让用户能够从宏观和局部的不同视角快速浏览区域内三维地理空间信息和相应属性细节，方便人们尽可能多地获取详细、实用、动态、精确的信息，进一步增强了绿化宣传的时代感、沉浸感和吸引力。

（陶文华）

【开发园林绿化资源移动监管小助手系统】 年内，完成了园林绿化资源移动监管小助手系统移动端和后台数据服务管理系统的建设，实现了空间数据展示、法律法规参考、报表与数据操作等功能，为用户提供了底图数据展示、综合查询、图层控制、数据筛选、快速定位、图例展示、高级检索、图层选择、查询结果添加、查询结果统计、业务数据采集、地图基础操作等多维应用场景服务，有效地提升了用户管理效率和管理水平。年内，完成了 50 个 iPad 小助手系统的安装、更新与配置，新增进京燃气、2015 年北京市造林地块、北京市乡镇边界等图层数据。

（陶文华）

【完善园林绿化资源动态监管系统】 年内，依托北京市区（县）绿化行政主管部门掌握的已移交公共绿地和规划公共绿地，利用遥感监测技术动态掌握了公共绿地状态变化信息，完善了北京市园林绿化资源动态监控管理体系，统筹了公共绿地规划管理、建设项目绿化管理、绿地资源审批管理、绿地资源监控等核心业务，实现对公共绿地的规划、征用 / 代征、移交验收、建设、维护、监管等业务的精细化管理。年内，通过构建系统原型，搭建系统的测试环境、封闭开发、集中联调测试、系统正式环境部署、模拟用户测试，系统基本数据初始化等工作，完成了项目的初步验收。

（陶文华）

【建设生态文化公共信息平台】 年内，完成了生态文化公共信息平台的设计与建设，主要包括信息发布系统、信息检索系统、会员管理系统、频道管理系统、反馈系统、访问统计系统等子系统的建设，实现了个性化专题服务、信息传递、统一的生态文化数据采集、汇总及管理分析、生态文化评论交流等功能，为公众提供了内容丰富、互动性强的宣传服务，积极传播了生态科普知识、弘扬了生态文明理念、展示了生态建设成果，同时为领导决策提供了科学依据。

（陶文华）

【建设园林绿化局数字档案管理系统】 年内，为贯彻落实国家档案局和北京市档案局有关档案信息化建设工作的规划，建设了园林绿化局数字档案管理系统，完成了部分档案扫描数据的归类、扫描、上传，按照不同的权限设置提供信息收集、整理、归档、统计、销毁、移交、查阅、借阅等全方位的高效管理服务。

（陶文华）

北京住房公积金管理中心

【概述】 年内，北京住房公积金管理中心在完成全年信息化建设和各项基础运维工作的基础上，为顺应国家政策调整及互联网信息技术发展形势，扎实推进了综合信息系统研发重建工作，各项基础工作取得阶段性成果。

（郭芳）

【完成综合信息管理系统应急预案修订工作】 年内，为确保信息系统安全稳定运行，加强应对紧急事件的快速响应及处理能力，北京住房公积金管理中心修订了《北京住房公积金综合信息管理系统应急预案》和相关专项应急预案，并根据修订完成的预案进行了应急演练工作。通过演练加强了北京住房公积金运维队伍应对紧急事件的快速响应及处理能力，同时验证了修订的应急预案的符合性和有效性。

（郭芳）

经济信息化

【综述】2015年，认真做好“十三五”规划等顶层设计研究。配合市发展改革委编制了北京市“互联网+”实施意见，起草了“互联网+”制造业行动计划。组织开展北京市“互联网+制造业”行动计划、北京市“十三五”时期两化融合发展研究、借鉴德国工业4.0推进北京市两化融合发展路径等顶层设计工作，推动“央源”对接、“地源”优化等服务资源开放共享工作，推进示范项目建设工作，完成北京市两化融合服务平台建设，沉淀形成了北京市两化融合基础数据库。扎实开展信息化试点示范。持续推进“工业云”有关工作，着力构建两化融合服务支撑体系。依据2014年对全市1713家企业开展2013年度企业信息化及电子商务发展现状调研数据，编写了《北京市两化融合发展报告（2013年)》。

（市经济信息化委）

【2015年北京市企业两化融合评估填报培训会召开】8月14日，市经济信息化委组织各区县经济和信息化主管部门召开2015年北京市企业两化融合评估填报培训会，全市16个区县及北京经济技术开发区的相关负责人参加了会议。会上，市经济信息化委就企业两化融合评估诊断和对标引导工作进行了部署，明确各区县务必按时、保质保量地完成两化融合评估诊断和对标引导工作，每个区县至少有100家企业参与评估。工业和信息化部电子科学技术情报研究所信息化测评研究室副主任马冬妍简要介绍了企业两化融合评估诊断和对标引导工作的背景和内容，并详细讲解、演示了两化融合评估系统的使用方法。

（市经济信息化委）

【完成推进两化融合试点示范工作】年内，都市产业处挖掘新业态、新模式，推进威克多制衣、三元食品等企业两化融合试点示范工作：威克多制衣中心努力构建工业云平台中的服装云，腾退空间改造建立服装业创新创业的孵化器平台和服务平台，努力建立面向个性化需求的服装大数据平台；三元食品依据两化融合水平与能力现状评估结果，结合战略和国内外最佳实践，重点打造战略管理能力、商务运营管理能力、财务管理能力、生产运营管理能力以及产销研一体化能力等创新能力；曲美家居通过云设计库整合全国设计师资源，为用户的需求量身定制，反馈优选设计方案，推出的B8全屋定制3D系统和B8家居电子商务平台是家具行业唯一一个集3D设计、商业管理、生产管理、自动化加工于一体的全系统解决方案，通过线上定制、线下体验的模式，率先进入两化融合的创新突破阶段。4月，曲美家居集团股份有限公司在上交所正式挂牌上市，标志着京派家具第一股正式登陆A股市场。

（市经济信息化委）

【形成两化融合基础数据】年内，市经济信息化委经济社会信息化处会同市统计局对全市近2000家企业开展了信息化及电子商务发展现状网上调查，沉淀形成了北京市两化融合基础数据库。组织1000家规模以上企业参加工业和信息化部企业两化融合发展水平对标诊断工作，组织200家规模以上企业参加工业和信息化部组织的区域两化融合发展水平评估数据采集工作。年内，北京市重点企业信息化专项规划比率达到79.5%，同比提高7.5个百分点；采购和销售环节电子商务应用比率分别达到36.5%和44%，同比提高7.5和9个百分点；装备数控化率达到 70.8%，同比提高 12.9 个百分点；ERP、MES、PLM、SCM 等应用系统的普及率都同比提高 10 个百分点以上，北京市的两化融合发展水平仍保持在全国第一梯队。

（市经济信息化委）

【开展信息化试点示范工作】年内，市经济信息化委经济社会信息化处多方面开展信息化试点示范工作：一是继续推进工业和信息化部两化融合贯标试点。二是积极组织企业开展互联网与工业融合创新试点。北京市 20 家企业入选 2015 年全国“互联网与工业融合创新试点”名单，数量居全国各省市之首。三是利用信息化发展资金支持京东、慧聪等电子商务示范企业运用大数据等新技术新应用服务于北京市的传统企业与中小微企业。四是在朝阳区开展“全国工业电子商务区域试点”，筹备建立工业电子商务服务联盟。通过一系列试点工作推进，培育了一批具有很好示范带动作用的两化融合标杆企业。

（市经济信息化委）

【构建两化融合服务支撑体系】年内，积极推进 CIO、两化融合、产业转型升级等一批服务联盟和协会的创立，初步构建了集工业和信息化部电子情报一所、用友、世纪纵横等咨询服务机构，以及一批工业设计、生产管理、市场营销等软硬件厂商为一体的企业信息化建设综合服务体系，形成了政府和社会协同推进两化融合的工作机制。此外，为有效支撑试点企业的两化融合贯标工作，积极组织本市贯标咨询服务机构申报评定工作。经过严格筛选，世纪纵横等 10 家咨询机构被工业和信息化部确定为全国两化融合贯标咨询服务机构，占到全国总数的 1/3；工业和信息化部情报所等 7 家咨询服务机构被确定为全国两化融合贯标评定机构，占全国总数的一半以上。

（市经济信息化委）

制造业信息化

【概述】年内，市经济信息化委起草了“互联网 +”制造业行动计划，开展了北京市“十三五”时期两化融合发展研究、借鉴德国工业 4.0 推进北京市两化融合发展路径研究等工作。

（市经济信息化委）

【“感受高精尖”系列宣传活动启动】5 月 6 日，北京电视台、北京人民广播电台、《北京晨报》、《参考消息》、《中国工业报》等媒体到北汽福田公司，深入车间进行现场采访，了解公司开展绿色智能制造、打造超级车队管理系统等亮点成绩，正式开启了市经济信息化委 2015 年“感受高精尖——走进两化融合标杆企业”系列宣传活动。福田汽车党委副书记赵景光、高级副总裁兼 IT 经理龚峻、品牌总监李健等领导，以及市经济信息化委汽车处、经济社会信息化处和新闻宣传处等处室也与记者进行了座谈。按计划，在 2015 年，市经济信息化委还将陆续推出更多“互联网 +”、智能制造和高精尖产业体系等领域的典型企业集体采访，组织记者深入企业实地感受北京工业和信息化领域产业转型升级成果，促进市经济信息化委宣传工作开展。

（市经济信息化委）

【“感受高精尖”第二场活动在通航企业开展】6月8日，《北京日报》、《北京晚报》、北京人民广播电台、《北京商报》、《中国工业报》等媒体的10名记者到北京臻迪智能科技有限公司，实地感受北京通航产业发展的状况。这是市经济信息化委组织的“感受高精尖——走进两化融合标杆企业”系列采访的第二次集体采访活动。集体采访组参观了臻迪智能公司的无人机展品，并观看了无人机飞行的现场演示，同时还了解了公司的发展历程及臻迪智能发展现状和下一步的计划。

（市经济信息化委）

【首都高精尖产业及精品成果展首登京港洽谈会】11月27—28日，由京港两地共同主办的第19届北京·香港经济合作研讨洽谈会（简称“京港洽谈会”）在香港举行。本届京港洽谈会以“互通要素、双向投资、同享机遇、共创繁荣”为主题，为进一步加强两地在“高精尖”产业、“大城市病”治理等领域的投资贸易和城市合作搭建了平台。北京市副市长程红主持会议开幕式。北京市委常委、常务副市长李士祥，香港特别行政区行政长官梁振英，香港贸发局主席罗康瑞等出席开幕式并致辞。市经济信息化委组织了20余家北京市高精尖产业领域企业参加“首都高精尖产业及精品成果展”。展区设立6个推介洽谈展位，聚焦创意设计、名优民生、关键核心、集成服务、创新前沿5类高精尖产品。开幕式结束后，副市长李士祥等还参观考察了京泰国际商务中心有限公司在香港设立的北京企业海外发展孵化器。

（市经济信息化委）

【到金风科技公司调研】12月23日，由市经济信息化委书记李平带队，组长张国栋、副主任王学军、委员刘京辉等一行到金风科技公司调研，先后参观了金风科技风电展厅、风电主控系统生产车间、智能微网控制室、金风大学和光伏智能温室，对企业的生产经营状况、产品结构、企业文化和新业态、新模式等进行详细了解，并听取了金风科技公司关于业务板块和下一步发展思路的情况介绍。同时在风电行业智能制造新模式应用和推动京津冀协同发展方面与企业负责人进行了探讨。

（市经济信息化委）

商业物流信息化

【完善“京津冀地理信息共享服务平台”建设】年内，北京市积极落实国家着力推动京津冀产业协同发展的有关政策，把首都产业发展放在京津冀协同发展大局中同步规划和布局，发挥辐射带动作用。市经济信息化委全力推进京津冀地理信息共享工程建设，提供覆盖京津冀及山东、山西和内蒙古六省市的2米、8米高分专项遥感卫星影像和1∶10000电子地图等在线共享服务，并率先与市环保局的“京津冀及周边地区大气污染防治联防联控信息共享平台”进行了共享对接。此外，市国土局、市园林绿化局等部门也相继提出了面向京津冀区域合作对共享平台的需求，积极推进对接工作。

（市经济信息化委）

【组织企业与京津冀产业合作】年内，市经济信息化委软件与信息服务业处积极抓产业协同，推进京津冀共赢发展：组织软通动力、博彦科技、文思海辉等知名软件外包企业与河北曹妃甸进行产业对接；联合廊坊、张家口市张北县共建数据中心产业基地；组织召开京津冀北斗卫星导航区域应用示范项目工作推进会，加快推进京津冀北斗应用一体化；组织神州数码公司与河北省人民政府签署“智慧河北”战略合作协议；与天津武清在电子商务领域加强联动协同，唯品会华北物流中心、酒仙网、当当网等20家电子商务企业已签约落户武清区电商园。

（市经济信息化委）

【推动京津冀地区通用航空运营网络建设】年内，在平谷至河北省唐山、迁安、昌黎、平泉、保定，以及天津市塘沽、窦庄等地的多条低空航线实现通航的背景下，由中国民航科学技术研究院、国家空域技术重点研究实验室、西安天和防务技术股份有限公司和平谷通航产业基地共同建设的华北地区低空安全监控指挥中心投入使用，具备了飞行计划申报与受理、飞行环境评估、监管部门飞行信息共享等功能，有效提高“低慢小”航空器的管理水平和管理能力。在航空航天处的推动下，初步建成了以北京为核心、以京津冀为重点，辐射周边省市的通用航空网络化运营服务体系，为京津冀协同发展通用航空产业奠定了基础。

（市经济信息化委）

电子商务

【概述】年内，北京市网上零售额实现跨越式增长，网上零售成为拉动首都社会消费品零售额增长的主要力量。智能硬件产业从国家政策到自身的产业结构都在逐步完善，其所带动的上下游厂商和传统厂商的智能化转型，都使这一领域成为“互联网+”时代新的财富增长点。

（市经济信息化委）

【2015中国（北京）电子商务大会召开】10月12—14日，2015中国（北京）电子商务大会在北京国家会议中心召开。大会以“互联网+跨界融合”为主题，搭建电子商务信息共享、热点研讨、项目合作、交易对接的高端服务平台。大会分为论坛和展览两部分，其中论坛部分于10月12—13日举办，设一个主论坛、五个分论坛。主论坛围绕“互联网+引领未来”主题，聚焦电商龙头企业，探讨电子商务创

新理念和发展趋势；分论坛围绕“中外电商高端对话——跨界融合”“互联网＋生活服务业”“互联网＋传统产业转型”“互联网＋跨境电商”“互联网＋创客空间”五大议题进行。展览部分于10月12—14日举办，在国家会议中心地下一层6号展厅设有5000平方米展览区域，通过电子商务聚集区和示范企业的集中展示以及互动体验，展现电子商务领域创新发展的最新成果。

（《京郊日报》）

【京东云“互联网＋”战略发布】10月20日，京东云“互联网＋”战略发布会暨创新联盟启动仪式在京举行。北京京东世纪信息技术有限公司发布京东云“互联网＋”战略，即基于电商云、数据云、基础云资源，向传统领域提供“互联网＋”解决方案。电商云是京东集团针对各产业发展存在的问题提出的一整套融合B2B、B2C、O2O模式在内的云解决方案，拥有稳定、高效的电商业务信息系统，从营销到客服完整的电商运营环节，到在用户资源、商品资源、IT资源和仓储配送资源方面具有成熟经验；数据云通过数据收集、数据存储、数据分析、数据开放以及数据买卖等服务，打造可以自行运转的大数据生态圈，为用户提供一整套数据平台解决方案；基础云由私有云和公有云两部分组成，是支撑京东信息系统稳定运行的重要基石。

（杜玲）

【“京东微联App”发布】10月21日，京东智能“智·联WE来”建生态·联万物战略发布会在京举行。会上，京东微联发布了App3.0版本和JoyLink2.0协议，从智能家居产品DNA上植入互联互通协议，通过支持本地互联互通协议，大幅提升智能硬件产品体验。这标志着京东智能在智能硬件领域的深入拓展，并以开放的心态与合作伙伴共建生态。此外智慧家装计划将联合众多地产、家装公司，进入智慧家居前装市场，提供智慧家装解决方案。京东微联作为万物互联时代的入口级产品，通过联结人、物、商家、内容和服务，提供消费者最佳的智慧生活产品体验。

（市经济信息化委）

【电子商务与传统产业融合发展座谈会召开】11月18日，市经济信息化委组织召开推动电子商务与传统产业融合发展座谈会。三一重工、昆仑润滑油、京粮集团、同仁堂健康、当当网、苏宁、京东、北汽新能源、联想等9家传统制造业及电商平台企业的相关负责人参加会议。会议围绕推动实施“互联网＋”战略，如何发挥电商等新兴行业和传统产业的各自比较优势，实现优势互补、共赢发展进行了交流。重点探讨了电子商务与传统企业跨界融合发展现状、存在问题和发展思路。与会企业立足各自行业特点，积极建言献策，提出了融合发展需求和政策建议。会议还通报了北京关于落实《中国制造2025》、实施北京创造战略的有关情况，解答了企业关心的政策问题。会议指出，各类企业要抓住从“在北京制造”向“由北京创造”的战略契机，积极推动新一代信息技术与传统行业融合发展，培育新模式、新业态，形成产业发展新优势、新动力。

（市经济信息化委）

【推进产业发展“互联网＋”新模式】年内，积极推进传统企业通过与O2O、电器制造商和物流等行业创新商业模式，典型企业建立的本地生活服务平台“乐栈”，可随时随地通过终端下单支付和集中配送。推进工艺美术企业与京东商城合作实现“展览＋电商”模式，在京东商城的网络销售平台3年内开设主营北京工艺美术特色产品的专栏，实现从产品体验、销售到售前售后服务的线上、线下全方位对接，实现产品设计众筹。推进二商集团与京东商城签订战略协议，通过强强联合实现资源优势互补，推动传统产业发展方式的转型升级，构建新模式、新业态。易丰印捷公司依靠“企业定额管理系统”等创新领域的核心技术，依托云数据库，实现了印刷行业的“互联网＋”新模式，取消起印量、48小时发货、按需出版印刷（消除库存）等功能，实现节能降耗，充分反映了印刷行业拥抱互联网发展的新趋势。

（市经济信息化委）

【涉农电子商务发展迅速】年内，电子商务发展继续拓宽农产品销售渠道，农产品电子商务领域涌现出中粮我买网、沱沱工社、顺丰优选、本来生活网等国内知名的农产品电商企业；京东、亚马逊等上线农产品频道，主打果蔬、水产等特色农产品营销，带动农产品线上销售的比重进一步提高；新发地市场、中央批发市场等企业应用大数据分析，搭建线上交易平台，探索农产品批发市场转型新渠道；农业合作社利用电商平台开设网络店铺，拓展农产品网络营销渠道。

（《京郊日报》）

企业信息化

北京北咨信息工程咨询有限公司

【概述】年内，北京北咨信息工程咨询有限公司（简称北咨信息）创新组织管理模式，加强项目管控力度，成立项目管理办公室（PMO），全面实施“PMO+项目经理”的业务管理模式；同时，设立创新研发中心，为北咨信息发展转型做好积极准备。在业务创新和市场拓展工作方面，通过各级评审，成为两化融合管理体系贯标咨询服务机构。

（沈学雷）

【创新组织管理模式】1月，为实现公司业务精细化管理，加强项目管控力度，成立项目管理办公室（PMO），全面实施“PMO+项目经理”的业务管理模式；同时，为加快推进新咨询产品研究、新咨询方法提炼以及新业务领域探索，培育新的业务增长点，增强竞争实力，为北咨信息发展转型做好积极准备，设立创新研发中心。

（沈学雷）

【多个重点项目获行业奖】7月，北咨信息所承担咨询工作的“北京市电子政务建设重大项目规划储备前期工作研究”项目获得2014年度全国优秀工程咨询成果奖三等奖;12月，北咨信息所承担咨询工作的“北京市政务服务中心信息化项目咨询”获得2015年度北京市工程咨询协会优秀咨询成果奖一等奖。

（沈学雷）

【获得多项荣誉】7月，北咨信息获中国电子企业协会全国电子信息行业优秀企业称号；12月24日，在中国电子工业标准化技术协会信息技术服务分会（ITSS分会）组织召开的年度优秀会员专家评选会上，北咨信息被评选为2015年度优秀会员单位。

（沈学雷）

【通过多项管理体系认证】8月，北咨信息通过信息安全管理体系（ISO 27001）认证年度监督审核；10月，北咨信息通过质量（ISO 9001）、环境（ISO 14001）、职业健康安全（GB/T 28001）管理体系认证年度监督审核。

（沈学雷）

【成为两化融合管理体系贯标咨询服务机构】9月，北咨信息通过各级评审，成为两化融合管理体系贯标咨询服务机构，并在中国两化融合咨询服务平台上公开发布。

（沈学雷）

北京二六三企业通信有限公司

【概述】北京二六三企业通信有限公司（简称263企业通信），隶属于二六三网络通信股份有限公司（股票代码：002467)。年内，263企业通信完成对展视互动的并购，在产品、研发、运营上形成了企业邮件、企业网盘、即时通信、电话会议、网络会议和网络直播等全线的企业数据通信产品服务能力，并将这些产品深度融合于263云通信。263企业通信致力于帮助数十万家企业客户用极优的成本获得性能卓越的企业通信协作产品服务。帮助企业客户在企业互联时代的云端生态圈中实现智慧连接，共赢先机。

（王煜宇）

【收购展视互动】11月，263企业通信全资收购北京展视互动科技有限公司（简称展视互动）100%股权，成为年内企业SaaS市场重要的收购之一。借此，263企业通信在市场重新布局，不仅增强了其在企业通信协作领域的产品研发及市场覆盖能力，更进一步丰富了263企业通信的产品线，在研发、运营、营销能力上形成以企业邮件、企业网盘为主的数据服务和以即时通信、电话会议、网络会议、网络直播为主的通信服务两大齐头并进的业务板块。

（王煜宇）

【推出263云通信服务平台】年内，263企业通信在企业SaaS领域推出了全新的统一通信协作云服务平台——263云通信。该平台融合了263企业邮件、企业网盘、即时通信、网络会议、电话会议、网络直播等多种数据通信产品，并且以企业客户注重通信协同效应和可管理的需求为核心，通过融合多种通信协作手段，解决企业在多场景、多终端、多内容、多形式下的企业通信协作需求，从而满足了企业通信协作的多样性、及时性、方便性、易用性等“痛”点，真正为用户做到了全景化的办公协同体验。

（王煜宇）

北京歌华有线电视网络股份有限公司

【概述】年内，北京歌华有线电视网络股份有限公司（简称歌华有线）全面深化改革、加快战略转型、推进跨越发展，不断提升企业发展活力和竞争力，在技术创新、业态创新、新媒体发展等方面实现了一系列重大突破，保持了持续健康快速发展。公司推广超过460万高清交互数字电视用户，打造了全球最大的城市有线电视媒体平台；宽带新增用户10万户，累计达41.5万户，宽带业务市场占有率从北京市第五名提升至第三名；完成了“全媒体应用聚合云服务平台”的全市全网升级，实现了支撑对接高清交互平台的相关功能，基于云平台开发了包括云游戏、云飞视、云博物馆、国学诵读等多项新业态、新应用；实现“中国电视院线”产业化、资本化运营，成立了电视院线控股公司和运营公司，并在22个省市落地，覆盖用户达2000万户；主导组建了“中国广电大数据联盟”，布局大数据产业；启动社区文化站升级改造项目，并完成第一个文化站样板间建设工作；开展了服务进社区工作，共进入863个社区，覆盖注册用户100万户，加强产品推介力度，提升服务形象；强化资本运作，推进投资产业链上下游企业，年内入股异瀚数码、环球国广等公司，并发起设立了北广文资歌华创业投资基金；提前一年半完成歌华转债转股工作，16亿可转债成功转股达99.15%；完成33亿元定向增发工作，增加了公司产业资金发展实力。在“深化文化体制改革，推进文化大发展大繁荣，推进传统媒体与新兴媒体融合发展”的大背景下，歌华有线公司全面实施“一网两平台”战略规划和新媒体发展规划，全力打造具有强大实力和传播力、公信力、影响力的新型媒体集团。

（歌华有线）

【提前完成16亿可转债转股工作】4月28日，歌华有线公司提前一年半完成了歌华转债转股工作，16亿可转债成功转股达99.15%。歌华转债提前转股提高了公司财务实力，降低了融资成本，并为再融资项目奠定基础。

（钟华）

【完成33亿元定向增发工作】11月6日，歌华有线公司获得证监会批文，定向增发33亿元。其中，19亿元用于新媒体优质版权内容平台建设，14亿元用于云平台升级及应用拓展项目。同时，引入中国电影股份有限公司、上海东方明珠新媒体股份有限公司、中信证券股份有限公司等8家战略投资者，增加了产业资金发展实力，加快整合资源，完善产业布局，推进新媒体业务发展和公司战略转型。

（钟华）

【配合落实全市空气重污染红色预警响应措施】12月19—22日，北京市启动空气重污染红色预警期间，歌华有线公司按照全市统一部署，以全频道滚动字幕的方式发布预警信息，总发布次数近600次，覆盖约300万机顶盒用户。同时，公司配合北京市教委“停课不停学”相关措施，于19—22日每天9：00—10：00、17：30—18：30，在“导视频道”播出《大家一起学》栏目，内容为由著名专家讲授的科普、文学类兴趣课程；在高清交互平台“北京数字学校”

开设包括《大家一起学》在内的课程点播栏目，新上线课程超过120节，同时利用机顶盒广告位进行相关宣传，日均曝光量超过297万。数据显示，12月19—22日，“北京数字学校”总访问量超过380万次，其中12月21日为单日最高访问量135.7万余次；12月20日，《大家一起学》在“歌华导视”频道17：30—18：30时段达到最高收视率0.32%，收视份额0.86%，收视排名为第38位，高于安徽卫视和江苏卫视等一线卫视频道。

（钟华）

【安全传输保障情况】年内，歌华有线公司完成春节、北京市“两会”、全国“两会”、纪念抗战胜利70周年阅兵、国庆节等重要保障期安全传输保障工作。年内开展了4次安全工作大检查、6期消防培训、4次消防专项安全抽查。同时，积极部署防汛及防恐防爆工作，全面加强了对重点区域、重要部位的隐患排查和安全防护；积极开展互联网安全管理和信息安全等级保护工作，通过国家新闻出版广电总局二级等保测评认定，确保了重要信息系统的安全、稳定运行；实现了高清交互机顶盒应急信息发布功能，以及紧急情况下清除原有信息的应急功能；完善安全播出相关制度流程，确保安全传输。被北京市国家安全局评为“北京市国家安全工作先进集体”。

（钟华）

【高清交互新媒体平台建设】年内，北京歌华有线电视网络股份有限公司高清交互数字电视平台提供直播、看吧、点播、院线、回看、新闻、综艺、教育、文化、健康、游戏、生活、政务、电视营业厅等14个大项应用，在线点播节目超过10万小时，其中高清节目4.4万小时。频道收转业务实现收入约3亿元，同比增长10.8%；新增了“重庆卫视”“上海纪实”高清频道和“城市建设”“时尚购物”标清频道。

（歌华有线）

【数字电视CA应急信息发布系统应用情况】年内，歌华有线公司实施了通过数字电视CA系统广播字幕应急信息端到端技术方案，约300万台高清交互机顶盒实现了100个汉字（含标点）字幕应急广播的接收、显示、终止等功能。

（歌华有线）

【持续改进开机逻辑】年内，歌华有线公司对开机逻辑进行持续改进，实现开机后由用户自主选择进入直播频道或者进入交互主页，并将进入直播频道的开机时长缩短了7秒，有效提升了用户体验。

（歌华有线）

【歌华云游戏业务发展情况】年内，歌华游戏业务实现跨越式增长，注册用户突破210万户，累计上线280余款热门游戏产品。歌华有线公司与育碧、盛大、完美世界等知名游戏厂商实现游戏内容合作，实现多款电视游戏独家首发。1月20日，歌华游戏专区正式推出云游戏产品，覆盖全网高清交互数字电视用户。5月，歌华云游戏平台上线了多款互联网属性的游戏产品，有效提升了用户黏度。

（歌华有线）

【云博物馆项目建设】年内，歌华有线公司积极开展与首都各文博场馆的合作项目，实现对相应展馆、展览、展品的3D虚拟展示，为用户打造“永不落幕的博览会”“永不闭馆的博物馆”。年内先后上线了国家博物馆、中国人民抗日战争纪念馆。其中，抗战馆专区利用“歌华云平台”的流化技术和内容聚合管理能力，展现了3D虚拟形式的“光辉典范”“伟大贡献”等主题展览，实现了抗战主题专区内容在电视、移动终端的跨屏呈现与互动，提升了用户体验。[云博物馆是歌华有线公司基于云平台虚拟现实（VR）技术开发的文化共享服务。]

（歌华有线）

【“中国电视院线”实现资本化运营】年内，歌华有线公司联合广东、重庆、深圳、山东等16个省（市）有线运营商发起成立电视院线控股公司，注册资本3.8亿元，其中歌华有线出资1.79亿元，占比47.07%。同时，控股公司联合中国电影股份有限公司（简称“中影”）、国网公司、杭州阿里创业投资有限公司（简称“阿里”）、金砖丝路投资（深圳）合伙企业（有限合伙）、北京北广传媒集团有限公司等共同发起组建电视院线运营公司，注册资本为5亿元，其中电视院线控股公司占比62%。截至年底，已完成了电视院线运营公司的注册工作，电视院线已在天津、重庆、河北、河南、贵州、山东、广西、广东、云南等22个省市落地，覆盖用户达2000万户。

（钟华）

【数据业务开展情况】年内，歌华有线新增专网近1500条；启动建设了歌华视联网平台、歌华物联网平台、歌华政企云服务平台、歌华多媒体云服务平台等，为拓展新业务奠定了基础；中标“北京市免费无线接入管理平台”项目、朝阳政务网升级项目等；面向家庭用户的固话语音业务进入最后测试阶段。

（钟华）

【加快手机电视新媒体布局】年内，歌华手机电视通过中国移动咪咕视频业务评审，12月初开通试运营推广，至年底已发展会员用户2万户。

（钟华）

【用户使用情况】截至年底，歌华有线公司有线电视注册用户达到568万户，较上年增长18万户；在线缴费用户485万户，较上年增长16.8万户；高清交互数字电视用户460万户，较上年增长40万户；家庭宽带用户41.5万户，较上年增长10万户。

（歌华有线）

【不断丰富高清交互数字电视内容】截至年底，歌华有线高清交互平台点播量近11亿次，日均点播量最高达415万次；视频栏目点播量屡创新高，“免费点播”单日最高点播量为116万次；“回看”频道增至111套，单日最高点播量达到365万次；新增“快乐学堂”“卡拉OK”等应用；“电视院线”更新了400部国内外院线大片，实现了支付宝支付，并启动开发微信支付功能；“歌华导视”优化内容编排，创新节目形式，注重互动体验，频道收视排名在全网中上升至前30位。

（歌华有线）

北京公共交通控股（集团）有限公司

【概述】年内，北京公共交通控股（集团）有限公司（简称公交集团）围绕“互联网+公交”创新信息化服务模式，更加注重用户体验，为乘客提供更加便捷高效的出行服务。

（孙国萍）

【动态乘客信息服务系统建设完成】年内，“公交e路通”App新增“到站提醒、线路收藏、数据同步”3项功能，并对原有功能进行了优化。公交到站实时查询覆盖市区全部公交线路、快速直达专线、旅游观光线路；App下载量平均日增加1200余次，累计下载35万次。

（孙国萍）

【途经首都政治中心区公交车辆安保监控系统建设完成】年内，在途经首都政治中心区79条公交线路的2771辆公交车上安装视频监控探头和相应配套设施；对公交集团图像管理中心和分控中心进行扩容；完善与北京市公交总队、市交通委等主管单位的图像信息共享机制并进行配套设施建设。在“9·3”阅兵期间，系统整体运行平稳。该系统的应用多次为公安机关案件侦破工作提供关键录像资料。

（孙国萍）

北京汉博信息技术有限公司

【概述】北京汉博信息技术有限公司（简称汉博信息）以视联网技术为核心，独立研发可视化数据的全息采集、高效传输、分布存储以及大数据分析和行业应用，专注于智慧教育、智能医疗行业领域。公司始终坚持走自主创新的发展道路，不断加大研发投入力度，拥有一支在云技术、物联网应用领域经验丰富的研发团队。自主研发了智慧教育资源管理云平台、互动教学教研系统、一体化手术室、可视化手术档案、移动视讯指挥系统等核心产品。获得3项发明专利、3项实用新型专利、3项发明专利（实质审核阶段）以及28项软件著作权、“HAPPOK”商标等知识产权。在智慧教育方面，以区域资源管理云平台、智慧教室、互动教学为核心的自研产品，已有300多万名学生和10万多名教师在使用，通过资源采集、存储、应用及共享，实现区域音视频、题库等优质教育资源均衡；在智慧医疗方面，依托智能医疗云平台，实现医疗资源共享、智能医疗系统及设备的管理，建设一体化手术室、可视化手术档案，规范国内数字化手术室标准，为每一位患者建立可视化手术档案。公司是国家高新技术企业和双软企业，通过了ISO 9001、ISO 14001、OHSAS 18001管理体系认证，获得北京市诚信创建企业、信用促进会五星级证书，产品通过了3C、CE、FCC认证，中央电教馆的专家鉴定。拥有9件软件产品登记证书和20件测试报告。加入了中国教育装备行业协会、北京教育装备行业协会、北京信息化协会、北京通信信息协会、中关村企业信用促进会、中关村物联网产业联盟等社团组织。公司拥有华东、华南、华中、华北、西南、西北、东北七大业务平台，18个落地办事处，业务覆盖全国。

（郭媛媛）

【助力中俄东线天然气开工仪式】6月29日，由国家发展改革委、外交部、商务部等部委发起，中石油承建，汉博信息提供会议信息化设备和现场技术服务保障的中俄东线天然气管道中国境内段开工仪式举行。

中共中央政治局常委、国务院副总理张高丽与俄罗斯总理梅德韦杰夫，分别在北京会场、莫斯科会场通过三地视频连线方式共同见证了开工仪式，黑河现场正式破土动工。在历时一小时的两方三地实时视频对话会议中，汉博（HAPPOK）高清录播系统进行全程实时录制，两台录播设备分别精准录制黑河现场实况和莫斯科梅德韦杰夫总理致辞的音、视频实况。

（郭媛媛）

【入选“2015德勤—中关村高科技高成长20强”】 10月30日，由中关村产业技术联盟促进会和德勤中国共同主办的“2015德勤—中关村高科技高成长20强”榜单在京公布。汉博信息上榜并以377%的增长率排名前十强。此次评选主要依据企业过去3年的收入增长率来进行筛选，中关村产业技术联盟促进会通过100余家联盟会员单位，面向近万家成员企业征集。德勤会计律师事务所针对报名企业进行逐一筛选和采访，最终确定入选企业20家。入选“德勤—中关村高科技高成长20强”的企业将自动晋级成为“2015德勤高科技高成长中国50强”的评选候选企业。本次评选活动收集了受访企业的首席执行官对创新环境、意愿、机制和挑战的意见，从企业的视角分析了当前的创新环境、企业成长的驱动力以及创新的机制，并就企业如何顺利完成跨越传统发展方式的转变以开辟创新驱动的“新经济”进行了探讨。

（郭媛媛）

【加入“百万医护互助平台计划”】 年内，汉博信息加入“百万医护互助平台计划”，成为医护居委会平台爱心企业，向符合求助条件的医护居委会网站会员提供资金资助。（医护居委会网站是经国内外专业网络平台运营机构调研、通过我国诸多法律专业社会团体认证推荐，由中国上海海嫱商务集团投资建设的大型交互网络平台。）

（郭媛媛）

【助力内蒙古开展“同频互动课堂”】 年内，利用汉博信息的“远程互动课堂”应用解决方案，在内蒙古教育厅信息化教学综合展示厅开展了“同频互动课堂”活动。同频互动课堂以内蒙古师范大学附属中学为核心学校，依托内蒙古自治区基础教育资源公共服务平台，与集宁一中开展实施远程同频互动教学，不仅实现不同学校间同步课堂教学、双屏互动、教研互动、远程授课、优秀课堂实录等，还实现“慕课”“翻转课堂”“微课”等现代教学模式的有效应用，为内蒙古自治区的“同频互动课堂”模式开启了教学资源均衡化的新篇章。

（郭媛媛）

【通过国家高新技术企业认证】 年内，汉博信息通过国家高新技术企业认证。

（郭媛媛）

北京汉唐自远技术股份有限公司

【概述】 北京汉唐自远技术股份有限公司（简称汉唐自远）成立于2001年6月，总部坐落于中关村国家自主创新示范区清华科技园。公司以视联网技术为核心，基于4G、北斗/GPS多网融合产品研制开发，独立研发可视化数据的全息采集、高效传输、分布存储以及大数据分析和行业应用，以自主研发的核心产品结合迫切的医疗、教育和政企行业需求和未来发展趋势，为客户提供先进的可视化数据行业云平台。公司基于长期原创性技术研发、经验积累和市场耕耘，结合最新的模式识别、音视频编解码及多媒体传输和显示技术，并基于大数据、物联网和云计算的理念进行设计，自主研发完成了“基于3G/GPS/RFID的无线视频押运系统”“智能化区域人员管理系统”“基于4G/北斗的无线视频指挥系统”“面向移动互联网的区域智慧教育资源系统”“面向行业互联网的可视化手术数据中心”，以及“高度智能化的一体化手术室系统”等业务系统，并在司法、教育和医疗行业得到广泛应用。公司下设北京汉博信息技术有限公司，拥有华东、华南、华中、华北、西南、西北、东北七大业务平台和19个落地办事处，业务覆盖全国，是业内面向移动互联网的可视化数据技术领航者。公司围绕智慧教育、智能医疗、政企移动指挥系统三大行业领域，独立研发可视化数据的全息采集、高效传输、分布存储以及大数据分析和行业应用，持续研发投入、创新产品，自研核心产品已取得发明、实用新型专利6件，实审3件，正在新申请40多件。核心产品累计拥有50多项软件著作权。

（汉唐自远）

【被授予“智慧城市建设积极推进奖”】2月11日，汉唐自远通过市经济信息化委评审认定，被授予“智慧城市建设积极推进奖”。

（郭媛媛）

【获“北京市诚信创建企业”荣誉称号】2月，汉唐自远通过北京信息化协会审核以及专家评审，获“北京市诚信创建企业”荣誉称号。

（郭媛媛）

【“互联网+”数字化手术室研讨会举办】11月14日，由汉唐自远主办的“互联网+”数字化手术室研讨会安徽站落下帷幕。安徽省多家医院的分管院长、信息科主任、手术室护士长等70多名专家与公司医疗行业部总监、安徽省医疗行业负责人及相关人员进行了交流。会议聚焦“互联网+智能医疗”行业，主要针对汉唐自主研发的数字化手术室管理系统功能、应用案例等情况，结合手术室信息化的现状，以及数字化手术室应用实践，不同类别医院、不同环境下数字化手术室的建设等相关需求，从“互联网+临床医学”、数字化手术室医疗行为及远程示教等多个方面，进行了深度分析和热烈讨论。与会专家一致认为，数字化手术室系统利用互联网、云计算、大数据等现代信息技术深刻地冲击着传统医疗模式，反映了大数据下医疗信息的融合、分析的发展趋势。数据库的建立、融合也可为手术流程标准化提供理论依据和数据基础，更推动医疗服务体系的重构，加快了健康产业的发展，是医疗模式的创新。

（郭媛媛）

【获百家最具发展潜力企业荣誉称号】11月16日，“2015（首届）信用中关村高峰论坛暨第一届京津冀信用体系合作共建研讨会”在京召开。会上颁布了2015中关村信用双百企业——“最具影响力信用企业”“最具发展潜力企业”荣誉证书。汉唐自远获百家最具发展潜力企业荣誉称号。

（郭媛媛）

【**2项产品获北京市新技术新产品（服务）证书**】年内，汉唐自远及其子公司北京汉博信息技术有限公司自主研发的教育资源管理系统、监狱管理系统两项产品，获得由北京市科学技术委员会、北京市发展和改革委员会、市经济信息化委、北京市住房和城乡建设委员会、北京市质量技术监督局、中关村科技园区管理委员会联合颁发的北京市新技术新产品（服务）证书。教育资源管理系统以视联网技术为核心，通过数据的全息采集、高效传输、分布存储以及大数据分析和行业应用，实现区域优质教育资源均衡，为每一位学生圆一个优质教育资源梦；监狱管理系统是物联网新兴技术在监狱信息化建设中的运用，注重监管区域人员智能管理、轨迹实时跟踪、视频图像实时传输、双向互动、应急、联动处理，实现信息互通的高效、扁平、及时、稳定，极大地提升了指挥、管理效率。

（郭媛媛）

【**获2015中关村高成长企业TOP100贡献奖**】年内，汉唐自远获2015北京中关村高成长企业TOP100贡献奖。

（郭媛媛）

【**获“安防工程企业三级资质”证书**】年内，汉唐自远经北京安全防范产品行业协会审核，通过安防工程企业三级资质认定并获得资质证书。

（郭媛媛）

北京浩瀚深度信息技术股份有限公司

【**概述**】北京浩瀚深度信息技术股份有限公司（简称浩瀚深度）是面向通信及互联网行业提供全程解决方案的企业。公司成立于1994年6月28日，注册资金11786万元。2015年10月9日，浩瀚深度在全国中小企业股份转让系统正式挂牌，证券代码：833175。浩瀚深度从设备制造到数据采集，从大数据平台构建到海量数据挖掘，从流量管理到流量经营，既拥有得天独厚的数据资源，又拥有大数据服务的技术支撑体系。公司具有自主知识产权的TMA流控系列产品及顺水云数据服务产品已广泛应用于运营商、政府等领域，遍布全国31个省、市、自治区，总监控链路带宽达80Tbps以上。“浩瀚于心，深度创造”是公司秉持的理念。公司在大数据平台处理Hadoop/Spark/Storm上一直处于较高的水平。年内，公司的互联网大数据采集平台设备已出口走向了世界。

（范迪佳）

【**获行业数据价值化优秀解决方案奖**】3月，在2015信息通信行业云计算峰会上，浩瀚深度获行业数据价值化优秀解决方案奖。公司基于顺水云大数据平台，形成了行业数据价值化整体方案。将采集到的海量数据进行分析、挖掘，依靠专业的分析团队不断地挖掘数据面向各行业的价值点，将数据原材料加工成具有高价值的数据信息。

（万燚）

【**获第八届中国通信与信息化应用优秀成果银奖**】4月，浩瀚深度参加第十二届中国信息港论坛，公司的“顺水云”全行业综合信息平台获“第八届中国通信与信息化应用优秀成果银奖”。平台面向海量的互联网流量数据，形成了行业内唯一实现从底层硬件采集，到大数据存储处理和挖掘、上层应用分析展现，再到数据分析咨询服务全方位的产品和服务体系。

（郝燕燕）

【入选“2015信息网络产业新业态创新企业30新”】 5月，在由北京市信息化协会等4家主办单位联合举办的“2015信息网络产业新业态创新企业30新”颁奖典礼上，浩瀚深度获“2015信息网络产业新业态创新企业30新”荣誉称号。

（韩莹）

【被认定为北京市高新技术成果转化示范企业】 5月，经市科委、市发展改革委、市财政局、市经济信息化委、中关村管委会组织的专家评审，浩瀚深度的“基于深度业务分析和大数据技术的下一代网络全景可视化监测系统产业化项目”被认定为2015年北京市高新技术成果转化项目并获得政府专项资金支持。同时，浩瀚深度被北京市科学技术委员会等单位联合授予“北京市高新技术成果转化示范企业”荣誉称号。

（张海滨）

【入围中国通信工业100强企业】 5月，在“2015年中国通信行业发展大会暨中国通信工业100强企业”发布大会上，浩瀚深度被评为“中国通信工业100强企业”。

（范迪佳）

【网络业务资源挖掘系统现网投产】 5月，浩瀚深度自主品牌“顺水云”大数据平台的大数据挖掘应用系统进入现网投产，第一批现网投产覆盖广东、四川、河南、湖南和辽宁等省份，基于大数据的挖掘方式解决了长期困扰电信运营商的资源分布不可视、资源调度无依据的问题，为电信运营商的前端业务（移动网、固网、WLAN和集团专线）和后端业务（IDC\CDN\Cache）提供了更智能的资源运营工具。

（陈锦春）

【获中关村高成长企业TOP100】 7月，浩瀚深度凭借营业收入复合增长率、核心技术及自主创新能力，荣获“2015中关村高成长企业TOP100”荣誉称号。

（韩莹）

【网络业务感知评估方法系统化研发完成】 7月，浩瀚深度完成基于全量大数据的业务感知分析系统的研发，并申请了软件著作权。这套将分布式离线处理技术与流式处理技术充分融合的系统，将会颠覆目前对业务感知评估的传统手段，使业务感知的评估结果更全面、更高效、更科学，突破了传统业务感知评估方法所存在的抽样性和随机性短板。

（高杨）

【通过CMMI成熟度三级评估】 7月，浩瀚深度通过了CMMI三级，CMMI 3为定义级，公司能够对项目的实施有一整套的管理措施，并保障项目的完成，根据公司的标准流程，将整套管理体系与流程予以制度化，使公司能够在同类或不同类的项目上同样得到成功的实施。

（陈明仲）

【自主研发产品获北京市新技术新产品认定】 8月，浩瀚深度的互联网流量分析应用系统TMA1100\KG1300\KG2000、HDAM网络审计管理系统、面向移动统一DPI的流量监控设备、网络可视化分析系统获北京市新技术新产品认定。

（张海滨）

【获得信息系统集成及服务资质（二级）】 8

月，浩瀚深度获信息系统集成及服务资质(二级)。公司在从事计算机信息系统集成方面的综合能力得到了全面的提升，从技术水平、管理水平、服务水平、质量保证能力、技术装备、系统建设质量、人员构成与素质、经营业绩、资产状况等各个方面的条件都已具备了承接大、中型计算机信息系统集成项目的能力。

（董雷）

【通过ISO 14001环境管理体系认证】9月，浩瀚深度通过ISO 14001环境管理体系认证。该体系认证标志着公司在环境管理方面达到了相应水平，确保公司在生产、产品及活动中的各类污染物控制达到相关要求。

（潘俏屹）

【获增值电信业务经营许可证（呼叫中心）资质】9月，浩瀚深度获得增值电信业务经营许可证（呼叫中心）资质。通过现代通信手段为客户提供迅速、准确的咨询信息以及业务受理和投诉等服务。

（范迪佳）

【浩瀚深度xDR话单采集平台软件发布】9月，浩瀚深度研发完成并发布了HH-xDRILL话单采集平台软件，同年获得了软件著作权。该软件平台可以采集各个应用场景下的话单数据，提取互联网中信令和业务的关键信息。可支持多种场景、可输出多种协议/业务话单，可定制输出各种关键信息，处理性能高于传统采集方式，为后续资源分析和大数据挖掘等应用提供丰富、准确的数据基础。该产品已应用于上海电信LTE、广东移动省网出口、福建移动三方出口等多个环境。

（郝华）

【参加2015年中国国际信息通信展览会】9月，浩瀚深度参展中国国际信息通信展览会，在8号馆布置了展台。

（张斯瑶）

【在全国中小企业股份转让系统正式挂牌】10月，浩瀚深度在全国中小企业股份转让系统正式挂牌，股票简称“浩瀚深度”，证券代码：833175。12月，在北京举行全国中小企业股份转让系统（即“新三板”）挂牌仪式。

（张小亮）

【中标中国电信国际公司系统建设工程项目】10月，浩瀚深度中标中国电信国际公司2015年香港、中东非cache系统建设工程项目。经过研究院测试、资质审核、招投标等一系列严格的筛选，成为客户cache和DPI系统唯一供应商。浩瀚深度系统设备开始走向海外。

（周北一）

【互联网精准营销平台软件发布】11月，浩瀚深度发布了HH-Adex互联网精准营销平台软件并成功申请软件著作权，这是一套稳定、精准、性能优、操作便利的信息推送工具，将有效助力运营商开辟全新渠道向公众传播重要资讯、推广自有业务、运营第三方业务。

（黄雅君）

【获评2015中关村信用双百企业】11月，中关村企业信用促进会发布了2015中关村信用双百企业获奖名单，浩瀚深度获“2015年中关村信用双百企业——最具影响力企业”称号。

（韩莹）

【自主研发产品获科技创新奖】12月，在由北京企业评价协会、中国质量评价协会举办的2015科技创新工程推进大会上，发布了2015年科技创新各类奖项。浩瀚深度获得4个奖项，即企业类：获2015年度科技创新企业金奖；成果类：由陈陆颖、窦伊男、吴晓春等完成的基于深度业务分析和大数据技术的下一代网络全景可视化监测系统产业化项目获二等奖；产品类：互联网流量分析应用系统获优秀奖；人物类：吴晓春获突出贡献奖。

（张海滨）

【获通信网络运营维护服务用户满意企业称号】12月，在中国通信企业协会通信网络运营专业委员会组织召开的“2015年中国通信网络运维服务年会”上，浩瀚深度获“2014—2015年度通信网络运营维护服务用户满意企业”称号。

（秦涛）

【获大数据价值提升应用典范奖】12月，中国通信行业主导媒体《人民邮电》编辑推荐奖揭晓，“浩瀚深度全行业流量大数据增值方案”获ICT融合领域的“大数据价值提升应用典范奖”。浩瀚深度推出了面向全行业的流量大数据增值方案，包括从数据源管理和挖掘的“数据管理平台”，到用户触点和营销应用的“用户画像及营销系统”，再到行业宏观趋势分析的“行业分析报告”等数据增值产品。

（沈峰）

【获2015年度全国优秀首席信息官(CIO)称号】12月，在2015全球信息技术主管大会上，浩瀚深度副总经理张琨获“2015年度全国优秀首席信息官(CIO)”荣誉称号。

（范迪佳）

【成为6个联盟或协会会员】年内，浩瀚深度成为北京信息化协会、北京企业评价协会、北京企业信息化和信息主管(CIO)联盟单位、数据中心联盟大数据工作组、中国企业大数据联盟、上海大数据发展联盟6个联盟或协会会员。

（范迪佳）

北京护航科技有限公司

【概述】年内，北京护航科技有限公司（简称护航科技）研发出“网络安全管理平台产品”和MES系统，并参与编写国家信息技术服务标准工作组推出的《ITSS系列培训IT服务项目经理》；主编《新一代信息技术行业创新应用模型》《石油与化工信息化手册》等；举办十周年客户答谢会感恩老客户，答谢会上邀请现代管理学之父彼得·德鲁克亲传弟子那国毅教授分享管理思想精髓“德鲁克的1358”。护航科技主办的前瞻观点“互联网化的IT运维创新”系列活动在全国展开，与众多五百强企业共同探讨企业运维团队建设、传统企业与互联网企业在运维方面的异同、大规模服务器运维等问题。

（王倩）

【举办十周年客户答谢会】7月4日，护航科技举办十周年客户答谢会，邀请现代管理学之父彼得·德鲁克亲传弟子那国毅教授分享管理思想精髓“德鲁克的1358”。

（王倩）

【“网络安全管理平台产品”获千万级融资】年内，护航科技研发出“网络安全管理平台产品”。这是一款全自主知识产权的国产化产品，拥有多项发明专利和软件著作权，获得多项国际权威认证和国家级创新奖项。该产品能有效提升网络安全效果，具备自动侦测、拓扑生成、配置检查、攻击路径仿真、配置自动修复等多种功能，获得千万级融资，并成立由护航科技控股的北京随方信息技术有限公司独立运营，提供“网络安全评测和管理”的解决方案。

（王倩）

【打造 MES 整体解决方案】年内，护航科技为某电力设备全球领导厂商（世界五百强）打造 MES 整体解决方案，采用信息技术领域的分布对象技术，并将企业现有的 DCS 和 ERP 同步集成至 MES 系统中，真正实现了精益化的生产，帮助企业降低了生产资源的投入，提高了生产效率，对产品质量有了严格的把关。

（王倩）

【编写《ITSS 系列培训 IT 服务项目经理》】年内，护航科技作为国家信息技术服务标准工作组成员和 ITSS 培训教材的主编单位，牵头改版《ITSS 系列培训 IT 服务项目经理》，主编《新一代信息技术行业创新应用模型》《石油与化工信息化手册》。

（王倩）

北京华博创科数码科技有限公司

【概述】北京华博创科数码科技有限公司（简称华博创科）是一家集行业解决方案设计、自主软件产品研发、大型行业应用软件开发、系统集成与服务和技术支持的综合型高科技企业。公司致力于信息化领域技术的研究与开发，秉承“用户至上”的经营理念。年内，华博创科为政府机关、大型企事业单位、科研院校和社会组织所提供的行业解决方案设计、自主软件产品研发、大型行业应用软件开发、技术支持和系统集成与服务项目 20 余个，所涉及的内容包括司法部燕城监狱被服管理系统、国家新闻出版广电总局职称评审系统、住建部城市可持续发展规划实施监测及评价系统研发、住建部村镇规划实施监测管理系统建设、科技部小微企业创业创新基地示范城市申报系统、北京信息化协会会员管理系统、北控办公自动化 OA 系统、山西省国土资源厅矿业权价款管理系统、山东菏泽国土资源局移动办公软件、希望工程北京捐助中心网站升级改造（运维）、大兴新媒体基地园区综合办公平台等国土资源综合监管平台等。

（谢梦）

【获得信息系统运行维护分项资质证书】9 月 30 日，华博创科获得由中国电子信息行业联合会颁发的信息系统运行维护资质四级证书。

（谢梦）

【国家认监委应用系统评价管理系统通过验收并投入使用】12 月 18 日，由华博创科开发完成的国家认监委应用系统评价管理系统通过验收并投入使用。该评价管理系统是针对所有系统用户进行调研，集收集意见并反馈、评价评分、日常调查等多项功能于一体的综合评价平台。

（谢梦）

【获“2015 年北京市诚信创建企业”称号】

12 月 19 日，在市经济信息化委组织开展的 2015 年北京市企业诚信创建活动中，华博创科获“2015 年北京市诚信创建企业”称号。

（谢梦）

【获得市级信用企业称号】 12 月 31 日，华博创科获 2015 年度北京市信用企业称号。这是华博创科连续 4 年获得此称号。

（谢梦）

北京华生恒业科技有限公司

【概述】 年内，北京华生恒业科技有限公司（简称华生恒业）控股公司江苏华生恒业科技股份有限公司成功登录新三板。全力打造肿瘤大数据移动互联网平台，搭建遍布江苏、浙江、上海、河北、山东等地的肿瘤大数据服务网络。NGS 组不断对自主研发的产品 NextGENe 和 Mutation Surveyor 进行更深层次的功能方面的改进和完善，主要包括更全面地支持 VCF 格式，与医学知识库更好地对接，以及界面进一步优化升级，全面提升了产品性能。GM 团队对各个产品的代码进行了优化以及重构，增强了 code 的可读性。自主研发的产品 GeneMarker、GeneMarker_HID、SSR_Analyser、GeneMarker_HID 公安版本都进行了核心算法的优化，使结果更加精确。GeneMarker_HID 增加了新的应用和功能以适应不同客户的需求，界面显示支持 Unicode 字符，实现了多国语言的显示。GeneMarker_HID 和 Promega 公司进行了合作，支持读取 Promega 公司的数据，并发布了定制的 HIDMaverick 软件。玉米组进行了玉米 DNA 检验技术信息化平台的第三期开发工作。随着功能的丰富和系统的扩展，系统已初步实现了兼容多物种、多标记。同时，实现了更加细化的用户需求；另外，将 SSR 成功推广出去，实现了 SSR 系统在国内应用推广的一个里程碑。

（李京平）

【登录“新三板”】 8 月，华生恒业控股公司江苏华生恒业科技股份有限公司成功登录“新三板”。

（李京平）

【参加第 18 届全国临床肿瘤学大会】 9 月，NGS 组刘越参加了第 18 届全国临床肿瘤学大会。此次会议主要是临床肿瘤学领域的学术交流与科技合作，参会人员大多是来自各大医院肿瘤方面的专家、医生等。会议从当下最前沿的针对各肿瘤的相关新药，以及当下精准的医疗技术及市场对大数据的需求等方面分析了当前临床肿瘤学方面的现状。

（李京平）

【搭建肿瘤大数据移动互联网平台】 年内，华生恒业全力打造肿瘤大数据移动互联网平台，搭建遍布江苏、浙江、上海、河北、山东等地的肿瘤大数据服务网络，重构原有 App 服务平台“金琉璃”。截至年底，已经搜集肿瘤临床病例近万例，线上注册医生突破 1 万名。

（李京平）

【NextGene 新版本发布】 年内，华生恒业发布了 4 个新版本：NextGeneV2.4.0.1、NextGeneV2.4.0.2、NextGeneV2.4.1、

NextGeneV2.4.1.1，不断改进各项功能，在很大程度上提高了产品性能，结合市场发展和客户个性化需求增加了新的功能：BetaBathCNVTool，PairedEnd 重新更改了规则，Pathwaystudio，Phasemutation 等。

（李京平）

【赴美国 SoftGenetics 调研】 年内，NGS 组刘新华赴美国 SoftGenetics 对 Mutation Surveyor 和 NextGene 两个产品做了进一步的沟通、改进，更深层次地了解了最前沿的技术发展、市场需求，以及未来展望，为今后的工作提供了很重要的市场信息和导向。

（李京平）

【完善 SRR 数据库管理系统】 年内，对 SRR 数据库管理系统进行完善，增加了实验监控流程，实现了实验细节可追溯功能，可以高效地管理 DNA、PCR、电泳及 FSA 原始数据管理三部分信息，并在算法上优化了数据整合模型，使得其更加精准合理。

（李京平）

北京互信互通信息技术有限公司

【概述】 年内，在“互联网 +”和智慧城市的大背景下，北京互信互通信息技术有限公司（简称互信互通）积极推动中国智慧城市、平安城市、国土安全、增材制造等应用领域建设。结合大数据深度挖掘分析及北斗导航关键技术为公安、电力、交通、金融、铁路、能源、农业、校园、环保及电信运营商等行业用户提供大规模联网、大范围整合、大容量承载的专业化智慧城市整体解决方案。

（陈倩）

【获北京市科委奖励基金】 年内，互信互通联合北京儿童医院，获得北京市科委 3D 打印高端装备制造技术创新与产业培育项目 300 万元科技奖励基金。本课题以儿童气管软化应用为导向，围绕 3D 打印材料的改性和成型、生产工艺创新、构型优化设计，研制儿童气管支架。研制摸索气管支架中胶原基材与交联剂之间的关系，以及辐照灭菌时间及计量对胶原基支架产品的影响。还将通过体外、体内实验来评价胶原基婴幼儿气管支架的生物相容性和可降解性。再优化生产工艺，为批量化生产技术定型及技术标准的制定提供指导意见，从而完善 3D 打印的胶原基婴儿气管支架产品。针对婴幼儿气管的特点，设计出理想的构型。从仿生角度出发，模拟气管上结构，通过物理改性的方法在胶原层制备出仿生结构，从而解决生物相容性等问题。

（陈倩）

【推出天眼通系统解决方案】 年内，互信互通推出天眼通系统，该系统主要由前端无人飞行器的摄像机进行视频的采集，通过无线传输器将设备采集的视频资源传回地面图像工作站，经图像工作站编码压缩后通过网传设备接入视频监控平台。图像传输采用 5.8G 的图传模块能稳定实时地传输 1080P 高清图像，通过移动地面接收服务将航拍的实时视频信号通过 4G 上传至图像平台。天眼通系统可以解决传统图像采集局限性问题，实现大事件图像实时采集以及应急指挥，解决固定点图像位无法达到某些区域查勘的问题。

（陈倩）

【承建商城县智慧城市建设项目】年内，互信互通中标商城县智慧城市建设项目，项目金额达941.49万元。智慧县城对破解“三农”问题、提升特色经济、德政惠民、提高劳动者素质、促进社会主义新农村建设起到重要作用。

（陈倩）

北京京仪集团有限责任公司

【概述】年内，京仪集团积极开展“十三五”规划编制工作。本次规划以“全面落实一个战略，协调发展三个业态”为指引，以集团总体产业规划为统领，以业务板块规划和“空间布局”“信息化”等专项职能规划为支撑，以各企业实施计划为落脚点，多维度、多层次、系统性地明确了京仪集团“十三五”期间的发展愿景、战略和目标。

（京仪集团）

【推进事业部制试点】2月11日，自动化仪表事业部正式挂牌，目前事业部管理架构及管理流程已搭建完成运行稳定。自动化仪表事业部试点工作是京仪集团创新管控模式、由战略管控型向运营管控型转型的重要途径之一。为尽快整合营销资源，统一“京仪自动化”品牌，事业部先后开展了4场内部营销团队培训会，启动了全国范围客户交流会，3轮会议来自石油、化工、水务、电力、矿业等不同行业60多户企业300多名专家参与交流，同时在沈阳、济南、安徽成立了事业部办事处。

（京仪集团）

【企业技术水平迈向“高精尖”】年内，全系统12项产品获“北京市新技术、新产品认定”、4户企业顺利通过“高新技术企业”的认定或复审；全年国有及国有控股企业申请专利59项，授权专利82项，其中发明专利8项、实用新型67项、外观设计7项；计算机软件著作权登记13项。

（京仪集团）

【互联互通工作稳步推进】年内，京仪集团响应“互联网+”战略，通过建立“京仪微商”电子商城和“京仪营销之家”微信群，定期推送各类信息，开展活动，打造京仪统一电子名片。“京仪微商”关注者已达2500人，“京仪营销之家”链接项目近3000万元。

（京仪集团）

【技术创新】截至年底，京仪集团拥有3个市级工程实验室、9家市级技术中心、29家高新技术企业，拥有授权有效专利529项（发明专利59项）、软件著作权175项；获得省部级奖项9项。

（京仪集团）

北京乐融多源信息技术有限公司

【概述】积木盒子是北京乐融多源信息技术有限公司旗下的互联网综合理财平台，平台致力于为中国广大的个人和中小企业服务，解决他们最急迫的融资需求，同时通过互联网技术让更广大的投资者安全、高效、轻松地理财。年内，积木盒子正式切换民生银行存管系统，成为业内首家真正实现完全意义上银行资金托管的平台；积木盒子完成了 C 轮融资，累计获得投资 13119 万美元。截至 12 月底，积木盒子平台上线 29 个月，累计促成投资金额 123.03 亿元，投资 216.80 万笔，已还本金 95.06 亿元，发放收益 3.55 亿元。年内，积木盒子推出新战略并正式宣布进军智能综合理财平台。

（北京乐融多源信息技术有限公司）

【交易额突破 50 亿元】据积木盒子官网显示，截至 3 月 11 日零时，积木盒子累计撮合融资规模达 50.1977 亿元。

（北京乐融多源信息技术有限公司）

【完成 C 轮融资共 8400 万美元】4 月 21 日，积木盒子在北京举行发布会，宣布完成总金额达 8400 万美元的 C 轮融资。英国天达集团（Investec）领投了本轮融资，这也是该外资集团首次涉足中国 P2P 行业。除了天达集团之外，曼图宏业（Mandra Capital）、熙金资本（Zhong Capital Fund, L.P.）以及海通证券直投子公司——海通开元投资有限公司也参与了本轮融资，携手成为积木盒子新的机构股东。此前参与 A、B 轮融资的投资机构，包括经纬中国（Matrix China Partners）、和玉投资（Magic Stone Alternative）、小米公司、顺为资本以及银泰资本（Ventech China）在内，都跟投了此轮融资。

（北京乐融多源信息技术有限公司）

【资金存管正式切换至民生银行】7 月 2 日，在经过密集的系统开发、调试和公测之后，积木盒子正式启动资金托管迁移：平台借款人、投资人的账户资金托管均从之前的支付机构汇付天下，切换至民生银行资金托管系统。这也是业内首家真正实现完全意义上银行资金托管的 P2P 平台，也标志着资金托管一个全新时代的开始。

（北京乐融多源信息技术有限公司）

【获央行企业征信牌照】7 月，央行正式公布了最新一批企业征信机构名单。其中，积木盒子全资子公司企乐汇征信有限公司名列其中，积木盒子也成为 2015 年首批获得这一牌照的 P2P 平台。此次北京地区共有 5 家企业获批央行企业征信牌照，覆盖互联网金融、保险等领域。迄今为止，全国共有 80 多家企业先后获得企业征信牌照。

（北京乐融多源信息技术有限公司）

【基金代销业务起航】8 月 16 日，积木盒子旗下的北京乐融多源投资咨询有限公司（简称积木基金）获得证监会颁发的基金销售业务资格证书即基金代销牌照。积木基金是积木盒子大战略的重要组成部分，承担了积木盒子产品系列中基金销售平台的任务。截至 2015 年底，积木基金与广发基金、华夏基金在内的 52 家基金公司开展合作，对接基金产品超过 1500 只，供投资者选择。

（北京乐融多源信息技术有限公司）

【宣布新战略并推出全球化智能综合理财平台】12 月 16 日，积木盒子在北京举行发布会，推出公司新战略“科技连接金融，不负互联网之名”，正式宣布进军智能综合理财平台。当天，包括固定收益理财、股票、基金、零售信贷在内的多款互联网金融产品，及综合配置解决方案“锦囊”重装上线。其中，美股产品的上线意味着全球资产配置成为积木盒子综合理财平台的重要一环，有望打开中国人海外投资的新局面。发布会上，积木盒子还宣布启用新的域名与LOGO。

（北京乐融多源信息技术有限公司）

北京联盛德微电子有限责任公司

【概述】北京联盛德微电子有限责任公司（Winner Micro）（简称联盛德）是一家专业的芯片设计公司，公司专注于物联网领域专用无线通信芯片及解决方案的开发销售。产品主要应用在智能家电、智能家居、医疗监护、视频监控、行业应用等多个领域。年内，公司获国家高新技术企业资格认定，总裁梅张雄获得2015年“中关村创业之星”称号。

（赵艳）

【参展美国消费电子展】1月6—9日，在美国消费电子展上（CES），联盛德展出了低功耗嵌入式WiFi SoC单芯片LSD8160、基于CoC（Cloud on Chip）的快速开发原型系统，以及合作公司的IoT应用产品。

（赵艳）

【联盛德与北京银行签订《信用贷款协议》】3月26日，联盛德与北京银行清华园支行签订了《信用贷款协议》，使公司成功迈出了产业资本与金融资本有机结合的第一步。

（赵艳）

【携手韩企开拓韩国市场】4月1日，联盛德与韩国Maxgate INT有限责任公司签署了代理合作协议。Maxgate INT公司正式成为联盛德在韩国市场的独家代理商，今后Maxgate INT公司将协助联盛德在韩国市场推广和销售联盛德自主研发的芯片及模块。韩国在世界消费电子和物联网领域占有重要地位，牵手Maxgate INT公司标志着联盛德开始开拓韩国市场。Maxgate INT有限责任公司是韩国的集成电路代理商，其客户包括韩国LG、三星和现代等知名企业。

（赵艳）

【WiFi平台支持AllSeen协议并通过海尔测试】4月，基于联盛德低功耗嵌入式WiFi SoC的二次开发平台SDK支持AllJoyn物联网通信协议，并通过与AllSeen核心成员海尔家电的互联互通测试。AllSeen是国际上最具影响力的家庭设备互联标准联盟，作为AllSeen早期会员，联盛德积极参与AllSeen标准的制定与完善。联盛德WiFi SoCSDK内置AllJoyn通信协议后，可使基于联盛德WiFi SoC的智能产品与AllSeen联盟成员相关产品实现互联互通。

（赵艳）

【入选“2015信息网络产业新业态创新企业30新”】5月29日，联盛德入选北京市“2015信息网络产业新业态创新企业30新”。

（赵艳）

【参加IBM Smartcamp创业家论坛2015第6期暨创富中国互联网专场】7月24日，由IBM Smartcamp与北京软件和信息服务交易所联合主办的IBM Smartcamp创业家论坛2015第6期暨创富中国互联网专场在北京中关村皇冠假日酒店举行。互联网专场封闭论坛，以私密辅导形式进行创业项目封闭路演及交流，由投资人和行业专家组成评审团进行打分，通过封闭路演和创始人约会两个环节的综合成绩评选6家晋级创业项目参加主论坛公开路演。联盛德微电子董事长梅张雄博士代表公司参加路演并凭借自身的实力拔得头筹。

（赵艳）

【获2015年北京市科技型中小企业创新基金】 7月，联盛德获2015年北京市科技型中小企业创新基金，这是联盛德自成立以来又一次获得市级奖项。

（赵艳）

【获中关村科技园区“雏鹰计划”创投类第三名】 10月，联盛德获得中关村科技园区“雏鹰计划”创投类第三名。

（赵艳）

【获国家高新技术企业资格认定】 12月，联盛德通过北京市2015年第二批国家高新技术企业资格认定的评审。

（赵艳）

【获2015年“中关村创业之星”称号】 年内，联盛德董事长梅张雄获得2015年“中关村创业之星”称号。

（赵艳）

北京曼恒数字技术有限公司

【概述】 北京曼恒数字技术有限公司（简称曼恒数字）专注于3D虚拟现实、智能云平台3D打印和3D实感模拟游戏三大业务领域。公司的3D虚拟现实技术采用逼真的3D可视化效果和流畅的人机交互体验，为高端制造、高等教育和国防军队三大行业深度服务；智能云平台3D打印业务覆盖医学研究、模型设计、模具制造、创意设计等应用领域，能帮助企业及个人构筑一个3D创造梦；3D实感模拟游戏，凭借韩国团队深厚的行业积淀，开创了国内体感游戏领域的新细分游戏门类。公司始终坚持产品的自主设计及研发，始终坚持以创新的视角去发现行业生产力的改进空间，始终坚持自主品牌建设，通过不断努力已形成在国内三维虚拟仿真设计领域的核心竞争力，成为国内三维图形设计、虚拟现实与仿真技术领域专业技术领跑者之一。公司始终以客户需求为导向，秉承“专业、创新、追求卓越”的企业箴言，服务于客户。目前，公司服务的客户有中航商发、国家电网、中国商飞、迪士尼、中广核、中石化、中石油、中联重科、佳豪船舶、大众汽车、易趣网（eBay）、华为、清华大学、浙江大学、上海交通大学、武汉大学、同济大学、万达大玩家等500多家制造及设计企业。

（蒋兰）

【推出3D极速实感模拟赛车】 年内，曼恒数字3D极速实感模拟赛车无缝集合了高度仿真、动作反馈传感技术、APP软件等现代化智能控制技术，具备升降自如、高度仿真的特色。动感交互可以使用户体验汽车模拟驾驶的真实效果，进一步了解该产品创新的动感仿真设计功能。同时，为用户带来有别于传统的娱乐感官新体验，更突出“实感”的优良特性，也能使用户体验新型数字赛车文化。同时，也为大众提供了一个娱乐、教育和科普的智能体验设备，引导大众健康、绿色的游戏活动。未来的发展趋势，动感模拟器将会被应用到诸如驾驶教学等多个民用领域。

（蒋兰）

【BIM应用观摩会举办】 年内，曼恒数字与清华大学联合展示“BIM与3D打印技术的结合应用”，以展示3D打印机为主，为参会的建筑相关人士展示3D打印在建筑行业的应用，普及3D打印技术，启迪建筑设计者在实际工作中使设计与3D打印技术相结合。

（蒋兰）

【DVS3D 3.0版本发布】年内，曼恒数字DVS3D 3.0版本发布，有效提升了虚拟现实设计、编辑效率，有效加强了用户体验感。DVS3D是曼恒数字自主研发的一款虚拟现实软件平台，可将设计方案直观可视化，并通过人机交互操作，直接对设计方案进行调整、装配、拆卸，达到检验评估设计方案的目的，是行业内首个集设计、虚拟和仿真于一体的三维软件平台。该平台由编辑器端和渲染段两个程序组成，结合动作捕捉设备可实现多种人机交互功能，包含模型信息库模块、模型展示模块、基于物理引擎的装配训练模块、GPU加速渲染模块、WEB服务模块等。

（蒋兰）

【中标交通运输部水运科学研究所虚拟现实采购项目】年内，曼恒数字中标交通运输部水运科学研究所“海上溢油应急处置实验室事故应急处置模拟仿真实验设备”采购项目，中标金额为369.75万元。该项目构建出高仿真度的虚拟应急事故作业场景，提供交互式的人机界面，支持用户在虚拟场景中自动漫游，并且可以在设备各视角之间自由切换；通过数据接口读取真实监控数据，驱动设备运行，在虚拟作业场景中实现数据实时三维可视化；提供历史数据回放、监控报警及救援现场服务。

（蒋兰）

北京农商银行

【概述】年内，北京农商银行为达成“专业化经营、系统化管理、集约化控制”的经营管理目标，加快推进信息化建设。在保证信息系统安全稳定运行的基础上，积极落实国家关于实施安全可控信息技术战略要求，深入开展技术研究，强化业务连续性管理，不断丰富信息系统功能。信息系统运行稳定，重要信息系统可用率达99.98%；完成重要信息系统同城灾备建设；信息系统总量达144个，其中年内新增13个、重大改造9个。

（吕旺）

【新建直销银行系统】4月，北京农商银行的直销银行产品——网上营业厅系统投产。该系统采用开放式免登录的浏览模式，集中展示个人零售业务的产品和服务，打破了以前只有行内客户才能访问的壁垒。投产以来，用户数量达到30804人，订单数量达到55761笔。

（吕旺）

【新建密钥管理与安全服务系统】6月，北京农商银行密钥管理与安全服务系统投产。该系统将各系统普遍需要的密钥管理、加密及安全认证等服务封装为标准接口，通过负载均衡、集群等机制保障服务的高可用性，实现全行应用系统密钥的统一管理与认证。年内接入该行柜面系统、ATM等13个系统，累计交易量约230万笔。

（吕旺）

【重建呼叫中心系统】9月，北京农商银行一体化客服系统投产。该系统作为对原有呼叫中心系统的重建，增强了系统平台的可扩展性，改进了原有语音服务，将客户常用功能前置，方便客户更快进入目标服务。

（吕旺）

【新建网络支付系统】 11月，北京农商银行网络支付系统——互联网金融支付系统投产。该系统支持该行电子账户支付、支付宝与京东快捷支付等多种新型网络支付方式。年内已支持支付宝、京东、财付通等主流第三方支付平台，累计交易量达300多万笔、交易金额19亿元。

（吕旺）

【新建管理驾驶舱】 11月，北京农商银行管理驾驶舱系统投产。该系统通过简约的图表展示替代了过去的纸质查看方式，更为直观地反映了关键经营运行指标，为高层决策支持提供了高效的分析工具。

（吕旺）

【柜面业务前后台分离】 12月，北京农商银行柜面业务前后台分离项目第一阶段功能投产。该项目将客户填单场景外延至直销银行实现自助填单，将柜面操作集中上收至后台作业，将回单交付简化为客户按需自助打印。通过二维码识别、OCR识别、历史数据复用等技术，大幅提高业务自动化处理程度。上线后，柜员平均每笔业务办理时间缩短50%，客户从填单至业务办理候时降低了近70%。

（吕旺）

【信息科技条线组织架构调整】 年内，北京农商银行完成信息科技条线组织架构，将原总行信息技术部拆分为3个部门，即信息科技部、软件开发中心、运行维护中心。信息科技部负责统筹管理科技规划及科技风险；软件开发中心与运行维护中心根据专业化分工，分别负责系统的研发及测试、投产与运行工作。

（吕旺）

【信息科技制度建设】 年内，北京农商银行深入开展信息科技制度建设，通过对标银行业监管要求，发布信息科技管理制度63项、工作手册近300项，在数据治理、配置管理、容量管理等方面填补了制度空白。

（吕旺）

【信息科技风险课题研究应用取得成果】 年内，北京农商银行“基于国产芯片的金融IC卡行业应用”研究课题获中国银行业监督管理委员会评定的银行业信息科技风险管理课题研究三类成果奖。该课题依据国家关于实施安全可控信息技术战略要求，通过分析我国金融IC卡应用所面临的安全风险、行业应用所面临的问题，同时以支持配合北京市政府“北京通”工程为依托，建立一套使用国产芯片、支持国产密码算法、符合PBOC3.0标准的金融IC卡行业应用体系。

（吕旺）

【安全可控信息技术应用工作得到初步落实】 年内，北京农商银行落实国家关于实施安全可控信息技术战略的要求，制定该行安全可控规划及实施路线图，逐步实现信息技术及资产的安全可控。组织开展了开放弹性架构、大数据、私有云、国产密码算法应用等领域安全可控技术研究以及系统建设。基于开放弹性架构重建了中间业务系统，完成IC卡发卡领域国产密码算法改造。

（吕旺）

【**信息科技知识产权保护**】年内，北京农商银行启动信息科技知识产权保护工作，组织申请15个已建系统的软件著作权，加强在科技知识产权领域的管理。

（吕旺）

【**同城灾备建设取得新突破**】年内，北京农商银行完成空港数据中心改造。实现重要信息系统应用级同城灾备的全覆盖，另有23个较重要系统实现了数据级灾备，切实提升了灾难恢复能力，有力保障全行业务持续稳定运行。

（吕旺）

北京派得伟业科技发展有限公司

【**概述**】北京派得伟业科技发展有限公司（简称派得伟业）成立于2001年6月，由北京市农林科学院和北京农业信息技术研究中心共同投资组建，致力于农业与农村信息化技术产品创新、研发、系统集成以及农业信息综合服务。同时，紧紧围绕首都农业经济发展方向，致力于城市农业技术产品开发、规划设计和项目实施。现为农业部农业物联网系统集成重点实验室、首都科技条件平台北京市农林科学院研发实验服务基地、北京市农业农村信息化示范基地。派得伟业以“立足农业、面向农村、服务农民”为宗旨，以“技术创新、信息服务、产品推广”为核心，结合产业化工作的定位，在条件建设、人才培养、机制创新等方面提升自身的创新能力；在集成开发、领域应用、平台建设、运营服务等方面打造自身的核心竞争力；在智慧农业、“互联网+”现代农业、智慧美丽乡村建设、信息化项目规划和平台运营、重点实验室建设等方面取得重大突破。同时，公司积极探索新的商业模式和盈利模式，拓展销售渠道和提高市场占有率，打造农业信息化知名品牌。产品及服务已遍布全国30多个省市和地区，2015年被评为北京市农业信息化龙头企业。

（王帅）

【**“百进千”对接交流会召开**】6月30日，由首都科技条件平台北京市农林科学院研发实验服务基地（简称市农科院基地）主办的“百进千”对接交流会召开。会议旨在通过全面宣传市农科院基地的科技资源，进一步推介首都科技创新券政策，加强企业和院所的面对面交流沟通，并就征集的科技需求和基地资源进行对接，推动产学研合作。北京市科学技术委员会条财处处长陈云波、主管工程师毛振芹，市农科院科研处处长王之岭，以及门头沟工作站、昌平工作站、基地各成员单位和30余家小微企业代表参会。派得伟业公司副总经理吴建伟介绍了市农科院基地情况，各研究所、中心的专家详细介绍了各自研究领域、方向及成果，参会的企业代表对各企业的主要业务、发展情况以及需求进行了介绍。会议期间，市农科院基地成员单位与30多家企业进行了交流对接，最终北京博锦元生物科技有限公司、北京绿多乐农业有限公司等10多家企业与市农科院基地达成合作协议。

（王帅）

【在2015年度科技创新工程推进大会上获奖】 12月2日，中国质量评价协会、北京企协企业评价中心共同举办“2015年度科技创新工程推进大会”。全国及北京市有关行业，以及北京企业评价协会部分会员单位、高新技术企业、高等院校、科研机构等领域的负责人及新闻界的代表200多人参加了大会。派得伟业应邀参加并获得“2015年中国质量评价协会科技创新奖——科技创新企业”“2015年北京企业评价协会科技创新奖——企业类”奖，派得伟业董事长兼总经理杨宝祝被评选为“2015年中国质量评价协会科技创新奖——科技创新人物”，并获“2015年北京企业评价协会科技创新奖——人物类”奖。

（王帅）

【获2015年度“中国产学研合作创新奖”】 12月12日，由中国产学研合作促进会与云南省人民政府联合举办的“第九届中国产学研合作创新大会”在云南省昆明市举行。会上，对在促进产学研合作创新方面做出突出贡献的10个单位和个人进行了表彰，派得伟业获“中国产学研合作创新奖”，这是中国产学研界的最高荣誉奖。

（王帅）

【通过ISO 9001：2008质量管理体系认证】 12月23日，派得伟业通过ISO 9001：2008质量管理体系认证。本次认证由北京神舟时代认证中心审核组一行三人主持。在审核过程中，审核组成员通过查阅文件和记录、面谈、现场观察等方式，本着严谨细致、客观公正的态度，对公司的服务质量、环境等方面进行了详细的监督审查，并到各部门仔细认真地听取部门体系运作的执行情况，对质量管理体系的完善性、规范性和科学性给予充分肯定，并就审核过程中发现的一些问题提出了改进建议。

（王帅）

【获北京市农业信息化龙头企业称号】 年内，在企业自愿申报、郊区各区农委推荐的基础上，经专家组评审和市农委审定，派得伟业被评选为2015年北京市农业信息化龙头企业。

（王帅）

【获北京市产品评价中心表彰】 年内，北京市产品评价中心对获得2015年北京市产品评价中心产品质量创新贡献奖的单位、成果、产品和个人进行通报表彰。派得伟业获“2015年北京市产品评价中心产品质量创新贡献奖——创新企业奖”，派得伟业公司董事长兼总经理杨宝祝获“2015年北京市产品评价中心产品质量创新贡献奖——人物贡献奖”。

（王帅）

【参与完成项目获国家科学技术进步奖二等奖】 在2015年度国家科学技术奖励大会上，派得伟业参与完成的项目“植物——环境信息快速感知与物联网实时监控技术及装备”获国家科学技术进步奖二等奖。该项成果在作物养分、生理和形态信息的快速无损检测技术和装备、植物病害早期快速诊断技术等方面处于国际领先水平，覆盖了粮食、果蔬和花卉等种植业，有力推进了我国数字农业和农业物联网技术的发展和应用。

（王帅）

北京七维航测科技股份有限公司

【概述】年内，在《国家卫星导航产业中长期发展规划》和《“十三五”规划纲要》的大背景下，北京七维航测科技股份有限公司（简称七维航测）积极推进卫星导航产品、无人机等产业化发展，致力于成为中国航测、卫星导航、无人机领域的领军企业，全力将公司打造成一家综合型的高科技公司，促进国民经济稳定发展。同时，全面实施知识产权转化成创新成果的战略规划，不断加快技术创新。通过科技创新、业态创新和服务创新，积极发展航测、监测、检测、安防、无人机等多种业务和应用，大力推进科技成果转化项目，为首都建设提供重要的支持平台。作为中关村高新技术企业、国家级高新技术企业，七维航测一直以来秉承“行业创优、科技领先、市场领先”的核心价值观，注重民族品牌、自主创新的精神理念，积极加大研发力量的投入，继续扩大自身研发队伍的建设，加强研发能力的提升，在行业领域内不断创新，争取获得更多自主知识产权，构建“高精尖”的经济产业结构。积极推进知识产权试点工作，加强知识产权保护力度，实现了公司年初制定的知识产权目标，推进了科技成果转化的速度，为公司在自主创新的发展道路上奠定了良好的基础。

（李佰言）

【完成卢龙电子装备试验场的基础建设工作】年内，七维航测完成卢龙电子装备试验场的基础建设工作。实验厂将以无人机、北斗导航、惯性导航等技术为应用平台，将建成电子装备检测、标校应用平台，实现测试和试验的一体化，成为创新的电子装备测试技术服务应用平台，服务航空、航天、兵器、电子等国防军工领域。同时，七维航测将对北京总部的生产环境进行改造，使其能够满足军工生产环境及质量要求。控股子公司无锡天和电子公司及全资子公司江苏七维测试技术有限公司已完成迁址办公，并将于年内进一步完善测试设备及生产线建设。

（李佰言）

【完善桥梁检测系统】年内，七维航测进一步完善桥梁检测系统的技术储备，拓展传感器的种类，完善传感器型谱，将力传感器进一步推向军工单位。

（李佰言）

【完善无人直升机系统集成】年内，七维航测完善无人直升机系统集成，完成SDI-120无人直升机的研发工作，引进瑞士D-50无人直升机系统，使公司无人直升机系统型谱完整，并将这两个无人机系统推向测绘、巡线、森林防火等领域。大力拓展无人机服务及培训项目，年内无人机服务机组达到50个以上，并完成培训学校的各项工作。

（李佰言）

北京融通高科科技发展有限公司

【概述】北京融通高科科技发展有限公司（简称融通高科）成立于2002年8月15

日，注册资本为8000万元，在北京中关村上地信息产业基地拥有独栋研发楼，是国家级高新技术企业、双软企业、集成电路设计企业、国家密码管理局指定生产商用密码产品的定点企业，具备IC卡及IC卡读写机具生产资质、系统集成三级资质，2005年公司通过了ISO 9001认证。融通高科多次获得中关村国家自主创新示范区100优企业荣誉证书及中关村高成长企业TOP100荣誉证书。融通高科主营业务以芯片设计、密钥认证技术为依托，在智能仪表（水电气）行业推广应用带国密算法的安全芯片（ESAM）、IC卡、密钥系统、主控MCU及电子模块产品；在智能卡领域推广应用带国密算法的金融IC卡芯片、移动支付芯片和各类行业IC卡芯片；在物品防伪、资产管理、智能交通、酒类和服装流通管理、物流管理等物联网领域基于13.56MHz/900MHz频段推广应用密钥管理系统、加密机、电子标签芯片及IC卡读写设备。

（王建荣）

【获信息系统集成及服务资质】 9月30日，融通高科获得信息系统集成及服务三级资质，并得到北京新奥、首都机场等客户认可。

（王建荣）

【电表客户试点应用RT7音频口读写机】 年内，融通高科自主研发的RT7系列音频口读写机在电表客户中试点应用并获得好评。RT7系列音频口读写机是一种物联网与移动互联网技术融合的典型产品。全市电表客户试点应用RT7系列音频口读写机，推动智能电表的金融自主充值和信息化发展。该产品通过3.5毫米耳机音频口与苹果IOS、Android安卓等移动智能终端平台相连，使得电表购电更加便捷安全。融通高科的多功能音频口读卡器的系统软件部分由密钥系统、营销平台（购电系统）、购电卡发行、移动端自主购电软件等组成。系统硬件部分由服务器、加密机、RT1读写器、多功能外设读写器、智能移动终端、购电卡组成。密钥管理系统保证密钥的安全生成、传递、存储。

（王建荣）

北京赛思信安技术股份有限公司

【概述】 北京赛思信安技术股份有限公司（简称赛思信安）成立于2007年，是一家专注大数据领域核心技术研发，提供先进大数据产品与服务的国家高新技术企业。赛思信安在北京和南京设有研发中心，拥有国内先进的软硬件研发配套设施和大数据研发团队，并在全国六大区域建立了营销服务中心和数十家行业合作伙伴，形成了广泛的营销服务渠道。业务涵盖大数据培训咨询、大数据存储管理、大数据分析、大数据安全、大数据系统建设等方面。

（张群）

【在大数据领域新增3项软件著作权】 3月24日，由赛思信安自主研发的赛思海量数据实时处理系统、赛思海量文件内容管理系统、赛思海量非结构化数据库平台分别获得国家版权局颁授的计算机软件著作权证书，在大数据领域又新增3项知识产权。截至目前，赛思信安在大数据领域已获得数十项软件著作权。随着公司在大数据领域的不断研发，赛思大数据产品线日渐丰富，已形成了赛思大数据管理分析、大数据安全系统、海量文件内容管理以及大数据硬件等四大系列产品。

（张群）

【入选“2015信息网络产业新业态创新企业30新”】 5月29日，在“2015信息网络产业新业态创新企业30新”颁奖典礼上，赛思股份入选“30新”。

（张群）

【公司股改更名】 5月，“北京赛思信安技术有限公司”名称变更登记为“北京赛思信安技术股份有限公司”，简称“赛思股份”。公司更名后，业务主体和法律关系不变，原签订的合同继续有效，原有的业务关系和服务承诺保持不变。

（张群）

【参加第七届中国云计算大会】 6月3—5日，主题为“促进云计算创新发展培育信息产业新业态”的第七届中国云计算大会在北京国家会议中心召开。赛思股份携“赛思大数据、岂止于大”的全面解决方案与会并与参会的100多位国内外云计算领域的核心专家共同分享了云计算与大数据领域的最新产业动态、技术创新与应用实践。

（张群）

【赛思股份获计算机信息系统集成三级资质】 9月30日，赛思股份正式通过国家信息系统集成及服务三级资质认证并获得证书，证书编号：XZ3110020151445。该资质的取得意味着公司具备了承接全国各级党政机关、企事业单位等应用系统工程和网络工程的资格。

（张群）

【新三板挂牌】 11月25日，赛思股份在新三板挂牌。赛思股份在企业级大数据技术方面具有五大优势：一是拥有大数据产业链关键技术的自主知识产权；二是提供优质的大数据产品及服务；三是拥有成熟的大数据技术研发团队；四是建立了国内最广泛的大数据市场应用案例；五是赛思大数据学院是工业和信息化部唯一认证的大数据职业教育培训机构。

（张群）

【敲响开市宝钟】 12月11日13时30分，赛思股份高管与15家新三板上市公司的高管会聚北京金融街，参加集体挂牌仪式，敲响开市宝钟。

（张群）

【获评北京市诚信创建企业】 12月18日，由市经济信息化委主持的2015年度“北京市诚信创建企业”正式揭晓，赛思股份荣登榜单。

（张群）

【赛思大数据分析师培训获工业和信息化部授权】 12月30日，赛思股份携手中国电子质量管理协会向工业和信息化部教育与考试中心提交的关于将“大数据分析师”认证培训列入工业和信息化部教育与考试中心全国信息技术人才培养工程的计划书得到批复，并最终被工业和信息化部独家授权开展“数据分析师”的宣传、课程、教材、招生、培训、考试等相关工作。赛思股份“大数据分析师”培训与认证运用和世界同步的培训理念、培训方法与培训内容，全方位、系统性地进行大数据专业培训，为广大学员搭建一个高效、专业的互动交流平台。

（张群）

北京市地铁运营有限公司

【概述】年内，在企业信息化的大背景下，北京市地铁运营有限公司（简称地铁公司）积极推进信息化建设，不断夯实信息化网络（有线、无线）基础设施、安全基础设施并建立综合管理信息平台，对EAM、FM、HR、EOMS、OA五大核心应用系统进行建设和应用推广，加强传统产业与互联网结合，推进商业模式创新，为轨道交通安全运营提供了有力的保障。

（庞峥）

【升级土建设施监控生产管理信息平台】年内，地铁公司全面整合升级所辖各线的土建设施监控子系统，形成全路网统一的土建设施监控生产管理信息平台。该平台涵盖地铁5号线、13号线、八通线、房山线、亦庄线、机场线、昌平线和1号线，对梁体位移、梁体应力、支座位移、桥墩倾斜、斜拉桥索力、隧道病害裂缝等土建设施关键控制对象进行实时监测。在完善已有的实时数据采集系统模块、实时监测与预警系统模块、统计分析系统模块和安全管理模块功能的基础上，平台新增视频监控系统模块、PDCA安全质量管理系统模块、土建设施隐患风险点管控平台，管控重点部位日常排查、异常情况排查、隐患排查和控制保护区排查等工作。通过信息化手段进一步提高土建设施风险管控能力，确保地铁运营安全。

（李宇杰）

【北京地铁运营安全指标评估系统开发及应用】年内，地铁公司完成了科研项目“北京地铁运营安全指标评估系统开发及应用”的研究，目前该系统已在北京地铁正式上线使用。结合前期分析调研及需求分析、设计，开发北京地铁运营安全指标评估系统，对事故件数、类型、致因因素以及列车延误情况等安全控制指标进行分级管理、评估，从而进一步提高了北京地铁运营的安全性。

（北京地铁技术部）

【北京地铁核心机房监测及运维管理系统工程】年内，继续加强北京地铁核心机房监测及运维管理系统工程的运维工作。该系统是北京地铁管理基础网络运维的综合网管平台，由网络核心机房环境监控、网络设备及服务器运行参数采集、网络设备及服务器配置资源管理、运维流程管理4部分组成。整体上实现了对北京地铁管理网的基础环境动力、设备、软件和应用系统的全方位实时监控，从功能上覆盖了整个网络，对资源进行直观呈现与调度，对告警进行实时处理、对故障进行预警。

（庞峥）

北京首创置业股份有限公司

【概述】北京首创置业股份有限公司是中国领先的房地产综合运营商，于2003年6月19日在香港联交所上市（股票代码HK2868，简称首创置业）。经过13年的发展，首创置业形成了横跨传统住宅开发、奥特莱斯商业地产、城市综合体、经营性物业、创新业务等多个业态的发展模式。其间，由于组织规模、业务范围的扩大导致了管理层次的增加，战略执行难、目标不一致、管理较粗放等问题逐渐凸显；与此同时，手工预算编制难度大，无法对预算执行情况进行动态监测，公司亟须通过管理工具来提升全面预算管理的效率。首创置业从2015年起建立全面预算管理系统，构建预算模型，对经营活动和相应财务目标通过系统实现精细化管理，并集成相关业务系统，将实际完成情况与预算目标进行动态比较，并通过可量化指标不断进行自我修正和完善，从而达到“战略规划—全面预算—执行监控—运营报告—KPI考核—战略调整”的闭环式管理，不断提升首创置业内部管理水平。

（刘海超）

【全面预算管理系统提升管理水平】4月，首创置业通过全面预算管理系统的实施，建立起集中、统一、标准化的预算管理平台，并通过整合现有业务系统，实现业务信息互联互通和数据共享，以及预算编制、预算控制、反馈分析、经营决策的综合应用，预算管理触角进一步延伸至业务前端；实现了业务计划与财务预算的紧密联系，使决策机构与执行机构充分沟通，强化了公司战略目标；在全面预算执行过程中，根据当前内外资源状况和上期计划执行情况，不断对项目全部开发完成前的运营要素进行预测并调整，并编制新的经营计划和预算，实现了“全周期动态管理”。经过半年多的实施，11月15日完成系统的正式上线工作，进入试运行期。在试运行期间，首创置业不断探索和实践，形成了战略规划、项目全周期预算、年度预算、季度滚动的全面预算体系，涵盖公司六大业务板块，500多个预算管理组织，800多张预算编制和分析报表，为首创置业总部和城市公司用户提供全面预算管理服务。如今全面预算在首创置业运营管控中发挥了桥梁作用，有效地量化落实公司整体的战略目标，提高了应对市场变化的能力，促进公司资源的合理配置，提高了成本管理和盈利分析能力，进一步加强了风险控制水平，为总部及各一线公司绩效考核提供有力依据，实现了“公司战略转化为全面预算，全面预算推动公司战略”的双重管理闭环。

（刘海超）

北京泰豪电力科技有限公司

【概述】北京泰豪电力科技有限公司（简称泰豪电力）是清华大学企业集团旗下的一家高科技电力技术企业，被国家认定为首批“重点高新技术企业”，入选“国家级创新型企业”，并拥有“国家认定企业技术中心”及“博士后科研工作站”。公司被国家工商总局评为全国“首批520家重合同、守信用企业”，“泰豪”商标为“中国驰名商标”，产品为“中国名牌产品”。

（陆晓爽）

【电力线宽带载波项目实施】3月，由泰豪电力自主研发的宽带载波模块在国网公司多地应用，产品以其强大的远程传输能力和大数据处理能力获得良好客户口碑，在国家智能电网改革进程中起到积极的推动作用。

（陆晓爽）

【入选2016年电力标准制定计划目录】 5月，由泰豪电力发起并承担主要编制工作的《工业园区电力需求响应管控系统规范》入选2016年第一批中国电力企业联合会标准制修订计划项目目录。此规范将从工业园区电力需求侧响应管控系统技术体系、建设原则、系统架构、基本功能、主要技术指标等方面提出通用性技术要求。《工业园区电力需求响应管控系统规范》可规范工业园区用户电力需求侧响应管理系统建设，确保电力能效测评工作得到有效实施。

（陆晓爽）

【获电力需求侧管理服务机构一级资质】 6月5日，工业领域电力需求侧管理促进中心工作组对泰豪电力开展了现场审核。现场审核工作组分别从经营能力、技术能力、人员水平、项目管理能力、信用记录等几个方面对公司的各项指标达成情况进行逐一评审。公司通过宣讲企业概况、展示软件平台应用、提供各项资质材料等积极配合工作组审核工作。通过细致的评审，公司以90分的高分获得工业领域电力需求侧管理服务机构一级资质。

（陆晓爽）

【参与国家电网公司重点科技项目研究】 12月，公司参与国家电网公司2016年第一批重点科技项目“基于大数据技术的变电站设备监控数据应用基础研究”工作会议。通过该科技项目的研究，公司将为国家电网建立一套具备通用性、扩展性的基于监控数据的变电站设备运行大数据分析系统，达到向省级电网推广实施的效果，并将带来巨大的经济效益和社会效益。此外，公司研发的“基于大数据配网运维管控项目、配网工程精益化管控项目”被国家电网公司列入技术创新行动推广计划。该项目系统基于D5000系统面向服务的架构特点，充分发挥调控中心在电网运行领域的数据优势和专业技术优势，实现调控中心从“电网原始数据提供”向“专业分析”的模式转变。公司电网调度运行系列产品市场占有率达到了55%，位列行业第一。

（陆晓爽）

北京铁路局

【概述】 年内，北京铁路局信息化工作紧密结合运输生产、安全管理需要，不断强化网络和信息安全管理，积极推进信息化基础设施和重要信息系统建设，深化信息系统应用和质量考核，进一步健全完善管理制度和作业标准，各项工作稳步推进，取得明显成效。北京铁路局信息化处是信息化专业管理部门，归口管理全局信息化工作。负责组织制定信息化工作标准规范、规章制度、管理办法和全局信息化发展规划及年度工作计划，并检查指导落实；负责网络和信息安全管理；负责信息工程建设管理，组织信息系统建设和深化应用；负责信息系统运行维护及施工管理，负责信息设备和网络资源管理；负责指导信息技术所及基层单位信息化管理工作。信息化处设综合技术科、应用管理科、网络和信息安全科，定员14人。

（綦新亮）

【编制信息化发展规划建议】 年初，拟定北京铁路局“十三五”信息化发展规划建议，即在总公司总体框架下，加快综合IT网和数据通信网的整合，实现网络运行维护的专业化管理；深入推进安全风险防控体系标准化建设，提高网络安全性能；建成“纵向贯通、横向集成”的一体化信息集成平台，支撑路局发展战略和各项业务战略的实施；建成企业级管理信息系统，完成既有信息系统资源整合，实现互联互通、信息共享和应用集成；大力推进信息资源综合开发和有效利用，为全局战略规划、安全运输和经营管理等决策科学化提供支撑；建立全局数据中心，为企业提供基础架构平台、工作平台及服务平台，实现面向用户的业务服务创新。

（綦新亮）

【信息化基础设施建设】年内，组织审查工程设计方案41项。其中，津保铁路、北京至张家口铁路、新建京霸城际铁路首都新机场站等重点工程设计审查方案29项、专用线方案12项，对相关设计方案提出信息专业审查意见。组织加强信息工程预介入管理，督促问题整改；组织对唐山客车线、京津城际延伸线、唐张铁路、津保客专等信息工程项目进行检查督导、现场盯控、阶段验收、安全评估、开通保障，确保了各项工程顺利开通。

（綦新亮）

【推进现代物流信息化建设】年内，研究制定《现代物流信息化建设推进计划》，就加强“95306网”建设、推进物流综合信息系统建设、加强运输生产信息系统建设、强化客户服务信息支撑、加强物流信息化基础建设和做好配合支持工作等6个方面20项重点工作做出具体安排。组织完成了“物流配送系统”“集装箱管理信息系统”“客运管理和行包管理系统”“95306网站”建设等工作，有序推进“车号识别系统更新改造及深化信息综合运用”“货检安全监控与管理系统”等全路性重点应用项目的建设。

（綦新亮）

【信息机房标准化建设】年内，为强化安全风险管理，提高路局信息机房基础环境设施质量，组织对全局17个车务站段29个重点信息机房的供配电系统、空调、防雷、地线以及动环监控系统等113项重要设备设施进行标准化改造，达到消除机房安全隐患、符合《铁路技术管理规程》要求及相关标准的目标。

（綦新亮）

【规范互联网应用管理】年内，组织摸底调查全局131个单位的互联网专线接入和30个单位的互联网应用情况；指导互联网应用系统（网站）和互联网业务数据交换系统的审批、备案、安全测评和整改工作；组织相关单位整改“CIR高速列车动态监控系统”“供电系统综合数据平台”“036网站”“铁路山洪泥石流远程监测报警系统”等系统的漏洞。各相关单位严格按照总公司和路局要求进行规范并落实整改，及时关闭存在安全漏洞的应用网站6个，消除互联网安全隐患。

（綦新亮）

【健全完善信息化管理制度】年内，北京铁路局重新修订了企业标准《电子信息系统机房技术条件》（Q/CRBJT440—2015），对各级机房建设、环境、供配电、安防、消防等提出了具体的质量要求；修订下发了《北京铁路局信息技术设备管理办法》（京铁信息〔2015〕81号），进一步规范和加强信息技术设备管理；制定印发了《北京铁路局互联网接入及使用管理办法》（京铁信息〔2015〕259 号），对互联网的接入、使用及网站建设管理等予以规范；重新修订了《北京铁路局信息化专业管理考核评价办法》（京铁信息〔2015〕367 号），定量定性考核各单位信息化专业管理工作；下发了《北京铁路局关于建立信息安全重要信息报告制度的通知》（京铁信息〔2015〕285 号），加强全局网络信息通报制度落实，规范信息安全应急响应处置工作。

（綦新亮）

北京网动网络科技股份有限公司

【概述】年内，北京网动网络科技股份有限公司始终坚持与客户共同发展、与合作伙伴共赢的理念，专注云视讯领域的技术与服务，帮助客户解决遇到的问题和挑战。发布的网动即会通云会议平台有效解决了各行业客户在多种视讯平台互联互通的瓶颈问题，协助客户构建智慧云应用，为客户提供从软件到硬件设备、从新平台搭建到现有信息平台整合的综合解决方案，其中全媒体融合通信终端，更是打通了信息“孤岛”，提高了应急指挥决策的有效性和联动反应速度。

（北京网动网络科技股份有限公司）

【网动新一代即会通云会议平台发布】9 月 15 日，北京网动网络科技股份有限公司在北京 3W 咖啡举办“打破传统云会议复兴——网动新一代即会通云视讯平台发布会”，重点讨论互联网冲击下视频会议的发展趋势、应用场景，并展示网动全新即会通云会议服务平台。即会通云会议平台是业界唯一能够支持 PC、智能手机、智能电视、会议终端、电话、FLASH 直播、微信分享直播的云会议平台；是开放式 API 的云会议平台，提供 PC、IOS、安卓的前端 SDK 开发包，可非常方便地接入客户已有的 CRM/OA/SCM/elearning 等第三方服务平台及手机 APP；可实现与现有硬件视频会议、视频监控系统无缝对接，与业界其他厂商互联互通，真正打造一个融合、创新的云会议平台；以超大规模的分布式服务器集群架构为基础，以云计算技术为核心，以智能路由技术为保障，打造高可靠性云视讯服务平台；基于互联网的“云”架构，解决了软件视频会议稳定性的问题。同时，运用业界领先的两项专利技术，为用户提供最高质量的视频会议体验服务：RUDP 丢包补偿专利技术，让用户在 30% 的网络丢包情况下，依然享受高清的视频会议体验；云端视频融合技术，为用户节省 90% 以上的会议带宽。

（北京网动网络科技股份有限公司）

北京旋极信息技术股份有限公司

【概述】年内，北京旋极信息技术股份有限公司（简称旋极信息）致力于提供面向国防军工的嵌入式系统测试产品及技术服务、嵌入式信息安全产品（包括金融领域

USBKey 产品、税控领域税控盘产品）和嵌入式行业智能移动终端产品及技术服务，以国内领先的嵌入式系统整体解决方案提供商的身份不断加快自身技术发展，为广大用户提供业界领先的技术、产品和服务。

（邵会兵）

【获首都文明单位标兵称号】3 月，首都精神文明建设委员会下发《关于表彰 2012—2014 年度首都精神文明创建工作先进单位的决定》，旋极信息被授予首都文明单位标兵荣誉称号。这是继两次获得首都文明单位称号后，公司荣获精神文明建设的最高荣誉。

（邵会兵）

【举办基于需求测试的培训】7 月 16 日，旋极信息举办基于需求测试的培训，邀请“基于需求测试方法的泰斗”Richard Bender 进行主讲。来自航空、航天、兵器、中电、船舶等安全关键行业的 30 多名软件设计师和测试工程师参加了此次培训。培训为期 3 天。这是继 2009 年、2013 年旋极信息联合 Richard Bender 成功举办培训课程后，又一场高水平、高规格的培训。此次培训，Richard Bender 结合丰富的实例讲解了需求模糊度分析、因果图方法、约束关系、测试用例设计、测试方法对比、测试流程调优以及 Bender RBT 实战等内容，深入浅出地讲解了如何把硬件测试中非常成功的敏感路径法应用到软件测试中来，并用严谨的数学公式证明如何确保每一个功能组合都至少被一个测试用例覆盖，通过缺陷的传播特性使得缺陷可被观测到，确保每一个缺陷都能被测试用例发现，还结合了实例佐以证明。培训还穿插了大量的实战演练，学员们在现场和 Richard Bender 积极互动，并就工作中遇到的实际问题进行了交流。[Richard Bender 于 1977 年在威廉·阿尔门道夫硬件测试方法（敏感路径法）的基础上，提出因果图法并成功应用于软件测试。在从业近 50 年的历程中，Richard Bender 一直致力于帮助企业和组织提高软件质量和软件生产率。他曾经为许多国际型企业、政府机构以及军事机构做过软件测试过程改进的咨询。同时，他还开发和传授了许多课程，其中基于需求测试课程是最经典的课程之一。国内顶尖的软件测试界的盛会——中国软件测试大会连续 4 年邀请其作为嘉宾传授此课程。]

（邵会兵）

【航空测试性技术学术高峰论坛暨交流会召开】10 月 15—16 日，由航空工业测控技术发展中心、中国航空学会测试技术分会、中航工业北控所、北京旋极信息技术股份有限公司、国防科技工业自动化测试技术研究应用中心共同承办的 2015 年航空测试性技术学术高峰论坛暨交流会在北京召开。空军装备部领导、中航工业基础院副院长周国强、中航工业北控所所长张振伟、北京旋极信息技术股份有限公司副总经理蔡厚富等领导，以及中航工业、中国航天、中国兵器、中国电科等 70 多家单位的 200 余人参加了会议。会上，周国强致辞。来自 12 家从业单位的 12 名专家分别从各自领域的角度出发，向与会代表们做了主题报告，报告内容涉及国内外测试性技术发展情况、测试性技术的应用与实践、综合诊断技术的发展与应用、仪器技术的发展与应用等。其中，旋极信息副总师王晓兵代表公司做了“系统级的验证技术”报告。各专家学者、论文作者以及与会代表分别就测试性技术和测试设备两个议题进行了分组讨论。会议还举办了测试性相关展会。

（邵会兵）

【旋极大数据亮相国际卫星应用展】 11 月 12—14 日，旋极信息参加中国国际卫星应用展览。展会上首次推出“iWhere 大数据网格化管理服务平台”。该软件基于全球领先的 GeoSOT 地球空间剖分网格，由“973”研究成果转化而成，在大数据的整合、共享、分析、挖掘方面拥有明显优势，并且已经在高分专项、智慧城市、北斗应用、通信业务等行业拥有成熟的解决方案。同时展出的还有旋极信息成员企业北京旋极星达技术有限公司的新型北斗天线材料，旋极成员企业深圳市鸣鑫航空科技有限公司的两架“窥视者”无人机和智慧边防产品等。中央军委委员、总装备部部长张又侠，在总装备部副部长王力、总装电信部部长王兆耀、高分重大专项办主任黄卫东、北斗重大专项办主任冉承其、中国卫星应用产业协会秘书长侯庆国等陪同下，到旋极信息展位视察。旋极信息装备测试性工程一体化平台、高速航空总线与软件工程、自组网车载语音通信等产品均吸引多位技术专家和行业同人前来探讨、交流。

（邵会兵）

【举办可信嵌入式专委会研讨会】 11 月 26 日，由中关村可信计算产业联盟指导、专委会主任单位北京旋极信息技术股份有限公司主办、副主任单位国网智能电网研究院协办的中关村可信计算产业联盟可信嵌入式专委会（以下简称专委会）研讨会在北京新世纪日航酒店举行。中国工程院院士沈昌祥、旋极信息总裁刘明、中关村可信计算产业联盟秘书长李健、嵌入式产业联盟秘书长郭淳学，以及《信息安全与技术》杂志社、专委会各成员单位代表等出席了会议。专委会隶属于中关村可信计算产业联盟，于 8 月 13 日正式成立。按照联盟选举办法，经民主选举，旋极信息、国网智能电网研究院当选可信嵌入式专委会主任和副主任单位。此次会议由旋极信息总裁助理李强主持，刘明代表旋极信息致辞。专委会各成员单位汇报了近期在可信方面的工作进展及成果，讨论了对可信技术的理解及后期工作开展的设想、计划，以及如何在操作系统中嵌入可信机制，确定了专委会下阶段的工作计划。沈昌祥参加会议并讲话，阐述了可信计算技术对国家信息安全所能发挥的重要作用，强调了专委会对可信计算技术市场化、产业化过程的重要性，并对专委会今后的工作机制及发展方向做出部署。

（邵会兵）

北京有生博大软件技术有限公司

【概述】 年内，由海淀区经济和信息化办公室指导，中关村软件和信息服务产业创新联盟和北京有生博大软件技术有限公司（简称有生博大）联合主办的“智慧海淀——政务办公云平台”成果发布会取得成功。在“智慧城市”和“智慧政府”的大背景下，有生博大积极推进智慧政府云平台建设，完成 Y9 政府云应用服务平台研发。同时，积极拓展国内业务市场，设立山东分公司、天津子公司、四川子公司和秦皇岛子公司 4

个分支机构。年内，有生博大获得“海帆企业”称号，入围“信息网络产业新业态创新企业30新”，获得新产品和新服务证书，并获得中关村科技园区海淀园管理委员会资金奖励及补贴支持。

（有生博大）

【获得“海帆企业”称号】 4月，有生博大被中关村科技园区海淀园管理委员会评为“海帆企业”。

（有生博大）

【发布“智慧海淀——政务办公云平台”】 5月28日，由北京市海淀区经济和信息化办公室指导，中关村软件和信息服务产业创新联盟、有生博大联合主办的“智慧海淀——政务办公云平台”成果发布会在中关村国家自主创新示范区展示中心召开。北京市及海淀区信息化相关领导、20余家委办局领导、30余家国内知名的IT企业及专家出席发布会。会上，海淀区经信办主任何建吾介绍了海淀区政务办公云平台的发展情况；中关村软件和信息服务产业创新联盟理事长、有生博大董事长王克照代表参会的30余家IT企业进一步总结和认可了海淀区政务办公云平台的建设成果和模式，同时介绍了基于开放标准，采用联盟化、产业化模式构建政府公有云的建设思路；有生博大架构师、海淀政务办公云平台项目总监赵斌在技术实现层面介绍了智慧海淀办公云平台的建设情况。

（有生博大）

【设立4个分支机构】 5月28日，有生博大于山东省济南市成立山东分公司；6月1日，于天津市成立天津有生博大科技有限公司；6月29日，于四川省绵阳市成立四川有生软件科技有限公司；11月24日，于河北省秦皇岛市成立河北有生软件科技有限公司。

（有生博大）

【入选“2015信息网络产业新业态创新企业30新”】 5月，有生博大入围由市经济信息化委、中关村管委会、北京信息化协会等部门联合主办的“2015信息网络产业新业态创新企业30新”。

（有生博大）

【获5个新产品证书】 7月，有生博大第一批新技术新产品申报通过市科委、市发展改革委、市经济信息化委、市住建委、市质量监督局、中关村管委会认证审核，获得“有生移动协作工作圈服务中间件软件”“有生内容管理中间件软件”“有生大数据服务中间件软件”“有生移动政务办公服务中间件软件”“有生RiseSoft Cloud PaaS Server云平台服务中间件”新产品证书。

（有生博大）

【获1个新服务证书】 11月，有生博大第二批新技术新产品申报通过市科委、市发展改革委、市经济信息化委、市住建委、市质量监督局、中关村管委会认证审核，获得“有生智慧政府云服务”新服务证书。

（有生博大）

【获中关村科技园区海淀园管理委员会资金支持】 12月，有生博大新技术新产品推广应用基金获得中关村科技园区海淀园管理委员会资金奖励支持；有生博大购买信用报告补贴基金获得中关村科技园区海淀园管理委员会资金补贴支持。

（有生博大）

【Y9政府云应用服务平台研发取得进展】 年内，有生博大基于云计算、大数据和移动互联网技术全力打造 Y9 政府云应用服务平台，全面满足国家部委、地方政府等机关和事业单位政务云需求。

（有生博大）

北京元心科技有限公司

【概述】 北京元心科技有限公司（简称元心科技）是一家智能移动操作系统领域的高科技公司，以让国人都能用上国产智能移动操作系统为愿景，以“为用户提供安全、可靠、高效、易用的智能移动操作系统及应用服务解决方案”为使命。公司汇聚了来自国内操作系统、互联网和信息安全等领域的数百名精英工程师，拥有一流的研发实力。元心科技致力于元心智能移动操作系统的开发、移动整体解决方案和元心系统生态建设，是中国智能终端操作系统产业联盟理事单位，且是唯一移动操作系统理事单位。公司核心产品元心智能移动操作系统（SyberOS）立足于网络安全和信息安全，以“自主可控，安全可信”为宗旨，是拥有全方位安全防护体系的平台类智能移动操作系统，是国内首家达到并通过 EAL4 级安全评测的移动操作系统。

（张旭昇）

【国产化操作系统论坛亮相网络安全宣传周】 6 月 2 日，“国产化操作系统及其产业在国防科技领域的应用”论坛在北京中华世纪坛召开。在本次论坛上，元心科技董事长史文勇介绍了元心系统的技术优势与市场进展，阐述了元心科技联合产业资源共同打造自主可控移动信息技术领域大安全产业链的企业战略。来自产业链相关企业的代表各自介绍了在自主可控安全产业方向的布局。其中，中兴通讯将与元心合作研发国产安全终端，展讯通信将元心系统作为安全操作系统解决方案，优能通信与元心合作推出全国产化安全智能对讲机。与会代表一致认为，国产化智能终端操作系统的应用前景将非常广阔。

（张旭昇）

【通过 EAL4 级别认证】 10 月 25 日，元心系统通过权威机构中国信息安全测评中心的 EAL4 级测评认证，也是迄今为止唯一通过该级别安全测评的移动操作系统。测评工作历时两年。其间，元心科技提交操作系统核心源代码和 198 份文档（共计约 500 万字），并进行了系统全面技术论证与答辩。专家组针对系统核心源代码和知识产权进行了公开透明的白盒评测，肯定元心系统的高安全性。

（张旭昇）

【参与 COSA“自主可控智能终端操作系统发展论坛”】 11 月 19 日，元心科技作为 COSA 联盟成员参加“自主可控智能终端操作系统发展论坛”。中国工程院院士邬贺铨、倪光南等在讲话中肯定了联盟成员发展自主可控智能终端操作系统的工作，希望相关单位在国家创新驱动战略的指引下，抓住发展机遇，重视生态建设，尽快实现自主可控移动终端操作系统的产业化，为打破国外操作系统的垄断，增强国家网络安全、信息安全做出贡献。

（张旭昇）

【参加第二届世界互联网大会】 12 月 15 日，元心科技受邀参加第二届世界互联网大会

·互联网之光博览会，网信办主任鲁炜在讲话中肯定了元心科技的移动操作系统。

（张旭昇）

【获 2015 年度操作系统自主创新奖】 12 月 23 日，由工业和信息化部指导、中国信息通信研究院主办的“2015 年移动智能终端峰会”在国家会议中心举行。会上颁发了年度移动智能终端“墨提斯奖”，元心科技获 2015 年度操作系统自主创新奖。

（张旭昇）

博雅软件股份有限公司

【概述】 博雅软件股份有限公司（原“青鸟软件股份有限公司”，简称博雅软件）隶属于博雅集团，是博雅集团的核心企业之一。博雅软件长期服务于活跃在新经济转型时期各行业的客户，坚持向“大软件、大服务”的方向发展和迈进。年内，博雅软件继续在金融、能源、政府、企业、广电媒体、轨道交通等领域稳步发展，依托多年积累的雄厚知识财富，入选工业和信息化部“2014 年软件企业综合竞争力 200 强企业”，并全面通过了 ISO 五体系监督审核和 CMMI3 换证审核。

（杨丽）

【通过 ISO 五体系监督审核】 7 月 1—4 日，博雅软件经过北京赛西认证有限责任公司组织的专家组审核，通过了 2015 年 ISO 五体系全面换证审核。为了满足公司发展的管理需求，博雅软件在多个领域引进了 ISO 管理体系标准。审查组的成员一致认为博雅软件的管理体系是有效的，对博雅软件的综合实力、整体发展情况、管理情况表示肯定及认可，并对博雅软件的未来发展寄予厚望。同时，围绕企业的成长与发展需要，审核专家组帮助博雅软件寻找改进和提高的策略，并且针对改进点提出若干改进项。博雅软件将以此为契机制订改善方案和实施计划并严格监督与落实，使博雅软件能够通过不断优化自身管理来为客户更好地实现和创造价值。

（杨丽）

【入选工业和信息化部“2014 年软件企业综合竞争力 200 强企业”】 7 月 10 日，在工业和信息化部召开的“2015 年推动软件和信息技术服务骨干企业发展工作座谈会”上，博雅软件入选工业和信息化部“2014 年软件企业综合竞争力 200 强企业”。

（杨丽）

博彦网鼎信息技术有限公司

【概述】 博彦网鼎信息技术有限公司（简称博彦网鼎）成立于 1999 年。公司以“博才@人”为根基，“创新@智”为动力，汇集最优秀行业人才，整合提升专业技术能力，以高起点打造最具价值的信息技术服务创新平台。是一家 IT 规划咨询服务及行业解决方案供应商，为客户提供全生命周期的信息化解决方案，迄今为止形成了智慧基础架构、智慧业务平台、智慧数据管理的三大核心业务方向和六大关键性行业技术。拥有国家工业和信息化部颁发的“计算机信息系统集成一级资质”，并获得了ISO 9001质量体系认证，以及高新技术企业认证。

（王培杰）

【获云计算领域杰出企业奖】 12月18日，博彦网鼎荣获“2015年度中国软件和信息服务云计算领域杰出服务商奖”。

（王培杰）

达内时代科技集团有限公司

【概述】 达内时代科技集团有限公司（简称达内科技）2014年4月3日在美国纳斯达克上市，是中国第一家在美国上市的职业教育集团。达内科技已经在全国40个主要城市建立140家中心，与全国建立雇主合作关系的企业增至7万家，业绩增长38.9%。年内，达内品牌精品在线、英才添翼、才高、童程童美先后亮相；先后与Adobe公司、甲骨文达成合作意向；达内科技获国家级师资培训承办单位，获北京市诚信创建企业称号；年终主流媒体评选，达内科技列职业新浪教育网友投票第一名。

（韩冰）

【达内精品在线上线】 3月17日，达内精品在线（TMOOC.CN）宣布正式上线。该产品具有四大特点：1. 内容为王，精品在线。基于达内12年的职业培训的积累和经验，TMOOC所有上线课程全部是经过精心挑选来自达内实体培训中心被线下证明是成功有效的且适合在职人群和网络学习的技术课程和职业培训课程。2. 线上线下，紧密结合。达内拥有覆盖全国37个城市的118家实体学习中心。达内精品在线（TMOOC.CN）充分利用达内全国实体学习中心，对于线上不能完全学会的技术点，将通过线下实体中心进行现场指导和答疑。3. 技术就业，两大方向。达内精品在线（TMOOC.CN）主要推出两大类课程：职业技能技术课程和职业就业课程。前者主要针对在职人群和达内已毕业学员，满足他们工作期间的技术和技能提高的培训需求。后者主要针对正在求职找工作的人群，主要采用线上线下结合的教学模式，其中线上和线下需完成的课程大约占比分别为80%和20%。4. 线上线下，相互导流。每年咨询达内线下课程的用户达到100万人。引导那些没有报名达内线下培训的用户去参加达内的线上培训。同时，对于通过线上又不能完全学会的用户，引导他们选择线下的课程。

（韩冰）

【达内和Adobe公司达成战略合作】 3月24日，达内科技与世界领先数字媒体公司Adobe在达内集团总部举行授权签约仪式。双方宣布：达内科技将直接引进Adobe公司的技术和培训教材，依托达内科技强大的师资力量和全国118家教育中心的规模优势，为Adobe公司在中国的合作伙伴及其他需要数字艺术设计人才的公司培养具有国际标准的高级设计人才，Adobe正式授权达内科技成为“Adobe创意大学授权培训认证中心”。

（韩冰）

【成为国家级师资培训承办单位】 5月5日，

达内科技成功申报2015年国培计划企业顶岗培训项目，成为国家级师资培训承办单位。达内科技承办的国培项目主要对象为全国高等职业院校相关专业的骨干教师，方向分为三大类：一是移动互联(安卓)方向(国培代码:15152022);二是移动互联(安卓+UID)方向(国培代码：25152003)；三是UID方向(国培代码：15152023)。据了解，参加达内科技承办的国培计划企业顶岗培训的全国高等职业技术院校老师，中央财政提供专项拨款，作为国家级培训经费，每人补贴1万元，主要用于支付培训费和培训期间的住宿、交通费等其他相关费用。国培培训基地坐落在杭州。参加达内科技国培计划企业顶岗培训项目的教师，培训后不但能够进行相关课程的教学、了解目前最新的教学资源库的制作工艺、获取直接开课需要的教学资源(课件、案例库等资源)、了解企业真实的开发场景，而且参加培训考试合格将获得由教育部颁发的高等职业学校教师专业能力认证及相关技术方向的认证，成为认证合格的讲师。

（韩冰）

【联手推出“技能+学历”教育项目】 5月7日，达内科技与中国人民大学继续教育学院联手推出“技能+学历”教育项目，并在达内科技总部举行了合作签约仪式。该合作项目将面向达内科技学员和人大继续教育学院的学生，在高中起点专科计算机应用技术(UI设计方向和JAVA开发方向)、专科起点本科计算机科学与技术（Web前端开发方向和Android开发方向）开展学分认证探索工作。凡参加达内科技培训的学员，符合相关条件，最多可免试获得人大网络教育相关专业的24个学分。

（韩冰）

【发布高端IT培训品牌“才高”】 8月6日，达内科技在北京总部发布高端IT培训品牌——“才高”。“才高”意为“发现高端人才，培育高端人才”。“才高”计划有三大特征：第一，严格的选拔方式。“才高”首先要发现人才，准确地说是发现具备人才潜质的学员。学员入学前要经过严格考试选拔，考试分为笔试和面试两个部分，只有通过考试的学员才可参加培训。第二，高端的课程体系。发现潜在人才后，更要确保培训成功，并使得人才获得高薪职位，必须依赖高端的课程内容和培训体系。达内科技“才高”课程紧跟互联网技术前沿，课程容量是行业内其他普通IT类培训课程的2.5倍以上，采用国内BAT等大型互联网公司专家与达内IT培训专家联合课程研发及授课的模式。第三，创新的付费模式。为期望获得高薪的人才彻底打消学习成本的压力。学员可以以零首付的方式开始学习，学成就业后按照就业效果分期付费，并承诺最低月薪不低于8000元。

（韩冰）

【举行Java大数据人才联合培养签约仪式】 8月8日，达内科技与甲骨文公司正式对外宣布达成战略伙伴关系，达内科技将直接引进甲骨文最新技术和原版教材，同时，达内科技Java大数据方向的学员毕业合格并通过甲骨文国际认证考试后，甲骨文将为其颁发甲骨文的Java国际认证证书，这意味着达内科技参加Java大数据课程的学员将具有甲骨文认定的Java国际技术职业资格。据悉，达内科技将自身资源优势和Oracle国际品牌结合，将成为国内甲骨文技术面向高校和个人的全方位的教育解决方案供应商，业务范围包括高校学生与个人人才实训和认证业务、高校专业建设与课程改革方案、政府人才培养基础设施建设等。

（韩冰）

【推出“技能＋学历”会计教育】9月22日，达内科技与对外经济贸易大学远程教育学院（简称贸大远程）联手推出“技能＋学历”教育项目，并在达内集团总部举行了合作洽谈，双方就学分置换、共建课程、生源合作达成合作意向。据悉，该合作项目将面向达内会计学院学员和贸大远程的学生，双方开展学分认可和置换合作。合作方向为会计专业，合作分为两个层次：高起专和专升本。凡参加达内科技培训的学员，符合相关条件，最多可免试获得贸大远程相关专业的32个学分。

（韩冰）

【推出少儿编程培训课程】11月12日，达内科技在中关村创业大街召开新闻发布会，正式对外宣布：为了响应全球“编程一小时”活动，促进编程及电脑美术在中国中小学生中的普及和推广，达内科技推出少儿电脑编程和少儿电脑美术培训课程，并形成独立品牌——童程童美。为了响应全球“编程一小时”活动，达内公司提议将2016年作为“中国儿童编程元年”。为此，达内科技将在北京、上海、广州、深圳、南京、杭州、成都、武汉、济南、长沙十大城市首先启动少儿编程项目，利用这十大城市现有的22个IT学习中心免费为每一个上门的小朋友提供10小时编程培训。达内科技还计划，到2016年底，“编程一小时”活动将陆续推广到全国38个城市，届时达内科技的138家IT中心都将能为全国的小朋友提供电脑编程和电脑美术培训。

（韩冰）

东软集团（北京）有限公司

【概述】年内，大数据、云计算、物联网、移动应用等技术迅猛发展，推动移动“互联网＋”与国内各种行业发展相结合，促进电子政务、电子商务、工业互联网和互联网金融健康发展。在此背景下，东软集团（北京）有限公司（简称东软）积极携手各政府和行业化企事业单位共同推进各运营、监管、应用等平台的信息化建设，项目涉及各业务领域，为首都信息化建设提供了重要支撑。

（朱立业）

【国航手机端APPS正式上线运营】8月1日，国航B2C项目——“手机端APP售票”正式上线运营，至此国航迎来了APPS收费运营的新阶段，此举标志着东软面向中国最大的航空公司开启全新运营模式。此次上线版本为国航无线APPV3.0.4，涵盖了中英文双语、行程管理、全渠道退改签、知音会员、里程兑换等全新功能。未来，该版本将持续更新，预计还将在国内首次推出全球联程机票销售、外渠道改期、付费选座及付费行李等功能。

（朱立业）

【获首批信息系统集成及服务资质运行维护分项一级资质】9月10日，中国电子信息行业联合会公布了“第一批信息系统集成及服务资质运行维护分项资质”拟授予一、二级资质企业名单。其中，东软获得一级资质。

（朱立业）

【出席2015中国信息产业经济年会】12月4日，由中国电子信息产业发展研究院主办，中国电子报社、中国计算机报社、通信产业报社、赛迪顾问、中国工业评论等单位承办的“2015中国信息产业经济年会”在北京召开。会议的主题是“互联网+”产业变革。东软集团高级副总裁兼首席运营官陈锡民博士应邀出席并发表了题为“创造‘互联网+’时代新价值”的主题演讲。来自政府主管部门、学术界、研究机构和企业等各界权威人士1000余人汇聚一堂，以“互联网+”为契机，共同探讨在经济新常态下，如何推动中国信息产业持续快速发展，开启一个提质、增效、升级的产业经济创新发展新阶段。年会还揭晓了2015信息产业年度人物以及十大中国信息产业经济事件，以弘扬与时俱进、改革创新的企业家精神，鼓励为信息化创新与发展进步做出杰出贡献的企业。陈锡民获“2015信息产业年度人物”奖。

（朱立业）

【投资项目在线审批监管平台启动】12月7日，李克强总理在国家发展改革委按下一个按钮，正式启动了投资项目在线审批监管平台。该平台是由国务院统一部署，国家发展改革委牵头建设的4项综合信息化平台之一。本项目按照国家核准制度改革的总体要求，将发展改革委、城乡规划、国土资源、环境保护、安全监管、金融监管、行业管理等部门的投资审批工作横向联通，将国家各级政府的投资项目信息纵向贯通。全国非涉密投资项目的审批、核准、备案等申请均可通过本系统直接进入到政府外网，发展改革委受理之后，再推送到多个部委进行网上并联审批。申报企业也能够通过互联网快速查询审批进展和结果。本项目在投资项目审批层面实现了全国的互联互通、资源共享、在线并联审批和部委政府的协同监管。

（朱立业）

【北京市东城区综合办公大厅上线运行】年内，由东软建设的北京市东城区综合办公大厅上线运行。此次云计算管理平台在东城区的国产化应用，既是东城区信息化国产化试点的重要开端，也是北京市信息化国产化的重要起点。东城区政府云平台是通过虚拟化技术（VMware、方物虚拟化）以及ACLOME云平台管理系统，建成的低成本、高效、智能、统一的运行支撑平台为各委办局和街道办提供IaaS服务。此项目完全实现了政府各业务平台的办公智能与自动化。

（朱立业）

【获评IDC 2015年度“领军智慧医疗解决方案商”】年内，在中国国际高新技术成果交易会上，IDC（International Data Corporation国际数据公司）发布由其联合多家亚太智慧城市行业研究机构、历经半年时间评选出的“亚太领军智慧城市及厂商”获奖名单，东软集团获评“领军智慧医疗解决方案商”。评审委员会给予东软的获奖点评中指出，在智慧医疗领域，东软将多年深耕细作积累的丰富行业经验与云、移动、可穿戴等新兴技术相结合，开发的东软电子病历系统通过国内外多项认证，“掌上医院”在多家医院实现上线，并在宁波建立了国内首家城市云医院，持续推进“云+端”、O2O医疗服务模式创新，有效推动了我国智慧医疗产业的发展。

（朱立业）

【入选 Gartner “Choosing EMM Providers in China” 报告】 年内，Gartner 发布了 “Choosing Enterprise Mobility Management Providers in China” 报告，东软凭借极具竞争力的 EMM 解决方案及实践经验成功入选。与此同时，在 Gartner 公布的 “Hype Cycle for ICT in China” 报告中，东软作为 EMM 提供商及智慧城市提供商的样本列入其中。东软已经基于 SaCa EMM 产品与政府和医疗、能源、金融、制造、航空等众多行业内企业合作，携手打造实时、高效、协同、安全的企业信息化平台，为企业构建一个更加安全、便捷、自由的企业移动业务管理环境，帮助企业节省运营成本、提高工作效率的同时，实现业务、管理的移动化、社交化转型。此外，在另一份 “HypeCycle for ICT in China” 报告中，Gartner 分析了中国信息与通信技术发展趋势，聚焦于智慧城市架构、企业移动管理、云管理平台、DevOps、平台即服务、大数据、CRM 等 23 项核心技术的影响力、采用模式及成熟度等要素，并针对各项技术和趋势指出国内优秀的提供商。其中，东软在移动设备管理、智慧城市架构两大核心领域中被选为样本企业。

（朱立业）

高伟达软件股份有限公司

【概述】 高伟达软件股份有限公司（简称高伟达）是金融信息化软件产品和综合服务提供商，年内在深圳证券交易所上市（股票代码：300465）。公司下设江苏、上海 2 个子公司，北京、深圳、武汉、成都 4 个分公司，并设有北京、广州、上海、南京、成都、武汉、厦门 7 个软件中心，从地域上覆盖全国，以期在最短的时间内为所有客户提供最迅速、高效的技术服务。公司进入金融信息化建设领域以来，向中国金融行业提供全方位软件产品、云计算与数据中心解决方案、行业咨询及 IT 管理服务业务。截至年底，公司获得国家软件著作权 172 项、软件产品登记证书 30 项。在积累了丰富的金融行业信息化经验的同时，也培养出一大批金融行业业务专家和信息技术应用专家助力于金融信息化建设。

（高伟达市场部）

【向 99 所乡村学校捐赠电脑】 3 月，高伟达通过北京桂馨慈善基金会向河南地区 99 所乡村学校捐赠笔记本电脑。

（高伟达市场部）

【在深圳证券交易所创业板上市】 5 月 28 日，高伟达在深圳证券交易所上市。上市为公司持续健康发展奠定了坚实基础。

（高伟达市场部）

【获得多项荣誉】 7 月 23 日，由商业伙伴咨询机构主办的 “2015 中国云计算生态系统峰会” 在北京举行。高伟达作为金融 IT 解决方案提供商被邀请参加峰会并获 “中国方案商百强”“2015 中国十大金融行业方案商”“行业云应用开发商” 称号。

（高伟达市场部）

【中国建设银行新一代 2.2 期项目上线】 9 月，由高伟达承接的中国建设银行新一代 2.2 期项目上线。新一代 2.2 期项目是建行核心系统又一次升级换代的重大事件，它的推广应用必将对建行各项业务的发展起到积极的推动作用。

（高伟达市场部）

【参与发起设立兴业数字金融信息服务股份有限公司】 9月，高伟达利用自身技术优势与交易各方发起设立兴业数字金融信息服务股份有限公司（简称兴业数金）。兴业数金成立后将致力于开展金融IT云端服务等相关业务，开展可依托各投资股东的技术、市场、品牌等优势，整合资源，高效有序运营。金融IT云端服务在未来可能成为一种行业趋势。高伟达参与发起设立兴业数金，将对公司产业链进一步拓展，公司业务转型升级，以及未来新业务的开拓带来积极的影响。

（高伟达市场部）

【参与发起设立互联网寿险公司】 10月，高伟达参与发起设立互联网寿险公司，充分利用公司在金融信息化服务领域积累的优势，优化公司经营结构，拓宽和丰富业务领域，推进公司在互联网金融领域的战略布局，提升公司的综合竞争力。

（高伟达市场部）

【对百名员工进行股权激励】 10月，高伟达对100名员工进行股权激励。本次进入激励计划的100名员工包括对公司经营业绩和未来发展有直接影响的核心管理、业务技术人员（含子公司员工），约占员工总数的5%。

（高伟达市场部）

【新华人寿保险图南项目上线】 11月30日，高伟达为新华保险实施的图南项目完成主体功能开发，取得重大进展。

（高伟达市场部）

【投资参股盈行金融信息服务（上海）有限公司】 11月，高伟达投资参股盈行金融信息服务（上海）有限公司。通过此次投资参股，高伟达与盈行金融在各自的业务领域可以高效互补，实现互惠互利，不仅可以通过双方客户资源共享，扩大各自的市场规模，实现传统业务的良好协同，又可利用双方的专业技术优势，研发创新型互联网金融业务，为未来构建公司完整的互联网金融生态圈夯实基础。

（高伟达市场部）

【与华泰证券持续合作】 年内，高伟达与华泰证券连续多年持续合作，软件项目累计签约突破1亿元。

（高伟达市场部）

国研科技集团有限公司

【概述】 年内，国研科技集团有限公司及其下属北京国研网信息有限公司、北京国研数通软件技术有限公司、北京国研网络数据科技有限公司及北京国研信息工程监理咨询有限公司在软件开发、数据库开发建设、信息化项目运维与信息工程监理等多方面研究领域取得进展。正式发布“一带一路”战略支撑平台，开发完成“智慧化社会服务管理平台”“国研动态安全监管和预警预报系统”“经济社会政策研究信息化支撑平台”等服务系统并应用于多个项目，同时建设了“价格监测服务平台”“中国教育类报刊数字化转型母平台”。年内，继续进行“朝阳区图像信息管理系统”运维、“通州区城乡全覆盖网格化社会服务管理平台”运维、“顺义区社会服务管理网格化信息系统”运维和“北京市互联网舆情监管系统”运维等信息化服务，完成“北京朝阳医院护理管理系统购置项目”“北京法院诉讼服务中心自助平台项目”的监理工作。

（李严博）

【价格监测服务平台建设】年初，北京国研数通软件技术有限公司（简称北京国研软件）承担的市发展改革委“北京市价格监测会商系统”项目成功终验。该项目主要运用移动数据采集技术、GIS展现技术、大数据分析技术等，扩大价格监测的覆盖范围、合理调整监测点的布局、整合相关部门的价格监测资源，完善价格监测指标体系，并逐步建立和完善本市两级价格监测会商体系；建设价格监测会商系统，切实形成“信息畅通、反应灵敏、判断准确、决策及时、调控有力”的价格监测预警机制，支撑价格监测业务“出数据、出观点、出预测、出预警、出建议和出措施”的工作目标。系统已正式上线使用。城市生活必需品价格监测会商系统的成功实施将进一步提升各级相关部门在价格监测、决策以及应急反应方面的能力，便于政府部门履行对价格进行实时监测的重要职责。

（朱雪莲）

【国研软件加入住建部物联网学组】5月14日，北京国研软件参加由中国城市科学研究会主办的“2015物联网与智慧城市发展研讨会”，并成功加入住建部物联网学组。北京市城管综合行政执法局、住建部数字城市工程研究中心、国家信息技术安全研究中心及工业和信息化部中国电子信息产业发展研究院领导为成员单位授牌。研讨会上，北京国研软件总经理胡晓阳发表题为“应用插件化的智慧城市统一平台建设思路”的报告，介绍了城市业务的发展演变，以及公司在多年城市管理建设经验的基础上，对城市业务的理解与顶层设计，同时还分享了近年来公司在智慧城市、三网融合、智慧安监、智慧校园等领域的统一平台与插件化的应用实践。

（朱雪莲）

【完成北京法院诉讼服务中心自助平台项目监理】6月30日，北京市高级人民法院诉讼服务中心自助平台建设完成，包括自助查询终端机、自助打印终端机及自助多功能终端机3款终端软件开发。北京国研信息工程监理有限公司严格按照国家、行业标准与规范对项目建设过程进行把控，通过旁站、三方联合测试等质控方法对项目进行管控，每周跟进承建方工作进展并就工作中的问题及时与承建单位、业主单位进行沟通协调，切实履行监理职责，推动项目顺利完成，确保项目建设达到预期目标。

（孙岳）

【国研网“一带一路”战略支撑平台正式发布】8月20日，北京国研网信息有限公司在“中国图情发展论坛暨决策咨询服务研讨会”上正式发布“一带一路”战略支撑平台。该平台旨在全方位提供沿线国家和地区有关政经形势、政策法规、营商环境、投资案例、宏观数据、国别风险等报告和信息，深度剖析“一带一路”沿线国家和地区潜在的机遇与挑战，努力把中国的需求与沿线各国的发展需求有效对接起来，为我国各级政府部门、科研院所、图情机构、企事业单位提供高质量的、系统的研究和决策参考信息，助力中国企业利用“一带一路”战略机遇顺利“走出去”。

（高颇）

【维护朝阳区图像信息管理系统】年内，北京国研网络数据科技有限公司全年担负着朝阳区视频信息春节、“五一”、“十一”等节日及其重大活动的保障任务，负责朝阳区全区的1个区共享中心，含1个图像管理维护中心、45个街乡汇聚节点、50个派出所监控指挥中心、5个河道指挥中心、1个区应急指挥中心、10个专项应急指挥中心、1620个新建视频源的系统参数配置、运行监控管理和视频源设备维保。

（高健）

【维护顺义区社会服务管理网格化信息系统】年内，北京国研网络数据科技有限公司负责维护顺义区城管监察执法局通过网格化指挥中心平台，以保障区履行综合监管职能，对网格内各部门、单位管理责任、管理效果进行监督；并将各部门、单位的管理效果进行通报、上报区领导。网格化监控对象分为三级，一级网格：全区；二级网格：19个镇、6个街道、15个功能区；三级网格：92个社区、426个行政村。

（高健）

【维护通州区城乡全覆盖网格化社会服务管理系统】年内，北京国研网络数据科技有限公司维护通州区城乡全覆盖网格化社会管理系统平台建设。为保障通州区全区一张网、发现处理两条线、三级管理、四级网络体系的正常运行，对区级、街镇级、社区村这三级系统平台进行全年的设备维护，保证数据链路的畅通。

（高健）

【维护北京市互联网舆情监管系统】年内，北京国研网络数据科技有限公司全年保障网管办舆情系统正常运行，配合网管办监看北京市属地管理范围内网站和境外网站等内容，发现危害意识形态安全、政治稳定等信息，对违法违规信息及各级主管部门的管理要求，对各级指令和网上出现的有害信息的情况进行存档、统计。

（高健）

【智慧化社会服务管理平台建设与应用】年内，北京国研软件紧贴北京市和各级政府部门在社会服务管理方面的实际需求，开发完成了一套智慧化社会服务管理平台。该平台在北京国研软件过去几年数字化城市管理平台建设与应用的基础上，把过去“数字城市”建设中基于“物”（主要指城市中的部件）的事件管理，运用到地方政府社会服务管理中的诸多资源（人、地、事、物、组织）整合基础上的、基于“人”的诉求和事件管理中来。该平台继续沿用网格化管理思路落实各层级和各组织责任，实现事件发现、报送、处置、督察、考核、评价等基于事件处理的闭环功能。年内完成了“通州区网格化社会服务管理平台”项目初验、“大兴区网格化综合管理信息系统项目”终验，以及南京市“建邺区智慧城市管理平台项目”的终验工作，同时也成功中标“朝阳区街乡网格化二级闭环系统平台”项目、“顺义区空港街道裕祥花园社区五色管理综合服务平台”项目、长沙市岳麓区网格化平台城管子系统项目等多个地方网格化项目。

（朱雪莲）

【公共财政支出财权事权匹配监测服务】年内，北京国研软件运用3S技术（遥感、地理信息系统、全球定位系统），为朝阳区财政局提供“朝阳区财政支出管理信息系统平台”项目的升级服务。北京国研软件已连续11年为朝阳区财政局提供财权事权匹配监测服务。此平台从2005年3月开始建设至今，累计进行了11年不断的数据更新工作。主要是采集完善相关的基础数据，通过对各事权单位的数据采集，让系统保持最新的真实数据，结合相关的预算标准，进行精确的财政匹配计算，为财政局财政预算提供准确的第一手资料，初步形成了财政支出的基础数据支撑体系。经过北京国研软件与用户多年的努力为财政预算节约了大量的资金，为公共财政支出的精细化管理提供了实用的价值，解决了长期以来公共财政支出中由于数据的缺失，财政和事权难以做到精确匹配，财政资金运用效率损失的问题。

（朱雪莲）

【建设智库研究与指标发布平台】 年内，北京国研软件面向政策研究部门和宏观经济社会管理部门，研究开发了一套“经济社会政策研究信息化支撑平台”，响应了党的十八届三中全会提出的“加强中国特色新型智库建设，建立健全决策咨询制度”。该平台收集整理国内外经济社会管理与研究机构的指标体系数据，结合专家研究报告，融合结构化和非结构化数据的管理，加入宏观经济社会研究模型，分析宏观经济社会形势，进行预算预警分析，并以可视化的方式进行展现和发布。特别适合于相关政策研究部门和统计部门。基于该平台的统计指标发布系统已经应用于国务院发展研究中心的“一流智库”研究、北京市发展改革委的“北京市经济社会管理信息系统”等多个北京市重大项目中。

（朱雪莲）

【北京朝阳医院护理管理系统购置项目监理】 年内，据国家医改及医院精细化管理的要求，首都医科大学附属北京朝阳医院（简称北京朝阳医院）对护理管理系统进行建设，包括临床护理模块、专科护理模块、护理管理模块、护理工作量统计、护理人员管理、护理绩效管理、门急诊输液系统，旨在建设包括东、西两个院区的医院一体化护理管理支撑平台，为医院实现精细化管理、提高护理质量、降低护理差错、加强护理管理打下基础。此次建设为东、西两院临床护理人员配备了共计390台PDA、20台移动推车，为临床护理人员的护理工作提供了便利，为患者提供更全面、更优质的服务。除此之外，还添置了2台服务器、6台交换机，进一步充实了现有机房建设。经建设，移动护理、护理管理、门急诊输液系统全面上线。受北京朝阳医院审计处委托，北京国研信息工程监理咨询有限公司对本工程进行监理。本项目监理人员对设备到货、安装部署进行了全过程旁站，保证所到设备数量、质量符合合同要求。每周组织监理例会，沟通协调项目中存在的问题，推进项目的实施进展。在护理管理、移动护理、门急诊输液系统的需求调研、需求确认、客户化修改、使用培训、推广上线阶段、问题跟踪解决等方面，进行了严格的监督管理。

（柴佳）

首钢总公司

【概述】年内，面对严峻的钢铁市场形势和新常态，首钢总公司从推进信息化与工业化深度融合的高度，围绕支撑首钢发展战略的实施，以提高企业运行质量和效益为重点，推进信息化建设与应用。坚持以人为本，关心职工身体健康，建设职工健康管理信息系统；实施首钢营销服务平台功能扩展及优化项目，实现与客户协同，提升服务质量；推进新首钢高端产业综合服务区智慧城市试点申报与建设，促进园区开发；开展财务公司信息化建设，支撑财务公司开业运营；编制首钢集团“十三五”信息化规划，加强两化融合管理体系建设，开展信息化水平测评，提升信息化整体能力和水平。

（温立文）

【新首钢高端产业综合服务区被确定为国家智慧城市试点】年初，首钢总公司按照国家智慧城市发展方向及首钢打造城市综合服务商的目标，推进新首钢高端产业综合服务区智慧城市建设工作，同时进行国家智慧城市试点申报工作。在北京市住建委及科委推荐、实地考察和初审的基础上，2月通过了住房和城乡建设部、科学技术部组织的专家综合评审。4月7日，新首钢高端产业综合服务区被确定为国家智慧城市试点。

（温立文）

【首钢职工健康管理信息系统上线运行】4月1日，首钢职工健康管理信息系统上线运行。该项目于上年10月启动，当年完成系统开发、测试和上线准备工作，建立了与总公司人力资源管理系统、北京大学首钢医院体检系统及首钢股份迁安钢铁公司、首钢京唐钢铁联合有限责任公司、首钢矿业公司体检系统的数据接口，实现了职工体检信息的自动采集；建设职工入口、企业入口和医生入口，实现职工健康管理、职业健康管理两大功能。系统上线后，继续进行系统功能开发和完善提升，具备支撑12万职工应用的承载能力，具备与外埠企业相关系统对接功能，具备体检信息导入、企业版和个人版应用的系统条件。年末，系统累计使用用户数量达到67202人次。

（温立文）

【首钢营销服务平台功能扩展及优化项目上线运行】6月，首钢营销服务平台功能扩展及优化项目上线运行。该系统通过客户档案信息管理，实现客户与市场信息的收集、共享与分析，支持营销策略制定与客户管理；建有大客户通道系统，实现首钢与客户从意向订单、销售订单、生产制造、物流、质量保证、财务信息到售后服务管理的业务协同。通过客户档案信息管理及大客户通道系统，强化首钢与战略客户的纽带关系，提升在信息共享、需求实现、产品生产、储运、加工、配送等各环节对战略客户的服务水平。

（温立文）

【2家企业通过全国首批两化融合管理体系评定】年内，按照工业和信息化部部署，首钢股份公司迁安钢铁公司、首钢京唐钢铁联合有限责任公司2家企业开展两化融合管理体系贯标试点工作。通过贯标，建立两化融合管理体系的整体架构和运行机制，规范两化融合相关过程，并使其持续

受控，以形成获取可持续竞争优势所要求的信息化环境下的新型能力。4 月 30 日，迁钢公司基于数据自动分析与决策的质量全过程保证能力、京唐公司产销协同能力，通过现场评估审核、合规性审查、专家复核和公示等环节，成为全国首批通过两化融合管理体系评定的企业。

（温立文）

【推进社区生活服务平台建设】年内，首钢基于“互联网 +”理念，推进社区生活服务平台建设。该平台是集餐饮服务、商超服务、汽车管理、一公里物流、社区生活服务及酒店服务等于一体的综合服务平台。

（温立文）

【信息化建设支撑首钢财务公司开业运营】年内，按照公司统一安排，推进首钢财务公司信息化建设，搭建资金管理系统，覆盖结算、信贷、风险控制、计划财务等开业初期的核心业务。按照金融监管要求，建成高安全性、高可靠性的独立机房，建成业务与办公物理隔离的网络，完成了与中国工商银行、中国农业银行、中国银行和华夏银行等系统的直联，通过金融监管机构验收，为首钢财务公司 9 月开业、实现“当年申请、当年批筹、当年筹建、当年开业”奠定了基础。

（温立文）

【2 个信息化项目获北京市国资预算资金支持】年内，按照北京市国资委《关于申报 2015 年度国有资本经营预算资金支持企业信息化项目的通知》，首钢总公司先后完成申报材料的起草、提报和答辩，包括提交项目申报书、项目可行性研究报告、JIO 软件报表、申请项目资金的请示等材料。通过初审、专家评审和北京市国资委审定等环节，首钢剧本孵化产业网络虚拟平台项目获得 180 万元资金支持，首钢集团绩效考核信息化项目获得 200 万元资金支持。

（温立文）

【编制首钢集团“十三五”信息化规划】年内，根据首钢集团发展战略定位，在对首钢集团信息化现状进行调研分析的基础上，结合业务目标、信息化需求和信息技术发展趋势，3 月正式启动首钢集团“十三五”信息化规划编制工作。成立工作组，制订计划安排，拟定规划提纲，组织开展专题调研、考察交流和规划起草与修改工作。12 月，形成首钢集团“十三五”信息化规划，提出首钢集团信息化指导思想、发展原则、发展目标、规划蓝图、主要任务、投资估算、保障措施等。

（温立文）

【开展信息化水平测评】年内，按照北京市国资委部署，首钢总公司及所属 4 家企业首钢股份迁安钢铁公司、首钢矿业公司、首钢京唐联合有限责任公司、通化钢铁集团股份有限公司开展信息化水平测评。通过测评，找出差距，明确提升计划和提升任务，促进信息化整体水平提高。根据《2015 年度北京市属国有企业信息化水平测评报告》，首钢总公司（集团）2015 年度信息化水平得分为 72.67 分，评定级别为 C 级，在北京市属 55 家企业中排名第 11 位，在北京市属 12 家工业企业中排名第 3 位。

（温立文）

新博卓畅技术（北京）有限公司

【概述】年内，新博卓畅技术（北京）有限公司（简称新博卓畅）致力于医疗卫生信息化建设和医疗软件的研发，基于多年的医疗大数据技术积累，公司先后在多个城市实施了城市智慧医疗和医疗大数据应用项目。技术领域获得多项资质认证，协办参加多次医疗信息化成果展示的会议，为企业长期可持续发展及有效落实国家医疗体制改革实现双赢奠定了坚实基础。

（谢永刚）

【公司总经理入选国家“千人计划”】6月12日，新博卓畅总经理吕军震作为优秀海归创业人才，入选中组部第十一批国家“千人计划”。

（谢永刚）

【连续两年入选中关村瞪羚企业】7月5日，新博卓畅再次入选中关村管委会公布的2015年中关村瞪羚企业名单。

（谢永刚）

【协办并亮相“东北—内蒙古健康信息技术交流大会”】7月25—26日，由吉林省卫生统计信息中心、辽宁省卫生信息协会、黑龙江省卫生与计划生育信息中心、内蒙古自治区卫生信息中心主办，新博卓畅协办的“东北—内蒙古健康信息技术交流大会”在长春市国际会议中心召开。会议以“智慧、创新、融合”为主题，旨在推动智慧医疗健康有效地发展，加强区域信息化建设经验交流与合作，促进信息技术在医疗卫生领域的应用。会议邀请了国家卫计委信息中心主任孟群、辽宁省卫生信息中心主任杨左森、吉林省卫生计生委副主任牛继东、黑龙江省卫生计生委副主任李广武及内蒙古自治区卫生计生委主任王成亮等相关领导，各省、各地区、各级医疗机构及信息主管领导500多人参会。业界同行对本次大会进行了医疗信息化政策的解读和各省市区域信息化建设的经验分享。会上，新博卓畅副总经理于国方围绕“城市智慧健康医疗信息化项目建设经验分享”主题进行专业演讲，分享了“洛阳市全民健康信息保障工程——国家发展改革委示范工程”“三门峡市基于健康档案区域卫生信息化平台工程”及40多家三甲医院的项目案例，详细介绍了“洛阳市全民健康信息工程”落地成果，主要包括区域卫生信息平台及基于平台应用系统（健康档案数据中心、临检中心、影像中心、妇幼保健系统、应急指挥系统、卫生OA、健康保障综合信息服务平台、远程医学教育和远程会诊系统等），城市数字医院信息系统及平台系统建设（11家三级医院、18家二级医院、49家一级医院），县级医院信息化能力建设（9个县、19家二级医院、45家一级医院），城市社区、农村乡镇卫生院、村卫生室信息化建设（43个社区中心、123个社区站、154家乡镇卫生院、2982个村），得到了与会嘉宾的一致认可。

（谢永刚）

【通过CMMI3认证】8月15日，新博卓畅通过CMMI3认证。年初，新博卓畅正式启动CMMI3的导入工作，经过为期一周的文档检查和人员访谈，新博卓畅的组织标准过程文档和参评的2个项目（政府门户、医院信息集成平台）全部符合CMMI3级的要求。经过6个月的摸索与探讨，EPG工作小组在体系推行和过程改进方面都做出了积极努力。通过在实践中不断完善，最终建立了一套符合公司特点与发展需求的管理体系。通过 CMMI3 的认证，意味着新博卓畅的项目实施已具备了与国际接轨的能力。

（谢永刚）

【获“百家最具发展潜力信用企业”称号】 11 月 16 日，在“2015（首届）信用中关村高峰论坛暨第一届京津冀信用体系合作共建研讨会”上，新博卓畅被评为 2014—2015 年度中关村信用培育双百工程“百家最具发展潜力信用企业”。

（谢永刚）

【通过 ISO 27001 信息安全管理体系认证】 11 月 28 日，新博卓畅获 ISO 27001 信息安全体系证书。ISO 27001 是目前获得国际广泛认可的信息安全管理体系标准。

（谢永刚）

【获北京市新技术新产品（服务）证书】 12 月 16 日，新博卓畅自主研发的“医院仪表盘系统软件”获得由市科学技术委员会、市发展和改革委员会、市经济信息化委、市住房和城乡建设委员会、市质量技术监督局、中关村科技园区管理委员会联合颁发的北京市新技术新产品（服务）证书。

（谢永刚）

【通过国家 ITSS 标准认证】 12 月 30 日，新博卓畅获得中国电子工业标准化技术协会信息技术服务分会授予的信息技术服务运行维护标准符合性证书，这标志着公司在信息技术服务标准化（简称“ITSS”）体系建设的道路上取得了里程碑式的进展，运维服务过程管理能力迈上了一个新台阶。ITSS 体系涵盖了公司运营的所有部门。公司充分参与 ITSS 体系的调研访谈、现状与差距分析、标准培训与学习、流程研讨等多种形式，对原有流程规范进行系统性梳理，按 ITSS 标准并与 ISO 9001、CMMI、ISO 20007 管理体系进行充分融合，建立了运维服务过程管理流程及配套的指南和质量记录文件。同时组织了系统性的运维服务流程培训，保证了运维服务过程管理体系的有效落地。

（谢永刚）

英业达集团（北京）电子技术有限公司

【概述】 英业达集团成立于 1975 年，主要从事计算机、消费性电子、电子词典、通信、资讯及网路应用等领域的研发和制造。

（王焕）

【承办京台创新创业交流会】 10 月 22 日，“第十八届京台科技论坛”在台湾新北市开幕，共有来自京台两地的 300 多位业界人士出席。论坛以“聚焦城市发展，携手创业创新”为主题，分为高精尖产业发展、宜居城市建设、人才人文交流、青年创业四大板块。10 月 23 日，英业达集团承办的“创新创业交流会”在台湾云端运算产业协会举行，目的在于可以使双方多角度、全方位了解海峡两岸创新创业发展情况。来自北京的联盟、协会、企业代表向与会台湾青年介绍大陆创新创业政策、环境、孵化器发展情况、投资情况，以及相关创业服务及创新产业协同平台情况。交流会上，台湾云豹育成团队向参会者介绍了台湾创新创业发展情况，内容详尽清晰、把控认真，得到了参会者的一致赞同。此次交流会为持续深化海峡两岸云计算企业间的交流与合作、进一步促进海峡两岸云计算产业共赢发展打下了坚实基础。

（王焕）

【推出海峡两岸用语大词典】10月22日，英业达集团与金山软件共同开发推出的“海峡两岸用语大词典”在第十八届京台科技论坛中获“京台科技论坛卓越项目奖”。“海峡两岸用语大词典”——一部简繁体的专业词典于9月正式发布，该产品旨在通过整合双方旗下最优质的电子词典资源金山词霸及Dr.eye译典通，以促进两岸文化交流为契机，结合各自领域的优势，实现两岸人民的便捷化交流。随着两岸交流的不断加深，双方语言表达方式的不同所引起的困扰也渐渐导致人民对两岸简繁词典的迫切需求。两岸用语对照大词典历时半年开发，双方动员近百位编辑及程序设计师，共搜录了11万个两岸常用之简繁对照词汇表，其中4万字具有双方编辑部考究后的权威简繁释义、例句及发音，用户可进入Dr.eye网站或金山iCIBA网站查询。年初，两家企业正式签署战略合作协议，双方将在云服务、办公软件及专利运营等领域展开深入合作，资源整合，共同开拓两岸市场。

（王焕）

致生联发信息技术股份有限公司

【概述】致生联发信息技术股份有限公司（简称致生联发）是一家具备科技创新能力、拥有独立知识产权的物联网整体解决方案提供商，成立于1997年3月24日。2013年完成股份制改造，并于2014年6月24日在全国中小企业股份转让系统挂牌，证券代码：830819。目前是中关村国家自主创新示范区的“国高新”“双软”“瞪羚”企业、2015年软件企业500强、2015年度中关村信用双百之“百家最具影响力信用企业”、2015年“北京市诚信创建企业”、“诚信系统集成企业”、福布斯2014年的中国最具潜力的非上市企业百强第二名、2014年中关村高成长企业百强、2014年政府高新技术产业发展项目承担单位、中国工商银行AA+级信用企业。公司具备安防行业一级资质以及“核供应商资质”。拥有国内领先的云计算和大数据物理及软件资源，形成了数据采集、通信、存储、挖掘完整闭环的大数据整体解决方案。多年来致力于大数据领域底层数学模型与数学算法的研究，并最终在该领域内取得了突破。同时在挂牌新三板后，依托资本优势，在高铁、核电、空港、环保、金融、智慧城市等领域拥有众多完整系统的行业解决方案。凭借“科技领先”与“资本驱动”，致生联发将以“物联网+云计算+大数据”模式，构建全国领先的基于非结构化大数据的物联网平台。在经营模式上，公司利用新三板平台的强大融资功能和自主研发的创新技术以及资本市场的结合，最终体现为PPP的商业模式，即中国多重资本建设与完善和创新驱动在信息化领域政府购买服务模式。公司主要的战略合作伙伴均为行业内名列前茅的科研院所和企事业单位，如北京市安防协会、公安部科技通信局、航天科工集团二院、中科院声学所及自动化所、清华同方、中国联通、中科曙光、中国航信、INTEL 中国、霍尼韦尔、北京银行、清华大学遥感大数据研究中心等，通过系列战略合作使得致生联发的 PPP 商业模式构建了稳健的支撑。

（致生联发）

【中国工商银行领导调研新三板企业】1 月 22 日，中国工商银行总行、北京分行及支行领导一行 10 余人莅临致生联发考察，并就高科技型轻资产的“新三板”公司如何在做市、可转债、优先股、定向增发、传统信贷等金融工具上创新组合的法律、规范、实务等综合性金融服务进行了深入交流。

（致生联发）

【中关村股票指数发布暨上市培育基地揭牌】2 月 5 日，致生联发作为中关村管委会、电子城科技园重点推荐企业，受邀参加全球第一个以科技园区上市公司为样本编制的股票指数系列“中关村 A 股综合指数和中关村 50 指数”发布会。同时由深圳证券交易所、中关村管委会、北京市金融工作局、海淀区政府及北京股权交易中心五方共同发起设立的“中关村创新创业企业上市培育基地”也正式揭牌运营。

（致生联发）

【获朝阳区 2014 百强民营企业称号】2 月 5 日，2014 朝阳区“民营企业百强”评测结果揭晓，致生联发榜上有名。“民营企业百强”评选由朝阳区工商联（商会）组织，朝阳区“百强民营企业”认定委员会（成员单位包括北京国际城市发展研究院、清华大学经管学院、《中华工商时报》、中国民营经济研究会等）负责制定认定规则、评分标准以及其他第三方机构组织专家评测。旨在有效推进北京市朝阳区民营企业转型升级步伐，提升企业市场综合竞争能力，塑造一批规模大、信誉优、成长性好的民营企业典型。

（致生联发）

【与博维航空共建智慧空港系统平台】4 月 24 日，致生联发和北京博维航空设施管理有限公司在首都机场签署战略合作框架协议，双方整合行业、技术、资金、人才、经验等盈利要素，依托物联网和云计算资源，共同建设智慧空港系统平台。

（致生联发）

【参展国际警用装备及反恐技术装备展览会】5 月 20 日，2015 第 6 届中国（北京）国际警用装备及反恐技术装备展览会在北京展览馆盛大开幕，本次展会由中国科学技术协会与北京市公安局主办。致生联发在本届展会集中展示了应用于公安、安防等行业客户量身定制的物联网整体解决方案。

（致生联发）

【与航天长峰签署合作协议】6 月 15 日，致生联发与北京航天长峰股份有限公司签署关于智慧空港全面合作的意向协议。双方以智慧空港为基点充分发挥各自特长，整合盈利资源，实现优势互补、强强联合，用完备的体系优势和丰富的行业经验保障打造新的标准规范。

（致生联发）

【首日做市成交逾千万】6 月 16 日，致生联发首日做市，以 21.77 元 / 股开盘，全天成交 1220 万元，收于 25.77 元 / 股。

（致生联发）

【致生联发做市次日股价上涨 5.16%】6 月

17日是致生联发做市交易的第二个转让日，股票交易依旧维持了做市首日的良好势头，成交总金额1088万元，开盘价格为25.28元/股，收盘价格为27.10元/股，股价单日上涨5.16%。

（致生联发）

【与中科曙光进行云计算重组】6月18日，致生联发与中科曙光在2013年签署的《战略合作框架协议》基础上，就致生联发增资中科曙光全资子公司无锡城市云计算中心有限公司（以下简称为“无锡云计算”）和控股子公司中科曙光信息技术无锡有限公司（以下简称为“无锡软件”）及开展业务合作事项签署了《战略合作框架协议之补充协议》，致生联发以人民币约4亿元对无锡云计算和无锡软件进行增资，增资后致生联发持有无锡云计算51%股权和无锡软件51%股权，本次合作对致生联发构成重大资产重组。本次合作资源共享、优势互补，构建了以先进技术为先导、全自主可控国产化为核心产业链的资源体系。

（致生联发）

【做市交易停牌】6月19日因筹划重大资产重组事宜，致生联发股票停牌，恢复做市交易时间视重组事项完成进展确定。自6月16日，股票交易方式变更为做市交易以来，持续3日，每日成交金额均在千万元以上。

（致生联发）

【朝阳区领导莅临致生联发】6月26日，朝阳区委统战部副部长、朝阳区工商联党组书记梅诗曙一行莅临致生联发。梅诗曙在听取了公司领导的汇报之后，充分肯定了致生联发近几年的跨越式发展和对朝阳区的贡献。鼓励致生联发要本着研发核心技术、对接资本市场的原则，适应新常态下的经济发展规律，在自己做大做强的同时还要担负起应有的社会责任。

（致生联发）

【致生联发董事长接受新华社等媒体采访】7月3日，新华社、人民日报、中央人民广播电台、中国日报、经济日报、工人日报、光明日报等国家级主流新闻媒体莅临致生联发，就物联网产业汇聚、全民创新创业、科技孵化、创新驱动、党建及工会建设等问题进行采访调研，致生联发董事长卜巩岸一一做了回复。致生联发作为中关村国家自主创新示范区望京科技园的核心企业，在创新体系的孵化下取得了跨越式的发展，2014年荣获了福布斯“中国最具发展潜力非上市公司百强第二名”、中关村高成长“TOP100”、中关村和中国人民银行“信用双百企业”、朝阳区“民营企业百强”等称号，成为“新三板”公众公司。致生联发注重以人为本，打造“有人之未有、能人之不能”的核心理念，在物联网领域做出了一系列成就。这些成就的取得是致生联发团队凝聚力的直接体现，与望京科技园的孵化政策以及党建和工会作用是密不可分的。

（致生联发）

【遥感大数据应用合作研讨会召开】7月24日，由重庆两江新区委托，致生联发主办的遥感大数据应用合作研讨会召开，重庆两江新区党工委委员、管委会副主任李承云以及两江新区各职能部门、航天科技控股集团股份有限公司、航天科工智慧产业发展有限公司、九次方大数据、清华大学遥感大数据中心、致生联发、无锡城市云计算中心有限公司和中科曙光信息技术无锡有限公司、清华长三角研究院等企业技术团队与科研机构参加了研讨会。与会各方就遥感大数据参数标准化，大数据内容的安全性与可靠性以及打造两江新区遥感大数据层面的产业链、生态链、价值链这一系列问题进行了积极的、深层次的沟通与交流。会议达成了依托现有的技术、数据、资源等方面的基本要素条件，共同组建核心技术团队，立足两江，服务重庆与全国，明确架构，建立平台，引进投资，推广应用的共识。

（致生联发）

【与清华大学签署战略合作协议】 10月23日，清华大学数据科学研究院·遥感大数据研究中心正式挂牌成立，并与致生联发信息技术股份有限公司签署了双方共同研发共享研究成果的战略合作协议。致生联发与清华大学遥感大数据研究中心将共同成立“遥感大数据”联合实验室，开展遥感大数据相关技术的研发。同时双方将联合成立实验室管理委员会，确定“遥感大数据中心”联合实验室的具体建设方案。

（致生联发）

【2015新三板金融街论坛举行】 10月28日，2015年金融街论坛“对话股转系统——新三板效应”在金融街中国人寿中心举行。国务院发展研究中心金融研究所所长张承惠主持论坛，全国中小企业股份转让系统副总经理隋强、致生联发信息技术股份有限公司董事长卜巩岸、中信建投证券股份有限公司董事总经理刘乃生、北京信中利投资股份有限公司董事长汪潮涌出席会议并进行了精彩演讲。卜巩岸在“新常态新三板PPP”演讲中表示，新三板创造了广阔的融资平台和最为灵活包容的定增体系，但同时由于二级市场的不活跃，发现成本太高，分层推出可以有效降低资本价值的发现成本，希望股转系统能尽快降低合格投资人门槛，推进公募基金入市进程，扩大做市商群体，推出竞价交易制度，只有这样才能真正降低新三板的系统风险，完善新三板的系统建设。

（致生联发）

【权益分派每10股转增40股】 11月5日，致生联发正式发布2015年半年度权益分派公告，以资本公积金向全体股东每10股转增40股，致生联发的总股本将增加至339229680股（叁亿叁仟玖佰贰拾贰万玖仟陆佰捌拾股），实收资本金额也将调整为人民币339229680元（叁亿叁仟玖佰贰拾贰万玖仟陆佰捌拾元）。

（致生联发）

【与瑞典科沃斯公司进行交流】 11月14日，北京致生联发信息技术股份有限公司董事长卜巩岸、高级副总裁于晓潭携公司首席科学家、首席技术官、总工程师以及相关部门负责人，与瑞典科沃斯公司中国区团队进行了交流并观看了设备的特定应用场景演示。

（致生联发）

【蝉联2015年信用双百企业】 11月16日，“2015（首届）信用中关村高峰论坛暨第一届京津冀信用体系合作共建研讨会”在北京召开。本届峰会在市经济信息化委、天津市发展和改革委员会、河北省发展和改革委员会、中关村科技园区管理委员会、中关村发展集团等单位的共同指导下，由中关村企业信用促进会和北京市中小企业公共服务平台主办，北京中关村科技融资担保有限公司等承办。中关村国家自主创新示范区管理委员会副主任杨建华发布了中关村“信用双百”(“最具影响力”和“最具发展潜力”)企业名单，致生联发继2014年后，蝉联“信用双百”企业。“信用双百”工程一直致力于挑选信用等级高、创新能力强、带动效应明显、具有行业影响力的信用品牌企业。

(致生联发)

【中国银行北京分行领导莅临致生联发】12月4日，中国银行北京分行中小企业部副总经理张建东，中小企业部营销主管金言峰，中国银行北京使馆区支行公司部主任侯岳，宝能支行行长李丰等一行6人莅临致生联发，就各类金融业务的合作进行了深入的探讨。这是继中国银行总行中小企业部领导视察后的一次具体落实。

(致生联发)

【出席承德—朝阳经贸合作座谈会】12月11日，致生联发作为朝阳区知名企业代表，参加了由朝阳区政府与电子城管委会共同举办的“承德—朝阳经贸合作座谈会”，承德市常务副市长李晋宇带队出席了本次会议。承德市代表团表达了在当前京津冀协同发展的大形势下对高新技术企业及相关技术的强烈诉求，极力邀请各企业进行实地考察、深度对接。致生联发高级副总裁于晓潭向承德市代表团就致生联发近年来的迅猛发展进行了简要汇报，并对与承德的合作路线进行了构想。双方可以PPP模式合作，以大数据挖掘、视频整合为纽带进行智慧城市建设。可以在承德孵化创新型企业，并利用致生联发在新三板历程中的经验、教训以及取得的成绩，以本地化的特点助推新三板，进一步带动当地的经济发展。

(致生联发)

【物联网教育系统落地绵竹】12月17日，致生联发开发的可视化物联网教育系统平台通过了绵竹市教育局的试用和考察，将采用BOT模式落地。致生联发独创的“三通二平台”系统构架把师生互动、学生家长互动、老师家长互动、外脑专家系统和老师及特色学生互动结合起来，利用云计算和大数据对学生的学习习惯、学习兴趣、特长萌芽以及各科学习时间进行大数据分析，可以针对学生和老师进行个性化定制。

(致生联发)

【获“2015中国经济年度人物”奖】12月20日，由国家发展改革委中国经济导报社和经济日报中国经济信息杂志社联合主办的“2015中国经济高峰论坛暨第十三届中国经济人物年会”在北京钓鱼台国宾馆举办。本届活动以“新常态、新经济、新征程”为主题，以“聚焦经济发展、评点新闻人物”为宗旨。为了发掘在经济发展领域身体力行推动我国经济发展的成功企业，表彰创新驱动发展战略的优秀企业家和先进事迹，年会评选了恒大集团董事局主席许家印、协鑫(集团)控股有限公司董事长朱共山、北京致生联发信息技术股份有限公司董事长卜巩岸、济南帅歌家居购物广场有限公司董事长率为宝、拜博口腔医疗集团有限公司董事长黎昌仁等企业家荣获“2015中国经济年度人物”大奖。

(致生联发)

【北京四板市场推出科技创新板】12月22日，中关村股权交易服务集团在中关村国家自主创新示范区展示中心会议中心召开了北京四板市场科技创新企业座谈会暨《创客时代》新书研讨会，北京市金融局党组书记霍学文，中关村管委会主任郭洪，北京市科委副主任郑焕敏，厚朴投资董事长、高盛高华证券董事长方风雷，北京出版集团总经理曲仲等相关领导出席了本次会议。参加会议的还有投资机构、企业代表、中介机构等300余人。作为访谈的对象致生联发公司，为《创客时代——亲历者讲创业》贡献了自己的创业心得，公司董事长卜巩岸先生还在会上受聘担任了北京四板的导师。

（致生联发）

【发布公告增加融资额度5000余万元】 12月24日，自致生联发发布公告启动2015年第四次股票发行以来，合格投资者踊跃参与，原定约2亿元的融资额度趋紧，公司发布公告增加融资额度5000余万元。

（致生联发）

【获批北京市重大科技专项】 年内，致生联发自主研发的“多源视频图像整合技术”经与北京市公安局科技信息通讯部和北京市科委的联合应用开发，以《多源视频图像资源整合系统研究与示范应用》的题目获批成为“北京市重大科技专项”。该技术以超高压缩比流媒体通信、跨平台图像分发管理和TD–LTE图像传输等关键技术突破，将现有的公安及宾馆、饭店、住宅小区、商场、工矿企业等已有图像资源整合，利用公共通信网络进行通信，以不足同类系统三分之一的成本和周期，盘活存量监控资源，实现了全地区图像信息资源的联网共享、存储查询以及交通管理、网上督察、智能识别、轨迹分析等功能。

（致生联发）

【物联网金融项目进入快车道】 年内，致生联发利用非结构化大数据底层技术，融合生物识别个人身份认证、非现场金融流程再造、后台大数据支撑系统的“玉枢”物联网金融核心软件系统通过行业专家测试。该系统可以使客户通过互联网借助远程视频与后端的银行柜员“面对面”办理柜台业务，在具体使用上又可分为VTM（远程可视柜台）和VBB(企业级柜台业务办理系统)。

（致生联发）

【进入新三板成指样本股名单】 年内，根据《全国中小企业股份转让系统成分指数编制方案》和《全国中小企业股份转让系统做市成分指数编制方案》，全国中小企业股份转让系统有限责任公司和中证指数有限公司对三板成指(899001)、三板做市(899002)的样本股进行定期调整，于6月15日生效。致生联发（证券代码：830819）进入新三板成指样本股名单。

（致生联发）

【与华夏盛世基金签订战略合作协议】 年内，致生联发与华夏盛世基金管理公司签订战略合作协议，双方将整合资源，在环保技术研发、产业方向研究、具体项目实施、产业并购、标准制定等方面进行深入合作。

（致生联发）

【获批北京市朝阳区科技计划】 年内，致生联发研发的“玉枢三维可视化GIS综合管理系统”通过了北京市朝阳区科技计划，资助款项全部到位，项目实施同步展开。该系统是一种具有颠覆性的多监控点实时汇聚整体解决方案，基于视频融合及二维/三维定位重建技术，对部署在前端的监控摄像头和传感器进行全时空关联，实现跨镜头跟踪、人群运动趋势分析、各类异常行为报警，快速、高效地感知安全态势、分析安全威胁以及应急指挥。可增强公共安全管理工作的预见性、前瞻性、统筹分析判断、科学动态指挥、快速反应处置，提高维护国家安全、驾驭社会治安局势、处置突发事件、为首长决策提供强有力的非结构化大数据分析技术支撑，同时也能切实改善居民的居住安全指数。

（致生联发）

【完成两会应急系统保障工作】年内，“两会”期间，致生联发提供的先进应急指挥系统和周到完善的运维服务，为两会安全做出贡献，受到有关方面表扬与鼓励。

（致生联发）

【与望京孵化器达成定向增发协议】年内，致生联发和北京望京科技孵化服务有限公司（简称望京孵化器）等单位和个人达成协议，朝阳区政府以望京孵化器为持股平台，以定向增发方式注资致生联发。

（致生联发）

【致生联发浙江宁波物联网实验室成立】年内，致生联发和浙江清华长三角研究院宁波中心、航天信息宁波公司签署协议，共同设立联合实验室。主要以智慧城市相关技术为研究方向、以各方已有研究成果为基础，开展各项关键技术开发和已有成果的定制类应用开发以及行业和行政区划推广。

（致生联发）

【定增加做市】年内，致生联发启动了挂牌新三板以后的第二轮定增，定增发行新股募集资金除补充公司流动资金外，还将用于扩大公司业务规模、新产品研发以及与公司主营业务相关领域的收购兼并。同时，4月28日起，致生联发向中银国际、东北证券、华融证券、民生证券、广发证券、上海证券、东兴证券共计7家证券公司转让了用于做市的库存股份，交易金额逾8000万元，股票交易方式从“协议转让”变更为“做市转让”。

（致生联发）

【高铁项目取得重大进展】年内，致生联发自主开发的对高速列车受电弓滑动取电智能分析的全工况描述模型日前正式通过系统验收，得到了相关使用单位和专家的一致称赞，该模型突破了高速动态图像捕捉过滤及随动数学算法和模型、标识信息三维校验模型以及各类传感器模数转换联动[超高速GPS标定（500KM/H）、加速度、温湿度、大气压强等]，实现了以非结构化大数据为基础，传感参数联动的复合抓取、运算、阈值推送、数据关联与反馈等物联网控制机制；以单元车组为基础元，将高速动态数据在线式集中回传地面指挥中心，实现了地面指挥枢纽与各列基础单元的全反馈，填补了国内外空白，“透明机车”概念从此问世。

（致生联发）

【两项专利获批】年内，致生联发向国家知识产权局提交申报的“电力机车实时滑动取电监视仪”“一种可视化空气质量检测装置”两项科研成果获得了国家专利。“电力机车实时滑动取电监视仪”是致生联发物联网高速列车动态数据处理体系的核心部分。突破了在300公里单向时速和700公里相对运动瞬时速度下，对滑动取电系统以及电网系统的状况实时在线描述、通信、处理、作动的世界高铁领域难题；“一种可视化空气质量检测装置”提供了一种基于非结构化数据的可视化空气质量检测装置，既能提供现场的空气质量数据，也能提供现场的实时图像信息和地理标定信息，解决了包括PM2.5/PM10在内的进场可视化空气质量在线检测系统这一工程化难题。

（致生联发）

【获北京市新技术新产品称号】年内，北京市科委为贯彻落实《中共北京市委北京市人民政府关于进一步创新体制机制加快全国科技创新中心建设的意见》（京发〔2014〕17号）、《北京市人民政府办公厅印发〈关于在中关村国家自主创新示范区深入开展新技术新产品政府采购和推广应用工作的意见〉的通知》（京政办发〔2014〕24号），会同其他职能部门，于3月开展新技术新产品（服务）认定管理工作，以推动新技术新产品（服务）应用，服务北京市经济发展、城市建设和民生改善，发挥市场端拉动作用，提升全社会自主创新能力。经认定的新技术新产品（服务），可享受政府采购和推广应用等政策支持。被认定的新技术新产品（服务）属于战略新兴产业范畴，拥有技术创新性、实用性和自主知识产权。致生联发的“基于手机平台的视频采集和处理系统”“智能视频监控信息采集平台”荣获北京市2015年新技术新产品（服务）称号。

（致生联发）

【北京银行牵手新三板公司】年内，北京银行商务中心区管理部和北京致生联发信息技术股份有限公司签署全面战略合作协议。双方在金融创新服务、新型银行网点建设、安防布控、大数据分析、融资授信、融资融券承销、中期票据、并购贷款、上市资金归集、高净值客户理财规划等方面进行全方位的合作，同时北京银行向致生联发提供2亿元的授信。

（致生联发）

【高铁受电弓和电网监测系统接受全面测试】年内，致生联发研发的高速动车受电弓和电网实时监测系统接受了有关方面的全面测试并获得通过，在高速动车动态实时的条件下地面测试已经完成，全面符合中国铁路总公司于2014年颁布的《关于运营车辆内部及外部受电弓设备的监控技术规范》。

（致生联发）

【中标某核电站四台机组调试项目】年内，致生联发成功中标某核电站四台机组的实体保护系统调试项目。

（致生联发）

【与北京悠客网签署战略合作协议】年内，北京致生联发信息技术股份有限公司与北京悠客网信息技术有限公司签署全面战略合作协议。双方将在物联网+智慧教育领域展开紧密合作，结合大数据、云计算的海量资源，携手打造、建设智慧教育的闭环产业链。

（致生联发）

【与鼎驰融达成立产业基金】年内，致生联发与公司股东北京鼎驰融达投资管理有限公司（下称“鼎驰融达”）签署战略合作协议，致生联发以拟成立的北京致生资产管理有限公司（下称“致生资产”）与鼎驰融达共同成立产业基金，鼎驰融达作为基金管理人，致生资产作为投资顾问（致生资产后期将直接作为基金管理人），对TMT、物联网、云计算、大数据等领域的企业进行投资。鼎驰融达保证致生资产未来在产业基金中绝对的决策权和收益权，鼎驰融达为致生资产的基金运作提供全方位的技术支持。

（致生联发）

【创业者说双创系列访谈】年内，中国经济网采访了致生联发董事长卜巩岸。回顾了自己中年创业、创新立新的足迹后，卜巩岸表示创业就是要把想象力、创造力在社会实践中得以体现，就是梦想接地气。只有把梦想和社会实践相结合，才会产生一种伟大的创造。致生联发就是抓住核心技术突破的风口后爆发增长的。创新固然重要，创新点的选择更加重要。公司选择的视频编码解码技术突破了非结构化数据的底层关键技术，随着不同行业应用落地，每一个细分的业务领域都蕴藏着无数的商业价值。公司坚持的原则是“财散人聚”，用股权激励的方式让员工从要我干，都变成我要干，让员工与公司同呼吸共命运。对资本要诚惶诚恐，要尊重。资本是财富的一种货币表达形式，投到企业，就是企业的神经和血液，要尊重资本的权利，要使资本增值。选择创业就是选择孤独。

（致生联发）

【获2015年北京市诚信创建企业称号】年内，北京市软件和信息服务业协会根据《2015年北京市企业诚信创建活动工作方案》，经过企业申报、信用信息采集、第三方机构征信、行业协会初审、公示等程序，确定推荐了50家企业为2015年“北京市诚信创建企业”，致生联发榜上有名。

（致生联发）

【启动新一轮定向增发】年内，致生联发发布公告，启动新一轮定向增发，股票发行价格4.67元/股，发行股票不超过4300万股，拟募集金额不超20081万元。本次定增募集资金主要用于主营业务相关领域的收购以及公司在智慧城市建设领域的业务。

（致生联发）

【收购中航机场设备有限公司49%股权】年内，致生联发成功签约收购中航机场设备有限公司（简称“中航机场”）49%的股权，收购完成后，“中航机场”由北京博维航空设施管理有限公司（系中国最大的航空港系统运营商）占股51%，致生联发持股49%，“中航机场”将成为标准的混合所有制公司。这也标志着致生联发“智慧空港”板块完成奠基。

（致生联发）

【入选科技部2015火炬计划】年内，科技部下达国科发资〔2015〕436号文，公布了2015年国家星火和火炬计划名录，致生联发研发的三维GIS可视化综合安全管理系统（2015GH010029）位列其中；国家火炬计划是发展中国高新技术的指导性计划，旨在推进创新驱动，发挥我国科技力量的优势和潜力，以市场为导向，促进高新技术成果商品化、高新技术商品产业化和高新技术产业国际化。此次入选标志着致生联发的技术体系构建获得了国家的认可与支持。

（致生联发）

中国烟草总公司北京市公司

【概述】年内，中国烟草总公司北京市公司信息化建设工作围绕“推动信息化与市场化深度融合”的中心任务，为北京烟草“互联网+”驱动企业创新提供信息化支撑，完成信息系统功能调整，更好地满足了北京卷烟市场供应。

（郁红）

【卷烟营销系统迁移】 4 月，按照卷烟营销系统迁移计划，完成了新客户入网、客户分类、采购管理、品牌管理、雪茄烟管理、残损烟管理、罚没烟管理、报表分析和接口 9 个模块迁移；5 月，新营销系统正式上线；7 月，信息中心建立了营销系统客服电话，实现了卷烟营销系统的统一管理，优化了卷烟营销业务流程。

（郁红）

【京津冀业务一体化试点项目改造完成】 年内，按照国家局文件关于京津冀业务一体化试点工作的各项要求，4 月完成客户分类，6 月完成需求确认，7 月完成新品投放，9 月完成营销服务组件完善开发与试运行，10 月完成需求预测功能开发与测试，11 月完成新版新商盟升级和省级营销平台个性化改造，12 月完成雪茄烟模块的原型开发和品牌引入 / 退出功能开发，至年底系统已经正式投入使用。

（郁红）

【搭建邻里店平台系统】 年内，为适应互联网电商营销模式的创新发展，实现 O2O 营销新模式，促进营销模式向“互联网 +”的现代营销模式转变，自 2014 年下半年研发并试点应用的基于多元化经营的消费者 APP 项目，即“邻里店”，至年底已完成涉及消费者、零售客户、商业、工业和运营管理方 5 个层面，涵盖安卓、苹果两个版本，包括移动设备和电脑 2 种应用的平台系统。现已在区县推广应用于 46 个零售户、204 个终端消费者。

（郁红）

【卷烟营销结算管理系统】 年内，在上年实现跨行网上结算和手机 SD 卡结算基础上，补充完善卷烟营销结算管理系统功能。5 月配合物流系统切换，开通了结算信息录入功能。6 月，协助丰台区、西城区更换跨行结算收单行。9 月，分别协助农业银行、建设银行进行了贷记卡、企业卡系统升级，解决了农行借记卡向贷记卡补款失败的问题。12 月，升级系统以配合企业客户三证合一的问题。至年底，跨行结算的金额和订单数占比同比增长 40% 以上。

（郁红）

【卷烟营销经营管理决策系统】 年内，对卷烟营销经营管理决策系统进行了完善，一是针对零售客户入网管理流程、零售客户供货流程、工商供应链环节宏观流程三个主要业务流程，实现全流程展示和管控。二是优化完善客户经理移动平台的功能，增加了轨迹历史记录，加强对客户经理的管控能力。三是完成了综合展示部分的数据维护和演示任务，协调计划处、专卖处等部门，及时维护系统中非自动产生的数据，确保数据及时准确。至年底完成了项目的科技项目验收。

（郁红）

【卷烟零售终端业务集成平台建设】 年内，继续推广应用“终端业务集成平台”，完成供应链向零售户的整合。至年底，全市终端使用户数提升到 2626 户，其中普通零售户 2553 户、京烟 73 户，全市终端使用率为 98.9%，现代终端户为 2243 户。

（郁红）

【北京烟草数据中心项目建设】 年内，北京烟草数据中心在上年完成项目开发前期准备的基础上，完成整体开发工作。一是完成了数据仓库建设，实现了业务数据下行；二是完成了专题分析模块报表定制工作；三是完成了主数据管理开发，并投入使用；四是实现了编码管理和数据质量管理等数据资源管理功能；五是开发了数据超市，包括数据榜单、数据百科、数据助手、数据魔方、数据搜索等功能；六是完成了应用服务平台（IOP 平台）的开发部署；七是实现了灵活分析，使原辅助决策系统的功能完全迁移到数据中心。从 9 月开始，每月开始生成数据质量报告，及时监控数据仓库的运行。至年底，已有 5 个区县及营销中心在下行数据的基础上进行二次开发。相关处室、营销中心及各区县 30 个用户经常使用灵活分析功能。

（郁红）

【北京烟草网格化专卖市场监管系统建设】年内，在上年系统建设的基础上，证件功能和市场监管功能分别于 1 月和 4 月正式上线，通过信息技术来固化、强化、优化市场监管日常流程，在系统中实现了 APCD 为工作法的市场监督体系，经过近一年的调优完善，系统运行稳定。至年底，项目完成了科技验收工作。

（郁红）

【搭建行政许可政务平台】年内，市局（公司）作为国家烟草专卖局行政审批工作的试点单位，完成了“北京烟草行政许可政务平台”的搭建，在 6 月初召开的 2015 年国家烟草专卖局办公室关于举办反垄断法和反不正当竞争法专题培训班上，进行了系统汇报展示。8 月 20 日，项目正式对外发布上线，实现了与专卖系统对接，系统运行稳定。至年底，项目完成科技验收工作。

（郁红）

【内管信息系统升级项目】年内，内管信息系统各业务系统模块已全部开发完成，于年初完成了系统测试、全市范围的使用培训及系统上线试运行的工作，正式上线后完成短信群发功能的补充完善，经过近一年的系统调优，至年底完成项目验收工作。

（郁红）

【搭建企业战略执行系统】年内，企业战略执行系统搭建完成。上半年，完成企业战略执行系统主要功能的开发与测试；9—11 月，多次向业务部门进行系统演示、调优，制定了企业、区县和个人的目标，形成了自上而下、自下而上的双向的指标库。至年底，系统基本具备试运行条件。

（郁红）

【战略性人力资源管理信息系统】年内，完善了系统功能和流程、项目组织管理、合同管理、培训管理、薪资管理（不包括接口）、离退休管理、招聘管理等模块的开发部署工作及月报上报工作、年报上报工作、薪资台账查询以及各种报表汇总查询等功能。

（郁红）

【数字化档案项目】年内，完成了数字化档案项目的全面实施，完成财务、专卖、卷烟业务等系统的电子归档，实现了档案工作的信息化管理。

（郁红）

【新机房建设】年内，开展了新研发楼机房建设工作。一是完成了机房、强弱电、动力、暖通等方案设计。二是完成了运维监控室、消防、综合布线等弱电项目、装修、电力和空调通风建设项目的招标与基本施工。三是完成了空调、UPS、机柜、KVM 等设备招标。

（郁红）

【信息化安全管理】年内，组织了4次信息安全应急演练、1次信息安全培训，提升信息安全管理人员的应急处理能力。

（郁红）

社会信用体系

【概述】年内，按照国务院社会信用体系建设规划纲要和北京市的工作要求，不断完善全市统一的公共信用信息服务平台建设，确立了“一网两库五系统”的公共信用信息服务平台总体框架。“信用北京”网开通上线，企业信用信息公示系统归集了55个部门的5800余万条企业的信用信息，社团组织信用信息系统已归集9900余家社团组织的信用信息，个人信用信息系统归集了1300万户籍人口的信用信息，事业单位信用信息系统正在申报建设经费，计划在2016年年底前进一步完善全市统一的公共信用信息服务平台建设，推进政府部门间公共信用信息的共享和应用，依法向社会提供公共信用信息的查询服务，并实现与天津、河北和国家统一信用信息平台的互联互通。

（市经济信息化委）

【加快社会信用体系建设实施意见印发】1月，为认真贯彻落实《国务院关于印发社会信用体系建设规划纲要（2014—2020年）的通知》精神，加快推进北京市社会信用体系建设，市政府印发了《关于加快社会信用体系建设的实施意见》（简称《实施意见》）。《实施意见》指出，加快社会信用体系建设是服务首都城市战略定位、建设国际一流和谐宜居之都的重要基础，是促进经济发展方式转变、加强和创新首都社会治理的重要手段，对增强市场主体诚信意识，营造优良信用环境，提升城市竞争力具有重要意义。《实施意见》强调，本市社会信用体系建设按照“政府推动、社会共建，健全法制、规范发展，统筹规划、分步实施，重点突破、强化应用”的原则，分两个阶段实施建设。到2017年，基本建立起与首都经济社会发展水平相适应的社会信用体系基础框架与运行机制；到2020年，建成国内领先的社会信用体系，成为全国社会信用体系规范运行的示范区。《实施意见》要求，要围绕政务诚信建设、商务诚信建设、社会诚信建设、司法公信建设、信用信息基础设施建设、信用服务市场建设、守信激励和失信联合惩戒机制建设、诚信文化建设、创新示范工程建设9项重点任务，加快推进本市社会信用体系建设，为促进首都社会和谐稳定和经济平稳健康发展奠定基础。《实施意见》要求，本市社会信用体系建设要加强组织领导、完善制度标准、加强资金保障、强化督查考核，确保各项任务有序推进和有效落实。

（市经济信息化委）

【2015社会信用体系建设联席会议召开】5月11日，2015年社会信用体系建设联席会议召开，北京市联席会议成员单位和各

区县的主管领导参加了会议。会议由人民银行营业管理部副主任付喜国主持。会上，市经济信息化委主任张伯旭总结了2014年工作、部署了2015年10项工作任务；市经济信息化委委员任世强汇报了北京市统一的市场主体信用信息平台建设工作方案；市地税局副局长吕兴渭汇报了国家有关部门关于对重大税收违法案件当事人实施联合惩戒措施的情况；市政府副秘书长朱炎发表讲话，他指出，要充分认清当前本市信用工作面临的新形势和新机遇，按照《实施意见》和《三年重点工作任务》提出的总体要求和任务分工，进一步加强组织领导、加强监督检查，大力推进各区县、各行业的信用体系建设，使本市社会信用体系建设工作再上一个新台阶。

（市经济信息化委）

【企业诚信创建活动启动】 6月19日，市经济信息化委组织召开2015年北京市企业诚信创建活动启动会。本次活动，计划在北京医药行业协会、北京家具行业协会、北京电子商会、北京室内装饰协会、北京软件和信息服务业协会、北京信息化协会等17家协会（商会）中开展，委托各协会（商会）组织实施，通过第三方征信机构分别采集诚信创建企业的行政信用信息、司法诉讼信息、金融信贷信息和消费者投诉信息等，开展评价工作。并对诚信创建企业实行动态管理，对有违法违规和严重失信行为的企业，及时取缔其诚信创建企业的资格，并向社会进行公示。

（市经济信息化委）

【首届信用中关村高峰论坛召开】 11月16日，在市经济信息化委、中关村管委会、中关村发展集团等单位的共同支持下，由中关村企业信用促进会和北京市中小企业公共服务平台主办的“2015(首届)信用中关村高峰论坛暨第一届京津冀信用体系合作共建研讨会”在京举行。会议的主题是“创业信用·创业金融”，旨在进一步推动中关村“信用首善之区”建设，树立中关村企业信用品牌，服务科技创新型企业融资发展，持续推动中关村信用体系建设再上新台阶。论坛启动了“信用北京周”宣传活动，发布了中关村“信用双百”企业名单；与天津市发展改革委、河北省发展改革委共同签署了《京津冀社会信用体系合作共建框架协议》；发表了《京津冀社会信用体系合作共建宣言》等，正式启动了京津冀社会信用体系合作共建工作，共同推进区域社会信用体系建设。研讨会上，部分银行机构、信用机构、投资公司、高新技术区等单位负责人，围绕京津冀信用体系合作共建、信用与创业融资、京津冀信用和创业环境的优化互通等议题展开了交流和探讨。国家发展改革委副主任连维良、北京市副市长隋振江出席论坛并致辞；国家发展改革委财金司副司长李聚合，中关村管委会主任郭洪，市经济信息化委、海淀区人民政府、人民银行营业管理部等部分信用联席会议成员单位和京津冀主管部门的领导出席论坛；京津冀部分银行机构、信用机构、投资公司、高新技术区的负责人参加论坛。

（市经济信息化委）

【开展“信用北京周”宣传活动】 11月16—27日，按照国家发展改革委的统一部署，北京市在“信用中国”网站开展了“信用北京周”宣传活动，展示了北京市社会信用体系建设工作成果和经验做法。组织开展了第三批诚信创建活动，形成500多家达标企业。

（市经济信息化委）

【北京市企业诚信创建活动总结大会召开】 12月18日，2015年北京市企业诚信创建活动总结大会在富盛大厦召开。市经济信息化委委员任世强出席会议并讲话，市工商局、首都精神文明办、市经济信息化委等指导单位业务处室负责人，以及各创建协会（商会）有关负责人、创建企业代表、部分金融机构和信用服务机构的代表400余人参加了会议。会上，企业诚信创建秘书处总结了2015年北京市企业诚信创建活动工作，发布了2015年诚信创建企业名单。北京生态岛科技有限责任公司、北京嘉和一品企业管理股份有限公司、北京北信源软件股份有限公司、北京医药行业协会分别代表创建企业、协会和商会进行了经验介绍。会上还举办了银企战略合作签约仪式，为创建企业提供信用融资支持。2015年以来，市经济信息化委、首都精神文明办、市工商局等部门，指导北京中关村高新技术企业协会、北京医药行业协会、北京软件和信息服务业协会、北京信息化协会等18个协会（商会），开展了北京市企业诚信创建活动。活动中，各协会（商会）大力开展了诚信宣传活动，对申报企业开展了征信工作，征集了企业的政府部门信用信息、司法诉讼信息、金融信贷信息和消费者投诉等信用信息，并委托信用机构对申报企业开展了评价工作。对违法违规和严重失信的企业实行一票否决制度，并列入本市企业诚信创建“黑名单”系统。通过评价，共评定出508家企业为“2015年北京市诚信创建企业”。对评定的诚信创建企业，有关政府部门和金融机构将在政府采购、公共财政资金审批等行政管理事项中，以及在信用贷款等方面给予优先考虑。同时，对诚信创建企业实行动态管理，对有违法违规和严重失信行为的企业，及时取缔其诚信创建企业的资格，并向社会进行公示。据悉，2013年以来，市经济信息化委、首都精神文明办、市工商局等部门，指导相关协会（商会）连续3年开展了北京市企业诚信创建活动，通过企业诚信创建活动，进一步提高了企业的诚信意识，营造了企业诚信经营氛围。

（北京信息化协会）

【市社会信用体系建设联席会议联络员会议召开】 12月23日，市经济信息化委组织召开市社会信用体系建设联席会议联络员会议。会议部署了近期要全力做好公共信用信息服务平台建设、做好信用北京网站建设、加快推进行政许可和行政处罚信息公示工作、加快推进统一社会信用代码制度建设、加快推动守信激励和失信联合惩戒机制建设5项“重点任务”；部署了积极申报国家信用示范创建城市、大力开展重点领域信用体系建设、建立健全信用承诺制度、推进政府部门带头使用信用产品、大力促进信用服务行业发展、加强信用大数据分析和评价工作、探索运用大数据开展绩效评估工作、进一步提高行业诚信自律水平、加快制定公共信用信息管理办法、大力开展诚信宣传培训10项“积极作为”工作。市经济信息化委委员任世强主持会议并讲话。

（市经济信息化委）

【信用体系建设取得阶段性成果】 年内，市经济信息化委进一步贯彻《征信业管理条例》和《国务院办公厅关于社会信用体系建设的若干意见》，落实《社会信用体系建设规划纲要（2014—2020 年）》和《北京市人民政府关于进一步加强企业信用监管推进企业信用体系建设的意见》，加快推进北京市社会信用体系建设，大力推进信用信息共享、归集和应用工作，初步建成个人信用信息系统，接入全市 1300 万户籍人口个人信用信息，不断完善“信用北京网”建设工作，整合发布 12 个部门 2000 余条行政许可信息和行政处罚信息，支撑行业信用体系建设，组织 17 个协会 1800 个企业参与其中，启动统一的市场主体信用信息平台可研工作，信用体系建设取得阶段性成果。

（市经济信息化委）

【个人信用信息系统初步建成】年内，公共信息服务中心编制了《北京市个人信用信息系统信息归集目录》，完成了与 31 个委办局的 140 余项个人信用信息的归集确认；并与公安局、民政局、公积金管理中心等 14 家单位开展了技术对接，已接入了北京市 1300 万户籍人口有关的 5 大类 29 项个人信用信息，信用记录近 1 亿条。

（北京市公共信息服务中心）

【加强信用联合监管】年内，市工商局、市地税局、市质监局等部门全面实施了“三证合一”“一照一码”登记改革制度，9 月 29 日颁发了北京市首张“三证合一”营业执照，通过推行新型信用服务手段，简化了行政办理程序，提高了政府服务水平。市工商局不断完善企业信用信息公示系统，实施市场主体经营异常名录制度，已将 8.2 万户企业列入经营异常名录，并向社会公示。市高法牵头推进对失信被执行人的惩戒，在威慑和制约“老赖”上取得了明显成效。市食品药品监管局制定了《北京市食品药品安全监管信用体系建设管理办法》，将严重失信的食品药品生产经营者纳入“黑名单”系统，实行信用联合惩戒。市国税局会同市地税局深入贯彻落实国家发展改革委等部委联合印发的《关于对重大税收违法案件当事人实施联合惩戒措施的合作备忘录》精神，在 21 个部门间开展了对重大税收违法案件当事人的失信联合惩戒。

（市经济信息化委）

【完善“信用北京网”工作】年内，公共信息服务中心对“信用北京网”不断进行完善：在内容上与 7 个政府部门、17 个行业协会、6 个信用服务机构建立了通讯员制度，合作建立了征信管理、诚信建设、食品信用等专题，累计更新信息 20000 条，累计访问量 700 余万人次，有效地宣传了北京社会信用体系建设成果，同时也通过了政府网站普查的检查工作；在安全管理方面，开展了安全等级保护测评工作，完善了系统的安全体系，增强了信息安全保障的技术手段；开展“信用北京周”展示活动，有效地展示了北京市各级部门、信用服务机构的工作成绩；整合发布了 12 个部门 2000 余条行政许可信息和行政处罚信息。

（北京市公共信息服务中心）

【诚信创建服务平台建设完成】年内，公共信息服务中心配合北京市企业诚信创建工作，建设了诚信创建服务平台。通过平台的建设，企业可以实现从企业申报、协会审核和征信报告在线生成的全流程的电子化，有效地支撑了活动的开展，提高创建企业、协会、征信服务机构的工作效率，并构建诚信创建专题、诚信地图、诚信二维码等应用服务，加强了对诚信创建企业的宣传，营造信用城市的理念。

（北京市公共信息服务中心）

【市场主体信用信息平台可研工作启动】年内，公共信息服务中心会同北京市工商局、北京市民政局、北京市编办等部门制定了《北京市统一的市场主体信用信息平台建设方案》，计划到2016年底，通过信用北京网向社会公众提供信用信息查询服务，2017年底实现和国家、天津市、河北省的对接互联。

（北京市公共信息服务中心）

社会信息化

【综述】2015 年，本市宽带服务能力不断提升，宽带应用水平不断深化和提高。信息惠民贴近生活，“市民主页”正式开通，“校校通”工程高标准完成，“北京预约挂号统一平台”正式开通，“221 信息平台”开通，实施“信息化三下乡”工程，建立农村“数字家园”、“爱农信息驿站”、农业信息服务站点等；信息强政重点突破，完善了政务信息资源共享交换体系；基于有线电视网络的视频、数据、语音服务和应用得到长足发展，高清交互时移电视、视频点播、节目回看等功能和综艺、教育、健康等应用日趋丰富，云平台提供的云游戏和云飞视等应用进一步提升用户体验。基于高清交互终端提供的无线宽带接入、蓝牙语音搜索、无线抄表、可视通信服务等，满足各类智慧家庭物联网设备的接入需求。“十二五”期末，全市网民超过 1593 万人，网民普及率达 75.3%，居全国第一。创新开展社会信息化工作，积极营造国际一流的和谐宜居环境。超额完成“智慧社区”建设工作。统筹推进社会信用体系建设，努力建设首善可信城市。起草印发了《关于加快社会信用体系建设的实施意见》，加快建设北京市公共信用信息服务平台。加强信用联合监管。推进京津冀信用体系合作共建。

（市经济信息化委）

社会公共服务信息化

【概述】“十二五”期间，北京市深入落实“互联网 +”行动计划，逐步形成两化融合服务体系，开发完成北京市两化融合服务平台，持续推进“工业云”相关工作；确定“北京通”发卡标准，探索无卡应用，并全面开展“北京通”宣传推广工作；信用体系建设取得阶段性成果，建成个人信用信息系统，通过“信用北京网”支撑行业信用体系建设，启动统一的市场主体信用信息平台可研工作；智慧社区建设任务目标超额完成，建立了月度进展情况报告及分析、共享制度，实现了进度质量双监督。

（北京市公共信息服务中心）

【数字北京大厦运行平稳】年内，数字北京大厦完成了年初制定的各项工作任务，全年安全生产“零事故”，大厦设施、设备及系统安全稳定运行。大厦与各使用单位分别签署了《2015 年“春节”“两会”安全生产责任书》《2015 年度安全生产责任书》《企业事业单位内部治安保卫目标责任书》《朝阳区（部门）2015 年度烟花爆竹安全管理工作责任状》《重点地区烟花爆竹安全管理工作责任明确书》等多项责任书。

（北京市公共信息服务中心）

社保卡信息化

【推进北京地区居民健康卡应用】6月，市公共卫生信息中心与国家卫生计生委统计信息中心签署了《居民健康卡融合社会公共服务卡应用试点工作委托协议书》。11月，召开16区工作会对发卡工作进行部署及推进。截至年底，完成市级居民健康卡综合管理平台及密钥管理系统的建设，并与通州、平谷、怀柔3区卡管系统连通；完成与国家卡注册系统及卡管理系统对接。批量发卡区3个，累计发卡约60万张，共有10家二、三级医院及33家社区卫生服务中心（卫生院）可使用居民健康卡。按照国家卫生计生委对居民健康卡及市经济信息化委对“北京通”相关标准规范要求，对“北京通”基本卡和居民健康卡应用进行融合，统一发放“北京通”基本卡（居民健康卡），逐步实现跨医院、跨地区就诊一卡通。完成“北京通”基本卡（居民健康卡）实施方案。同时，印发了“北京通”基本卡（居民健康卡）的卡片技术规范、合作银行遴选参考标准、综合管理平台数据交换接口方案、医院系统受理改造流程及接口规范等4个附件。

（冯文洁）

【完成地方标准的编制与发布】年内，市公共信息服务中心完成了“北京通卡片技术标准规范和商业运作模式研究”项目的申报、招投标和课题编写工作。课题研究基于按照“北京通”标准，依托北京市市民唯一性服务编号，融合多行业卡应用，构建“北京通”服务和信息共享体系，完成了“北京市民服务一卡通”APP软件的测试开发工作。

（北京市公共信息服务中心）

【医保网改造完成】年内，北京市政务网络管理中心进行了医保网核心和汇聚设备的改造，提高了医保网的可靠性和容量；实施了医保网网络故障应急演练，锻炼了运维队伍应对紧急事件的快速响应及处理能力。截至10月底，医保网共接入3个业务节点、34家医保经办机构、326家社保所、2019家医保定点医疗机构。核心网络可用性达99.99%，市医保信息系统、经办机构网络可用性达到100%，二级以上定点医疗机构网络可用性达到99.9%，社保所及二级以下定点医疗机构可用性高于99.8%。截至10月底，医保网共受理网络故障和服务请求3398例，其中服务请求1588例、网络故障1810例。网络故障与上年同期相比减少了342例。其中，二级以上重点医院故障同比减少1例；一级以下定点医疗机构和社保所故障同比减少341例。1—10月共受理用户迁移需求46例，完成40例，其余6例因用户装修等原因正在实施中。

（北京市政务网络管理中心）

【基于“北京通”标准的发卡格局基本确立】年内，市经济信息化委积极完善开放共享，推进智慧北京重大应用建设，攻坚克难，确立了“北京通”发卡标准。落实市领导关于《北京市市民服务一卡通（北京通）实施方案》的有关意见，完成“北京通”实施方案编制与上报工作；积极推进市残疾人联合会和市民政局发放“北京通”残疾人证和养老助残卡的工作，发放残疾人证45万张、养老助残卡49.5万张、北京通－京医通卡200万张。完成地方标准的编制与发布，探索无卡应用，并全面开展“北京通”宣传推广工作，为“北京通”工作的推广打下坚实基础。按照“小卡片、中平台、多应用”的总体框架，通过唯一的“北京通”ID号后台关联各类应用数据。市民政局建设了“北京通——养老助残卡数据管理平台”，通过对已经发放的49.5万张卡片静态和动态数据的统计，累计使用45.5万人，已死亡人数为5万人，累计充值5.2亿元，累计消费3.96亿元，发展签约商户1.5万家。

（北京市公共信息服务中心）

建设和房产管理信息化

【正式向全市范围内提供不动产统一登记服务】11月6日，北京市不动产登记频道在北京市国土资源局门户网站上线运行。频道设置了不动产政策法规、一次性告知单、登记公告和结果等13个子栏目，提供不动产登记的系统登录入口，整合了市住建委网站原房屋登记的8个栏目，移植历史数据22828条。11月8日，不动产登记信息系统正式上线，16个区县全面发放不动产权证，成为全国首个全域范围内向社会提供不动产统一登记服务的省级单位。截至12月31日，累计受理不动产登记各项业务201556件、发证126549件，日均业务受理量5000余件。

（黎维军 谢骞）

公积金管理信息化

【完成综合信息系统升级改造项目招标工作】年内，根据市经济信息化委、市财政局对综合信息系统升级改造项目的批复，北京住房公积金管理中心基本完成了该项目的分包及招投标工作。综合信息系统升级改造项目共分为8个包，包括项目监理、软件测评、安全服务、安全等级测评、集成及安全软件、基础设施、应用软件开发包1、应用软件开发包2，除安全等级测评分包依据市财政局的预算批复需在2016年开展招标工作外，组织完成了其余7个包的招标工作。

（郭芳）

【完成综合信息管理系统等级保护复测工作】年内，北京住房公积金管理中心通过对综合信息管理系统开展风险评估、差距分析和安全整改实施工作，通过了北京市信息安全测评中心的等级保护三级复测。通过本次测评完善了信息系统的安全管理体系，为信息系统的安全防护措施提供了依据。

（郭芳）

流动人口管理信息化

【完成全员人口系统升级改造项目申报工作】8月，市人口计生委组织相关人员到海淀、西城、石景山、顺义、昌平、密云等区县进行充分调研，并协调家庭发展处、基层指导处就全员系统的业务升级改造进行了研究和确认。包括奖扶特扶系统与国家PADIS系统对接、流动人口管理系统的数据统计功能以及与国家PADIS系统对接等都纳入到升级项目中。升级改造项目已获市经济信息化委批复通过。此外，针对全员系统等级保护三级系统的需要，分别就全员系统安全加固和容灾备份系统的升级改造进行了技术交流和研讨，并提交项目报告。

（任向群）

【“职住行”分析示范应用研究完成】年内，利用大数据技术，完成了北京城市人口“职住行”分析示范应用研究，为市编办疏解首都非核心功能相关工作提供参考，同时开展了京津冀地区汽车行业运行情况分析、北京市人员流动预警监控调度示范应用等工作。

（北京市信息资源管理中心）

应急管理信息化

【开展专业应急演练活动】年内，数字北京大厦按照市消防局及管委会等有关部门关于提高安全生产能力建设的要求，全年共进行专业应急演练、培训22次，其中包括消防疏散演练2次、义务消防员培训演练2次；物业公司各专业演练18次，含电梯困人演练、空调制冷剂泄漏演练、意外跑水演练、门禁系统失控演练、夏季防汛演练和治安突发事故演练等。演练活动既增强了人员安全意识，也提高了紧急状态下的反应能力。

（北京市公共信息服务中心）

【应急卫星网建设完成】年内，北京市政务网络管理中心协同市应急办赴新疆和田指挥部完成了FTP服务器设备安装、卫星设备巡检和现场培训，为北京市援和指挥部与市政府及有关单位异地会商，信息资源的交换、共享，语音通话等业务提供了通信保障和支撑。北京市政务网络管理中心为援疆指挥部提供了以有线链路为主、卫星链路为辅的双链路方式。同时实施了密云地面站网络设备建设项目，项目完成后可实现链路备份和负载均衡功能。

（北京市政务网络管理中心）

【完成安全运维服务保障及应急值守】年内，北京市信息资源管理中心针对网络及安全设备，定期进行安全巡检工作，定期对设备的配置策略进行维护和日志进行分析维护，组织对中心重要信息系统进行漏洞扫描及安全整改。年内，完成市应急办、市经济信息化委、市政务服务中心、市财政局等多家单位与统一认证平台系统集成20个，其中行政审批平台系统3个，注册用户3166名（证书用户945名、口令用户2221名）。统一认证平台共为用户提供了360多万次认证服务，确保中心政务信息系统的稳定安全运行。组织完成元旦、春节、清明、“五一”、端午等节假日运维应急值守保障。

（北京市信息资源管理中心）

【应急支援12起信息安全事件】年内，根据指挥部要求或事发单位请求，现场对交通运输管理局网站仿冒事件、首都之窗幽灵漏洞处置事件、市财政局计算机辅助会计考试系统信息泄露事件、市财政局硬盘数据恢复事件、市长信箱网页篡改事件、密云信息中心流量故障事件、市国土局拒绝服务攻击事件、首都之窗拒绝服务攻击事件、市发展改革委流量异常事件、市非紧急救助中心网页篡改事件、密云信息中心可疑IP排查事件等共12起事件提供了应急支援，有效地控制了事态发展，减少了经济损失，降低了不良影响。

（市经济信息化委）

【对政务网站开展持续监控】年内，通过政务信息安全监控平台对政务外网汇聚节点、重要信息系统、互联网接入和包括首都之窗在内的1500家政务网站开展持续监控，加大数据挖掘分析力度，及时发布预警信息和整改通知，处置较大及以下信息安全事件439起，包括网站服务中断119起、漏洞利用110起、网页篡改事件26起、扫描事件16起、弱口令事件13起、病毒事件2起、其他类153起。

（市经济信息化委）

【完成通信保障准备工作】年内，完成昌平阅兵训练基地4个800兆基站的选址、建设、开通工作；完成天安门广场活动现场、长安街沿线和西六环、北六环、G6、G7、京承等各条阅兵机动线路的800兆基站调试、优化工作；为阅兵联指等单位提供1559部800兆手台服务，协助制订编组方案，开展使用培训等；协助军方开展了通信光缆建设和无线电保障工作。在“9·3”阅兵日及各次重要演练日，启动战时机制，实施局、处级和值班人员三级值班制度，24小时在岗在位，应急队伍和应急人员在指定地点备勤；800兆无线政务网络进入B级保障状态，7辆应急通信及抢险车辆、200余名政务网络保障人员提前16小时进入天安门广场核心区等保障点进行保障和值守。纪念活动期间，政务网络运行平稳，通信畅通，1559部800兆手台使用状况良好，圆满完成纪念活动通信保障任务。

（市经济信息化委）

城市管理信息化

【概述】年内，北京城市管理工作围绕“疏解北京非首都功能与京津冀协同发展”“科技创新中心建设与构建‘高精尖’经济结构”“生态文明建设与可持续发展”“加强城市治理与建设和谐宜居之都”等主题，按照《智慧北京重点工作任务分工和关键指标责任表》《北京市十二五时期城市信息化及重大信息基础设施建设规划》《北京市电子政务内网建设和管理规划（2011—2015)》等一系列文件的要求，坚持管理与服务并重的发展理念，推进“智慧北京”建设。通过《关于全面加强北京市城市服务管理网格化体系建设的意见》，加快推进网格化规范化建设。

（北京市公共信息服务中心）

【推进“网格化”城市管理】7月12日，

2015 中国智慧城市国际博览会举行。以“网格化让城市服务更智慧，‘互联网 +’让百姓生活更便捷”为主题的北京网格化成果展在北京展览馆 9 号馆展出。作为网格化体系建设的发源地，2004 年，北京市东城区率先在全国创建“网格化城市管理模式”，随后东城模式在北京和全国推广。2012 年，网格化社会服务管理体系建设工作在全市推开。年内，城市管理网格、社会服务管理网格、社会治安网格的“三网”融合，成为北京的新目标。北京市委、市政府讨论通过了《关于全面加强北京市城市服务管理网格化体系建设的意见》。未来 3 年，北京将按照边覆盖、边融合、边运行、边完善的原则，加快推进网格化规范化建设，加快推进“三网”有序对接，加快推进上下互联互通，基本实现全市区县网格化体系建设“三步走”的目标。

（中新网）

【第四届智慧北京大赛举办】8—12 月，由中关村物联网产业联盟、北京软件和信息服务交易所有限公司等单位共同主办的“第四届智慧北京大赛”在京举行。大赛历时近 4 个月，聚焦于智慧北京建设中的民生服务、创新创业等领域，经过项目申报、分赛路演、专家评审等环节，评选出 10 个优秀解决方案和 10 个优秀示范应用奖，同时选送 6 个优秀项目进入“2015‘互联网 +’创新创业邀请赛决赛”。决赛中，北京七鑫易维科技有限公司的“aSee 眼控仪”项目获一等奖，北京中网易企秀有限公司的“易企秀”、新华瑞德（北京）网络科技有限公司的“智慧超市”两个项目获二等奖，北京水木九天科技有限公司的“水木蔬菜工厂”、工控网（北京）信息技术股份有限公司的“工控速派”、北京联合普肯工程技术股份有限公司的“Hazop 智能分析软件”3 个项目获三等奖。同时，联盟成员单位绿小锄农业科技（北京）有限公司的“绿小锄智能硬件”、北京嘉合百善科技发展有限公司的“爱爸妈随时亲智慧养老”项目获创新奖。

（张静）

【首都城市综合信息服务平台上线】12 月 18 日，首都城市综合信息服务平台——新“北京网”首发上线。即日起，市民可通过访问官方网站 www.beijing.cn 或者下载“北京服务您”APP 客户端，100 项融合政务服务、1000 项基础政务服务触网可办。这些服务涵盖煤水电气的查询缴费、公积金查询、社保办理、出入境证件在线办理、婚姻预约登记、网上预约挂号、交通违章查询缴费等。首都城市综合信息服务平台是市经济信息化委携手神州数码启动对原北京网的升级改造后，打造出的北京市统一公共服务门户，将为北京市民及外来人员提供一站式政务、商业、公共服务。在服务渠道上，市民还可通过支付宝城市服务、北京网新浪官方微博、北京网微信公众号等平台接入该网站提供的相关服务。市经济信息化委主任张伯旭表示，希望该平台着眼于京津冀城市群定位和功能，真正做到让“信息跑”而不是让“百姓跑”，力争做到让社会公众与企业在办事时“足不出户”，有效提升政府办事效率，助力智慧城市建设和京津冀协同发展。

（北京信息化协会）

【城市安监管理与预警系统建设】年内，北京国研软件成功研发“国研动态安全监管和预警预报系统”，以安全生产监管体系和监管业务网格化为主要内容，融合“企业自查自报、日常巡查、执法监察、联合执法、预警预报”等业务，利用现代化信息技术与通信手段，进行决策、重大危险源监管等监督管理服务。同时，建立配套的安全监管体系，促成安全监管长效机制，从而提高安全管理水平并降低风险隐患，最终为降低事故发生率、大幅度减少重特大灾害事故、防灾减灾、提升安全生产监管整体水平提供强有力的技术支撑。北京国研软件还在全国范围内进行了安监领域的市场拓展，先后中标“南京浦口市安监局安全生产隐患管理系统”“苏州市安全生产监管系统”“北京市通州区安全生产综合管理与服务平台”等项目。

（朱雪莲）

【六里桥数据中心建设基本完成】年内，北京市公共信息服务中心完成委办局托管区、内网系统区、云平台区、配电区、钢瓶间、测试区等功能分区，建筑面积总计约5000平方米，实际可用面积3000平方米，机柜可使用面积2100平方米。其中，云平台区本期建设面积为612平方米，能够满足未来1~2年内政务云计算运行环境需求，并预留970平方米场地和基础资源接口，支撑政务云平台的未来业务发展需求。

（北京市公共信息服务中心）

文化事业信息化

【概述】年内，北京文化创意产业固定资产投资稳中有增，共计完成投资353亿元，同比增长9.2%；完成全年投资计划的110.3%，增速和进度均高于全市整体水平。其中，互联网信息服务、软件开发等文化与科技融合产业，完成固定资产投资124亿元，占总投资的35.1%；百度、腾讯、京东、微软等著名互联网公司和科技公司均有较高额度的固定资产投资；游乐园、游览景区管理等文化旅游融合行业，共完成投资87亿元，占总投资的24.6%。按地域划分，文创固定资产投资区域集中在海淀、朝阳、通州、房山这4个区，实现固定资产投资243.5亿元，占总投资的69%。按资金划分，民间资本和中央投资是重要支撑，民营及混合所有制企业完成投资207.5亿元，占比达到58.8%，超过国有企业，成为最主要的投资来源。央企项目投资占到总量的15.4%。

（《北京日报》）

有线电视

【推出“国学诵读”应用】1月30日，基于“歌华云平台”能力系统及移动互联网应用模式研发的“国学诵读”创意应用服务正式推出。8月，歌华有线公司与北京市教委、拉萨市教育局、拉萨市广播电视台共同签署了《“国学诵读进拉萨”教育合作框架协议》。该项目作为北京市教育援藏项目全面覆盖到拉萨。截至12月底,“国学诵读”应用已覆盖北京市1400余所学校、上万个班级，注册用户23.6万户，共完成280万篇诵读作品，诵读作品访问量累计达3330余万次。

（歌华有线）

【“歌华电视”4K融合一体机正式发布】5月26日，歌华有线公司在北京广播大厦组织召开了“歌华电视”4K融合一体机发布会。“歌华电视”4K融合一体机是歌华有线公司联合百视通、创维、海信等公司创新研发的，集高清交互数字电视功能、互联网电视集成播控平台优质视频内容于一体的首款广电定制高端4K融合一体机。“歌华电视”具备数字电视双向交互功能内置、硬件配置强大等优势，无须外接机顶盒即可提供海量、独家节目内容，节目累计储备达50万小时，特别是设有国内内容最多的4K影片专区;还可提供云游戏、云飞视、北京数字学校等多个精品游戏、视频、教育类应用。同时，“歌华电视”不受外网带宽限制，全市全网均可使用，无须额外支付宽带费用。

（歌华有线）

【歌华云飞视上线运行】5月26日，歌华云飞视上线。云飞视是基于大规模高清交互用户推出的跨屏应用，覆盖电视机以及手机、PAD等智能终端，可跨屏提供高清、流畅的电视直播，回看、点播等交互应用，以及“推屏”、“拉屏”、“多屏”、语音遥控、输入替代等丰富多彩的云应用，实现了家庭环境无处不在的电视服务，是向电视服务移动化迈出的重要一步。

（歌华有线）

【“中国广电大数据联盟”成立】10月23日，中国广播电视网络有限公司（简称国网公司）、歌华有线联合全国30余家省市有线电视网络公司，在京共同发起成立“中国广电大数据联盟”。该联盟以全国超过4000万双向数字电视用户的收视数据为基础，共同搭建全国广电大数据平台并建设收视数据调查分析机构，实现数据共享、联合发布，努力构建科学准确、客观公正、导向正确的收视评价体系，打造全国收视调查市场健康发展新格局，探索大数据助力“电视+”与智慧广电发展新方向。联盟筹备成立中国广电大数据运营公司并搭建“中国广电大数据共享平台”，实现数据共享与交换，形成大数据产品体系。同时，运营公司还将联合互联网企业和传统数据公司，实现多屏收视数据共享，打造全媒体节目收视综合评价体系。中宣部舆情局副局长文友华，国家新闻出版广电总局传媒管理司司长袁同楠，国家统计局城市数据统计司司长程学斌，北京市委副秘书长、宣传部副部长严力强，北京市新闻出版广电局副局长杨培丽，北京广播电视台党委书记刘志远，国网公司董事长赵景春、总经理梁晓涛，歌华有线公司董事长郭章鹏、总经理卢东涛，以及全国各省市有线电视网络公司代表、业内专家等共计300余人参加联盟成立仪式,并围绕“中国广电大数据”产业化运营及未来发展、大数据深度挖掘等进行了研讨。

（钟华）

网络文化

【逐步建立网络文学评价体系】1月，为深入贯彻党的十八大和十八届三中、四中全会部署，认真落实习近平总书记在文艺工作座谈会上的重要讲话精神，引导网络文学践行社会主义核心价值观，推动网络文学健康有序发展，国家新闻出版广电总局日前印发《关于推动网络文学健康发展的指导意见》（简称《意见》）。《意见》对现阶段发展网络文学重点任务做出了部署。《意见》指出，网络文学创作者要把握正确导向，坚持以人民为中心，把人民作为创作表现的主体；网络文学企业要把出版优秀作品作为中心环节，把创新精神贯穿创作生产全过程，不断增强网络文学的吸引力和感染力；要提高网络文学作品质量，建立网络文学内容质量管理长效机制；完善网络文学编辑人员管理机制，加强网络文学编辑人员的职业道德教育和业务培训；加快推动网络文学作品登记识别、标识申领、存储分类等作品管理技术标准研发，建立网络文学作品编目系统、版权信息系统和社会公示及查询系统；要充分利用互联网、移动互联网，以图文、音频、视频等不同形式，对优秀原创网络文学作品进行全方位、多终端化开发利用及传播；鼓励国有出版企业开展网络文学出版业务，做大做强，引导社会资本以独资、控股、收购、并购等多种形式参与网络文学出版；要积极进入国际市场，参与国际竞争。《意见》提出多项推动网络文学健康发展的保障措施，包括开展网络文学评论引导，逐步建立科学的网络文学作品评价体系；发挥科技创新引领作用，推动网络文学企业加快相关技术研发及应用；加强版权保护，持续打击网络文学作品侵权盗版行为；规范市场秩序，加大对网络文学传播淫秽、色情等有害内容的打击力度，整治扰乱市场秩序、侵害用户利益等行为；加大政策扶持，争取各级财政对网络文学发展的扶持，完善相关出版基金和专项资金的支持方式，推动网络文学出版等环节增值税优惠政策的落实；加快人才培养，营造名作家、名编辑和高层次复合型人才不断涌现的良好环境；加强行业自律，健全行业规范，促进共同发展。《意见》要求各地新闻出版广电行政部门在党委领导下，充分认识推动网络文学健康发展的重要意义，切实加强对网络文学工作的指导和扶持，确保各项任务措施落到实处，切实解决发展中存在的突出问题，在推动网络文学健康有序发展中发挥更加积极的作用。

（国家新闻出版广电总局）

【《网络文化行业发展与自律北京共识》发布】2月1日，北京网络文化协会第五届会员代表大会暨第一次理事会议在京举行，百余名来自北京网络文化企业和上网服务企业的会员代表参加会议，会议现场发布了《网络文化行业发展与自律北京共识》（简称《共识》）。《共识》经北京网络文化协会会员共同讨论达成，号召北京网络文化协会全体会员和全国业界同行，在正确价值观引领下创造传播先进文化，在融合发展中协同共进壮大自我，在道德和法治的清朗天地里挥洒自由、服务社会。《共识》特别提出，必须警惕和反对那些在追逐欲望和利益中丧失良知、迷失方向的企业和个人，“做明辨义利驾驭市场的企业家，不做见利忘义俯首市场的奴仆，以诚信之美为网民提供健康有益的文化产品和服务”。

（中国文化传媒网）

【中文在线“书香中国”移动阅读平台启动】8月26日，以“书香北京，阅读之都”为主题的第十三届北京国际图书节在顺义新国展拉开帷幕。启动仪式上，北京市新闻出版广电局与中文在线共同推出了专为“全民阅读”活动开发的订制化移动阅读平台——“书香中国”。该移动阅读平台充分利用数字化的手段和移动互联网的方式开展全民阅读工作，从而拓展阅读资源、扩大受众范围、增强活动效果，打造“永不落幕的国际图书节”；是特别针对机构用户开发的、具有组织性和可统计性，机构用户48小时就可以开通自己专属的APP客户端，通过专属的管理账号定义图书栏目、随时配置和更新图书，并面向终端用户发布各类机构个性化的资讯、通知、文件、消息。通过此平台，机构用户可以非常方便地组织各种阅读和学习活动，并对终端用户的阅读时长、阅读数量等进行精准统计。该平台注重主流思想、文化和知识的传播，致力于提升阅读品味、满足精神需求，旨在通过先进成熟的数字出版成果为各级政府及企事业单位等机构用户在本单位推动全民阅读、传播主流文化提供机构专属的智能化的组织工具，从而使良好的读书习惯化于心、利于行，有效促进学习型组织建设和“全民阅读”的繁荣发展。

（中文在线）

【北京国家数字出版基地运营】11月，由北京市新闻出版广电局联合北京市丰台区人民政府共建的北京国家数字出版基地技术、研究、金融和宣传四大平台正式运营。北京国家数字出版基地是2013年经国家新闻出版广电总局批准建设的全国14家国家级数字出版基地之一。该基地充分发挥首都出版业的内容优势和文化优势，吸引出版机构入驻园区，17家传统出版机构和民营书商的数字出版部门即将入驻。园区积极与中国新闻出版研究院开展合作，做好产业研究，为政府和行业提供咨询服务。在做好数字出版产业的同时，园区还将目光延伸到与出版相关的产业领域，打通影视、动漫、出版之间的产业链条，开发文化创意产业。另外还将建设版权交易平台，对接好版权交易服务，通过并购、股权投资等形式，建设文化产业综合平台。未来，园区将以数字文化创意产业为核心，打通以内容、版权交易、宣传、资金等为重点的全产业链，到2020年将引进400家企业，打造功能完备的首都文化产业园示范区。

（《中国新闻出版广电报》）

手机移动

【小米Note发布】1月15日，小米公司正式发布了新旗舰Note，号称“史上最漂亮的小米手机”。智能手机小米Note沿用小米4的金属边框、骁龙801处理器和3G运行内存，顶配版采用骁龙810处理器、4G内存和2K分辨率显示屏，还增强了Cat9网络支持和土豪金边框版本。小米小盒子小巧便携，一个HDMI接口即可连接电视，拥有1080p全高清分辨率，内存相当于小米盒子1GB增强版，且具备更强更稳定的WiFi无线信号和更高速的传输速度，还标配蓝牙4.0BLE遥控器，无须对准即可直接遥控，其播控平台是中央银河互联网电视集成播控平台，完全覆盖爱奇艺影视资源，内容更加丰富完善。

（小米科技）

【乐视超级手机发布】4月14日，乐视网信息技术（北京）股份有限公司在北京正式发布乐视超级手机1、乐视超级手机1Pro、乐视超级手机Max三款手机新品和虚拟现实设备——超级头盔。头盔可支持最大1000英寸的影音播放面积，最大可视角度为800度，可与乐视超级手机实现互联，实现即插即用。3款手机均采用无边框ID设计。其中，超级手机1搭载联发科helio X10芯片，拥有3吉字节内存，采用夏普5.5英寸全高清视网膜屏幕，索尼1300万像素后置摄像头和500万像素前置摄像头；手机1Pro搭载高通骁龙810芯片，拥有4吉字节内存，采用夏普5.5英寸2K极清屏幕、1毫米宽显示边框，支持移动、联通、电信的双卡双待双4G网络制式。手机Max采用夏普定制6.33英寸2K屏幕、0.88毫米宽显示边框，像素密度达到464像素/英寸，搭载索尼2100万像素摄像头和IMX230影像传感器，定制AKG Hi-Fi耳机。乐视手机依然是从UI开始，但它的涵盖范围更广，覆盖手机、电视、汽车等多个产品或产业。

（新浪网）

【全新手机品牌“奇酷”发布】5月6日，由北京奇虎科技有限公司和酷派集团有限公司联合主办的全新手机品牌发布仪式在京举行。会上发布全新手机品牌“奇酷”并公布了奇酷手机的品牌理念——好奇心改变世界，宣布成立“好奇者联盟”。该联盟旨在聚集一群共同拥有好奇心的人，打造一款中国最有诚意的手机。奇酷公司是一家互联网创业公司，并推出股权众筹模式，用户可以投资奇酷公司成为公司股东，共同分享收益。酷派集团董事长郭德英，360公司董事长兼CEO周鸿祎，500余名360特供机老用户和奇酷手机新朋友，以及200余家主流媒体参加发布会。

（中新网）

【京东众筹上线首款“盲筹”手机】7月21日，联想集团有限公司旗下的互联网子品牌ZUK登陆京东众筹，采用“盲筹”形式，推出手机新产品Z1。Z1手机拥有U-Touch功能，将指纹解锁、轻触返回、左右滑屏切换等五大功能集于一个Home键上，其搭载高通骁龙801处理器，标配64吉字节存储、7模18频全网通网络、4100毫安时高密度电池、正反插拔设计的Type-C+USB3.0接口，能满足重度用机需求。Z1手机在京东众筹平台上以420万元的总筹资额完成众筹，超出众筹目标金额约840%。

（京东）

【探索无卡应用】年内，北京市公共信息服务中心联合北京工业大学校园一卡通、北京移动、多家银行进行“NFC手机校园一卡通”研究，基于NFC移动支付技术，实现教职工和学生随时随地使用NFC手机进行校园卡的空中发卡、空中充值等业务，充分考虑青年学生的需求，将手机和校园一卡通完美结合。

（北京市公共信息服务中心）

公共卫生信息化

【概述】年内，为加强北京地区卫生信息化建设的统筹规划，促进卫生信息互联共享和信息惠民，为服务群众、服务管理、服务改革、服务决策提供有效支撑，市卫生计生委完成人口健康信息化顶层设计。完成电子病历共享工程建设并通过验收，初步搭建了市级卫生信息平台。北京通与居民健康卡融合工作取得进展，确定了卡面设计并编制了实施方案。本年度，北京市公共卫生信息中心运维经费共计1353.72万元，同时修订了《北京市公共卫生信息中心信息系统运维管理规定》。市属22家医疗机构共有三级等保22个系统、二级等保39个系统。市卫生计生委与市公安局对本市卫生行业开展信息安全联合检查，加强信息安全保障工作。

（单既桢　陈臣）

【电子病历共享工程项目建设】年初，电子病历共享工程项目完成招投标，正式启动。2月，完成了7个包的合同签订。4月，完成了30家试点医院的前置机发放。5月，召开医院接口改造培训会，下发《电子病历共享工程项目信息采集说明及技术接口标准》，启动医院接口改造及数据采集。8月，召开项目初步设计及概算专家评审会，通过专家评审，取得市发展改革委批复，批复金额4574万元，本年度资金到位4116万元。9月，组织召开初验专家评审会，项目通过初验进入试运行阶段。截至12月底，项目试运行结束，共采集电子病历信息1719万份，整合社区健康档案信息87万份，整合远程会诊病历29份，整合药品编码信息4.8万个。

（陈臣）

【居民健康卡国家级注册管理系统一期项目通过验收】2月6日，由国家卫生计生委统计信息中心主持的居民健康卡国家级注册管理系统一期建设项目验收会在京召开。来自湖南省卫生计生委信息中心、河南省卫生计生委信息中心等单位的相关负责人等参加。项目由东华软件股份有限公司于2014年6月承建，主要以支撑国家卫生计生委居民健康卡管理工作职能为主，包括支持国家级自身的3项日常业务工作；支持跨省、市的业务协同与信息共享；支持国家对已发卡地区、机构的居民健康卡发卡、用卡工作的初步统计分析，掌握各地发卡的可靠数据等。与会专家一致同意项目通过验收。

（韩洋洋）

【“健康益站”微信平台上线运行】3月24日，“健康益站”微信平台完成认证并正式上线运行。平台共包含各类信息2770条。至年底，“健康益站”共推送信息93条，其中新闻17条、讲座义诊14条、疾病知识12条、急症急救15条、健康生活11条、健康热点11条、图说健康13条。

（刘辰）

【完成卫生计生信息化顶层设计】7月，市公共卫生信息中心卫生计生信息化顶层设计报告终稿通过专家论证评审。顶层设计包括业务、信息资源、信息系统、基础设施、政策机制、标准化体系等方面，旨在为服务群众、服务管理、服务改革、服务决策提供有效支撑。该顶层设计不仅对业务进行全面梳理和分析，对资源、信息系统和基础进行全方位的设计，对标准化体系建设和推进进行整体考虑，还对信息化组织管理、项目管理、信息管理、人才培养、经费保障等政策管理机制进行策略分析。

（张世红）

【卫生系统网站评议】10月，市公共卫生信息中心开展2015年度北京地区医疗卫生行业网站考核评议。本次考核范围包括16家区卫生计生委、13家市卫生计生委直属公共卫生机构、69家三级医疗机构以及265家一、二级医疗机构，共计363家单位。其中，区卫生计生委、市卫生计生委直属公共卫生机构、三级医疗机构三类参评单位平均考评得分65.9分，达到了及格水平；一、二级医疗机构平均考评得分38.5分，未达到及格水平。本年度网站考评设优秀网站奖、信息公开奖、在线服务奖、互动交流奖、进步显著奖，延庆县卫生计生委、市社区卫生服务管理中心、北京朝阳医院等30家单位获奖。

（刘辰）

【启动市卫生计生委移动办公自动化系统建设】11月26日，市卫生计生委移动办公自动化系统完成公开招投标，12月4日与中标承建商签订合同。该系统以web版办公自动化系统为基础，沿用网络版办公自动化系统的办公功能，重点展现领导最为关注的行业舆情信息及通知公告，移动终端的应用设计沿用安卓系统，总投资67.36万元。

（顾晓晖）

教育信息化

【概述】年内，北京市教委认真贯彻落实市委、市政府实施“智慧北京”和教育部“三通两平台”的战略部署,围绕国家“十二五”教育信息化核心工作，把教育信息化建设的重心放在“全面提升信息化对教育现代化的保障能力，运用信息技术实现教育教学模式的变革和个性化学习方式的转变，建成与智慧北京相适应的功能齐全、服务高效的教育服务体系，充分发挥教育信息化在教育改革中的革命性作用，促进优质教育资源共享”等系列工作上来。

（张豫）

【全市数字校园应用成果阶段总结会召开】3月19日，市教委召开“北京市中小学数字校园应用成果阶段总结暨交流研讨会”。市教委委员李奕出席会议，市教委相关部门、区县教委、百所数字校园实验校相关人员参加会议。会上总结了数字校园工作建设历程、取得的成果以及下一步推进思路，并依据第一批实验校的评估结果对实验校进行年度数字校园星级学校的评定。在数字校园建设中表现突出的星级学校在会上分享了各自的优秀成果及经验。李奕在会上发表讲话，他肯定了数字校园实验项目5年来所取得的成绩，并要求在下一步的工作中继续总结经验、转变思路、强化创新，强调要重点关注学生作为教育消费主体的实际获得。

（宋洁）

【中国教育云数据基地落户张北】9月，为推进京津冀协同发展，构建“高精尖”经济结构，京张合作推进张北云计算产业基地获得新进展。张北县与赛尔网络签署合作框架协议，中国教育云数据基地项目正式落户河北省张家口市张北县。中国教育云数据基地是由赛尔新技术（北京）有限公司投资建设，面向全国高校和教育行业机构提供教育云计算和大数据服务的一个大型基础设施。项目选址张北县庙滩产业园区，规划占地13.3公顷，拟分三期投资建设，其中一期项目将于2016年开工，计划2017年9月投入使用。该基地将充分发挥张北的气候优势，按照第四代数据中心标准建成绿色节能、低PUE值、高密度、模块化的下一代互联网数据中心。

（北京信息化协会）

【市级数字校园云服务建设完成】年内，市教委完成了市级数字校园云服务平台的建设，并提供7类在线应用服务，对学校日常教育、教学和管理工作起到了有效的支撑作用。通过总结前期各实验校的建设成果，为避免重复建设现象，市教委搭建了数字校园云服务平台，并梳理了班级微空间云服务、资源云服务、访问监测云服务等7类能较好满足实验校需求的基础性应用服务。10月上线以来，共有312所学校、幼儿园及其他单位参与试用，系统用户超过10000人，共组建班级1087个，累计访问量达86万人次。截至12月，各类应用累计访问量达276286次。学校借助市级服务满足了大量基础性应用需求。

（宋洁）

【北京教育资源网为一线教师提供优质资源服务】年内，北京教育资源延续“教师先选择，政府后服务”的成熟模式，采用电子货币机制，为全市中小学教师提供数字化教育资源服务。截至12月，累计更新资源8831条，下架过时资源2万余条，共发放电子货币3.2亿点，累计消费合计人民币198.5万元。同时，资源网采购了包含电子期刊、文献检索、智能组卷、英语口语训练等多项与教育教学相关的资源服务，降低了教师使用的复杂度。

（顾忆岚）

【国家教育管理公共服务平台北京市数据中心建设通过评估】年内，北京教育网络和信息中心承担“国家教育管理公共服务平台北京市数据中心建设项目（二期）”建设和三期的申报工作，二期工作涉及机房基础设施、教育云管理平台建设、相应硬件设备购置以及其他业务信息系统与教育部系统的数据对接工作。已完成数据中心的核心网络架构和主要软硬件基础设施建设，并开展信息系统迁移工作。经教育部教育管理信息中心现场评估，符合相关建设要求。

（陈昊）

【打造公共教育平台精品】年内，“北京数字学校”在空气重污染红色预警期间广受关注，单日访问量最高达135万次，保障了“停课不停学”的顺利实施，同时“教学互动平台”在门头沟区已开始试点推广；5 月 28 日，“纪念抗战争胜利 70 周年主题专区”上线，年内累计绑定 7000 名学生用户，访问量 482 万次，答题次数 76 万次；“快乐学堂”栏目实现付费运营，累计用户访问量（不重复访问用户）115201 次，日新增用户访问数 200~1000 人次，总订购量 1380 户；配合市教委工作，推出了“北京教育直通车”栏目，打造政策解读、新闻动态等教育内容集成发布的权威平台；与新东方、创联教育、学而思等行业知名教育机构开展多种形式合作，丰富平台在线教育资源内容，并启动线上线下教育产品相结合的服务模式。

（歌华有线）

【中国教育类报刊数字化转型母平台项目完成】 年内，北京国研网络数据科技有限公司在充分整合中国教育报刊社资源的基础上，配置必要软硬件设备，为两报四刊四网提供统一的全媒体生产系统和基础设施服务，在应用层和基础设施层构建较为完整的基础平台。建设内容包括服务器系统、存储备份系统、网络系统、安全系统、基础支撑软件及机房环境配套工程，年内全部建设完成。

（高健）

交通信息化

【概述】 年内，公交集团围绕“互联网 + 公交”创新信息化服务模式，更加注重用户体验，为乘客提供更加便捷高效的出行服务。以“清洁空气行动计划”和“智慧交通顶层设计”为指引，进一步健全工作机制、创新思路，扎实推进交通行业科技创新、道路工程科技和节能减排工作。全市交通科技创新能力不断提高，道路工程科技水平不断提升，交通节能减排工作取得初步成效。推进“智慧北京”工程中交通部分的工作，推进物联网在北京市交通领域的应用，推广应用 ETC 系统应用，推进北京市低排放区拥堵收费技术方案必选，启动项目建设。编制并发布委系统申报市级信息系统省级改造项目方案审查工作流程，审查信息系统项目 20 个。开展网络安全调研与检查，全年交通信息安全零事故。

（孙国萍）

地面交通信息化

【城市公共交通智能化应用示范工程评审会召开】 2 月 16 日，市交通委公交优先办主持召开了《北京市城市公共交通智能化应用示范工程初步设计》评审会。评审会邀请了市交管局原副局长段里仁教授及中国交通运输协会、北京交通大学、北京航空航天大学、北京工业大学等行业专家对初步设计方案进行了评审。

（葛启彬）

【停车行业智能化管理与信息服务系统建设】7月26日，停车行业智能化管理与信息服务系统项目第三标段开标，前两标段正式启动；继续协调推进停车资源数据库建设及相关应用开发工作；停车数据规范与信息挖掘服务关键技术研究项目请科技处组织完成大纲评审。

（葛启彬）

【共建“V交通”平台】9月8日，北京微梦创科网络技术有限公司（新浪微博）与北京高德软件有限公司宣布，合作推出“V交通”公共服务平台，并邀请北京、武汉等地的数十个交通机构入驻。平台通过与专业交通数据提供方合作，发挥在公众交通服务上的影响力，助力智慧城市建设。同时，新浪微博与高德公司还联合发布“V交通”公共服务平台的首个产品——城市交通指数榜。指数榜由高德公司提供的“高德城市车速榜”和新浪微博提供的“微博城市交通榜”两个榜单综合组成，覆盖范围包括北京、上海、广州、杭州等全国45个主要城市，每日榜单结果在新浪微博上发布。

（中国经济网）

【拓展定制公交电子商务平台功能】年内，依托定制公交APP先后推出了“次日余座”和“当日余座”的预订服务；针对自驾车主群体，推出“限行日”预订产品；增加旅游板块，实现线路预订和支付功能；实现二维码扫描验票、自助验票，并对自助验票进行了广泛推广，实现了发车前的“随订随乘”；新增“微信支付”功能，实现了网银、支付宝、微信等主流支付方式全覆盖，满足各类乘客支付习惯，提升用户体验、方便预定；推出定制公交优惠券，可免费领取和转赠乘车体验券，有助于产品推广，提升用户体验。

（孙国萍）

轨道交通信息化

【北京市轨道交通无线通信系统技术交流会召开】3月31日，北京市无线电管理局组织召开了全市轨道交通无线通信系统技术交流会。市无线电管理局局长陆恭超和市交通委副主任刘缙主持会议。会议就轨道交通信号控制系统、乘客信息系统和视频监控系统业务应用、促进多方合作，从而进一步提高北京市轨道交通无线通信系统的安全性等方面进行了交流。市交通委运输管理局、市轨道交通指挥中心、京投公司、市轨道建设管理公司、市快轨建设公司、市地铁运营公司、京港地铁公司等单位的领导及相关人员参加了交流研讨。

（北京市无线电管理局）

【地铁控制保护区管理信息平台开发完成】6月，地铁控制保护区管理信息平台完成开发。该平台立足于运营生产实际需求，通过对地铁控制保护区管理标准化流程及管理制度的分析，确定了保护区从隐患辨识到隐患控制整个隐患管理过程的工作流程。该平台采用了J2EE技术开发，具有跨平台性，预留了多种系统接口，为信息共享提供了基本条件，将地理信息技术与地铁运营养护管理相结合，为轨道交通控制保护区信息化、系统化、标准化管理奠定了基础。

（李宇杰）

【95306网站板块开发上线】 7月，完成了中国铁路95306网（“中国铁路95306网”是以铁路物流为核心，集大宗物资交易、小商品交易、行业资讯、物流服务于一体的电子商务网站）大宗商品交易系统中钢铁板块、饮食品板块和区域服务市场中北京、天津、河北板块的开发、上线工作。大宗商品交易板块为客户提供挂单交易、竞价交易、推荐企业、行业资讯等服务；区域服务市场板块为客户提供区域概况、区域资讯、名优商品、名优企业、旅游景点、宾馆酒店、产业园区、铁路物流等服务。

（綦新亮）

【承办京津两地轨道交通企业对接会】 9月23日，由天津市人民政府投资促进办公室、天津北辰区人民政府主办，北京环都经济圈节能低碳环保产业联盟、中关村民营科技企业家协会承办的“京津两地轨道交通企业对接会暨天津市北辰区招商投资说明会”在北京裕龙国际酒店召开。会议由中关村民协常务副秘书长、环都经济圈节能低碳环保产业联盟秘书长戴双主持，中关村民营科技企业家协会（简称中关村民协）协会长、联盟理事长姜鹏明介绍了协会整体情况以及中关村轨道交通产业集聚优势。天津轨道交通集团公司、天津滨海轨道交通建设公司分享了“十三五”期间天津轨道交通建设规划，南车产业园介绍了合作与市场需求，北辰经开区领导对北辰作为京津黄金走廊的区位优势和产业集群优势进行了说明。天津投促局领导介绍了天津作为国家自贸区、电商跨境试验区、国家自主创新示范区的政府优势和近来发展速度。50多位企业代表聆听并表达出为京津冀协同发展和天津轨道交通发展做贡献的意愿，部分企业表明去天津北辰发展的意向。

（郑虹锦）

【轨道中心信息上线业务系统升级】 12月28日，轨道交通指挥中心在轨道交通计程票价正式实施以及4条新线开通后，完成信息中心已上线业务系统的升级工作，包括数据仓库、统分平台、运营评估平台、应急辅助平台、乘客查询平台等子系统。

（葛启彬）

【北京地铁试点安保信息化管理系统试运行】 年内，北京地铁试点安保信息化管理系统在1号线复兴门、王府井、9号线北京西站站区进行试运行。该系统集安检数据收集、现场监控、安保流程化管理、应急指挥于一体，进一步加强多方面的情报信息合作交流，强化治安保卫情报信息整合共享，完善分析研判机制。

（保卫部　运营二分公司）

城际交通信息化

【赴易华录天津基地参观考察】 1月20日，北京市智能交通协会应邀参加了由中国智能交通协会组织的对易华录天津基地的参观考察活动。易华录公司作为以智能交通为主要业务的上市公司，已经在智能交通的15个领域开展了具体工作。同时，将未来20年的工作重点放在智慧城市、智慧交通和绿色能源等方面。

（葛启彬）

【赴延庆综检站考察调研】 6月1日，北京市交通信息中心一行两人赴延庆综检站治超监管系统示范工程进行考察调研。项目组就延庆下营和康庄两个综检站的站内机房、综合布线、外场土建施工等的质量和进度情况进行了详细勘察，与用户单位代表等就工程有关情况进行了沟通交流，并对工程后续实施内容进行了安排部署。

（葛启彬）

【交通大数据融合共享开发利用研讨会召开】 年内，北京市信息化专家委联合上海市信息化专家委召开京沪“交通大数据融合共享开发利用研讨会”，组织北京、上海两地交通、经济和信息化等政府部门、研究机构和行业专家，对交通大数据共享融合进行交流座谈。

（北京市信息化项目评审中心）

【监测城市交通实现动态导航】 由北京掌城科技有限公司、中国科学院地理科学与资源研究所、北京千方信息科技集团有限公司等单位共同完成的“城市交通诱导与导航出行关键技术研究与应用服务”项目，获2015年度北京市科学技术奖一等奖。该成果综合应用移动目标卫星定位导航、移动通信、微传感器、高性能计算、地理信息系统、交通工程等技术，实现城市、城际道路交通系统状态的实时感知、传输与智能处理，准确、全面地把握城市、城际道路交通系统的微观运行趋势。通过门户网站、手机短信、互联网与手机地图、社交网络、路侧电子布告板、交通电台等途径提供城市、城际交通信息和交通诱导服务，实现公众出行多模式多标准动态导航，提高出行效率，并辅助交通管理部门制订交通管理方案，促进城市节能减排，提升城市运行效率。成果覆盖全国主要高速公路、国道和省道，总里程超过8.5万公里，涉及北京、上海、广州、深圳等47个大中城市。

（新华网）

车辆管理信息化

【2项研究成果参展北京大型科普博览】 5月17—24日，北京交通发展研究中心开发的车流量、停车检测模型，受邀参展以“科学生活，创新圆梦”为主题的全国科技活动周暨北京科技周主场大型科普博览会。该模型设有停车和环路，以无线地磁检测器为核心，检测模型之上的电动小车行驶、停车等信息，完整还原无线地磁检测器在道路和停车场的实际应用情况。同时参展的“交通指数APP软件”，可以安装在手机或智能电视中，实时向用户报告当前路网的运行速度、拥堵路况以及交通事故信息，为用户提供方便快捷的出行提示。

（葛启彬）

【2015中国云停车产业发展论坛举行】 10月30日，由中国公共安全杂志社、《ITS智能交通》杂志联合举办的2015中国云停车产业发展论坛在深圳会展中心举行，来自全国多家停车企业的负责人参加了本届论坛。论坛以“拥抱‘互联网+’，共创停

车新生活”为主题，与会嘉宾就智能停车的用户体验、投资机会和创业风险等热点话题进行同台对话、深入探讨。北京千方科技股份有限公司及旗下江苏本能科技有限公司共同参加了本次论坛。其间，论坛主办方与包括千方科技及旗下本能科技在内的30余家停车行业领军企业联合发起成立了“中国云停车产业联盟”。该联盟的主要目的在于搭建一个信息交流和协作平台，以促进云停车产业链上下游企业的信息沟通与共享，加强行业自律，提升行业创新服务水平和核心竞争力，携手共创云停车的美好未来。

（千方科技）

【交通视频大数据处理分析应用总体规划及一期示范项目验收】12月10日，市交通行业科技项目“交通视频大数据处理分析应用总体规划及一期示范”项目通过专家评审并通过验收，项目在梳理分析北京市交通行业现有视频应用基础上，以交通视频大数据智能化分析应用为核心，全面提升交通视频资源联网监控能力和交换共享水平，提升交通视频特征提取精度和交通视频大数据资源应用价值。总体规划提出：未来5年内，交通行业视频监控系统具备自动检测、智能监控和主动报警功能；2017年底，建立视频图像质量远程动态诊断系统，实现北京市交通行业新建和原有视频设备100%动态监测、视频图像质量远程动态诊断、图像质量分级评估和视频监控系统智能运维；2018年底，实现北京市所有机场、火车站、综合客运枢纽以及其他人流密集场所出租车接续运输智能分析和调度等目标。

（葛启彬）

【公交车辆智能化运营调度系统建设】年内，新增7796套双模车载卫星定位设备，升级原有12447套定位设备，新增20243台车载控制器，升级原有车载刷卡机软件，覆盖集团公司全部运营车辆；开发新版智能调度系统及IC卡业务应用系统；新版智能调度系统在集团在册808条常规线路中投入使用，全面实现基于车辆定位技术的动态实时调度，实现IC卡刷卡数据的实时采集传输和客流分析；实现与动态乘客信息服务系统的对接，为其提供数据支持。

（孙国萍）

【重点运营车辆联网联控平台启动运行】年内，重点运营车辆联网联控平台启动运行，共完成“两客一危”车辆入网11094辆，车辆入网率达到95.6%。其中，旅游包车入网6041辆，省际客车入网970辆，化危车辆入网4083辆。全国道路客运车辆公共监管与服务平台接入服务商12家，上线车辆达6938辆。

（葛启彬）

环保信息化

【概述】年内，北京市环保信息化工作紧紧围绕环境保护中心工作，全面开展了重点信息化项目建设、信息安全建设、运维保障等各项工作，继续提高信息化服务保障能力和水平。

（梁雪霞）

【环保微信举报平台开通】 6月5日，市环保局开通全国统一的“12369”环保微信举报平台，接收群众通过微信方式反映的与环境相关的问题。年内运行平稳有序。

（市环保局投诉举报中心）

【举办环境污染第三方治理问题座谈会】 6月12日，北京环都经济圈节能低碳环保产业联盟受市发展改革委委托，就环境污染第三方治理问题召开座谈会。会议由市发展改革委资环处处长张玉梅主持，来自新奥集团、清新环境、绿创集团等16位联盟成员企业的董事长或高管参会。参会代表就现行针对环保企业采取的税收优惠提出建议，并提出了本企业在环保第三方治理过程中遇到的问题。张玉梅充分肯定了环都联盟发挥的作用，表示目前发展改革委正在围绕首都核心功能研究出台新的环保标准、产业发展和第三方治理意见，这些政策出台前将借助联盟平台听取各方企业意见。中关村民协常务副秘书长、北京环都经济圈节能低碳环保产业联盟秘书长戴双出席会议。

（郑虹锦）

【桑德环卫云平台发布】 9月11日，桑德环卫云平台新闻发布会在北京中关村软件园国际会议服务中心举行。桑德环卫云平台包括物流、回收、广告、交易、运营五大业务板块，利用物联网、移动互联网、云计算等相关技术，可连接环卫工作所涉及的各类环卫设备、环卫作业人员、数字城管系统等，实现对环卫设备、环卫管理人员全过程的实时监管以及数据共享，形成一个信息互联互通的物联网络。桑德环卫云是一个开放的生态系统，可为第三方公司及大众用户提供相应服务。用户可通过手机APP及微信完成上门回收和快递预约，还可通过微信对周边发生的环卫事件进行上报和为第三方公司提供广告及物流等服务。

（新华网）

【推进环保系统信息建设】 年内，市环保局重点承担八大任务：一是京津冀及周边地区大气污染联防联控信息共享平台项目建设基本完成；二是北京市排污申报和排污费征收管理系统建设完成并通过初验；三是全市环保系统视频会议系统升级改造项目完成，实现了环保部、市委市政府、市应急1号以及市环保系统各套视频会议系统的集中控制调度；四是局直属单位公文系统建设完成并通过初验；五是区县行政处罚系统建设完成，在全市环保系统内实现了行政处罚工作全流程信息化；六是辐射安全管理系统升级改造项目进展顺利；七是2013—2017年清洁空气行动计划填报系统升级改造及重点业务指标信息管理系统建设进展顺利；八是污染物排放总量指标管理平台推进工作完成，建设方案已通过市经济信息化委评审。

（梁雪霞）

【加强市环保局政务网站建设】 年内，市环保局政务网站继续围绕“信息公开、在线服务、政民互动”三大功能定位，合理布置栏目，完善网上办理程序，增强政务互动效果，重新梳理布置了106个信息栏目，实现了全部42项行政办事事项网上办事指南和表格下载服务，完善了依申请公开的网页申请功能，使网站信息查阅更加便捷、网上办事更加顺畅，全年共在网站主动公开各类政府环境信息3580条，全文电子化率为100%。其中，机构职能类信息2条，占总数的0.06%；法规文件类信息64条，占总数的1.79%；规划计划类信息4条，占总数的0.11%；行政职责类信息1条，占总数的0.03%；业务动态类信息3509条，占总数的98.01%。政务网站页面浏览量达1055万余次。此外，作为市环保局政务网站的补充，市环境保护科学研究院、市环境保护监测中心、市环境保护宣传中心等直属单位还利用各专业网站发布各类环境信息共15636条，有力地配合了市环保局政务网站，充分发挥了网站为政府环境信息公开主渠道的作用。

（市环保局网站）

【推进环保政务公开】年内，市环保局不断拓宽渠道，灵活利用各种方式，如新闻发布活动、官方微博、宣传微信、报刊、广播、电视、宣传栏、信息显示屏等，主动公开重要的政务信息和环境保护工作动态信息，积极回应公众关切的热点问题，宣传环保方针政策，推进环保公众参与。年内，共组织、举办新闻发布活动75次；受理并接待媒体采访160次；撰写并向媒体发布新闻稿及新闻素材106篇，各媒体刊播、转载3.5万篇次；通过“环保北京”“环境监测”“环保宣传”微博群发布信息7883条；通过“京环之声”官方微信发布信息1586条；通过其他各类渠道、方式发布信息5475条。

（市环保局网站）

社区信息化

【概述】年内，市经济信息化委按照北京市政府2015年折子工程中“再建500个智慧社区”的要求，会同市社工委扎实推进了631个智慧社区建设工作和332个社区升星工作，超额完成“2015年底建成1500个智慧社区”的任务目标。

（市经济信息化委）

【社区文化站升级改造项目启动】5月1日，歌华有线公司社区文化站升级改造项目第一个样板间在东城区北新桥街道社区建设完成。样板间具有社区电影院、社区游戏吧、社区健康站、社区数字化阅读等功能，可提供电视院线数字电影放映、数字化阅读、健身、医疗等服务。

（歌华有线）

【智慧社区推动智慧生活主题研讨会召开】11月12日，中关村民协邀请北京节能环保中心、中科院遥感所、彩社区智慧物业O2O服务平台及20余家中关村高科技企业举办“智慧社区推动智慧生活”主题研讨会，与会企业就如何实现智慧化的社区服务、社区物业如何实现智慧节能、高科技产品如何通过智慧社区平台走进千家万户实现百姓智慧生活等话题展开研讨。会上多家企业与社区平台、物业集团深入交流，交换发展思路。

（郑虹锦）

【开展信息化便民惠民服务试点示范工作】年内，围绕养老、医疗等民生热点问题，市经济信息化委因地制宜，创新开展了一批信息化便民惠民服务试点示范，取得了良好效果。例如，东城区开通了为民服务热线“96010”，实现了便民服务的“一号对外、集中受理”。西城区首创第三代智慧服务中心，建成24小时自助行政服务系统，开展一站式政策咨询和在线服务。西城区甘家口街道开展了智慧社区居民医养康一体化管理和服务平台的建设工作，进一步整合了街道医疗服务资源，通过多种智能化终端、O2O线上线下相结合的模式，向居民提供了从出生到死亡的全生命周期管理服务。朝阳区亚运村街道10个社区安装室外信息显示屏1000多块，为居民提供天气、时事、政策、通知等信息服务。团结湖街道建立3D团结湖服务平台，加强对地区文化服务资源的管理利用和惠民共享。

（市经济信息化委）

【昌平区回龙观社区服务平台建成】年内，昌平区回龙观社区服务平台建成，已完成回龙观镇47个社区居委会的视频监控头及配套视频监控软件、大部分社区的视频会议系统的安装及调试工作。该项目投资279.039万元，在回龙观社区服务中心及社区居委会（或社区服务站），以信息化手段促进和加强社区服务工作，采用新型信息技术支撑社区综合服务体系建设工作，为居民养老、卫生、文化娱乐、体育建设、教育、培训、再就业及开展社区服务提供先进的技术保障。

（尚景学）

农村信息化

【概述】年内，北京农村信息化工作着力推动“互联网+农业”发展，借助互联网、云、大数据等先进的信息技术将各方面信息需求及时推送给用户端，更好地引导现代农村、农业生产经营活动。创新农业组织，培育一批新型职业农民和农业经营主体，引领农业现代化的人员队伍建设。以大田、设施蔬菜标准园等农业重点产业做应用对象，转变农业生产方式，强化农业科技和装备支撑，提升农业节水水平，并努力打造一批信息技术与产业融合的典型，形成可推广、可借鉴的融合模式。通过互联网使相对分散的农业小生产对接国内、国际大流通、大市场，从而增速农业市场化、现代化的步伐。

（北京市城乡经济信息中心）

【2015年北京市农业农村信息化工作会议召开】4月17日，北京市城乡经济信息中心组织召开了2015年北京市农业农村信息化工作会议。会议由市农委办公室主任周

洪生主持。市农经办（市农研中心）党组成员、市城乡信息中心主任刘军萍做了题为“抢抓机遇，开拓创新，加快推进北京农业农村信息化建设”的工作报告。报告从工作体系建设、信息资源建设、服务体系建设、网络安全建设、科研能力建设5个方面总结了全市2014年农业农村信息化工作取得的成效和突破，分析了存在的问题及当前面临的新形势与新要求，全面部署了2015年全市农业农村信息化重点工作。平谷区大兴庄镇西柏店村、密云县农民专业合作社服务中心、北京顺鑫控股集团有限公司分别就“美丽智慧”乡村建设、合作社农产品电子商务应用、龙头企业信息化管理与应用做了交流发言。市农工委副书记刘福志在总结讲话中对全市农业农村信息化工作给予了充分肯定，对下一步工作提出了明确要求：一是要正确分析和判断北京农业农村面临的形势，根据不同的消费群体开发不同的产品，提供精细化的信息服务；二是要用现代化信息技术装备农业，通过互联网解决农业存在的问题，让农业插上腾飞的翅膀；三是要通过农业农村信息化，加快推进北京城乡一体的进程，为老百姓提供更多的方便与服务；四是各级领导要高度重视，加大对信息化的投入，不断总结好的做法、推广好的典型和经验。市农委、市经济信息化委、市级涉农单位信息中心等单位负责人，各郊区县农委、经管站、农合中心信息化工作主管领导、部门负责人100余人参加了会议。

（《京郊日报》）

【设施农业物联网应用情况调研】4月21日，农业部副部长张桃林对“农业信息化示范展示基地”设施农业物联网应用情况进行了调研。观看了“温室环境智能调控”“节水智能灌溉”“远程视频监测”技术演示，参观了“智慧农业科普展示区”。该基地是北京“菜篮子”供应应急保障支撑体系建设的核心项目。市农委主任王孝东、市农业局局长吴宝新陪同调研。

（金娟）

【新型农村合作医疗管理信息系统升级改造】6月，新型农村合作医疗管理信息系统软件升级改造项目由市公共卫生信息中心组织启动建设。至年底，完成了系统方案设计、需求调研等工作。该系统支持怀柔区开展新农合支付方式改革，在逐步减轻农村参合居民疾病经济负担基础上，探索有效的补偿和支付办法，保证新农合制度可持续运行。

（史森）

【“菜篮子”供应应急保障支撑体系建设】7月7日，《农民日报》刊登题为《北京市以信息化支撑“菜篮子”建设》的文章，对北京市“菜篮子”工程信息化建设模式进行了报道。通过“菜篮子”供应应急保障支撑体系建设，形成了对政府部门提供决策支撑的“菜篮子”工程信息系统，对蔬菜园区提供综合信息服务的“菜篮子”APP，并打造了一个“菜篮子”信息技术应用核心示范基地。

（金娟）

【首个乡村科普O2O综合服务体在京启动】9月19—25日，以“科技成就梦想，拥抱智慧生活”为主题的2015年全国科普日北京主场活动暨第五届北京科学嘉年华在北京奥林匹克公园中心区广场举办。在活动上，我国首个乡村科普O2O综合服务体、中国科协科普信息化建设工程——“科普中国农村 e 站”正式揭牌运行。“科普中国农村 e 站”是运用“互联网 + 科普惠农”理念，建成的线上线下相结合的乡村服务平台。平台集农民远程互动培训、实用技术学习、即时信息查询、专家在线服务和农村电商创业为一体，由一站、一屏、一员组成。农民通过服务平台，不仅可以随时咨询专家，还可以查询到全国各地农产品实时市场行情、病虫害预报、农业天气等信息，更能网上购买平价农资，上传自家农产品找到买家。

（中国农业新闻网）

【运用物联网等高科技手段打造中粮智慧农场】10 月 20 日，由中粮集团、北京市及房山区政府、中国农科院中环易达合作建设的中粮智慧农场正式启用。中粮智慧农场位于中国北京农业生态谷的核心区域，为中粮集团与农科院联手打造的重点项目，规划面积 78.5 公顷，固定资产投资 3.86 亿元，集世界水平的高科技农业展示应用、现代农业科普教育、高品质生态田园休闲为一体。中粮智慧农场作为现代都市农业在中国的第一个落地项目，应用 7 项世界领先技术、11 项国内领先技术以及 9 项中国农科院专利技术，以智能农业技术为核心，运用新能源、节水农业、循环农业等新手段，是集智能化、工厂化、自动化于一体的智能设施农业创新平台，建设成全球第一个高度集成人工光植物工厂、食用菌工厂、多层叶菜工厂、新能源、节水农业、循环农业、智能化等技术的农业综合体，以及花田漫步、牧场悠歌、乡野记忆、田园拾萃、林间采薇、伊甸寻芳六大室外主题园区。

（刘秀平）

【首都农业大数据中心成立】10 月 20 日，在京东云“互联网 +”战略发布会暨创新联盟启动仪式上，北京首都农业集团有限公司与北京京东世纪信息技术有限公司达成战略合作，就“首都农业大数据中心暨互联网农业技术与产业创新中心”实体化运营展开合作，共同开启首都农业大数据新时代。“首都农业大数据中心”将开展农业大数据技术应用及云平台技术开发和应用，为北京市政府涉农部门以及首都农业龙头企业提供数据支撑和服务。平台将按照生态农业、都市农业、智慧农业的发展理念，以北京市本地农产品优质优价为目标，落实市农委确立的“一村一品一电商”的部署，开展特色专业蔬菜村和农业专业合作社整体电商方案的规划设计，并建设“一村一品一电商”的落地试点项目。

（搜狐焦点网）

【调研平谷区农众物联植物工厂】11 月，市委书记郭金龙，市委副书记、市长王安顺到平谷区农众物联植物工厂调研。该植物工厂是国内唯一一家规模化、量产化的植物工厂，利用世界领先的人工模拟环境技术养植松茸等高端作物，极大提高了附加值。工厂还开发出适合种在阳台和墙上的蔬菜，充满创意，让农业变得更好看。充分发挥物联网技术的优势，客户通过远程操控系统，可以对工厂里的作物浇水、施肥、补光，最终收获真实的瓜果蔬菜。网络虚拟农场与现实耕种联系起来，让农业更“好玩”。郭金龙为植物工厂取得的创新成果感到高兴，勉励企业继续提高农产品科技含量，助力都市型现代农业发展。

（平谷区农委）

【调研平谷区智慧乡村建设】12 月，政协委员到平谷区西柏店村调研。作为智慧乡村的典型，西柏店村利用信息化手段生产发展农业种植取得了很大的成绩。其间，移动平谷区分公司向委员们展示了远程监测系统和种植大棚温湿调控系统。

（平谷区经济信息化委）

【建立农业科技网络书屋】 年内，为满足农村、农业、农民的科技文化需要，提供有针对性信息服务的网络平台，房山区农业局为全区的基层农技推广人员和村级全科农技员建立了农业科技网络书屋。农业科技网络书屋内容全面，精选农、林、牧、渔科技类，经营管理类的图书2万多本，各类期刊、杂志500多种，CCTV7农业音像节目6800多个。通过网络书屋可以满足技术指导员、科技示范户的自主学习和培训需求。通过网络学习的方式，使基层农技推广人员和农技员获得丰富、权威、实用、最新的农业科技知识信息。

（房山区农业局）

北京信息化年鉴

信息化软环境

【综述】 2015年，按照《关于印发促进大数据发展行动纲要的通知》《关于运用大数据加强对市场主体服务和监管的若干意见》等有关文件要求，以“夯实基础、统筹建设、促进协同、健全机制”为原则，坚持“业务牵头、行政协调、技术支撑”的工作模式，创造良好的信息化环境，积极落实市经济信息化委信息化建设、运维各项任务，认真做好市经济信息化委信息化保障和服务，加强中心自身建设，较好地完成了全年各项工作。

（市经济信息化委）

政策与法规

【《〈中国制造2025〉北京行动纲要》新闻发布会召开】 12月9日，市经济信息化委与北京市政府新闻办联合召开《〈中国制造2025〉北京行动纲要》新闻发布会。市经济信息化委主任张伯旭对《〈中国制造2025〉北京行动纲要》的指导思想、重点原则、核心内容、具体落实行动和政策措施等进行了解读和发布，并表示还将出台制造业转移疏解指导目录、技术改造指导目录、“高精尖”产品目录和项目优选线标准、新产业生态建设专项方案等配套政策文件，并加强政策落实的跟踪分析和督促指导，推动各项任务落到实处。姜广智委员参加了发布会并回答了记者提问。发布会由北京市委宣传部秘书长张劲林主持。

（市经济信息化委）

【编制《〈中国制造2025〉北京行动纲要》】 年内，软件与信息服务业处按照京津冀协同发展和首都新功能定位要求，研究编制了《〈中国制造2025〉北京行动纲要》，该文件已通过第94次市政府常务会、第179次市委常委会审议，将以市政府名义印发。

（市经济信息化委）

【完善政策法规制度】 年内，市经济信息化委经济社会信息化处起草印发了《关于加快社会信用体系建设的实施意见》《北京市社会信用体系建设三年重点工作任务（2015—2017年）》《关于印发法人和其他组织统一社会信用代码制度建设实施方案的通知》等一系列重要政策文件。《北京市公共信用信息管理办法》通过市司法局立项论证，取得重要进展。

（市经济信息化委）

标准规范体系

【《企业首席信息官制度建设指南》全国宣贯活动启动】 1月28日，《企业首席信息官制度建设指南》全国宣贯千里行活动第一站——北京站在中关村国家自主创新示范区展示中心启动。此次活动是在工业和信息化部指导下，由市经济信息化委、中国电子学会主办，中国首席信息官联盟和北京市企业信息化和信息三管联盟等单位联合承办，来自中央企业和北京市企业的“一把手”及信息主管、两化融合管理体系贯标试点企业负责人、中国首席信息官联盟会员单位代表、全国百佳及优秀CIO获奖者代表等200余人出席。活动将利用一到两年时间，推动地方市经济信息化委（工信厅）以及各地CIO联盟组织积极部署推进《指南》精神的贯彻落实，加深企业对《指南》的理解，交流企业首席信息官设立和制度建立示范之路，促进企业开展两化融合管理体系标准建设。

（市经济信息化委）

【《信息技术服务运行维护服务能力成熟度模型》发布】 2月15日，中国电子工业标准化技术协会、信息技术服务分会联合发布了《信息技术服务运行维护服务能力成熟度模型》。该模型按运维服务组织能力建设和管理的发展历程定义了逐步进化的4个等级，自低向高分别为基本级、拓展级、改进（协同）级和提升（量化）级。该模型规定了各级运维服务能力成熟度在管理、人员、过程、技术和资源方面应满足的要求。模型适用于运维服务供方建立、保持和改进运维服务能力，也适用于评价供方运维服务能力。

（北京信息化协会）

【《数据中心能效分级》等两项标准宣贯会举办】 3月31日，由市经济信息化委主办、软件和信息服务业节能减排联盟承办的北京市《数据中心能效分级》和《软件和信息服务企业节能评价规范》两项地方标准宣贯会在中国信息通信研究院举办。市发展改革委环资处，通州、朝阳、海淀、西城等区县经济和信息化委（发展改革委）、软件和信息服务业重点用能企业相关负责人40余人参加。此次宣贯的两项标准分别将于4月1日和5月1日正式实施，将有助于加强该行业节能管理，优化产业结构，督促企业加强节能技术改造，提高用能效率。

（市经济信息化委）

【闪联新ISO/IEC国际标准发布】 4月1日，由闪联信息产业联盟创制的标准《信息技术家用电子系统(HES)架构－第5–7部分：信息设备资源共享协同服务－远程访问系统架构》被国际标准化组织/国际电工委员会（ISO/IEC）发布为国际标准，标准号ISO/IEC14543–5–7:2015。该标准是闪联远程访问系列标准的总纲，为后续标准的制定提供了系统架构和标准化体系说明。此前，ISO/IEC已经正式发布了信息设备资源共享协同服务的7项国际技术标准，形成了家庭网络信息设备互联的标准技术体系，为各种家用信息电子系统的互联互通提供了有效的标准技术支撑。

（杜菲）

【软件交易标准体系正式发布】 4月9日，北京软件和信息服务交易所正式发布软件交易标准体系，同时就《软件和信息服务交易采购规范》与《软件和信息服务交易交付规范》召开了“软件和信息服务采购、交付规范”专家评审会。软件交易标准体系从软件采购用户的角度出发，解决软件交易过程中存在的严重信息不对称、软件交易复杂及软件定价难等问题。该体系主要包括大数据交易服务平台、淘软件平台、淘服务平台、软件和信息服务采购规范、软件和信息服务交付规范、信息化项目软件开发费用测算规范等标准。

（市经济信息化委）

【《社会服务一卡通（北京通）卡片技术规范》发布】4 月 30 日，北京市质监局批准发布了《社会服务一卡通（北京通）卡片技术规范》地方标准。该标准实现了集医保卡、就诊卡、交通市政一卡通、多种证件卡证合一的功能融合。3 月，标准的编制工作正式启动，覆盖了芯片、卡商、终端设备、系统集成商、金融机构、系统安全等各个领域。工作组采取实地调研、专家座谈、专家研讨、网上征集等多种方式和渠道收集各政府部门、行业领域以及业内专家等多方意见，吸纳了共 44 家单位的约 150 条意见，征询了各领域专家意见近 100 人次，工作组在此基础上进行了反复的修改和完善，确保了标准制定工作的准确性、全面性和客观性。《社会服务一卡通（北京通）卡片技术规范》地方标准在北京通卡的设计、制造、管理、发行等环节逐步应用，在实现信用管理、政府公共服务、社会公用事业服务等领域将发挥重要作用。

（北京信息化协会）

【闪联 4 项电子行业标准发布】4 月 30 日，工业和信息化部发布 2015 年第 28 号公告，批准 876 项行业标准。其中，由闪联信息产业联盟创制的信息设备资源共享协同服务（闪联）系列的 4 项标准获批为电子行业标准。标准为家庭和办公环境下的家用电器、计算机和通信设备提供了智能发现和组网、智能资源共享和协同服务的标准化技术体系，4 项标准为：SJ/T11310.2—2015《信息设备资源共享协同服务第 2 部分：应用框架》，标准规定了闪联基础协议下的音视频、文件和数字多功能光盘应用的应用框架；SJ/T11310.3—2015《信息设备资源共享协同服务第 3 部分：基础应用》，标准定义了在 SJ/T11310.2—2015 基础上所实现的一些基本应用需求和设计准则；SJ/T11310.5—2015《信息设备资源共享协同服务第 5 部分：设备类型》，标准规定了符合 SJ/T11310—2015 形态的设备类型标识符要求、功能性设备类型标识符要求及其接口要求；SJ/T11310.6—2015《信息设备资源共享协同服务第 6 部分：服务类型》，标准规定了符合 SJ/T11310—2015 的服务类型、接口要求、内容表现以及数据要求等内容。这一技术体系可以广泛应用在智能家居、智慧照明、智能用电、智慧教育、智能家电等众多家庭互联领域。标准从 10 月 1 日起实施。

（杜菲）

【软件检测标准培训会举办】10 月 28 日，市经济信息化委组织召开软件检测标准培训会，围绕软件产品检测机构面临的各类标准、落实软件产品检测标准心得、移动终端软件产品检测标准等进行研讨。会上，市经济信息化委软件处介绍了《北京创造 2025》文件的内容、京津冀合作、软件产业平稳运行等工作，并希望各机构做好为软件企业的服务。软促中心通报了 2015 年以来软件产品检测情况，数据显示，受国家取消“双软”认定政策影响，软件产品检测数量明显下降。此次培训，旨在以标准为抓手，规范检测机构对软件企业的服务。市经济信息化委软件与信息服务业处、科技标准处，海淀经信办领导出席，全市13家软件检测机构相关人员40余人参加。

（市经济信息化委）

【修订《公共卫生信息系统指标代码体系与数据结构》地方标准】年内，市公共卫生信息中心组织市疾控中心、市卫生监督所、市妇幼保健院、市血液中心、市药采中心、市急救中心等相关单位对2015年市质量技术监督局发布的《公共卫生信息系统指标代码体系与数据结构》地方标准进行修订。5月，对国家发布的相关标准规范及北京市相关标准进行了全面梳理，结合近几年实际开展的公共卫生业务，对原标准的体系结构和指标项进行了探讨和研究，对各指标项进行了重新梳理和编制。主要修改了两方面的技术：一是按照国家卫生计生委关于数据元编制的有关标准规范要求，将原地标的指标名称、类型、长度、计量单位、代码标识等内容进行结构性修改，修改后的标准分为两大部分；二是对于原有的数据指标项进行梳理，去掉了大量的统计指标。8月底完成《公共卫生信息系统指标代码体系与数据结构》征求意见稿，9月征求区县卫生计生委、直属单位、三级医院以及国家卫生计生委、医保局、教委、科委、水务局等单位的意见，并根据意见进行了修改完善，12月召开标准预审会。

（张世红）

【《2022年北京冬季奥林匹克运动会建立空中交通保障系统建议书》编写完成】年内，为满足运动员突发伤害紧急救治的需求，发挥通航高效快捷的优势，完善冬奥会交通、应急救援保障体系，有助于提升奥运保障能力和促进北京市产业结构升级，航空航天处协调民航、空军和平谷区相关部门，对张家口崇礼县的通航运营发展条件和情况进行调研，研究讨论通航机场选址建设问题，形成《2022年北京冬季奥林匹克运动会建立空中交通保障系统建议书》，全面阐述了北京市和张家口两地通用航空机场的选址、建设和后期运营等内容。

（市经济信息化委）

【探索业务技术和标准化研究】年内，北京市政务信息安全应急处置中心编制的《信息技术灾难恢复系统成本效益评估规范》和《电子政务信息安全监控数据规范》两项北京市地方标准完成报批手续，将在2016年正式发布实施；同全国信息安全标准化委员会进行沟通，加入《网络安全事件应急演练通用指南》国家标准编制组，开展相关国家标准的编制工作，通过标准编制工作了解更多行业前沿动态，尝试从更高的角度开展信息安全技术研究工作；同中国科学院信息工程研究所、北京科技大学积极开展合作，进行工业控制信息系统监控发现、云灾备环境安全监管等技术研究工作，为中心下一步发展方向进行探索。

（市经济信息化委）

【完善技术评审规范】年内，北京市信息化项目评审中心修订了《政府投资信息化项目技术评审规范》，根据前期项目评审过程中面临的问题，依据国家和北京市最新文件要求，结合顶层设计工作成果和资料库等建设成果，重点强化统筹节约、共享开放、信息安全和软硬件产品国产化要求，补充完善共性平台服务、信息资源共享开放以及相关要求。进一步完善“涉密项目评审内部管理规定”，讨论和起草《关于加强政府投资信息化项目全过程管理推进我市政务数据共享开放的通知》，完善各环节业务衔接和信息报送有关机制，推动政务信息资源共享开放。

（北京市信息化项目评审中心）

【开展专项技术评审规范要点整理编制工作】年内，北京市信息化项目评审中心结合项目评审中热点难点问题，组织开展了人群聚集监测、视频监控及安全技术防范等专项技术评审规范的资料整理和编制工作。在人群聚集监测方面，调研了市旅游委、市公园管理中心、市交通发展研究中心、故宫博物院、天坛公园、市劳保所等相关部门，形成了初步方案。

（北京市信息化项目评审中心）

人才建设

【全国信息技术服务人才培养和评价工作启动会召开】3 月 18—20 日，中国电子工业标准化技术协会 ITSS 分会在成都组织召开全国信息技术服务人才培养和评价工作启动会。工业和信息化部软件服务业司信息服务业处史惠康副处长、四川省经济和信息化委软件与信息服务业处陈文涛处长、成都市经济信息化委软件与信息服务业处汪峰处长出席会议。来自全国 55 家企事业单位的 76 位专家参加了会议。会议由 ITSS 首席架构师周平主持。人才标准和评价模型研制工作牵头人谢尚飞介绍，该工作是在国家 ITSS 标准体系的总体框架下，构建我国自主的信息技术服务人才评价模型和培养体系，发布《信息技术服务从业人员规范》等相关国家标准，帮助企业建立人才评价和培养体系，促进产业发展所需的人才流动和互认。大会讨论通过了标准编制的相关工作机制、标准的体系框架、编写要求和进度安排，并就设计与开发服务、运行维护服务、系统集成实施服务、云计算服务和信息安全服务等 5 个专项领域进行分组讨论。

（北京信息化协会）

【举办企业人才系列政策专题宣讲活动】7 月 8 日，中关村民协联合中关村社会组织联合会及中关村人才协会等机构举办企业人才系列政策专题宣讲活动。活动邀请中关村管委会人才资源处、海淀园管委会服体处就中关村高端领军人才聚集工程、中关村海归人才创业政策、中关村雏鹰人才创业政策、中关村教授级高工政策等人才政策进行深入解读，帮助企业系统归纳示范区及海淀园的人才政策，使企业对人才政策申报工作有了更直观的认识。150 余家园区企业参会。

（郑虹锦）

【举办中小企业岗位绩效工资设计与绩效考核讲座】11 月 18 日，中关村民协与中小企业公共服务平台、中关村社会组织联合会联合举办“中小企业岗位绩效工资设计与绩效考核”主题讲座。劳动经济、人力资源管理硕士研究生导师刘家珉教授结合实际案例就企业人力资本、岗位分析、岗位评价和薪酬设计进行了讲解与分析。讲座旨在帮助会员企业了解工资制度及岗位绩效工资制的特点、原则、设计流程等相关问题。

（郑虹锦）

【举办互联网模式的人力资源服务讲座】 11月30日，中关村民协与北京市中小企业公共服务平台、北京商务服务业联合会共同举办“助力中小企业发展，互联网模式的人力资源服务”主题讲座。北京蓝美视讯科技有限公司、北京中科天擎信息技术有限公司、北京必浩得知识产权代理有限公司等20家会员企业参会。会议围绕在“互联网+”的社会大环境下，就如何通过互联网系统实现HR管理工作进行深入讲解。

（郑虹锦）

【加强人才队伍建设】 年内，在市经济信息化委人事教育处指导下，北京市信息化项目评审中心积极开展人员招聘工作，招聘应届毕业生及调入工作人员各1名，有效缓解了中心人力资源紧张的状况。根据中心业务需要，组织开展了各类专业技术培训10余场，内容涉及项目评审中常见的安防、视频会议、大屏、云计算、信息化基础设施等方面。通过活动，进一步提升了工作人员的专业水平和综合素质，积极打造一支素质过硬、作风过硬、能力过硬的干部队伍。

（北京市信息化项目评审中心）

行业协会

北京电子商会

【概述】 年内，北京电子商会在开展电子行业服务管理工作中，负责北京电子信息制造业经济运行数据的统计、汇总、监测及分析工作。参加工业和信息化部组织的年报审查，汇总全系统全年的经济运行数据，根据年报的统计数据，向市经济信息化委提供本年度经济运行分析。组织参加“废旧电池回收换取绿植公益活动”。组织会员企业参加首届京津冀协同发展滨海恳谈会、2015中国经济形势与企业发展报告会。举办纪念中国人民抗日战争暨世界人民反法西斯战争胜利70周年活动，北京电子商会全体人员进行了一次爱国主义、革命传统教育。召开2015年北京电子行业企业诚信创建活动培训动员会。组织企业参加知识产权保护问题问卷调查。北京知识产权法院壮大人民陪审员队伍，电子商会两名会员担任人民陪审员。组织会员企业参加在亦庄举办的“2015北京微电子国际研讨会”、2015京津冀产业转移系列对接活动、“中国制造2025技术交流会”等。举办了慈善公益大讲堂之“心血管疾病距离你有多远”

的公益活动。召开“2015年北京电子信息制造业年报统计工作会议”。提高商会会刊和商会网站建设服务质量，扩大宣传力度，加强商会自身建设及内部管理。

（隋春英）

【举办废旧电池回收换绿植公益活动】4月19日，北京电子商会全体领导及工作人员在香河园街道光熙家园社区举办了“回收废旧电池，换取绿植”的公益活动。此次活动旨在倡导绿色环保低碳生活，传播环保理念，唤醒大家保护环境的意识，让绿色环保概念深入人心。

（隋春英）

【诚信创建活动培训动员会召开】7月28日，由北京电子商会举办的2015年北京市电子行业企业诚信创建活动培训动员会召开。北京电子商会秘书长燕军，北京市企业诚信创建活动秘书处、北京企业评价协会书记万守刚，北京企业评价协会副会长郫福元，农行中小企业市场拓展部高级专员徐爽等出席会议并发表讲话。参与诚信创建活动的20多家企业代表参加了会议。

（隋春英）

【电子商会两名会员当选人民陪审员】10月16日，北京知识产权法院在本院召开人民陪审员工作会。会上宣布了人民陪审员名单，北京电子商会两名会员名列其中。

（隋春英）

【慈善公益大讲堂举办】10月30日，中关村社会组织联合会通过商会组织会员在北京信息职业技术学院的多功能厅举办慈善公益大讲堂之“心血管疾病距离你有多远”的公益活动。中关村示范区高科技企业的精英、高管、白领，北京信息职业技术学院党委书记、工会主席以及教职员工近150人参加了活动。北京安贞医院急诊危重症中心副主任医师叶明担任主讲嘉宾。

（隋春英）

【组织会员企业参加“中国制造2025技术交流会”】11月23日，北京电子商会组织会员企业参加在北京新世纪日航饭店举行的“中国制造2025技术交流会”。会议以企业如何参与“中国制造2025”为主题，邀请工业和信息化部有关部门和专家介绍“中国制造2025”的概要，以及2015年智能制造试点示范项目、2015年智能制造专项项目等试点项目的要点及推进状况。

（隋春英）

【2015年北京电子信息制造业年报统计工作会议召开】12月4日，市经济信息化委电子产业处、北京电子商会在北京花园饭店联合召开“2015年北京电子信息制造业年报统计工作会议”，工业和信息化部运行监测协调局副处长王宝艳、市经济信息化委电子产业处朱江、北京电子商会秘书长燕军出席会议并发言，电子信息制造业130多名统计工作者参加了会议。王宝艳介绍了2015年全国电子信息产业经济运行情况，结合具体数据对各项主要经济指标进行了解读及分析。朱江介绍了2015年北京地区电子信息制造业的经济运行状况、运行特点及存在的问题。电子信息产业是北京市的支柱产业，2015年电子信息行业的经济运行形势依然面临很多困难，存在一定的压力。北京电子商会利用统计系统平台，通过各企业统计人员为政府相关部门转发了很多文件，填写了报表，充分发挥了统计平台的作用。最后，北京电子商会副秘书长李红冰布置了2015年年报具体工作及在填写年报中应注意的问题，并用

PPT 形式着重讲解了软件的安装、录入数据、审核及上报数据的具体操作方法，要求电子版要于 3 月 15 日之前完成并上报电子商会。为了以后更好地开展商会工作，商会工作人员带领大家完成商会微信 APP 平台的注册登记。

（隋春英）

【组织企业参加知识产权保护问题问卷调查】年内，以 12330 北京电子商会工作站名义开展了相关工作。组织企业参加知识产权保护问题问卷调查，30 多家企业参与。工作站还随时电话解答企业提出的相关问题。参加 12330 组织的培训及相关工作。

（隋春英）

【上报北京电子信息制造业经济运行数据】年内，每月向市经济信息化委汇报 100 多家企业的主要经济指标数据，这些数据包括产量、销量、库存、销售收入、利润、出口交货值、固定资产投资额等。根据这些数据，向市经济信息化委上报经济运行简报。每月 5 日前汇报销售收入及产值预报，10 日前汇报产销存累计及当月数据，25 日前上报经济运行简报。参加工业和信息化部组织的年报审查，汇总全系统全年的经济运行数据，根据年报的统计数据，向市经济信息化委提供本年度经济运行分析。

（隋春英）

【参观台儿庄大战纪念馆】2015 年是中国人民抗日战争暨世界人民反法西斯战争胜利 70 周年，为了铭记历史、珍视和平，北京电子商会秘书处一行 8 人参观台儿庄大战纪念馆，接受爱国主义、革命传统教育。

（隋春英）

【会刊建设】北京电子商会主办的双月刊《信息科技与文化》改版以来，版面增大，页数增加，全刊铜版彩页，印刷质量有了很大提高。供稿及编辑人员不断总结经验，使会刊内容更加丰富，信息更具时效，商会活动、会员单位的新产品、企业重大活动等信息量大大增加。会刊发放到工业和信息化部相关机构、市政府相关处室、中关村管委会、各地电子商会、会员企业、业内知名企业和业界老领导，现已成为商会会员之间、企业与政府之间、北京与各地同行业间增进沟通、扩大宣传、促进交流的有效平台。

（隋春英）

北京电子商务协会

【概述】年内，北京电子商务协会根据商务部、国家工商总局、市商务委、市工商局等多部委的工作部署，根据《“互联网 +”行动指导意见》精神，坚决贯彻《北京市服务业扩大开放综合试点总体方案》和《北京市人民政府关于促进电子商务健康发展的意见》等内容，发挥政府和企业的桥梁纽带作用，以国家电子商务示范城市和示范基地为主线，发挥首都电商资源和品牌汇聚的优势，依托并配合政府搭建各类平台，开展政策调研和行业促进工作，加强与国内外相关政府和行业组织广泛开展交流沟通，促进产业融合，为首都电商模式创新、持续发展注入活力。

（沈煜）

【发起成立北京电子商务协会互联网金融

专业委员会】3 月，北京电子商务协会联合 16 家公司发起成立北京电子商务协会互联网金融专业委员会，旨在推动现代金融业创新发展，推动互联网金融健康、规范、持续发展。12 月，在中关村创业大街举办的“170 一起赢暨 beca 互联网金融助力双创活动”将专委会工作推向了高潮。

（沈煜）

【承办北京市商业服务业服务技能大赛系列活动】3—10 月，在北京市商务委员会、北京市总工会、北京市妇女联合会主办下，北京市工商行政管理局、共青团北京市委员会大力支持下，北京电子商务协会承办了“2015 北京市商业服务业服务技能大赛系列活动电商好客服 / 电商好配送”竞赛项目。活动成为中国首个以电商行业的售前、售中和售后客户及配送服务体系进行综合展示和岗位练兵的活动。同时，依规定对获奖选手成功申报并获得北京市三八红旗奖章、三八红旗集体、北京市青年文明号、北京市青年岗位能手等政府荣誉称号。

（沈煜）

【发起成立“诚信联盟”】4—5 月，在北京市商务委和北京市工商局指导下，北京电子商务协会联合电子商务交易技术国家工程实验室、多家骨干电商领军企业发起成立了“诚信联盟”，共同推进建设以电子商务可信交易保障公共服务平台为支撑的中国电子商务诚信体系。

（沈煜）

【承办第五届全国大学生电子商务挑战赛】5—6 月，北京电子商务协会与对外经贸大学共同承办了第五届全国大学生电子商务“创新、创意及创业”挑战赛北京赛区活动，成功地为电子商务的人才和模式创新提供了新鲜血液，引领“大众创业、万众创新”的战略高校实践工作。

（沈煜）

【推动行业组织持续创新和发展】6 月 1—30 日，以市商务委支持的“点击消费”活动为纽带，以连续主办 7 年的品牌活动为平台，北京电子商务协会联合北京近 40 家知名零售企业共同参与线上线下互动融合的商业创新发展工作。除线上和线下促销活动外，还通过消费者见面会和线下体验会、免费 WiFi 智慧商圈体验日等活动，形成融娱乐、旅游、餐饮等休闲生活于一体的服务商盛会。

（沈煜）

【承办电子商务大会暨电子商务发展成果展】10 月 12—14 日，由北京市商务委员会主办，北京电子商务协会、北京市国际服务贸易事务中心承办的第五届“2015 中国（北京）电子商务大会暨电子商务发展成果展”在京举办。本次大会以“互联网 + 跨界融合”为主题。除主会场外，大会还分别举办了“中外电商高端对话”“互联网 + 生活服务业”“互联网 + 传统产业转型”“互联网 + 跨境电商”“互联网 + 创客空间”5 个分论坛，共吸引了来自全国 14 个省、自治区、直辖市及计划单列市的商务主管部门，500 多家企业的代表，累计参会代表超过 4000 人次。

（沈煜）

【推动“12315”绿色通道建设工作】年内，北京电子商务协会继续推动“12315”绿色通道建设工作，保持与市工商局和企业的月度投诉数据交换和共享机制。在市工商局消保处的指导下，按照程红副市长“在电商行业加强消费教育”的工作指示，依托海淀、朝阳、丰台、房山等区工商消保部门，对典型电商企业的近200人开展了教育活动。积极筹备推进建立“电子商务行业消费纠纷调解委员会”工作。

（沈煜）

【推进电子商务行业人才培养工作】年内，北京电子商务协会联合北京市商务委教育中心根据“市级继教基地”工作要求启动了电子商务高级和紧缺人才培养工程。通过邀请北京市工商局及相关行业专家针对行业热点、难点，在新《广告法》、《产品质量法》、《消费者权益保护法》、客服、物流配送等方面进行培训，千余人次参加了电子商务岗位培训和高级人才研修班。此外，协会还参与丰台区电子商务高级研修班和电子商务人才体系的培训教育工作，促进电子商务示范基地人才体系建设工作。

（沈煜）

【推进京津冀电商协同发展】年内，京津冀三地电商协会召开了3次促进京津冀协同发展工作会。10月，协会与河南省焦作市就承接京津冀产业转移共同签署了《电子商务战略合作协议》。双方将在电子商务战略规划、完善电商生态和管理咨询等领域开展全方位的战略合作，实现电子商务共同发展。

（沈煜）

【积极参与电商国际领域交流】年内，北京电子商务协会与欧洲电子商务协会、荷兰电子商务协会、全球跨境电商联盟、澳大利亚国际商会、俄罗斯跨境电商协会、拉脱维亚等波罗的海三国电商协会、美国信息技术机构等国际组织进行了多方面的交流与探讨。6月，协会组织部分企业赴巴塞罗那参加全球电商峰会、赴荷兰进行参观交流。扩大了会员企业视野的同时，宣传推广了各个优秀电商品牌成果。

（沈煜）

【为行业创造健康发展环境】年内，北京电子商务协会提出“关于创新推动规范、发展北京市电商专车服务行业的建议”的政协提案，力促互联网共享经济的发展和创新；积极参与北京市工商局《关于做好新形势下消费维权工作营造安全放心消费环境的意见》的意见征求活动，反馈电商行业的建议；在国家工商总局对《严重违法失信企业名单管理暂行办法》征求意见期间，组织骨干电商企业进行研究和意见征集后提出书面反馈意见，有效促进了符合实际情况的针对网络交易违法失信的管理办法的制定工作；协会紧密依靠行业专家的资源，积极参与了丰台区电子商务规划和调研，配合丰台区进行国家电子商务示范基地的建设工作，探索产业聚集发展的新模式。

（沈煜）

北京服务外包企业协会

【概述】北京服务外包企业协会是由北京市商务委员会为指导单位的AAAAA级非营利性社会团体。协会自成立以来秉承研究为本、活动为纲的宗旨，竭诚发挥纽带和平台作用，组织参与一系列国内外大型活动，推动国内外政府、协会、团体和企业等多方开展互动与合作。协会常年致力于服务外包产业研究，为指导产业发展提供重要的依据与内容。

（沈舜英）

【软件与信息服务国际企业峰会举行】6月10日，由北京服务外包企业协会组织的2015软件与信息服务国际企业峰会在裕龙国际酒店举行。此次峰会在政府部门、海内外多家行业机构、业界精英的倾力支持下，以“跨界融合——信息服务助推传统零售转型创新”为议题，重点聚焦流通零售业领域，吸引了翠微百货、当代商城、双安商场、超市发等60余家全国知名商业零售企业高管参加大会，并与软件与信息服务企业代表200余人进行洽谈对接，呈现出产业融合、跨界合作新气象，重新定义软件和信息服务业，探寻产业发展新机遇。会议亮点突出：高端嘉宾，以专家力量诠释产业发展；一脉相承，精彩持续升级；签约仪式，彰显产业力量；闭门专场，以互动交流创造平台价值。峰会集聚全球产业链中的优秀资源，宣传了北京服务外包整体优质形象，为中国、美国、日本和印度的服务外包企业搭建起信息交流和资源对接的国际平台，并达成了多项业务对接项目。

（沈舜英）

北京市科学技术协会

【概述】年内，北京数字科普协会继续承担北京数字博物馆运行维护项目，继续维护、充实和完善北京数字博物馆平台、科学与艺术数字博物馆、北京民俗数字博物馆、神农百草园和动物数字博物馆，在网站上宣展北京地区160多个实体博物馆；首次与文物局信息中心合作，推动正阳门博物馆、北京石刻艺术博物馆、老舍博物馆、古钱币博物馆、大葆台汉墓博物馆5个博物馆利用微视频进行宣传，开通了精品展微视频板块；开通微信平台，通过微信平台同步推送数字博物馆网站信息，在北京民俗数字博物馆、北京数字博物馆、动物数字博物馆、百草园博物馆、科学与艺术数字博物馆的网站首页加入微信二维码，尝试微信平台信息推送服务。

（张孝军）

【第十二届北京百万家庭数字生活技能大赛举办】4—12月，市科协、市经济信息化委、市妇联主办第十二届北京百万家庭数字生活技能大赛。活动以“创建智慧家园，乐享数字生活”为主题，以线上知识答题和线下互动活动为主要形式，具体包括充分体现信息化和数字生活技能的网上知识答题、提高全民信息能力的科普讲座、“十佳数字生活魅力社区”评选、E家特训营（家庭赛选拔赛）和E家英雄会（家庭赛决赛）等一系列活动。各区县还围绕大赛主题，结合本区域特点，发挥自身优势，针对不同的受众，开展了各具特色的科普活动。大赛自启动以来，共有295257人参与网上知识竞赛，在全市社区、街道以及活动现场张贴宣传海报4000份，发放宣传折页12000张，对大赛及相关活动进行了广泛的宣传。

（张孝军）

【北京数字博物馆研讨会召开】6月14—15日，2015年北京数字博物馆研讨会在北京联合大学和中科院软件园区举办。来自北京博物馆（科技馆）、高校博物馆、中科院博物馆（展馆）、科普基地、高等院校、科研院所、中关村科技创新企业及上海、浙江、云南、山东、福建、湖北、西藏、甘肃等地与博物馆（科技馆）数字化相关的科技、文博、科普、教育、设计、艺术、互联网等领域的专家学者近300人参加了研讨会。多家国内外知名企业通过互动展品和现场演示向人们展示了近两年来数字博物馆建设领域的新方向、新成果、新经验。70多位专家做专题发言，出版《博物馆的数字化之路》论文集。

（张孝军）

【蝌蚪五线谱网站进行全新改版】年内，蝌蚪五线谱网站进行全新改版，从栏目结构、关键词的布局、页面视觉设计、内容建设等方面进行了修改，取得了良好的用户体验效果。蝌蚪五线谱网站紧跟社会热点传播科学知识，围绕社会公众关注的问题，组织专家创作原创资源，全年制作热点专题117期；策划制作探索解密专题57期；发布科技资讯2961篇，热图表102篇，科学辟谣文章78篇，百科文章454篇，科学故事文章410篇，科幻小说35篇，科幻评论97篇，科普图书、场馆、电影、游戏、图集等资源上万篇。原创优质内容被新浪、搜狐、腾讯、中国科技网、人民网、凤凰网、央广网等多家互联网门户网站转载，《科技日报》《光明日报》等纸媒也多次刊登。

（张孝军）

【打造“蝌蚪找真相”科学辟谣栏目】年内，“蝌蚪找真相”科学辟谣栏目坚持以科学的态度共筑辟谣“防线”。组建科学辟谣专家团队，时刻关注移动互联工具中盛行的“科学”留言，及时开展求证、分析、实验等针对性辟谣工作。4月26日爆出的“草莓有毒”事件，顿时引起社会的轩然大波。“蝌蚪找真相”辟谣团队在第一时间内联合昌平区农业服务中心等多部门，到专业检测机构采访专家学者，到果蔬种植户家中实地探访，撰写发布《草莓种植用不到乙草胺，“吃草莓致癌”说法不靠谱》的辟谣文章，从科学的角度对“草莓有毒”说法进行有力的回击。《北京日报》、《京华时报》、《北京晚报》、《北京晨报》、《新京报》、东方时空、北京新闻、北京卫视、东方卫视、新华网、搜狐网、网易、凤凰及微信微博平台等多家媒体进行转载报道。

（张孝军）

【完善全民科学素质纲要答题平台】年内，蝌蚪五线谱网站与市科协科普部深入调研全民科学素质建设机制、工作重点和测评指标，重新优化完善了北京市全民科学素质测评网上答题平台数据资源，围绕科学知识、科学技能、科学思想方面出题6000余道，使答题测评数据更加科学有效，目前参与答题用户达到12万余人。

（张孝军）

【推进“科学健康人”项目】年内，蝌蚪五线谱网站从文章、视频制作到内容宣传进行推广，全力推进“科学健康人”项目建设工作。先后走进北京营养师协会、农产品质量安全学会所属的各类实验室，策划录制20部“科学实验室”科普视频、20部“健康大家谈”科普讲座视频；设计制作“科学健康人”专题网站，发布科普文章2000余篇；运营“科学健康人”微信公众号，发布微信146条，阅读次数96945次。

（张孝军）

【打造市科协重点科普活动信息化宣传平台】 年内，蝌蚪五线谱网站参与了北京青少年科技创新大赛、北京科学嘉年华、百万家庭数字技能大赛等北京市科协重点科普活动，利用微博、微信、微站、社区数字大屏等新媒体平台进行信息宣传工作。在3月举办的第35届北京青少年科技创新大赛期间，蝌蚪五线谱网站开发制作青创赛HTML5微站——“见证新创客蝌蚪在现场”，自上线到活动结束的4天内，移动微站总点击量达到千余次。

（张孝军）

【运用新媒体手段进行宣传推广】 年内，蝌蚪五线谱网站始终关注微信平台的运营工作，投入专门的人力物力，微信关注人数达10万余人，日均点击量2万次。并开通了百度知道、今日头条、一点资讯、网易媒体平台、搜狐媒体平台、腾讯媒体平台、ZAKER、小知等多个知名媒体平台的自媒体账号，并且在一年多的运营过程中，积累了超过15万名订阅用户，阅读量超过5000万。

（张孝军）

【开展线上科普创作活动】 年内，蝌蚪五线谱网站继续策划开展“第四届蝌蚪五线谱光年奖原创科幻小说征文大赛”，共征集短篇科幻小说147篇、微科幻小说93篇、科幻剧本18篇。增设了科幻剧本和微科幻小说两个奖项。举办第三届“优秀科普创客征集”活动，在科普文章类评选的基础上增设了科普视觉类评选环节，增加了科普漫画和视频的评选，最终评选出9位获奖选手。

（张孝军）

【拓展线下科普活动】 年内，蝌蚪五线谱网站品牌科普沙龙活动——“蝌蚪之夜”成功举办了“科幻，给军事开个脑洞”“飞舞的硝烟”“让子弹飞”“未来苍穹”4期活动，吸引百余人参加。

（张孝军）

【全国青少年信息学奥林匹克联赛暨北京青少年信息学奥林匹克竞赛举办】 年内，选拔组建北京代表队参加2015年全国青少年信息学奥林匹克竞赛。在本次竞赛中，北京市共有1000多人次选手参赛，50名选手荣获提高组一等奖，获得1枚金牌、4枚银牌、6枚铜牌。

（张孝军）

【小学生科普日活动举办】 年内，北京市科协组织举办小学生科普日活动，共有250名小学生参加。小学生科普日活动每年举行一次，集科普知识有奖问答、程序设计友谊赛等多种活动形式于一身，旨在激发学习兴趣、提高科学素养。

（张孝军）

【北京市提高全民信息能力培训活动举办】 年内，在市经济信息化委、市妇联、市残联和区县相关部门的支持下，北京市提高全民信息能力培训活动举办。活动以“创建智慧家园，乐享数字生活”为主题，根据总体目标提出了提高公务员、在校学生信息能力，提高城镇居民、农村居民信息技术应用能力的要求，在社区、学校、山区、农村、军营开展信息化科普培训、科普展览展示、专家咨询等丰富多彩的科普培训活动。活动结合市民需求推出了科技生活、网络和信息安全、环保健康、青少年趣味编程四大类科普培训讲座，内容涵盖3D打印、新能源汽车、智能手环、网上办事、网上银行、网上购物、网络安全、微博使用、微信使用、青少年基础编程等知识。培训内容以菜单形式呈现，各区县可根据自身需求，结合地域特色，选择适合的培训内容。同时，培训活动还组建了阵容强大的讲师团，如微博粉丝过百万的北京市网安总队女网警高媛、惠普公司高级讲师、联通公司高级讲师、资深汽车媒体人、中国抗衰老促进会科普专家等，为市民提供有趣、实用、精彩的培训课程。在活动开展期间，东城区科协在171中学为100多名师生做了关于信息安全、青少年安全上网的讲座；延庆区科协与区人保局共同举办了针对公务员群体健康的科普讲座，并联合延庆区科技馆走进延庆第五中学，为500余名师生做了题为“什么是天文”和“现代饮食与现代病”的科普讲座；丰台区对来自21个街乡（镇）科协、社区（村）负责信息工作的人员进行信息宣传工作和网络安全的培训；昌平区科协联合区妇联为110余户社区家庭举办了生活中的智能应用、多媒体在社区中的应用培训；西城区科协为160余名全民科学素质领导小组成员单位和区属各街道科普干部、（学）协会干部举行了“e时代，看好咱的钱包”科普讲座。活动还组织有关专家编辑出版了信息培训教材《我的智能生活》，共举办信息技能培训班20余期，3000余人参加了信息培训。发放科普读本2000册，在活动中发放环保宣传袋2000余个。

（张孝军）

北京软件和信息服务业协会

【概述】 年内，为了服务北京市软件和信息服务企业、配合政府主管部门的行业管理工作、宣传产业政策法规、推动行业资质认证、推广新技术和新产品、促进行业沟通交流，北京软件和信息服务业协会根据年初制定的工作计划，开展了卓有成效的工作。

（郝峥嵘）

【35家企业产品参展第十九届软博会】 5月27—29日，在第十九届中国国际软件博览会上，北京软件和信息服务业协会承办面积530平方米的“北京馆”，以“软件支撑产业互联”为主题，35家企业参展。太极、同方股份、航天信息、东华软件4家国家安全可靠计算机信息系统集成重点企业以及用友、华胜信泰、数字冰雹、Wmware等8家企业以特装展的形式参展。参展产品涉及信息安全、移动互联、智慧政务、智慧医疗、智慧教育、智慧交通、智能家庭、城市节能，以及一体化管理与信息安全服务体系等领域的创新技术成果和信息系统集成解决方案等。在用友网络展台，观众可以全面体验到用友服务企业互联网化的NC、U8+、T+等企业应用软件，财务与会计、营销、人力资源、协同等领域的企业互联网服务，畅捷支付、U网银、P2P等互联网金融服务，三者融合发展的场景，以及企业互联网开放平台iUAP。华胜信泰以特装展的形式展示与IBM、市经济信息化委科技合作的成果——北京可信开放高端计算系统（简称TOP）产业化项目最新成果，即新云东方服务器NA6000、NA7000、NA8000、NL6000系列产品和华胜信泰基础软件。TOP项目是以满足中国重要应用

系统的高性能、高可靠和高安全的需求，解决国内高端计算系统的信息安全问题为目的，来打造可信、开放、高端计算系统产业链，将会较大程度上推动中国信息技术产业的战略发展，并为国产化高端计算系统体系做出示范。

（郝峥嵘）

【软件行业知识产权专业性人民调解组织成立】 6月11日，在北京市人民调解工作会议上，北京软件和信息服务业协会等10家行业性、专业性人民调解组织获授牌。成立调解组织的目的是基于当事人自愿的情况下，涉及物业管理、互联网、知识产权保护等专业领域的矛盾纠纷，可通过人民调解的途径得到免费、专业、及时的化解，双方达成的人民调解协议书可以依照《中华人民共和国人民调解法》经过法院的司法确认被赋予强制执行的效力。其中，由北京软协建立的北京市软件和信息服务业协会知识产权纠纷人民调解委员会，可发挥软件信息服务业专业和社团优势，为行业企业提供方便快捷、高效的信息服务业知识产权维权咨询及纠纷调解。

（郝峥嵘）

【11家IT企业入选2015年度《财富》中国500强】 7月8日，财富中文网发布2015年度《财富》中国500强排行榜。其中，中关村示范区内联想集团有限公司、京东商城电子商务有限公司、神州数码控股有限公司等11家IT企业上榜。

（郝峥嵘）

【信息系统集成及服务资质新政解读培训举办】 7月31日，由中关村社会组织联合会、北京软件和信息服务业协会主办的信息系统集成及服务资质新政解读培训在清华同方科技园举办，150家企业的240余名代表参加。项目管理评审专家分别解读了中国电子信息行业联合会印发的《信息系统集成及服务项目管理人员登记管理办法（暂行）》及《信息系统集成资质等级评定条件（暂行）》，就提出的有关资质认定、评定条件、项目管理人员登记等具体问题做了解答。

（郝峥嵘）

【软件著作权登记和专利申请专题培训举办】 9月25日，由北京软件和信息服务业协会主办的软件著作权登记和专利申请专题培训在柏彦大厦举办。来自中关村示范区企业的代表100余人参加。知识产权局、中国版权保护中心相关专家就软件著作权登记、专利申请，以及计算机软件著作权登记、查询、变更与撤销等内容进行讲解，指导企业了解和掌握撰写专利申请文件的要点。

（郝峥嵘）

【软件企业知识产权保护专题培训举办】 10月29日，由北京软件和信息服务业协会主办的软件企业知识产权保护与应对专题培训在北京同春园饭店举办。会员企业代表150余人参加。中国版权保护中心等相关业务主管单位的负责人就软件著作权登记实务、海外知识产权援助、软件著作权保护的问题及案例和启示等内容进行讲解，介绍了软件著作权相关法律法规及规章制度、软件登记的类型、申请和办理的流程及注意事项，并为有海外业务的企业提供了援助渠道。

（郝峥嵘）

【软件和信息服务业人才专场招聘会举办】 年内，由北京软件和信息服务业协会组织的两场软件和信息服务业人才专场招聘会分别在北京工业大学、北京交通大学举办，500人次参加。长城计算机软件与系统有限公司、东华软件股份公司、北京华宇信息技术有限公司等50余家企业提供1000余个就业岗位，涉及软件开发、软件测试、项目经理等职位。

（郝峥嵘）

【加强知识产权纠纷调解服务平台建设】年内，加强知识产权纠纷调解服务平台建设，北京软协开展北京软件和信息服务业知识产权保护工作，成立了知识产权人民调解委员会，接受咨询550件，举办2场知识产权保护培训，处理知识产权相关调解案件18件，结案14件。其中，法院委托移送案件12件，北京12330委托案件2起，协会接到当事人申请案件4件，调解成功5件。

（郝峥嵘）

【参与北京市企业诚信创建活动】年内，北京软协参与由首都文明办、市经济信息化委、市工商局、人民银行营业管理部等部门指导的2015年度诚信创建活动。在吸取2014年创建活动工作经验的基础上，通过宣传和努力，本年度共有85家企业参加诚信创建活动，最终50家企业获得“2015年北京市诚信创建企业”称号。

（郝峥嵘）

【廊坊（北京）电子信息产业投资合作对接会举办】年内，为深入贯彻落实京津冀协同发展战略，进一步强化北京市与廊坊市投资合作与对接，举办了廊坊市（北京）电子信息产业投资合作对接会。廊坊市委书记王晓东，廊坊市委常委、副市长贾永清及安次区、固安县、永清县政府主要负责人，太极股份、东华软件、同方股份、263网络通信等56家北京软协企业会员百余人参会。

（郝峥嵘）

【硅谷—北京企业交流平台战略合作协议签订】年内，为深化交流合作，推动“引进来”与“走出去”相结合，助力会员企业继续保持在全国市场的领先地位并进一步融入全球软件和信息服务市场，北京软协积极推动实施“引进来”与“走出去”相结合的战略，组织了2015美国商务考察团，10余位会员企业单位负责人参加。考察期间，协会与硅谷Hanhai Investment Inc签署共同建设硅谷—北京企业交流平台的战略合作协议，为协会搭建北京—硅谷企业交流合作平台奠定基础。

（郝峥嵘）

北京市闪联信息产业协会

【闪联产品参展CES】1月6—9日，在2015年美国国际消费电子展览会（CES2015）上，闪联产业联盟组织新联合众（北京）科技有限公司等企业参展。展示产品涉及智能家居、智能照明、智能音频、智能终端等领域。其中，杭州古北电子科技公司的WiFi智慧微管家FI产品，只需通过手机、平板电脑上APP按钮，便可遥控智能LED灯的开关，根据场景或心情变换照明颜色，还可控制电动窗帘开关等。

（杜菲）

【闪联获批团体标准试点单位】6月5日，

国家标准委印发《关于下达团体标准试点工作任务的通知》。北京市闪联信息产业协会成为首批试点单位。试点工作期间的主要工作任务是建立闪联团体标准组织管理架构、梳理闪联团体标准制定流程等团体标准化相关制度。制定《闪联远程访问系统架构》《闪联远程访问基础协议》《闪联远程访问服务平台协议》《闪联远程访问音视频应用框架》《闪联远程通用管理》《闪联远程访问测试与验证协议》6 项团体标准。在学习国际国内先进的团体标准运营方式和组织机制的基础上，进行总结归纳，推出团体标准的服务、引领、规范和监督的建议。

（杜菲）

【闪联参展中国国际消费电子博览会】7 月 10—13 日，在 2015 中国国际消费电子博览会上，闪联产业联盟组织昂莱科技（北京）有限公司、北京昆羽科技有限公司等 4 家联盟企业参展。展示以“闪联 +”为主题的基于闪联国际、国家标准的技术解决方案，以及机器人等跨界创新产品 20 余款。昂莱科技公司推出的云净化灯新品系列，可与其他闪联产品互联，实现智能空气净化功能，可智能监测室内空气质量变化，自动开启、关闭空气净化系统，用户可通过手机 APP 随时随地查看室内空气质量检测数据。云净化灯新品系列采用负离子净化技术，在照明的同时电离空气释放负氧离子，有效去除空气中的 PM2.5、甲醛、二手烟、苯等有害气体。昆羽科技公司展示的移动互联网时代 K 歌神器——KiMU006 智能无线 K 歌系统、KiMU008 蓝牙 K 歌系统和 KiPower 蓝牙音箱采用独家专利零延时无线音频传输技术，支持高品质蓝牙音频以及有线音频输入，是一款便捷、Hi-Fi 音质的创新型数码娱乐产品。

（杜菲）

【展示闪联智慧教育解决方案】9 月 23—25 日，在首届中日韩产业博览会上，闪联产业联盟展示了闪联智慧教育的跨界融合解决方案。方案是一个融合了基础设施、软件资源以及教育教学整合等内容的完整解决方案，可使学校每个班级里具备与外界进行不同层次的信息沟通、信息化资源获取与利用、终端信息显示的能力，实现信息技术与学科日常教学的有效整合，变革了教师的教学方式和学生的学习方式。方案中的触控一体机、投影机、电子白板、数字讲台、平板电脑、学生电子书包等设备可以通过闪联技术有效地连接在一起，教师通过平板电脑，就可以无线连接至投影机、电视电脑一体机，还可以将平板电脑中的课件无线传输至学生电子书包之中，实现了移动互联教学方式，并可达到校校互通、班班互联、资源共享的目标，以提升信息化教学的实践性。

（杜菲）

【2015 闪联峰会举行】12 月 17—18 日，由闪联产业联盟主办的 2015 年闪联峰会在京举行。来自中国、韩国、以色列等国家的闪联会员代表 100 余人参加。会议以“智能跨界物联融合”为主题，回顾了闪联 2015 年在技术、标准和产业化等方面取得的成果，就智能硬件、互联网、大数据等领域的发展趋势进行研讨。闪联会员及合作伙伴的代表做了主题演讲与产品演示。6 家产学研机构达成合作意向。

（杜菲）

北京信息化协会

【概述】年内，北京信息化协会开展信息系统集成评审与ITSS运维能力成熟度评估，为会员开展各种培训交流等服务，搭建政府与企业交流平台，积极开展服务，逐步扩大会员，加强会员沟通，完善协会制度，合理实施转型，提升协会在行业内的活跃度与知名度。

（北京信息化协会）

【开展ITSS标准服务活动】1月14日，市经济信息化委信息中心、太极公司、北京信息化协会人员一起就ITSS标准进行交流。协会副秘书长王韬详细介绍了ITSS体系情况；市经济信息化委信息中心主任刘晓平就ITSS与ITIL的区别向协会副秘书长王韬进行了解，并就信息中心在运维服务人员、监督管理及检查改进等方面的工作进行了探讨。

（北京信息化协会）

【《信息技术服务 服务管理第1部分：通用要求》标准编写启动会召开】3月10—11日，服务管理通用要求编写组在北京召开《信息技术服务 服务管理第1部分：通用要求》标准编写启动会。30多位IT服务管理和质量管理领域的成员单位代表及行业专家参会。会议由北京华胜天成科技股份有限公司秦佩君主持。中国电子工业标准化技术协会信息技术服务分会（简称ITSS分会）架构师宋跃武对标准编制的背景、目标、工作机制、编写要求和进度安排等做了详细的介绍，ITSS分会首席架构师周平到会指导。参会代表就《信息技术服务 服务管理第1部分：通用要求》草稿进行了分组讨论、编写，并对讨论结果展开工作组全员评审，经过认真细致的分析、讨论，形成了修改意见。会议对各章节的任务进行了分解，明确了内容要点和交付时间。（IT服务管理通用要求是ITSS现有的咨询设计、监理、集成、运维和云服务等能力建设、实操类标准的补充，关注如何将IT服务管理体系化。）

（北京信息化协会）

【“2015中国IT市场年会”在京召开】3月17日，以中国电子信息产业发展研究院为指导、中国信息化推进联盟为支持，赛迪顾问股份有限公司主办的“2015中国IT市场年会”在北京香格里拉酒店举行。会议主题为“构筑大生态、拓展大市场”。工业和信息化部副部长怀进鹏、中国电子信息产业发展研究院院长罗文莅出席并致辞。赛迪顾问总裁李树翀发表了题为“拥抱大生态时代(Big Eco Era)”的主题演讲。会上，揭晓了“2015年中国IT生态建设突出贡献企业”“2015年战略性新兴产业创新典范企业”“2015年中国IT自主创新突出贡献企业”等大奖，获奖单位包括IBM、浪潮集团、用友网络、惠普、东软集团、华胜天成、长城电脑、中标软件、启明星辰等优秀企业。

（北京信息化协会）

【信息技术服务标准（ITSS）符合性评估研讨会召开】3月31日，ITSS分会秘书处组织召开ITSS符合性评估工作交流研讨会。会议由ITSS分会副秘书长李东梅主持，3家行业级评估机构和20多家地方级评估机构业务负责人参与了研讨会。会议听取了ITSS分会关于符合性评估工作的总体安排，就ITSS市场推广、评估定价、监督评估等问题展开交流和讨论。会议还对如何加强标准宣传、加强机构交流与经验分享、加强标准深度培训和研讨、加大针对甲方的培训力度、如何保障地方机构利益等进行了讨论。

（北京信息化协会）

【《信息技术服务 服务管理第 1 部分：通用要求》标准研讨会召开】 4 月 9—10 日，《信息技术服务 服务管理第 1 部分：通用要求》标准第二次封闭会议在江苏省无锡市召开。会议由北京华胜天成科技股份有限公司秦佩君主持，ITSS 分会架构师宋跃武参与了重要条款的讨论。会议首日，参会者集中对第二版修订稿进行了深入研讨、优化，对已达成一致但未完成修正的部分进行任务分解，参会者采取分组的方式协作完成编写任务。次日，参会者再次共同集中对各组提交的内容进行评审，初步形成第三版修订稿。

（北京信息化协会）

【第三届（2015）中国智慧城市年会召开】 4 月 16 日，由中国电子信息产业发展研究院、工业和信息化部计算机与微电子发展研究中心主办的“第三届（2015）中国智慧城市年会”在北京召开。本届年会以“‘互联网 +’浪潮下的城市产业发展”为主题。国家发展改革委电子政务工程建设指导专家组成员兼秘书长宁家骏、工业和信息化部信息化推进司处长王建伟、中国电子信息产业发展研究院副院长樊会文、海淀区信息化办公室主任何建吾及各省市经济信息化委相关领导出席会议。来自全国各地政府部门的 120 余位代表和企业界、投资机构、研究机构及媒体的 500 余位代表在“互联网 +”新形势下，交流智慧城市建设中的实践经验，深入剖析智慧城市发展所面临的核心问题，共同把脉智慧城市建设要领，探讨促进智慧城市产业健康发展之道。此外，大会还公布了 2015 中国智慧城市推进成就奖、2015 中国智慧城市建设贡献奖、2015 中国智慧城市创新奖和 2015 中国智慧城市优秀解决方案奖等各大奖项的评选结果。

（北京信息化协会）

【信息技术服务标准主题演讲亮相软洽会】 4 月 23—24 日，由国家相关部委指导，中国国际贸易促进委员会、中国软件行业协会、中国电子企业协会、国际数据集团公司主办的第十三届中国国际软件合作洽谈会（简称软洽会）在四川省成都市举行。工业和信息化部原副部长杨学山出席会议并致辞。为推动信息技术服务业的发展，本次软洽会设立了 ITSS 人才培养和评价工作以及信息技术服务能力成熟度工作两个主题演讲。ITSS 分会人才培养和评价工作组组长、东软集团股份有限公司谢尚飞博士在“软件人才培养专题论坛”上做了“基于 ITSS 的‘新常态’下软件人才创新培养模式”的主题演讲。来自全国 50 余所软件领域高校院（校）长参加本论坛。ITSS 分会服务能力成熟度组编写者、成都信息化技术应用发展中心副主任但强在“智能制造专题论坛”上做了“两化融合过程中的信息技术服务能力建设与评价”的主题演讲。他解析了运用 ITSS 标准体系和“成都市软件和信息技术服务企业能力成熟度评价体系”地方标准来解决在两化融合过程中的有关信息技术服务能力建设及信息技术服务能力评价等相关问题。

（北京信息化协会）

【两化融合管理体系贯标工作会议暨成果展举行】4月27日，两化融合管理体系贯标工作会议暨成果展在京举行。工业和信息化部副部长怀进鹏主持。国家标准化管理委员会总工程师殷明汉、中国企业联合会常务副会长李德成出席会议。工业和信息化部部长苗圩做了题为“坚持创新引领，确保本质贯标，努力开创两化融合管理体系贯标工作新局面”的主题报告。本次展览旨在总结汇报两化融合管理体系贯标工作，为期一个月。

（北京信息化协会）

【“2015信息网络产业新业态创新企业30新”遴选活动闭幕】5月29日，由市经济信息化委、中关村管委会作为指导单位，北京信息化协会、北京软件和信息服务业协会、北京通信信息协会、北京软件和信息服务交易所联合主办的“2015信息网络产业新业态创新企业30新”（简称“30新”）在北京丽亭华苑酒店举行颁奖典礼。市经济信息化委软件和信息服务处副处长尤靖、中关村社会组织联合会秘书长戴健、北京通信信息协会秘书长王旭东、北京信息化协会秘书长段红，有关委办局主管领导，各协会、联盟及企业代表、媒体记者，以及投资专家、行业专家、企业家等来自社会各界的人士出席活动。“30新”遴选活动以“跨界融合，互联创新”为主题，延续历届的评选模式，由政府领导、风险投资专家、行业专家和企业家组成评审团，经过严格的初评、终评，最终30家最具创新力和成长潜力的信息网络企业脱颖而出。本届遴选活动有268家企业参评，主要涉及大数据及云计算、移动互联网、互联网金融、智慧城市、工业信息化和信息安全等诸多领域。本届评选与往届不同之处还在于，参选企业不但涵盖了北京，还吸纳了包括上海、无锡、杭州、天津等一批外地优秀的创新型IT企业，使得评选具有了更广泛的代表性。尤靖就当前经济社会发展进入新常态、京津冀协同发展进入新阶段、首都城市发展进入新时期的大背景下，如何依靠创新驱动和环境提升，引领京津冀产业整体升级等内容与大家共同交流探讨。戴健代表中关村管委会及中关村社会组织联合会对颁奖典礼的成功召开表示祝贺，并表示，北京信息化协会是活跃在中关村地区的有一定代表性的创新型社会组织，服务内容覆盖中关村地区各个领域，是中关村社会组织联合会的重要成员。北京信息化协会利用会员资源及行业优势，积极承接开展服务对接活动，在搭建沟通桥梁、提升创新能力、服务会员企业、推动产业发展等方面发挥了重要作用。多年来，协会通过计算机信息系统集成资质评审、ITSS运维符合性评估、《北京信息化年鉴》编纂以及举办培训、沙龙、国内外交流活动等，为中关村园区的企业提供了多种形式的服务，得到企业和政府的认可。会上，“30新”遴选评审组组长、未铭资本管理合伙人陈立辉发表了题为“泡沫经济与TMT发展趋势”的演讲。工业和信息化部电子科学技术情报研究所软件产业研究室主任陈新河做了题为“大数据驱动企业进入DT时代”的主题演讲。他从大数据观、DT时代、应用案例和DT发展路径4个方面为与会人员做了详细的介绍。最后，与会领导为30家获奖企业颁奖并合影留念。

（北京信息化协会）

【2015年第五届中国工业数字化论坛召开】

6 月 11 日，由中国信息协会、计世传媒集团主办的 2015 年第五届中国工业数字化论坛召开。中国信息协会会长卢时彻、工业和信息化部软件服务业司巡视员李颖、中国信息协会副会长兼秘书长何翠芹、工业和信息化部电子科学技术情报研究所所长洪京一、国家发展改革委产业协调司机械装备处处长李钢等领导出席论坛。来自政府机关、科研院所、制造业企业、解决方案提供商等单位的 300 余人参会。卢时彻为大会致辞。西门子大中华区首席执行官赫尔曼，计世传媒集团总裁、计世研究院院长黎争，西门子 PLM 软件副总裁 Helmuth Ludwig，中国航天科技集团总工程师、国家信息化专家咨询委员会委员杨海成，中国轻工业联合会副秘书长才大颖分别发表了主题演讲。来自徐工集团、蒙牛集团、西门子数字化工厂、柯马中国、金海重工等企业的代表分享了在数字化、智能化实践中的经验，并围绕"'工业+'转型升级"和"数字化背景下的智能制造与模式创新"进行了高峰对话。

（北京信息化协会）

【中国电子信息行业联合会信息系统集成资质评审机构工作会召开】7 月 8 日，中国电子信息行业联合会（简称电子联合会）信息系统集成资质评审机构工作会在北京召开。中国软件评测中心、赛宝认证中心、中国电子技术标准化研究院认证中心和北京信息化协会等 38 家评审和见证机构出席会议。工业和信息化部信息化和软件服务业司信息服务业处副处长史惠康和电子联合会执行秘书长高素梅到会致辞。电子联合会信息系统集成资质认证办公室（简称电子联合会资质办）主任刘汝林做了工作报告，主要阐述了电子联合会开展信息系统集成及服务资质工作的现状，以及目前工作中面临的主要问题和应对策略，并对近期工作计划进行了安排。电子联合会资质办工作人员在会上讲解了新发布的信息系统集成及服务资质文件，并对信息系统集成资质评审工作提出了具体要求。

（北京信息化协会）

【计算机信息系统集成资质获证企业年度数据信息填报培训会举办】7 月 10 日，为落实《关于 2015 年计算机信息系统集成企业资质和信息系统工程监理单位资质获证企业填报年度数据信息的通知》要求和精神，协助企业正确填写年度数据信息，北京信息化协会举办了"2015 年度计算机信息系统集成资质获证企业年度数据信息填报培训"。协会副秘书长张觉心讲解了中国电子信息行业联合会发布的《信息系统集成及服务资质认定管理办法（暂行）》和《信息系统集成资质等级评定条件（暂行）》两个文件，重点就新评定条件与原评定条件进行了对比，帮助企业正确认识并理解信息系统集成及服务资质等相关文件，以顺利开展工作。协会活动总监蔡国勇介绍了协会本年度为会员提供的各种服务以及北京市企业诚信创建活动的情况。中国电子信息行业联合会信息系统集成资质工作办公室认定部主任娜仁图雅及年度数据填报工作负责人柳杨向参会企业详细讲解了 2015 年度数据信息填报的流程、填报方式及注意事项。会上还进行了答疑交流。本次参会企业涵盖北京地区系统集成资质一、二、三、四级共 200 余家企业。

（北京信息化协会）

【中关村数海数据资产评估中心成立】7 月 21 日，中关村数海数据资产评估中心在中关村成立，这是国内首家开展数据资产登记确权赋值的服务机构。在这个评估中心，大数据产品可以进行确权登记，明确大数据的归属问题，进而可以对大数据进行资产评估，评估出适合的价格，并进行交易。此外，评估中心还与华夏银行、贵阳银行、中融汇金融资租赁有限公司等展开合作，开展基于数据资产抵押贷款、数据资产证券化等融资服务；评估中心还与中关村股权交易服务集团签订合作协议，将共同打造北京四板互联网优选板块，依托数据资产建立创新型企业价值评估模型。

（北京信息化协会）

【第十四届中国互联网大会召开】7 月 21 日，由工业和信息化部、国家互联网信息办公室等部门指导，中国互联网协会主办的 2015（第十四届）中国互联网大会在北京开幕。工业和信息化部部长苗圩、副部长尚冰，国家发展改革委副主任林念修，国家互联网信息办公室副主任任贤良等出席开幕式。苗圩在开幕式上致辞。他表示，经过 20 多年的发展，中国已成为仅次于美国的全球互联网大国，网络基础设施日益完善，创新活力不断增强，国际影响力显著提升，互联网助力经济社会发展的基础性作用日益凸显，极大地改变着中国经济社会的面貌。尤其是随着中国经济发展进入“新常态”，经济增长的驱动力正在发生深刻的变革，加快推动互联网与传统产业的融合发展，成为推动经济稳步增长、促进产业结构转型升级的重要一环。尚冰做主旨报告。他指出，中国互联网已成为“大众创业、万众创新”的集聚平台，以及培育新动能、繁荣新经济、引领新常态的关键要素，呈现出 4 个方面的突出特点：高速宽带网络加速建设，网络提速降费持续推进；行业规模持续扩大，创业创新活力不断增强；“互联网 +”融合态势加快，新动能作用日益凸显；走出去步伐明显加快，国际合作取得新进展。开幕式前，苗圩、尚冰和相关部门领导参观了部分展台。

（北京信息化协会）

【企业及企业家刑事法律风险防控主题沙龙举办】7 月 29 日，由北京信息化协会主办、北京市京都律师事务所承办的“企业及企业家刑事法律风险防控主题沙龙”活动举办。北京市京都律师事务所李波律师主持会议。会上，北京市京都律师事务所梁雅丽律师分享独到见解，提供实用建议，并与企业代表就相关议题进行了互动讨论。

（北京信息化协会）

【2015 集团企业云计算应用创新推进会召开】8 月 11 日，2015 集团企业云计算应用创新推进会在北京西苑饭店召开。本次会议以“推进产业互联、探索工业 4.0 发展道路”为主题，深度探讨企业“云化”过程面临的挑战与问题，寻求最佳技术解决方案和实施路线，推进“企业云”建设，实现企业信息化的全面升级。会上，10 多家国有大中型企业及 IT 服务和供应商分享在云计算、大数据领域的实践和应用成果。

（北京信息化协会）

【ITSS 标准应用宣贯会举行】10 月 23 日，“ITSS 标准应用宣贯会”举行。会议特邀业内资深专家、独立评估师、相关行业领导到会宣讲 ITSS 标准的相关内容，以使企业加强对标准应用的理解，做好符合性评估工作。市经济信息化委软件与信息服务业处副处长尤靖到会讲话。尤靖指出，截至目前北京市共有 59 家机构通过 ITSS 运维能力成熟度评定，占全国通过总数的 1/4（全国共 273 家）；应大力构建和推进 ITSS 服务标准，促进软件和信息服务业健康发展，优化市场环境。尤靖肯定了北京信息化协会作为北京市唯一的 ITSS 评估机构，积极做好评估及相关 ITSS 工作，为企业提供了个性化服务。随后，中电标协 ITSS 分会秘书长史惠康从“为什么要做标准”“为什么要做中国自己的标准”，以及“企业与标准之间的关系”3 个方面对 ITSS 标准进行了解读。北京护航科技有限公司江毅作为特邀独立评估师到会，对 ITSS 标准应用进行了详细的解读；北京信息化协会副秘书长张觉心讲解了 ITSS 标准符合性评估申报流程及协会可以提供的相关服务。最后，针对企业关心的问题进行了现场答疑。

（北京信息化协会）

【第四届减轻企业负担政策宣传周现场咨询活动举办】10 月，第四届北京市减轻企业负担政策宣传周现场咨询活动在北京会议中心举办。现场咨询会上，工业和信息化部运行局副巡视员景晓波出席会议，通报了国家在减轻企业负担方面的最新动态、国务院减轻企业负担部际联席会议开展第四届全国减轻企业负担政策宣传周活动情况，对北京市积极开展的减负现场咨询活动给予充分肯定。市经济信息化委介绍了北京市开展涉企收费专项清理规范减轻企业负担工作、中小企业公共服务平台运行和企业负担问卷调查相关情况。市经济信息化委、发展改革委、财政局、民政局、交通委、国税局、地税局、审计局、质监局、法制办等市减负联席成员单位有关负责人现场回答了企业提出的涉企收费政策、行业协会脱钩、企业生产异地认证、残保金、产业疏解等减负和惠企政策方面的问题，还向区县、协会和企业免费发放了《减轻企业负担政策解答》等资料。市经济信息化委副主任段润保做了总结发言，强调在国内外宏观经济下行压力加大、本市工业处在深度调整期的形势下，面对经济运行中出现的新情况和企业面临的突出问题，要充分认识新形势下企业减负工作的重要性，将整治涉企乱收费、乱摊派行为作为贯彻党的群众路线教育实践活动和“三严三实”活动的重要抓手，从稳增长的大局大力为企业清障减负，推进本市的减负工作。此外，要进一步拓展宣传渠道，充分发挥政府网站和各种新媒体作用，加大企业减负和惠企政策措施宣传力度，有效提振企业投资和发展的信心。

（北京信息化协会）

【2015 年度北京信息化年鉴工作交流会召开】11 月 20 日，2015 年度北京信息化年鉴工作交流会召开。40 余家供稿单位相关负责人参加会议。北京市地方志编纂委员会办公室副主任张恒彬、市经济信息化委研究室处长唐建国、北京市地方志编纂委员会办公室年鉴指导处处长崔震、北京市地方志编纂委员会办公室北京年鉴社社长沈红岩、中国会计年鉴主任郑维桢、首钢总公司信息部处长温立文、北京市地勘局信息中心处长郭萌、北京市地方志学会副会长罗保平及北京信息化协会秘书长段红出席会议。协会研究总监江欣对 2015 年信息化年鉴的工作和成绩从目录细化、优秀评选、系统完善、追溯历史、交流分享、政府支持等方面进行了总结，并对 2016 年年鉴工作的重点，即完善年鉴信息管理系统等计划进行了介绍。郑维桢就年鉴编撰

中存在的问题及发展趋势、撰稿要求等内容进行了现场培训，分别从年鉴编纂出版中存在的问题、发展趋势、年鉴组稿、队伍建设、撰稿要求、条目要求以及年鉴编纂工作要抓的三件大事等几个方面做了详细的阐述，指导供稿人今后更好地开展年鉴工作。唐建国对协会的工作予以肯定，并希望年鉴工作要做到3个“高”，即高定位、高标准、高价值，要求一年一度的年鉴会要坚持下去，加强互相交流与沟通。张恒彬对年鉴工作交流会予以肯定并指出，会议的效率很高，有年度总结、计划，有培训、体会和交流；会议的影响力大，新人参与年鉴工作，对年鉴本身的推动不可估量，后期要善于实践和体会；年鉴要规范创新，创造出新特色。最后，段红代表协会全体人员对各级领导和各供稿单位供稿人的长期支持表示感谢，并表示一定会坚守做好一年一度的工作会，为大家提供一个分享交流和学习提升的平台，不仅把年鉴工作做好，也希望每个人在这个过程中都能够受益和成长。

（北京信息化协会）

【全市统一的市场主体信用信息平台建设启动】年内，全市统一的市场主体信用信息平台建设启动。通过建设本市个人信用信息系统，完善企业信用信息系统，在企业和个人信用信息系统的基础上，搭建成全市统一的市场主体信用信息平台。

（北京信息化协会）

【2015年全国互联网与工业融合创新试点企业名单发布】年内，工业和信息化部组织了2015年互联网与工业融合创新试点遴选工作，经推荐申报、专家评审等环节，从实现资源共享协同的生产组织创新、满足个性需求的制造模式创新、支撑智能绿色的生产运营创新、提升用户体验的产品及营销模式创新、助力企业低成本运营的融资方式创新、支撑全业务全流程互联网转型的集成创新6个试点方向，共遴选确定100家企业作为全国互联网与工业融合创新试点企业。其中，北京机械工业自动化研究所、北京福田康明斯发动机有限公司、北京华智弘润环保科技有限公司、北京兰格电子商务有限公司、北京京仪绿能电力系统工程有限公司等20家北京企业进入试点名单。

2015年互联网与工业融合创新试点企业名单

序号	企业名称创新方向创新内容
1	北京机械工业自动化研究所实现资源共享协同的生产组织创新、基于互联网的供应链协同创新
2	北京有色金属研究总院稀贵金属材料产业垂直电商及协同创新平台
3	北京汽车股份有限公司基于互联网的汽车供应链商务平台
4	北京市计算中心机械制造云平台及云服务建设
5	北京中软国际信息技术有限公司支撑智能绿色的生产运营创新、基于工业互联网的行业重大设备监测及服务平台
6	北方智能微机电集团有限公司基于智能健康云平台的可穿戴传感器制造与服务
7	北京福田康明斯发动机有限公司以智能工厂为载体的生产运营管理系统
8	北京威克多制衣中心基于三维虚拟试衣系统的服装个性化定制与异地协同制造
9	国家电网公司“互联网+”电力公共服务体系
10	北京赛腾工业标识系统有限公司产品信息追溯系统与数字化精准营销
11	中国华电集团公司基于互联网、大数据技术的发电集团生产智能化体系
12	北京洛斯达科技发展有限公司移动式能源资源信息服务平台
13	乐视网信息技术（北京）股份有限公司提升用户体验的产品及营销模式创新“CP2C”全流程用户交互模式创新
14	北京中正鸿远科技有限公司包装企业智慧管理云平台

续表

序号	企业名称创新方向创新内容
15	北京华智弘润环保科技有限公司室内环境健康产业生态圈智能互联平台
16	北京三元食品股份有限公司快消品行业互联网精准营销
17	华夏信融信息技术有限公司助力企业低成本运营的融资方式创新、基于企业大数据挖掘的供应链融资服务平台
18	北京兰格电子商务有限公司钢铁行业电子商务集成创新服务平台
19	北京网信众筹网络科技有限公司“互联网 +”工业众筹融资模式创新
20	北京京仪绿能电力系统工程有限公司支撑全业务全流程互联网转型的集成创新光伏电站大数据远程专家运维系统

（北京信息化协会）

【北京市企业对外投资对接系列活动举行】 年内，由市经济信息化委主办、工业和信息化部电子科学技术情报研究所承办的“新常态，新机遇——北京市企业对外投资对接系列活动”在北京市中小企业服务平台举行。来自津巴布韦、老挝、巴基斯坦、以色列、塔吉克斯坦、土耳其、土库曼斯坦、喀麦隆、蒙古、印度尼西亚等 10 余个国家和地区的代表，以及中方包含制造业、IT 业、信息服务业、协会 / 联盟四大门类，涉及航空航天、机械装备、新能源、生物医药、轻工、生态环保、仪表仪器、冶炼、电子信息、化工等 10 个行业 30 余家企业共 70 余位代表出席了活动。对外交流合作处处长王佐致辞，欢迎中外双方代表参加这次活动，并表示面向未来，切实采取措施，积极落实“一带一路”发展战略。在“一带一路”沿线国家和地区的共同努力下，各方一定能找到利益的会合点、打造合作的闪光点、开创共赢的新起点，为人类创造更多的精神财富和物质财富，并期待对接系列活动能够取得丰硕的成果。在对接活动中，津巴布韦和老挝驻华使馆的参赞分别介绍了国家投资概况和所需的投资领域，北京动力机械研究所、中海阳能源集团公司、中科曙光、北京易飞华通科技开发公司 4 家中方企业代表分别介绍了企业的产品和技术、国际化业务和国际投资情况，与参加活动的代表共同分享了企业“走出去”的相关经验。最后，中外双方进行了自由对接交流。双方代表表示，此次对接活动使双方更深入地了解相互之间的优势、产品及技术需求，对“引进来，走出去”有了更明确的方向，收获颇丰，并对下一次对接活动表示期待。

（北京信息化协会）

首都互联网协会

【概述】 年内，首都互联网协会新闻评议专业委员会共召开 20 次会议，发布《2014 年十大生活谣言》《2014 骚扰电话年度报告》等，并对“网络新闻报道标题规范及要求”等进行评议。首都互联网协会妈妈评审团推出 12 期主题系列活动，每期有不同的主题，共同讨论与倾听网友们对互联网如何改变自己生活的看法。首都互联网协会被民政部授予“全国先进社会组织”荣誉称号。

（首都互联网协会）

【《2014 年十大生活谣言》发布】 1 月 13 日，首都互联网协会新闻评议专业委员会召开年度第一次会议。会上，北京地区网站联合辟谣平台与百度知道联合发布《2014 年十大生活谣言》。

（首都互联网协会）

【2014年度网站自律专员工作总结会召开】 1月16日，首都互联网协会召开“2014年度网站自律专员工作总结会”。北京属地21家网站自律专员负责人、自律专员代表等30人出席。会议对2014年度网站自律专员工作开展情况进行了总结梳理。

（首都互联网协会）

【首都互联网协会年度第一次工作会召开】 1月23日，首都互联网协会党委召开2015年度第一次工作会，属地38家网站党组织负责人参加了会议。会上，协会党委总结了2014年度协会党委工作，部署了2014年度协会党委先进党组织、优秀党务工作者、优秀党员评选工作和2015年度协会党委工作重点。

（首都互联网协会）

【网络信息技术安全专业委员会年度第一次会议召开】 1月29日，首都互联网协会在百度召开网络信息技术安全专业委员会年度第一次会议。会议倡导净化移动应用市场环境，百度公开发布清理下架903款APP应用。

（首都互联网协会）

【《首都互联网协会党委工作通讯》出版】 1月，首都互联网协会党委出版第一期《首都互联网协会党委工作通讯》。《工作通讯》是首都互联网协会党委主办的党建工作内部交流刊物，旨在促进互联网行业党建发展，增强行业内部交流，扩大党组织在互联网行业中的影响力，提升党员的党性修养。

（首都互联网协会）

【启动调查问卷活动】 1月，首都互联网协会联合千龙网启动青少年法律常识答卷竞赛、新媒介与法律素养调查和青少年视力状况调查问卷3项活动。3项活动累计吸引5688名青少年、2522名家长参与，起到了较好的宣传普及作用。

（首都互联网协会）

【《2014骚扰电话年度报告》发布】 2月3日，首都互联网协会新闻评议专业委员会召开年度第二次会议。会上，北京地区网站联合辟谣平台和搜狗号码通联合发布《2014骚扰电话年度报告》。

（首都互联网协会）

【2015网络媒体大联欢举办】 2月10日，由首都互联网协会主办的互联网行业大型文化活动——“2015网络媒体大联欢”在京举办。本次活动的主题为“点赞”，通过嘉宾访谈互动、员工原创节目表演等形式，一同分享互联网的荣光，秀出互联网人的风采。国家互联网信息办公室副主任王秀军出席活动并致辞，中宣部、国家互联网信息办公室、北京市有关单位相关部门负责人参加活动。千龙网、新浪、搜狐、百度、网易、凤凰网、奇虎360等60余家互联网企业代表、近3000名互联网行业同人参与活动。

（首都互联网协会）

【“羊年网络大过年”在线举行】 2月11日至3月5日，“羊年网络大过年”线上春节民俗活动在线举行。据不完全统计，活动总点击量约35.6亿次；活动共征集各类春节相关图片约39万张、各类祝福留言5.57亿条、相关视频播放1.42亿次；参与网民遍及海内外。

（首都互联网协会）

【新媒介素养课举行】 4月15日，首都互联网协会联合千龙网在北京市第十四中学初中部报告厅举行以“关爱未来，法治护航”为主题的新媒介素养课。北京教育学院宣武分院、北京市人民检察院第一分院特邀嘉宾以及十四中师生、家长、妈妈评审员代表 110 余人参加本次活动。会上还发布了《新媒介与法律常识答题情况分析报告》和《新媒介与法律素养调查报告》。

（首都互联网协会）

【首都互联网协会委员会 2014 年度表彰会召开】 4 月 21 日，中共首都互联网协会委员会 2014 年度表彰会在北京广播大厦召开，这是协会党委自 2012 年成立以来召开的首次年度表彰会。北京属地主要商业网站党组织书记、党务工作者、优秀共产党员代表以及党建指导员 150 余人参加了会议。中央网信办网络社会工作局局长黄其正，北京市网信办党组书记、主任，首都互联网协会党委书记、会长佟力强，以及市委组织部、市委宣传部、市委社会工委、市网信办等单位领导出席了会议。

（首都互联网协会）

【“践行核心价值开展互联网公益”工作会召开】 5 月 6 日，北京市互联网信息办公室、首都互联网协会召开“践行核心价值开展互联网公益”工作会。属地新浪微博、搜狐、凤凰网、奇虎 360、千龙网等 35 家重点商业网站总编辑、党组织书记、公益频道负责人、第一通知人参加会议。北京市互联网信息办公室主任、首都互联网协会会长佟力强在会上对属地网站如何开展互联网公益进行了工作部署：一是要求各网站充分认识互联网公益在社会主义核心价值观建设中的重要作用，抓住机遇大力推进属地互联网公益工作，属地网站均要设立公益频道，落实总编辑负责制；二是要以互联网公益联盟为依托，形成网络公益合力；三是要依托互联网技术，拓展社会主义核心价值观的网络传播平台，深入持久开展形式丰富的网络公益实践活动，让互联网公益变为“随时、随处、随手”“便民、助民、乐民”的全民公益。为推动互联网公益更有深度、更加长远地发展，互联网公益联盟、属地各网站都需要继续创新互联网公益理念与方式，充分利用互联网平台的优势，根据各自特点设计网络公益活动，吸引网民广泛参与，放大互联网公益的潜在能量，让公益弥漫到网络的每个角落，使互联网的底色更加鲜亮、网络空间更加清朗。

（首都互联网协会）

【新闻评议专业委员会第六次会议召开】 5 月 13 日，首都互联网协会新闻评议专业委员会召开年度第六次会议，北京地区网站联合辟谣平台、蝌蚪五线谱网站辟谣“吃草莓致癌”。会上，市网信办、市科协、昌平区农业服务中心等部门介绍了联合相关农业主管部门、专业检测机构、专家学者、果蔬种植户对“吃草莓致癌”辟谣的情况。

（首都互联网协会）

【“5·12”互联网社会责任日座谈会召开】 5 月 15 日，首都互联网协会召开“5·12”互联网社会责任日座谈会暨互联网公益联盟专业委员会第一次会议。会议以“互联网公益影响力”为主题，展示了属地网站一年来的公益成果及全面开展互联网公益的工作计划，审议了互联网公益联盟专业委员会章程、组织机构等内容，并举行了互联网公益联盟专业委员会揭牌仪式。

（首都互联网协会）

【敏感期专项工作动员会召开】 5 月 28 日，

市网信办、首都互联网协会党委召开敏感期专项工作动员会。32家网站党组织书记和党务工作者参加了会议。市网信办党组书记、主任，首都互联网协会党委书记、会长佟力强出席会议并对专项工作提出了要求。

（首都互联网协会）

【"护苗2015·网上行动"动员会召开】5月29日，北京市互联网违法和不良信息举报中心、首都互联网协会联合举办网络社会监督工作者表彰暨"护苗2015·网上行动"动员会。会上总结了2014年度社会监督工作者的工作情况，表彰了79位网络社会监督工作者，并对开展"护苗2015·网上行动"工作进行部署。

（首都互联网协会）

【建党94周年首都网络媒体宣传教育活动举办】6月28日至7月1日，北京市互联网信息办公室、首都互联网协会与扬州市委宣传部举办了"铁血扬州——建党94周年首都网络媒体宣传教育活动"。来自千龙网、新浪、网易、百度、凤凰网、奇虎360、优酷土豆集团等17家网站的总编辑、党组织书记共43人参加活动。

（首都互联网协会）

【青少年视力状况调查报告发布】6月，首都互联网协会组织妈妈评审团代表走进育才学校，围绕"保护视力光明你我"主题，邀请中国眼镜协会会员、中青网爱眼护眼公益活动讲师敖勇，为学生讲解爱眼护眼常识和良好用眼习惯，并发布《新媒介与视力健康——青少年视力状况调查报告》。

（首都互联网协会）

【"2015北京网络媒体红色故土行"活动举行】8月3—7日，在市委宣传部、内蒙古自治区委宣传部的指导下，市网信办、首都互联网协会联合内蒙古自治区网信办、内蒙古网络文化协会举办"2015北京网络媒体红色故土行——亮丽内蒙古"活动。中央网信办、市委宣传部等相关部门领导，以及千龙网、新浪、搜狐、网易、百度、阿里巴巴、腾讯、京东等36家网站的总编辑、党组织书记等80余人参加了活动。"北京网络媒体红色故土行"是北京网络媒体从业人员接受革命传统教育、爱国主义教育和社会教育的品牌活动，是互联网业界参加规格最高、范围最广、认同度最强的品牌文化活动，2015年是此系列活动的第13次活动。

（首都互联网协会）

【"抵制低俗遵守网络道德"妈妈评审团专题评审会举办】8月11日，市网信办、首都互联网协会召开"抵制低俗遵守网络道德"妈妈评审团专题评审会，对频发的"不雅视频"传播等危害青少年成长的行为进行评审。青少年保护及新媒体领域方面的专家学者、妈妈评审员、网站代表等40余人出席了评审会。

（首都互联网协会）

【"爱上学"大型公益计划活动启动】9月9日，由首都互联网协会互联网公益联盟指导、腾讯·大燕网发起策划的"爱上学"大型公益计划活动在北京、天津、河北等地同步启动新桌椅捐赠仪式。

（首都互联网协会）

【"互联网+足球运动实践基地"揭牌仪式举行】9月20日至10月31日，第十一届(2015)"波司登"杯中国网络媒体足球精英赛在北京体育大学举办。本届比赛历时

42 天，吸引了 32 家中央重点新闻网站和属地商业网站。最终，凤凰网和金融界分别获得甲乙两组冠军。闭幕式上，首都互联网协会与北京控股足球俱乐部达成战略合作，共同建立“互联网 + 足球运动实践基地”，并在现场举行了揭牌仪式。

（首都互联网协会）

【“梦想 · 互联”微党课创作评选活动举行】 10 月 12 日，首都互联网协会党委动员属地网站党组织参与由国家互联网信息办公室网络社会工作局主办的“梦想 · 互联”微党课创作评选活动，百度、奇虎 360、微博、搜狐、网易、乐视、第一视频、优酷等 15 家网站党组织参加了活动，并制作了微视频、H5 等作品。

（首都互联网协会）

【“单身周末”联谊活动举行】 11 月 15 日，在国家互联网信息办公室网络社会工作局指导下，由首都互联网协会党委主办、百合网承办的“情愫互联 · 青春同行”系列主题活动启动仪式暨首都互联网行业青年“单身周末”联谊活动在京举行。来自 24 家中央重点新闻网站、北京市属地商业网站的 200 余名行业青年一起在朝阳公园度过了精彩而难忘的“单身周末”。

（首都互联网协会）

【参加巴塞罗那全球智慧城市博览会】 11 月 16—23 日，首都互联网协会组织新浪、搜狐、网易、百度、凤凰网等互联网企业高层管理人员赴西班牙参加巴塞罗那全球智慧城市博览会，并赴以色列对网络安全和信息化管理机构和企业进行学习考察。

（首都互联网协会）

【北京地区主要商业网站发展对象培训班举办】 11 月 18—21 日，首都互联网协会党委举办了“2015 年度北京地区主要商业网站发展对象培训班”。来自百度、新浪、搜狐、网易等 20 家北京属地主要网站的 83 名发展对象参加了本期培训班。

（首都互联网协会）

【中共首都互联网协会委员会党员信息管理系统上线】 12 月 15 日，中共首都互联网协会委员会党员信息管理系统正式上线，为协会党委下属的 33 家网站党组织建立党组织信息台账，为网站党组织党员管理建立了网上平台，便于统计基础数据，开展相应活动。

（首都互联网协会）

【获全国先进社会组织称号】 12 月 17 日，首都互联网协会被民政部授予“全国先进社会组织”荣誉称号。

（首都互联网协会）

【2015 年度社会监督工作者表彰暨培训会召开】 12 月 26 日，北京市互联网违法和不良信息举报中心、首都互联网协会联合召开 2015 年度社会监督工作者表彰暨培训会，对 2015 年工作成绩突出的 100 名社会监督工作者及 20 家已设立自律专员队伍的网站进行表彰。

（首都互联网协会）

中关村民营科技企业家协会

【概述】 年内，中关村民营科技企业家协会（简称中关村民协）坚持首善标准，继续发挥社会组织在落实“四个全面”战略布局中应有的作用，推动首都精神文明建设稳步向前。

（郑虹锦）

【获北京市中小企业公共服务平台奖牌】1月20日，经推荐、专家评审、公示等环节，中关村民协获由市经济信息化委颁发的第三批北京市中小企业公共服务平台奖牌。

（郑虹锦）

【京津冀社会组织座谈会召开】1月21日，中关村民协主持召开京津冀社会组织座谈会，中关村成长型科技企业互助促进会、北京电子商会、北京电子电器协会、北京市海淀区文化创意产业协会应邀参会。会议由中关村民协常务副秘书长戴双主持，社会组织联合会秘书长戴键介绍了联合会围绕京津冀协同发展的工作部署，并表示联合会成员不仅要围绕京津冀协同发展，而且要以布局全国的意识，组织有影响力、有深度且务实的品牌活动。参会协会代表介绍了各自的会员情况和服务内容。会议提出可通过设立课题等形式，共同研究京津两地社会组织如何在京津冀协同发展中发挥作用。本次会议是首届京津冀协同创新高峰论坛后，京津冀三地社会组织深入了解、寻找合作契机的一次重要会晤。

（郑虹锦）

【获“AAAAA级社会组织”称号】1月，北京市民政局发布《北京市民政局关于2014年度市级社会组织评估等级结果的公告》，中关村民协获评“AAAAA级社会组织”。该评估结果共分为5个等级，AAAAA级是最高等级社会组织。

（郑虹锦）

【获2014年中关村优秀社会组织称号】2月6日，中关村社会组织工作大会在中关村国家自主创新示范区展示中心召开。中关村管委会主任郭洪、副主任杨建华出席会议并致辞。中关村社会组织联合会会长王小兰介绍了中关村社会组织诚信体系建设思路和主要内容，中关村民协会长、中关村社会组织联合会副会长姜鹏明宣读了2014年度中关村优秀社会组织表彰决定，中关村民协荣获2014年中关村优秀社会组织称号。

（郑虹锦）

【获2014年北京市科协系统精神文明单位称号】3月17日，北京市科学技术协会2015年系统工作会在北京会议中心召开。会议由北京市科协党组副书记、副主席景晓东主持，市科协党组书记、常务副主席夏强出席会议并讲话。会议对2015年市科协在科普、学术外事、决策咨询和宣传方面的工作进行了部署。市科协副主席周立军提出，科协要进一步加强与中关村民协的合作，建立长效机制，将服务高校和大学生创新创业工作常态化；市科协副主席田文在发言中指出，要以中关村天合科技成果转化促进中心为依托，搭建北京市科学技术协会科技转化平台。在会议表彰环节，中关村民协获2014年北京市科协系统精神文明单位称号；协会提出的“关于扶持创新型现代科技服务产业的若干政策建议”获市科协系统优秀建议一等奖；中关村民协副秘书长徐霞获科协优秀信息员称号。

（郑虹锦）

【举办专业培训活动】3月26日，中关村民协与通标标准技术服务有限公司（会员单位）联合举办主题为“电磁兼容设计及整改解析”的主题培训，帮助企业研发人员明确掌握EMC测试系统规则。此次培训是协会首次试水专业度较高的主题培训活动。清流、磊鑫建筑、联盛德等企业50余位代表出席活动。3月27日，中关村民协联合北京启迪创业孵化器有限公司（副会长单位）、北京方亚资本投资有限公司举办“科技与金融系列讲座——互联网金融互联网时代的新生态”。近50位参会企业代表学习了互联网金融的业务模式、监管法规和风险管理知识。3月31日，中关村民协联合北京商务服务业联合会、北京国际信托有限公司举办“企业投融资系列讲座——科技型企业金融政策和中小科技企业投融资方式”。北京国际信托有限公司为近50位参会企业负责人就信托基础知识、信托业务与中小企业创新融资、小微金融的重点领域、融资政策等内容进行讲解，并就信托模式与企业负责人进行交流。

（郑虹锦）

【获首都文明单位标兵称号】3月31日，2015年首都精神文明建设工作大会召开。中共中央政治局委员、北京市委书记、首都文明委主任郭金龙出席会议并讲话，北京市委副书记、北京市市长、首都文明委第一副主任王安顺主持会议。会上，中关村民协获“2012—2014年度首都文明单位标兵”称号。

（郑虹锦）

【中关村民协企业联合委员会第一党支部成立】4月1日，中共中关村民营科技企业家协会企业联合委员会第一党支部成立会召开。会议由企业联合委员会常务副书记戴焕忠主持，党委成员黄显勇、邵海鸥等参加会议。会议选举赵亚男、邵海鸥、于雷分别为第一党支部书记、副书记及党务工作指导员。戴焕忠要求党组成员在工作中加强党的精神传播和宣传，加强党支部凝聚力，做好基层党委工作，并加强创新，更好地为会员企业服务。

（郑虹锦）

【中关村民协及会员企业分获殊荣】4月15日，由北京发明协会和北京市职工技术协会联合举办的“中国移动杯”暨第九届北京发明创新大赛颁奖会在北京金龙潭大饭店召开。中关村民协推荐的北京京润新技术发展有限责任公司的“高硬高浊工业污水处理方法”项目、北京四通智能建筑系统集成工程有限公司的“一种蓄电池在线修复维护仪”项目分获北京发明创新大赛银奖和铜奖。中关村民协也因积极组织参与本次活动荣获优秀组织奖。

（郑虹锦）

【环保产业联盟成立大会暨第一次会员大会召开】4月29日，北京环都经济圈节能低碳环保产业联盟筹备成立大会暨第一次会员大会在裕龙国际酒店召开。市发展改革委资环处处长张玉梅，市民政局社团办社会组织登记管理处处长庞庆涛，中关村民协会长、绿创环保集团董事局主席姜鹏明，以及新奥集团、神雾集团、派克蓝、河北先河环保等6省市近40家节能环保领域的企业负责人和代表出席活动。会议听取了联盟筹备情况工作汇报，并表决通过了联盟章程（草案）、会费收取办法（暂行）。同时表决产生了联盟理事会、监事会组成人员名单，选举姜鹏明为联盟第一届理事会理事长，戴双为联盟秘书处秘书长。联盟是由中关村民协、绿创环保、国电清新、科净源等单位发起成立，经北京市社会团体登记管理机关核准登记的非营利性社会团体法人，以为京津冀及周边地区生态环境服务为宗旨，为联盟企业做大做强服务为工作重点和方向。

（郑虹锦）

【科技成果转化支持情况介绍会举办】5月13日，中关村民协联合中关村管委会、中关村社会组织联合会举办2015年中关村技术创新、产学研结合及科技成果转化相关支持情况介绍会。中关村民协副秘书长徐霞主持会议并介绍中关村开放实验室挂牌与评估过程中需要注意的问题，以及2015年检测服务支持情况。中关村管委会创新处副处长郅斌伟、产业处副处长夏文佳分别解读和分享了中关村技术创新能力体系建设资金支持管理办法及科技成果转化产业化平台的基本情况和创新思路。会上，中关村天合科技成果转化促进中心相关负责人还对科技成果转化促进服务平台及科技成果转化发展基金情况进行了说明。来自中关村开放实验室、企业的百余位代表参会。

（郑虹锦）

【成功调解10亿元增资案】6月10日，中关村民协首席顾问、企业家商事特邀调解员张本正调解了一起合同纠纷案。涉案双方之前共同签订了增资协议，约定以土地作为对价增资，合同签署后投资公司并未履行合同义务，项目公司要求对方继续履行协议并提供相应保证。案件调解过程中，投资公司以项目公司方未能实现约定发展目标为投资未及时到位的原因。经过调解，双方最终达成和解，并承诺一月内以10亿元注资完成项目增资。案件调解最后，原被告双方一致认为，以调解形式解决企业争端不仅有效节约了企业的诉讼成本，也使企业在商业运作和企业管理方面的水平得到了提升。海淀区司法局相关负责人参与案件调解并于会后探讨了人民调解机制通过市场化运作、减少企业司法成本、实现更大的社会效益的实施途径。

（郑虹锦）

【企业融资和信用评估专题讲座举办】6月10日，中关村民协和北京市商务服务业联合会联合举办“企业融资和信用评估”专题讲座，30余家企业相关代表参会，学习融资渠道及相关融资政策。

（郑虹锦）

【示范区政策深度解析会举办】6月10日，由中关村社会组织联合会主办、中关村民协承办的中关村国家自主创新示范区政策深度解析会在北京理工大学召开。会议由中关村民协执行会长黄显勇主持，中关村管委会创新处副处长郅斌伟、海淀国税局负责人分别对核心区创新创业扶持政策、小微企业所得税政策进行了解读；北京三友知识产权代理有限公司合伙人任默文通过实际案例讲解了知识产权的生成与保护；中关村民协执行会长兼秘书长、中关村天合科技成果转化促进中心主任朱希铎做科技成果转化主题发言。中关村民协监事长戴焕忠，以及来自示范区企业的150余位代表参加会议。

（郑虹锦）

【中关村民协商事纠纷调委会获北京市调解优秀工作品牌称号】6月11日，北京市人民调解工作会议在首都大酒店召开。会议总结了近4年来人民调解工作的经验，对进一步加强人民调解品牌建设，加强行业性、专业性人民调解组织建设和“2015年全市重大活动社会矛盾纠纷排查化解专项行动”等工作进行部署。会上，海淀区上地地区企业商事纠纷专业人民调解委员会等33家调解组织被授予北京市调解优秀工作品牌称号。上地地区企业商事纠纷专业人民调解委员会由中关村民协与海淀区司法局上地司法所联合成立，是北京市第一家商事纠纷调解委员会。

（郑虹锦）

【会员企业恳谈会举办】 6月17日，中关村民协举办中小企业恳谈会系列活动之“新三板”饕餮盛宴。30余位企业家参加活动，会议由执行会长黄显勇主持，新三板上市企业维珍创意董事长高利军分享上市心得，维珍创意初期获得中关村企业家天使投资联盟的天使投资。和君资本合伙人张卫君详解了“新三板”挂牌条件和挂牌可以为企业发展提供的支持。与会企业家还围绕协会如何为会员提供更有针对性的创新服务提出真知灼见。协会会长姜鹏明、执行会长兼秘书长朱希铎、监事长戴焕忠参会。

（郑虹锦）

【中关村民协为海淀区“十三五”规划建言献策】 6月30日，海淀园管委会专家顾问委员会、企业家咨询委员会召开海淀区“十三五”规划专题咨询会。会议由中关村核心区发展研究中心主任宋洁尘主持，姜鹏明、苑衍刚、余钟夫、王明兰等16位专家、企业家委员与会，围绕“海淀区‘十三五’时期建设具有全球影响力的科技创新中心的思路、目标、任务和措施研究”建言献策。

（郑虹锦）

【中关村管委会调研中关村民协】 7月8日，中关村管委会副主任廖国华调研中关村民协，协会监事长戴焕忠、首席顾问张本正接待来访并围绕非公党建和创业辅导展开交流。会上，廖国华为戴焕忠颁发了北京市政府特邀建议人证牌，此次也是戴焕忠第三次被聘为北京市政府特邀建议人。（北京市政府特邀建议人是北京市人民政府人民建议征集办公室在全市范围内聘请的义务工作者，是人民建议征集工作的主力军，是人民建议征集工作发展的重要保证。）

（郑虹锦）

【智慧养老投融资研讨会召开】 7月14日，中关村民协联合北京互信互通有限公司组织召开智慧养老投融资研讨会。国家发展改革委产业发展研究所处长许江萍博士与会，就国家发展改革委4月份出台的关于养老行业和战略新兴产业专项债券发行有关政策进行解读，并与参会企业沟通交流。

（郑虹锦）

【标准宣贯会召开】 7月31日，中关村民协受市经济信息化委委托，组织召开了面向中国铁塔、中国移动等公司的标准宣贯会。会上，纳源丰等中关村科技企业对通信领域的节能降耗创新产品进行了推介，与通信运营商进行了现场对接。

（郑虹锦）

【中关村民协工会成立】 8月3日，中关村民营科技企业家协会工会成立会召开。会议正式宣布并明确工会工作小组构成并探讨工会下半年工作重点内容，初步建立并形成工作思路及工作计划。协会联合党委副书记戴焕忠主持会议，工会主席付灵卉、组织兼妇女委员赵亚男、宣传委员王静、经费审核员王秋兰、协会联合党委党建指导员于雷与会。中关村民协工会是经海淀园工会工作委员会批复同意成立的独立工会组织，其工作宗旨是“维护员工权利，提高员工福利，活跃员工生活”。

（郑虹锦）

【中小企业金融产品推介会举办】8月13日，中关村民协组织五航星、康基亚等会员企业参加由中关村民协、北京中关村不动产商会等联合举办的中小企业金融产品推介会。推介会上中国工商银行北京金融街支行对扶持小微企业金融产品进行了详细介绍，为中小企业融资提供了新渠道。

(郑虹锦)

【市场拓展】9月10日，中关村民协首席顾问张本正、常务副秘书长戴双陪同英力环保公司董事长尹应武赴呼和浩特市，与内蒙古自治区科技厅厅长李秉荣和社会发展处领导围绕内蒙古粉煤灰循环利用技术、处理方式等内容展开探讨。李秉荣对协会在帮助企业科技创新、开拓市场等方面开展的工作表现出浓厚兴趣，希望通过协会及北京环都经济圈节能低碳环保产业联盟组织企业家到内蒙古交流、洽谈合作。张本正一行还考察了内蒙古阿拉善乌克布和生态沙产业园，与园区管委会书记兼主任刘志强分享了国家在阿拉善地区沙漠治理、开发长期规划的感受。刘志强希望协会与北京环都经济圈节能低碳环保产业联盟加强对阿拉善地区的关注，并希望加强与中关村企业的深入联系与合作。此次赴蒙，张本正一行还对内蒙古紫光化工进行了实地考察，听取该企业20年来总资产从2800万元到近70亿元的发展历程。

(郑虹锦)

【组织新技术新产品政府采购政策宣讲会】9月11日，中关村民协在北京裕龙国际酒店举办新技术新产品政府采购政策宣讲会，百余家中关村企业参会。会上，中关村政府采购促进中心主任盛江峰介绍了中关村政府采购工作，北京市科委、北京市财政局相关负责人分别介绍了北京市科委新技术新产品(服务)认定管理办法与申报流程，以及新技术新产品政府首购产品认定相关政策。参会企业就新技术新产品与首购产品认定问题和与会领导展开交流。

(郑虹锦)

【科技中介服务平台研讨会召开】9月14日，中关村民协组织召开“建设科技中介服务平台，推动科技成果转化”主题研讨会。会议由协会副秘书长徐霞主持，北京尊冠科技有限公司总经理边红丽、北京建筑材料检验研究院高工马国儒等18位专家针对目前我国科技中介服务业市场规模偏低、市场发育不成熟、科技服务不能满足经济结构调整和新技术的发展要求等问题进行研讨，共同探索加速科技中介服务平台建设、推动科技成果转化的解决方案。

(郑虹锦)

【中关村管委会负责人到中关村民协调研】9月22日，中关村管委会副主任王汝芳，中关村管委会党组成员、中共北京市纪委驻中关村管委会纪律检查组组长侯云一行对中关村民协承接的两个政府项目进行资金规范管理工作调研。协会会长姜鹏明、执行会长兼秘书长朱希铎接待来访。朱希铎对协会承接的中关村开放实验室和政府采购专项以及承办的课题研究开展情况进行了说明，并对当前社会组织的规范化管理提出具体意见。姜鹏明表示，协会将在做好政府购买服务工作的基础上，创新服务模式，完善自身组织建设，并建议中关村管委会改善政策设计，为社会组织承接政府职能转移营造良好环境。在听取协会具体意见后，侯云对政府购买服务资金使用规范提出具体要求；王汝芳表示，中关村管委会将通过与中关村民协等优质社会组织的深入调研与沟通，激发社会组织活力，实现社会组织价值。

（郑虹锦）

【“互联网 + 传统企业”转型专题培训会举办】9 月 24 日，中关村民协与沧州市高新区联合举办“中关村创新创业黄埔大讲堂——‘互联网 + 传统企业’转型专题培训会”。沧州高新区工委副书记、管委会副主任王书良为大会致辞。协会特邀中关村创业投资和股权投资协会副秘书长陈长久、和君创业管理咨询集团合伙人高春利、精效新软新技术（北京）有限公司何纪斌分别做“经济下行压力下的企业转型新思路——互联网思维和传统企业转型方法”“移动互联时代品牌营销策略”“智能信息化助力企业转型升级”主题演讲。在会议交流环节，与会领导及两地企业家围绕“什么是互联网思维”“传统企业如何运用互联网思维转型”“如何借助互联网增强客户对企业的认知信任”主题展开交流。30 余位沧州企业代表参加培训会。

（郑虹锦）

【支撑区域创新生态系统专题讲座举办】10 月 12 日，中关村民协举办“打造综合科技服务平台，支撑区域创新生态系统”专题讲座。来自国鑫集团、北京顺然天成咨询有限公司、北京碧虚文化有限公司等会员企业的 10 余位代表参加了专题讲座。会上，北京携创科技有限公司创始人、董事长兼总裁赖晓南以“在区域创新系统中构筑综合科技服务平台”开篇，按照“研判科技服务业行业趋势、聚焦科技服务业政策导向、明确科技服务业发展策略”的逻辑体系阐述科技类社会组织的新型定位及发展策略，与会人员围绕创新创业、科技服务等多个话题展开讨论。

（郑虹锦）

【中关村生物医药企业及医疗器械企业建言献策座谈会举办】10 月 14 日，中关村民协组织召开中关村生物医药企业及医疗器械企业建言献策座谈会，听取企业发展意见和建议。协会监事长、北京市政府特约建议人戴焕忠主持会议。中关村管委会产业促进处黄佳琪，北京生物技术和新医药产业促进中心总工程师程伟，以及北京佰仁医疗科技有限公司等 15 家企业相关代表参加座谈。会议围绕《国务院关于改革药品医疗器械审评审批制度的意见》为企业发展发挥实际效用为题展开探讨，与会代表还对药品医疗器械审评审批中存在的问题提出建设性意见。

（郑虹锦）

【举办中小企业恳谈会之上市企业的“商”“裳”“墒”】10 月 22 日，中关村民协中小企业恳谈会之上市企业的“商”“裳”“墒”在副会长单位——北京合纵科技股份有限公司举行。会议由协会执行会长张正喜主持，北京合纵科技股份有限公司董事长刘泽刚、北京和君咨询有限公司（会员单位）合伙人张卫君、海淀区地方税务局税政管理一科副科长郝玫、中国专利信息中心创新处处长张帆出任主讲嘉宾，并分别以“上市企业成功经验分享及前景探讨”“企业上市包装技巧分析”“海淀区地方税务政策解读”“专利信息服务与利用”为题现场分享了上市企业的“商”“裳”“墒”。安方高科、颖诺凯胜等 30 余家有上市需求的会员企业负责人参加活动。中小企业恳谈会是协会的传统品牌活动之一，此次活动旨在帮扶企业解决上市之惑。

（郑虹锦）

【中法产业项目合作对接】10月29日，为帮助会员企业加快国际化布局，开拓海外商业合作市场，协会联合高促会组织“中法产业项目合作对接”的高端对话会。协会常务副会长单位北京新联铁科技股份有限公司，副会长单位北京首钢自动化信息技术有限公司、北京北信源软件股份有限公司作为中方企业代表依次发言。法方代表 Geffroy Ladet 对法国投资环境以及生物医药、机器人产业发展进行介绍，双方围绕对欧合作展开面对面交流。

（郑虹锦）

【中关村民协2015年联系人活动举行】10月31日，中关村民协2015年联系人活动在昌平后花园风景区举行，来自荣之联、东华软件、拉卡拉、中加国道等27家会员企业的负责人或其代表参加活动。本次活动旨在感谢会员企业及联系人长期以来对中关村民协工作的支持，协会也将充分发挥其桥梁纽带作用，加强协会与企业、企业与企业之间的沟通和交流。

（郑虹锦）

【承办第二届京津冀协同创新共同体高峰论坛相关活动】11月4日，由中关村社会组织联合会、北方技术交易市场、河北省科学技术协会、北京能源协会主办的第二届京津冀协同创新共同体高峰论坛在天津召开。包括中关村民协会员企业在内的600多家京津冀企业代表参会。嘉宾们分别就“京津冀协同发展重在加快结构调整”“中关村京津冀协同创新共同体系建设工作思考”“落实京津冀协同发展战略，助推三地合作再上新台阶”“发挥科协系统优势，促进京津冀科技成果转化”“京津冀环境保护协同发展困境与突破”做主旨演讲。中关村民协、中关村天合科技成果转化促进中心承办了该论坛的节能环保产业和京津冀科技成果转化对接交流分论坛。协会执行会长兼秘书长、中关村天合科技成果转化促进中心主任朱希铎介绍了中关村天合转促中心服务体系，现场还进行了项目对接签约。

（郑虹锦）

【中韩企业家举办高尔夫球赛】11月14—15日，首届中韩企业家合作展望高尔夫联谊赛分别在北京雁栖湖高尔夫俱乐部和北京净山湖高尔夫俱乐部举办，韩国前总理李寿成等多位嘉宾出席。此次比赛让中韩企业家在享受高尔夫带来的乐趣的同时增进企业间的交流沟通。

（郑虹锦）

【中德知识产权保护与企业并购主题研讨会召开】11月24日，中关村民协培训平台活动之“中德知识产权保护与企业并购”主题研讨会在京师律师大厦召开。西林·朱特·安舒莰律师股份有限公司合伙人托马斯·纳格勒博士、朱美婷律师围绕德国与欧盟的知识产权保护、会展维护、企业并购等相关内容进行详细介绍。北京中誉威圣律师事务所余宏伟律师、北京京师律师事务所高贺新律师分别就“国内知识产权保护策略”“中国企业海外投资及风险防控”做主题发言。20余位会员企业代表参加研讨会。

（郑虹锦）

【承办科技金融政策培训】12月18日，由北京市科委主办、中关村民协承办的科技金融政策培训——“新四板助力企业踏上资本市场快车道，中关村开放实验室促进企业科技腾飞”活动在北京科大天工大厦举行。会上，北京股权交易中心创新部总监马天诣、中金智远（北京）投资有限公司董事长李奎受邀分别就股权交易服务平台情况及相关政策、北京新四板政策及相关内容为企业做深入剖析。协会副秘书长徐霞主持会议，并对中关村开放实验绩效评议细则进行了解读。百余家实验室及企业代表参会。本次活动旨在围绕“新四板”和“中关村开放实验室”两个科技金融主题为企业借“新四板”资本之风调整企业发展步伐提供借鉴。

（郑虹锦）

【北京燃气集团技术交流合作专场对接会举办】12月23日，为推动中关村新技术新产品市场拓展，中关村民协联合北京能源协会共同举办北京燃气集团技术交流合作专场对接会。协会组织中能服、乡电电力、和隆优化、瑞芯谷等中关村民营企业与国有企业北京燃气集团进行对接。北京燃气供热公司总经理王建国介绍了集团发展情况以及企业在燃气锅炉节能减排、余热利用、自动控制、大数据管理、信息化等方面的技术需求，希望能够与民营企业展开深入的技术交流和市场合作。对接双方均对此次活动的形式和效果表示满意。协会未来将组织更多有针对性的民企与国有企业的供需对接。

（郑虹锦）

【俄罗斯投资环境及法律体系宣讲会举办】12月29日，为帮助会员企业全面了解俄罗斯经济发展现状及企业在俄投资发展环境，协会联合北京市海淀区高层次人才发展促进会举办俄罗斯投资环境及法律体系宣讲会。俄罗斯商会名誉会长、原俄驻华使馆商务副参赞希尔盖，中国政法大学俄罗斯法律研究中心主任黄道秀分别对俄罗斯经济发展现状及投资环境和法律体系进行了分析。北京东方三芯科技有限公司、北京奥瑞安能源技术开发有限公司等多家会员企业参会。

（郑虹锦）

园区建设

北京经济技术开发区

【概述】年内，北京经济技术开发区推进信息基础设施建设完善升级，坚持信息化与提升政府自身能力相结合，与推动产业发展经济建设相结合，与实现社会管理服务创新相结合，与完善城市精细管理相结合，与加快生态文明建设相结合，完成4G全覆盖为民实事，推进信息网络技术广泛运用，提升城市管理、产业发展、社会服务与生态建设的信息化水平，提高信息化服务保障能力。开展新一轮城市公共监控建设，完成第六批238路监控建设，启动并开展第七批94路监控建设前期勘察设计工作。华开有线电视网有限公司（简称华开有线）和北京歌华有线电视网络股份有限开发区分公司（简称歌华有线开发区分公司）两家公司负责开发区内有线电视传输网络的建设和运营。年内，华开有线为开发区居民户免费发放高清、标清机顶盒合计783台；传输11套高清电视节目，并提供40套电视节目的时移互动服务。截至年底，华开有线累计建设的HFC有线电视传输网络已覆盖开发区超过40个居民小区、20多个工业园区，全网线缆铺设里程上千公里、接收端口总数量超过10万个；为3万多户居民和100多家驻区企业提供有线电视节目信号，网络覆盖范围40平方公里；向开发区居民、企业用户发放标清和高清数字电视机顶盒2.5万余台，同时在网传输100多套数字电视节目信号。歌华有线开发区分公司在新区的有线电视覆盖20个居民小区、3个工业园区，完成网内传输模拟电视节目61套、广播1套；平移网中的模拟节目27套，数字节目181套，广播18套，服务5套；高清交互数字节目181套，广播18套，服务5套。

（陈晨 席志斌 李倩）

【开发区2015—2017年通信基站专项规划发布】4月，北京经济技术开发区发布《北京经济技术开发区通信基站专项规划(2015—2017年)》及配套的通信基站管理办法和任务分工，用以指导开发区内基站建设、协调工作；确定了未来3年299处通信基站规划选址，并为基站规划、建设、协调、废止工作提供政策依据。

（高卿）

【开展开发区政府网站普查工作】4月，北京经济技术开发区开展开发区政府网站普查工作，对开发区政府网站群进行全面自查和整改，制定了开发区门户网站普查制度，提高网站规范化管理意识和水平，促进网站信息资源整合，杜绝“僵尸网站”，最终形成包括6份专项分析报告的11份相关文档。

（郑超）

【建设移动物联公共服务平台】10月，北京经济技术开发区建立统一规范的数据标准，整合无线移动专项应用系统的数据信息，建设移动物联公共服务平台，实现无线政务基础数据、应用数据的融合。

（张澎涛）

【协同开展信息化规划研究工作】年内，北京经济技术开发区与大兴区经济信息化委协同开展“智慧新区”顶层设计和信息化“十三五”规划研究。融合“智慧大兴”与“智慧亦庄”，形成“智慧新区”规划设计方案，完成新区信息化“十三五”规划研究工作。

（陈晨）

【新建79处基站】年内，北京经济技术开发区引导、协调北京移动、北京联通、北京电信及铁塔公司，开展基站建设协调工作和基站供电、传输协调工作。工作分3批次共190项任务，截至年底共完成79处基站新建任务，实现4G覆盖。其中，北京经济技术开发区推进智慧灯杆试点工作，以现有路灯为基础完成18处灯杆基站建设工作。

（高卿）

【完成通信信号道路测试】年内，北京经济技术开发区对区内全部市政道路开展第一次全通信制式的信号路测，包括中国移动、中国联通、中国电信三大运营商所有2G/3G/4G网络，并对勘测结果进行分析汇总，开发区2G网络覆盖率达到97.1%，4G网络存在弱覆盖情况，需要进一步加大建设力度。

（高卿）

【空间地理信息公共服务平台建成】年内，北京经济技术开发区建成空间地理信息公共服务平台，同步整合开发区办公楼宇及园区使用率信息、入驻企业信息、通信基站、公共区域监控和公交线路、公共自行车等信息，使区域大数据在开发区地图上得以展现。

（张澎涛）

【移动端政务办公平台建成】年内，北京经济技术开发区建成移动端政务办公平台，实现移动端的公文处理、工资查询、联系信息查询等功能，使政务办公不再受空间、时间的限制，实现随时随地网上办公。

（冯若娇）

【移动端门户网站建成】年内，北京经济技术开发区建成移动端门户网站。依托“首都之窗”市级无障碍平台，采用云服务的方式，实现在手机、平板等移动端设备的展示和便捷访问，开发区门户网站实现无障碍访问。

（郑超）

【开展CABLE宽带上网业务】年内，北京华开有线电视网有限公司在开发区的9个居民小区继续开展CABLE宽带上网业务，为居民提供2M、4M、10M和10M以上速率的宽带接入服务，维持、发展个人宽带上网用户2000余户。此服务降低了开发区居民使用宽带的资费价格。在开展有线宽带服务的9个居民小区，CABLE方式上网接入率达到20%。

（席志斌　王超）

【开展“三网融合”技术试验】年内，北京华开有线电视网有限公司、北京博大网信科技发展有限公司、北京博大网通科技发展有限公司、北京博大数通科技发展有限公司等单位合作，在开发区有线电视网络覆盖区域内，开展“电视信号经OTT转换平台转码后，依托ISP专网传输承载电视信号直播到户”的商用化播出试验。该新型业务试验全年新发展1000余户IP电视收视用户。

（席志斌　王超）

北京马坊工业园区

【概述】年内，北京马坊工业园区实现工业总产值34.5亿元，同比增长14.4%。其中，规模工业总产值实现31.6亿元，同比增长10.3%。实现税收1.1亿元，同比增长44.2%，首次突破亿元大关。实现共享收入2325.4万元，同比增长32.5%。完成固定资产投资9.1亿元，同比增长99.4%。北京马坊工业园区于2006年8月经北京市人民政府批准，正式列为北京市16个市级开发区之一，是中关村平谷园的重要组成部分，园区（一期）规划总面积345.58公顷。园区主导产业有高端制造业、医疗器械为主的大健康产业、能源环保等高新技术产业，是北京市绿色能源产业基地。

（郭玉彬）

【公开政府信息63条】年内，信息部门通过政府信息公开系统主动公开政府信息63条，未发生因违反政府信息公开工作而出现投诉、复议、诉讼的情况。

（郭玉彬）

【对园区政府网站进行整改】年内，对园区政府网站进行整改，合理安排页面布局，新建政务咨询与民意征集栏目，提高栏目更新频率与数量。

（郭玉彬）

【实现软件正版化】年内，对园区管委会计算机软硬件情况逐一检查登记，建立管理台账，完善管理制度，制定整改措施。已有的40台计算机全部实现软件正版化。

（郭玉彬）

产业联盟

中关村物联网产业联盟

【概述】年内,在“两化融合”和“智慧城市”的大背景下，中关村物联网产业联盟以应用为导向、以产业为主线、以技术为核心、以创新为动力，集聚了一批物联网行业精英，通过加强行业间协作，探寻、推广物联网商业模式。联盟由中关村在物联网产业链上下游具有优势的单位共同发起。在物联网应用领域，通过举办智慧北京大赛，联盟推动一批重大示范工程，促进物联网集成应用解决方案的成熟和产业化发展；在物联网产业领域，联盟通过设立专委会促进物联网成熟应用项目的成果转化与推广，扩大中关村优势企业市场影响力；在物联网高端传感器和芯片设计制造、网络传输、云计算与应用等方面，联盟通过产学研合作,加快发展产业化能力;与此同时，联盟还筹建物联网加速器、中关村物联网产业基金，帮助物联网领域中小企业快速成长，并以资本的方式助力成员单位，推动产业发展。

（张静）

【中关村科技助老公共服务平台建立】2月，中关村科技助老公共服务平台正式建立。平台由中关村物联网产业联盟所属中关村健康服务专业委员会联合北京嘉合百善科技发展有限公司、北京颐佳健康管理服务股份有限公司等20家企业发起成立，是专门为老年人提供服务的公共性平台，旨在通过科技助老、文化养老、适老改造、生态悦老、游艺乐老等内容搭建一条为老年人服务的全生态链，将围绕老年群体在健康、安全、心理、应急、亲情、生活等方面的需求，通过助餐、助医、助急、助洁、助行、助浴等服务，依托中关村平台型社会组织，把智能化适老产品及暖老服务送到老人身边，实现从生理信息的智能采集、身体情况的智能检测、身体健康的辅助养生及代际间的亲情互动等领域的为老服务。

平台设立在嘉合百善公司，并设有独立展示厅。

（张静）

【中关村物联网智能硬件创业赛举办】6月10日，由中关村物联网产业联盟和IBM企业家全球训练营（IBM Smartcamp）、北京优投科技孵化器有限公司共同主办的第4期IBM Smartcamp创业家论坛2015暨中关村物联网智能硬件创业赛在京举行。物联网O2O创业企业、风险投资机构及第三方平台等相关机构的代表200余人参加。参赛企业以路演形式进行展示，由投资人和行业专家组成的评审团以私密辅导的形式与创业团队进行交流和探讨，让创业团队直观了解专家的建议，提升项目落地实施速度。北京嘉合百善科技发展有限公司等6家企业晋级，其中联盟成员嘉合百善获得冠军，可获美国IBM公司免费的云服务，以及相关投融资机会。

（张静）

【中关村智慧生活专业委员会成立】6月14日，由中关村物联网产业联盟主办的中关村智慧生活专业委员会成立暨智慧社区公益中国行启动仪式在朝阳区文化馆举行。北京博力恒昌科技有限公司等企业的代表近百人参加。专业委员会由博力恒昌公司牵头成立，以“智能科技、慧享生活”为宗旨，联合智慧生活产业链上下游，通过对智慧社区、智能家居、智慧健康、大数据、智能应用等相关领域的企业进行组织、引导、协调，提供各项服务，推动智慧生活公共服务平台的建立，促进相关标准和规范在智慧生活范围内的制定与推广。仪式上，“智慧社区公益中国行”活动启动。活动是一个全国范围内以社区为基础的公益性创新创业平台，由物联网联盟、Intel芯世界社会创新中心等单位发起组织，并与各级政府与社会组织合作主办，关注科技服务社区，关注社会创新，关注智慧产业发展。该活动主要带领联盟健康服务业专委会、智慧生活专委会的代表企业进入社区，与社区展开交流对接，建立示范工程，推动企业的项目落地实施。至年底，活动以组合的模式推广进入全国社区，在河北省、辽宁省、天津市、上海市等地相继落地，并在北京市建立100家示范社区。

（张静）

【唐山·中关村物联网公共服务平台签约】12月10日，由中关村物联网产业联盟和唐山市丰南区政府联合主办的“唐山·中关村物联网公共服务平台”签约仪式在河北省唐山市举行。中关村管委会、河北省工业和信息化厅等单位相关负责人及40余家企业的代表参加。平台由物联网联盟与丰南区政府共建，它的建成将加快当地“产学研”合作平台工作，优化产业结构，整合优势资源，推动和促进当地物联网技术的应用能力与水平，为当地经济结构调整、产业升级转型提供技术原动力，同时也将为北京市、天津市和唐山市的企业提供服务，形成“京津冀”物联网服务模块。

（张静）

中关村云计算产业联盟

【概述】年内，是中关村云计算产业联盟独立运营的第三年。经过了2013年的探索、2014年的巩固，中关村云计算产业联盟在各项工作上积累了丰富的经验，同时也在不断探索促进云计算产业发展的经营模式化。中关村云计算产业联盟一直以服务产业为导向、以共享资源为主线、以攻关技术为核心，推动云计算产业的发展。中关村云计算产业联盟联合北京云计算领域重点企业和研究机构，争取政府产业政策支持，汇聚产业链上下游资源，促进云计算领域产学研合作，带动全国云计算产业发展。推动建设标志性示范应用工程，建设云计算工程中心，培育行业龙头企业，形成一批自主知识产权产品和集成应用解决方案，主导和参与国际、国家或行业标准制定，使北京中关村成为我国云计算研究中心和产业基地。

（中关村云计算产业联盟）

【召开理事会】3月27日，中关村云计算产业联盟年内第一次理事会在普天德胜孵化中心召开。市经济信息化委软件与信息服务业处副处长尤靖、海淀园管委会企发处副处长宋强出席会议并讲话，来自联盟理事长、副理事长及理事单位的30多位企业代表出席。会议由中关村云计算产业联盟秘书长刘帅主持。尤靖在致辞中指出，联盟的工作是市经济信息化委软件与信息服务业处工作的重要组成部分。在当前软件和信息技术服务业转型的关键时期，联盟将发挥越来越重要且不可替代的作用。宋强表示，中关村云计算产业联盟近年来充分发挥桥梁和助手作用，在促进软件信息产业的发展方面取得了较好的成绩，将继续支持联盟的工作。

（中关村云计算产业联盟）

【“2015世界知识产权日”专题培训举办】4月23日，“世界知识产权日”到来之际，由北京市中小企业服务中心主办、中关村云计算产业联盟联合创驿平台共同承办的中小企业专题培训举办。全国知识产权专家瞿卫军、王朋飞分别就“科技研发过程与知识产权管理”“知产与资产”主题进行分享，60余位来自北京各区县科技企业的知识产权管理人员参加了培训。

（中关村云计算产业联盟）

【中小企业管理提升培训举办】5月7日，由北京市中小企业服务中心主办，中关村云计算产业联盟、中关村人才协会联合承办的中小企业管理提升培训——“钻石：绩效管理”在北京同春园饭店举办。30余家北京市中小企业近50人参加了培训。

（中关村云计算产业联盟）

【海峡两岸第二届创业项目封闭对接会举行】6月3日，由中关村云计算产业联盟与台湾云端运算产业协会联合主办的“海峡两岸第二届创业项目封闭对接会”在工业设计创意产业基地一层路演大厅举行。活动旨在通过两岸产业专家、创投机构、创新创业从业人士参与，洞察两岸商业合作契机，加强京台两岸创投、创业，汲取和分享经验。

（中关村云计算产业联盟）

【走进小米感受“互联网+”的理念】6月5日，中关村云计算产业联盟组织10余家会员企业近30名代表到小米总部进行学习交流。小米公司公共事务总监葛亮重点介绍了小米的经营理念及小米对“互联网+”的理解和诠释。本次活动通过座谈的方式，使会员企业了解了小米的业务情况和运营模式，学习“小米加步枪”的创业精神，交流“互联网+”的经济形态，同时也增进了企业间的相互了解，促进合作，谋求共赢。

（中关村云计算产业联盟）

【第六届京台云计算产业高峰论坛召开】 10月23日，在第十八届“京台科技论坛”召开之际，中关村云计算产业联盟与台湾云端运算产业协会在台北共同主办以“大众创业、万众创新”为主题的“第六届京台云计算产业高峰论坛暨中关村与云豹育成创新交流对接会”，目的在于京台双方多角度、全方位了解海峡两岸创新创业发展情况。通过此次高峰论坛，中关村云计算产业联盟为持续深化海峡两岸云计算企业间的交流与务实合作搭建了平台，为进一步促进海峡两岸云计算产业共赢发展夯实了基础。

（中关村云计算产业联盟）

【第二届全国功能基因组组学学术峰会召开】 11月11日，由北京百迈客生物科技有限公司和全国卫生产业企业管理协会基因技术研究与应用专业委员会联合主办、中关村云计算产业联盟和测序中国协办的第二届全国基因组组学学术峰会在京召开。峰会邀请动植物、微生物、大数据、医学等领域的专家学者40人进行演讲，500余人参加。中关村云计算产业联盟在峰会上参与主办了“基因+大数据”分论坛，邀请亚马逊、阿里云等行业内领先的企业专家到现场做了分享。

（中关村云计算产业联盟）

【“风启云用”腾云沙龙举办】 12月23日，中关村云计算产业联盟在鸟巢玲珑塔组织主题为“‘X’云+创新的2015‘腾云’”沙龙。市经济信息化委、中关村管委会、海淀园管委会等相关领导与11家联盟企业领导进行交流互动，从国家宏观政策的角度为企业拓宽思路，挖掘企业自身的创新点。

（中关村云计算产业联盟）

区信息化

东城区

【概况】年内，东城区信息化工作紧紧围绕全区重点工作，发挥统筹作用，扎实推进“智慧东城”建设；深化业务应用，努力提升精细化管理水平；整合多方资源，促进区域产业融合发展；持续深化“两网融合”，切实服务经济社会发展、服务百姓生活。全区信息化工作成效显著，荣获多个国家、北京市奖项。东城区荣获“2010—2014 中国智慧城市发展 5 周年贡献单位”称号，“两网融合”信息化建设项目荣获第三届（2015）中国智慧城市年会“中国智慧城市创新奖”，智慧商务综合服务平台管理系统荣获电子政务优秀案例奖。东城区信息化工作办公室（简称区信息办）是区信息化工作领导小组的办事机构，是负责区信息化工作的政府工作部门，内设综合管理科（监察科）、应用推广科、电子政务科，下设信息中心和信息资源管理服务中心两个科级事业单位。主要职责是统筹规划、综合协调、监督管理全区的信息化工作，全面推进电子政务、电子商务、智慧社区的建设和信息资源的开发利用，组织有关信息化工作的行业管理、宣传、培训、技术服务和国内外交流合作。

（东城区信息办）

【东城区获“2010—2014 中国智慧城市发展 5 周年贡献单位”称号】1 月 6 日，由中国智慧城市论坛、中国科学技术法学会智慧城市工作委员会举办的“2015 年第五届中国智慧城市大会”在北京召开，来自全国政府部门、知名企业的相关人员，信息化专家和媒体代表 300 余人出席。国务院参事、中国智慧城市论坛智库专家牛文元，中国工程院院士、中国智慧城市论坛专家委员会名誉主任邬贺铨做了专题报告，同时举行中国智慧城市论坛机构揭牌仪式。东城区荣获“2010—2014 中国智慧城市发展 5 周年贡献单位”称号。

（东城区信息办）

【住建部考评国家智慧城市试点创建工作】1 月 15 日，住建部智慧城市试点考评工作组到东城区考评国家智慧城市试点创建工作。智慧城市联合实验室首席科学家万碧玉、原国家质量技术监督局标准化研究司司长姚世全、北京航空航天大学教授聂大同出席会议。考评工作组一行参观了“96010”为民服务中心及智慧东城展厅，听取了 2014 年试点工作进展情况汇报，认为东城区试点创建工作统筹能力强，示范效果明显，希望东城区能进一步发挥既有信息化优势，整合提升，创新模式，总结试点经验，加强宣传推广，确保明年试点创建任务竣工验收，力争成为智慧城市建设典范。

（东城区信息办）

【“悠购东城”智慧商务平台发布】2 月 3 日，由东城区商务委员会和信息化工作办公室联合主办，东城区贸促支会、国际商会、外商投资企业协会、商联会、老字号协会、信息化协会六大协会共同承办的“悠购东城”智慧商务平台发布会举行。北京市商务委员会副主任孙尧、东城区副区长暴剑、区政府有关委办局和街道办事处有关领导，阿里巴巴、京东、腾讯等企业，以及媒体约200人参加了活动。暴剑对东城区六大协会的工作给予肯定，希望六大协会能够继续发挥桥梁纽带作用，带领会员企业再创佳绩，实现区域经济和企业发展的双赢。

（东城区信息办）

【东城区通过软件正版化检查】2月10日，北京市使用正版软件工作联席会议检查组对东城区2014年软件正版化工作进行检查。听取软件正版化工作汇报，查看相关工作台账，对信息办、北新桥街道、景山街道等单位实地上机检查，东城区顺利通过软件正版化检查。检查组肯定东城区正版化工作，共同探讨正版化工作方向和方式，指出要对正版化工作健全长效机制，进一步完善管理制度，细化责任和落实资金。

（东城区信息办）

【东城区领导走访中国移动北京分公司】2月15日，东城区副区长王中华走访中国移动北京分公司。中国移动北京分公司副总经理李大川，东城区信息办和商务委相关人员参加。王中华向中国移动北京分公司长期以来对东城区的支持表示感谢，希望双方继续加强合作，充分发挥东城区的区位优势，利用移动通信的先进技术，在智慧东城信息化建设、商务旅游行业发展以及基础设施的全面提升等方面取得新的飞跃。

（东城区信息办）

【西城区信息办调研东城区信息化建设】3月17日，西城区信息办领导一行5人到东城区调研信息化建设情况。东城区信息办详细介绍了信息办机构编制和东城区信息化建设的总体情况，双方就信息化建设工作进行交流，西城区信息办对东城区信息化建设工作取得的成绩表示认同，希望今后多互相学习、借鉴、交流。

（东城区信息办）

【东城区获“中国智慧城市创新奖”】4月16日，由中国电子信息产业发展研究院、中国智慧城市发展促进工作联盟主办的第三届（2015）中国智慧城市年会在北京召开，年会以“‘互联网+’浪潮下的城市产业发展”为主题。国家信息中心专家委员会主任、国家发展改革委电子政务工程建设指导专家组成员兼秘书长、中国智慧城市发展促进工作联盟专家委员会主任宁家俊，工业和信息化部信息化推进司处长王建伟出席并做主题发言，各地方政府代表、企业代表及媒体等200多家单位出席。东城区“两网融合”信息化建设项目获“中国智慧城市创新奖”。

（东城区信息办）

【市经济信息化委领导调研信息化建设工作】4月24日，市经济信息化委副主任童腾飞到东城区调研信息化建设工作，东城区副区长王中华参加。会上，东城区信息办汇报了东城区网格化街道社区公共服务综合信息平台方案以及东城区网站建设情况，并进行交流。童腾飞对东城区信息化建设给予肯定，并提出工作要求：一是加强网站规范化建设，从技术规范、安全管理等方面入手；二是注重平台化建设，加强政府事务与社会事务的对接融合；三是发挥好信息化优势，使之引领和带动体制改革；四是注重经验的积累，形成可推广、专业化的工作模式。王中华针对下一阶段工作提出要求：一是结合市区情况加大工作的推进力度；二是进一步明确政府与市场的关系，充分发挥好信息化的引领作用。

（东城区信息办）

【市经济信息化委领导调研信息化和网格化建设工作】4月28日，市经济信息化委副主任樊健到东城区调研信息化和网格化建设工作。会上，东城区信息办汇报了东城区信息化建设和网格化城市及社会管理服务信息系统建设情况，并进行交流。樊健对东城区信息化建设给予充分的肯定，并指出市区两级信息化部门要加强沟通，以点带面，从管理和服务入手，更好地推进经济和信息化建设工作。

（东城区信息办）

【东城区领导听取房屋管理相关平台建设情况汇报】5月28日，东城区副区长张立新听取区信息办关于东城区三维地理信息共享平台建设、房地一中心关于房屋网格化数据中心建设、房地二中心关于直管公房基础数据共享平台和网格化房屋管理信息系统建设情况的汇报，对现阶段建设成果表示肯定，并提出工作要求：一是区信息办应统筹全区信息化顶层设计，推动全区数据整合、共享，加强城市地理空间基础工作；二是房屋管理平台建设应紧密围绕实际，更好地提升管理效率和应用水平，通过与地理信息共享平台对接，为城市更新改造工作提供辅助决策；三是建立房屋数据更新维护机制。区房管局、区规划分局参会。

（东城区信息办）

【部门协同办公系统使用培训会召开】6月5日，按照东城区第82次区委常委会和第70次区政府常务会议要求，为全面推进部门协同办公系统建设工作，召开部门协同办公系统使用培训会，全区82家单位共246人参加。培训采用功能讲解和实际系统演示相结合的方式，部署系统测试、试运行等工作，要求各单位做好本单位的培训和测试工作，为7月1日部门协同办公系统正式上线运行保驾护航。

（东城区信息办）

【东城区群众文化展演季开幕式举办】6月10日，东城区委、区政府在玉蜓桥公园市民文化广场举办2015年东城区群众文化展演季开幕式暨中国曲协“送欢笑”10周年·走进北京东城“百姓周末大舞台”专场文艺演出。该活动以丰富百姓文化生活为主线，弘扬中华民族优秀传统文化，为百姓搭建文化惠民的舞台。“数字东城”网站对此次活动全程进行现场在线图文直播，北京市“首都之窗”网站也进行同步报道。

（东城区信息办）

【阿拉善盟副盟长一行到东城区调研】6月11日，内蒙古阿拉善盟副盟长田德志一行调研智慧城管和智慧社区等工作情况，东城区副区长王中华参加。听取东城区网格化城市管理、东城区网格化社会服务管理信息系统和智慧社区建设情况的汇报，参观为民服务呼叫大厅，并就智慧城管等工作进行了交流。田德志对东城区智慧城管和智慧社区建设表示肯定，学习了城市精细化管理先进经验，希望双方能够加强沟通交流，将好经验、好做法更快地推广到阿拉善盟。

（东城区信息办）

【“智慧东城”行动计划城市管理系统相关单位工作会召开】6月26日，东城区副区长陈之常主持召开2015年“智慧东城”行动计划城市管理系统相关单位工作会，东城区城管委、信息办、网格管理中心和环卫中心参加会议。会上就智慧环卫、智能交通和网格化城市管理等内容进行了汇报与讨论。陈之常提出：一是要做好城市管理信息化发展的总体规划，有步骤分期次进行建设，减少分散投入，避免资源与资金的浪费；二是“两网融合”后的构架和支撑要有总体思路，对于需求明确、思路清晰、符合城市管理工作长远发展的成熟项目需抓紧落实；三是组织环卫、交通、园林等城市管理相关部门共同研究大城管信息化发展思路。

（东城区信息办）

【听取审议“智慧东城”大额专项资金使用和管理报告】8月27日，东城区第十五届人大常委会第二十六次会议听取和审议“智慧东城”行动计划项目大额专项财政资金使用和管理报告，并开展专题询问。人大常委会主任赵中原及各位副主任，副区长王中华参加。东城区信息办受区政府委托就2013—2014年度“智慧东城”行动计划项目大额专项财政资金使用和管理情况做了汇报。各位委员围绕信息资源整合与利用、项目决策机制、运行效果评价和产业引导等6个问题进行询问，区信息办分别进行答复。王中华强调要进一步加大统筹力度、完善评估体系，建立长效机制，共同推动东城区信息化稳步提升。

（东城区信息办）

【北京市资源中心调研东城区信息办】9月16日，北京市资源中心主任李军到东城区信息办调研，听取东城区三维地理信息共享平台及三维数据建设情况汇报，并对市地理空间共享服务平台进行介绍。双方进行深入交流，李军对东城区三维地理信息共享平台建设成果给予肯定，表示希望能将市、区两级信息资源建设部分成果进行共享、利用，避免重复建设，加强现有成果应用。

（东城区信息办）

【东城区智慧商务综合服务平台获电子政务优秀案例奖】9月21日，电子政务理事会主办2015统筹推进电子商务经验交流暨颁奖大会。会议回顾了2014年全国电子政务建设取得的成绩，对今后面临的挑战进行了分析。电子政务理事会副理事长周德铭、最高人民法院信息中心副主任王岚生出席并做主题发言，各地政府代表、企业代表及媒体等170多家单位出席。东城区智慧商务综合服务平台管理系统获电子政务优秀案例奖。

（东城区信息办）

【东城区公用网络基础设施提升工作协调会召开】10月13日，东城区信息办组织召开东城区公用网络基础设施提升工作协调会。副区长王中华及相关单位领导参加会议。会上，信息办通报了当前东城区公用网络基础设施工作情况，部署了2015年公用网络基础设施提升重点工作。王中华分析了东城区当前公用网络基础设施的进展情况，强调要进一步在全区范围内推动铜缆网络光纤化改造及无线网络基站建设工作，并提出五点要求：一是充分认识公用网络基础设施建设的重要性；二是各相关单位要加强与建设单位的协调配合工作；三是相关单位各部门之间要加强沟通，对改造过程中涉及的重点楼宇、街道定期进行检查；四是相关单位要与基站建设单位实地踩点，实事求是本着尽力支持的态度把工作做到位；五是建设单位要统一标准和规范，加大宣传力度，做好基站管理。

（东城区信息办）

【无线电管理宣传咨询日活动举办】 10月23日，为提高全社会对无线电管理工作的认识，营造合理使用频率资源，依法设置无线电台站，维护良好电磁环境的氛围，按照北京市无线电管理局的要求，东城区信息办与天坛街道在金鱼池中区共同举办了“东城区无线电管理宣传咨询日”活动。区信息办和天坛街道参加了宣传活动，现场耐心解答群众提出的无线电台站设置、使用、管理等问题。活动中共向市民发放无线电宣传材料800余份，接待无线电咨询者100余人次。通过本次活动，提高了广大群众合法使用无线电台站的法律意识，起到了良好的宣传效果。

（东城区信息办）

【东城区“十三五”时期信息化发展规划专家研讨会召开】 11月13日，东城区副区长王中华参加东城区“十三五”时期信息化发展规划专家研讨会，国家信息化专家咨询委员会委员、中国互联网协会副会长高新民，中国移动通信集团北京有限公司党委副书记蒋远等5名专家参加。王中华指出，要贯彻实施“网络强国”战略，紧紧围绕京津冀协同发展，把创新摆在东城区信息化发展的核心位置，拓展网络经济空间，推进数据资源开放共享，提升网格化服务管理水平，促进政府业务流程再造和体制机制创新，使东城区信息化建设走在全市乃至全国前列。

（东城区信息办）

【东城区信息化工作培训会举办】 11月19—20日、24—25日，分两批举办东城区信息化工作培训会，邀请信息化行业的专家，就规划任务、智慧城市建设、“互联网+”等方面进行了解读。全区108家单位信息化主管领导及业务骨干共计216人参加培训。副区长王中华出席，并提出三点工作要求：（1）深刻理解，切实增强做好信息化工作的责任感、紧迫感。一是落实五中全会精神当推进“信息化先行”。二是京津冀协同发展战略为东城区信息化带来重大机遇。三是经济结构优化升级亟须信息化发挥服务引领作用。（2）明确任务，努力提高智慧东城建设的水平。一是要坚持规划引领。二是要强化业务融合。三是要驱动产业升级。（3）加强领导，扎实推进智慧东城建设的各项工作。一是强化组织领导。二是强化考核评估。三是强化人才培养。

（东城区信息办）

【开展政府网站在线普查工作】 年内，按照北京市下发的《关于开展全市政府网站自查和整改工作的通知》《北京市人民政府办公厅关于贯彻落实国务院办公厅开展第一次全国政府网站普查工作的通知》《北京市人民政府办公厅关于进一步做好政府网站普查工作的通知》相关要求，东城区信息办高度重视，精心组织安排部署，积极推进普查工作深入开展。做好网上填报工作，接听并解答来电咨询电话130多个；对东城区政府主站和网站群的死链、无效栏目、僵尸网站进行地毯式排查，排查链接99554个、子网站64家，其中，断链死链1012个、子站无效栏目2个、僵尸网站1个；协助并指导各部门对栏目进行调整，解决大部分统建单位断链死链问题，责令经常不更新的子站关闭；撰写普查各阶段相关文档，协助指导子站完成自评，收集63家单位自评结果并上报北京市。

（东城区信息办）

西城区

【概况】西城区科技和信息化委员会（简称区科信委）既是西城区信息化工作领导小组的办事机构，又是负责本区信息化管理工作的政府工作部门。年内，西城区信息化建设目标是将西城区建成“智慧城市建设模范区”“信息惠民服务领先区”“互联网＋发展精品区”。总体信息化发展水平全国领先：基础设施迈向智能化，政务信息资源实现广泛开放和基本共享，智慧政府成效显著，政府现代治理能力进一步提升，移动互联网、大数据等新一代信息技术在医疗、教育、养老等民生领域的应用得到深入应用，信息化对产业发展和创新创业的渗透带动作用明显。

（西城区科信委）

【智慧城市发展联盟战略合作协议签订】5月，西城区政府与国家发展改革委智慧城市发展联盟签订战略合作协议，西城区被列为国家智慧城市样板开展试点。跟踪信息化发展趋势和要求，初步完成智慧西城研究和总体设计。

（陈秋怡）

【强化顶层设计编制“十三五”规划】年内，围绕北京全国科技创新中心城市战略定位，区科信委将落实创新中心功能与编制“十三五”规划有机结合，在完成“‘十三五’时期西城区信息化发展研究”等软课题研究基础上，结合京津冀协同发展以及首都非核心功能疏解等中心工作，完成《西城区“十三五”时期信息化发展规划》《西城区“十三五”时期智慧西城建设规划》。

（陈秋怡）

【加大信息化项目建设统筹力度】年内，按照《西城区“十三五”时期信息化发展规划》《西城区“十三五”时期智慧西城建设规划》要求，完成47个单位申报的2015年度追加预算近2亿元的139个项目，完成2016年信息化项目集中申报审查工作，审查了44个单位申报的预算约3.5亿元的245个项目。强化项目审查、绩效考评和预算管理，突出对全响应、城市治理、政务效能提升等重点领域和行政服务、便民服务、养老、医疗、教育、辅助决策等应用项目的支持。在项目审查中依托区基础云平台、立体交叉数据中心以及全响应服务管理平台，统筹和整合新建信息系统，促进了部门协同、数据和系统共享，提升了精细、精准、高效服务管理水平。

（陈秋怡）

【推进资源共享工作】年内，西城区科信委大力推进西城区数据中心建设，开展了大数据中心建设方案的研究和制定，实施了信息资源共享交换平台升级和数据采集工作，完成了西城区残联平台、西城区行政服务大厅“12341”系统、广安门内街道“访听解”系统等部门数据平台与区级平台的对接，利用数据抓取技术，实现了社区网上办事系统与市级办事系统的对接，完成流动人口和出租房屋系统数据采集。

（陈秋怡）

【信息基础平台建设取得突破】年内，完成人口、法人、地理信息、宏观经济与社会发展四大基础数据库。建成了立体交叉数据中心（立体交叉数据中心是西城区政务信息资源服务体系的重要组成部分，从满足当前区政府精细化管理、决策支持和社区公众服务最迫切的需求出发，在西城区已有各类资源的基础上，围绕区域发展热点、重点领域，开展各类资源的统筹建设和提供数据关联分析服务，从而创新电子政务领域的跨部门数据共享应用模式，建立"条专块统、数据联动"的业务数据联动服务机制），建成主题、部门和基础共享三大类15个分类，涉及79个单位的信息资源目录体系。立体交叉数据中心被国家电子政务理事会评为2015年国家电子政务优秀案例。

（陈秋怡）

【加强网站建设】年内，西城区科信委组织协调政府各部门、各相关公司开展网站检查监测、问题整改和制度完善，不断增强政府信息公开实效，提高政府网站信息发布、互动交流、便民服务水平。

（陈秋怡）

【政务信息化建设稳步推进】年内，建成区级经济与社会发展决策支持平台、政府绩效考核相关指标定期监测平台、区域经济与社会建设指标体系评价平台、功能区经济分析监测平台、固定资源投资项目管理平台、与现有部门数据采集系统的数据衔接平台等六大平台。首创全国24小时自主行政服务，使用新一代信息技术，建设网上行政服务大厅，实现全区通办和区—街—居三级联动。初步建成电子政务云平台，完成40多个部门超过300个业务系统的迁移部署。

（陈秋怡）

【加强信息化项目全流程管理】年内，建设并完善信息化项目管理平台，加强验收管理，强化信息化重大项目工程监理、软件测评和安全测评的管理和服务。

（陈秋怡）

【广内街道智能居家养老项目获评优秀案例】年内，广内街道利用互联网、移动通信网、物联网等手段，创建老年人数据库、呼叫中心等服务系统，构建信息化养老服务平台，打造智能居家养老。与传统养老机构相比，在服务方式上实现了跨越性突破。建立了覆盖全面、数据精确的老年人数据库，采集了19676名60岁以上老年人的个人信息和需求共40余项，并且随时更新各项数据，做到对每项数据的动态管理。建立养老电话服务接入系统，向老年人提供快速响应和综合生活配套服务。老人拨入服务平台系统，通过认证信息，及时获取相应的实体服务，也可获取政策咨询、电话转接、配送、应急等服务。通过开通"广内生活家"电子网站，包含"乐购、乐游、乐享、乐学、乐儿、乐业、乐活、乐聚"八大板块，涵盖吃住行、文化需求、精神慰藉等服务内容；老年人可在网站150家打折优惠特约服务商户电子门店中获取商品信息、优惠活动信息，老人不出家门，上网、打个电话就能享受到便捷的居家服务。广内街道智能居家养老项目被国家电子政务理事会评为优秀案例。

（陈秋怡）

【主要领域信息化建设成效显著】年内，"全响应"服务社会管理能力极大增强。城市运行管理不断完善，构建"四位一体"城市运行管理体系。开展西城区交通运行协调指挥中心（TOCC）及金融街智能交通服务系统等工程的建设。建设完成34条道路的城市慢行系统。将公共自行车租赁站纳入西城区信息化城市运行管理平台，以网格化管理方式对公共自行车租赁站进行监督和管理。设置了149个网点5000辆公共自行车的租赁服务、社区通勤快车、节假日公交应急摆渡车，还有全市首批金融街商务区“定制公交”。推进智能停车引导系统、路侧停车智能管理系统建设，西直门外地区停车诱导系统实现了周边17个停车场3000个停车位信息实时查询和路径规划。建成重点区域雨量监测系统。经济运行管理领域初具成效。建设综合经济管理系统，建设金宏工程、区域经济服务分析系统、国税税源网格化管理系统、网格化食品安全专项系统等经济网格化管理系统，实现对区域经济主体的网格化管理。区域电子商务应用全面深化，老舍茶馆、内联升、张一元、汉光百货等一批传统企业已成功进军电子商务领域。形成中国棉花网、兰格钢铁网、琉璃厂艺术品交易网、马连道茶叶网等一批电商品牌。资源环境监测稳步推进，初步建成区级能耗动态监测体系。

（陈秋怡）

【推动社会领域信息化基础设施建设】截至年底，西城区无线通信2G覆盖率达到99.9%、3G覆盖率达到99%；完成铜改光42.0177万户，占年度任务的72.43%，各项指标在城六区领先。全区光纤到户入企覆盖率达到83%，均满足百兆到户千兆入企的能力。使用10M及以上宽带接入互联网的用户数达到15万户，覆盖率位居北京城六区第一。高清双向网改造覆盖30余万户，占全区总户数的80%。社会领域无线热点覆盖1200余个，建设水平全市领先。

（陈秋怡）

朝阳区

【概况】朝阳区信息化工作办公室（简称区信息办）是全区信息化主管部门，负责指导、组织和实施辖区内信息化建设，设电子政务与社会信息化科、软件与信息服务业科、综合管理科和信息网络中心（正科级纳入工资规范管理事业单位）。年内，圆满完成“两项重大任务”信息化保障任务；深化推进区内重点领域信息化发展，全面提升城市管理和服务智能化水平；电子商务与各产业融合创新发展，为全区经济稳增长调结构发挥积极作用；深入践行“三严三实”要求，让“信息惠民”落到实处；把握发展形势，科学筹划“十三五”规划编制工作；发挥党建引领作用，为信息化事业发展提供坚实组织保障。区信息办获“中国人民抗日战争暨世界反法西斯战争胜利70周年纪念活动”“2015年第十五届北京世界田径锦标赛”朝阳区服务保障工作先进集体，

2010—2014 中国智慧城市发展 5 周年贡献单位，《北京信息化年鉴》2014 年度优秀供稿单位，2014 年度中国最佳管理实践智慧城市，2014 年北京市国家机关软件正版化工作先进集体，国家电子工业商务区域试点等。

（胡媛媛）

【朝阳区信息安全形势报告会召开】4 月 28 日，区信息办组织召开 2015 年朝阳区信息安全形势报告会。全区各委办局、街道、地区办事处 100 余家单位主管领导和工作人员 200 余人通过朝阳区高清视频会议系统参加本次会议。会上，北京信息安全测评中心系统测评部部长王亮就当前信息安全形势及典型案例进行讲解，北京市公安局网安总队专家、北京银联银行卡检测中心副总经理李海滨介绍了银行卡使用与信息安全态势。信息办领导就朝阳区信息安全形势进行分析，并对 2014 年至 2015 年 4 月朝阳区发生的信息事件进行了总结通报。

（胡媛媛）

【进行保密工作培训】8 月 19 日，区信息办邀请保密局副处调于云霞对信息办全体干部以及相关合作公司保障人员共 60 余人进行了保密工作培训。参会人员通过保密工作的严峻形势、保密工作管理相关知识和要求、保密工作的义务和法律责任以及如何做好保密工作等 4 个方面学习了保密工作的重要性，并通过实际案例和短片进一步加强了保密意识，确保“两项重大任务”信息化保障工作安全圆满完成。

（胡媛媛）

【开通“四风问题一键拍”手机客户端举报专区】“十一”国庆节前，为防止“四风”问题反弹，强化群众监督，朝阳区正式开通“四风问题一键拍”手机客户端举报专区。“四风问题一键拍”是由区纪委与区信息办共同研发的手机 App，意在为群众举报搭建一个便利、快捷、直接的监督平台。区信息办利用原有服务网、政民互动系统，整合系统前后台资源，在两周内快速将软件开发完成，还协助纪委对“一键拍”举报问题的办理流程进行规范，信件统一转入政民互动系统进行办理。

（胡媛媛）

【完成两项重大任务保障工作】年内，制定信息办两项重大任务信息化应急保障工作总体方案、应急保障工作分方案和应急预案。下发《关于加强全区信息安全保障工作通知》《关于加强图像安全管理通知》《关于做好视频会议系统服务保障工作通知》《关于加强政务网站安全保障通知》等多个文件，对全区各单位信息化保障工作提出要求。全面加强保密安全教育，两次组织保障公司和保障人员进行保密教育培训，并邀请区保密局领导进行专门培训教育。完成区委、区政府总值班室大屏系统改造和 5 个区级指挥部的信息化搭建工作。制定《朝阳区图像信息管理系统 2015 年世锦赛、阅兵运行维护保障方案细则》。完成重点区域 29 个视频监控点位新增工作。配合市无线电管理局完成无线电管制工作。组织开展全区信息安全隐患排查专项行动，对全区 171 个网站与信息系统进行远程技术测试，对 10 个重点单位进行现场检查，及时发现问题，及时整改漏洞。开展全区信息安全应急模拟演练，通过网站页面被篡改、应用系统遭受 DDOS 攻击等 5 个不同层面的演练，使全区各单位明确快速处置流程。及时处置信息安全事件，提高特别时期信息安全保障水平。从8月21日起，每天安排工作人员和技术人员20余人在5个指挥部和核心机房24小时值守，确保各指挥部之间政务网络、视频会议畅通，图像清晰可调。在田径世锦赛比赛期间，安排主管领导和工作人员在世锦赛指挥部和安保维稳指挥部全程值守，随时待命提供保障。世锦赛开闭幕式、阅兵全要素演练和9月3日阅兵期间，区信息办领导及全办所有干部、运维公司共约70余人全程参与保障。

（胡媛媛）

【统筹全区政务信息资源】年内，完成全区政务资源共享交换及服务总线平台建设，完善全区政务资源共享交换平台，利用国产的、成熟的数据交换产品，通过朝阳服务网及移动电子政务平台的数据交换工作，进一步完善共享交换体系。

（胡媛媛）

【移动电子政务平台建设】年内，完善人口调控、生态环境监测、安全生产、经济运行、应急管理等重点移动政务应用，完成移动电子政务门户平台升级，提升平台易用性和安全性，同时对界面进行美化，保证使用的便捷性。对接一氧化碳预防煤气中毒平台，完成一氧化碳专题应用开发工作，为领导决策和应急指挥工作提供技术保障。

（胡媛媛）

【社会信用试点建设】年内，与CBD管委会对接，以CBD区域为试点，应用大数据等新技术，共同推进区域内投融资企业风险预警体系建设，为探索建立全区企业信用评估体系积累经验，并向市经济信息化委申请列入北京市社会信用体系建设试点区县，争取市经济信息化委从政策、资金和数据资源等方面对试点项目给予大力支持。

（胡媛媛）

【提升公共地理信息基础服务水平】年内，区信息办与CBD管委会对接，拓展地理信息资源应用，整合处理CBD区域楼宇、企业及经营信息，开发面向CBD区域管理和辅助决策分析的功能服务系统，不仅可以叠加空间信息，而且可以叠加属性、图片、文字、视频等多媒体信息，实现区域管理精细化、辅助决策科学化、公众服务便捷化，促进区域产业结构优化升级。朝阳区统一GIS平台项目经过四期建设，搭建全区空间地理信息共享基础数据库，逐步建成空间数据共享的平台，为区内各部门提供公共的地理信息基础服务。

（胡媛媛）

【国家机关软件正版化工作】年内，成立朝阳区使用正版软件工作联席会议，下发《关于在全区下发落实〈朝阳区软件正版化工作方案〉的通知》，对全区150余家机关以及事业单位的计算机台账和软件使用情况进行了系统的摸底排查。根据摸排所统计的数据，完成全区正版软件缺口的采购工作，并完成市级检查组考核。

（胡媛媛）

【制定全区信息化管理制度】年内，为加强对项目建设运维、移动电子政务、信息安全等领域的管理，加快全区信息化制度、标准、规范制定工作。年内制定了《朝阳区信息化项目建设管理办法》《朝阳区信息化项目运维管理办法》《朝阳区政府门户网站及网站群管理办法》《朝阳区政务信息资源共享交换管理办法》《朝阳区图像系统运维考核大纲》等制度。

（胡媛媛）

【国家工业电子商务区域试点工作】年内，完成“工业电子商务示范区”试点工作方案，并通过区长办公会审议。在CBD、中关村电子城等园区大力发展电子商务，鼓励和支持朝阳惠民网打造社区O2O，已经覆盖全区400多家超市，形成新的区域经济增长点。成立工业电子商务企业创新推进联盟，完成《工业电子商务支撑服务体系研究报告》。

（胡媛媛）

【推进区域间信息产业融合发展】年内，吸引阿里健康、易宝支付、百合网等在朝阳落地，积极引进韩国中小型高科技企业在区内建设高科技产业园。与360、阿里等区内信息产业龙头企业建立联系与合作，与贵阳市经济信息化委签署大数据产业发展战略合作协议，与昆明市合作开展专题调研，结合“一带一路”战略，推进两地云计算、大数据领域合作。

（胡媛媛）

【相关产业课题研究】年内，完成《朝阳区信息服务业发展情况》《朝阳区信息服务业产业发展白皮书》等调研报告，开展软件与信息服务产业“十三五”规划编制工作。

（胡媛媛）

【信息化基础设施水平大幅提升】年内，全区高清交互电视网络覆盖全区楼宇2500余栋，用户数量超过90万户。累计增加近千个20兆宽带小区和百兆带宽企业，为近万家企业均提供千兆上网条件。电子城、朝阳公园、798、奥林匹克公园、蓝色港湾等重点园区，奥运村、安贞等街道，部分中小学校建设完成无线覆盖地点800余处，累计建设AP数万个。加快铜缆光纤化改造工作，年底完成全区住宅小区、商务楼宇、政企客户自住楼80%的改造工作任务，全面提升区内宽带接入能力，努力将宽带用户平均接入速率达到20兆以上。加强公用移动通信基站管理，组织铁塔公司完成区内基站规划，鼓励移动通信网络向农村、偏远地区覆盖，积极保障社会公众权益和移动通信经营者合法利益。

（胡媛媛）

【推进民生实事工作】年内，为提升全区街乡行政服务大厅的服务效果，区信息办在全区43个街乡行政服务大厅完成无线局域网覆盖工作，该项目列入2015年效能监察。全区街乡行政服务大厅无线网络覆盖使前往大厅办事的群众可以方便地访问朝阳区公众服务资源以及互联网公共资源，查询办事相关信息，提升用户体验度，真正实现为民办实事。

（胡媛媛）

【智慧社区创建工作全市领先】年内，对接区社会办等部门，完成了智慧社区顶层设计工作，在上年新增57个三星级、43个四星级、26个五星级智慧社区的基础上，2015年确定新申报97个社区创建三星级智慧社区。全区8个街道（安贞、大屯、机场、亚运村、东湖、团结湖、奥运村、麦子店）实现了智慧社区全覆盖。

（胡媛媛）

【落实预防一氧化碳中毒报警器全覆盖工作】年内，朝阳区共安装20.9万支报警器，基本覆盖农村地区未集中供暖平房。当有煤气泄漏时可以将报警信息逐级上传，形成“五级报警四级管理”的全新管理机制。[区信息办牵头从2009年开始在各个(乡村)

部署联网式一氧化碳报警器。]

（胡媛媛）

【完善朝阳服务体系】年内，梳理、核对全区各单位服务办事事项，并形成长效机制；与行政服务中心及社会办对接行政办事资源，梳理居民、企业的行政办事事项，便于公众、企业查询利用；完成朝阳服务移动平台开发，实现服务信息查询、在线咨询、地图定位、周边商圈搜索等多项功能；完善“朝阳服务”微信平台，制订微信栏目规划方案，每月根据相关主题定期发布一期内容。

（胡媛媛）

【完成朝阳区“十三五”信息化规划初稿】年内，全面梳理朝阳区“十三五”信息化规划编制的思路与框架，在调研和征求意见的基础上，形成1万余字的“十三五”信息化规划调研报告以及2万余字的“十三五”信息化规划初稿。

（胡媛媛）

【开展国家级工业电子商务区域试点工作】年内，开展国家级工业电子商务区域试点工作。1月，北京市朝阳区、天津市北辰区、上海市宝山区等全国6个地区成功入选国家级工业电子商务区域试点。朝阳区区域试点工作由区主管领导指导，区信息化工作办公室牵头，区发展改革委、科委、商务委、财政局、投促局、金融办、CBD管委会、电子城管委会、东坝管委会、金盏管委会、定福庄管委会等部门共同参与，制定了《关于朝阳区创建国家工业电子商务区域试点工作方案》，并于5月初通过区长办公会审议并在全区范围内印发。主要目标：到2017年底，初步建立区域工业电子商务服务基本支撑体系，聚集一批国内知名的工业电子商务服务企业，支持一批工业电子商务创新企业和项目，使工业电子商务对全区工业转型和电子商务发展起到明显的促进作用。推进6项重点工作：一是完善工业电子商务支撑服务体系；二是打造工业电子商务总部基地；三是引进和培育工业电子商务龙头企业；四是成立工业电子商务创新推进联盟；五是推动跨境工业电子商务创新发展；六是促进京津冀工业电子商务产业协同发展。试点成果：初步完成了《工业电子商务支撑服务体系研究报告》；筹备成立工业电子商务企业创新推进联盟；扶持了一批工业电子商务相关项目；聚集了一批工业电子商务企业；启动工业电子商务企业供需对接平台建设；组织了一批工业电子商务推进活动。

（胡媛媛）

【网络基础设施建设】年内，完成43个街乡整体线路铺设、大厅WiFi设备安装等施工工作，专线业务、互联网访问已开通。朝阳区街乡行政服务大厅无线局域网覆盖项目是朝阳区“为民办实事”项目，并于5月纳入区纪委监察局效能监察项目之一。区信息办于5月正式启动该项工作，明确主管领导、责任科室，制订、细化具体工作方案，积极与区行政服务中心、区社会办、区农委以及各街乡对接。经前期调研，该项目最终采用租用运营商43条专线服务，运营商免费提供无线上网相关设备、互联网资源，政府不形成固定资产的方式进行建设。6月，与朝阳区43个街乡的负责人进行对接，对各街乡行政服务大厅的机房情况进行查勘、统计，并进一步细化、确定项目实施方案。

（胡媛媛）

【完成高新技术产业发展引导资金安排工作】年内，区信息办完成2015年朝阳区高新技术产业发展引导资金（信息服务业方向）安排工作。共安排高新技术产业发展引导资金1712万元，重点支持云计算、大数据、物联网、电子商务、基于互联网和移动互联网的信息服务产业等产业项目22个，涉及的22家企业2014年共形成区级收入8238.16万元。本次资金安排工作从9月初启动，经公开征集、申请受理、初评、专家评审和部门联审等多个环节，并委托专业机构和业内专家进行评审。区信息办以专家评审意见为主要依据，根据得分高低，结合企业和项目的经济、社会效益等确定具体支持额度，拟订专项资金实施方案，经多次专题会、主任办公会和区产业促进领导小组会议研究，并于12月14日经区长办公会审议通过。

（胡媛媛）

海淀区

【概述】海淀区经济和信息化办公室（简称区经信办）作为"智慧海淀"建设工作领导小组办公室，是项目日常管理机构，负责组织智慧海淀顶层设计、项目审核和建设管理工作。年内，区经信办以"深化决策智能服务和公众集成服务水平、提高重点领域智能协同服务水平、提升信息基础设施集约发展水平"为重点任务，在城市治理、民生服务、经济运行和政府执政水平等方面积极探索智慧城市管理的新模式。加强综合行政服务中心信息化系统、区房屋全生命周期管理平台、区办公云平台、全区网站群、"智慧教育"、"智慧卫生"、基础设施等项目的审核和建设管理工作，提升统筹管理能力。智慧海淀专项资金安排1亿元，部门预算资金安排0.49亿元，教育经费安排2亿元，卫生经费安排0.26亿元，科技创安资金安排0.59亿元；智慧海淀建设拉动社会资金投入8.4亿元，包括无线网络投资0.2亿元、移动基站建设1亿元、无线专网（信威网）0.8亿元、运营商TD-LTE投资2.3亿元、光纤到户3.85亿元、高清机顶盒0.25亿元。截至年底，全区铺设政务专网光缆总长度约1138.5公里。

（何建吾）

【统筹区政务云平台建设】年内，部署了55个委办局的120个系统，创建云服务器276台，同时开展政务云平台数据备份中心建设工作，实现政务云平台数据和系统冷备份，确保政务云平台系统和数据安全。此外，在政务云平台中单独部署了智慧卫生平台，为医疗卫生系统提供稳定、安全、有力的支撑。

（何建吾）

【统筹区办公云平台建设】年内，为全区60家部门OA单位提供文件流转、信息发布、登录认证等六大类41种常用协同办公服务，涉及全区161家OA收文单位，用户数达9819个，日活跃用户数4100余人，日平均并发量1300余人。年内，全区办理公文20184件、会议通知4685件。

（何建吾）

【推进科技创安项目建设】年内，网格化图像信息系统项目一期已在全区新安装数字高清监控点位2171个，整合接入社区图像监控资源4800路，安装违停点位100套，在原有科技创安视频探头5000路的基础上，实现系统平台在网摄像机点位总数达到10000路；启动了森林火情预警监测项目建设，设立9处火情自动识别系统基站，升级了7处基站监测设备，实时掌握进入林区的人员车辆情况，全面提升海淀区森林火情的预警监测水平。

（何建吾）

【推进食品溯源系统建设】年内，以锦绣大地和西郊鑫源两个大型批发市场为试点，实现了猪肉、牛肉的溯源，涉及商户112户；以西二旗益民市场为试点区域，涉及商户及厂家65户，增加对蔬菜、水果、粮、油、米、面、鲜调产品以及羊肉和鸡肉的追溯。

（何建吾）

【海淀区政务审批工作迈上新台阶】年内，企业设立多证联办系统已累计为3437家科技类企业办理了“四证一书”发放业务，开始全面推行“三证合一”“一照一码”登记模式改革；同区通办三级联动系统新增11个全流程办理事项并沉淀约30000条办事记录；公共资源交易平台通过与财政专网对接实现了从立项到招标受理阶段电子化流转。另外，行政服务中心信息化平台已整体迁移至区政务云平台。

（何建吾）

【继续推进区政务光缆建设】年内，全区铺设光缆总长度约1138.5公里，覆盖了全区各集中办公区、委办局独立办公场所、街镇、公安、卫生、教育、军休所、区属企业等共计355个区域及单位。其中，集中办公区4个、委办局33家、公安机关单位49家、街镇29家、卫生机构（医院、社区卫生服务中心等）96家、学校81所、军休所32家、区属企业及其他单位31家，同时在政务光缆专网基础上搭建了区电子政务内网。

（何建吾）

【搭建区房屋全生命周期平台】年内，搭建了海淀区房屋全生命周期平台建设。建设物业行业和经纪行业的动态监管系统、试点普通地下室动态监管以及实现房屋安全的实时监测，全面提高海淀区房屋管理精细化、智能化水平，为领导决策提供准确的数据支撑和分析。

（何建吾）

【启动区全民健身综合服务平台建设】年内，围绕全民健身，提供场馆/专家信息服务、场馆预订服务、健康咨询服务、体质监测服务，为公众获取便捷的体育资讯和服务提供了一个综合性的平台。

（何建吾）

【完成区财政一体化信息管理系统建设】年内，完成了区财政一体化信息管理系统建设。具体包括文件服务器存储备份系统建设、数据库及中间件购置、财政一体化信息管理系统升级改造等多项工作顺利实施，稳步推进了全区财政信息化工作。

（何建吾）

【启动区新媒体云服务平台建设】年内，整合全区新闻信息资源，实现新闻信息在报纸、电视、网络、移动媒体等的跨平台流转，建立了全区统一的新闻信息采集、发布平台，为《海淀报》、海淀台、海淀网、《海淀新闻》、微博微信客户端提供了数据支撑。

（何建吾）

【“智慧卫生”建设顺利推进】年内，“智慧卫生”项目一期取得实质性进展。社区卫生信息化建设完成试点部署；海淀医院、中关村医院、海淀妇幼保健院完成部分系统建设，医院就诊流程、诊疗服务模式得到改善；医联体系统也进行了数据采集联调测试；区域卫生信息平台主体模块开发完成；公共卫生系统全面启动建设部分已落地。逐步在全区范围内实现“一个居民、一份健康档案”的管理目标，完成网络预约挂号、基层医院和市级医院双向转诊、远程会诊等数字化医疗应用建设，有效缓解挂号难、看病难的问题，进一步提高医疗服务质量。

（何建吾）

【推进“智慧教育”统筹建设工作】年内，重点对“智慧教育”三大基础信息化项目进行统筹建设。连通万兆光缆至81所学校，覆盖无线网络至57所学校共68个校区教学区域，建成30个区域级视频会议中心辐射周边办学机构；在全市率先建成海淀区幼儿园适龄儿童信息采集服务系统（一期），使用率达到98.7%，规范了全区适龄儿童入园招生工作；建成海淀区教师卡管理平台（一期），为区内20719名教师发放了带有唯一身份编码和二维码的教师卡，教师可凭此卡在辖区内享受医疗、教育、住房、购物、旅游等多方面便利及福利；建设了34个区属公办学校的信息发布系统、网络系统、多媒体系统、音频扩声系统、视频显示系统及录播系统等，为中小学开展丰富的教学工作、发展创新教育形式提供了基础保障。

（何建吾）

【扩大公益无线网络覆盖区域】截至年底，对在海淀辖区内的34个政府公共服务区域、6个科技园区服务区域、13个社区公共服务区域、2480个商业服务区域、145个交通场站服务区域等5类共计2678个区域进行无线网络覆盖，整体覆盖率达到69%。其中，政府对外公共服务区域100%全覆盖，科技园区服务区域覆盖率为60%，社区公共服务区域覆盖率为2%，商业服务区域覆盖率为97%，交通场站服务区域覆盖率为26%；海淀区无线网络登录人次均超过25万/月，累计已超过347万人次，相比上年同期登录用户数增加125%；每月上网流量均在30TB左右，较上年同期上网流量增加150%。

（何建吾）

丰台区

【概述】年内，丰台区经济信息化委紧密围绕统筹信息化机制、扎实推进统筹项目建设、加强信息化项目规范管理和信息安全建设、提升全区信息化建设水平等目标开展各项工作，积极推进“智慧丰台”建设，促进丰台区经济、社会转型发展，取得良好成效。

（黄木兰）

【区统一政务云数据中心建成】4月，《丰台区政务云数据中心购买服务方案》通过财政评审，7月完成招标工作，政务云数据中心建设启动。10月，该项目投入使用。该数据中心被评为国家绿色数据中心试点单位之一，已部署工商局、审计局、园林局等17家单位的20余个信息应用系统，运营顺畅。

（黄木兰）

【加强信息化项目评审工作】4月，编制完成《丰台区信息化评审专家库管理办法》和《丰台区信息化咨询专家库管理办法》，启动信息化专家库建设工作。新设项目内审机制，在专家评审前结合本区实际对项目进行讨论，对不符合“智慧丰台”顶层设计、丰台区信息化管理办法和标准规范体系的项目提出修改意见。年内，共完成评审区为58家单位申报的信息化项目383个，评审后项目为340个。

（黄木兰）

【制定并发布丰台区信息化建设系列文件】年内，发布3项制度、2项实施方案和1个滚动规划：一是编制印发《丰台区信息化项目管理办法》《智慧丰台信息化建设规范和标准体系》《2015年度丰台区政府投资信息化项目实施指南》，完善信息化项目建设管理体系；二是制定《丰台区落实宽带北京行动计划2015年任务分工实施方案》和《2015年丰台区通信基础设施统筹建设工作方案》，完善区信息化基础设施建设方案；三是制定《丰台区信息化滚动规划（2016年）》，梳理全区2016年信息化建设项目，明确2016年信息化建设任务和重点工程。通过这些制度和规划、方案的制定，完善并丰富了丰台区信息化发展的体系，从制度层面保障信息化工作顺利开展。

（黄木兰）

【区统一政务网络设计及政务外网项目启动】年内，组织完成政务外网的初步设计和政务内网的方案设计，政务外网与政务内网以“同缆同路由、同缆不同芯”为原则，统一规划、集约建设、分步实施、统一管理、统一维护、资源共享，为全区各委办局、街、乡（镇）提供统一的接入和传输服务。

（黄木兰）

【统一综合办公服务平台建成并投入使用】年内，完成《项目建设方案》《可行性报告》《投资概算表》等相关文件，丰台区统一政务办公系统的主体工程建设顺利实施。根据全区政务办公需求调研反馈，满足15家委办局需求，采用集中的建设模式，实现全区协同办公一体化，基于全区办公云平台提供部门OA相关服务，实现SaaS办公平台、运营管理平台、办公公共服务和移动综合办公等应用。

（黄木兰）

【基站统筹规划建设】年内，根据已编制印发的《2015年丰台区通信基础设施统筹建设工作方案》，召集全区21个街、乡（镇）和市政园林水务局等相关部门及铁塔公司召开2015年度共建基站统筹协调会，推动区4G基站建设速度，明确基站统筹规划建设流程和各街、乡（镇）的协调工作分工。与区城指中心达成一致意见，新建合法基站将纳入城市网格化管理，及时发现违建基站并拆除。年内已建成400个站址，并多次召开专题会，分批次解决基站统筹建设过程中遇到的问题，及时解决信访办及居民相关热线反馈的违建基站，协助街、乡（镇）拆除违法基站 20 余处。

（黄木兰）

【开展安全测评】年内，组织开展了对丰台区各级党政机关建设的门户网站与日常办公使用的局域网、政务外网以及互联网接入情况进行有针对性的远程安全检测，其中对全区 26 家单位或部门进行了安全测评，对 50 家政府门户网站进行了远程漏洞扫描和检测。

（黄木兰）

【加强无线电管理及宣传工作】年内，配合市无线电宣传月活动，组织铁塔公司联合印制相关宣传材料和宣传品；召开街道工作部署会，逐级开展宣传工作；张贴《给居民的一封信》，发放宣传品，及时有效处理无线电咨询及办理工作，保障空中电波秩序。年内受理咨询 20 起。

（黄木兰）

【推进软件正版化】年内，在政府机关及其他机关事业单位组织开展了软件正版化专项检查整改工作，包括区委、区政府、区人大等共计 92 个单位，其中 6967 套操作系统、7001 套办公软件 (微软 office5596 套、金山 wps office1405 套)、6640 套杀毒软件均为正版软件。

（黄木兰）

【组织完成 2015 年智慧城市博览会参展工作】年内，作为牵头单位负责组织相关单位参加智慧城市博览会的参展工作，围绕“智慧丰台”顶层设计架构及发展规划，重点展示两个支柱园区智慧园区建设、网格化管理及智慧医疗、智慧社区建设等成果。

（黄木兰）

【开展信息化系列培训】年内，组织针对全区单位进行了 4 期 400 人次的信息化系列培训，内容包括信息化发展思路及趋势、滚动规划编制方法宣贯、本区信息化政策宣传、项目申报文件编制、大数据应用、信息系统安全建设等，全面提高辖区各单位对信息化趋势和信息化重点工作的理解。

（黄木兰）

【推进丰台科技园区智慧园区建设】年内，科技园区已完成东区三期的通信管道建设。智慧路灯杆已完成园区管道的铺设和整体路灯功能的设计，铺设 5 条道路灯杆附加智能化功能，铺设长度 3936 米，共架设 137 个智能灯杆位点。

（黄木兰）

【丽泽金融商务区智慧园区建设】年内，北京丽泽金融商务区按照市、区两级政府的要求，在推进国家级“智慧城市试点”建设过程中重点开展了通信业务市场化经营调研、商务区（南区）信息管理立项批复、智慧丽泽宣传推介、BIM 大数据云平台建设、协调解决联通信息管道还建事宜、专业第三方统一接入试点申请等工作。

（黄木兰）

【完成应急通信保障工作】年初，为保证《伟大胜利历史贡献》抗日战争暨反法西斯战争 70 周年抗日战争纪念馆主题展览保障活动，组织协调运营商制订了通信应急预案，并全程派人参与 3 个月的现场执勤工作，在活动举办前做好检修并扩大视频监控范围，以保证在活动举办期间如发生有线电视、视频监控、无线 WiFi 等通信故障时能够及时迅速地采取有效措施，快速处置突发事件，保障活动期间通信网络运行安全稳定畅通。

（黄木兰）

石景山区

【概述】年内，石景山区围绕“融合山水谋发展、建设首都西大门”的总体思路，结合“太行山下、永定河畔、长安西段、未来作品”的高端定位和构建“八个高端体系”的发展路径，引导社会力量，加快4G通信网络、铜网光纤化改造和WLAN建设，完善区域信息化基础环境。加大信息建设投入力度，统筹安排一大批重大信息建设项目，从强化基础环境、统筹集约建设、整合共享应用着手，加快信息化和产业化深度融合，推动软件和信息服务业良性发展，提升电子政务服务水平，助推石景山区社会经济全面跃升。

（王宇寰）

【电子政务外网链路带宽升级工作完成】年初，为改善区电子政务外网网络办公环境，更好地支撑电子政务工作，石景山区经济信息化委启动区电子政务外网链路带宽升级工作。截至8月底，基本完成带宽升级工作。此次带宽升级工作共涉及63个二级接入单位和283个三级接入单位。带宽升级后，二级单位中各街道办事处以及部分委办局接入带宽由原来的10M扩容至30M，其余二级接入单位接入带宽由原来的10M扩容至20M，三级接入单位接入带宽由原来的2M扩容至10M。

（许致远）

【组织电子政务机房电力中断应急演练】2月15日，为进一步加强区应急通信保障工作，确保区网络环境安全稳定运行，按照《石景山区突发公共事件总体应急预案》有关工作要求，石景山区通信保障和信息安全应急指挥部组织开展了石景山区电子政务机房电力中断应急演练。本次演练采取场景模拟与实际操作相结合的方式，针对石景山区电子政务机房电力中断安全事件进行演练。此次演练的内容紧密结合实际，提升了队伍的应急处置能力，并于演练后对存在的风险点进行梳理，对应急预案进行进一步的修改和完善。

（张兰）

【电子政务云建设逐步推进】5月，石景山区推出第三版区政务门户。根据石景山区“智慧石景山”发展思路，近几年致力于全区电子政务云建设工作。这是在继2013年完成电子政务云计算平台建设之后，又推出的新版本。新版政务门户系统基于云计算技术，具有网上办公、信息发布、信息归档等功能，各部门可以根据自己的需求定制部门专版，进而实现各部门之间的信息共享和业务协同。实现不同电子政务系统间的信息整合、交换、共享和政务工作协同。随着新版政务门户的上线运行，石景山区的电子政务云建设开始从底层

（IaaS）逐步向中间层（PaaS）跃升。

（由凡）

【全区互联网出口带宽升级工作完成】 11 月 12 日，石景山区为进一步提升区电子政务外网互联网出口带宽，改善网络办公环境，提高政务办公工作效率，按照计划完成全区互联网出口带宽升级工作。互联网出口带宽由原来的 580M 升级为 2G，同时带宽资源涵盖了联通、移动、电信和首信等多家 ICP 商资源，利用负载均衡设备使得带宽资源充分得以利用。扩容后总体流量趋势平稳，业务时段带宽利用率为 40%，会话数为 17 万左右，高峰期访问互联网资源网用户数达 8000 余个。

（张兰）

【落实顶层设计深化统筹建设】 年内，按照统筹集约的建设思路，经石景山区区长办公会讨论通过，形成“落实顶层设计，强化基础环境；服务高端体系，统筹集约建设；推进智慧建设，整合共享应用”等 3 类 23 个信息化项目。围绕“互联网 +”推动区域经济高端发展的核心工作，加强与电子科学技术情报研究所、中国电子科学研究院、北京软件和信息服务交易所等单位的沟通。积极推动北京软件和信息服务交易所落户首钢园区工作，从推动高端企业集聚、提升企业服务水平等方面促进北京软件和信息服务交易所和京西创业公社业务合作。

（王宇寰）

【宽带城区初步建成】 年内，石景山区按照《宽带北京行动计划协调小组办公室关于做好本市铜缆网络光纤化改造工作的通知》要求，扎实推进石景山区光纤化改造工作。全区 20.45 万户居民具备百兆光纤接入能力，1 万平方米以上商务楼宇全部实现光纤覆盖。全区 3G 无线通信网络 100% 覆盖，4G 无线通信网络完全覆盖五环路以东地区、中关村石景山园区、石景山路沿线、阜石路沿线、石门路沿线及主要景区、车站等人流密集区。

（王宇寰）

【物联网综合示范应用系统投入运行】 年内，“石景山区物联网综合示范应用系统”通过正式验收，累计安装整合 3355 个各类型传感器，涉及重点地区的楼宇能耗、大型游乐设施、平安校园、危险源等多个领域的物联网应用。依托区级物联网基础设施，整合建设了防汛、大气环境、公共安全、大型设备检测、交通监控等视频资源 640 余个，通过集约建设共享共用的方式为各业务部门提供服务。

（王宇寰）

【软件和信息服务业健康成长】 年内，石景山区软件和信息服务业总体呈现健康快速成长的态势，实现营业收入约 180 亿元，同比增长 7%，实现利润总额超过 30 亿元。区内互联网服务业和信息技术服务业占比逐渐扩大，传统信息传输业务持续萎缩。以文化、娱乐、休闲、创意为特色的高端业态快速成长，软件和信息服务产业已经成为石景山区高端产业体系的动力引擎。随着云计算、移动互联网、物联网、大数据和第四代无线通信（4G）的加速普及，推动了基于新技术的生活服务、城市管理服务、金融服务、文化娱乐服务等产业发展，催生了一批新兴业态，有力地支撑了“八个高端体系”的建设。

（王宇寰）

【大数据服务政务力度加大】 年内，石景山区从大数据服务政务角度出发，从数据更新、资源共享、应用推广3个方面推进政务信息资源共建共享。截至10月底，区法人库中的法人数据总量为3.9万余条、人口数据57.3万余条、空间图层535类1356个，为城市综合治理、公共安全管理、经济和居民服务等部门提供了有效支撑。

（王宇寰）

【政务云服务见成效】年内，石景山区完成移动政务专网接入平台搭建，为移动政务服务打下基础。从应用即服务（IAAS）和平台即服务（PAAS）两个方向出发，对统一认证、门户、基础库等平台进行了一系列的云服务改造，为全区120个应用和11363个用户提供服务。完成党务、政务的云计算、云存储等平台建设，可为今后3年的信息化建设提供可靠服务，现已集中部署116个应用系统在云服务平台上，充分发挥云服务的统筹、集约、整合、共享的优势。

（王宇寰）

【完成两大重要保障期信息安全保障任务】年内，为做好“中国人民抗日战争暨世界反法西斯战争胜利70周年纪念活动”“2015年北京国际田联世界田径锦标赛”期间区电子政务系统信息安全保障工作，石景山区经济信息化委高度重视，采取四大措施顺利完成信息安全保障任务：一是开展各系统全面安全检查。对区电子政务内、外网络所有相关设备及系统进行全面检测，排查各类隐患。二是增加日常巡检频率。各系统日常巡检人员对设备的巡查密度增加一倍，重点系统达到每两小时巡检一次。三是加强应急值守。保障期间，市经济信息化委实行7×24小时工作人员值班、单位领导带班、应急响应小组成员值守机制。四是重点保障重要信息系统。对于政府门户网站、政务门户系统、电视电话会议系统等重要系统进行重点排查、安全漏洞扫描、日志检查等工作，并安排技术支撑团队进行值守。保障期间，监测来自互联网的攻击共9次，均被信息安全技术设备所防御，未发生信息安全事件。

（张兰）

门头沟区

【概述】年内，门头沟区经济信息化委围绕本区信息化重点任务和“智慧城市”建设，进一步推进信息化建设。一是完成本区国家第三批“智慧城市”试点申报工作，4月，门头沟区通过住建部和科技部评审，成为国家第三批“智慧城市”试点。二是围绕智慧城市建设各项指标和要求，推动信息化在各领域的应用。以“智慧城市试点申报”实施方案为基础，启动了本区智慧城市顶层设计的编制工作。在政务服务领域，开展了公共信息平台和公共基础数据库项目建设，进一步整合城市各类公共信息资源，为智慧城市各项应用提供丰富的数据来源。开展综治网格建设，推进综治业务信息资源整合，逐步实现与“三网融合”工作有序衔接。在社会服务领域，进一步完善为民服务平台，增加人民意见征集系统等功能。三是开展无线电管理宣传月活动，提升政府网站建设水平。四是加强本区信息化基础设施建设工作，确保网络及信息安全。

（信息化工作科）

【申报成为国家第三批“智慧城市”试点】 4月，门头沟区“智慧城市”试点整体申报工作通过住建部和科技部评审，成为北京市唯一一家以区级申报成为国家“智慧城市”试点的单位。该工作于2014年9月启动，先后经北京市各级单位和专家评审。为落实创建“智慧城市”任务，门头沟区政府与住建部、科技部等相关单位签订了国家“智慧城市”创建任务书。“智慧城市”的建设，将推进本区向现代化“生态新区”转型，打造符合生态涵养发展区及西部综合服务中心定位的信息社会。

（信息化工作科）

【开展政府网站普查工作】 4月，按照《北京市人民政府办公厅关于贯彻落实国务院办公厅开展第一次全国政府网站普查工作的通知》要求，门头沟区经济信息化委启动了门头沟区政府网站普查工作。纳入此次政府网站普查范围内的共有54个网站，各相关单位按照普查评分标准，对网站链接、栏目更新、互动交流和便民服务等方面进行了自查和整改，有效地提升了本区政府网站建设整体水平。

（信息化工作科）

【参加首届中国智慧城市博览会】 7月8—11日，首届中国智慧城市博览会在北京展览馆举办，门头沟区受中国智慧城市博览会组委会邀请参加了此次展会，并入驻“智慧城市”专馆。为展示本区智慧城市建设成果，门头沟区科委联合区经济信息化委共同制订了参展方案，制作了展板和宣传手册，参展内容包括智慧门头沟、智慧灯杆、智慧为老服务、智慧停车、智慧网络基础建设和智慧生态监测等智慧城市建设成果。

（信息化工作科）

【参加2015年中欧智慧城市峰会】 11月4—5日，住建部与欧洲经济一体化发展委员会在上海共同举办了“2015年中欧智慧城市峰会”，门头沟区作为智慧城市试点单位参与了此次峰会。此次峰会设主论坛，以及智慧城市与新能源应用、智慧城市与智慧水务、智慧城市与地下管线及综合管廊建设3个分论坛。峰会邀请中欧部分知名城市管理者、专家和企业，从建设管理实践、先进技术应用、投融资模式等方面进行交流研讨。

（信息化工作科）

【编制智慧城市顶层设计】 年内，门头沟区经济信息化委开展了门头沟区智慧城市顶层设计编制工作。以《北京市门头沟区国家智慧城市试点实施方案》和《“国家智慧城市试点”创建任务书》为基础，通过问卷调查、座谈、实地考察等多种形式，对门头沟区科委、发展改革委等68家单位开展了实地调研，分析门头沟区智慧城市建设实际需求，结合“产城融合、一城一策”的建设指导方针，确定符合门头沟区现状改善的建设思路。运用科学的、系统的设计方法，编制了代表国内外发展方向和先进水平、同时符合门头沟区发展要求的《北京市门头沟区智慧城市顶层设计》方案。

（信息化工作科）

【开展公共信息平台和公共基础数据库建设】年内，门头沟区经济信息化委开展了公共信息平台和公共基础数据库建设。在区共享交换平台的基础上开展城市公共信息平台建设，搭建城市运营中心，将“智慧城市”中的信息化建设工程进行统一接入与管理，实现跨部门、多专业、综合性的系统集成，实现更全面的互联互通、更有效的交换共享、更协作的关联应用。在城市公共基础数据库建设方面，整合全区信息资源，对现有人口库、法人库进行升级，接入区地理信息数据库和区宅基地地级调查数据库项目，新建宏观经济数据库等。

（信息化工作科）

【开展综治网格建设项目】年内，为进一步提升社会治安防控体系建设信息化水平，门头沟区经济信息化委开展了综治网格建设项目。项目主要目标是推进综治业务信息资源整合，构建区、街道（镇）、社区（村）三级平台为主干的综治信息化体系，并与市级综治信息平台实现对接。推进重点综治业务的信息化应用，加强对与综治业务相关的人、地、物、事、组织等基础数据的分析研判。推进综治信息化基础性数据和平台的建设完善，逐步实现与“三网融合”工作有序衔接。

（信息化工作科）

【完善为民服务平台项目建设】年内，为进一步完善区为民服务平台，提升群众满意度，门头沟区经济信息化委开展了完善为民服务平台项目建设。项目以现有为民服务信息平台为基础，通过改进业务流程、扩建新建相关业务系统，完成人民意见建议的征集工作。升级改造后，为民服务信息平台将广泛征集意见建议，真正为群众办实事、办好事；明确职责任务和处理流程，既提高人民意见建议的征集效率，又要提高转办案件回馈率、满意度、化解率。

（信息化工作科）

【信息化基础设施进一步提升】年内，门头沟区信息化基础设施稳步提升。全年新建4G基站440个，基本实现4G信号对门头沟中心城区的有效覆盖。加快光网城市建设，光纤升级改造已累计完成8.49万户，占全年改造任务的97.25%。有线电视方面，年内新增有线电视双向传输改造用户2780户。

（信息化工作科）

【保障网络与信息安全】年内，在节假日和重要节点前，门头沟区经济信息化委向全区各单位下发安全通知，要求各单位按照通知内容做好保障措施，确保本区重要网络信息系统、网站的安全，年内无信息安全事件。

（信息化工作科）

【开展无线电管理宣传月活动】年内，为普及无线电法律法规和相关知识，门头沟区经济信息化委积极开展2015年度无线电管理宣传月活动，制定了2015年《门头沟区无线电管理宣传月工作方案》，组织协调各镇、街道办事处开展多种形式的宣传活动。在宣传活动中，各单位通过发放宣传手册和宣传品、现场向群众讲解无线电知识等形式，使社会公众和无线电用户正确了解相关知识，自觉维护和遵守无线电管理法律法规。

（信息化工作科）

【开展软件正版化工作】年内，门头沟区经济信息化委积极贯彻落实京正联〔2015〕

10号文件精神，制订相关工作方案，下发《关于做好全区软件正版化迎检工作的通知》《软件正版化工作责任落实表》《软件安装管理台账》《软件资产清查表》等文件。检查内容包括各单位计算机种类、数量，正版操作系统、办公软件、杀毒软件种类、数量等情况。根据各单位的自查及申报情况，由信息中心组织相关专业人员对全区各单位使用正版软件情况开展复查，到各单位逐一核实，实地了解各单位计算机操作系统、办公软件和杀毒软件的使用情况，落实到每台电脑上，确保不出现瞒报、虚报情况。此次检查共包括75家单位，总人数5446人，使用计算机人数4562人，计算机总数6050台。4月，门头沟区被北京市使用正版软件工作联席会议办公室评为“2014年北京市国家机关软件正版化工作先进集体”称号，区信息中心孙京浙、野惠子被评为先进个人。

（信息化工作科）

【智慧社区建设工作稳步提升】年内，门头沟区按照《北京市智慧社区建设指导标准》，从社区实际出发，明确各社区创建目标，努力从智慧社区基础设施、智慧社区服务、智慧社区管理、保障机制等方面加强基础性指标创建工作。年内完成新建智慧社区23个，已经创建达标的14个社区进行了星级升级，进一步提升了社区信息化水平。

（信息化工作科）

房山区

【概述】年内，房山区信息化工作紧紧围绕年度工作思路，积极推进各项工作任务完成，在公共领域图像信息系统建设、信息化项目评审、宽带北京行动计划推进、两化融合建设及通信管道安全、“工业云”创新服务、信息消费试点项目推进等方面取得了一定成效。

（刘秀平）

【政府机关软件正版化工作培训会召开】1月8日，区使用正版软件工作领导小组在北京德宝温泉会议中心召开了房山区政府机关软件正版化工作培训会议。区直各部门及各乡镇、街道办事处负责软件正版化工作的具体工作人员100余人参加了会议。会上，介绍了软件正版化工作情况，讲解了《政府机关使用正版软件管理办法》、政府机关检查相关事宜，并就正版软件采购流程，办公软件、操作系统软件的安装使用做了讲解和辅导。

（房山区文委）

【房山区软件正版化工作通过验收】1月30日，市新闻出版广电局版权管理处副处长、市检查验收组组长满向伟带领检查验收组，对房山区2014年度软件正版化工作情况进行了检查验收。验收组重点查验了软件正版化工作责任落实表、软件资产管理制度、软件安装管理台账及软件资产清查汇总表等相关文件。此外，验收组对区检察院、区工会、区红十字会3家单位的软件正版化工作情况进行了实地查验工作。

（房山区文委）

【推进燕山地区通信专网社会化进程】2月5日，燕山石化与北京联通签订了战略合作协议，标志着燕山地区通信服务社会化的开始。通过将燕山专网用户全部割接至联通公司的通信网，使燕山地区通信网络得到扩容和优化，提升了网络的安全性及稳定性，同时以行业信息化为燕山地区企事业单位的快速发展保驾护航。通过加快燕山地区光纤改造和4G网络协同覆盖进程，使该地区的用户享受到更丰富的通信产品、更高品质的服务及更优惠的资费，让联通公司的信息化技术发展辐射社会，促进社会信息化，惠及民生。

（贾楠）

【房山网吧经营管理系统运维管理工作完成评审验收】5月13日，由市文化市场行政执法总队信息中心主任王凤杰带队，对房山区网吧经营管理工作进行评审验收。评估验收工作分为听取汇报和实地查看两部分进行。区文委执法队队长苏文江就房山网吧经营管理系统运维工作开展情况进行了汇报，并提出了加强网吧现场信息调控等意见建议。随后，王凤杰一行到海龙网吧等3所网吧就经营管理系统运维管理工作进行了实地查看，用以案代训的方式对具体工作给予了指导。

（房山区文委）

【《共建房山区智慧城市合作协议》签订】6月18日，房山区政府与北京易华录信息技术股份有限公司签订《共建房山区智慧城市合作协议》。双方将在建设“1+2+7”工程（一个互联网金融安全产业园；智慧城市运营管理中心和光存储容灾备份数据两个中心；智慧公安、智能交通、智慧养老、智慧云亭、智慧旅游、智慧教育、智慧社区七大工程）等智慧城市建设相关领域展开广泛合作，力争把房山区建设成为产业特征比较高端、城市功能比较现代、生态环境比较宜居宜游、人民群众物质精神生活比较丰富多彩和历史文化魅力彰显、创新活力迸发、现代气息浓郁、适宜人全面发展的首都高端制造业新区和现代生态休闲新城。

（刘秀平）

【北京互联网金融安全示范产业园落户房山】6月18日，“北京互联网金融安全示范产业园”在房山授牌，标志着房山互联网金融产业发展迈入新阶段。未来，房山区将整合最先进的信息化技术与现有的资源条件，打造“以城引人，以人促产，产城融合，人城合一”的智慧城市。北京互联网金融安全示范产业园选址于阎村工业开发区内的海聚·博源创新产业园。项目将通过打造全产业链服务体系，解决金融安全问题。建立包括互联网金融安全认证、数据安全、交易安全、网站安全、安全制度建设、安全应急服务等全产业链体系，积极引入大型互联网金融安全产业相关的上市公司、互联网金融安全创新创业企业、相关教育培训机构、中介服务机构等，打造互联网金融安全产业的研发中心、企业孵化中心、教育培训中心等。

（刘秀平）

【搭建房山区中小企业法律服务云平台】8月4日，房山区中小企业法律服务云平台正式启动。平台由市经济信息化委中小企业服务中心与北京寰宇卓越信息咨询有限公司合作建设，为本区中小企业提供个性化、专业化的法律援助。开通了4000–234567免费法律咨询热线，为企业开展普法讲座，提供个性化的“中小微企业法律风险体检”、专业诉讼代理等服务，在房山区经济信息港网站上嵌入“律答”法律服务网站及服务内容，供中小微企业进行相关的合同范本下载和法律问题在线实时资讯。中小企业担保中心充分发挥政府投资的“放大器”、银行信贷的“减压器”、中小企业信用的“孵化器”和社会经济发展的“助推器”作用，全年完成担保业务446笔，到位资金48亿元；累计完成担保业务2135笔，到位资金148.8亿元。申报创新融资项目17项，共计申请贴息金额414.84万元；共申报中小企业创新融资项目6项，申请贴息金额162万元；组织4家企业进行了公共服务平台、小企业创业基地项目的申报；组织20余家企业参加了市级技术中心认证申报培训会。

（刘秀平）

【“文化房山”微信订阅号服务平台正式上线】8月6日，由区文委主办的“文化房山”微信订阅号服务平台正式上线并通过认证。“文化房山”微信平台设置有传统文化、现代文化、原创园地3个菜单栏，内容涵盖房山区文物古迹、非遗传承、文化动态、民风民俗、红色文化、原创作品等，为公众获取房山文化资讯、领略房山原创文化魅力提供服务。“文化房山”微信订阅号的开通，将与“房山文化”微信服务号、“房山文化”微博组成房山区文化宣传的新媒体平台，为广大受众了解最新房山文化信息动态开辟了新窗口。

（刘秀平）

【2家正版产品销售示范单位通过验收】8月14日，市新闻出版广电局版权管理处副处长满向伟带领验收组对房山区参评的房山新华书店和北京华美书缘音像中心2家单位进行了实地验收工作。区文委副主任韩民东陪同验收。验收组通过面对面交流对销售单位进行了深入了解，分别在申请单位随机抽取了10本在售图书，现场查看进货单据等材料，并通过验收。12月28日，在北京市版权局开展的“2015年北京市正版产品销售示范单位评选”工作中，2家参评单位评为“北京市正版产品销售示范单位”。北京市共有66家单位获此荣誉。

（房山区文委）

【高清交互机顶盒推广项目通过验收】9月23日，由区文委牵头，区政府办、区经济信息化委、区发展改革委、区财政局、区审计局、区广电中心组成联合验收小组对2015年度发放高清交互机顶盒工作进行验收。验收小组听取了北京歌华有线公司房山分公司关于高清交互项目工作情况的汇报；对高清交互机顶盒用户申请表、用户确认单原件随机抽查，进行复核验收；对IBOSS用户系统复核验收，核对用户资料真实性；勘察用户资料存放仓库，验收历年歌华有线客户资料的完整性；最后，验收小组随机抽查验收了阎村镇绿城百合公寓3家住户，对歌华有线用户做实质性了解。此次验收，5项验收内容均达到合格标准。

（房山区文委）

【动物检疫电子出证系统升级改造】9月，为优化动物检疫证明电子出证系统功能，北京市动物卫生监督所将首都畜牧兽医综合执法网络智能指挥系统中的检疫证明出证功能模块进行独立设计、开发，在本区南召公路站和燕都立民屠宰场两个出证点开展试运行。与以往相比，新版出证系统有三大优势：一是安全性显著提升，出证人员必须使用官方兽医账号，在系统绑定的电脑上才可开具检疫证明，未经系统认证的电脑无法开具，此项设计可以防止检疫证明被非法使用，保证出证安全；二是检疫证明发放、使用、回收、销毁全程信息化，任何环节出现纰漏，管理员可随时监控并予以纠正，提升了证章使用的规范性；三是增加了二维码防伪功能，通过系统出具的检疫证明将附具二维码，增加检疫证明的防伪性，也便于公众查询。新版电子出证系统预计2016年将覆盖本区30余个动物检疫证明出证点。

（房山区农业局）

【智汇城科技创业园被授予“全国移动互联网创新大赛推荐孵化器”】11月14—16日，由工业和信息化部、中国科技协会指导，中国通信学会、全国移动互联网产业孵化中心联合主办，房山良乡高教园区管委会、北科建集团、创业公社、我爱方案网等协办的2015年全国移动互联创新大赛决赛暨创新创业展示交流会在中关村国际创客中心举行。中国通信协会、北京创业公社投资发展有限公司、北科建资产管理有限公司等企业作为嘉宾出席大赛。为整合资源，遴选项目，打造“互联网+”产业园，良乡高教园区管委会积极对接大赛，介绍了园区的基本情况，以及为入园企业搭建的智慧化平台、提供的高端人才资源、配套的优惠政策、整合的高端服务平台、营造的专业孵化基地和创业园，并以此实现惠民惠企惠社会。大赛组委会授予良乡高教园区智汇城科技创业园为“全国移动互联网创新大赛推荐孵化器”。

（刘秀平）

【软件正版化工作培训会召开】11月20日，房山区召开软件正版化工作培训会，全区各委办局、乡镇(街道办事处)、事业单位(不涵盖学校、医院）共119家负责正版化工作相关领导及工作人员参加了培训。市版权局、区文委、区信息中心等部门主管领导出席会议。会议对市政府关于软件正版化工作的相关要求进行了讲解。市版权局领导提出了要求，指出，推进使用正版软件工作是房山区当前充分尊重知识、尊重创造、保护知识产权的一项重要任务，各单位、各部门要切实提高使用正版软件重要性的认识，切实增强保护知识产权意识，自觉使用正版软件，形成保护知识产权的良好风气。区文委作为区软件正版化领导小组的牵头单位，要求各相关单位和部门要强化组织领导，认真开展自查统计，及时采购安装，加强督促检查。

（刘秀平）

【房山区教育委员会综合管理平台项目通过验收】11月24日，房山区教育委员会召开“房山区教育委员会综合管理平台”信息化项目终验会。历经一年建设的房山区教育综合管理平台项目通过了验收小组的验收。该项目主要建设内容有教职工信息子系统、协同办公及内网门户子系统、数据交换及主数据子系统、智能分析子系统等，共投资785万元。建成之后通过房山教委新协同办公系统，实现了全教委全员应用，实现教委与学校的信息交互、资源共享、业务协同、行政办公一体化功能。房山教育微信注册使用以及手机M1应用，实现手机端实时信息通知与业务协同，真正实现移动办公的灵活性。通过房山教委统一的教职工信息系统，建立了房山教委及150家下属单位（9521人）的组织体系，建立教委标准岗位与职务管理，实现教职工信息电子化管理，实现人事数据快速查询与统计。通过数据交换子系统与主数据平台，实现市级办学条件管理系统的数据交换与集成，通过智能分析系统，可为房山教委提供人、财、物的数据分析与展现，通过大量数据可实现教委科学的管理决策。

（房山区教委）

【涉税事项部分功能信息化】12月，互联网地税局涉税事项部分功能部署上线，能够实现以下功能：一是同时打开多个功能界面，同时使用不同的业务功能。二是设置系统功能的展示方式。三是应用场合，除税务档案管理系统和督察督办系统之外，其他模块均可使用此功能。四是系统实现了44项涉税事项的无纸化办理及软件多窗口功能。

（房山区地税局）

【个人存量房交易税收征管系统及POS机缴税项目上线】12月，个人存量房交易税收征管系统及POS机缴税项目部署上线，系统实现功能包括：个人存量房交易税收征管系统，实现纳税人网上报审、税务干部网上预审功能，减少纳税人在办税大厅的等待时间，实现与住建委的数据交换，精简需纳税人提交的资料，同时减少税务干部录入；“POS机缴税”功能，在全市200个征收场所以直联方式安装POS机实现财税库银联网刷卡缴税，税款直接缴入国库，信息在各部门间共享。

（房山区地税局）

【个人所得税明细申报系统上线】12月，2015年个人所得税明细申报系统部署上线。该系统具备三大功能：税务干部使用的互联网地税局客户端；纳税人使用的互联网地税局客户端；自然人纳税人使用的个人纳税申报及查询服务网页模块。

（房山区地税局）

【搭建“房山区停限产工业企业物联网监控平台”】年内，为加强空气重度污染期间对重点工业停限产企业的监管效果，确保企业停限产措施落实到位，充分发挥工业和信息化融合作用，有效利用信息化手段对空气重度污染期间停限产重点工业企业进行督查监控。从3月开始，区经济信息化委组织相关科室人员进行项目投资测算、方案编制、项目评审和平台建设等工作，投资150万元，8月20日完成设备安装、调试并开通运行，为“9·3”阅兵等重大活动期间对房山区停限产企业的有效监管发挥了重要作用。

（刘秀平）

【落实宽带北京行动计划】年内，按照《北京市政府关于促进信息消费扩大内需的实施意见》和《宽带北京行动计划》2015任务分工要求，为了确保任务按期、保质完成，区经济信息化委积极协调各电信运营商，根据区内4G基站建设布局、有线电视网络双向改造、光纤入户覆盖和现有网络状况等情况，确定了整体建设和改造计划，截至11月底，完成4G基站建设1800余个，3G网络城区和主要乡镇覆盖率达100%，4G网络覆盖区内重点商圈、政府、大学城、平原乡镇及度假区、AAAA级旅游景区、高档社区、高速、城铁房山线；“去铜换光”光纤改造26万余户；新增有线电视网络双向改造用户3万户，累计共改造双向网17.5万户，发放机顶盒15.4万台，高清交互转换率达到94%；大力推动三网融合试点工作，推出2M、4M、8M、12M、22M、35M带宽的基于有线电视网络的互联网接入产品，全区累计用户达5000户；物联网应用持续推进，物联网数据专网基站建设数量达到6个，覆盖良乡、长阳地区，并持续推进。

（刘秀平）

【推进房山区智慧城市建设】年内，为了打造中关村南部创新城的网络信息环境，按照区领导的指示，区经济信息化委积极与中国移动北京公司探讨开展更加全面深入的合作，借助该公司的高端资源和高新技术，大力推动智慧城市建设，高水平规划和布局房山区新一代信息基础设施。与中国移动北京公司一起，本着互相促进、共同繁荣的原则，签订了《北京市房山区人民政府与中国移动通信集团北京有限公司关于共建智慧城市的战略合作协议》，确定了《房山区政府公共区域WiFi免费覆盖项目方案》。6月17日，该战略合作协议和公共区域WiFi免费覆盖项目方案已经区政府第82次常务会审议通过，截至12月底，公共区域WiFi免费覆盖一期项目已基本搭建完成，正在调试。

（刘秀平）

【制作海聚博源等商务楼宇的三维虚拟场景】年内，针对房山区“首都高端制造业新区、现代生态休闲新城”的功能定位，围绕园区规划、生态宜居和产业发展三个主题，选取重点园区、企业、楼宇基地，利用VRP三维互动仿真与3D绘制技术，通过三维场景建模，改变传统表现手段，打破时空限制；通过为社会公众提供实时在线、生动形象的三维实景，展现CSD商务区、拱辰楼宇招商基地、海聚博源楼宇招商基地、中关村科技前沿技术研究院等多个三维虚拟场景，为吸引投资、合作项目、引进高端人才等提供深入剖析服务，体现全区经济发展优势。

（刘秀平）

【房山区社会信用体系建设工作启动】年内，按照北京市社会信用体系建设联席会议办公室《关于开展2015年北京市社会信用体系建设绩效评估工作的通知》要求，房山区政府及时启动了本区社会信用体系建设工作，明确了牵头部门、主管领导及负责科室并迅速开展相关工作。一是完善信用体系工作机制，建立联席会议制度。印发了《关于建立房山区社会信用体系建设联席会议制度的通知》，明确了组成人员、主要职责、工作机构及职责、工作规则和工作要求等内容。二是制订了房山区社会信用体系建设工作方案。方案对指导思想、目标任务、工作重点、工作安排、保障措施等内容进行了明确，制定各成员单位分工、分解任务目标、拟定2016年房山区社会信用体系建设重点等工作任务。

（刘秀平）

【加强社会治理与城市宜居信息化体系建设】年内，房山区建立互动管理与资源共享平台，构建了房山区社会服务城市管理网格，网格化管理覆盖率达100%；完善了防汛抗旱、地震、民防等领域应急指挥体系，实现了对重大自然灾害与社会突发事件预警信息的自动检测、智能分析与综合评估；搭建了北京市西南交通枢纽综合管理平台和交通地理信息系统，功能覆盖行业管理、执法监控、路网监控、应急指挥，形成了“房山区交通一张图”；建设了区水量数据采集中心和供水水质监测平台，提升了全区水质监测能力，保障居民用水安全；打造了房山区基本药物电子监管系统和房山区药品追溯系统，推动全区可追溯的药品安全体系形成；建立了化学品监控平台与重大危险源管理体系，实现对重大危险源的实时信息监控，提高了企业及安全监管部门的应急反应与处置能力；环境保护方面，建成了区大气、水质等环境要素的自动检测网络，对全区45家重点污染源进行了在线监控，覆盖率达100%。

（刘秀平）

【完善居民生活信息化应用系统】年内，基本建成了覆盖全区的社会服务管理网格化体系，形成了2253个网格，梳理了400余项事件，实现了社会服务和管理的互联和共享；全区社保卡累计发放439210张；建成了覆盖区二级以上医疗机构的电子病历系统，实现住院及就诊数据的电子化管理；全区居民个人电子健康档案建档率超过73%；建设了区高端人才网与高端人才数据库，提供“一站式”就业服务；完成了全区教育信息网络优化升级，营造了优质校园网络环境；完善了公共文化信息服务体系，实现文化共享工程村级全覆盖，为民众提供优质文化资源；打造了一批“一刻钟社区服务圈”，通过社区便民服务中心，为社区百姓提供便捷、实惠的社区服务；实现了全区主要景区无线网络全覆盖，为游客提供免费、高速的网络服务。

（刘秀平）

【无线（WiFi）网络Funhill完成一期建设】年内，为适应经济发展新常态，推动“大众创业、万众创新”，实现地区产业转型和城市转型，房山区积极推进“中关村南部创新城”建设。为提升信息网络应用水平，给创新创业主体入驻房山打造良好的信息化环境，区政府启动了公共区域无线网络覆盖建设项目，在重点园区、商务楼宇、创业空间和重要部门建设无线（WiFi）网络，提供免费的移动互联网接入。项目分期建设，一期建设在年内完成重点园区、商务楼宇、创业空间和重要部门的无线（WiFi）网络覆盖，提供免费的移动互联网接入，全区共计28个点位。

（张瑜）

【房山信息网增加无障碍服务】年内，房山区已建设无障碍网站，有效地帮助那些有阅读障碍的人群方便获取网络信息资讯。区信息中心与有关部门协作，将信息无障碍技术与网站自身建设做到一体化，在充分尊重视力残疾人和其他人群平等享有信息资源权利的基础上，作为残疾人个性化服务的一项内容，进一步将无障碍方便各类人群的理念融入到了网站建设当中。其中，导航服务是以政府门户网站为核心，各部门和公共服务机构网站为支撑的无障碍快捷通道；老人服务适用于视力退化的老年人，以及阅读能力低下的儿童和少数民族同胞；盲人服务适用于视力有严重障碍的盲人，高度近视群体以及无法操作鼠标的弱势人群；读屏服务适用于拥有读屏软件、屏幕放大器和光栅控制等辅助工具的障碍人群；语音服务全程支持用户以说话方式浏览网站，适用于无法用手操作计算机的人群。通过5个专项服务切实做到将软件技术作为辅助器具引入到残疾人获取网络信息服务当中。

（张瑜）

【组织全区开展全国政府网站普查工作】年

内，按照国办下发的《国务院办公厅关于开展第一次全国政府网站普查的通知》、北京市相关文件精神和房山区领导批示，房山区信息中心与区政府办公室主动沟通协作，共同对照《北京市房山区人民政府机构设置表》和《房山区参公单位名单》，对全区的网站主办单位机构性质进行了认真梳理，最终确定了58家（含房山区信息网）单位参加此次全国政府网站普查工作。4月，下发了《关于贯彻落实国务院办公厅开展第一次全国网站普查工作的通知》，组织参评单位开展网站基本情况调查摸底和有关信息（含网站信息、主管领导及具体工作人员情况）网上填报工作。在检查整改期间，一是严格按照国办要求开展工作，二是严格按照北京市要求开展工作，三是协助做好市级相关部门检查工作，四是组织各单位做好自查评分及各项工作并录入系统，五是做好组织单位检查评分。

（张瑜）

【编撰房山区“十二五”时期智慧城市发展报告】 年内，编撰完成房山区“十二五”时期智慧城市发展报告。“十二五”时期，房山区围绕“一区一城”新房山的战略愿景，以全面建设“智慧房山”为信息化战略目标，按照《智慧北京重点工作任务分工和关键指标责任表》《北京市“十二五”时期城市信息化及重大信息基础设施建设规划》《北京市电子政务内网建设和管理规划（2011—2015)》等一系列规划文件的要求，以“智慧房山”顶层设计为指导，坚持管理与服务并重的发展理念，全面落实“智慧北京”建设任务，以应用促发展，推进资源整合、深化信息应用、服务产业转型，扎实推进信息化建设。根据北京市及各区“智慧北京”评估指数，房山区智慧城市发展指数（SCDI）持续提升，从0.318（2011）增长到0.43（2014），标志着全区信息化整体水平得到较大提高。

（刘秀平）

【编制房山区“十三五”时期信息化发展规划】 年内，组织编制了《房山区“十三五”时期信息化发展规划》，为全区未来经济社会发展提供信息化支撑与保障。

（张瑜）

【推进市区两级园区信息化对接工作】 年内，完成了28家重点园区、重要楼宇、创业空间的无线WiFi网络覆盖工作，提升了信息基础保障。同时，充分利用现有信息资源，推进市区两级园区信息化对接，认真研究制订对接方案，推进中关村—房山地理信息服务共享和市区两级园区、空间、产业、政策资源共享等项目，通过信息化手段保障本区产业发展与园区建设。结合“十三五”时期信息化重点工作任务，组织开展智慧园区顶层设计工作，为房山园区、产业发展和创新创业主体提供高效的信息化服务保障。

（张瑜）

【逐步实现病死生猪信息化全覆盖】 年内，区农业局引进“扫描仪和掌上电脑”技术对政策性补贴病死生猪实施电子扫描监控，对23个乡镇百余家生猪规模化养殖场全面投入使用电子扫描技术。即对每一头病死生猪植入电子芯片，电子芯片持有唯一编码，扫描后显示包括场名等内容的养殖信息。区动物卫生监督所在接报病死生猪后，首先由基层动物防疫站进行动物疫病流调后扫码上传数据，再经官方兽医室扫描后监督无害化处理，实现病死生猪电子信息化，从源头上减少场（户）私自将病死猪抛弃、贩卖等行为。

（房山区农业局）

【建立食品药品监管网络专线】年内，由区政府拨款，经财政局、市经济信息化委审核，房山区食药局建成了48条接入基层监管所的4M带宽SDH光纤网络专线，连接24个基层食品药品监管所，覆盖房山区24个乡镇街道，从繁华地区的拱辰、西潞食药所，到偏远的蒲洼、霞云岭食药所均可通过专线访问业务系统，且网络安全，速度稳定。

（房山区食药局）

【房山区文保三级服务管理平台项目启动】年内，区文委与中国移动通信集团公司北京有限公司合作，启动了房山区文保三级服务管理平台项目，完成了评审工作，计划投资227.55万元。该项目整合房山区文物资源信息，依托房山区地理信息资源，采用图形化展示方式，实现对全区文物数据信息的分类管理应用。

（房山区文委）

【WiFi覆盖工程开启智慧房山】年内，房山区为积极打造“中关村南部科技创新城行动计划”，全力构建房山区“高精尖”产业体系，北京市房山区经济和信息化委员会与中国移动北京公司合作，采用“政府主导，企业协助”的合作方式，借助中国移动的网络资源和高新技术，大力推动房山区智慧楼宇、园区、景区、重点企业等32个热点的WiFi覆盖工程，建设了以中关村房山园为主的重点区域免费WiFi平台，提升园区信息化水平品质，吸引商界精英入驻，并为“互联网+”工作的全面提速奠定扎实的基础。

（王岩嵩）

【长阳镇打造视频监控系统】年内，房山区长阳镇人民政府与中国移动北京公司合作，建立了一套以镇政府为中心，相关村落、社区、路段为支点的视频监控系统，对周边情况进行实时监控，通过网络回传信息，全面实时了解辖区内情况，确保及时做出反应。此举也是智慧城市的重要元素，旨在加强长阳镇村、路、小区的实时监控水平，及时处理突发事件。

（王春光）

【4G监控助力应急减排工作】年内，房山区政府与中国移动北京公司的合作项目“清洁空气行动计划——工业停限产企业物联网监控平台”项目发挥显著作用。该项目以区经济信息化委为中心，相关工业企业为支点，在区内11家停限产重点工业企业安装4G视频监控。监控平台通过物联网专卡4G回传，对企业的停限产情况及应急减排措施实现实时监控，不仅强化了监管效果，加大了对重点区域、重点工业企业的污染防治工作，同时降低了时间、人力、物力成本，提高了工作效率，确保工业停限产企业应急减排措施落实到位。

（王春光）

【西潞办事处建立数字化社保系统】年内，房山区西潞办事处与中国移动北京公司合作，搭建了一套社保办理平台系统，将西潞街道办事处的原有办公系统进行整合，收集失业档案、失业登记、就业登记、养老保障、优惠政策、医疗保障等多项功能，建立统一标准的办公业务数据库，并向居民提供网上办理社保业务的平台，使公众足不出户即可办理业务，提高了西潞办事处社保所的办公效率，并让所辖居民切实感受到政府提供的便利。

（梁倩倩）

【《房山报》推出电子手机报】年内，《房山报》推出电子手机报，将传统纸质媒体的内容、政府规划、廉政教育、党政工团工作等通过电子彩信报的形式发送给党政机关和企事业单位成员，使相关人员第一时间在手机上就可以查看《房山报》的内容，及时、快速、便捷地获取新闻资讯。此举为政府搭建了信息传递和文化传播的高效平台。

（邢海啸）

【信息化助推房山首创奥特莱斯商区经济发展】年内，北京移动房山分公司与首创奥莱合作开展全场无线WiFi互联网专线接入、商户驻地网建设、网络通信保障等合作，有效提升奥莱信息化发展水平，为奥莱商户及用户提供优质保障。随着业务深入发展，后期将针对积分兑换、大数据分析运营、奥莱商业二期整体建设，全面提升奥莱品牌效应，使用信息化手段推动奥莱营销发展，带动整体区域经济增长，全面实现区域商业经济发展。（北京首创奥特莱斯位于房山区长阳镇，拥有270余家店铺，400余知名品牌入驻，是西南区域最大的商贸集中中心。）

（朱志国）

【助力中医药大学打造"智慧校园"】年内，教育部直属高校北京中医药大学新校区在房山区良乡大学城建成并投入使用。中国移动北京公司协助中医药大学开展"智慧校园"建设，从基础网络到业务应用，助力校方实现智慧校园的目标。基础网络方面：在北京中医药大学的主校区和良乡校区无缝覆盖4G和WLAN网络，两个校区间建立双路由光纤，提供700M互联网出口带宽，基于CM-IMS网络固移融合通信，为全校师生提供高效、便利和优惠的信息服务。信息校园方面：全面升级中医药大学校园卡管理系统，师生持中国移动NFC手机即可实现食堂消费、空中圈存、缴纳网费等各种生活服务。基于北京移动i办公产品为北京中医药大学打造移动办公门户，随时随地手机办公；建设数字课堂系统，整合各大名校教学资源，基于互联网的远程教学系统，实现在线的教学和互动。

（李楠）

【持续加强通信基础设施建设】年内，房山联通共投资立项13234.83万元。新建U2100室外宏站48个、U900室外宏站13个、LTE基站240个，已全部入网开通。完成FDD-LTE信号覆盖室分楼宇共计197个，完成3G室分楼宇建设78栋。敷设光缆3126.5条公里，折合49749.6芯公里，扩充IP接入网端口数107520个。

（贾楠）

【全力推进光纤改造】年内，房山联通通过明确各部门职责、提升装维经理参与度、改善施工队伍质量等多重举措，强力推进光纤改造进程。完成全部5套程控交换系统下电退网，涉及交换容量26.58万门，拆除电缆141250.919对公里，腾退管道145.16孔公里，年节约电费263万元，实现全部客户光网转化率达95%，开启了房山区全光网通信的新纪元。

（贾楠）

【开展"提速降价"惠民行动】年内，联通公司开展了"移动及宽带客户均享百兆网速"的全网大提速行动，宽带业务50M、100M单产品价格分别下降34%和40%，"智慧沃家"融合产品资费低至单独购买的

35%。自10月1日起全面推出剩余流量单月不清零服务，从客户感知出发，推动套餐流量使用透明化和人性化。

（贾楠）

【推出“智慧沃家”组合产品】 年内，联通公司推出“智慧沃家”组合产品，是融合高速宽带、4G手机套餐、固定电话、IPTV等多种应用，满足家庭通信需求的全业务家庭套餐。实现一根光纤入户，电话、宽带、网络电视均可使用，大力提升了区内家庭客户信息化水平，加速推进三网融合及网络智能化发展。

（贾楠）

【检务中心升级改造完成】 年内，房山区人民检察院完成检务中心升级改造。针对原有大要案指挥中心利用率低、内部执法监督平台分散等问题，在原有大要案指挥中心基础上扩展检务中心功能，导入“统一业务应用系统”“检立方”平台数据，接入控申接待室、本院提讯室、看守所提讯室、远程接访接待室等执法场所信号，主要实现三方面的功能，即加强案件源头管理，守住严格规范司法的底线；盯紧每个办案行为，及时转化监控结果；深化检务公开，倒逼规范司法。

（翟希军　吕彤）

【运用大数据加强市场主体服务与监管应用平台建设启用】 年内，房山工商分局抓住国家工商总局大监管试点机遇，积极创新完善新型市场监管机制，启动房山区运用大数据加强市场主体服务与监管应用平台建设。11月9日系统正式启用。该平台由大数据融合中心、经济发展应用子系统、综合监管应用子系统构成。

（房山区工商分局）

【路网监测信息化建设】 年内，房山公路分局通过路网监测应急系统录入路政案件943件、养护事件6339件，接转道路事件372次，接听公路服务热线116条，发布情报板信息4921条、手机短消息8476条。

（房山公路分局）

通州区

【概述】 年内，通州区“智慧通州”建设工作紧紧围绕北京城市副中心建设，加快推进信息化各项任务建设。制定下发《关于做好2015年通州区信息化工作任务的通知》《通州区2015年区政府部门网络与信息系统安全检查工作的通知》。区政务协同办公系统正式运行，区政务专网及门户网站运转良好。完成了区通信保障和信息安全应急指挥部的相关工作、区应急视频会议系统的网络传输保障工作，开展网络与信息系统安全自查工作、“5·12”防灾减灾日宣传活动和无线电宣传月活动。协助政府办相关部门做好开展第一次全国政府网站普查工作；协助区环保局、区纪委监察局内部OA建设；协助区应急办搬迁，做好专网迁移、视频调试等工作；协助完成中考、高考、成考的网络安全保障工作。起草完成《通州区“十二五”时期智慧城市建设报告》，开展《通州区“十三五”时期智慧通州建设发展规划》的编制工作。

（刘佳）

【区政务协同办公系统正式运行】7月1日，于2014年底全面上线的区政务协同办公系统正式运行。年内，系统运行良好、稳定。为使全区更好地使用该系统，累计举办培训24期，遍及全区279家单位、部门、科室，参加培训人员达545人次。在系统运行中，通过运维电话等方式咨询、解答580余次，召开各类工作推进会43次，完成各单位提出的新需求212条。截至年底，区政务协同系统已经覆盖全区单位、部门、科室和实名用户618个，提高了工作效率，方便了基层单位。

（刘佳）

【区政务专网和专网机房的日常运维管理】年内，政务专网和数据中心机房稳定运行，未发生重大网络与信息安全事件。共解决委办局和村级报障电话1075次；区政务专网完成新接入单位13家，迁移4家。继续做好村级政务网接入设备升级改造工作。联合歌华公司，为全区483个行政村进行有计划的设备升级，由信息中心负责方案制订和IP地址分配，由歌华公司负责安装调试。截至年底，已完成梨园、西集、漷县、永顺、宋庄、台湖、张家湾共256个村的升级工作，其余村的更换升级工作正在有序进行。为进一步规范区政务专网运维管理工作，明确责任，提高区政务专网传输质量和安全保障水平，12月14日起草发布了《关于进一步加强全区电子政务专网及单位局域网运维管理工作的通知》。

（刘佳）

【区政务门户网站和区政务网站群运维管理】年内，学习首都之窗相关工作机制，对各部门网站及各分站进行长期技术检测和人工检测，发现问题立即制成工单，发到各网站主责单位，要求及时整改、按时反馈。加强区政务门户网站建设，积极沟通有关部门，及时更新各自分工的栏目。向首都之窗区县热点报送信息900余条，更新新华社专供信息80223条。

（刘佳）

【“智慧北京”建设】年内，制定下发《关于做好2015年通州区信息化工作任务的通知》，在各相关部门共同努力和积极配合下，按时完成各项工作任务。落实宽带北京建设任务。向各电信运营商下发了《关于共同落实宽带北京行动计划2015年度任务分工的函》，进行统筹协调，协助各公司完成了年度建设任务。

（刘佳）

【基础网络升级改造工程】年内，通州区全面启动“智慧通州光进铜退”基础网络升级改造工程。截至年底，已完成全部6套PSTN交换系统的用户迁移工作。“网络瘦身”工程是一项实实在在的惠企、惠民工程，为了让市民享受到更多实惠，推动网络提速降费，对原有2M、4M宽带客户无条件免费提速至10M、20M，使通州企业和百姓以原有的价格就能享受到更加高速、便捷、安全的宽带网络服务。

（刘佳）

顺义区

【概述】年内，顺义区以满足信息化需要、促进信息化基础设施提升、政务资源共享和跨部门业务协同为目标，继续推进政务数据中心机房及环网工程建设，初步构建起基于云计算的电子政务公共服务平台，支撑各部门开展各类业务应用；加快推进领导决策系统和基础数据库建设，为区领导和各部门提供专业化服务；不断加强区政府门户网站建设，显著提高信息公开、网上办事、便民服务的能力。

（区经济信息化委）

【智慧园区信息化建设方案交流会举行】2月10日，区经济信息化委邀请并组织上海瑞谷拜特公司、中关村顺义园、绿色生态产业功能区、新城建设管理委员会、牛栏山镇、南彩镇和北小营镇7家单位在市经济信息化委举行智慧园区建设技术交流会。此次座谈会旨在推动顺义区智慧园区建设，优化产业结构战略性升级，推进经济结构调整，利用信息化手段提升园区管理和服务，加快转型升级。区经济信息化委将依据此次交流会取得的效果，继续推进智慧园区建设，根据各个园区特点有针对性地组织培训及技术交流。

（区经济信息化委）

【顺义网城获中国政务网站领先奖】3月，在由中国信息化研究与促进网联合中国搜索、中国日报网等共同主办的“第十三届中国优秀政务平台（智慧城市）评估总结大会”上，顺义网城获2014年度“中国政务网站领先奖”，在全国87家直辖市所属区县政府网站中排名第六、北京市区县政府网站中排名第三。

（信息中心）

【建成“全光顺义”】12月22日11时30分，区经济信息化委、联通顺义分公司举行市话端局（林河局）退网下电仪式，随着最后一个市话端局退网下电，顺义区正式迈入“全光网络时代”。联通顺义分公司共计退网端局6个，交换容量29.65万门，交换模块局及接入网152个，机架290架，下电DSLAM设备184架，数据设备容量14.01万线。全光网络将为智慧城市建设、信息化应用以及加快实施“互联网+”行动计划奠定坚实基础。截至年底，全区光纤覆盖实现100%，光宽带用户占比达到95.78%。

（区经济信息化委）

【加快政务数据中心建设】年内，完成政务数据中心的配电和给水工程，水电齐备后，开始消防、空调、水泵、电梯、弱电等分包工程的修复和调试工作。各分包调试工作已基本完成，室内装修修补工作完成后将对大楼进行彻底保洁，同时摆放办公家具，为政务数据中心顺利启用做好各项准备工作。

（信息中心）

【完成电子政务外网准入一期、二期工作】年内，为提高电子政务外网终端计算机管理水平，提高区电子政务外网边界防护能力，根据《中华人民共和国信息安全技术和政府部门信息安全管理基本要求》（GB/T 29245–2012）终端计算机防护管理相关规定，区信息中心进行电子政务外网准入系统一期、二期建设工作，将全区电子政务外网计算机录入准入系统进行统一管理，做到“专机专人，一一对应”。全区共有登记备案计算机 14134 台。所有计算机强制安装杀毒软件，并定期进行杀毒软件健康检查、操作系统漏洞扫描，排除计算机安全隐患，从根本上降低网络安全事件的发生概率。对全区委办局及各镇的设备及终端计算机科学划分网络出口，确保用户单位的网络传输速度进一步提升。

（信息中心）

【完成社区联网工作】年内，将社区联网工作纳入顺义区 2015 年为群众拟办重要实事工程。区信息中心积极筹备，于工程实施前对涉及的 108 个社区居委会的网络情况进行摸底调查，组织相关人员对政务光缆路由铺设方式、光缆路由长度进行了现场勘测，制订社区网络建设方案。8 月 20 日，社区联网工程正式启动。截至 11 月 24 日，已完成 99 个社区的光缆敷设工作，至 12 月底按时完成社区联网项目。此次社区联网工作科学划分 IP 地址，规范街道、社区网络结构，提高街道和社区整体信息化管理及应用水平，为社区居民提供更便捷、更高效、更全面的服务。

（信息中心）

【完成等级测评工作】年内，为进一步加强政务网络和重要信息系统安全防护能力，确保政务信息安全等级保护工作落到实处。区信息中心委托北京信息安全测评中心对顺义网城、顺义区网上办公服务平台和区电子政务外网进行等级保护定级测评（等保二级），重点检查网络设备、安全网关、操作系统、应用程序和信息数据的安全措施及防护水平。通过信息安全等级测评，区信息中心优化了政务网络管理架构，细化防火墙访问控制策略，完善用户身份鉴别机制，确保区政务网络和重要信息系统安全、稳定、可靠运行。

（信息中心）

【完善电子政务办公服务平台】年内，继续完善电子政务办公服务平台建设，定期充实平台内容，整理现有栏目，拓展平台功能。相关单位通过办公服务平台办理政府公文 3298 件，接转、办理便民电话 24450 个，传输政务信息 5518 条，收发电子邮件 42 万封。优化政府管理和办公流程的同时，提高了政府工作效率和服务水平。

（信息中心）

【推进领导决策系统建设与应用】年内，落实《中共北京市委办公厅北京市人民政府办公厅关于进一步精简会议、文件和简报资料的通知》精神，不断完善和优化电子刊物上传及展示功能。全区 35 个单位已通过该系统上传各类简报、刊物 554 期，切实降低了行政办公成本。

（信息中心）

【完善区网上办事大厅】年内，推动各实体全程办事大厅向网上迁移，逐步建立贯通区镇村各级的网上政务服务体系。推进全区政务服务改革创新，依托全区网上办事大厅，在“一站式”网上办理模式的基础上，加强政府部门资源共享、业务协同，推动审批流程再造、并联审批，强化实时在线监察与权力监督，提升政府服务质量与效率。网上政务服务大厅可为企业和公众提供全天候的网上申报、网上咨询、网上申请、进度查询、办理结果反馈等“一站式”服务。至年底，全区各窗口单位已在网上受理事项 175521 件。

（信息中心）

【推进电视电话会议系统改造工作】年内，为满足北京市政府电视电话会议系统建设要求，实现与市政府电视电话会议系统的无缝对接，更好地保障国家和北京市电视电话会议顺利转播至基层，区信息中心对顺义区的视频会议系统实施改造，将原标清设备升级为高清设备。对会场环境不符合要求的镇，督促其抓紧对视频会议室进行改造，改善会议室网络接入和照明条件，更换显示设备，满足高清视频会议音频、视频传输需求。已完成主会场及各分会场高清视频设备的更换及调试工作，已具备高清电视电话会议的装备、召开条件。

（信息中心）

【加强顺义网城建设】年内，顺义网城不断创新网站建设理念，在发挥网络宣传优势、深化信息公开和促进政民沟通的基础上，突出“服务、便民”原则，紧贴民众需求实施网站改版升级。顺义网城现设有魅力顺义、投资新城、信息公开、在线服务、政民互动、市民生活、畅游绿港七大服务频道，设置各级子栏目共 1137 个。年内，外出开展采访活动 400 多次，拍摄图片 5000 多张，留存资料 3000 张，发布政务、经济、百姓生活信息 2200 余条，各栏目累计发布信息 5000 余条、图片 2300 余张。

（信息中心）

【信息化基础设施建设持续推进】截至年底，顺义地区信息化基础设施总投资 4.2 亿元，新建基站 42 个；发放高清机顶盒 1.7 万户；光纤覆盖住户已达 37.98 万户，光覆盖比例达到 99%；敷设光缆 4661 条公里；WiFi 无线 AP 点共计 5012 个；电话（含宽带）用户数共计 26.98 万户，其中已完成光纤化改造的用户达 22.15 万户，光纤业务比例为 95.78%。

（区经济信息化委）

大兴区

【概述】年内，大兴区信息化工作立足全区发展，以“十二五”收官、“十三五”编制为契机，进一步加强全区信息化工作统筹管理，全面推进全区政务、社会、经济信息化发展。大力推进光纤化改造工作和基站共建共享建设，4G 信号覆盖范围不断扩大，信息基础设施水平不断提高；发布了《智慧新区顶层设计方案》，区级各类公共服务平台不断完善，电子政务共享集约化程度加强；网格化服务管理更加精细，城市管理进一步精细化；智慧社区建设加快推进，安装推广智能包裹柜 100 个，公共服务水平便捷化逐渐显现；企业开展电子商务，利用互联网创新发展，两化深度融合进一步推进，全区信息化水平整体提高。

（任娟娟）

【光纤化改造工作全部完成】年内，大兴区按照北京市工作要求和《宽带北京行动计划》工作任务，全力推进光纤化改造工作。区经济信息化委组织各运营商召开大兴区铜缆网络光纤化改造工作部署会，制订全区光纤化改造工作方案，对工作任务进行分解，建立了沟通和监督机制。至年底，全区光纤化改造工作全部完成。

（三东）

【继续推广高清交互机顶盒工作】年内，大兴区继续大力推广高清交互机顶盒工作。全年推广高清交互机顶盒32694户，超额完成年度任务。截至12月，大兴区有线电视用户40.62万户，其中高清电视用户25.76万户。

（王东）

【推进4G基站建设工作】年内，大兴区着力推进基站建设工作，协调大兴铁塔公司开展基站建设和共建共享。区经济信息化委面向全区各委办局、镇、街道及各基地管委会下发了《关于推进大兴区基站建设的通知》，要求全区开放政府资源，支持4G基站建设。重点推进西红门、魏善庄、新媒体、生物医药园区的基站建设和4G信号覆盖，完成了基站规划选址和建设工作；召开区长专题会，协调区园林绿化局、区城管等部门解决基站建设选址等难点问题。截至年底，大兴区共有基站（宏基站）3947个，其中4G基站2152个，全年新建基站623个。

（王东）

【推进新机场信息基础设施工作】年内，大兴区全力配合新机场项目建设，组织各驻区运营商积极与北京新机场建设指挥部和区机场办进行对接，召开多次对接会，顺利完成两个回迁房项目、天堂河迁移河道项目所涉及的通信线路及基站的拆改移工作；新机场红线内通信基础设施的拆改移工作正在推进中。

（王东）

【加强信息安全管理与规范】年内，大兴区重点对全区信息化项目加强信息安全管理与规范，重点要求各新建项目开展软件测试，确定信息安全保护等级，确保网络和信息安全。

（王东）

【完成通信与信息安全应急保障任务】年内，区通信保障和信息安全应急指挥部完成中国人民抗日战争暨世界反法西斯战争胜利70周年纪念活动和2015年世界田径锦标赛期间大兴区的通信和有线电视网络安全运行保障工作；完成大兴区2015年“5·12”防灾减灾日主会场宣传活动的应急服务保障工作。“两大安保”期间，市经济信息化委下发了《关于加强大兴区“两大安保”期间通信保障工作的通知》，要求各专业公司活动期间高度重视，制订专项保障方案，加强监管，提前进行隐患排查，落实主体责任并在活动期间执行值班零报告制度。

（王东）

【加强网络与信息安全应急培训】年内，大兴区通信保障和信息安全应急指挥部办公室与区应急办联合组织了“大兴区应急管理实务培训”，对全区各单位800兆无线政务网和无线电知识进行培训，提高全区应急工作人员相关专业知识和突发事件应对能力。

（王东）

【开展“十三五”信息化发展规划编制工作】年内，大兴区经济信息化委联合开发区信息办共同开展新区“十三五”信息化规划编制工作。成立新区“十三五”信息化发展规划课题组，由区经济信息化委、开发区信息办、长城战略咨询研究所15名成员组成。完成大兴区“十二五”信息化发展规划评估工作；完成新区“十三五”信息化规划调研工作，发放调查问卷108份，回收78份，组织调研座谈会13次；完成规划初稿编制；完成与新区总纲要的对标工作。

（任娟娟）

【强化信息化统筹管理】年内，大兴区审查各类信息化项目37个，组织专家评审会3次，涉及金额8186万元。通过项目技术审查，为各单位提供政务办公平台、空间地理信息平台、共享交换平台等公共服务平台，提供法人库、人口库、空间地理库等数据资源，推动全区信息化整合共享，实现节约建设。

（王颖）

【推进“智慧大兴”建设】年内，大兴区根据“智慧北京”重点任务分工，结合“智慧大兴”顶层设计，向全区61家单位发布了《关于做好2015年“智慧大兴”重点工作任务的通知》，指导各单位信息化建设工作，推进“智慧大兴”建设。完成了“智慧大兴”“智慧亦庄”顶层设计方案的融合工作，发布了《智慧新区顶层设计方案》。

（任娟娟）

【大兴信息网服务能力不断提升】年内，大兴信息网共发布各类信息8359条，审核供求信息3639条；与首都之窗区县热点栏目共享信息1050条，与市民主页大兴热点栏目共享信息682条。在“第十四届（2015）中国政府网站绩效评估”中，大兴信息网名列全国区县政府门户网站第五名、北京市第一名。

（大兴区信息中心）

【推广大兴区政务信息资源共享交换平台】年内，大兴区政务信息资源共享交换平台建成交换业务域4个，北京市前置交换节点1个，区级交换中心节点1个，委办局、街道、镇交换前置节点10个；配置数据交换业务11个（包括10个单位），交换数据180余万条。数据中心通过共享交换平台接入法人数据、人口数据、经济运行数据、城市部件数据等。

（大兴区信息中心）

【完成大兴区空间地理信息公共服务平台建设】年内，大兴区空间地理信息公共服务平台建设完成，正式上线运行。该平台能够为大兴区各业务部门地理信息应用建设提供统一的地图服务和开发平台，实现空间地理信息业务图层的共享，降低地理信息应用的建设费用，缩短开发周期，推动大兴区信息化统筹节约发展。

（大兴区信息中心）

【完成大兴区政务数据灾备中心建设】年内，大兴区政务数据灾备中心建设完成，提高区数据中心灾难备份服务、抵御灾难和重大事故的能力，保障重要信息系统的数据安全和关键业务持续服务，减少灾难打击和重大事故造成的损失。

（大兴区信息中心）

【启动大兴区一体化政务数据采集平台建设】年内，为解决基层数据多头采集、重复采集等问题，大兴区启动一体化政务数据采集平台建设，完成了项目立项、招标工作和基本功能开发。

（大兴区信息中心）

【两化融合工作不断深化】年内，大兴区重点推进两化融合诊断评估、两化融合示范试点等工作。一是组织企业积极参与工业和信息化部两化融合试点和贯标试点。经过评选，北京新能源汽车股份有限公司、北京威可多制衣中心、北京九州通医药有限公司3家企业被评为2015年两化融合管理体系贯标试点企业；北京威克多制衣中心的“基于三维虚拟试衣系统的服装个性化定制与异地协同制造”、北京三元食品股份有限公司的“快消品行业互联网精准营销”被评为2015年互联网与工业融合创新试点。二是开展了两化融合评估诊断和对标工作。全区79家规模以上工业企业参加了北京市两化融合评估诊断工作。三是开展大兴区两化融合试点示范工作。结合两化融合对标工作得分和调研情况，德中飞美、九州通医药、美巢、三元等20家企业被评为大兴区两化融合试点示范企业。

（任娟娟）

【智慧园区建设初见成效】年内，大兴区生物医药、新媒体基地的智慧园区一期项目建设完成。生物医药产业基地全面启动智慧服务体系建设，投资2433万元，完成综合服务平台与数据库项目、弱电管网改造工程、楼宇无线网络覆盖3项重点工程，实现了与区经济信息化委经济运行监测平台、中关村相关系统的数据对接共享。国家新媒体产业基地的智慧园区建设项目规划建设“一个基础数据库”“一个展示应用的平台”“三个典型的业务应用”，完成了新媒体基地企业数据库、GIS地图三维建模、智慧门户以及信息服务平台的开发工作，园区智能化水平进一步提升。

（任娟娟）

【推进软件正版化工作】年内，大兴区采购金山办公软件和服务器操作系统，开展全区软件正版化培训会，完成97家党政机关单位软件正版化工作。

（王颖）

昌平区

【概述】年内，昌平区经济信息化委按照《宽带北京行动计划（2013—2015年）》相关要求，加强信息化基础设施建设，着力推进两化融合，深化全社会信息化应用，积极推广信息化新技术，加快信息技术产业发展，不断提高区域信息化整体水平。

（尚景学）

【北四村网格化社会服务管理平台建设】年初，组织北四村网格化社会服务管理试点工作，在回龙观镇党政领导参与较少的情况下，与北四村直属派出所及北四村拆违打非指挥部全程联合工作，确定了《北四村网格化社会服务管理实施方案》，与超图公司、银宇公司、昌平移动、昌平歌华4家公司合作，从安全隐患、人房关联、社会问题上报等方面入手，搭建完成了北四村网格化社会服务管理平台；建成了15个功能模块，组建了呼叫中心；成立了7人工作小组，平均每周去北四村主持工作 3 次，共计百余次。先后 8 次对 40 名网格员、4 名接件员、5 名立案派遣员、12 名指挥部工作人员进行上岗培训，实地示范指导社管通的操作和使用，通过大量案例对网格员进行安全宣教，并在试运行期间不定期对网格员进行电话回访，效果反馈的同时听取意见及建议，不断督促技术人员完善信息系统，及时解决系统操作等问题；先后向市、区两级领导现场演示汇报超过 10 次。

（尚景学）

【举办百万家庭数字生活技能大赛】5 月，区科协、区经济信息化委、区妇联结合北京市大赛活动，联合开展为期 3 个月的“2015 年（第十二届）北京百万家庭数字生活技能大赛”昌平赛区活动。该活动旨在以普及现代数字、信息、网络知识，选拔优秀选手参加全市大赛。

（尚景学）

【提升通信网络规模】年内，按照《宽带北京行动计划（2013—2015 年）》相关要求，提升本区通信网络规模，继续推进公共通信基础设施建设。昌平铁塔公司在兴寿镇、沙河镇、小汤山镇、马池口镇、南邵镇、十三陵镇、流村镇、北七家镇等地建设基站 719 处。协调完成本区行政村、住宅小区、商务楼宇、政企客户自住楼光纤改造累计 44.06 万户，100% 完成任务。结合“昌平区落实宽带北京行动计划研究”课题，开展昌平区光网城市建设、宽带入户情况调研，尤其是农村地区“光纤入户”情况及电信、网络和广播电视等信息服务现状调研。提交《昌平区家庭（社区）宽带接入水平调研报告》《昌平区农村地区“光纤入户”与信息服务一体化情况研究报告》。

（尚景学）

【区政府折子工程完成情况】年内，区政府第 110 号折子工程——加快“智慧昌平”建设，推动大数据、云计算、物联网、移动互联网等技术在各领域的应用，力争创建 28 个“智慧社区”：协调改建及扩容基站 180 个（2G、3G），敷设信息管道 94.68 沟公里，建设无线宽带接入点（AP）501 个，新建及扩容 4G 基站 2253 个；累计发放高清机顶盒 27362 户，新建有线电视双向网完成 3.4 万户，双向网络改造完成 2.5 万户。第 21 号折子工程——加快社会服务、城市管理、社会治安“三网融合”试点建设，强化综合执法与行政管理、专业执法的联动，推动行政执法与刑事司法相衔接，下移管理重心、下沉专业职能，合理配置条块执法力量，增强通过网格化管理发现、协调和解决问题的能力，推动城市服务管理精细化、信息化、常态化：已完成《昌平区网格化社会服务管理体系建设工作意见》，该项目审计工作已结束，待将成果移交至区委社会工委。

（尚景学）

【企业互联网思维培训会召开】年内，由市经济信息化委主办、移动昌平分公司承办的“2015 年昌平区企业互联网思维培训会”召开。该会旨在充分借鉴运用互联网思维，推动企业转型升级和发展壮大，增强企业核心竞争力，促进传统企业互联网转型。本区属 40 家企业的 50 余名副总、信息部经理及技术总工级别以上人员参加了培训。

（尚景学）

【“十二五”规划总结及“十三五”信息化发展规划】年内，根据区发展改革委相关工作安排，完成本区“十二五”信息化发展规划总结，启动《昌平区“十三五”时期信息化发展规划》编制工作，已形成初稿。并向发展改革委提供了信息化基础设施、社会民生及两化融合等领域的“十三五”时期信息化发展规划指标。

（尚景学）

【开展无线电宣传活动】年内，组织“世界无线电日”宣传活动。通过网络等形式，宣传无线电相关法规政策，组织相关无线电管理人员学习本次活动的内容，发放相关宣传材料。组织无线电宣传月活动。活动期间，采用户外宣传大屏幕、宣传标语横幅、科普画廊、政府门户网站和张贴宣传海报等多种方式，广泛开展宣传活动。

（尚景学）

【协助第二次全国地名普查】年内，昌平区经济信息化委协调铁塔昌平分公司、联通昌平分公司、移动昌平分公司、昌平电信局、歌华昌平分公司协助第二次全国地名普查，制订了通信保障实施方案，协调各运营商全力重点做好属地各项通信保障工作和应急突发准备，力争用最好的通信服务保障此次地名普查工作顺利进行。

（尚景学）

【软件正版化使用工作情况】年内，组织完成北京市使用正版软件工作联席会议对本区正版软件的检查工作，并在全市各区县正版化软件检查工作中排名第一。研讨昌平区正版化软件检查工作机制，制定昌平区软件正版化常态化工作机制。

（尚景学）

【组织第七个“防灾减灾日”宣传活动】年内，参加北京市昌平区突发事件应急委员会组织的第七个“防灾减灾日”宣传活动，共张贴海报100余张，发放各类宣传手册2000本、宣传彩页1000张、宣传品（购物袋、卡包、扑克、记事本）500余个。

（尚景学）

【助力第三届农业“嘉年华”活动的开展】年内，完成第三届农业“嘉年华”活动期间的通信保障工作，配合区安监局完成重大危险源企业“一对一”安全生产事故应急预案演练工作。

（尚景学）

【地下管线安全专项治理】年内，配合区市政市容委建立昌平区地下管线安全专项治理工作联络机制，协调联通昌平分公司、移动昌平分公司、昌平电信局、歌华昌平分公司、北信基础，按计划报送隐患排查表、区市政基础设施建设与管理情况总结及地下管线消隐工程与区属道路大修工程同步实施进展情况的全年报表。

（尚景学）

【落实“一带一路”发展战略】年内，组织本区企业报名参加由市经济信息化委主办、工业和信息化部电子科学技术情报研究所承办的“新常态，新机遇——北京市企业对外投资对接系列活动”。出席活动的4家单位分别为：北京复盛机械有限公司、北京泰宁科创雨水利用技术股份有限公司、中海阳能源集团股份有限公司、北京永安汽车服务有限公司，其中中海阳能源集团股份有限公司企业代表介绍了企业的产品和技术、国际化业务和国际投资情况，与参加活动的代表共同分享了企业“走出去”的相关经验。

（尚景学）

【软件和信息服务企业发展】年内，本区部分软件企业虽已经取得了软件企业资质认定，但根据《国务院关于取消和调整一批行政审批项目等事项的决定》，“软件企业和集成电路设计企业认定及产品的登记备案”行政审批事项已被取消，因此个别企业无法取得资质证书，同时不能享受相应税收政策。针对这种情况，昌平区经济信息化委及时与市经济信息化委沟通，协助企业联系相关部门咨询其他方面的资质认证及获取方式，助力企业解决资质认证问题。

（尚景学）

【初步形成信息化绩效考核管理办法】年内，在借鉴了国家、外省市信息化绩效考核指标体系和经验的基础上，根据昌平区信息化发展水平，从信息化基础环境、信息化应用成效、信息资源共享利用等方面确定了昌平区信息化绩效考核指标体系和自查报告模板，初步形成信息化绩效考核管理办法。

（尚景学）

【软件正版化工作】年内，为迎接2015年全市国家机关软件正版化检查工作，重点针对区100家机关事业单位软件正版化工作责任落实、整体部署、开展软件自查整改、软件采购经费筹措落实、软件规范安装使用、长效机制建立等情况进行了检查，汇总了各单位提交的纸质材料。统计显示，100家单位共有计算机10957台，其中服务器199台。办公软件使用正版WPS2013专业版的共有8144台，占比74.33%；使用微软授权的Microsoft Office的2422台，占比22.10%。

（尚景学）

【组织申报2015年度产业转型升级专项资金项目】年内，组织申报的两个信息化项目——北汽福田汽车股份有限公司的“基于汽车行业供应链协同的B2B公共电子商务平台项目”和北京直真科技股份有限公司的“企业（信息安全管理）认证支持申请”获批准，申请资金分别为50万元和2.85万元。

（尚景学）

【“稳促调惠防”政策措施情况跟踪审计】年内，根据区发展改革委、区审计局关于2015年度“稳促调惠防”政策措施落实情况跟踪审计工作部署会议精神，积极协调铁塔昌平分公司、联通昌平分公司、移动昌平分公司、昌平电信局完成《关于宽带北京行动计划2015年度任务分工完成进度表》，提出工作任务落实过程中存在的问题及困难，并针对2014年基站选址难问题，采取的措施及进展进行了书面回复。9月，向宽带北京行动计划协调小组办公室报送了昌平区2015年宽带北京行动计划实施以来的工作进展情况。

（尚景学）

平谷区

【**概述**】年内，平谷区信息化工作在区委、区政府和市经济信息化委的正确领导下，在全区各单位支持下，以科学发展观为指导，按照建设“一区四化五谷”的要求，适应信息化要求，顺应信息化趋势，把信息社会建设作为平谷城市化和农业现代化发展的战略任务，全面推进经济和社会的信息化发展，不断深化信息技术在各领域的应用，促进平谷经济和社会的全面和谐发展，打造成京津冀协同发展的“桥头堡”，并更好地服务于北京行政副中心，成为市行政副中心的“后花园”。

（区经济信息化委）

【**信息化支撑“第十七届国际桃花音乐节”**】5月，平谷区举办北京国际流行音乐季期间，提前半个月部署活动保障方案。网络保障共架设应急车、通信车3辆，成功完成2G、3G组网，有效应用FDD和搭建TDD的D、F、E频段的4G多模式多频段组网，确保了现场6万用户无线上网和通话需求。在大风、降雨等恶劣天气及3天13万人次大负荷通信量下确保网络正常运转，为活动现场指挥部提供应急通信保障。同时还向现场媒体提供了200M带宽的有线互联网通信服务，全方位地保障了音乐季活动现场全部用户的通信需求。

（区信息化发展中心）

【**规上企业两化融合评估诊断和对标工作培训会召开**】8月，全区规上企业评估培训会在平谷区社会服务中心召开，由电子情报研究所的负责人主讲。通过评估诊断和对标引导工作，全面了解各行业企业两化融合总体发展现状，指导企业明确两化融合发展重点和方向，探索科学、分类、定量、持续推进区域两化融合的新模式，加快全区工业企业信息化和工业化融合进程，提升企业核心竞争力，促进全区产业转型升级。

（区经济信息化委）

【**全区“光改”任务完成**】9月，平谷区获全国首批“全光区县”称号。光纤覆盖工程自2010年启动，5年来为打造“全光平谷”，共投资2.5亿元对现有通信网络进行改造，在原有铜缆通信网的基础上，重新建造了一个全光的通信网络，光纤接入点到达每个通信需求区域。已建成拥有2个核心端局、5个综合接入区、23个综合汇聚点、110个接入点的光网络。

（区经济信息化委）

【**完成“一卡通”首批卡制作及测试**】10月，平谷区一卡通首批卡片完成制作并进行了环境、功能测试，标志着平谷区一卡通卡片设计工作已经完成，在技术层面已经完成了发卡准备工作，下一步将进入试点地区发卡工作阶段。

（区经济信息化委）

【**推进软件正版化工作**】年内，平谷区高度重视软件正版化工作。平谷区使用正版软件工作联席会议办公室组成检查组对全区100家机关单位（含政府机关、其他国家机关、直属事业单位、人民团体和免予登记的社会团体）的软件正版化工作进行了检查。此次检查采取听取汇报、查阅文件、核对采购合同及软件授权许可协议等资料、现场随机抽查计算机软件安装情况等方式，从检查情况看，各机关单位认真贯彻国务院和市、区有关软件正版化工作的部署要求，采取有力措施推进相关工作，取得了良好成效。

（区经济信息化委）

【完成森林防火系统二期工程建设】年内，建设完成“平谷区森林防火预警监测系统项目二期”工程。该工程是平谷区园林局对平谷区原有森林防火预警监测系统的扩容，目的在于减少区内监控盲区。主要覆盖 17 个监测基站、20 个分指挥中心、6 个路口监控、1 条至平谷公安分局的千兆专线。

（区经济信息化委）

【完成全区政府网站自查和整改工作】年内，按照北京市人民政府办公厅下发的《关于开展全市政府网站自查和整改工作的通知》要求，平谷区信息中心高度重视网站自查工作，对全区政府网站进行检查，从网站可用性、网站信息准确性、网站服务实用情况、网站互动回应功能、网站信息更新情况等方面进行检查，对存在问题的网站及时进行整改，对于长期不更新无人监管的网站进行关停，以保证平谷区网站的安全性、可用性、时效性。

（区信息化发展中心）

【完成校园综合接地安全项目建设】年内，投资 789 万元，为 18 所中小学进行了综合接地安全项目建设施工，通过对各学校的电源系统、机房内配电系统及网络信号系统加装适配的浪涌保护器，使其达到三级防护，有效地防止了闪电电流入侵到配电系统及信号线路。在机房内静电地板下构建均压环等电位连接系统，将电脑、机柜及其他金属设备连接在同一个等电位体，在雷击灾害发生时，可瞬间对感应到的雷电流进行泄散，有效预防了因感应雷电流造成电位差，使仪器间反击而损害教学设备，以及因感应雷电流反击威胁师生生命安全的情况，切实提高了各中小学校舍的雷电防护性能。

（区教育信息中心）

【推进中小学数字校园建设】年内，投资近亿元继续进行中小学数字校园建设。数字校园建设以学校提升办学层次为契机，以信息技术的广泛应用为主导，以基础设施建设为支撑，以应用系统和信息资源建设为重点，结合学校特色优势和实际情况，消除信息孤岛和应用孤岛，建立校级统一信息系统，建成高水平的高速、开放、可靠、智能的校园数字化平台，为学校的教学、科研、管理和生活提供良好的数字化服务，提高工作效率和管理效率，提升信息利用率，为学校实现战略发展目标提供坚实的数字化支撑平台。

（区教育信息中心）

【推进政务网络建设】年内，为配合区委、区政府对区信息化建设的要求，于 4 月开始进行平谷区政务网络建设。项目采用 PPP 模式建设，极大缓解信息化资金投入不足的问题。通过此项工作将全区各单位单独租用互联网络出口线路统一到一起，统一全区的互联网出口，通过打包方式，节约网络出口租赁费用，同时保障互联网安全稳定。

（区信息化发展中心）

【进行核心机房改建】年内，平谷区对原有中心机房进行搬迁增容，核心机房搬迁到区综合服务中心地下2层。机房按照国家B级机房建设，采用华为公司的“密封冷通道”技术，降低能耗排放，强化设备工作环境；购买智能网络管理系统，减轻技术人员的工作强度，实现设备的科学化管理和运维，延长设备工作寿命；通过预警机制，减少网络风险，结合平谷区政务网络改造工作，统筹规划，资源整合，形成安全稳定的网络运行环境，用信息化助推和提升城市化、工业化、农业现代化发展，年底完成机房搬迁工作。

（区信息化发展中心）

【推进平谷区农村技防项目】年内，根据《首都科技创安工作三年规划(2014—2016年)》和《北京市平谷区人民政府关于印发2015年区政府重点工作分工方案的通知》（简称“两个通知”）中第82项的要求，区公安分局作为此项工作的责任主体，组织相关部门采取实地踏查的方式对全区302个自然村和城市社区视频监控系统现状进行了调查摸底。并依据“两个通知”要求，编制全区农村地区、城市社区技防工程建设方案，实现对全区城市社区和农村地区监控设施建设全覆盖，建成以视频监控系统为主要内容的技防防控网络。年内，通过对平谷区农村、主要街道和重点区域已建摄像头情况摸底排查，完成农村技防前期可行性分析、网络方案规划工作。

（区信息化发展中心）

【开展网络安全培训和安全演练活动】年内，为了应对日益凸显的网络安全问题，区信息化发展中心组织安全评测中心相关专家和业内安全专家，对平谷区网络技术人员进行培训。通过培训，既解决了基层技术人员的理论联系实践的问题，又能解决新技术、新手段的普及问题，从而让新技术新业务内容普及，提升强化相关人员新技术新业务技术实力，形成良好的学习氛围。区信息化发展中心组织网络培训10余次，安全演练3次。

（区信息化发展中心）

【利用新媒体架设与民沟通新桥梁】年内，“幸福平谷”官方微信通过微信订阅号认证，并通过第三方搭建了易用性强的微信平台。“北京平谷”微博、“幸福平谷”微信在“第十七届国际桃花音乐节”期间全方位宣传活动内容、平谷特色。活动宣传期间粉丝数量有了明显增加，扩大了宣传覆盖面，提升了政府的影响力。

（区信息化发展中心）

【完成政府门户网站改版工作】年内，为全力做好政府门户网站改版工作，充分体现网站的互动性，将引导式服务贯穿全站，数据资源管理科认真梳理网站栏目，将网站栏目进行重组、整合，使网站更加简洁合理；页面重新布局，体现政府门户网站美观庄重、简洁大方；新增搜索功能，使网站易用性更强。

（区信息化发展中心）

怀柔区

【概述】年内，怀柔区按照创新驱动、转型发展的总体要求，以需求为导向，以支撑怀柔区发展战略为根本，提升网络宽带化和应用智能化水平为主线，重点开展了电子政务网络升级改造、无线城市、三网融合试点、4G 建设，完善信息基础设施统筹布局与集约化建设；健全信息安全监测预警体系，加强信息安全应急演练，建设完善了政务网站及重要信息系统安全监测预警平台。初步完善智慧怀柔顶层设计，积极推进智慧教育、智慧健康、智慧养老、智慧家居、智慧社区和智慧交通、智能安防、智能环保、智慧旅游等建设与应用示范。加强网络文化服务体系建设，面向城乡居民提供广覆盖、多层次、高品质的公共服务。大力推进信息化在汽车制造、都市工业等行业深度应用。积极推动市区两级信息资源共享，完善本区基础数据库、主题数据库、融合数据库等信息资源体系建设，促进资源共享。强化网上办事与信息公开工作，加大政务公开工作透明度，实现依法行政与办事事项公开。

（郑立勇）

【区中小企业综合服务平台入驻启动】1 月 8 日，怀柔区中小企业综合服务平台组织区内 17 家金融机构召开入驻平台座谈会。会上，区经济信息化委副主任沈志欣，向金融服务机构介绍了怀柔区中小企业综合服务平台的功能定位及建设情况。就该平台与金融机构开展合作有关问题做了说明，中小企业服务中心主任李文军对《中小企业服务机构入驻怀柔区中小企业服务平台合作协议》做了详细解读，征求了各金融机构的意见和建议。与会的许多金融机构负责人对该平台建设给予了充分肯定，纷纷表达了强烈的合作意愿和入驻需求。会后，区经济信息化委还组织金融服务机构负责人到该平台现场进行了参观考察。

（郑立勇）

【视频联动作战中心建设】4 月 1 日，怀柔公安分局组建了分局视频联动作战中心。分局以大数据为支撑，按照“一体规划、统一标准、互通共享、分步实施”的理念，整合分局原有分散存在、各自为战的数据库、地理信息平台、犯罪时空预测系统、大人流监测与电子围栏系统等单元至集成、统一的平台，将视频监控由过去实时监看、事后调阅的单一应用，发展成为以情报信息为主导的综合应用。分局为设在视频中心的二级平台和设在交通支队、14 个派出所的三级平台配备 108 名专业视频巡控人员，建立健全了《怀柔分局视频联动作战工作考核办法》《监控大厅管理制度》等工作规定，确保全局视频监控系统对辖区治安重点和案件易发、高发地区、部位的实时有效监控。同时，视频中心根据视频监控资源类型、人流密集程度、监控点位分布、辖区归属等因素，将全区视频监控点位划分为 6 个巡控席位，每班 6 人 24 小时开展巡控工作，人员按照五班三运转运行，确保全天候实时监控，做到巡逻工作无盲区死角。通过网上巡逻加实兵巡逻有机结合，及时抓获现行违法犯罪嫌疑人，做到“所见即所到、所到即所获”。年内，分局依托视频监控共抓获违法犯罪嫌疑人390名，查破各类案件740余起。

（郑立勇）

【北京国际电影节嘉年华活动举办】4月15—24日，第五届北京国际电影节·电影嘉年华在怀柔区雁栖湖国际会都和影视产业示范区举办。活动场地安排为“一主三分多点”：一主是雁栖湖景区，与电影节开幕式、闭幕式场地国际会展中心遥相呼应；三分为杨宋影视城、顶秀美泉小镇和燕城古街；多点为市区30多家电影展映影厅。本届电影嘉年华活动作为北京国际电影节的重要组成部分，以电影为主题，发挥怀柔生态环境优势，搭建市民游客娱乐参与的平台，是一场集影视科技体验、声光特效展演、美食特产市集、亲子游乐、明星见面等多元素、全方位倾力打造的电影文化节庆体验活动。突出嘉年华喜庆欢乐、互动参与的特点，让游客有得看、有得玩、有得吃，在娱乐参与中了解国内外电影发展和影视知识。活动期间，各会场准备了丰富的美食和农产品，板栗、大水峪家乡肠、御食园小吃；怀柔慕田峪、红螺寺等众多景区也以充足的准备迎来八方游客。怀柔区通过互联网、手机客户端、新闻广播等形式及时发布精准的嘉年华最新动态，便于游客安排游玩顺序。同时，还启动了电影嘉年华吉祥物征集活动。

（郑立勇）

【区中小企业公共服务平台运营】5月22日，怀柔区中小企业公共服务平台举行揭牌仪式，开始正式运营。市经济信息化委领导、副区长王彧、区经济信息化委等相关职能部门领导出席揭牌仪式。区内部分企业负责人及相关单位代表等共80余人参加。该平台是北京市首家正式运营的区县级公共服务平台，是北京市中小企业服务平台“1+16+N”服务体系的重要组成部分，采取线上服务系统和线下服务体系相结合的方式，面向全区各类行业中小企业提供政策辅导、创业指导、管理咨询、法律维权、技术咨询、投融资、人才、信息等8个方面“一站式”“保姆式”服务。截至5月22日，有25家服务机构签约入驻。试运行3个月来，平台先后为260家企业提供服务，组织培训、会议、企业沙龙等各类活动20场次，帮助近300名求职者找到满意的就业岗位，累计帮助企业贷款到位6000余万元。

（郑立勇）

【开展无线电管理宣传月活动】9月，怀柔区开展“加强无线电管理，促进首都经济繁荣发展”为主题的无线电管理宣传月活动。为丰富宣传形式和内容，区经济信息化委结合主题为怀柔报、区中小企业服务平台及有线电视等不同宣传载体编制了丰富的宣传内容。宣传月期间，在怀柔报第1576期刊登无线电科普知识；怀柔经济和信息化委网站发布无线电技术应用、无线电图片宣传共2篇；区中小企业公共服务平台结合“加强无线电管理，服务和谐社会建设”主题给全区300家企业发送无线电宣传信息；歌华有线连续4天在中央2台、北京文艺、北京科教频道滚动播放无线电宣传口号；电子显示屏共刊登宣传标语20余条；14个镇乡、2个街道分别开展了不同形式的宣传工作。本次宣传月活动共发放宣传手册800本、宣传购物袋1000个、宣传品1300份。此外，区委宣传部组织的“山水怀柔体验无线电之旅”的主题活动把怀柔区无线电宣传活动推向了高潮。

（郑立勇）

【怀柔区启动社会信用体系建设工作】 12月，怀柔区启动社会信用体系建设工作，按照《北京市人民政府关于加快社会信用体系建设的设施意见》(京政发〔2015〕4号)、《北京市社会信用体系建设三年重点工作任务（2015—2017年）》（京政办发〔2015〕24号）文件精神和《怀柔区创建全国文明城区工作指挥部政务环境工作部工作实施方案的通知》（怀政办发〔2015〕41号）的任务要求，截至12月底，已正式印发和执行了《怀柔区社会信用体系建设三年重点工作任务（2015—2017年）》（怀政办发〔2015〕49号）文件。

（郑立勇）

【信息化基础设施建设】 截至12月底，怀柔区互联网出口总带宽136G，累计建设各类信息管道823公里，其中年内新建各类信息管道62公里；全区光纤总里长16380皮长公里；全区累计光纤接入家庭住户总数179671户，其中年内新增宽带接入家庭住户25421户。全区歌华宽带网接入覆盖家庭住户数累计已达到8.4万户，其中年内新增宽带网接入覆盖家庭住户数3万户。全区光纤接入网覆盖家庭住户数覆盖率达到100%，光纤入户率98%。无线通信网络已覆盖地区面积为2100平方公里，无线通信网络覆盖率为100%。全区固定电话累计113082部。2G基站数量累计1044个，年内完成48个；3G基站数量累计897个。

（郑立勇）

【有线电视与高清数字电视建设】 截至12月底，怀柔区累计有线电视注册用户11.4万户，其中高清数字电视用户为7.5万户，高清电视业务比率达到65.8%。年内新增有线电视注册用户4000户；高清数字电视用户为1.34万户。

（郑立勇）

【医疗卫生信息化建设】 年内，建设了怀柔区区域影像、检验信息系统。通过建设区域检验系统，建立了以北京怀柔医院、中医院、妇幼保健院及汤河口二院四个临检中心辐射全区各乡镇社区卫生服务机构的区域检验模式，可使全区各社区卫生服务机构都能够开展高质量的检验服务，并对全区医疗机构检验服务项目及其服务质量进行规范和统一。依托区域影像信息系统可实现北京怀柔医院与各社区卫生服务中心影像系统对接，实现北京怀柔医院对各社区卫生服务中心的远程阅片诊断、质控管理及教学指导。

（郑立勇）

【电子政务网络建设】 年内，怀柔区完成区食品药品监督管理局与市局的政务专网建设、区文委市区两级政务专网系统建设、区红十字会市区两级应急指挥平台建设，完成区委办《关于做好我市商用密码使用情况检查工作的通知》相关工作，完成区食药局、区国税局、区文化产业发展促进中心、区消防队、区疾控中心等单位政务网迁移工作。完成怀柔镇东大街、兴隆庄、龙山街道车站路居委会、怀北镇西庄村、九渡河镇花木村、杨宋镇南年丰村等单位的村村通网络迁移工作。协助公安局怀柔分局网安大队完成年内公安部开展的重要信息系统安全检查工作；协助区卫计委完成医疗数据回传无线网络建设工作。党政办公平实现全区四大机关，全区所有委、办、局和14个镇乡2个街道办事处的统一网上公文流转，用户共3875个。

（郑立勇）

【基础数据库建设】年内，怀柔区建成了比较完善的人口库、法人库和空间地理三大基础库数据。人口库是在多年系统建设基础上，形成了怀柔区较新的基础人口数据库，库中数据主要有两部分：建筑物数据约11万，人口数据约31万，人房匹配达到90%以上；法人库是协调市经济信息化委，通过市共享交换平台拿到法人数据，且数据实时更新，目前库中有数据3.6万余条；空间地理数采用北京市资源中心的基础地图，城区范围为1∶2000，山区为1∶10000，有包括建筑物、城市部件在内的共150多个图层，城市部件数据约9万余条。三大基础库目前都是在怀柔区政务地理信息共享应用平台基础上建设，平台开发了标准地图服务和接口，可以为有需要的单位提供基础数据服务。

（郑立勇）

【网格化系统建设】年内，怀柔区在有效整合会议、应急、城管、公安、民政、纪检、药监、卫生、农业等信息资源的基础上，依托政务网，建设形成由社会服务管理、城市管理、社会治安等多种功能模块构成的网格化服务管理信息平台。年内，系统又对接了“12345”非紧急救助热线，覆盖了全区14个镇乡、2个街道办事处下辖的284个行政村和32个社区；内容涵盖了人、地、物、事、组织、舆情等服务管理事项；区呼叫中心设有20名座席员，全天24小时有人值守，随时可以受理处置居民诉求。

（郑立勇）

【怀柔信息网建设】年内，完成怀柔信息网主站升级改版，完成怀柔信息网主站及27个分站的网站普查工作。紧扣区委、区政府中心工作和全区重大工作部署，跟踪报道区内重点工作、会议活动。通过解读、访谈等多种形式，宣传区委、区政府确定的未来五年工作思想、目标、措施。加强主题宣传，建设怀柔“十三五”规划、“2015怀柔汤河川满族民俗风情节”及“2015年‘放歌新怀柔’夏日文化广场”、“2015年安全生产”等10余个专题；完善网上办事事项的梳理，提升区长信箱回复速度，建设区政风行风热线栏目。年内，怀柔信息网发布信息6000余条。

（郑立勇）

【网站群建设】年内，怀柔区本着资源共享、节约资金的原则，建设怀柔信息网网站群系统，满足区内单位建设网站需求，保障网站安全，实现信息中心网站群的统一管理。年内，完成网站群平台升级及数据迁移工作；根据国办要求完成政务网站普查工作，保留发展改革委、旅游委、环保局等单位网站27个。

（郑立勇）

【市投资项目在线审批监管平台建设】年内，怀柔区领导高度重视平台建设，区长常卫批示，要求抓好与市平台对接，搞好纵横贯通。北京市投资项目在线审批监管平台于11月20日实现与中央平台对接，怀柔区涉及的15家单位均按期实现对接贯通任务，运行以来，总体情况良好，平稳有序推进。许可办进驻政府部门29个，进厅工作人员141名，承办事项363项，其中行政许可245项，服务事项118项。为更好地落实此项工作，区行政许可办采取四项措施：一是建立管理员队伍。建立了15家使用单位的管理员队伍，组织了管理员队伍的培训工作。二是专人负责管理。指定业务人员专人负责盯办，每日登录平台监督管理。与15家单位沟通应用情况，了解各单位工作进展，与市政务服务中心筹建办、市经济信息中心等部门做好对接，了解怀柔区整体情况。三是技术全程保障。技术人员做好技术保障，定期到各使用单位解答难题、现场指导，遇到解决不了的技术问题及时反馈给市经济信息中心。四是建立微信交流群。建立了怀柔区平台交流群，及时交流使用情况。

（郑立勇）

【怀柔行政审批网建设】年内，怀柔区行政许可办按照中央、市、区各级管理部门要求，对“怀柔行政审批网（www.hr0.gov.cn）”进行改版：在栏目设计上，加大了对行政审批政策解读力度，并注重做好咨询热点回应。为提升该网站的实用性、时效性，建立信息发布协调沟通机制，规范信息发布流程，加强网上和网下融合，将网站打造成及时、准确、有效的政府信息发布、互动交流和公共服务平台。

（郑立勇）

【人口管理信息系统实现精准管理】年内，怀柔区搭建了人房系统，开展人房信息匹配关联，目前人房关联率达到99%以上。推动建设全员人口管理系统。实现人口信息的及时更新，形成标准统一、管理规范、覆盖全部人口的个案信息数据库。流动人口和出租房屋信息采集和管理系统运行良好，各项数据直采直录，各镇乡街道流管办对流动人口和出租房屋数据实时采集、实时录入。据流管办平台统计，截至年底，怀柔区流动人口91454人，出租房屋18205户。每月开展流动人口监测月报分析工作，对怀柔区流动人口户籍来源、性别比例、年龄阶段、工作、居住及区域分布和行业分布增减等方面进行分析研判，为卫计委、公安、统计、教委等相关职能部门提供数据查询8000多条。分别于4月和7月开展两次入户抽查检查工作，摸排流动人口采集登记“四率”情况，更新平台流动人口数据。年内流动人口新增36603人，核销48416人，更新51915人。深入推进出租房屋挂牌管理工作，更新出租房屋数据，全年出租房屋新增1776户，核销1746户，更新21162户。加强人房数据关联，全年人房关联数据更新17023次。

（郑立勇）

【交通信息化建设】年内，怀柔区交通局通过运营车辆GPS监管平台反映的相关数据，更好地掌握相关车辆违法违规情况，对易发生违法违规现象的地点和车辆加大执法力度。对本区运营车辆加装卫星定位装置：公路营运的载客汽车合计421辆，其中旅游车辆47辆、汽油出租车辆24辆、电动出租车350辆；化学危险品运输车47辆；半挂牵引车以及重型载货汽车（总质量为12吨及以上的普通货运车辆）2643辆。

（郑立勇）

【环保信息化建设】年内，怀柔区建成区环保局电子办公信息化系统。该系统结合怀柔环境现状及特点，整合环境信息于一体，创建以污染源信息资源数据为支撑，以环保公众服务门户为窗口的监控系统和办公平台，对辖区整体环境状况全面把控，实现全辖区环境管理资源一体化目标。一是办公自动化平台（OA 系统）。二是环保局门户网站建设。政府外网门户主要实现信息公开、信息发布、交流互动、在线服务、申报审批、投诉处理反馈、阳光权力运行等重要功能。三是污染源在线监测系统。该系统能够对污染源进行实时监控，从采集传输到审核入库对监测数据进行严格把控，并结合 GIS 技术对污染源进行直观展示。集成北京市污染源在线监控系统，实现从市级污染源监控系统中自动分析、读取本区内各污染源实时监控数据，并进行存储、分析、展现等。对本区内污染源废水、废气排口进行实时、连续监测（监控），实现数据采集、实时监控、查询、统计、分析、GIS 展现等功能，动态掌握重点污染源排污数据，全方位监控辖区内的污染源企业，减少环境监管盲区，实现污染源监测数据统一管理，约束企业的违法、违规排污行为，为环境监督执法和节能减排决策提供及时、可靠的数据支撑。

（郑立勇）

【旅游信息化建设】年内，怀柔区旅游信息化工作取得一定成效。一是利用怀柔旅游信息网开展了全方位“立体式”宣传。及时、准确上传各类旅游政策法规、景区动态、重要活动信息等。二是严格按照旅游信息化建设要求，积极推进了资讯网与政务网两网分离，实现政务信息流通和行业管理系统化、网络化。三是运用了微博、微信等新媒体手段，开展旅游宣传营销。怀柔旅游微博、微信粉丝数量已达到 8 万余人。建成怀柔区移动用户流量监控平台，通过针对春节、清明、五一、端午、国庆、元旦等节假日怀柔区 20 个市级民俗村及 13 个重点景区的人流量进行数据分析，可精确掌握和分析各节假日的游客流动特点、消费动向、各景区接待游客情况，并通过数据分析及时发现问题与提出合理化建议。

（郑立勇）

【教育信息化建设】年内，怀柔区 59 所中小学校建设了校园网，覆盖全区 4500 名教师及近 3 万名学生。开展无线网络全覆盖建设工作，已有 27 所中小学和部分幼儿园实现教学区无线网络接入到位，覆盖学生及幼儿近 27633 人。建设班班通教室 16 个，基本实现教学、管理、服务的全覆盖。建设了怀柔阳光教育网，收集整理怀柔区教育系统各方面数据资源，建立怀柔区教育系统的门户网站，开展区域优质资源产品源共享共建，实现了区教育系统各级、各类教育资源的有效整合和集中管理。怀柔区首都师范大学附属红螺寺中学针对校园监控面积大，人员流动性大等特点，安装了由东方安高公司研发部署的新一代主动周界安防雷达系统，可实现主动发现、目标跟踪、区域定位、视频联动、主动报警、控制内外勾结等功能，有效地摒弃了传统安防系统的各种缺陷和短板，大大增强了校园安防系数。该中学还建立了集学校教育教学管理、课堂教学实时录制、充分展示教师教学风采和学生学习能力为一体的全方位的教育管理系统，即“云录播”系统，推进教育信息资源共享，促进义务教育均衡化发展。

（郑立勇）

【就业服务信息系统建设】年内，市、区两级出台了多项促进就业的惠民政策，用以加强促进就业资金的监管和维护资金安全，管好、用好促进就业资金对落实促进就业政策，促进辖区城乡劳动力实现充分就业。年内，怀柔区市级岗补、社补累计为1707家次企业的6031人次，申请岗补社补资金5775.89万元；全年累计为3家次小微企业的3人申请社会保险补贴1.5万元；年内审批享受灵活就业3020人，自主创业1人。全年审批申请享受灵活就业社会保险费补贴人员1063人。累计拨付补贴资金2417.66万元，涉及补贴人员38071人次。

（郑立勇）

【网格化社会服务管理】年内，怀柔区网格化服务管理体系包含1个区级指挥中心、16个镇乡（街道）分指挥中心、316个村庄（社区）网格化协调处置中心。区级指挥中心设立呼叫中心，开通69612345公共服务热线，现有座席16个，配置16名座席员；全区共划分网格7560个，其中一级网格316个、二级网格1221个、三级网格4571个、四级网格1452个。全区网格内共配置工作人员18366人；全区24个城市社区100%完成了电子显示屏、居家动态信息栏、网格公开栏、网格专用电脑；284个行政村和8个镇乡社区的电子显示屏完成率99.66%，居家动态信息栏完成率97.95%，网格公开栏完成率98.63%，配置网格专用电脑完成率100%。建立了人、地、物、事、组织数据库，动态更新权限下放到村庄和社区。网格化系统共采集人口信息305107条，房屋信息118751条，兴趣点信息61594条，事项信息69142条，物设信息136742条，组织数据20436条。结合3G无线网络，整合视频会议系统，实现了两级指挥中心视频音频系统无缝对接，支撑实时监控、应急指挥和多方沟通，实现了怀柔区1600多个摄像头资源的数据共享。年内，区网格化系统共受理88667件，受理率100%，解决率98.3%，群众满意率96%。

（郑立勇）

【建设城市安全视频监控网络】年内，由区公安分局牵头建设、整合视频监控探头4726个，其中高清探头3250个，重点加强对社会面治安的监控管理。作为实兵巡逻在时间和空间上的补充，分局一是加强空中管控，在城区中心区、车站、雁栖岛等人群密集的重点部位安装了4个高空瞭望监控摄像机，有效地掌握了城市制高点。同时，为加强应急性、临时性的监控，购置了多旋翼智能无人机，加强对高空监控盲区的监控。对防止非法聚集活动的发生、城市交通运行安全监控、城市火灾预警、自然灾害应急以及大型活动安保等情况发挥重要作用。二是加强移动布控，在警务、公务、消防车辆和区环卫系统清洁车上安装了车载视频351个，通过移动3G、4G无线传输视频图像，有效弥补了固定探头监控范围有限的问题，为扁平化指挥调度、发现处置突发事件、执法办案等实时提供视频支持。三是加强常态监控。年内，分局先后整合公路、消防、林业、教育等机关单位以及临街店铺、居民小区等社会视频资源探头3913个,进一步织密了“天网”。

（郑立勇）

【完善智能应急体系建设】年内，怀柔区整合了全区应急资源、共享区图像信息共享交换平台的所有视频信息以及气象、水务等应对极端天气的数据信息资源，加强与专项应急指挥部、镇乡（街道）、相关单位应急指挥视频会议系统的对接，推进无线图像监控系统试点建设，部署800兆无线通信固定台、车载移动台、手持台，实现区应急委与市应急委、区属各单位的互联互通，提高了本区预防和处置突发公共事件的能力，基本形成“横向到边，纵向到底”的应急预案体系，成为区领导应急决策的指挥平台。完成怀柔医院高点监控建设项目，建成覆盖半径5~8公里的监控区域，可对怀柔城区、京密高架桥、雁栖湖生态发展示范区、雁栖经济开发区实现有效巡查，为区委、区政府处置突发事件提供有效支持。怀柔区完善智能应急体系建设：年内，完成北房镇、庙城镇、琉璃庙镇3个民防应急指挥中心建设，实现镇民防指挥中心与区级民防指挥中心、与行政村音视频互联互通，与区应急软件视频会议系统完成对接。

（郑立勇）

【建设生态林智能防灾减灾治安应急指挥系统】年内，怀柔区森林防火监控网络分两期建设：投资472万元建成的怀柔区生态林职能防灾减灾治安应急指挥系统一期指挥中心平台建成。该平台项目2014年至2015年共建设了6个基站（怀柔水库、绿化基地、大黄木厂、汤河口南山、喇叭沟门、大地燃气）、区指挥中心及一个机房。6个基站按照4信道标准基站建设，分节点两套节点服务器和一套调度台，11月6日完成了工程验收。投资1759万元建设的怀柔区森林防火智能化监控项目二期森林防火前端监控系统继续实施，12月已进入设备调试运行阶段。该监控系统建立区级森林防火监控指挥中心1个，在桥梓、九渡河、渤海、雁栖等地建设4个分控中心，在山上建设30个监控，山下沟口、村口建设79个监控，镇乡监控指挥中心4个，布设远程监控点110个，监控覆盖率达到900平方公里。初步形成了集森林火情监测、地理信息系统分析、远程指挥调度于一体的综合森林火灾处置系统。至此，怀柔区生态林实现了信息化管理，全面提高了应急指挥能力和水平。

（郑立勇）

【林业有害生物监测测报系统】年内，怀柔区设置林业有害生物监测测报点490个，监测测报点覆盖14个镇（乡）、11个有林单位，监测面积240.33万亩，测报有害生物种类49种。全年共收集监测测报报表2380份、测报数据84623个，发布中短期预报及防治信息13篇。其中：常发性林业有害生物测报监测点58个，监测有害生物19种，主要包括油松毛虫、纵坑切梢小蠹、落叶松八齿小蠹、栎类吉丁虫、春尺蠖等；危险性林业有害生物监测点340个，监测有害生物12种，主要监测美国白蛾、红脂大小蠹、松墨天牛、栗山天牛等；果树有害生物监测点92个，监测有害生物20种，主要包括苹果蠹蛾、梨小食心虫、核桃举肢蛾等。

（郑立勇）

【农业“221信息平台”建设】年内，怀柔区都市型现代农业“221信息平台”共采集农业生产、农产品加工、休闲观光等各类信息1万余条，平台信息总量达到14万条。地理空间数据库中的数据库表格涉及科委、种植中心、农业局、农机中心、园林绿化局以及水务局等单位，全部数据都是经过PDA进行采集，涉及相关联的业务数据达90多张表，10万多条数据。怀柔区“221信息平台”整合了水务系统数据自动生成的泥石流分布图等业务数据，加载了历年整建制搬迁 600 多户，共计 1500 多人数据，利用平台系统功能，科学地为搬迁工作提供决策支持。完善“有线信息网络 + 信息机（农信机）+ 无线移动终端设备”建设运行模式，为农民提供“政务、气象服务、农产品价格、政策动态、农业科技”等多元化信息服务。全区共安装 12 台信息机，188 台农信机，拥有手机终端用户 38000 余个，发展 2 个区直、3 个镇乡、5 个行政村、5 个农民专业合作组织共计 15 个市级示范单位。年内，共发送短信 80 余万条，全区短信发布覆盖率达 90% 以上；通过惠农短信，让更多的农民享受到信息化带来的实惠。

（郑立勇）

【两化融合深入推进】年内，怀柔区大力推进信息化在汽车制造、都市工业等行业深度应用。隶属于福田戴姆勒的北京培训体验中心（TEC），拥有 6 座设施一流的会议室以及试乘试驾专用场地。是福田戴姆勒汽车参照奔驰体验中心建成的“中国首家重卡体验基地”。占地面积 15000 平方米，其中 TEC 展厅面积 3000 平方米，驾驶培训室外区域占地面积 12000 平方米，分为 2000 平方米展车区，10000 平方米试乘试驾区，可为客户提供全面产品静态、动态体验。推进“操作技能、数据调取分析、车队效益提升”三大课程体系，国内顶尖驾驶教练全程指导。数字体验区引入福田集团国际车展数字体验设备并通过线上订车、微信互动，未来可视驾驶技术模拟器等体验，塑造欧曼“科技印象”，精准收集客户需求信息，增加客户黏性。4D、AR、触控技术的综合运用，展现品牌的创新能力和对未来驾驶科技的思考。奥瑞金基于互联网的食品饮料产品包装智能化升级项目，通过实施红牛罐二维码应用，实现高速生产线上在金属罐身、顶盖拉环、瓶盖、软包装袋等位置赋可变二维码，满足客户通过二维码防伪追溯、移动营销入口和确认消费等需求。通过物联网技术与创新思维拓展提高食品饮料厂商业务发展与管理能力，使奥瑞金成为第一家进入物联网领域拓展的包装企业。

（郑立勇）

【营造科技创新环境】年内，怀柔首都科技条件平台工作站开展了科技成果和科技资源整合工作。通过积极引导平台内科技资源与区域科技需求有效对接，提高了工作站的运行效率，提升了平台资源规模与质量。截至年底，怀柔区专利网络服务平台发展成员 211 人，其中专利服务机构 10 家，企业可在平台内及时了解政策信息，学习专利知识，也可以向专业的服务机构咨询专利申请、专利分析、专利维权等方面的问题。全年共向 3 家企业发放首都科技创新券 11 万元，支持企业开展检验检测、专家咨询等科技创新活动 4 项。

（郑立勇）

【国土综合监管平台建设】年内，怀柔国土分局进一步深化北京市国土资源综合监管平台使用，在原有桌面端综合监管平台的基础上，开通了移动监管平台，配置到科级以上干部，其主要功能有国土一点通（即时通讯软件）、“一张图”、事务管理（OA）、地质灾害预警预报。移动监管平台依托移动政务专网与平板电脑，在保证数据安全的同时，能够与桌面端综合监管平台实现数据同步、审批同步，从而进一步提高了工作效率。

（郑立勇）

【地质灾害预警预报系统应用】年内，怀柔国土分局下属国土所均配置了两台移动监管平台设备，安装有“地质灾害预警预报系统”。该系统增加了地质灾害防治巡查工作记录表、地灾速报表等表单。临汛期间，市国土局通过该系统发布巡查任务，工作人员接到任务后，到现场核实情况并拍照上传反馈。如通过巡查发现有不在地质灾害隐患点范围内的地质灾害隐患，可通过该系统进行速报。

（郑立勇）

【完成不动产登记中心政务内网接入】年内，怀柔国土分局不动产登记事务中心成立，办公地址设在区综合行政服务大厅。怀柔国土分局积极与市国土局信息中心沟通协调，及时完成了网络扩容与配置等基础工作，保障了怀柔国土分局不动产登记事务中心的正常办公。

（郑立勇）

【完善“96156”社区服务平台】年内，怀柔区社区服务中心信息化主要从四个方面完善“96156”社区服务平台工作：一是制定下发《怀柔区社区服务平台考评方案（试行）》，对两个街道，8个镇乡的34个社区从网站系统、社区志愿服务网站系统、社区管理系统等八个方面的内容进行了考核。二是开设“96156”社区大课堂，在开展健康、生活等方面课程的同时，联合社救科，组织专家学者开设了社区防灾减灾宣传大课堂，进一步做好防灾减灾知识宣传工作。三是配合市社区服务中心，进行首都社区志愿服务网改版工作，进一步规范网站系统的使用，优化各板块内容。四是根据各社区工作情况，组织相关人员开展社区管理信息系统、首都社区志愿服务网培训，进一步规范系统使用制度，更好地利用系统推进相关工作。

（郑立勇）

【信息化助推公民自我教育与培训】年内，怀柔区农业科技网络书屋项目建成情况：建成怀柔区农业局、14个镇乡农业发展办公室、284个行政村的专属网络书屋共计325个，并于年内与同方知网达成协议开放部分博士论文访问权限，在方便农民24小时自主学习农业知识和信息的同时，满足种养殖大户日益增长的知识渴求，将最新最前沿的农业科学研究技术通过互联网直接输送到个人端。利用中国移动短信平台进行农业科技知识普及。平台主要针对全区的种养殖户、农技员、防疫员发送种养殖小知识、安全生产常识、灾情天气预警、会议通知等各类信息。每年平均发送信息6000条，成为农技人员短而精的培训快餐。

（郑立勇）

【开展文化共建共享工程资源服务】年内，怀柔区图书馆年内更新计算机130台，提高业务工作效率，读者借阅上网更为便捷。同时向农村调拨计算机130台，用于新建8个农村公共电子阅览室，并于6月底投入使用，在一定程度上缓解了农村信息薄弱的情况。怀柔区建成农村公共电子阅览室11个、数字文化社区11个，均已正常开放接待村民，这项工作从建设数量和管理使用情况上看，怀柔区已经走在了远郊区县图书馆的前列。望怀社区数字文化社区根据系统统计数据和实地暗访，被北京市文化局和北京市分中心确定为全市27家奖励对象之一。区图书馆在原有数字资源的基础上，对云图有声数字图书馆、领航教育卡通动画资源库、国学宝典等数字资源进行补充，新增数字资源 0.455TB。在 1~4 层电梯旁及主要业务部门门口购置安装信息发布系统，及时发布新书信息、播放视频资料等。

（郑立勇）

【信息化建设助力影视业发展】年内，怀柔区中影基地和星美今晟影视城构成了影视示范区的核心资源。中影基地拥有技术人员和专业研发人员 300 余人，设备、技术媲美好莱坞，制作数量不断增加，年末累计达 245 部。以中影股份为代表的中影体系 22 家企业落户影视示范区，涵盖了后期制作、制片、营销策划、发行、演员经纪等产业环节，中影后期制作公司建设的国内首个支持虚拟现实合成拍摄的特效摄影棚投入使用；中影数字巨幕公司研发生产的电影巨幕系统填补了国内的技术空白，市场占有率快速增加；中影环球（北京）科技公司正在研发电影院线全国控制运营中心。以外景拍摄为主的星美今晟影视城年接待剧组数量逐年递增，年末累计达 78 部，拍摄作品 900 余部，现正向集拍摄、制作、培训、旅游、新媒体为一体的多元化方向发展。怀柔区文促中心拥有“影都官网”以及“微信公众号”。

（郑立勇）

【启动“十三五”时期信息化发展规划编制工作】年内，区经济信息化委先后经过了前期调研、中期征求意见、后期修改完善等阶段，已完成《怀柔区“十三五”时期信息化发展规划》初稿的编制工作。

（郑立勇）

密云区

【概述】年内，密云区经济信息化委坚持以科学发展为主题，以加快转变经济发展方式为主线，统筹规划、重点突出，以信息化带动工业化，以工业化促进信息化，稳步推进信息化建设。

（印明星）

【落实“智慧密云”行动计划】年内，依据《“智慧密云”行动计划（2014—2018 年）》研究制定了《2015 年“智慧密云”重点工作任务》，由县政府办公室以密政办字〔2015〕14 号文件印发全县。

（印明星）

【开展“十三五”规划编制工作】年内，通过问卷调查、座谈、实地走访等形式进行全面信息化调研，共发放调查问卷 74 份，与 24 家单位分批次进行座谈，实地走访县卫计委、教委、旅游委等 11 家重点单位，完成《密云县“十三五”时期智慧密云发展规划（征求意见稿）》。

（印明星）

【做好网络与信息安全工作】年内，开展多项安全检查工作：一是开展全县基础信息网络与重要信息系统安全检查工作；二是制发《关于印发〈密云县政府门户网站栏目分工〉的通知》（密信办发〔2015〕1 号），进一步明确相关单位对政府门户网站内容的更新职责。

（印明星）

【推进基础设施建设】年内，继续加大协调力度，引导电信运营商加大投入，加快推进信息化基础设施建设。新建4G基站312个，其中270个采取了集约化建设，新增4G用户数10.22万户；光纤改造6万户，实现光纤网络全覆盖；新增高清交互数字电视用户7.9万户；通过政府购买服务方式，在滨河公园和综合行政服务大厅建设28个AP站点，实现了WLAN覆盖。

（印明星）

【探索“互联网+”发展】年内，赴百度公司、乐视网等互联网企业进行参观学习，对密农人家、密云360网站、春播科技等县内信息服务产业进行实地走访，积极为密云360网站争取扶持资金。邀请赛迪智库专家，围绕“互联网+”的基本内涵、如何正确理解和推进“互联网+”行动、如何推动传统产业融合创新和转型升级等方面的内容对全县委办局、镇街、国资监管企业等科级以上人员进行培训。

（印明星）

【组织开展业务培训】年内，为进一步加强电子政务专网网络安全，提升运维管理水平，组织召开培训会，邀请专家对全县各委办局、镇街的100余名信息化管理员就电子政务网络、网络和信息资源管理及相关业务知识进行业务培训。

（印明星）

【完成政府序列外机关软件正版化工作】年内，按照北京市使用正版软件工作联席会议的统一部署，制定了《密云县2015年全县国家机关软件正版化工作方案》，完成正版软件调查摸底工作，对纳入清查范围的93家单位的9591台计算机开展软件正版化检查整改。县财政投入资金170.4万元，购买金山WPS office 2013专业版场地授权，通过市使用正版软件工作联席会议办公室的现场检查验收，全县机关单位办公软件规范性、安全性得到有效提升。

（印明星）

【无线电管理工作有序开展】年内，与中国移动密云分公司联合在鼓楼南大街商业区开展无线电管理宣传咨询日活动。整个活动共设置展板8块、咨询台4个，发放无线电管理知识宣传册1000余份、宣传品3000余份，并联合县内具有较大影响力的民办网站“密云360”进行了宣传报道，宣传了《中华人民共和国无线电管理条例》及严厉打击伪基站、“黑广播”各类非法电台相关知识，宣传效果有效提升。

（印明星）

延庆区

【概述】年内，延庆区完成《延庆区“十二五”时期信息化发展规划（2011—2015年）》评估报告，对全区过去5年的信息化建设进行了评估。“智慧延庆”建设稳步推进，综合通信基础设施建设取得较好进展，智慧城市运行管理平台建设得到进一步完善，城市管理精细化、智能化水平不断提升，行业信息化应用更广泛，产业跨界融合不断深入。北京延庆门户网站群建设和管理得到进一步加强。政务网络和应用系统运维及安全保障工作开展顺利。

（丁建军）

【开展无线电宣传工作】 10月16日，由区经济信息化委和中国铁塔北京延庆分公司共同主办的无线电管理集中户外宣传活动在延庆区妫川广场举行。本次活动采用分批讲解、现场咨询、发放宣传材料、张贴海报、悬挂宣传条幅、设置宣传展板等方式向市民广泛宣传无线电管理法规、移动通信基站辐射等相关知识。现场还针对广大市民担心移动通信基站辐射等问题，详细讲解了“基站信号越强、手机辐射越小”的基站工作原理。活动日共发放宣传册2000册、宣传品3000份，现场咨询2000余人次，收到良好的宣传效果，为共同支持区域基站建设创造了良好的舆论氛围。

（丁建军）

【完成《延庆区“十二五”时期信息化发展规划（2011—2015年）》评估报告】 年内，向信息化应用重点政府部门、园区管委会、传统企业、绿色大事相关部门以及延庆区移动、联通、电信、歌华有线、铁塔等运营商收集评估报告的基础信息，通过整理编制了6类共10种针对不同部门的调查问卷，向相关部门下发，共计收回各重点部门、运营商、开发区等反馈问卷50多份，并对7个重点部门进行了实地调研。为了确保调研工作的信息畅通，除了咨询电话外，还专门开设了“延庆信息化调研”微信讨论群，随时解答各单位提出的相关问题。在汇总各类资料的基础上，完成《延庆区“十二五”时期信息化发展规划（2011—2015年）》评估报告，为本区“十三五”期间的信息化发展规划提供重要的参考。

（丁建军）

【综合通信基础设施建设取得较好进展】 年内，联通、铁通分公司共完成光改7.46万户，完成光改进度98.41%。光改工作的开展提升了“智慧延庆”的基础网络承载能力，节能减排，消除原有电缆设备和交换设备带来的安全隐患。通过撤除和更换冗余缆线及交接箱设备让城镇、乡村更加整齐美观。铁塔延庆分公司新建物理基站93个，全年完成任务100%。2G、3G基站升级改造工作有序开展，完成4G基站建设289个，区域4G基站累计建设达到639个，4G网络城区覆盖率达到100%。

（丁建军）

【智慧城市运行管理平台建设进一步完善】 年内，图像共享交换子平台新对接了悦安居、格兰山水两个小区共232路，以及松山和世葡园两个旅游景区共179路监控系统。年内共维修图像监控系统710余次。统一开通30个社区居委会和15个乡镇的图像共享交换平台，为13个派出所开通“流管信息网”。圆满完成首都环境考核任务，推进了延庆区网格化系统与市政网格化市级系统的对接工作，城市管理精细化、智能化水平不断提升。

（丁建军）

【行业信息化应用更广泛】 年内，信息技术在教育、医疗、社保等多个部门得到广泛应用。教育系统全面开通“校校通”“班班通”“人人通”专网，建成管理和资源公共服务平台，并在全区近30所学校推广使用。医疗卫生系统正利用卫生专网和医院信息管理系统（HIS）为居民建立健康档案和电子病历。社保部门依托北京社保卡服务网点系统推出了医疗、养老、工商、生育、失业等信息的记录卡，全区居民养老保险检测数据库入库率达100%；财政系统通过建设“金财”网实现了全区范围的工资统发；文化领域信息资源共享工程全面完工，基层服务点覆盖率100%，331个行政村建起了多功能数字影厅和图书馆，极大地丰富了人民群众的文化生活；公安系统的“金盾工程”建设发展迅速，公安网络覆盖全区，“警务信息综合平台”“警用地理信息平台”“情报信息研判平台”三大平台，成为支撑打击违法犯罪活动的重要手段。

（丁建军）

【产业跨界融合不断深入】年内，农业信息技术应用取得新突破。北京北菜园农产品产销专业合作社、北京绿富隆农业股份有限公司、益农乐游电子商务有限公司等开展“农宅对接”社区智能柜冷链物流配送体系等建设项目，用“产品‘绿色履历’+通信技术+智能化技术+冷链物流配送”的现代服务体系，真正实现蔬菜从地头到餐桌的全程质量安全保障。信息化的支撑作用得到有效发挥。近400家中小企业开通企业宽带接入。中材科技、金果园老农等一批骨干企业采用信息技术对传统工艺流程、生产和经营模式进行改造，降低了成本，提高了效率，增强了企业的综合竞争力。智慧旅游建设不断加快。积极推进智慧景区、智慧饭店、智慧旅行社、智慧民俗村4个业态的智慧旅游试点建设，游客流量的智能监测与预警、旅游数据的动态感知、网络空间的虚拟旅游、旅游产品的在线预订等十六大智慧化功能正在逐步实现。

（丁建军）

【加强北京延庆门户网站群建设和管理】年内，延庆区加强网站群系统管理，确保网站群系统安全、稳定运行，并做好网站内容管理工作。全年共处理首都之窗53份网站工单，发布区热点栏目信息40条、公示公告类信息80余条、咨询与建议工作单190多份，督促相关单位进行处理，完成率达90%以上；供求信息共审核3800多条，切实提高了网站服务公众的能力。同时落实完成中央和北京市政府网站建设相关工作。

（丁建军）

【政务网及应用系统稳定运行】年内，不断完善日常运维工作，完成了覆盖全区150个行政事业单位、18个乡镇街道、376个行政村、30个社区的政务外网运行维护。同时保障了北京延庆网站群、内网办公系统、延庆区智能城市运行管理平台（图像共享交换平台、网格化社会服务管理系统、地理信息系统）等重要系统日常可靠运行。为全区各个部门提供稳定可靠的技术保障。

（丁建军）

【完成重点时期政务网络与信息系统应急保障】年内，加强重点时期应急保障工作，保障了元旦、春节、清明、“五一”、端午、中秋、国庆等节假日及“两会”、世界马铃薯大会、“9·3”阅兵等重点时期的政务网络与信息安全。确保了130路重点部位及44个小区共1066余路监控系统正常运行，确保图像共享交换平台各部门共2610余路图像监控信息稳定传输与共享，为需求部门的应急值守、指挥工作提供可靠保障。

（丁建军）

【投资项目在线审批监管平台贯通工作完成】年内，按照市里统一要求，做好网络通达、技术对接支持服务工作，全力配合各相关单位，于10月底前完成了横向贯通，11月底前完成了与“平台”调通，投资项目在线审批监管平台已正式上线运行，并实现与国家、北京市平台纵向贯通。

（丁建军）

北京市信息化工作领导体系

北京市信息化工作领导小组

主　任

杨学山　工业和信息化部党组成员、副部长

副主任

周宏仁　国家信息化专家咨询委员会常务副主任
俞慈声　市经济信息化委原副主任、宏观规划与电子政务专委会主任
侯云春　国务院发展研究中心副主任、两化融合与信息化推进专委会主任
王安耕　中信集团公司原总工程师、信息技术与新兴产业专委会主任
邬贺铨　中国工程院副院长，中国工程院院士、网络与信息安全专委会主任
方滨兴　北京邮电大学校长，中国工程院院士

委　员（按姓氏笔画排序）

王效杰　国家广播电影电视总局科技司司长
田　静　中国科学院高技术研究与发展局局长
石跃军　国家工商行政管理总局信息中心总工
刘纪平　中国测绘科学研究院副院长
刘铁民　中国安全生产科学研究院院长
吕卫锋　北京航空航天大学软件学院副院长
孙家广　清华大学信息科学技术学院院长兼软件学院院长，中国工程院院士
曲成义　中国航天工程咨询中心科技委员会原常务副主任
毕马宁　公安部信息安全等级保护评估中心副主任
吴世忠　中国信息安全测评中心主任
吴铸成　国家应用软件产品质量监督检验中心副主任
张　骥　东方正通科技有限公司董事长
李京春　国家信息技术安全研究中心高工
李俊峰　国家发展改革委能源研究所副所长
李德毅　总参谋部第六十一研究所研究员，中国工程院院士
杜跃进　国家网络信息安全技术研究所所长
汪玉凯　国家行政学院教授

陈　静　中国人民银行科技司原司长
陈全生　国务院参事室参事
单志广　国家信息中心信息化研究部首席工程师
周汉华　中国社科院法学所研究员
周成虎　中国科学院地理科学与资源研究所副所长
郑新立　中共中央政策研究室原副主任
侯欣逸　中国电子科技集团第十五研究所咨询审议委员会副主任
姜奇平　中国社会科学院信息化研究中心秘书长
贺志强　联想集团高级副总裁
赵国俊　中国人民大学信息资源管理学院院长
饶克勤　中华医学会党委书记
郭世泽　总参第五十四研究所副总工程师
高新民　中国互联网协会常务副会长
曹淑敏　工业和信息化部电信研究院院长
梁春晓　阿里巴巴集团副总裁
梅　松　市委宣传部副部长
程　旭　北京大学校长助理
董　扬　中国汽车工业协会常务副会长兼秘书长
詹榜华　北京市数字认证中心总经理
谭铁牛　中国科学院副秘书长
薛万国　解放军总医院医学信息情报所副所长

区信息化工作领导体系

2015 年东城区信息化工作领导体系

东城区信息化领导小组作为框架的顶层机构。

东城区网络与信息安全协调小组、东城区互联网宣传管理工作领导小组和东城区党委系统信息化工作协调小组，作为三个专业分支机构。

东城区信息化工作办公室，作为区信息化工作领导小组的日常办公机构。

东城区信息化专家咨询委员会，作为区信息化工作领导小组的决策咨询机构。

东城区信息化协会，作为促进区数字内容产业、文化创意信息化领域和信息产业发展的组织机构。

2015 年西城区信息化工作领导体系

西城区科技和信息化委员会

党组书记 刘化杰

主　　任 杨　秋

副 主 任 向功英、刘晓鸥

纪检组长 秦迎花

调 研 员 宋国立

副调研员 蔺海波

西城区信息建设中心

副 主 任 刘　岩　谢凯强

2015年朝阳区信息化工作领导体系

朝阳区信息化与信息服务业发展领导小组

组　长	王　灏	区长
副组长	甘靖中	常务副区长
	张维刚	副区长
成　员	杨建海	区政府办主任
	丰春秋	区委宣传部副部长
	赵海东	区商务委主任
	师　伟	区卫生计生委主任
	张克斌	区农委主任
	刘丽平	监察局局长
	王　臻	区信息办主任
	牟燕东	区人力社保局局长
	邵建云	区统计局局长
	金宏图	区保密局局长
	王雪梅	市规划委朝阳分局局长
	王炯东	区国税局局长
	李国红	商务中心区管委会常务副主任
	田巨清	奥林匹克公园管委会副主任
	张树宝	金盏金融服务园区管委会主任
	朱　晟	区发展改革委主任
	肖　汶	区教委主任
	冯守华	区科委主任
	赵年生	区社会办主任
	赵　捷	区金融办主任
	欧晓勋	区财政局局长
	田　峡	区审计局局长
	马英晖	区投资促进局局长
	王华鑫	工商朝阳分局局长
	张　翅	区地税局局长
	苏向东	电子城科技园管委会常务副主任
	丰春秋	北京朝阳国家文化产业创新实验区管委会主任
	张　维	望京综开公司总经理

朝阳区信息化工作办公室

主　任　王　臻

书　记　苏建华

副主任　李容珍

朝阳区信息网络中心

主　任　黄晓辉

副主任　李　京

副主任　赵莉莉

2015 年海淀区信息化工作领导体系

海淀区经济信息化办公室

主　　任　何建吾

副 主 任　梁晓红（挂职）

信息中心主任　李忠志

2015年丰台区信息化工作领导体系

丰台区信息化工作领导小组

组　长　冀　岩　区委副书记　区长

副组长　狄　涛　区委常委、宣传部部长、副区长

张　婕　副区长

成　员　连　宇　区政府办主任

张　洋　区教委主任

吴神赋　区经济信息化委主任

张　莉　区民政局局长

李　屹　区财政局局长

隆　重　区环保局局长

李春滨　区市政市容委主任

刘权来　区水务局局长

王　虹　区文委主任

段德珍　区审计局局长

王玉昌　区国资委主任

薛　红　区体育局局长

张小龙　区园林绿化局局长

刘　涛　区民防局局长

马士有　区民宗侨办主任

张　悦　区政府法制办主任

孙永文　园区管委会副主任

姜东升　区城管执法监察局局长

孟晓威　区公安分局政委

金志雄　区地方税务局局长

杨　浚　区规划分局局长

田宝林　区质监局局长

尚保华　区保密局主任

何岳飞　区广电中心主任

刘怀生　区发展改革委主任

朱京宁　区科委主任

胡春溪　区监察局局长
郗俊生　区司法局局长
冯晓光　区人力社保局局长
刘　郦　区住建委主任
吴建英　区农委主任
郭晓一　区商务委主任
张　杨　区卫计委主任
王珮琦　区社会办主任
董铁铮　区安监局局长
韩　伟　区统计局局长
于临溏　区旅游委主任
张尚玉　区金融办主任
梁彦梅　区政府外办主任
尚振国　区信访办主任
马福江　区丽泽办主任
穆志军　区城指中心常务副主任
余巨川　区工商分局局长
李文忠　区国土分局局长
谷　卫　区档案局局长

丰台区经济和信息化委员会

主　任　吴神赋
副主任　李洪海

丰台区政府信息中心

副主任　王雪骄

2015年石景山区信息化工作领导体系

智慧石景山建设领导小组

组　　长　夏林茂　区长

副 组 长　司马红　副区长

成员单位

区经济信息化委、区应急办、区发展改革委、区国资委、区科委（园区）、区教委、区住建委、区市政市容委、区交通委、区人口计生委、区社工委、区商务委、区旅游委、区统计局、区卫生局、区公安分局、区国土分局、区人力社保局、区园林局、区民政局、区投促局、区监察局、区财政局、区环保局、区保密局、区广电中心、区公园管理中心、各街道、鲁谷社区

2015 年门头沟区信息化工作领导体系

门头沟区信息化工作领导小组

组　长　陈国才　区委常委、常务副区长
副组长　李国庆　区经济信息化委主任
成　员　周福全　区委办公室常务副主任
宋　哲　区政府办副主任
笪　艳　区委宣传部副调研员
秦　皓　区委政法委副书记、国安办主任
李　健　区委政法委常委、防范和处理邪教问题领导小组办公室主任
杨晓宁　区发展改革委副主任
李东梅　区教委副主任
张水宁　区经济信息化委副主任
严锡贵　区科委副主任
刘书会　区农委纪检书记
全　锋　区国资委副主任、调研员
王　辉　区商务委调研员
宋桂荣　区住房城乡建设委副调研员
艾迎杰　区市政市容委副主任
王　祎　区社会办副主任
吕成明　区规划分局副调研员
严晓卫　区工商分局副局长
李振波　区公安分局副局长
孙　强　区国家保密局副局长
苗建军　区财政局局长
刑世悦　区审计局副局长
苗小明　区统计局副局长
杨立新　区卫生计生委副主任
侯敬志　区人力社保局副局长
王元真　区投促局副局长
王　彤　区交通局调研员
闫　明　区质量技术监督局副局长

王幸国　区广电中心副主任
王艽军　歌华有线门头沟分公司副总经理
顾春敬　北京联通门头沟分公司副总经理
王小霞　北京移动城区三分公司副总经理
孟　永　北京电信门头沟电信局局长

2015 年房山区信息化工作领导体系

房山区信息化工作领导小组

组　长　陈　清　区委常委、副书记

副组长　赵　军　区委常委、区政府副区长

王永年　区政府办公室主任

于吉顺　区经济信息化委主任

成　员　（由下列单位的行政正职组成）

区委办、区政府办、区发展改革委、区教委、区经济信息化委、区住建委、区市政市容委、区国资委、区科委、区文委、区旅游委、区农委、区人口计生委、区商务委、区社工委、区法制办、区财政局、区档案局、区人力社保局、区民政局、区水务局、区园林绿化局、区安监局、区卫生局、区统计局、区环保局、区交通局、区投资促进局、区国税局、区地税局、房山工商分局、房山规划分局、房山国土分局、房山公安分局、区保密局、区质监局、区信息中心、区广电中心、联通房山分公司、移动房山分公司、歌华房山分公司、电信房山分公司

领导小组下设办公室，办公地点设在区经济信息化委，负责领导小组日常工作

办公室主任由区经济信息化委副主任、区信息中心主任邱刚兼任

2015 年通州区信息化工作领导体系

通州区信息化工作领导小组

总 顾 问 王云峰 区委书记

组　　长 岳　鹏 区委副书记、区长

副 组 长 李玉君 区委副书记、政法委书记

赵玉影 区委常委、统战部部长

于世疆 区委常委、副区长

崔志成 区委常委、常务副区长

王杰群 区委常委、宣传部部长

洪　波 副区长

尚祖国 区委办公室主任

王岩石 区政府办公室主任

陈国庆 区经济信息化委主任

甄　鹏 区委组织部常务副部长

王立生 区委宣传部常务副部长

王振成 区委统战部常务副部长

孟繁虎 区纪委副书记、区监察局局长

路长程 区委保密办主任、区国家保密局局长

陈　宇 区编办主任

刘贵明 区发展改革委主任

张绍武 区教委主任

田春华 区科委主任

苏亚文 区民政局局长

李永峰 区司法局局长

张春良 区财政局局长

杨连元 区人力社保局局长

刘立新 区环保局局长

贾君刚 区住房城乡建设委主任

薄立军 区市政市容委主任

姜富龙 区交通局局长

刘雪峰 区农委主任

张冠启　区水务局局长
陈国增　区商务委主任
杜德久　区文化委主任
白玉光　区卫生局局长
刘美俊　区人口计生委主任
盛亚荣　区审计局局长
张玉震　区社会办主任
董维毅　区国资委主任
曹树常　区安监局局长
何志强　区体育局局长
潘月东　区统计局局长
刘庆生　区农业局局长
刘　卉　区园林绿化局局长
李金玺　区旅游委主任
张玉和　区民防局局长
刘青松　区法制办主任
程卫民　区信访办主任
孙士祥　市公安局通州分局局长
赵　斌　市工商局通州分局局长
杨　唯　市规划委通州分局局长
靳　京　市国土局通州分局局长
曲　峰　市交通委路政局通州公路分局局长
纪　晔　市药监局通州分局局长
杨希迁　区质监局局长
朱兴有　区地税局局长
刘祝轩　区国税局局长
聂玉泉　区政府园区管委会常务副主任
朱志高　区新城中心区建管委主任
张全启　区行政服务中心主任
王志刚　区广电中心主任
阳　波　团区委书记
冯利英　区妇联主席
杜　伟　区科协主席

陈宏毅　区残联理事长
安志江　区红十字会常务副会长
高德澍　区档案局局长
魏　欣　区委督查室主任
王　强　区政府督查室主任
邢志超　联通通州分公司总经理
赵　磊　移动通州分公司总经理
刘存明　歌华通州分公司总经理
李　轶　电信通州分公司总经理
张弘力　中仓街道办事处主任
滕永新　新华街道办事处主任
华　飞　北苑街道办事处主任
曹东波　玉桥街道办事处主任
邓忠义　永顺镇镇长
于立东　梨园镇镇长
柳德利　宋庄镇镇长
雷晓宁　潞城镇镇长
孙　伟　西集镇镇长
孝　军　漷县镇镇长
杨　利　张家湾镇镇长
倪德才　台湖镇镇长
王德松　马驹桥镇镇长
刘德昉　永乐店镇镇长
何海龙　于家务乡乡长

通州区信息化工作领导小组下设办公室，办公室设在区信息中心，负责各项日常工作。

主　　任　陈国庆（兼）
常务副主任　侯康超　区经济信息化委副主任、区信息中心主任
副 主 任　程行利　区监察局副局长
王　强　区政府督查室主任
谢振平　区编办副主任

2015 年顺义区信息化工作领导体系

顺义区信息化工作领导小组

组　　长　高　朋　区委副书记、区长

副 组 长　于庆丰　区委常委、区政府常务副区长

成　　员　区政府办公室主任、区政务信息化办公室主任
区发展改革委主任
区市政市容委主任
区住房城乡建设委主任
区经济信息化委主任
区农委主任
区科委主任
区教委主任
区商务委主任
区财政局局长
区人力社保局局长
区档案局局长
市规划委顺义分局局长
区政府办公室副主任、区政务信息化办公室副主任、区信息中心主任
歌华有线顺义分公司总经理
北京联通顺义分公司总经理
北京移动顺义分公司总经理
北京电信顺义分公司总经理

领导小组下设办公室，办公地点设在区经济信息化委，办公室主任由区经济信息化委主任兼任。

2015 年大兴区信息化工作领导体系

大兴区信息化工作领导小组

组　长　谈绪祥　区委副书记、区长，开发区工委副书记

副组长　邵　恒　区委常委，常务副区长

　　　　　谢冠超　副区长

成　员

区委办主任、区政府办主任、区委组织部副部长、区委宣传部常务副部长、区发展改革委主任、区经济信息化委主任、区农委主任、区住建委主任、区商务委主任、区国资委主任、区市政市容委主任、区文化委主任、区教委主任、区科委主任、区旅游委主任、区社会办主任、区财政局局长、区监察局局长、区审计局局长、区国税局局长、区地税局局长、区人力社保局局长、区环保局局长、区卫生局局长、区安监局局长、区质监局局长、区统计局局长、区档案局局长、区保密局局长、区国土分局局长、区规划分局局长、区工商分局局长、区公路分局局长、区公安分局副局长、区广电中心主任、歌华大兴分公司总经理、联通大兴分公司总经理、移动大兴分公司总经理、电信大兴分公司总经理

区信息化工作领导小组办公室设在区经济信息化委，办公室主任由区经济信息化委主任刘士忠兼任。

2015年昌平区信息化工作领导体系

昌平区信息化工作领导小组

组　长　张燕友　区长

副组长　周云帆　区委常委、区政府常务副区长

　　　　张　勇　区委办公室主任

　　　　苏贵光　区政府副区长

成　员　白向军　区政府办主任

　　　　唐拥军　区委组织部常务副部长

　　　　孙士军　区委宣传部常务副部长

　　　　张　华　区编办主任

　　　　刘向东　区社会办主任

　　　　裴卫东　区监察局局长

　　　　宁　澈　区发展改革委主任

　　　　李成旺　区教委主任

　　　　董锦华　区农委主任

　　　　金东彪　区住房城乡建设委主任

　　　　郭玉清　区市政市容委主任

　　　　王志刚　区经济信息化委主任

　　　　陈隽磊　区国资委主任

　　　　李万佰　区科委主任

　　　　云富勇　区商务委主任

　　　　刘全新　区文化委主任

　　　　赵海英　区人力社保局局长

　　　　贺　军　区财政局局长

　　　　石彩红　区人口计生委主任

　　　　汪少群　昌平国土分局局长

　　　　段　刚　昌平规划分局局长

　　　　李春玲　区统计局局长

　　　　郭自成　区审计局局长

　　　　郑东霞　区国税局局长

　　　　于欣杰　区地税局局长

赵学功　昌平工商分局局长
王建军　区质量技术监督局局长
牟少华　区环保局局长
沈树祥　区园林绿化局局长
洪起国　区水务局局长
杨洪达　区民政局局长
张　昊　昌平公安分局局长
兰剑波　区安全监管局局长
杨冬泉　区卫生局局长
袁丽民　区旅游委主任
周　玲　区投促局局长
赵丽君　区档案局局长
刘晓梅　区广播电视中心主任
张　雯　区人民法院院长
邹开红　区人民检察院检察长
沈志强　昌平公路分局局长
张国平　昌平交通支队队长
徐德清　区经管站站长
桑先军　区综合行政服务中心主任
苏贵光　中关村科技园区昌平园管委会主任

昌平区经济和信息化委员会

主　任　王志刚
副主任　温海宁

2015 年平谷区信息化工作领导体系

平谷区信息化工作领导小组

组　长　李宝峰　区委常委、常务副区长

副组长　底志欣　副区长

成　员　崔东辉　区经济信息化委主任

张双全　区政府办主任

王　云　区信息中心书记

尉　新　区财政局局长

其他委办局主要领导

平谷区经济和信息化委员会

主　任　崔东辉

副主任　马冬梅

平谷区信息中心

书　记　王　云

副主任　李　云

2015年怀柔区信息化工作领导体系

怀柔区信息化工作领导小组

组　长　常　卫　区长

副组长　彭丽霞　区委常委、常务副区长

周东金　区委常委、区委办主任

王　彧　副区长

成　员　单景民　区政府办主任

堵凤春　区发展改革委主任

李连鑫　区教委主任

郭小卫　区科委主任

周怀明　区经济信息化委主任

田志兵　区农委主任

夏占利　区文委主任

邴秀海　区财政局局长

张同发　区统计局局长

果洪斌　区档案局（馆）长

马哲军　规划分局局长

刘大伟　公安分局副局长

刘　剑　区广播电视中心主任

领导小组办公室设在区经济信息化委，负责领导小组日常工作，周怀明兼任办公室主任。

2015 年密云区信息化工作领导体系

密云区信息化工作领导小组

组　长　郭　鹏　副区长
副组长　姜　博　区经济信息化委主任
成　员　郑晓君　区政府办主任
郝加瑞　区委宣传部常务副部长
王建民　区发展改革委主任
杨华利　区教委主任
郭进茂　区委农工委书记
雷亚军　区市政市容委主任
赵　宏　区科委主任、知识产权局局长
王建中　区住房城乡建设委主任
彭兴宝　区商务委主任
崔春花　区旅游委主任
张亚东　区财政局局长
王　宇　区人力社保局局长
齐立库　区国税局局长
赵增科　区地税局局长
孙全春　区国土分局局长
郭文军　区规划分局局长
赵志强　区质量技术监督局局长
许宝生　区民政局局长
曹玉冰　区工商分局局长
任向宏　区卫生局局长
柴树来　区交通局党组书记
王国良　区政府机关事务办主任
申　袖　区委办副主任、区保密局局长
丁　勇　区公安局副局长
马士强　区广电中心副主任
祁树国　区信息中心主任
雷雁翔　电信北京分公司密云电信局局长

郑德琪　联通密云分公司经理

未立明　移动密云分公司经理

白宝林　歌华密云分公司经理

领导小组下设办公室，办公地点设在区经济信息化委，办公室主任由姜博兼任，副主任由李静松担任。

2015 年延庆区信息化工作领导体系

延庆区信息化与信息服务业发展领导小组

组　长　李先忠　区长

副组长　甘靖中　常务副区长

张素枝　区委常委、区委宣传部部长、副区长

魏　怡　副区长

刘　兵　副区长

谢文征　副区长

武　岗　副区长

成　员　张留全　区政府办主任

石　森　区委宣传部常务副部长

郭永华　区发展改革委主任

马铁铃　区教委主任

史绍全　区科委主任

孙自广　区经济信息化委主任

赵海江　区财政局局长

袁绪忠　区旅游局局长

纪文选　世葡办主任

张勇军　区公安局副局长

王丽敏　区卫生局局长

鲁世宽　区市政市容委主任

李东升　区商务委主任

韩贵海　区社会办主任

程大庆　区农委主任

赵粤来　区人力社保局党委书记

张景军　区审计局局长

王卫东　区统计局局长

王连友　区保密局副局长

刘小光　区投资促进局局长

刘荣华　延庆规划分局局长

田素芬　延庆工商分局局长

郑东霞　延庆国税局局长
于欣杰　延庆地税局局长
姬书玉　区档案局局长
王文岳　延庆经济开发区管委会主任
刘宗贤　八达岭经济开发区管委会主任
王　江　东部山区农副产品加工基地管委会主任
各乡镇乡镇长、各街道办事处主任

办公室

主　任　孙自广　区经济信息化委主任
副主任　王金福　区经济信息化委副主任
景铁军　区经济信息化委副调研员

附录

2015年北京市软件及信息服务业发展统计数据

产业支柱地位显著

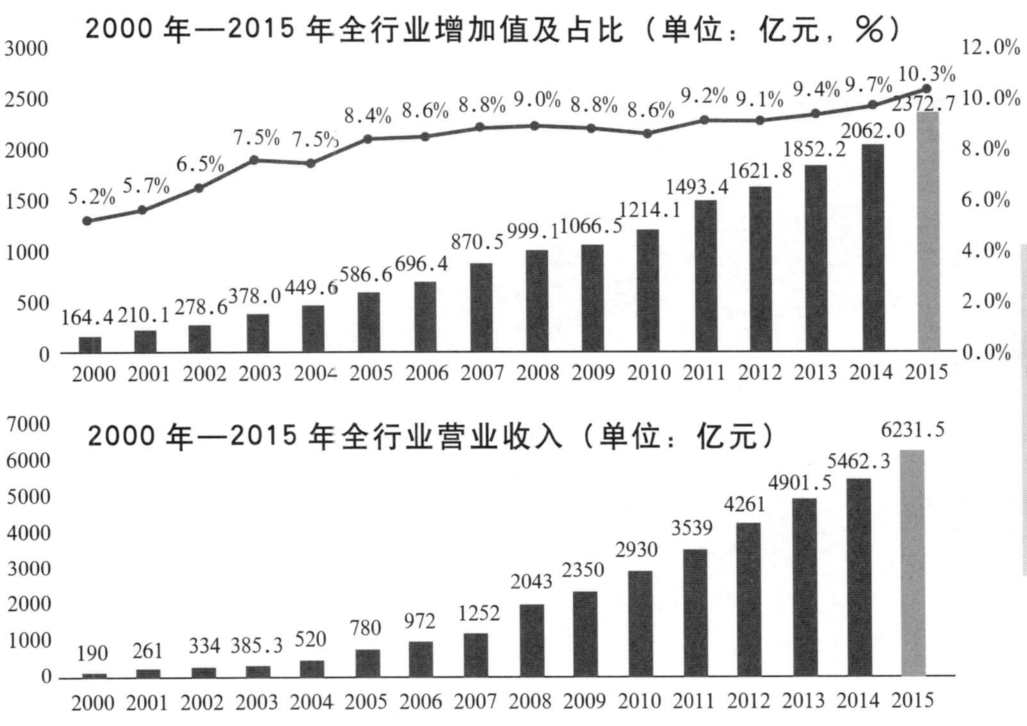

➤ 2015年，全行业实现增加值2372.7亿元，同比增长12.0%，占全市GDP比重为10.3%，较2014年提高0.6个百分点。

产业提质增效显著

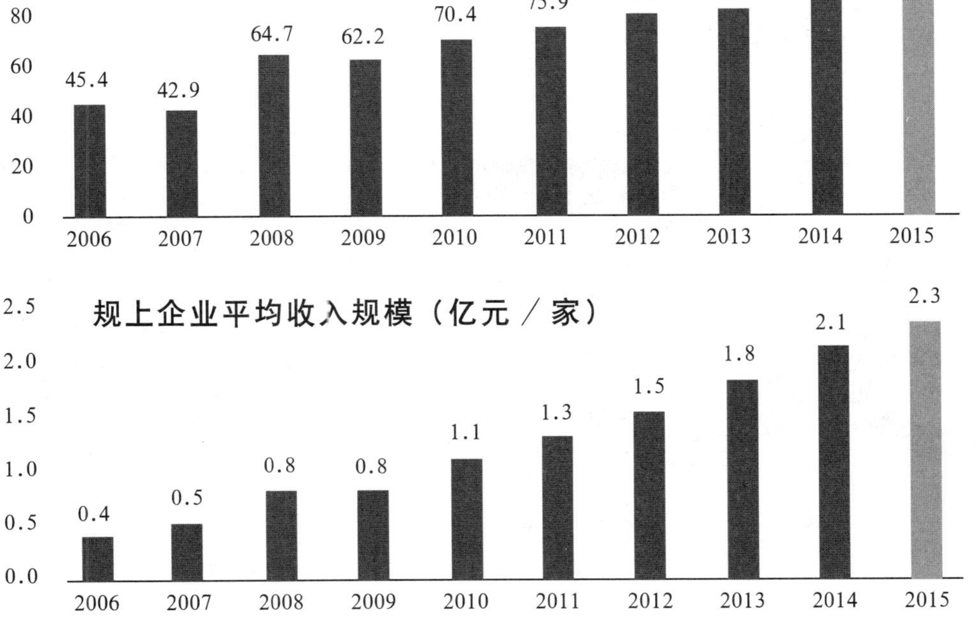

➤ 2015年，全行业人均营业收入93.0万元，同比增长7.02%。

➤ 2015年规上企业平均收入达到2.3亿元，同比增长9.52%。

产业布局差异化协同化发展

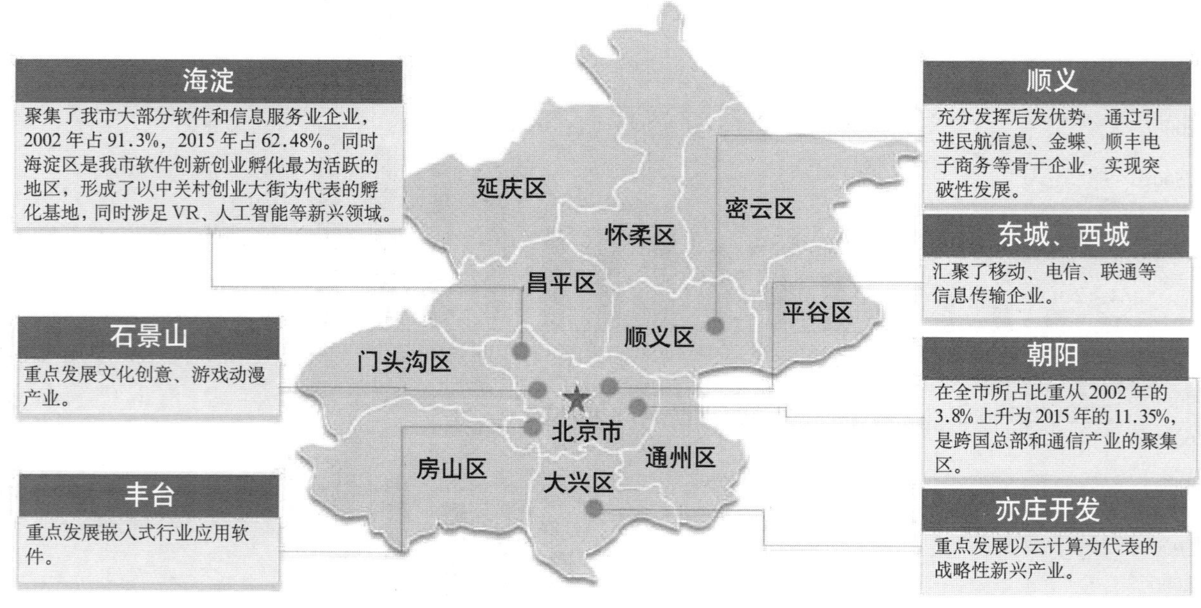

互联网企业在全国占领先地位

➤《福布斯》“2015 年中国移动互联网 30 强”中，北京百度、京东、奇虎 360、昆仑万维、美团等 21 家移动互联网企业入选；

➤ “2015 年中国互联网百强企业”名单中，阿里巴巴、腾讯和百度继续位列前三。北京百度、京东、奇虎 360、搜狐、新浪、搜房等 43 家互联网企业入选；

➤《福布斯》“2015 年中国互联网金融 50 强”中，北京宜信财富、人人贷、众筹网、融 360 等 20 家互联网金融企业入选；

➤ 中国“互联网 +”产业创新企业 100 强中，北京爱车会、春雨天下、百分点、每日优鲜等 54 家“互联网 +”创新企业入选。

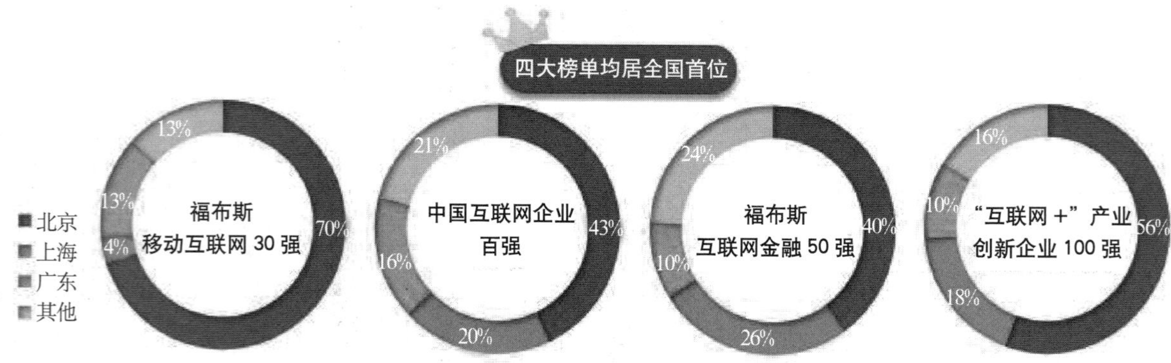

导航与位置服务产业推进实现新突破

- ▶ 2015 年北京导航与位置服务产业实现收入约 163 亿元，同比增长 22.2%；
- ▶ 现有合众思壮、四维图新、超图软件、数字政通、北斗星通、华力创通、中国卫星、千方科技、易华录、耐威科技共 10 家上市企业；
- ▶ 北斗应用示范项目推动北斗产业化规模应用，成为全国北斗应用最广泛、终端推广量最大的城市；
- ▶ 北斗导航与位置服务产业公共平台项目完成百万级用户能力建设。

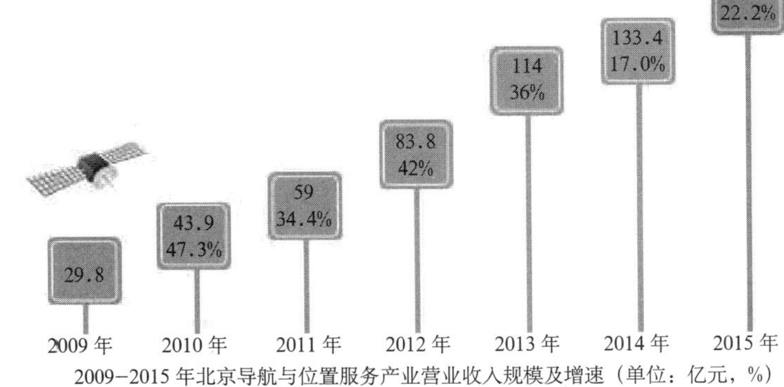

2009—2015 年北京导航与位置服务产业营业收入规模及增速（单位：亿元，%）

累计完成 4.4 万台北斗终端的安装应用，在环卫、应急预警、警用等多个领域开展应用示范，成为全国北斗应用最广泛、终端推广量最大的城市。

北斗导航与位置服务产业公共平台已建成公共运营中心，已有大众和行业用户共计 20 万。大众领域，“凯步关爱”推出 4 款新品，用户数约为 5 万。

和芯星通科技（北京）有限公司自主研发的北斗芯片首次入选国家科技进步奖，结束了我国卫星导航领域长期“无芯”的历史。

大数据应用加速

- ▶ 2015 年北京大数据产业规模约 704.5 亿元，同比增长 27.4%，在包括数据中心、大数据工具、平台和数据创新应用服务等关键环节，形成完整大数据产业链；
- ▶ 北京市已布局形成南北两大数据中心聚集区，南部亦庄经济技术开发区数据中心聚集侧重发展云计算产业，东北部酒仙桥电子城、永丰产业园区数据中心侧重开展第三方数据服务；
- ▶ 大数据平台规模不断扩大，在数据检索分析、挖掘处理、数据的可视化与智能应用等领域与国际水平保持同步。

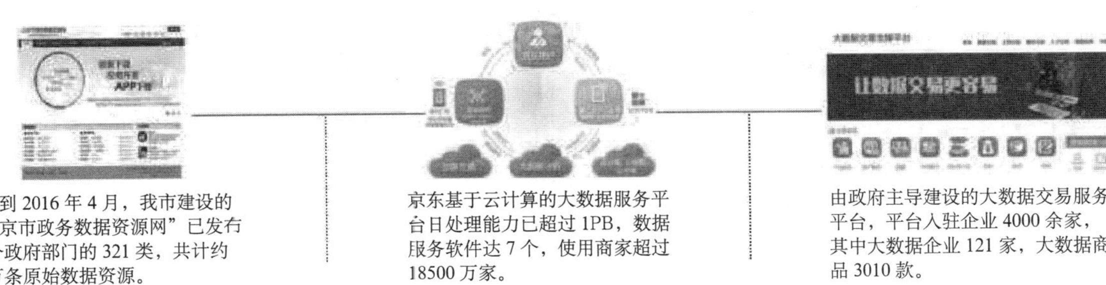

截止到 2016 年 4 月，我市建设的“北京市政务数据资源网”已发布 39 个政府部门的 321 类，共计约 42 万条原始数据资源。

京东基于云计算的大数据服务平台日处理能力已超过 1PB，数据服务软件达 7 个，使用商家超过 18500 万家。

由政府主导建设的大数据交易服务平台，平台入驻企业 4000 余家，其中大数据企业 121 家，大数据商品 3010 款。

信息安全高速发展，加快转型升级

- ➤ 2015 年北京信息安全产业实现营业收入 376.9 亿元，同比增长 24.7%；
- ➤ 北京市共有 9 家企业获得首批信息安全等级保护安全建设服务机构能力合格证书，在全国的占比为 75%；
- ➤ 启动信息安全产业园建设，推进可以转民用的军队军工先进技术的引入转化、产业化工作。

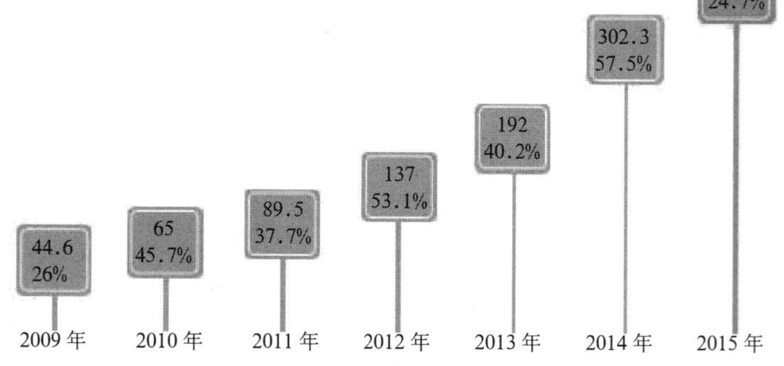

2009—2015 年北京信息安全产业营业收入规模及增速（单位：亿元，%）

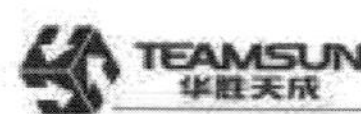

推进北京可信开放高端计算系统产业化（TOP）项目，已发布 17 款新云东方全系列 Power System 服务器，形成“自主可控、安全可信、高效可用”的“一站式”高端计算系统产品和解决方案。

收购安方高科 100% 股权、合众数据 49% 股权，落实电磁空间安全、数据安全新领域的业务布局，进一步丰富产品线。

成立企业安全集团，加大企业安全产品和服务的研发及投入力度，加速在网络安全技术、大数据和人才等方面优势向企业安全市场优势的转化。

完成对力控华康、金山安全、杭州邦盛金融三家公司的投资，布控工业控制安全领域。2015 年增发 12 亿元投向云安全领域。发布服务平台、解决方案等产品，加速云安全落地。

新一代互联网应用、电子商务是风险投资热点领域

- ➤ 新一代互联网应用、电子商务两个领域最为活跃，共发生 471 起，融资金额达到 115.1 亿美元，占总融资金额的 82.6%；
- ➤ 文化数字创意、智能硬件、智能健康、云计算服务领域融资案例也较多，是新的市场增长点。

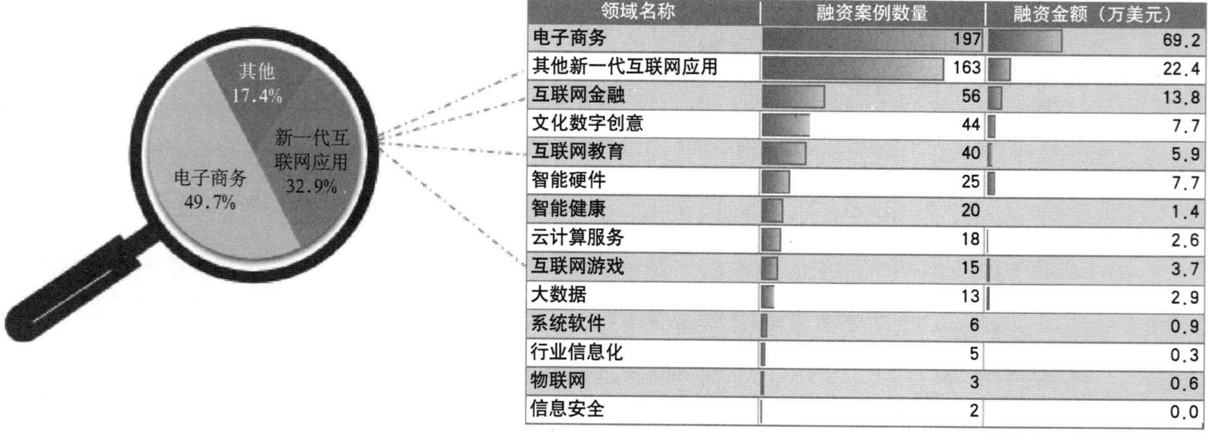

领域名称	融资案例数量	融资金额（万美元）
电子商务	197	69.2
其他新一代互联网应用	163	22.4
互联网金融	56	13.8
文化数字创意	44	7.7
互联网教育	40	5.9
智能硬件	25	7.7
智能健康	20	1.4
云计算服务	18	2.6
互联网游戏	15	3.7
大数据	13	2.9
系统软件	6	0.9
行业信息化	5	0.3
物联网	3	0.6
信息安全	2	0.0

初创企业的注册资本量快速攀升

➤ 2015 年新设企业的注册资本总量达到 576.03 亿元，户均注册资本 1518.3 万元，较 2014 年显著增加；且注册资本 5000 万元及以上的企业占比明显提高。

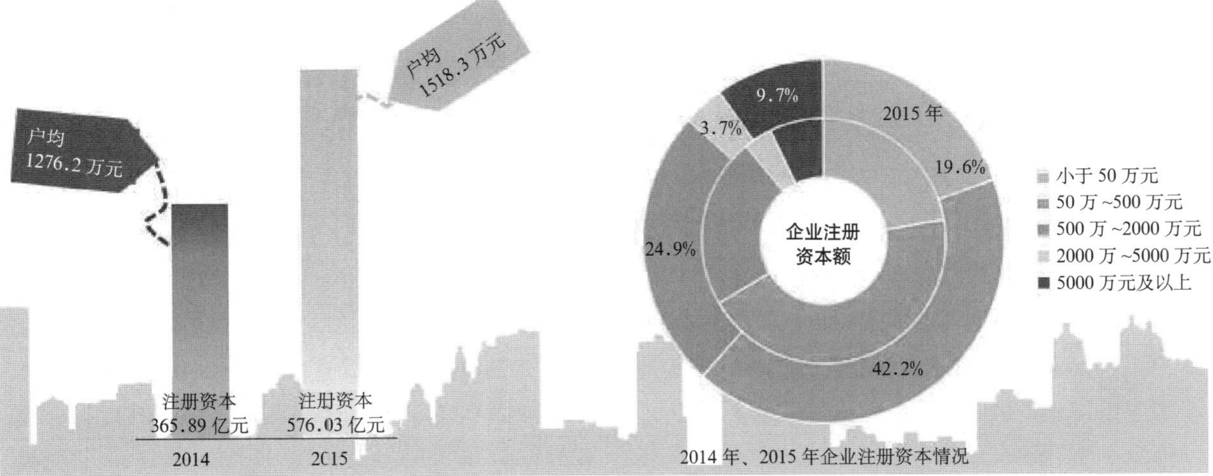

2014 年、2015 年企业注册资本情况

2015年北京市系统集成企业名单

序号	企业名称	资质证书编号	发证日期	证书有效期	资质等级
1	三峡高科信息技术有限责任公司	XZ3110020151717	2015.12.31	2019.12.30	三级
2	北京瑞晟成科技发展有限公司	XZ3110020151718	2015.12.31	2019.12.30	三级
3	同方工业有限公司	XZ3110020151719	2015.12.31	2019.12.30	三级
4	北京神舟航天软件技术有限公司	XZ3110020151720	2015.12.31	2019.12.30	三级
5	北京无限讯奇信息技术有限公司	XZ3110020151721	2015.12.31	2019.12.30	三级
6	北京亿海扬天科技有限公司	XZ3110020151722	2015.12.31	2019.12.30	三级
7	北京中强创业科技有限公司	XZ3110020151723	2015.12.31	2019.12.30	三级
8	北京扬帆伟业科技有限公司	XZ3110020151724	2015.12.31	2019.12.30	三级
9	北京中广通业信息科技有限公司	XZ3110020151725	2015.12.31	2019.12.30	三级
10	北京华泰电通科技有限公司	XZ3110020151726	2015.12.31	2019.12.30	三级
11	北京联创思源测控技术有限公司	XZ3110020151727	2015.12.31	2019.12.30	三级
12	北京同源恒信信息技术有限公司	XZ3110020151728	2015.12.31	2019.12.30	三级
13	中铁进出口公司	XZ3110020151729	2015.12.31	2019.12.30	三级
14	北京四宏伟业科技发展有限公司	XZ3110020151730	2015.12.31	2019.12.30	三级
15	北京三永华通科技有限公司	XZ3110020151731	2015.12.31	2019.12.30	三级
16	北京万联赢通科技有限公司	XZ3110020151732	2015.12.31	2019.12.30	三级
17	北京道隆华尔软件股份有限公司	XZ3110020151733	2015.12.31	2019.12.30	三级
18	华鸿汇德（北京）信息技术有限公司	XZ3110020151734	2015.12.31	2019.12.30	三级
19	北京新源绿网节能科技有限公司	XZ3110020151735	2015.12.31	2019.12.30	三级
20	北京中赢科技有限公司	XZ3110020151736	2015.12.31	2019.12.30	三级
21	睿诚嘉信（北京）科技有限公司	XZ3110020151737	2015.12.31	2019.12.30	三级
22	北京佳仕永顺科技有限公司	XZ3110020151738	2015.12.31	2019.12.30	三级
23	龙天运通（北京）科技发展有限公司	XZ3110020151739	2015.12.31	2019.12.30	三级
24	交科院（北京）科技发展有限公司	XZ3110020151740	2015.12.31	2019.12.30	三级
25	北京智瑞达信息技术发展有限公司	XZ3110020151741	2015.12.31	2019.12.30	三级
26	北京东方基业科技发展股份有限公司	XZ3110020151742	2015.12.31	2019.12.30	三级
27	北京现代开元科贸有限公司	XZ3110020151743	2015.12.31	2019.12.30	三级
28	北京微课创景教育科技有限公司	XZ3110020151744	2015.12.31	2019.12.30	三级
29	北京艾颖利德科技发展有限公司	XZ3110020151745	2015.12.31	2019.12.30	三级
30	北京中科付通信息技术有限公司	XZ3110020151746	2015.12.31	2019.12.30	三级
31	北京远东仪表有限公司	XZ3110020151747	2015.12.31	2019.12.30	三级
32	北京宏天信业信息技术股份有限公司	XZ3110020151748	2015.12.31	2019.12.30	三级
33	北京市国路安信息技术股份有限公司	XZ3110020151749	2015.12.31	2019.12.30	三级
34	北京电旗通讯技术股份有限公司	XZ3110020151750	2015.12.31	2019.12.30	三级

续表

序号	企业名称	资质证书编号	发证日期	证书有效期	资质等级
35	北京冠宇信息科技股份有限公司	XZ3110020151751	2015.12.31	2019.12.30	三级
36	北京联达动力信息科技股份有限公司	XZ3110020151752	2015.12.31	2019.12.30	三级
37	北京峰盛博远科技股份有限公司	XZ3110020151753	2015.12.31	2019.12.30	三级
38	神州畅游导航科技（北京）有限公司	XZ3110020151754	2015.12.31	2019.12.30	三级
39	北京和鸿盈科技术有限公司	XZ3110020151755	2015.12.31	2019.12.30	三级
40	北京军安中科信息科技研究所	XZ3110020151756	2015.12.31	2019.12.30	三级
41	北京海纳汇通信息技术有限公司	XZ3110020151757	2015.12.31	2019.12.30	三级
42	北京清软英泰信息技术有限公司	XZ3110020151758	2015.12.31	2019.12.30	三级
43	北京长城金点物联网科技股份有限公司	XZ3110020151759	2015.12.31	2019.12.30	三级
44	北京市警视达机电设备研究所有限公司	XZ3110020151760	2015.12.31	2019.12.30	三级
45	北京农信通科技有限责任公司	XZ3110020151761	2015.12.31	2019.12.30	三级
46	北京联合众为科技发展有限公司	XZ3110020151762	2015.12.31	2019.12.30	三级
47	北京数智源科技股份有限公司	XZ3110020151763	2015.12.31	2019.12.30	三级
48	北京可视化节能科技股份有限公司	XZ3110020151764	2015.12.31	2019.12.30	三级
49	北京航数宽网科技有限责任公司	XZ3110020151765	2015.12.31	2019.12.30	三级
50	普德施（北京）科技有限公司	XZ3110020151766	2015.12.31	2019.12.30	三级
51	北京中电科锐科技有限公司	XZ3110020151767	2015.12.31	2019.12.30	三级
52	北京乾鑫鸿通能源科技有限公司	XZ3110020151768	2015.12.31	2019.12.30	三级
53	北京中科光大自动化技术有限公司	XZ3110020151769	2015.12.31	2019.12.30	三级
54	北京世纪微熵科技股份有限公司	XZ3110020151770	2015.12.31	2019.12.30	三级
55	北京三维力控科技有限公司	XZ3110020151771	2015.12.31	2019.12.30	三级
56	中云智慧（北京）科技有限公司	XZ3110020151772	2015.12.31	2019.12.30	三级
57	中电科安（北京）科技有限公司	XZ3110020151773	2015.12.31	2019.12.30	三级
58	中铁电化集团北京电信研究试验中心有限公司	XZ3110020151774	2015.12.31	2019.12.30	三级
59	北京洋浦伟业科技发展有限公司	XZ3110020151775	2015.12.31	2019.12.30	三级
60	航天科工系统仿真科技（北京）有限公司	XZ3110020151776	2015.12.31	2019.12.30	三级
61	北京世茂联成网络工程有限公司	XZ3110020151777	2015.12.31	2019.12.30	三级
62	中国航天系统工程有限公司	XZ3110020151778	2015.12.31	2019.12.30	三级
63	北京航天测控技术有限公司	XZ3110020151779	2015.12.31	2019.12.30	三级
64	北京世纪华风科技发展有限公司	XZ3110020151780	2015.12.31	2019.12.30	三级
65	北京融威众邦电子技术有限公司	XZ3110020151781	2015.12.31	2019.12.30	三级
66	北京华航创新科技有限责任公司	XZ3110020151782	2015.12.31	2019.12.30	三级
67	北京艾森思科技有限公司	XZ3110020151783	2015.12.31	2019.12.30	三级
68	北京神州祥升软件有限公司	XZ3110020151784	2015.12.31	2019.12.30	三级
69	爱思开希恩希系统（北京）有限公司	XZ3110020151785	2015.12.31	2019.12.30	三级
70	华唐中科教育科技（北京）有限公司	XZ3110020151786	2015.12.31	2019.12.30	三级

续表

序号	企业名称	资质证书编号	发证日期	证书有效期	资质等级
71	北京梅兰嘉德机房设备有限公司	XZ3110020151787	2015.12.31	2019.12.30	三级
72	北京赛格立诺办公科技股份有限公司	XZ3110020151788	2015.12.31	2019.12.30	三级
73	北京中光兴华信息管理咨询有限公司	XZ3110020151789	2015.12.31	2019.12.30	三级
74	北京国电智深控制技术有限公司	XZ3110020151790	2015.12.31	2019.12.30	三级
75	北京怀教网络科技股份有限公司	XZ3110020151791	2015.12.31	2019.12.30	三级
76	北京北科亿力科技有限公司	XZ3110020151792	2015.12.31	2019.12.30	三级
77	北京时代亿信科技股份有限公司	XZ3110020151793	2015.12.31	2019.12.30	三级
78	北京中斗科技股份有限公司	XZ3110020151794	2015.12.31	2019.12.30	三级
79	北京诚信佰合科技发展有限公司	XZ3110020151795	2015.12.31	2019.12.30	三级
80	神州共途（北京）信息系统有限公司	XZ3110020151796	2015.12.31	2019.12.30	三级
81	北京东誉达集团有限公司	XZ3110020151797	2015.12.31	2019.12.30	三级
82	通号工程局集团北京通信信息系统集成有限公司	XZ3110020151798	2015.12.31	2019.12.30	三级
83	中铁信息计算机工程有限责任公司	XZ3110020151799	2015.12.31	2019.12.30	三级
84	北京北科欧远科技有限公司	XZ3110020151800	2015.12.31	2019.12.30	三级
85	北京亚鸿世纪科技发展有限公司	XZ3110020151801	2015.12.31	2019.12.30	三级
86	北京亿维讯科技有限公司	XZ3110020151804	2015.12.31	2019.12.30	三级
87	北京龙腾佳讯网络科技有限公司	XZ3110020151805	2015.12.31	2019.12.30	三级
88	北京量子伟业信息技术股份有限公司	XZ3110020151812	2015.12.31	2019.12.30	三级
89	联通宽带在线有限公司	XZ3110020151813	2015.12.31	2019.12.30	三级
90	北京凯联亚太通讯技术有限公司	XZ3110020151814	2015.12.31	2019.12.30	三级
91	阿克泰姆自动化系统（北京）有限公司	XZ3110020151815	2015.12.31	2019.12.30	三级
92	北京电研华源电力技术有限公司	XZ3110020151816	2015.12.31	2019.12.30	三级
93	北京和信天成技术有限公司	XZ3110020151817	2015.12.31	2019.12.30	三级
94	金锐同创（北京）科技股份有限公司	XZ3110020152714	2015.12.31	2019.12.30	三级
95	中国自动化控制系统总公司	XZ3110020152676	2015.12.31	2019.12.30	三级
96	北京思瑞嘉禾科技有限公司	XZ3110020152682	2015.12.31	2019.12.30	三级
97	北京天云融创科技有限公司	XZ3110020152680	2015.12.31	2019.12.30	三级
98	北京智勤恒业科技有限公司	XZ3110020152684	2015.12.31	2019.12.30	三级
99	北京银河灵动科技有限公司	XZ3110020152686	2015.12.31	2019.12.30	三级
100	北京航天宏图信息技术有限责任公司	XZ3110020152710	2015.12.31	2019.12.30	三级
101	北京乐知行软件有限公司	XZ3110020151806	2015.12.31	2019.12.30	三级
102	北京金鸿泰科技有限公司	XZ3110020151803	2015.12.31	2019.12.30	三级
103	北京思诺博信息技术有限公司	XZ3110020152681	2015.12.31	2019.12.30	三级
104	中兵勘察设计研究院	XZ4110020151818	2015.12.31	2019.12.30	四级
105	北京银泰永辉智能科技有限公司	XZ4110020151819	2015.12.31	2019.12.30	四级

续表

序号	企业名称	资质证书编号	发证日期	证书有效期	资质等级
106	北京建玲思雨科技有限公司	XZ4110020151820	2015.12.31	2019.12.30	四级
107	北京百分点信息科技有限公司	XZ4110020151821	2015.12.31	2019.12.30	四级
108	北京慧翔宇信科技有限公司	XZ4110020151822	2015.12.31	2019.12.30	四级
109	北京博特电子工贸有限公司	XZ4110020151823	2015.12.31	2019.12.30	四级
110	北京天禾元创软件股份有限公司	XZ4110020151824	2015.12.31	2019.12.30	四级
111	北京中网澳环科技有限责任公司	XZ4110020151825	2015.12.31	2019.12.30	四级
112	北京博大网通科技发展有限公司	XZ4110020151826	2015.12.31	2019.12.30	四级
113	北京瑞通时代科技有限公司	XZ4110020151827	2015.12.31	2019.12.30	四级
114	安富利（中国）科技有限公司	XZ4110020151828	2015.12.31	2019.12.30	四级
115	北京中科翔龙科技有限公司	XZ4110020151829	2015.12.31	2019.12.30	四级
116	北京同定世纪科技有限公司	XZ4110020151830	2015.12.31	2019.12.30	四级
117	北京九思泰物联网科技有限公司	XZ4110020151831	2015.12.31	2019.12.30	四级
118	北京中智软创信息技术有限公司	XZ4110020151832	2015.12.31	2019.12.30	四级
119	康博嘉信息科技（北京）有限公司	XZ4110020151833	2015.12.31	2019.12.30	四级
120	北京天航信民航通信网络发展有限公司	XZ4110020151834	2015.12.31	2019.12.30	四级
121	北京煜海东方电子科技有限公司	XZ4110020151835	2015.12.31	2019.12.30	四级
122	北京艾普智城网络科技有限公司	XZ4110020151836	2015.12.31	2019.12.30	四级
123	中科航宇（北京）自动化工程技术有限公司	XZ4110020151837	2015.12.31	2019.12.30	四级
124	北京国城科绿色照明科技研究中心有限公司	XZ4110020151838	2015.12.31	2019.12.30	四级
125	方得（北京）物联科技有限公司	XZ4110020151839	2015.12.31	2019.12.30	四级
126	北京华莘智慧教育科技有限公司	XZ4110020151840	2015.12.31	2019.12.30	四级
127	北京博雅五洲科技有限公司	XZ4110020151841	2015.12.31	2019.12.30	四级
128	北京三一兴和科技发展有限公司	XZ4110020151842	2015.12.31	2019.12.30	四级
129	北京天奥银科科技发展有限公司	XZ4110020151843	2015.12.31	2019.12.30	四级
130	北京城建智控科技有限公司	XZ4110020151844	2015.12.31	2019.12.30	四级
131	北京中航弱电系统工程有限公司	XZ4110020151845	2015.12.31	2019.12.30	四级
132	北京中盛博方环保工程技术有限公司	XZ4110020151846	2015.12.31	2019.12.30	四级
133	北京东昌数码科技有限公司	XZ4110020151847	2015.12.31	2019.12.30	四级
134	北京睿智源数据科技有限公司	XZ4110020151848	2015.12.31	2019.12.30	四级
135	北京索克赛思科技有限公司	XZ4110020151849	2015.12.31	2019.12.30	四级
136	中勍科技有限公司	XZ4110020151850	2015.12.31	2019.12.30	四级
137	北京鑫望科技有限公司	XZ4110020151851	2015.12.31	2019.12.30	四级
138	北京中创信测信息技术有限公司	XZ4110020151852	2015.12.31	2019.12.30	四级
139	北京创腾科技有限公司	XZ4110020151853	2015.12.31	2019.12.30	四级
140	北京金创鑫诚科技有限责任公司	XZ4110020151854	2015.12.31	2019.12.30	四级

续表

序号	企业名称	资质证书编号	发证日期	证书有效期	资质等级
141	国网（北京）节能设计研究院有限公司	XZ4110020151855	2015.12.31	2019.12.30	四级
142	北京云星宇科技服务有限公司	XZ4110020151856	2015.12.31	2019.12.30	四级
143	北京科创融安物联网科技有限公司	XZ4110020151857	2015.12.31	2019.12.30	四级
144	北京宣爱智能模拟技术股份有限公司	XZ4110020151858	2015.12.31	2019.12.30	四级
145	北京景航科技发展有限公司	XZ4110020151859	2015.12.31	2019.12.30	四级
146	北京深思软件股份有限公司	XZ4110020151860	2015.12.31	2019.12.30	四级
147	北京五特自动化工程有限公司	XZ4110020151861	2015.12.31	2019.12.30	四级
148	全维智码信息技术（北京）有限公司	XZ4110020151862	2015.12.31	2019.12.30	四级
149	航天科工智慧产业发展有限公司	XZ4110020151863	2015.12.31	2019.12.30	四级
150	北京中昌天盛科技有限公司	XZ4110020151864	2015.12.31	2019.12.30	四级
151	北京导航者智能科技有限公司	XZ4110020151865	2015.12.31	2019.12.30	四级
152	北京合众创想科技有限公司	XZ4110020151866	2015.12.31	2019.12.30	四级
153	北京铜牛信息科技股份有限公司	XZ4110020151867	2015.12.31	2019.12.30	四级
154	北京宏犀远景信息技术有限公司	XZ4110020151868	2015.12.31	2019.12.30	四级
155	北京中创盛业科技有限公司	XZ4110020151869	2015.12.31	2019.12.30	四级
156	易程科技股份有限公司	XZ1110020090897	2015.12.21	2019.12.20	一级
157	北京同天科技有限公司	XZ1110020090902	2015.12.21	2019.12.20	一级
158	紫光捷通科技股份有限公司	XZ1110020090904	2015.12.21	2019.12.20	一级
159	北京经纬信息技术公司	XZ1110020120767	2015.12.21	2019.12.20	一级
160	北京中油瑞飞信息技术有限责任公司	XZ1110020120768	2015.12.21	2019.12.20	一级
161	北京易华录信息技术股份有限公司	XZ1110020120769	2015.12.21	2019.12.20	一级
162	亚信科技（中国）有限公司	XZ1110020120770	2015.12.21	2019.12.20	一级
163	泰尔文特控制系统（中国）有限公司	XZ2110020090916	2015.12.21	2019.12.20	二级
164	北京天大天科科技股份有限公司	XZ2110020090917	2015.12.21	2019.12.20	二级
165	北京同有飞骥科技股份有限公司	XZ2110020090921	2015.12.21	2019.12.20	二级
166	神华和利时信息技术有限公司	XZ2110020090922	2015.12.21	2019.12.20	二级
167	北京亚太安讯科技有限责任公司	XZ2110020090956	2015.12.21	2019.12.20	二级
168	北京三维天地科技有限公司	XZ2110020090958	2015.12.21	2019.12.20	二级
169	北京志诚泰和信息技术有限公司	XZ2110020090960	2015.12.21	2019.12.20	二级
170	北京四通智能交通系统集成有限公司	XZ2110020090974	2015.12.21	2019.12.20	二级
171	中信网络科技股份有限公司	XZ2110020090976	2015.12.21	2019.12.20	二级
172	中安消技术有限公司	XZ2110020090978	2015.12.21	2019.12.20	二级
173	北京新脉远望科技有限公司	XZ2110020090979	2015.12.21	2019.12.20	二级
174	北京声迅电子股份有限公司	XZ2110020090984	2015.12.21	2019.12.20	二级
175	北京宝利信通科技有限公司	XZ2110020090991	2015.12.21	2019.12.20	二级
176	三星数据系统（中国）有限公司	XZ2110020090992	2015.12.21	2019.12.20	二级

续表

序号	企业名称	资质证书编号	发证日期	证书有效期	资质等级
177	中国国信信息总公司	XZ2110020050237	2015.12.21	2019.12.20	二级
178	中国电子系统工程总公司	XZ2110020120777	2015.12.21	2019.12.20	二级
179	北京冠群信息技术股份有限公司	XZ2110020120778	2015.12.21	2019.12.20	二级
180	北京中电源丰科技有限公司	XZ2110020120779	2015.12.21	2019.12.20	二级
181	北京威发新世纪信息技术有限公司	XZ2110020120780	2015.12.21	2019.12.20	二级
182	北京海联捷讯科技股份有限公司	XZ2110020120783	2015.12.21	2019.12.20	二级
183	北京贝能达技术有限公司	XZ2110020120785	2015.12.21	2019.12.20	二级
184	北京北航天华时代科技有限公司	XZ2110020120786	2015.12.21	2019.12.20	二级
185	北京北大青鸟安全系统工程技术有限公司	XZ2110020120787	2015.12.21	2019.12.20	二级
186	北京北大方正电子有限公司	XZ2110020120788	2015.12.21	2019.12.20	二级
187	北京宇电科技集团有限公司	XZ3110020151691	2015.12.21	2020.3.31	三级
188	北京网信未来信息技术有限公司	XZ3110020120822	2015.12.21	2020.3.31	三级
189	北京和利时自动化驱动技术有限公司	XZ3110020120599	2015.12.21	2020.3.31	三级
190	北京博瑞特自动计量系统股份有限公司	XZ3110020120591	2015.12.21	2020.3.31	三级
191	北京恒宇伟业科技发展有限公司	XZ2110020151603	2015.11.30	2019.11.29	二级
192	北京鑫台华科技有限公司	XZ2110020151604	2015.11.30	2019.11.29	二级
193	北京航天益来电子科技有限公司	XZ2110020151605	2015.11.30	2019.11.29	二级
194	同方鼎欣科技股份有限公司	XZ2110020151606	2015.11.30	2019.11.29	二级
195	北京汇通金财信息科技有限公司	XZ2110020151607	2015.11.30	2019.11.29	二级
196	普天物流技术有限公司	XZ2110020151608	2015.11.30	2019.11.29	二级
197	北京捷通机房设备工程有限公司	XZ2110020151609	2015.11.30	2019.11.29	二级
198	北京银河伟业数字技术有限公司	XZ2110020151610	2015.11.30	2019.11.29	二级
199	北京灵图软件技术有限公司	XZ2110020151611	2015.11.30	2019.11.29	二级
200	天地融科技股份有限公司	XZ2110020151612	2015.11.30	2019.11.29	二级
201	京北方信息技术股份有限公司	XZ2110020151613	2015.11.30	2019.11.29	二级
202	北京中恒博瑞数字电力科技有限公司	XZ2110020151614	2015.11.30	2019.11.29	二级
203	北京尚易德科技有限公司	XZ2110020151615	2015.11.30	2019.11.29	二级
204	北京洛斯达数字遥感技术有限公司	XZ2110020151616	2015.11.30	2019.11.29	二级
205	北京通建泰利特智能系统工程技术有限公司	XZ2110020151617	2015.11.30	2019.11.29	二级
206	北京国交信通科技发展有限公司	XZ2110020151654	2015.11.30	2019.11.29	二级
207	北京天和恒力科技发展有限公司	XZ2110020151655	2015.11.30	2019.11.29	二级
208	中铁程科技有限责任公司	XZ2110020151656	2015.11.30	2019.11.29	二级
209	正元地理信息有限责任公司	XZ2110020151657	2015.11.30	2019.11.29	二级
210	北京安控科技股份有限公司	XZ2110020151658	2015.11.30	2019.11.29	二级
211	北京江南博仁科技有限公司	XZ2110020151659	2015.11.30	2019.11.29	二级

续表

序号	企业名称	资质证书编号	发证日期	证书有效期	资质等级
212	大唐融合通信股份有限公司	XZ2110020151660	2015.11.30	2019.11.29	二级
213	东方网力科技股份有限公司	XZ2110020151661	2015.11.30	2019.11.29	二级
214	北京圣世信通科技发展有限公司	XZ2110020151662	2015.11.30	2019.11.29	二级
215	能科节能技术股份有限公司	XZ2110020151663	2015.11.30	2019.11.29	二级
216	北京航天万达高科技有限公司	XZ3110020090706	2015.11.23	2019.11.22	三级
217	北京康辰亚奥技术股份有限公司	XZ3110020090709	2015.11.23	2019.11.22	三级
218	北京陆融通达科技有限责任公司	XZ3110020090714	2015.11.23	2019.11.22	三级
219	北京中天瑞达科技发展有限公司	XZ3110020090718	2015.11.23	2019.11.22	三级
220	北京中软金卡信息技术有限公司	XZ3110020090719	2015.11.23	2019.11.22	三级
221	北京天威诚信电子商务服务有限公司	XZ3110020090722	2015.11.23	2019.11.22	三级
222	北京中达恒业科技发展有限公司	XZ3110020090724	2015.11.23	2019.11.22	三级
223	北京航星永志科技有限公司	XZ3110020090725	2015.11.23	2019.11.22	三级
224	北京赢康科技开发有限公司	XZ3110020090728	2015.11.23	2019.11.22	三级
225	天维讯达无线电设备检测（北京）有限责任公司	XZ3110020090737	2015.11.23	2019.11.22	三级
226	北京宏林科技发展有限公司	XZ3110020120577	2015.11.23	2019.11.22	三级
227	北京华医网科技股份有限公司	XZ3110020120578	2015.11.23	2019.11.22	三级
228	北京东进航空科技股份有限公司	XZ3110020120583	2015.11.23	2019.11.22	三级
229	北京睿呈时代信息科技有限公司	XZ3110020120587	2015.11.23	2019.11.22	三级
230	北京蓝海华业科技股份有限公司	XZ3110020120597	2015.11.23	2019.11.22	三级
231	北京吉威数源信息技术有限公司	XZ3110020120601	2015.11.23	2019.11.22	三级
232	北京信威通信技术股份有限公司	XZ3110020120603	2015.11.23	2019.11.22	三级
233	北京恒信浩远科技发展有限公司	XZ3110020120604	2015.11.23	2019.11.22	三级
234	北京恒达时讯科技股份有限公司	XZ3110020120606	2015.11.23	2019.11.22	三级
235	北京汉林信通信息技术有限公司	XZ3110020120615	2015.11.23	2019.11.22	三级
236	北京合力思腾科技股份有限公司	XZ3110020120616	2015.11.23	2019.11.22	三级
237	北京拓明科技有限公司	XZ3110020120618	2015.11.23	2019.11.22	三级
238	北京凯华网联技术有限公司	XZ3110020120619	2015.11.23	2019.11.22	三级
239	北京海天起点技术服务有限公司	XZ3110020120622	2015.11.23	2019.11.22	三级
240	北京三正科技股份有限公司	XZ3110020120623	2015.11.23	2019.11.22	三级
241	北京三博中自科技有限公司	XZ3110020120624	2015.11.23	2019.11.22	三级
242	北京长禾嘉信息技术有限公司	XZ3110020090733	2015.11.23	2019.11.22	三级
243	北京建设数字科技股份有限公司	XZ3110020090736	2015.11.23	2019.11.22	三级
244	北京万德瑞博自动化系统工程有限公司	XZ3110020010211	2015.11.23	2019.11.22	三级
245	北京有生博大软件技术有限公司	XZ3110020050377	2015.11.23	2019.11.22	三级
246	北京燕禹水务科技有限公司	XZ3110020050379	2015.11.23	2019.11.22	三级
247	北京蓝波今朝科技有限公司	XZ3110020050382	2015.11.23	2019.11.22	三级

续表

序号	企业名称	资质证书编号	发证日期	证书有效期	资质等级
248	北京赛四达科技股份有限公司	XZ3110020050378	2015.11.23	2019.11.22	三级
249	天帆创新（北京）科技发展有限公司	XZ3110020090727	2015.11.23	2019.11.22	三级
250	北京东方飞扬软件股份有限公司	XZ3110020120607	2015.11.23	2019.11.22	三级
251	同辉佳视（北京）信息技术股份有限公司	XZ3110020120574	2015.11.23	2019.11.22	三级
252	北京慧通九方科技有限公司	XZ3110020120610	2015.11.23	2019.11.22	三级
253	北京先韬科技发展有限公司	XZ3110020120613	2015.11.23	2019.11.22	三级
254	北京金支点技术服务有限公司	XZ3110020120576	2015.11.23	2019.11.22	三级
255	北京华胜天成软件技术有限公司	XZ3110020090705	2015.11.23	2019.11.22	三级
256	中国化工信息中心	XZ3110020090712	2015.11.23	2019.11.22	三级
257	北京五岳鑫信息技术股份有限公司	XZ4110020120630	2015.11.23	2019.11.22	四级
258	北京京安佳新技术有限公司	XZ4110020120631	2015.11.23	2019.11.22	四级
259	鑫干线（北京）科技股份公司	XZ4110020120632	2015.11.23	2019.11.22	四级
260	德瑞视（北京）科技发展有限公司	XZ4110020120635	2015.11.23	2019.11.22	四级
261	北京瑞华天健科技股份有限公司	XZ4110020120636	2015.11.23	2019.11.22	四级
262	北京亿丰盛元网络技术有限公司	XZ4110020120644	2015.11.23	2019.11.22	四级
263	北京屹海互动信息技术有限公司	XZ4110020151597	2015.11.23	2019.11.22	四级
264	北京中献电子技术开发中心	XZ4110020151596	2015.11.23	2019.11.22	四级
265	航天科工惯性技术有限公司	XZ4110020151600	2015.11.23	2019.11.22	四级
266	中国通广电子公司	XZ1110020151562	2015.10.26	2019.10.25	一级
267	中国移动通信集团设计院有限公司	XZ1110020151563	2015.10.26	2019.10.25	一级
268	北京用友政务软件有限公司	XZ1110020151564	2015.10.26	2019.10.25	一级
269	北京捷成世纪科技股份有限公司	XZ1110020151581	2015.10.26	2019.10.25	一级
270	航天四创科技有限责任公司	XZ1110020151582	2015.10.26	2019.10.25	一级
271	北京泰豪智能工程有限公司	XZ1110020151583	2015.10.26	2019.10.25	一级
272	北京东方国信科技股份有限公司	XZ1110020151584	2015.10.26	2019.10.25	一级
273	普天信息技术有限公司	XZ1110020151585	2015.10.26	2019.10.25	一级
274	北京东华合创科技有限公司	XZ1110020151586	2015.10.26	2019.10.25	一级
275	北京南天软件有限公司	XZ1110020151587	2015.10.26	2019.10.25	一级
276	北京中电普华信息技术有限公司	XZ1110020151588	2015.10.26	2019.10.25	一级
277	曙光信息产业（北京）有限公司	XZ1110020151589	2015.10.26	2019.10.25	一级
278	兴唐通信科技有限公司	XZ1110020151590	2015.10.26	2019.10.25	一级
279	北京市科瑞讯科技发展股份有限公司	XZ3110020050299	2015.10.21	2019.11.22	三级
280	东华软件股份公司	XZ1110020010104	2015.10.8	2019.10.7	一级
281	富盛科技股份有限公司	XZ1110020120446	2015.10.8	2019.10.7	一级
282	北京荣之联科技股份有限公司	XZ1110020120447	2015.10.8	2019.10.7	一级
283	北京世纪东方国铁科技股份有限公司	XZ1110020120448	2015.10.8	2019.10.7	一级

续表

序号	企业名称	资质证书编号	发证日期	证书有效期	资质等级
284	首都信息发展股份有限公司	XZ1110020010106	2015.10.8	2019.10.7	一级
285	北京先进数通信息技术股份公司	XZ1110020120444	2015.10.8	2019.10.7	一级
286	航天恒星科技有限公司	XZ1110020120445	2015.10.8	2019.10.7	一级
287	北京富通东方科技有限公司	XZ1110020120443	2015.10.8	2019.10.7	一级
288	中科软科技股份有限公司	XZ1110020010102	2015.10.8	2019.10.7	一级
289	北京宇信科技集团股份有限公司	XZ1110020050224	2015.10.8	2019.10.7	一级
290	大唐软件技术股份有限公司	XZ1110020120442	2015.10.8	2019.10.7	一级
291	北京时代凌宇科技股份有限公司	XZ2110020120451	2015.10.8	2019.10.7	二级
292	北京辰安科技股份有限公司	XZ2110020120459	2015.10.8	2019.10.7	二级
293	大唐联诚信息系统技术有限公司	XZ2110020120454	2015.10.8	2019.10.7	二级
294	北京新宇合创金融软件股份有限公司	XZ2110020050246	2015.10.8	2019.10.7	二级
295	中商流通生产力促进中心有限公司	XZ2110020120456	2015.10.8	2019.10.7	二级
296	北京首信科技股份有限公司	XZ2110020050247	2015.10.8	2019.10.7	二级
297	北京数字政通科技股份有限公司	XZ2110020120453	2015.10.8	2019.10.7	二级
298	利亚德光电股份有限公司	XZ2110020050238	2015.10.8	2019.10.7	二级
299	北京佰能电气技术有限公司	XZ2110020050241	2015.10.8	2019.10.7	二级
300	国研信息科技有限公司	XZ2110020010120	2015.10.8	2019.10.7	二级
301	中邮科技有限责任公司	XZ2110020120458	2015.10.8	2019.10.7	二级
302	北京中科创新园高新技术有限公司	XZ2110020050244	2015.10.8	2019.10.7	二级
303	北京翔科佳信系统技术有限公司	XZ2110020120457	2015.10.8	2019.10.7	二级
304	北京尖峰合讯科技有限公司	XZ2110020120455	2015.10.8	2019.10.7	二级
305	长天科技有限公司	XZ2110020151546	2015.10.8	2019.10.7	二级
306	北京鼎天软件有限公司	XZ3110020151001	2015.10.8	2019.10.7	三级
307	北京志恒达科技有限公司	XZ3110020151411	2015.9.30	2019.9.29	三级
308	德信东源智能科技（北京）有限公司	XZ3110020151412	2015.9.30	2019.9.29	三级
309	北京智芯微电子科技有限公司	XZ3110020151413	2015.9.30	2019.9.29	三级
310	北京信诺时代科技股份有限公司	XZ3110020151414	2015.9.30	2019.9.29	三级
311	中金金融认证中心有限公司	XZ3110020151415	2015.9.30	2019.9.29	三级
312	北京神州泰岳信息安全技术有限公司	XZ3110020151416	2015.9.30	2019.9.29	三级
313	北京东华信通信息技术有限公司	XZ3110020151417	2015.9.30	2019.9.29	三级
314	北京时代天鉴科技发展有限公司	XZ3110020151420	2015.9.30	2019.9.29	三级
315	北京水晶石数字科技股份有限公司	XZ3110020151421	2015.9.30	2019.9.29	三级
316	中冶赛迪电气技术有限公司	XZ3110020151422	2015.9.30	2019.9.29	三级
317	中国通信建设集团设计院有限公司	XZ3110020151423	2015.9.30	2019.9.29	三级
318	北京海协智康科技发展有限公司	XZ3110020151424	2015.9.30	2019.9.29	三级
319	北京优炫软件股份有限公司	XZ3110020151425	2015.9.30	2019.9.29	三级

续表

序号	企业名称	资质证书编号	发证日期	证书有效期	资质等级
320	北京爱博精电科技有限公司	XZ3110020151426	2015.9.30	2019.9.29	三级
321	北京博宇通达科技有限公司	XZ3110020151427	2015.9.30	2019.9.29	三级
322	北京维艾思气象信息科技有限公司	XZ3110020151428	2015.9.30	2019.9.29	三级
323	北京华兴致远科技发展有限公司	XZ3110020151429	2015.9.30	2019.9.29	三级
324	北京网联信通科技有限公司	XZ3110020151430	2015.9.30	2019.9.29	三级
325	北京华诚联合设备安装工程有限公司	XZ3110020151431	2015.9.30	2019.9.29	三级
326	北京希嘉万维科技有限公司	XZ3110020151432	2015.9.30	2019.9.29	三级
327	北京微智信业科技有限公司	XZ3110020151433	2015.9.30	2019.9.29	三级
328	北京启创卓越科技有限公司	XZ3110020151434	2015.9.30	2019.9.29	三级
329	北京高鼎通信息科技有限公司	XZ3110020151435	2015.9.30	2019.9.29	三级
330	北京新兴华安测绘有限公司	XZ3110020151436	2015.9.30	2019.9.29	三级
331	北京能融恒通科技有限公司	XZ3110020151437	2015.9.30	2019.9.29	三级
332	北京兴竹同智信息技术股份有限公司	XZ3110020151438	2015.9.30	2019.9.29	三级
333	东方口岸科技有限公司	XZ3110020151439	2015.9.30	2019.9.29	三级
334	北京华科鸿泰智能系统工程有限责任公司	XZ3110020151440	2015.9.30	2019.9.29	三级
335	北京竹远科创科技股份有限公司	XZ3110020151441	2015.9.30	2019.9.29	三级
336	北京万邦正泰科技有限公司	XZ3110020151443	2015.9.30	2019.9.29	三级
337	北京殷图网联科技股份有限公司	XZ3110020151444	2015.9.30	2019.9.29	三级
338	北京赛思信安技术股份有限公司	XZ3110020151445	2015.9.30	2019.9.29	三级
339	北京中盛国华工程技术有限公司	XZ3110020151446	2015.9.30	2019.9.29	三级
340	北京帜扬信通科技股份有限公司	XZ3110020151447	2015.9.30	2019.9.29	三级
341	海特光电有限责任公司	XZ3110020151448	2015.9.30	2019.9.29	三级
342	中电六所智能系统有限公司	XZ3110020151449	2015.9.30	2019.9.29	三级
343	北京东方旭天科技有限责任公司	XZ3110020151450	2015.9.30	2019.9.29	三级
344	北京北方怡合信息技术有限公司	XZ3110020151451	2015.9.30	2019.9.29	三级
345	北京东华宏泰科技股份有限公司	XZ3110020151452	2015.9.30	2019.9.29	三级
346	北京桃花岛信息技术有限公司	XZ3110020151453	2015.9.30	2019.9.29	三级
347	北京伯仲佳和石油技术开发有限公司	XZ3110020151454	2015.9.30	2019.9.29	三级
348	慧众行知科技（北京）有限公司	XZ3110020151456	2015.9.30	2019.9.29	三级
349	北京金戈大通通信技术有限公司	XZ3110020151457	2015.9.30	2019.9.29	三级
350	北京智慧眼科技股份有限公司	XZ3110020151458	2015.9.30	2019.9.29	三级
351	北京中科浩晖科技有限公司	XZ3110020151459	2015.9.30	2019.9.29	三级
352	北京铁道工程机电技术研究所有限公司	XZ3110020151461	2015.9.30	2019.9.29	三级
353	北京安信天行科技有限公司	XZ3110020151463	2015.9.30	2019.9.29	三级
354	北京易用时代科技有限公司	XZ3110020151464	2015.9.30	2019.9.29	三级
355	北京华鼎新铭智能科技发展有限公司	XZ3110020151465	2015.9.30	2019.9.29	三级

续表

序号	企业名称	资质证书编号	发证日期	证书有效期	资质等级
356	中自控自动化技术有限公司	XZ3110020151466	2015.9.30	2019.9.29	三级
357	北京利斯达新技术有限公司	XZ3110020151468	2015.9.30	2019.9.29	三级
358	北京鸿天伟业安全技术有限公司	XZ3110020151470	2015.9.30	2019.9.29	三级
359	北京众智运帷科技有限公司	XZ3110020151475	2015.9.30	2019.9.29	三级
360	北京精仪达盛科技有限公司	XZ3110020151476	2015.9.30	2019.9.29	三级
361	北京双旗世纪科技有限公司	XZ3110020151478	2015.9.30	2019.9.29	三级
362	易云捷讯科技（北京）股份有限公司	XZ3110020151479	2015.9.30	2019.9.29	三级
363	北京优捷鑫瑞科技有限公司	XZ3110020151480	2015.9.30	2019.9.29	三级
364	北京孚升益达科技发展有限公司	XZ3110020151481	2015.9.30	2019.9.29	三级
365	北京神州思泰科技有限公司	XZ3110020151482	2015.9.30	2019.9.29	三级
366	北京超飞信息科技有限公司	XZ3110020151483	2015.9.30	2019.9.29	三级
367	中安永恒（北京）工程技术有限公司	XZ3110020151484	2015.9.30	2019.9.29	三级
368	北京岳能科技股份有限公司	XZ3110020151485	2015.9.30	2019.9.29	三级
369	新博卓畅技术（北京）有限公司	XZ3110020151486	2015.9.30	2019.9.29	三级
370	融智通科技（北京）股份有限公司	XZ3110020151549	2015.9.30	2019.9.29	三级
371	北京络捷斯特科技发展股份有限公司	XZ3110020151550	2015.9.30	2019.9.29	三级
372	北京益泰牡丹电子工程有限责任公司	XZ3110020151551	2015.9.30	2019.9.29	三级
373	颐信泰通（北京）信息科技有限公司	XZ3110020151552	2015.9.30	2019.9.29	三级
374	北京华夏凯睿科技有限公司	XZ3110020151553	2015.9.30	2019.9.29	三级
375	北京正宇龙科技发展有限公司	XZ3110020151554	2015.9.30	2019.9.29	三级
376	北京融通高科科技发展有限公司	XZ3110020151462	2015.9.30	2019.9.29	三级
377	北京可利邦信息技术有限公司	XZ3110020151467	2015.9.30	2019.9.29	三级
378	北京中兴通软件科技股份有限公司	XZ3110020151418	2015.9.30	2019.9.29	三级
379	北京天桥科技有限公司	XZ3110020151473	2015.9.30	2019.9.29	三级
380	北京天翊嘉和科技有限公司	XZ3110020151442	2015.9.30	2019.9.29	三级
381	北京天恒昕业科技发展有限公司	XZ3110020151455	2015.9.30	2019.9.29	三级
382	北京特域科技有限公司	XZ4110020151487	2015.9.30	2019.9.29	四级
383	立凯创业（北京）通信技术有限公司	XZ4110020151488	2015.9.30	2019.9.29	四级
384	北京东方波泰无线电频谱技术研究所	XZ4110020151489	2015.9.30	2019.9.29	四级
385	北京特里尼斯石油技术股份有限公司	XZ4110020151490	2015.9.30	2019.9.29	四级
386	航天数字传媒有限公司	XZ4110020151491	2015.9.30	2019.9.29	四级
387	北京市振隆科技股份有限公司	XZ4110020151492	2015.9.30	2019.9.29	四级
388	北京联创高科信息技术有限公司	XZ4110020151493	2015.9.30	2019.9.29	四级
389	北京世纪高通科技有限公司	XZ4110020151494	2015.9.30	2019.9.29	四级
390	北京文安科技发展有限公司	XZ4110020151495	2015.9.30	2019.9.29	四级
391	北京以萨数据科技有限公司	XZ4110020151496	2015.9.30	2019.9.29	四级

续表

序号	企业名称	资质证书编号	发证日期	证书有效期	资质等级
392	北京卓控科技有限公司	XZ4110020151497	2015.9.30	2019.9.29	四级
393	鑫钥匙（北京）科技有限公司	XZ4110020151498	2015.9.30	2019.9.29	四级
394	中晟易键通（北京）科技发展有限公司	XZ4110020151499	2015.9.30	2019.9.29	四级
395	北京零距离制冷技术服务有限公司	XZ4110020151500	2015.9.30	2019.9.29	四级
396	北京九恒星科技股份有限公司	XZ4110020151501	2015.9.30	2019.9.29	四级
397	北京易艾斯德科技有限公司	XZ4110020151502	2015.9.30	2019.9.29	四级
398	北京泰豪装备科技有限公司	XZ4110020151503	2015.9.30	2019.9.29	四级
399	分享通信集团有限公司	XZ4110020151504	2015.9.30	2019.9.29	四级
400	北京天地迅达信息技术开发中心	XZ4110020151505	2015.9.30	2019.9.29	四级
401	航天图景（北京）科技有限公司	XZ4110020151506	2015.9.30	2019.9.29	四级
402	北京琨弈科技有限公司	XZ4110020151507	2015.9.30	2019.9.29	四级
403	北京信联科汇科技有限公司	XZ4110020151508	2015.9.30	2019.9.29	四级
404	北京速腾达通信技术有限公司	XZ4110020151509	2015.9.30	2019.9.29	四级
405	北京英贝思科技有限公司	XZ4110020151510	2015.9.30	2019.9.29	四级
406	北京万诚信用评价有限公司	XZ4110020151511	2015.9.30	2019.9.29	四级
407	北京冠华尔创科技有限公司	XZ4110020151513	2015.9.30	2019.9.29	四级
408	北京中通讯杰通信工程有限公司	XZ4110020151514	2015.9.30	2019.9.29	四级
409	北京百卓网络技术有限公司	XZ4110020151515	2015.9.30	2019.9.29	四级
410	北京信达天下科技有限公司	XZ4110020151516	2015.9.30	2019.9.29	四级
411	北京海顿中科技术有限公司	XZ4110020151517	2015.9.30	2019.9.29	四级
412	北京蛙视软件技术有限公司	XZ4110020151518	2015.9.30	2019.9.29	四级
413	北京中盾安全技术开发公司	XZ1110020090398	2015.8.1	2019.7.31	一级
414	中国民航信息网络股份有限公司	XZ1110020090399	2015.8.1	2019.7.31	一级
415	北京中电飞华通信股份有限公司	XZ1110020090400	2015.8.1	2019.7.31	一级
416	北京超图软件股份有限公司	XZ2110020090437	2015.8.1	2019.7.31	二级
417	北京中水科水电科技开发有限公司	XZ2110020090446	2015.8.1	2019.7.31	二级
418	北京东方新一科技开发有限公司	XZ2110020090447	2015.8.1	2019.7.31	二级
419	北京艾威康电子技术有猥公司	XZ2110020090449	2015.8.1	2019.7.31	二级
420	中华通信系统有限责任公司	XZ2110020090450	2015.8.1	2019.7.31	二级
421	北京航天拓扑高科技有限责任公司	XZ2110020090452	2015.8.1	2019.7.31	二级
422	北京亿海兰特科技发展有限公司	XZ2110020090454	2015.8.1	2019.7.31	二级
423	北京康邦科技有限公司	XZ2110020090460	2015.8.1	2019.7.31	二级
424	北京雪迪龙科技股份有限公司	XZ2110020150897	2015.8.1	2019.7.31	二级
425	北京浩瀚深度信息技术股份有限公司	XZ2110020150898	2015.8.1	2019.7.31	二级
426	北京友邦佳通电子科技有限公司	XZ2110020150899	2015.8.1	2019.7.31	二级
427	北京奥特美克科技股份有限公司	XZ2110020150900	2015.8.1	2019.7.31	二级

续表

序号	企业名称	资质证书编号	发证日期	证书有效期	资质等级
428	北京北鹰吉成科技股份有限公司	XZ2110020150901	2015.8.1	2019.7.31	二级
429	中咨泰克交通工程集团有限公司	XZ2110020150902	2015.8.1	2019.7.31	二级
430	北京艾力泰尔信息技术有限公司	XZ2110020150903	2015.8.1	2019.7.31	二级
431	北京江南天安科技有限公司	XZ2110020150904	2015.8.1	2019.7.31	二级
432	北京中亦安图科技股份有限公司	XZ2110020150905	2015.8.1	2019.7.31	二级
433	博康智能信息技术有限公司	XZ2110020150906	2015.8.1	2019.7.31	二级
434	北京数码视讯科技股份有限公司	XZ2110020150907	2015.8.1	2019.7.31	二级
435	神州数码融信软件有限公司	XZ2110020150908	2015.8.1	2019.7.31	二级
436	北京龙软科技股份有限公司	XZ2110020150909	2015.8.1	2019.7.31	二级
437	北京易诚智讯科技发展有限责任公司	XZ3110020150951	2015.8.1	2019.7.31	三级
438	北京玛斯特系统工程有限公司	XZ3110020150952	2015.8.1	2019.7.31	三级
439	北京通天至达科技发展有限公司	XZ3110020120227	2015.8.1	2019.7.31	三级
440	中远网络（北京）有限公司	XZ3110020120228	2015.8.1	2019.7.31	三级
441	北京川页家和科技发展有限公司	XZ3110020120230	2015.8.1	2019.7.31	三级
442	北京中经赛博科技有限公司	XZ3110020120231	2015.8.1	2019.7.31	三级
443	北京网智易通科技有限公司	XZ3110020120232	2015.8.1	2019.7.31	三级
444	北京佰勤科技有限责任公司	XZ3110020120234	2015.8.1	2019.7.31	三级
445	北京趋势未来科技发展有限公司	XZ3110020120235	2015.8.1	2019.7.31	三级
446	北京兴润佳源科技有限公司	XZ3110020120236	2015.8.1	2019.7.31	三级
447	北京万联讯通科技有限公司	XZ3110020120238	2015.8.1	2019.7.31	三级
448	北京北大高科指纹技术有限公司	XZ3110020050190	2015.8.1	2019.7.31	三级
449	北京华电天仁电力控制技术有限公司	XZ3110020090528	2015.8.1	2019.7.31	三级
450	北京昆仑凯通通信科技有限公司	XZ3110020090523	2015.8.1	2019.7.31	三级
451	北京中电瑞达电子技术有限公司	XZ3110020090503	2015.8.1	2019.7.31	三级
452	北京大陆康腾科技有限公司	XZ3110020090506	2015.8.1	2019.7.31	三级
453	北京中青旅海天数码科技有限公司	XZ3110020090514	2015.8.1	2019.7.31	三级
454	北京晓通宏志科技有限公司	XZ3110020090526	2015.8.1	2019.7.31	三级
455	北京视酷伟业科技股份有限公司	XZ3110020090527	2015.8.1	2019.7.31	三级
456	亿阳安全技术有限公司	XZ3110020090534	2015.8.1	2019.7.31	三级
457	北京思创银联科技股份有限公司	XZ3110020120355	2015.8.1	2019.7.31	三级
458	北京宝狮视讯科技有限公司	XZ3110020120356	2015.8.1	2019.7.31	三级
459	北京东方网信科技股份有限公司	XZ3110020120357	2015.8.1	2019.7.31	三级
460	北京优兆科技有限公司	XZ3110020120358	2015.8.1	2019.7.31	三级
461	北京互信互通信息技术有限公司	XZ3110020120362	2015.8.1	2019.7.31	三级
462	北京新晨阳光科技有限公司	XZ3110020120363	2015.8.1	2019.7.31	三级
463	北京万相融通科技股份有限公司	XZ3110020120364	2015.8.1	2019.7.31	三级

续表

序号	企业名称	资质证书编号	发证日期	证书有效期	资质等级
464	北京清流技术股份有限公司	XZ3110020120354	2015.8.1	2019.7.31	三级
465	北京实利通和科技发展有限公司	XZ3110020090515	2015.8.1	2019.7.31	三级
466	北京中科辅龙计算机技术股份有限公司	XZ3110020050216	2015.8.1	2019.7.31	三级
467	北京美髯公科技发展有限公司	XZ4110020120253	2015.8.1	2019.7.31	四级
468	北京美福科技有限公司	XZ3110020150792	2015.7.3	2019.7.2	三级
469	北京阳光金网科技发展有限公司	XZ3110020150793	2015.7.3	2019.7.2	三级
470	北京普巴软件有限公司	XZ3110020150794	2015.7.3	2019.7.2	三级
471	联信弘方（北京）科技股份有限公司	XZ3110020150796	2015.7.3	2019.7.2	三级
472	北京品恩科技股份有限公司	XZ3110020150800	2015.7.3	2019.7.2	三级
473	中通服软件科技有限公司	XZ3110020150801	2015.7.3	2019.7.2	三级
474	北京世纪恒安科技发展有限公司	XZ3110020150803	2015.7.3	2019.7.2	三级
475	北京立思辰计算机技术有限公司	XZ3110020150804	2015.7.3	2019.7.2	三级
476	北京恒远华信息技术有限公司	XZ3110020150805	2015.7.3	2019.7.2	三级
477	北京中软创恒科技有限公司	XZ3110020150806	2015.7.3	2019.7.2	三级
478	爱刷（北京）科技有限公司	XZ3110020150807	2015.7.3	2019.7.2	三级
479	北京神州正泰科技发展有限公司	XZ3110020150810	2015.7.3	2019.7.2	三级
480	清研灵智信息咨询（北京）有限公司	XZ3110020150812	2015.7.3	2019.7.2	三级
481	北京航英科技有限公司	XZ3110020150814	2015.7.3	2019.7.2	三级
482	首都信息科技发展有限公司	XZ3110020150815	2015.7.3	2019.7.2	三级
483	北京大华启天工业技术有限公司	XZ3110020150819	2015.7.3	2019.7.2	三级
484	北京晨光溢海数码科技有限公司	XZ3110020150820	2015.7.3	2019.7.2	三级
485	北京东方润泽生态科技股份有限公司	XZ3110020150821	2015.7.3	2019.7.2	三级
486	北京合众科林自动化工程技术有限公司	XZ3110020150822	2015.7.3	2019.7.2	三级
487	北京厚德兴华科技发展有限公司	XZ3110020150823	2015.7.3	2019.7.2	三级
488	北京京源水仪器仪表有限公司	XZ3110020150825	2015.7.3	2019.7.2	三级
489	北京凯宝网络科技有限公司	XZ3110020150826	2015.7.3	2019.7.2	三级
490	北京融安特智能科技有限公司	XZ3110020150827	2015.7.3	2019.7.2	三级
491	北京锐思高普科贸有限公司	XZ3110020150828	2015.7.3	2019.7.2	三级
492	北京若泰科技有限公司	XZ3110020150829	2015.7.3	2019.7.2	三级
493	北京硕人时代科技股份有限公司	XZ3110020150830	2015.7.3	2019.7.2	三级
494	北京望业通达科贸有限公司	XZ3110020150831	2015.7.3	2019.7.2	三级
495	北京欣智恒科技股份有限公司	XZ3110020150832	2015.7.3	2019.7.2	三级
496	北京中煤创益科技有限公司	XZ3110020150834	2015.7.3	2019.7.2	三级
497	北京创亿新联数码技术有限公司	XZ3110020150835	2015.7.3	2019.7.2	三级
498	华信永道（北京）科技股份有限公司	XZ3110020150836	2015.7.3	2019.7.2	三级
499	北京益邦达科技发展有限公司	XZ3110020150837	2015.7.3	2019.7.2	三级

续表

序号	企业名称	资质证书编号	发证日期	证书有效期	资质等级
500	北京富源天成科技有限公司	XZ3110020150838	2015.7.3	2019.7.2	三级
501	中国普天信息产业北京通信规划设计院	XZ3110020150839	2015.7.3	2019.7.2	三级
502	北京华蓝盾科技有限公司	XZ3110020150841	2015.7.3	2019.7.2	三级
503	北京华文基业科技有限公司	XZ3110020150842	2015.7.3	2019.7.2	三级
504	北京依派伟业数码科技有限公司	XZ3110020150843	2015.7.3	2019.7.2	三级
505	北京捷成世纪数码科技有限公司	XZ3110020150844	2015.7.3	2019.7.2	三级
506	北京宁宸科技有限公司	XZ3110020150845	2015.7.3	2019.7.2	三级
507	北京鑫博腾飞科技有限公司	XZ3110020150846	2015.7.3	2019.7.2	三级
508	北京朗誉飞虹科技有限公司	XZ3110020150847	2015.7.3	2019.7.2	三级
509	北京中健祥电子科技有限公司	XZ3110020150848	2015.7.3	2019.7.2	三级
510	北京航天时空科技有限公司	XZ3110020150849	2015.7.3	2019.7.2	三级
511	北京经世万方信息技术有限公司	XZ3110020150851	2015.7.3	2019.7.2	三级
512	北京卓信智恒数据科技股份有限公司	XZ3110020150852	2015.7.3	2019.7.2	三级
513	北京国网普瑞特高压输电技术有限公司	XZ3110020150853	2015.7.3	2019.7.2	三级
514	北京中企时代科技有限公司	XZ3110020150854	2015.7.3	2019.7.2	三级
515	北京易好智通信息技术有限责任公司	XZ3110020150855	2015.7.3	2019.7.2	三级
516	天闻数媒科技（北京）有限公司	XZ3110020150856	2015.7.3	2019.7.2	三级
517	北京讯腾智慧科技股份有限公司	XZ3110020150857	2015.7.3	2019.7.2	三级
518	北京东方中科达科技有限公司	XZ3110020150858	2015.7.3	2019.7.2	三级
519	北京东软慧聚信息技术股份有限公司	XZ3110020150859	2015.7.3	2019.7.2	三级
520	北京中冶蓝宇科技有限公司	XZ3110020150860	2015.7.3	2019.7.2	三级
521	北京久华信信息技术有限公司	XZ3110020150799	2015.7.3	2019.7.2	三级
522	北京万邦拓源科技有限公司	XZ3110020150795	2015.7.3	2019.7.2	三级
523	北京远桥科技有限公司	XZ3110020150850	2015.7.3	2019.7.2	三级
524	北京韦驮安全工程有限责任公司	XZ3110020150817	2015.7.3	2019.7.2	三级
525	北京微玛特科技有限公司	XZ3110020150811	2015.7.3	2019.7.2	三级
526	北京智联信技术有限公司	XZ3110020150802	2015.7.3	2019.7.2	三级
527	北京国势通科技有限公司	XZ3110020150840	2015.7.3	2019.7.2	三级
528	北京弘恒科技有限公司	XZ3110020150809	2015.7.3	2019.7.2	三级
529	北京中金付通科技发展有限公司	XZ3110020150808	2015.7.3	2019.7.2	三级
530	北京合力光桥智能网络有限公司	XZ3110020150797	2015.7.3	2019.7.2	三级
531	瑞斯康达科技发展股份有限公司	XZ4110020150861	2015.7.3	2019.7.2	四级
532	芯联达科技（北京）有限公司	XZ4110020150862	2015.7.3	2019.7.2	四级
533	北京远光通联科技有限公司	XZ4110020150863	2015.7.3	2019.7.2	四级
534	北京瑞宏科技有限公司	XZ4110020150864	2015.7.3	2019.7.2	四级
535	北京泽天创业科技有限公司	XZ4110020150866	2015.7.3	2019.7.2	四级

续表

序号	企业名称	资质证书编号	发证日期	证书有效期	资质等级
536	北京中科金财信息技术有限公司	XZ4110020150867	2015.7.3	2019.7.2	四级
537	北京南北联合信息科技有限公司	XZ4110020150868	2015.7.3	2019.7.2	四级
538	北京国电经纬工程技术有限公司	XZ4110020150869	2015.7.3	2019.7.2	四级
539	北京易美森特软件开发有限公司	XZ4110020150870	2015.7.3	2019.7.2	四级
540	北京航天方石科技有限公司	XZ4110020150871	2015.7.3	2019.7.2	四级
541	北京泰兆通科技有限公司	XZ4110020150872	2015.7.3	2019.7.2	四级
542	北京天河鸿城电子有限责任公司	XZ4110020150873	2015.7.3	2019.7.2	四级
543	北京宏泰博科信息技术有限公司	XZ4110020150874	2015.7.3	2019.7.2	四级
544	北京汇路鑫科技有限公司	XZ4110020150875	2015.7.3	2019.7.2	四级
545	北京盛世政通软件发展有限公司	XZ4110020150876	2015.7.3	2019.7.2	四级
546	北京凯旌拓展通信技术有限公司	XZ4110020150877	2015.7.3	2019.7.2	四级
547	北京博大经典文化发展有限公司	XZ4110020150878	2015.7.3	2019.7.2	四级
548	北京盛源亚澳通信技术有限公司	XZ4110020150879	2015.7.3	2019.7.2	四级
549	北京中路奇正科技有限公司	XZ4110020150880	2015.7.3	2019.7.2	四级
550	北京华宇信息技术有限公司	XZ1110020050040	2015.6.22	2018.7.31	一级
551	同方股份有限公司	XZ1110020010001	2015.6.22	2018.7.31	一级
552	北京和利时系统工程有限公司	XZ1110020010002	2015.6.22	2018.7.31	一级
553	紫光软件系统有限公司	XZ1110020010006	2015.6.22	2018.7.31	一级
554	方正国际软件（北京）有限公司	XZ1110020010003	2015.6.22	2018.7.31	一级
555	北京首钢自动化信息技术有限公司	XZ2110020010014	2015.6.22	2018.7.31	二级
556	华宇金信（北京）软件有限公司	XZ3110020090232	2015.5.11	2018.5.10	三级
557	北京国基科技股份有限公司	XZ3110020090246	2015.5.11	2018.5.10	三级
558	北京市博汇科技股份有限公司	XZ3110020090235	2015.5.11	2018.5.10	三级
559	北京艾瑞信系统工程技术有限责任公司	XZ3110020090248	2015.5.11	2018.5.10	三级
560	北京金惠利科技有限公司	XZ3110020090258	2015.5.11	2018.5.10	三级
561	北京四合天地科技有限公司	XZ3110020090227	2015.5.11	2018.5.10	三级
562	北京国都信业科技有限公司	XZ3110020010030	2015.5.11	2018.5.10	三级
563	北京北纬通信科技股份有限公司	XZ3110020090247	2015.5.11	2018.5.10	三级
564	北京天健源达科技有限公司	XZ3110020090239	2015.5.11	2018.5.10	三级
565	北京明道泰和信息技术有限公司	XZ3110020090244	2015.5.11	2018.5.10	三级
566	工信通（北京）信息技术有限公司	XZ3110020080080	2015.5.11	2018.5.10	三级
567	北京中船信息科技有限公司	XZ3110020090231	2015.5.11	2018.5.10	三级
568	北京鑫奥博科技发展有限公司	XZ3110020050122	2015.5.11	2018.5.10	三级
569	北京云泓道元信息技术有限公司	XZ4110020120143	2015.5.11	2018.5.10	四级
570	北京京仪自动化系统工程研究设计院有限公司	XZ4110020120139	2015.5.11	2018.5.10	四级
571	北京光耀电力自动化有限公司	XZ4110020120149	2015.5.11	2018.5.10	四级

续表

序号	企业名称	资质证书编号	发证日期	证书有效期	资质等级
572	北京赛贝尔网络信息技术有限责任公司	XZ4110020090260	2015.5.11	2018.5.10	四级
573	北京博能科技有限公司	XZ3110020150004	2015.3.31	2018.3.30	三级
574	北京超现代电子设备有限公司	XZ3110020150006	2015.3.31	2018.3.30	三级
575	航天开元科技有限公司	XZ3110020150007	2015.3.31	2018.3.30	三级
576	北京国方三友软件有限公司	XZ3110020150008	2015.3.31	2018.3.30	三级
577	北京嘉洁能科技有限公司	XZ3110020150010	2015.3.31	2018.3.30	三级
578	北京京华华电数码科技有限公司	XZ3110020150011	2015.3.31	2018.3.30	三级
579	北京蓝点兴业科技发展有限公司	XZ3110020150012	2015.3.31	2018.3.30	三级
580	北京美能天成电力科技有限公司	XZ3110020150013	2015.3.31	2018.3.30	三级
581	北京全亚通信技术有限公司	XZ3110020150014	2015.3.31	2018.3.30	三级
582	北京义联润达科技发展有限公司	XZ3110020150015	2015.3.31	2018.3.30	三级
583	北京中科联通科技有限责任公司	XZ3110020150016	2015.3.31	2018.3.30	三级
584	北京中视瑞德文化传媒有限公司	XZ3110020150017	2015.3.31	2018.3.30	三级
585	北京中天瑞合科技有限公司	XZ3110020150018	2015.3.31	2018.3.30	三级
586	大唐高鸿信息技术有限公司	XZ3110020150019	2015.3.31	2018.3.30	三级
587	航天信息系统工程（北京）有限公司	XZ3110020150020	2015.3.31	2018.3.30	三级
588	交科院（北京）交通技术有限公司	XZ3110020150021	2015.3.31	2018.3.30	三级
589	北京中际网科物联科技有限公司	XZ3110020150023	2015.3.31	2018.3.30	三级
590	大用软件有限责任公司	XZ3110020150024	2015.3.31	2018.3.30	三级
591	北京道和汇通科技发展有限公司	XZ3110020150025	2015.3.31	2018.3.30	三级
592	北京海泰方圆科技股份有限公司	XZ3110020150026	2015.3.31	2018.3.30	三级
593	北京久其政务软件股份有限公司	XZ3110020150027	2015.3.31	2018.3.30	三级
594	北京正辰科技发展有限责任公司	XZ3110020150028	2015.3.31	2018.3.30	三级
595	艾迪普（北京）文化科技股份有限公司	XZ3110020150029	2015.3.31	2018.3.30	三级
596	北京中煤矿山工程有限公司	XZ3110020150030	2015.3.31	2018.3.30	三级
597	北京金水燕禹科技有限公司	XZ3110020150031	2015.3.31	2018.3.30	三级
598	时力永联科技有限公司	XZ3110020150032	2015.3.31	2018.3.30	三级
599	北京波尔通信技术股份有限公司	XZ3110020150033	2015.3.31	2018.3.30	三级
600	日立解决方案（中国）有限公司	XZ3110020150034	2015.3.31	2018.3.30	三级
601	东电创新（北京）科技发展股份有限公司	XZ3110020150035	2015.3.31	2018.3.30	三级
602	北京海兰信数据科技股份有限公司	XZ3110020150036	2015.3.31	2018.3.30	三级
603	北京华科建筑智能系统工程有限公司	XZ3110020150037	2015.3.31	2018.3.30	三级
604	北京许继电气有限公司	XZ3110020150038	2015.3.31	2018.3.30	三级
605	北京鼎普科技股份有限公司	XZ3110020150039	2015.3.31	2018.3.30	三级
606	华浩信通信息技术（北京）有限公司	XZ3110020150040	2015.3.31	2018.3.30	三级
607	北京冬雪天地数码科技有限公司	XZ3110020150041	2015.3.31	2018.3.30	三级

续表

序号	企业名称	资质证书编号	发证日期	证书有效期	资质等级
608	北京正群欣世信息技术有限公司	XZ3110020150042	2015.3.31	2018.3.30	三级
609	北京英思杰科技有限公司	XZ3110020150043	2015.3.31	2018.3.30	三级
610	软通动力信息技术（集团）有限公司	XZ3110020150044	2015.3.31	2018.3.30	三级
611	天地阳光通信科技（北京）有限公司	XZ3110020150045	2015.3.31	2018.3.30	三级
612	北京嘉和天际科技有限公司	XZ3110020150009	2015.3.31	2018.3.30	三级
613	北京博鑫佳华科技有限公司	XZ3110020150005	2015.3.31	2018.3.30	三级
614	同创双子（北京）信息技术股份有限公司	XZ3110020150022	2015.3.31	2018.3.30	三级
615	北京赛睿信和科技有限公司	XZ4110020150046	2015.3.31	2018.3.30	四级
616	东方永德软件（北京）有限公司	XZ4110020150047	2015.3.31	2018.3.30	四级
617	北京航天易联科技发展有限公司	XZ4110020150048	2015.3.31	2018.3.30	四级
618	北京七维航测科技股份有限公司	XZ4110020150049	2015.3.31	2018.3.30	四级
619	中科方德软件有限公司	XZ4110020150050	2015.3.31	2018.3.30	四级
620	北京海顿新科技术股份有限公司	XZ4110020150052	2015.3.31	2018.3.30	四级
621	北京百圣恒科技有限公司	XZ4110020150054	2015.3.31	2018.3.30	四级
622	北京恒广通科技有限公司	XZ4110020150055	2015.3.31	2018.3.30	四级
623	北京众和汇智科技有限公司	XZ4110020150056	2015.3.31	2018.3.30	四级
624	北京众谱达科技有限公司	XZ4110020150058	2015.3.31	2018.3.30	四级
625	北京卡拉卡尔科技股份有限公司	XZ4110020150059	2015.3.31	2018.3.30	四级
626	中兴国通通讯装备技术（北京）有限公司	XZ4110020150061	2015.3.31	2018.3.30	四级
627	北京慈航教育科技股份有限公司	XZ4110020150062	2015.3.31	2018.3.30	四级
628	北京网云飞信息技术有限公司	XZ4110020150063	2015.3.31	2018.3.30	四级
629	中国通信建设集团有限公司	XZ4110020150064	2015.3.31	2018.3.30	四级
630	北京正通汇智科技有限公司	XZ4110020150065	2015.3.31	2018.3.30	四级
631	颖兴恒业（北京）通用技术有限公司	XZ4110020150066	2015.3.31	2018.3.30	四级
632	北京通宇泰克科技有限公司	XZ4110020150067	2015.3.31	2018.3.30	四级
633	北京永旺融合信息系统有限公司	XZ3110020090171	2015.2.23	2018.2.28	三级
634	华际信息系统有限公司	XZ3110020090193	2015.2.23	2018.2.28	三级
635	北京绿都畅达科技发展有限责任公司	XZ3110020090182	2015.2.23	2018.2.28	三级
636	北京梦天门科技股份有限公司	XZ3110020090194	2015.2.23	2018.2.28	三级
637	北京东方赛得科技有限责任公司	XZ3110020090189	2015.2.23	2018.2.28	三级
638	北京同辉无限科技有限责任公司	XZ3110020090163	2015.2.23	2018.2.28	三级
639	北京长得万众信息技术有限公司	XZ3110020090173	2015.2.23	2018.2.28	三级
640	北京博瑞翔伦科技发展有限公司	XZ3110020090162	2015.2.23	2018.2.28	三级
641	北京长城电子工程技术有限公司	XZ3110020090187	2015.2.23	2018.2.28	三级
642	北京方法科技发展有限公司	XZ3110020090174	2015.2.23	2018.2.28	三级
643	北京朗维计算机应用技术开发有限公司	XZ3110020090170	2015.2.23	2018.2.28	三级

续表

序号	企业名称	资质证书编号	发证日期	证书有效期	资质等级
644	北京瑞风协同科技股份有限公司	XZ4110020120094	2015.2.23	2018.2.28	四级
645	北京盛科维科技发展有限公司	XZ4110020120095	2015.2.23	2018.2.28	四级
646	九鼎安泰（北京）科技有限公司	XZ4110020120092	2015.2.23	2018.2.28	四级
647	北京爱维网电力电子有限公司	XZ4110020150001	2015.2.23	2018.2.28	四级

2015信息网络产业新业态创新企业30新获奖企业名单

序号	企业名称
1	北京博晓通科技有限公司
2	北京东软慧聚信息技术股份有限公司
3	北京国信灵通网络科技有限公司
4	北京浩瀚深度信息技术股份有限公司
5	北京华博创科数码科技有限公司
6	北京捷通机房设备工程有限公司
7	北京乐融多源信息技术有限公司
8	北京联盛德微电子有限责任公司
9	北京赛思信安技术有限公司
10	北京思普科科技开发有限公司
11	北京索为高科系统技术有限公司
12	北京腾云天下科技有限公司
13	北京香橙互动网络科技有限公司
14	北京星河亮点技术股份有限公司
15	北京有生博大软件技术有限公司
16	北京中广瑞波科技有限公司
17	北京紫光百会科技有限公司
18	东方融尚（北京）科技有限公司
19	杭州泰一指尚科技有限公司
20	交科院（北京）交通技术有限公司
21	上海乐融金融信息服务有限公司
22	上海七牛信息技术有限公司
23	上海兆言网络科技有限公司
24	天道诚数据处理（北京）有限公司
25	天地晖保（北京）科技有限公司
26	天津大海云科技有限公司
27	微播网络技术（北京）有限公司
28	无锡聚云科技有限公司
29	中安汇金科技（北京）有限公司
30	中通服软件科技有限公司

北京市入选中国软件业务收入前百家企业名单

序号	企业名称
1	北大方正集团有限公司
2	航天信息股份有限公司
3	同方股份有限公司
4	东华软件股份公司
5	大唐电信科技股份有限公司
6	北京中软国际信息技术有限公司
7	亚信科技（中国）有限公司
8	用友网络科技股份有限公司
9	神州数码系统集成服务有限公司
10	太极计算机股份有限公司
11	软通动力信息技术（集团）有限公司
12	中国软件与技术服务股份有限公司
13	中国民航信息网络股份有限公司
14	中科软科技股份有限公司
15	北京小米移动软件有限公司
16	北京全路通信信号研究设计院有限公司
17	北京神州泰岳软件股份有限公司
18	石化盈科信息技术有限责任公司
19	北京中油瑞飞信息技术有限责任公司
20	联动优势科技有限公司
21	博雅软件股份有限公司
22	文思海辉技术有限公司
23	广联达软件股份有限公司
24	北京华胜天成科技股份有限公司
25	博彦科技股份有限公司
26	北京易华录信息技术股份有限公司
27	北京四方继保自动化股份有限公司
28	北京京东尚科信息技术有限公司
29	北京宇信易诚科技有限公司
30	北京握奇数据系统有限公司
31	北京启明星辰信息技术股份有限公司
32	北京先进数通信息技术股份公司
33	北京四维图新科技股份有限公司

北京市入选2015福布斯中国上市潜力企业100强名单

单位：万元

排名	证券简称	主营业务	2013年营业总收入	2013年净利润	2013年总资产
8	飞天诚信	智能卡操作系统、数字安全产品	84582	20118	63817
23	掌趣科技	网络游戏	38050	15362	192741
25	世纪睿科	信息科技咨询与其他服务	62899	7776	63101
26	数字政通	行业专用软件	40636	9352	125951
28	捷成股份	行业专用软件	93447	20780	191834
33	东方网力	监控器材及系统、网络视频管理平台	43678	10187	85644
38	二六三	互联网服务、寻呼通信服务	71597	13821	160010
40	恒泰艾普	行业专用软件	58329	15687	286485
55	启明星辰	防火墙软件、系统集成服务	94843	12240	183192
62	东方国信	行业专用软件	46816	8992	113520
67	联众	家庭娱乐软件	23679	3505	20800
97	光线传媒	影视制作发行	90417	32794	259064
99	光环新网	互联网服务、系统集成服务	30815	6726	45181

北京市入选 2015 福布斯 中国最快成长科技公司名单

公司名	公司全称	类别
滴滴出行	北京小桔科技有限公司	应用软件服务
口袋购物	北京口袋时尚科技有限公司	邮购及电子销售
美团网	北京三快科技有限公司	互联网信息服务
优信拍	优信拍（北京）信息科技有限公司	互联网信息服务
今日头条	北京字节跳动科技有限公司	互联网信息服务
豌豆荚	北京卓易讯畅科技有限公司	应用软件服务
小米科技	小米科技有限责任公司	移动通信及终端设备制造
着迷	北京乐享方登网络科技股份有限公司	互联网信息服务
积木盒子	北京乐融多源信息技术有限公司	互联网信息服务
车易拍	北京巅峰科技有限公司	互联网信息服务
罗计物流	北京运科网络科技有限公司	互联网信息服务
融 360	北京融世纪信息技术有限公司	互联网信息服务
云知声	北京云知声信息技术有限公司	互联网信息服务
面包旅行	北京路玺优讯科技有限公司	应用软件服务
无忧英语网	北京大生知行科技有限公司	互联网信息服务
途家	途家在线信息技术（北京）有限公司	互联网信息服务
春雨掌上医生	北京春雨天下软件有限公司	应用软件服务
跟谁学	北京百家互联科技有限公司	互联网信息服务
纷享销客	北京易动纷享科技有限责任公司	应用软件服务